Ruckenbauer — Traxler

WEINBAU HEUTE

Handbuch für Beratung, Schule
und Praxis

2. Auflage

LEOPOLD STOCKER VERLAG
Graz — Stuttgart

Alle Bilder, soweit nicht anders angegeben,
stammen von Ing. Stefan Vas, ÖDB.

Alle Graphiken, soweit nicht anders gekennzeichnet,
wurden von Robert Leuchtner verfertigt.

ISBN: 3-7020-0433-5

Druck: M. Theiss, Ges.m.b.H., Wolfsberg
Printed in Austria

VORWORT

Wenn wir in diesem Jahrhundert zurückblicken, können wir feststellen, daß speziell auf dem Gebiete der weinbaulichen Fachliteratur von österreichischen Autoren Werke geschaffen wurden, die nicht nur im Inland, sondern auch weit über die Grenzen dieses Landes hinaus Anerkennung und Verbreitung gefunden haben. Ohne eine Wertung zu treffen, sei nur an eines der beliebtesten und verbreitetsten Weinbaufachbücher erinnert, an den „Arthold". Ein Buch, das nicht nur in den Weinbauschulen und bei den Förderungsstellen, sondern auch bei vielen Praktikern lange Zeit hindurch als die „Weinbaubibel Österreichs" gegolten hat. Und das mit Recht; es war ein Buch, das den damaligen Stand der Wissenschaft mit einfachen Worten und guten Bildern praxisgerecht vermittelt hat. Nun hat aber insbesondere in den beiden letzten Jahrzehnten im Weinbau eine fast revolutionäre Erneuerung stattgefunden, die dem traditionellen Weinbau ein ganz anderes Gesicht gegeben hat. Diese Umstellungsperiode, die viele Neuheiten gebracht hat, geht langsam zu Ende, und in etlichen Bereichen der technischen Entwicklung kann man eine Beruhigung der Lage erwarten. Die „Weinbaurevolution der sechziger Jahre" scheint in Österreich zu einem großen Teil abgeschlossen zu sein. Es besteht somit die Möglichkeit, das gesamte neue Wissen, alle bisher gemachten Erfahrungen zu ordnen und in einem umfassenden Fachbuch darzustellen. Dabei scheint es heute im Gegensatz zu früheren Werken notwendig, mehr denn je auch die Situation in den anderen Weinbauländern der Erde zu kennen.

Die Verfasser haben in Fortsetzung der großen Tradition österreichischer Weinbaufachbücher das Ziel verfolgt, ein modernes, leichtverständliches Werk zu schaffen, das in gleichem Maße dem praktischen Weinhauer, dem Weinbaulehrer und seinen Schülern sowie den Förderungsorganen dient. Ein Werk, das auf der Grundlage wissenschaftlicher Erkenntnisse vor allem die aktuellen Probleme der Weinbaupraxis behandelt. Ein Buch, das in der Schule dazu dienen soll, das Lernen zu erleichtern, und das in der Praxis als Nachschlagewerk verwendet werden kann. Im Rahmen der gegebenen Möglichkeiten wurde daher versucht, dieses Buch reich mit Bildern, graphischen Darstellungen und Tabellen auszustatten und darüber hinaus den Text in einer einfachen und leichtverständlichen Sprache zu schreiben. Und das selbst um den Preis, daß manche Vereinfachungen einem Wissenschaftler nicht mehr ganz vertretbar erscheinen. Mit einigen bewußt sehr einfachen Berechnungen sollen betriebswirtschaftliche Denkanstöße gegeben werden; es handelt sich um Berechnungsbeispiele, in die jeder Leser ohne Schwierigkeiten eigene Zahlen einsetzen kann, um so seine betriebswirtschaftlichen Überlegungen zu untermauern.

Die Verfasser sind der Meinung, daß dieses Buch ein persönlicher Ratgeber für jeden Weinhauer werden soll. Dies setzt voraus, daß man sich mit seinem Inhalt kritisch auseinandersetzt und nach reiflicher Überlegung daraus Folgerungen für die Bewirtschaftung im eigenen Bereich zieht.

Als Verfasser würden wir uns freuen, wenn Sie uns Ihre Stellungnahmen und Anregungen, soweit diese für alle Leser wichtig sind, mitteilten. Wir möchten schon jetzt für alle Vorschläge zur Verbesserung dieses Buches danken und versprechen, sie nach Möglichkeit in der nächsten Auflage einzubauen, damit dieses Buch den jeweils modernsten Stand und alle für die Praxis nützlichen Informationen enthält. Wir sind auch für jede kritische Stellungnahme offen, denn unser Ziel ist es ja, den Lesern dieses Buches bestmöglich zu dienen.
An dieser Stelle möchten wir aber auch allen Freunden, Kollegen und Praktikern, die uns bei dieser Arbeit unterstützt haben, herzlich danken.
Im besonderen gilt dieser Dank den Damen und Herren aus den Forschungsinstituten an der Höheren Bundeslehr- und Versuchsanstalt für Wein- und Obstbau in Klosterneuburg, den Landesweinbauschulen, führenden Praktikern sowie Ing. Horst Amann.

(Dipl.-Ing. Dr. Walter Ruckenbauer)

(Dipl.-Ing. Hans Traxler)

Wien, im August 1975

VORWORT ZUR ZWEITEN AUFLAGE

Seit dem Erscheinen der ersten Auflage sind mehr als sieben Jahre vergangen, ein Zeitraum, in dem sich im Weinbau keine grundsätzlichen Neuerungen ergeben haben, auf einzelnen Gebieten jedoch eine merkbare Weiterentwicklung festgestellt werden muß. Dies ist die Ursache für die gründliche Überarbeitung des gesamten Buches. Der bewährte Aufbau und die Zielsetzungen wurden beibehalten, einige Schwachstellen wurden ausgebessert und alle wesentlichen Neuentwicklungen wurden aufgenommen. Weiters wurden alle statistischen Daten, alle betriebswirtschaftlichen Berechnungen sowie die behandelten gesetzlichen Vorschriften auf den neuesten Stand gebracht.
Zu den wichtigsten Neuerungen seit in Verkehr setzen der ersten Auflage gehören moderne Technologien bei der Rebenvermehrung, die Mechanisierung im Bereiche des Rebschnittes, Traubenernte aber auch die neuesten wissenschaftlichen Erkenntnisse in den Gebieten Düngung, Pflanzenschutz und Reberziehung. Demnach gehört auch die vorliegende zweite Auflage des Buches „Weinbau heute" in jeden Weinbaubetrieb als verläßliches und leicht verständliches Nachschlagewerk. Wer die erste Auflage schon besitzt, sollte sie behalten. Im direkten Vergleich wird er den Fortschritt und die raschen Veränderungen in unserer Zeit erkennen. Vielleicht kann er daraus Trends ersehen, die für die eigenen Überlegungen wertvoll sind.
Auch bei der Bearbeitung dieser Ausgabe waren wir auf die Mithilfe von Kollegen und Praktikern angewiesen. Bei ihnen allen möchten wir uns hiefür herzlich bedanken und sie bitten uns auch weiterhin Verbesserungsvorschläge zu machen.

(Dipl.-Ing. Dr. Walter Ruckenbauer) (Dipl.-Ing. Hans Traxler)

Wien, im Jänner 1983

Inhaltsverzeichnis

Abschnitt I

DER LEBENSRAUM DER REBE

Kapitel 1

Geographische Verbreitung und Bedeutung des Weinbaues

DIE WEINBAUZONEN DER ERDE

Die Weinrebe ist in ihrer Verbreitung wegen des hohen Wärmebedarfes auf ganz bestimmte Gebiete beschränkt. Es sind vor allem das Klima, die Lage sowie der Boden, die den Erfolg des Weinbaues hinsichtlich der Qualität maßgeblich beeinflußen.
Die gesamte Weinbaufläche der Erde beträgt derzeit rund 10 Millionen Hektar. Der jährliche Weinertrag wird mit 310 Millionen Hektoliter (1979 380 Millionen Hektoliter = Rekordernte) angenommen; davon entfallen über 80 Prozent auf Rotweine. Auf dieser Fläche werden aber auch 60 Millionen dt (= Dezitonnen = 100 kg) Tafeltrauben und rund 83 Millionen dt Rosinen produziert.
Die Weinrebe gedeiht in allen gemäßigt warmen Klimazonen und umgibt die Erde in zwei breiten Gürteln zwischen dem 30. und 50. Grad nördlicher und dem 30. bis 40. Grad südlicher Breite. Weinbau kann jedoch auch noch außerhalb dieser Grenzen mit Erfolg betrieben werden, vor allem in geschützten Flußtälern und an sonnigen Südhängen. Hinsichtlich ihrer Anpassungsfähigkeit übertrifft die Rebe die meisten anderen Kulturpflanzen. Die günstigsten Lebensbedingungen findet sie auf der nördlichen Halbkugel zwischen dem 35. und dem 47. Breitengrad. Die Weine der nördlichen Grenzzone zeichnen sich vor allem durch ein ausgeprägtes Sortenbukett, angenehme Säure und geringeren Alkoholgehalt (9 bis 12 Volumenprozent) aus. In den südlichen Weinbaugebieten hingegen werden säureärmere, alkohol- und extraktreichere Weine erzeugt. In den nördlichen Anbaugebieten herrscht ferner der Weißweinanbau vor, in südlichen Ländern der Anbau von Rotweinsorten. Nördlich des Äquators befinden sich die Anbaugebiete in Europa, Nordafrika, Amerika und Asien, während sie südlich des Äquators in Südafrika, Südamerika und Ozeanien gelegen sind. In den tropischen Landschaftsräumen gedeihen keine Reben; das heißt, in den Gebieten um den Äquator bis zu zirka 20 Grad nördlicher und südlicher Breite findet man deshalb keinen Weinbau.
In der Folge werden alle wichtigen Weinbauländer der Welt beschrieben; dies soll dem Produzenten zur besseren Beurteilung des eigenen Standortes dienen.

DER WEINBAU IN EUROPA

Europa hat mit einer Rebfläche von über 7 Millionen Hektar und einer Weinerzeugung von 280 Millionen Hektoliter den größten Anteil an der Weltweinproduktion.
Im Mittelmeerraum, der Urheimat der Weinkultur, liegen die größten und ältesten Weinbauländer der Erde. Der Weinbau ist in diesen Ländern ein maßgeblicher Faktor in der Volkswirtschaft. In rund 80 Weinbauländern wird auf einer Gesamtrebfläche, die fast die Größe Österreichs erreicht, Weinbau betrieben.

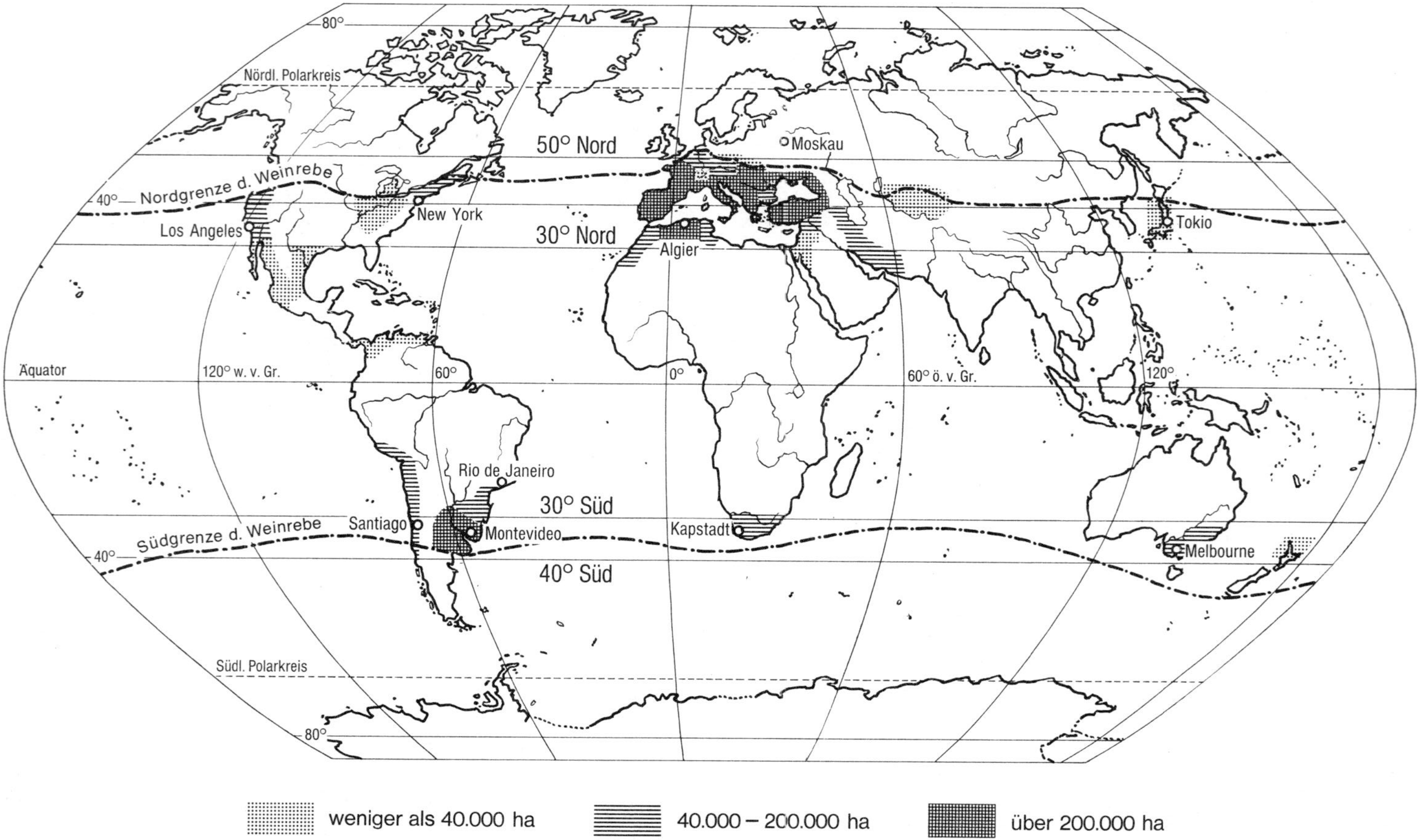

Die Weinbauzonen der Erde

Weinbauflächen und Erträge europäischer Länder 1980

Länder	Weinbaufläche in 1.000 Hektar	Weinerzeugung in 1.000 Hektoliter	Anteil in % Weißwein	Rotwein	Tafeltraubenerzeugung 1.000 dt*)	Rosinenerzeug. in 1.000 dt *)	Weinverbrauch in Liter je Kopf d. B. und Jahr
Europa gesamt	7.186	245.813			38.158	1.501	
BRD	101	7.159	85	15	—	—	25
Bulgarien	166	4.871			3.500	—	22
Frankreich	1.154	57.011	30	70	2.126	—	90
Griechenland	185	5.500	40	60	2.150	1.360	45
Italien	1.360	70.500	30	70	10.289	—	74
Jugoslawien	249	6.409	60	40	1.000	—	28
Luxembourg	1	97	100	—	—	—	42
Österreich	60	2.085	85	15	—	—	35
Portugal	360	8.872	3	97	1.200	—	77
Rumänien	307	7.600	—	—	1.600	80	29
Schweiz	14	852	60	40	6	—	48
Sowjetunion	1.257	34.420	—	—	10.000	—	14
Spanien	1.650	34.400	—	—	4.000	30	60
Tschechoslowakei	45	901	—	—	40	20	12
Ungarn	168	4.900	—	—	750	—	35

*) Zahl von 1979.

BUNDESREPUBLIK DEUTSCHLAND

Mengen- und flächenmäßig zählt Deutschland mit 101.000 Hektar und einer jährlichen Ernte von rund 8 Millionen Hektoliter Wein nicht mehr zu den Großen der Erde. Der deutsche Weinbau hat sich aber durch die Erzeugung von typischen Spezialitäten und Qualitätsweißweinen ein großes Ansehen in der Welt erworben. Durch Rationalisierung, Mechanisierung, aber auch durch eine hohe Flächenproduktivität hat der deutsche Weinbau seine Wettbewerbsfähigkeit bewahrt. Die deutschen Weinbaugebiete erstrecken sich vor allem im Rheintal und im Bereiche der Rhein-Nebenflüsse Neckar, Main, Nahe, Mosel, Ahr sowie am Bodensee. Sie zeichnen sich durch große Eigenständigkeit und Vielfältigkeit aus. Rund 85 Prozent der Weinbaufläche sind mit Weißweinsorten — vor allem Müller-Thurgau, Rheinriesling, Silvaner, Ruländer und Morio-Muskat — bepflanzt. Bei den Rotweinsorten (15 Prozent) dominieren Blauer Portugieser, Blauburgunder (Spätburgunder) und Trollinger. Zunehmende Bedeutung, wenngleich von manchen Fachleuten aus Gründen der Qualitätspolitik abgelehnt, haben Neuzüchtungen wie Kerner, Huxelrebe, Bacchus, Kanzler, Faber, Siegerrebe und Ortega (weiße Sorten) und Domina, Camina sowie Heroldsrebe (rote Sorten).

Das deutsche Weingesetz kennt drei Güteklassen: Tafelwein, Qualitätswein und Prädikatswein. Die Weine der beiden letzten Klassen tragen als Gütezeichen eine amtliche Prüfungsnummer.

Nach Novellierung des europäischen Weingesetzes (1982) wurde als neuer Begriff für gehobene Tafelweinqualität „Landwein“ eingeführt; für entsprechende französische Weine darf dieser Begriff schon seit 1963 verwendet werden.

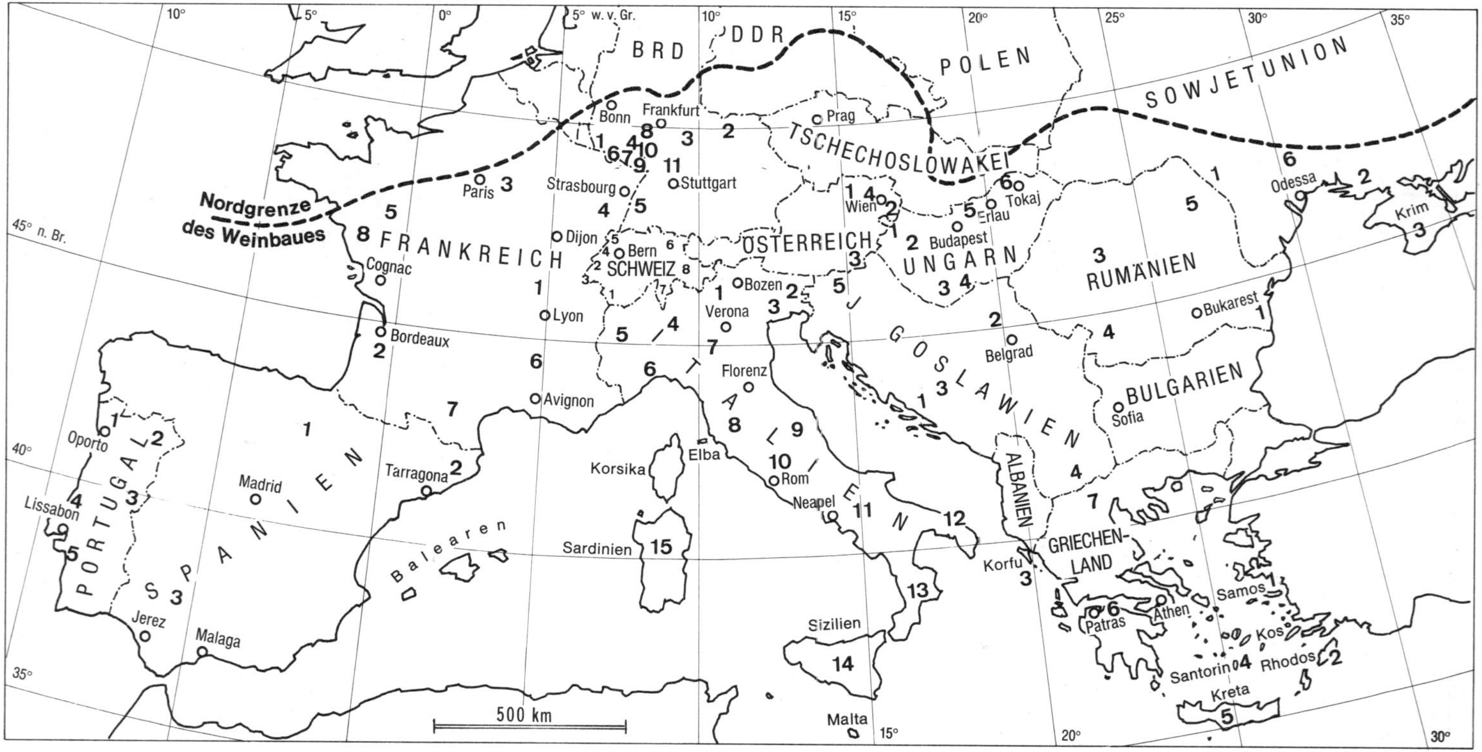

Die Weinbauländer Europas

Die Weinbauländer Europas — Legende:

Italien
1 Südtirol
2 Friaul
3 Venetien
4 Lombardei
5 Piemont
6 Ligurien
7 Emilia Romagna
8 Toscana
9 Umbrien
10 Latium
11 Campanien
12 Apulien
13 Calabrien
14 Sizilien
15 Sardinien

Frankreich
1 Burgund
2 Bordeaux
3 Champagne
4 Elsaß
5 Loiretal
6 Rhonetal
7 Midi
8 Charente

Ungarn
1 Ödenburg - Sopron
2 Plattensee
3 Fünfkirchen - Pécs
4 Villany
5 Eger
6 Tokaj

Portugal
1 Mimho
2 Dourotal
3 Dao-Hochland
4 Colares
5 Moscatel de Setubal

Sowjetunion
1 Moldauische Republik
2 Schwarzmeerküste
3 Krim
4 Ukraine

Jugoslawien
1 Dalmatien
2 Serbien
3 Herzegowina
4 Makedonien
5 Slowenien

Griechenland
1 Samos
2 Rhodos
3 Korfu
4 Santorin
5 Kreta
6 Patras
7 Saloniki

Spanien
1 La Rioja
2 Katalonien
3 Andalusien

Tschechoslowakei
1 Böhmen
2 Südmähren
3 Slowakei

Rumänien
1 Dobrudscha
2 Siebenbürgen
3 Walachei
4 Moldaugebiet

BRD
1 Ahr
2 Franken
3 Hessische Bergstraße
4 Mittelrhein
5 Baden
6 Mosel
7 Nahe
8 Rheingau
9 Rheinpfalz
10 Rheinhessen
11 Württemberg

Österreich
1 Niederösterreich
2 Burgenland
3 Steiermark
4 Wien

Schweiz
1 Wallis
2 Waadt
3 Genf
4 Neuchâtel
5 Aargau
6 Thurgau
7 Tessin
8 Bündner Land

Die gesetzlichen Weinbaugebiete Deutschlands

Das deutsche Weinrecht kennt folgende 11 Anbaugebiete:

Ahr

An den schützenden Hängen der Eifel liegt als eines der kleinsten Weinbaugebiete, das nördlichste deutsche Weinbaugebiet (50. bis 51 Grad nördliche Breite). Es ist vorwiegend mit Rotwein der Sorten Blauer Portugieser und Spätburgunder bestockt, die auf vulkanischen Böden rubinrote, samtige Weine hervorbringen.

Franken (Main)

Das fränkische Weinbaugebiet — Heimat der Bocksbeutelflasche — erstreckt sich vom Steigerwald bis jenseits des Spessarts. Es umfaßt heute nur mehr eine Rebfläche von 3.500 Hektar und stellt kein geschlossenes Weinbaugebiet mehr dar.

In Würzburg, dem Zentrum dieses Gebietes, reichen die Weingärten bis in die Stadt. Auf Keuper und Muschelkalk, Buntsandstein und Urgestein werden Weine verschiedener Geschmacksrichtung gekeltert. Infolge des hohen Arbeitsaufwandes sind die Weine teurer als jene, die im Flachland produziert werden. Die Hauptrebsorten sind mit 30 Prozent Silvaner und mit 47 Prozent Müller-Thurgau; sie passen sich den Klimaschwankungen am besten an. Der Riesling (4 Prozent) wächst auf Muschelkalk.

Hessische Bergstraße

Zwischen Neckar und Main liegt an den Hängen des Odenwaldes — mit nur knapp 300 Hektar Ertragsfläche — das kleinste aller deutschen Weinbaugebiete. Riesling, Müller-Thurgau und Silvaner sind die Hauptsorten.

Mittelrhein

Im Rheintal, von der Nahemündung bis zum Siebengebirge, liegt das Weinbaugebiet Mittelrhein. Auf kargen Tonschieferböden wächst auf 900 Haktar Rebfläche überwiegend Riesling (75 Prozent), ergänzt durch Müller-Thurgau (12 Prozent) und Silvaner (4 Prozent).

Baden

Dieses Gebiet hat eine große Ausdehnung. Es erstreckt sich vom Bodensee bis an den Main und hat über 13.000 Hektar Ertragsfläche. Die Weine sind gehaltvoll. Besonders verbreitet sind die Sorten Müller-Thurgau (35 Prozent), Blauer Burgunder (21 Prozent), Ruländer (14 Prozent), Gutedel (11 Prozent), Riesling (7 Prozent) und Silvaner (6 Prozent).

Der Bodensee schafft durch seine große Seefläche ein ausgeglichenes Klima und läßt im Raum von Meersburg rassige Ruländer, würzige Traminer, aber auch Blaue Burgunder reifen.

Das Markgräflerland, zwischen Basel und Freiburg, bringt spritzige, leichte und milde Weine hervor, die zu 90 Prozent aus der Sorte Gutedel stammen.

Die Kaiserstuhl-Weine wachsen auf vulkanischem Boden. Hier werden wuchtige, volle Weine aus Ruländer, Gewürztraminer und Silvaner gewonnen; in Ortenau gedeiht auch ein samtiger Rotwein.

Das Anbaugebiet Breisgau liegt zwischen dem Dreisam- und Kinzigtal. Auf Buntsandstein und Löß werden volle, blumige Konsum- und Qualitätsweine erzeugt.

Das Ortenau-Weinbaugebiet liegt auf den Vorbergen des Schwarzwaldes zwischen Offenburg und Baden-Baden. Auf verwittertem Granitgestein wachsen auf den Südlagen Riesling, Traminer sowie Spärburgunder, der als Weißherbst gekeltert wird.

Pfinzgau und Enzgau liegen zwischen Pforzheim, Weingarten, Ettlingen und Durlach. Geschützt durch die Hänge des Schwarzwaldes, werden hier zarte Weißburgunder- und Auxerroisweine gekeltert.
In Kraichgau und an der Badischen Bergstraße werden um Wiesloch und Heidelberg auf Löß- und Keuperböden frische Tischweine, aber auch Qualitätsweine der Sorten Ruländer und Riesling erzeugt.
Im Badischen Frankenland werden dem Frankenwein ähnliche Weine produziert.
Entlang der Badischen Weinstraße von Basel bis Baden-Baden kann man feststellen, daß große Gebiete durch Flurbereinigung weitgehend modernisiert wurden. Dieses Gebiet ist auch durch eine hohe genossenschaftliche Erfassung der Weinerzeugung (80 Prozent) gekennzeichnet.

Mosel

Auf mineralreichen Schieferböden gedeihen vor allem Riesling und Müller-Thurgau. Dieses knapp 12.000 Hektar große Gebiet zwischen Koblenz und Trier zählt zu den landschaftlich schönsten Weinbaugebieten.

Nahe

Entlang der Nahe, windgeschützt durch den Hunsrück, wird auf 4.500 Hektar Ertragsfläche Weinbau betrieben. Bad Kreuznach ist das Weinzentrum der Nahe. An Sorten werden fast zu je einem Drittel Silvaner, Müller-Thurgau und Riesling gebaut. Die Böden sind aus Schiefer und Vulkangestein entstanden. Die Weine haben den Körper und die Fruchtigkeit der Rheinweine sowie die Eleganz und Säure der Moselweine.

Rheingau

Der Rheingau ist eines der Kerngebiete des deutschen Weinbaues, wo auf knapp 3.000 Hektar die qualitativ bedeutendsten der deutschen Rieslinge wachsen. In dem rund 40 Kilometer langen Gebiet zwischen Hochheim an der Mainmündung und Lorch am Mittelrhein liegt eine Reihe bedeutender Weinorte. In diesem Gebiet liegt auch die Weinbauhochschule Geisenheim. Der seeartig verbreiterte Rhein und die Taunushöhen schaffen ein günstiges Weinklima; zusammen auf den Tonschieferverwitterungsböden ergeben sich ideale Voraussetzungen für den Rieslinganbau. Hauptrebsorte ist der Riesling (75 Prozent), der Rest entfällt auf Müller-Thurgau (13 Prozent), Silvaner (6 Prozent), Traminer und etwas Blauer Burgunder. Die langen, milden Herbste mit einer hohen Luftfeuchtigkeit ermöglichen auch die Erzeugung von Prädikatsweinen höchster Qualität.

Rheinpfalz

Das zweitgrößte deutsche Weinbaugebiet mit 21.500 Hektar Ertragsfläche ist die Pfalz. Sie erstreckt sich vom Süden nach Norden, verlaufend von den Ausläufern des Haardtgebirges bis zur Rheinebene.
Das Gebiet ist 80 Kilometer lang und zerfällt in drei Teile. Die Oberhaardt erstreckt sich von Schweigen bis Neustadt. Auf schweren Lehm- und Lößböden werden neben Traminer, Muskateller und Ruländer vor allem milde Konsumweine aus Silvanern und Müller-Thurgaus gewonnen. In der Mittelhaardt, zwischen Neustadt und Herxheim, gedeihen auf leichten und lehmigen Böden sowie auf kalkhältigem Buntsandstein, vulkanischem Basalt und Glimmer neben vollmündigen Tischweinen die Pfälzer Rieslingweine.
In der Unterhaardt — zwischen Herxheim und Bockenheim — erzeugt man auf Lehm- und Tonböden meist milde, bukettreiche Silvanerweine.
In der Rheinpfalz sind Silvaner (20 Prozent), Müller-Thurgau (24 Prozent), Riesling (18 Prozent) und Blauer Portugieser (16 Prozent) die verbreitetsten Sorten. In kleineren Mengen werden interessante Weine der Sorten Scheurebe, Gewürztraminer, Morio-Muskat und Freisamer sowie Neuzüchtungen erzeugt.

Rheinhessen
Im „Rheinknie" bei Mainz liegt Rheinhessen. Mit 23.000 Hektar ist es das größte deutsche Weinbaugebiet.
Die Vielfalt der Weine dieses Gebietes wird durch die Verschiedenartigkeit der Böden mitbestimmt. Die bekanntesten Weinorte sind Worms, Oppenheim, Nierstein, Mainz, Bingen und Alzey.
Die Hauptrebsorten sind Müller-Thurgau (30 Prozent), Silvaner (25 Prozent) sowie der Riesling (5 Prozent); um Ingelheim spielen der Blaue Portugieser (5 Prozent) und der Blaue Burgunder (1 Prozent) bei der Rotweinerzeugung eine beachtliche Rolle.

Württemberg
Der schwäbische Wein wird fast ausschließlich von den Schwaben an Ort und Stelle konsumiert. Württemberg hat mit über 40 Liter pro Kopf einen sehr hohen Weinkonsum. 80 Prozent der Weinernte werden durch die Winzergenossenschaften übernommen und vermarktet.
Die Ertragsfläche beträgt 9.500 Hektar; es werden vor allem Trollinger (25 Prozent), Riesling (22 Prozent), Silvaner (10 Prozent), Schwarzriesling (10 Prozent), Blauer Portugieser (9 Prozent) und Müller-Thurgau (5 Prozent) gepflanzt. Württemberg ist das größte deutsche Rotweinland; es erzeugt 47 Prozent Rotwein und 53 Prozent Weißwein.
Die bekanntesten Zentren:
Im oberen Neckartal wachsen bei Tübingen, Reutlingen, Metzingen und Neuffen auf vulkanischem Boden Silvaner-Reben und geben neutrale, würzige Weine.
Im mittleren und unteren Neckartal zwischen Esslingen und Heilbronn werden auf zwei Drittel der Rebfläche volle Rotweine aus den Sorten Trollinger, Schwarzriesling und Samtrot erzeugt. Im Zabergautal zwischen Stromberg und Heuchelberg werden Trollinger, Schillerweine, aber auch Rieslinge gewonnen.
Im Weinsbergertal mit Weinsberg und Löwenstein werden auf Keuperböden milder Trollinger und würzige Rieslinge erzeugt.

Tafelweinbaugebiete
Für die Erzeugung von Tafelwein sind die vorstehenden elf „bestimmten Anbaugebiete" zu fünf „Tafelweinbaugebieten" zusammengefaßt. Diese sind: Oberrhein, Neckar, Main, Rhein und Mosel.

BULGARIEN

In Bulgarien wurde unter staatlicher Regie der Weinbau modernisiert. Er wird in erster Linie als Devisenbringer betrachtet, weshalb 80 Prozent der Weinernte vor allem in die Ostblockländer und in die BRD exportiert werden. Die 166.000 Hektar große Ertragsfläche verteilt sich über das ganze Land. Der Weißwein gilt als besser als der rote.
Es gibt neun Weinbaugebiete von recht unterschiedlicher Größe. Eines davon liegt nördlich des Balkangebirges und produziert vor allem den granatroten, blumigen Gamza-Wein, ein zweites Gebiet befindet sich an der Schwarzmeerküste und liefert den Großteil der Qualitätsweine. Die anderen Gebiete liegen im Süden und Westen des Landes und liefern Rotweine sowie schwere, süße Weißweine und trockene Muskatweine.

FRANKREICH

Frankreich zählt zu den größten, traditionsreichsten und angesehensten Weinbauländern der Welt.
Der in Frankreich erzeugte Wein wird in drei Qualitätsklassen eingeteilt: 15 Prozent einer

Durchschnittsernte entfallen auf Wein mit kontrollierter Ursprungsbezeichnung (Appellation d'origine Contrôlée, A.O.C.), 15 Prozent auf Weine mit einfacher Ursprungsbezeichnung (Vins Délimités de Qualité Supérieure, V.D.Q.S.) und 70 Prozent auf Tafelweine (Vins de consummation courante, V.C.C.).
Alle Weine aus den besten Gebieten erhalten das Prädikat „Appellation d'origine Contrôlée", da infolge der Herkunft ein entsprechendes Qualitätsniveau gewährleistet wird. Die Bezeichnung der zweiten Kategorie „Vins délimités de Qualité Supérieure" erhalten gehobene Weine aus bestimmten, ebenfalls genau festgelegten Anbaugebieten, müssen aus amtlich anerkannten Rebsorten stammen und unter bestimmten Voraussetzungen hergestellt werden. V.C.C. ist die Bezeichnung für die einfachen Tischweine, die als Wein für den täglichen Bedarf eine große Rolle spielen.
In Frankreich sind 9 Prozent der Bevölkerung in Weinbau und Weinhandel tätig. Der Weinverbrauch pro Kopf und Jahr beträgt 95 Liter; es werden somit jährlich 51 Millionen Hektoliter Wein, das sind 91 Prozent der Ernte, im Lande selbst verbraucht. Der jährliche Export beläuft sich auf knapp 9 Millionen Hektoliter, wobei mengenmäßig Deutschland mit 40 Prozent der größte Abnehmer ist. Weitere Exporte gehen nach Belgien (12 Prozent), Großbritannien (10 Prozent) in die Schweiz (8 Prozent) und nach Amerika (7 Prozent).

Die Weinbaugebiete Frankreichs

Burgund

Im Gebiete des ehemaligen Herzogtums Burgund sind Weinbau und Gastronomie seit alters her weltberühmt. Die Jahresproduktion an burgundischem Wein beträgt auf zirka 41.000 Hektar rund 2,0 Millionen Hektoliter (80 Prozent Rot-, 20 Prozent Weißwein); davon werden 45 Prozent exportiert. Der weitaus größte Abnehmer ist die Schweiz (30 Prozent), gefolgt von den USA (19 Prozent).
Die Burgund ist kein geschlossenes Weinbaugebiet, die Weinberge dieser Provinz verteilen sich über vier große Gebiete. Das bedeutendste ist die im Herzen der Burgund gelegene „Côte d'Or" mit ihren Bezirken „Côte de Nuits" und „Côte de Beaune".
Aber auch die anderen Gebiete „Chablis" (Niederburgund), „Chalonnais-Maconnais" und „Beaujolais" haben einen guten Ruf.
Die Côte d'Or ist ein etwa 60 Kilometer langer steiler Abbruch einer Hochfläche, in dessen Talebene die Saône fließt. Die Weine dieses Gebietes werden in vier Qualitätsstufen geteilt:

1. Grand Crus — Bezeichnung der Weine aus den besten Berglagen.
2. Premiers Crus — für Weine mit bestimmter Lagebezeichnung.
3. Appellation Communale — für Weine, die berechtigt sind, den Namen der Gemeinde zu führen.
4. Bourgogne — für Weine aus geringen Lagen.

Neben diesen Herkunftsbezeichnungen gibt es auch weitere Qualitätskontrollen; zum Beispiel dürfen für Rotwein nur die Qualitätssorten wie Pinot Noir (Blauer Burgunder) und für Weißwein Chardonnay gezogen werden. Auch die Erntemenge wird pro Fläche festgelegt. Bei Spitzensorten und -lagen dürfen nur 30 Hektoliter pro Hektar, bei einfachen Weinen bis zu 40 Hektoliter je Hektar geerntet werden.
Am Nordrand der Côte d'Or liegt das Gebiet Côte de Nuits. Hier werden die vollmundigsten Roten Burgunder bereitet. In Nuits St. Georges gibt es die in der ganzen Welt bekannte Weinbruderschaft „Confrèrie des Chevaliers de Tastevin", deren Mitglieder in regelmäßigen Zusammenkünften in einem alten Schloß in Clos de Vougeot die Qualitätsweine dieses Gebietes verkosten.
In Côte de Beaune werden haltbare, kräftige Rotweine, in gewissen Lagen auch leichtere Weine gekeltert. In diesem Gebiet gedeiht auch ein trockener, voller Weißburgunder.
Im Weinbaugebiet um Chablis wird aus der Sorte Weißburgunder ein aromatischer, feiner Weißwein erzeugt.

Das Gebiet Beaujolais umschließt eine 70 Kilometer lange Bergkette südlich von Mâcon. Beaujolais-Weine sind tiefrot, fruchtig und besitzen wenig Körper; es handelt sich um ziemlich alkoholreiche, aber leicht trinkbare Weine. In diesem Gebiet werden jährlich zirka 1,000.000 Hektoliter Wein auf rund 21.000 Hektar geerntet, die jung — noch vor dem nächsten Jahrgang — getrunken werden.
Nach der Stadt Mâcon ist das Weinbaugebiet von Chalonnais-Maconnais benannt. Dieses große Gebiet kann nicht an den Weltruf des südlich davon gelegenen Beaujolais-Weinbaugebietes anschließen. Der Mâcon rangiert aber deutlich vor dem Vine ordinaire.

Bordeaux

Die Weine aus dem gesamten Department Gironde tragen den Namen seiner Hauptstadt Bordeaux.
In diesem Gebiet werden auf rund 120.000 Hektar jährlich zirka 5,5 Millionen Hektoliter Wein erzeugt, im Gegensatz zum vorigen Jahrhundert heute mehr Weiß- als Rotweine.
Bordeaux exportiert jährlich über 500.000 Hektoliter, darunter die teuersten Weine Frankreichs.
Fünf von den zwanzig Gebieten dieser Region bringen Spitzenweine hervor: Medoc, Graves, St. Emilion, Pomerol und Sauternes.
Die besondere Eignung der Region Bordeaux für den Weinbau ist durch die Nähe des Meeres und viele Flußläufe bedingt, die für ein gemäßigtes und stabiles Klima sorgen.
Die bekanntesten Rotweingebiete liegen im Medoc (Ernte zirka 140.000 Hektoliter) im Gebiet nördlich der Stadt Bordeaux, entlang dem linken Ufer der Garonne und der Gironde. Sehr guten Ruf genießen auch die Weine von Sauternes: weiße Ausleseweine (sehr süß, goldgelbe Weißweine mit Edelfäulebukett) sowie Rotweine. Bordeauxweine führen oft die Bezeichnung eines „Château" im Etikett, weil oft ein Schloß den Mittelpunkt der Weingüter bildet.

Champagne

Die Champagne ist das nördlichste der französischen Weinbaugebiete und liegt nordöstlich von Paris. Es befindet sich an den Hängen einer Hügelkette, die sich aus einer kalkreichen Ebene erhebt und durch den Lauf der Marne geteilt wird. Der Name „Champagner" ist nicht nur den Weinen eines bestimmten Gebietes vorbehalten, jeder Wein muß auch ein bestimmtes Verfahren durchlaufen, bevor er diesen Namen führen darf. In der Champagne gibt es 22.000 Hektar Rebfläche, eine Ernte von 1,7 Millionen Hektoliter und rund 16.000 Weinbaubetriebe. Das ganze Gebiet läßt sich in drei Zonen einteilen, die alle mit ihrem Charakter zur klassischen Champagnermischung beitragen.
Die Montagne de Reims ist mit Reben der Sorte Blauer Burgunder bepflanzt, die als Weißweine gekeltert werden.
Die nächste Zone, das Vallée de la Marne, liefert die vollsten und reifsten, aber auch bukettreichsten Grundweine für die Champagnerherstellung.
Die Osthänge südlich von Epernay heißen Côte de Blances und sind mit Weißem Burgunder (Chardonnay) bepflanzt; sie geben dem Champagner die Frische.
Die Unterschiede zwischen den einzelnen Champagnermarken beruhen aber im wesentlichen auf der Zubereitung der cuvée, wie man den Grundwein-Verschnitt nennt.

Elsaß

Österreichische Weine kommen den elsässischen Weißweinen, insbesondere den Sorten Gewürztraminer, Rheinriesling, Weißburgunder und Muskat, am nächsten. Diese Weine haben auch am französischen Weinmarkt eine Sonderstellung erlangt.
Das elsässische Weinbaugebiet liegt in einem zirka zwei Kilometer breiten Band an der Ostflanke der Vogesen entlang dem Rhein zwischen Straßburg und Mühlhausen. Hier werden auf rund 12.000 Hektar Rebfläche jährlich 600.000 bis 900.000 Hektoliter Wein

erzeugt. Das Zentrum des elsässischen Weinbaus ist Colmar. Insgesamt wird in 440 Weinorten — reizvolle, alte Städte und Dörfer — Weinbau betrieben.

Das Loiretal

Die Loire vereinigt rund 15 Anbaugebiete, in denen überwiegend leichte Weiß-, auch Rosé- und Rotweine erzeugt werden. Die Weinbauflächen des Loiretales verteilen sich auf nahezu tausend Kilometer Landschaft mit unterschiedlichen Klima- und Bodenverhältnissen. Der Nachteil eines so nördlich gelegenen Weinbaugebietes ist seine ungleichmäßige Qualität. In guten Jahren bringen viele Loirelagen hochwertige Weine. In kalten, feuchten Jahren erreicht die Produktion hingegen nicht die volle Reife. Daraus erklärt sich auch die umfangreiche Schaumweingewinnung in den Provinzen Tourainne und Anjou. Sehr bekannt sind Weine aus Nantais, Anjou und Sancerre.

Das Rhonetal

Zu beiden Seiten der Rhone erstreckt sich zwischen Lyon und Avignon auf 200 Kilometer Länge das Weinbaugebiet der Côte du Rhone. Im Rhonetal werden überwiegend Rotweine von tiefdunkler Farbe mit vollem Körper erzeugt, die bei ihrem Ausbau eine lange Lagerung benötigen. Sie werden — in Gegensatz zu den Weinen der Burgund — nicht aus einer bestimmten Traubensorte gewonnen, sondern aus zirka zwölf verschiedenen Sorten verschnitten. Im Mittelpunkt der Rhone-Weinberge, auf den Hügeln zwischen Avignon und Orange, liegt das bekannte Anbaugebiet Châteauneuf du Pape. Hier werden jährlich auf rund 40.000 Hektar 1,6 Millionen Hektoliter Wein geerntet, die auf extremen Kieselstein-Schotterböden gewachsen sind. Die Steine nehmen die intensive Sonneneinstrahlung wie ein Backofen auf und speichern die Wärme sehr lange. Die tief dunkelroten Châteauneuf-Weine weisen daher einen hohen Alkoholgehalt (mindestens 12,5 Volumenprozent) auf.

Das Languedoc- und Roussillongebiet (Midi)

Im Languedoc wird — bei teilweise sehr hohen Erträgen — in großen Mengen Konsumwein erzeugt. Das Midigebiet erstreckt sich entlang der Mittelmeerküste um die Städte Nimes, Montpellier, Narbonne und Perpignon. Hier ist die Heimat des Vine ordinaire, der — vorwiegend rot und nicht sehr stark (zirka 10 Volumenprozent Alkohol) — als tägliches Getränk der Franzosen gefragt ist. In diese Massenweinbaugebiete sind einzelne Inseln, die auch Spezialitäten erzeugen, eingeschlossen. Solche sind vor allem Dessertweine, die, wie Portwein, mit Alkohol verstärkt werden.

Charente

Im Flußgebiet der Charente mit der Stadt Cognac als Zentrum liegt ein großes Weinbaugebiet, dessen Weine fast ausschließlich destilliert werden.

GRIECHENLAND

Griechenland war in der Antike das berühmteste Weinland und Mittelpunkt der Weinkultur. Diese Vorrangstellung hat Griechenland verloren; trotzdem sind noch immer 185.000 Hektar mit Reben bepflanzt. Die Hälfte des in Griechenland erzeugten Landweines wird mit dem Harz der Seestrandkiefer aromatisiert und so haltbarer gemacht. Dieser Wein, auch Retzina genannt, erhält dadurch einen terpentinähnlichen, für unseren Gaumen ungewöhnlichen Geschmack.
Über ein Drittel der griechischen Weinbaufläche liegt auf dem Peloponnes, dessen Spezialität vor allem Süßweine sind.
Die griechischen Inseln Samos, Rhodos, Korfu, Santorin und Kreta liefern meist süße Weine. Auf der Insel Samos wird aus getrockneten Muskateller- und Fukianotrauben unter Zusatz von Weingeist der Moskado, ein madeiraähnlicher Süßwein, erzeugt. Auf der Insel Santoria wird Vino santo, ein kräftiger, aromatischer Dessertwein nach Tokajerart, bereitet.

ITALIEN

Italien hat die zweitgrößte Weinbaufläche der Erde und steht hinsichtlich der Menge an der Spitze. Das ganze Land, ausgenommen die Alpen, die Apenninen und das Innere Siziliens, ist von Rebflächen überzogen. Mehr als 90 Prozent der Produktion — jährlich 80 Millionen Hektoliter Wein — werden im Inland konsumiert; der Jahres-pro-Kopf-Verbrauch beträgt 97 Liter. Rund 7,5 Prozent der in Italien lebenden Menschen und 2,2 Millionen Betriebe sind im Weinbau oder Handel tätig. Die Weinausfuhr betrug 1980 etwa 16 Millionen Hektoliter (aus mehrjährigen Lagern), wobei Deutschland, die Schweiz, die USA, Großbritannien, Frankreich und Österreich die Hauptabnehmer des italienischen Weines sind.

Im italienischen Weingesetz 1963 sind zwei Qualitätsbegriffe festgelegt: „Origine controllata" (kontrollierte Herkunft) und „Origine controllata e garantita" (kontrollierte und garantierte Herkunft).

Weine mit kontrollierter Herkunft erkennt man an der Bezeichnung D.O.C. in Verbindung mit einem Gebietsnamen und einer Kontrollnummer; es handelt sich um Weine aus genau abgegrenzten Anbaugebieten, die den festgelegten Produktionsvorschriften und Normen entsprechen. Die Bezeichnung D.O.C.G. ist ein besonderes Gütezeichen, das ausschließlich wertvollen Weinen verliehen wird, die auch nur in Gebindegrößen bis fünf Liter vermarktet werden dürfen.

Die Zuerkennung dieser Bezeichnungen muß beim Landwirtschaftsministerium beantragt werden, das in einem aufwendigen Verfahren darüber entscheidet.

Die wichtigsten Weinbaugebiete Italiens

Süditalien

Ein Großteil des süditalienischen Weines wird heute noch im Anbaugebiet selbst verbraucht oder zumeist als Verschnittwein verwendet.

Unter großem Kapitaleinsatz erfolgt jedoch hier eine Umstellung, die eine strukturelle Verbesserung, Anhebung der Produktivität und Verbesserung der Qualität zum Ziele hat. Einige Weinbaugebiete sind sehr bekannt. So zum Beispiel „Lacrimae Christi", Weiß-und Rotweine, die, sofern sie original sind, an den Südhängen des Vesuvs gewachsen sind.

Im Süden Italiens (Apulien), wo in den Provinzen Foggia, Bari und Lecce rund ein Viertel der gesamten Rebfläche Italiens liegt, befindet sich der Weinbau fast ausschließlich in Händen des Großgrundbesitzes. Sehr bekannt sind die farbstoffreichen Rotweine der Gegend Barletta, die unter diesem Namen als Deckwein exportiert werden. Auch der Falerner, rote und weiße Konsumweine, ist von Bedeutung. Der Marsalla, ein dunkler, sirupartiger Aperitifwein, einem Sherry ähnlich, der in Sizilien auf den Vorbergen des Ätna erzeugt wird, wird ebenfalls geschätzt.

Mittelitalien

Die bekanntesten Weine Mittelitaliens sind: Chianti, Frascati, Orvieto und Verdicchio. Sie zählen zu den bekanntesten und meist getrunkenen Weinen Italiens.

Im Bergland zwischen Florenz und Siena, also in der Provinz Toskana, ist die Heimat des Chianti. An trockenen Sandsteinhängen, die mit Reben und Olivenbäumen bepflanzt sind, werden rund 120.000 Hektoliter Wein produziert. Doch dürfte wesentlich mehr Wein anderer Herkunft auch als Chianti verkauft werden.

Der Chianti ist ein Typenwein, der aus vier Rebsorten gewonnen wird und in die bekannten, bastumkleideten Flaschen abgefüllt wird. Der Chianti Classico ist ein kontrollierter Qualitätswein (rot und weiß) dieses Gebietes.

Die Reben werden meist an Bäumen hochgezogen, wobei von Baum zu Baum Drähte gespannt oder Holzgerüste errichtet werden, an denen sich die Reben weiterranken. Diese scheinbar primitivste Form ermöglicht eine sehr billige Produktion; die Erträge schwanken zwischen 80 und 200 Hektoliter je Hektar.

Aus den Albaner Bergen bei Rom kommt ein blumiger, kräftiger und trockener Weißwein, der unter dem Namen Frascati bekannt ist.
Der einzige bekannte Wein Umbriens ist ein Dessertwein und kommt aus Orvieto.
Auch an der Ostküste Italiens wächst Weißwein, der Verdicchio, der auch in amphorenförmigen Flaschen in den Handel kommt. Dieser Tischwein hat einen vollen Geschmack und ist nicht schwer.
Die Spezialität Sardiniens sind kräftige und ungewöhnlich süße Weine; besonders beliebt ist der Vernaccia, ein trockener Weißwein, der an Sherry erinnert.

Nordwestitalien
Piemont ist das Zentrum der Weinbaugebiete an den Hängen der Alpen westlich der Poebene; hier werden tiefrote, kräftige, volle Rotweine erzeugt. Am bekanntesten sind der Barolo, ein schwerer, trockener Rotwein aus der Nebbiolorebe, und der Barbaresco, ein milder, schnell alternder Rotwein. Wie in Burgund sind auch hier Wein und gepflegtes Essen untrennbar verbunden. Im Weinbaugebiet südöstlich von Turin wird ein Großteil des piemontesischen Weines zu bekannten Wermutweinen und anderen Aperitifgetränken verarbeitet. Im Raum von Genua werden die Weißweine Polcevera und Coronata produziert.

Nordostitalien
Aus den Weinbaugebieten dieses Raumes sowie aus Süditalien wird von allen Weinbaugebieten Italiens am meisten exportiert. Ein wichtiges Zentrum ist das Anbaugebiet um Verona (Venetien), bekannt durch die Valpolicella-, Bardolino- und Soave-Weine. Der Valpollicella ist ein frischer, fruchtiger, rubinfarbiger Rotwein aus dem Gebiete des Gardasees. Der Bardolino ist heller und weniger kräftig als der Valpolicella, fast ein Rosé, und wird jung getrunken. Der Soave ist ein trockener, zartblumiger Weißwein.
An der Grenze zu Jugoslawien liegt die Provinz Friaul mit den Weißweinsorten Sauvignon, Weißburgunder und Riesling und den Rotweinsorten Merlot und Cabernet.
In der Provinz Trient werden vorwiegend Rotweine von einfacher bis guter Qualität erzeugt, die unter den Namen Teroldego, Marzemino und Valdadige angeboten werden. Im Etschtal findet man auch bereits die für Südtirol typische Pergolaerziehung.

Südtirol
Auf einer Rebfläche von 5.500 Hektar werden etwa 725.000 dt Trauben erzeugt, das ergibt einen Durchschnittsertrag von 130 dt je Hektar. Zwischen den einzelnen Jahren sind jedoch große Ertragsschwankungen zu verzeichnen, die vor allem durch die Witterungsverhältnisse im Frühjahr bedingt sind. Die Weinproduktion betrug in den letzten Jahren im Durchschnitt 600.000 Hektoliter, außerdem wurden 25.000 dt Tafeltrauben geerntet. Südtirol hat einen hohen Anteil am gesamten Weinexport Italiens, obwohl es mit seiner Traubenproduktion nur an elfter Stelle rangiert. Vor allem die Weinausfuhr in die deutschsprachigen Nachbarstaaten Bundesrepublik Deutschland, Schweiz und Österreich ist außerordentlich hoch. Im Wirtschaftsjahr 1981/82 betrug die Ausfuhr 600.000 Hektoliter. Allerdings handelte es sich zu einem hohen Prozentsatz um italienische Weine, die in Südtirol nur abgefüllt und teilweise mit Südtiroler Herkunftsbezeichnungen verkauft werden. Die Weinbereitung und Weinvermarktung sind sehr gut organisiert und erfolgt durch 21 Kellereigenossenschaften und rund 230 Privatkellereien mit einem Fassungsraum von rund 1,500.000 Hektoliter.
Im Weinbaugebiet zwischen Meran und Salurn ist das Klima ziemlich einheitlich und geradezu ideal für das Gedeihen der Rebe. Auf Grund der konstanten, für die Rebe günstigen Klimaverhältnisse, die einen Übergang von mediterranen zum kontinentalen Klima darstellen, können in Südtirol Weine von durchwegs hoher, gleichbleibender Qualität

erzeugt werden. Im Eisacktal und im Vintschgau sind Weißweinsorten für den Anbau von sortentypischen Weinen besser geeignet als Rotweinsorten, weil die Temperatur niedriger liegt als im Hauptweinbaugebiet. Die Reben werden hauptsächlich in Höhen zwischen 200 und 500 Meter über dem Meeresspiegel an den Südhängen und in Siffiau am Ritten bis 900 Meter angebaut.

Durchschnittliche Klimawerte von Südtirol

Jahresniederschlagsmenge	700 mm
Jahressonnenscheindauer (Bozen)	1913 Stunden
Sonnenscheindauer Sommer	1175 Stunden
Jahresmittel der Lufttemperatur	11,5 bis 11,8 Grad Celsius
Monatsmittel der Lufttemperatur im Dezember	1,0 Grad Celsius
Monatsmittel der Lufttemperatur im Juli	21 bis 23 Grad Celsius

Geologisch handelt es sich bei den weinbaulich genutzten Böden um Hang- oder Terrassenlagen auf Lockersedimenten. Die Böden zeichnen sich im allgemeinen durch gute Durchlüftung und rasche Erwärmung aus. Der Weinbau wird im Bozner Becken auf Porphyr, Dolomit, in Eppan auf Porphyr, Grödner Sandstein, in Kaltern auf Mendel-Dolomit, Grödner Sandstein, in Kurtatsch auf Geschiebe-Mergel, in Meran auf Gneis, Schiefergneis und in Terlan auf Porphyr betrieben.
Die in diesem Gebiet überwiegend anzutreffenden Bodentypen sind Ranker und Braunerden, in den Kalkgebieten Pararendsinen und Rendsinen.
Die meisten Weinbaubetriebe in Südtirol besitzen auch Obstanlagen, so daß die durchschnittliche Gesamtbetriebsfläche etwa 3,0 Hektar beträgt, davon entfallen auf die Rebfläche rund 1,0 Hektar.
Zu den zehn renommiertesten Gemeinden in Südtirol zählen:
Eppan (1100 Hektar), Kaltern (800 Hektar), Bozen (700 Hektar), Kurtatsch (320 Hektar), Salurn (300 Hektar), Tramin (280 Hektar), Margreid (200 Hektar), Terlan (190 Hektar), Montan (150 Hektar) und Neumarkt (190 Hektar).

Gebietsmäßig verteilen sich die Weinkulturen wie folgt:

Eisacktal	280 Hektar
Vintschgau	70 Hektar
Meran und Umgebung	510 Hektar
Bozen und Umgebung	
Terlan, Andrian, Überetsch und Unterland	4.690 Hektar

Wie in allen Weinbaugebieten der Europäischen Wirtschaftsgemeinschaft dürfen nur die im Rebsortenregister eingetragenen Sorten angebaut werden. Flächenmäßig sind die Rotweinsorten mit 82,5 Prozent sehr stark vertreten. Der Anteil der Weißweinfläche dürfte in der nächsten Zeit etwas zunehmen.
Im Gesamtsortiment steht die Vernatschgruppe mit zwei Drittel und innerhalb des Rotweinflächenanteils mit rund 80 Prozent weitaus an der Spitze. Die übrigen Rotweinsorten sind der Lagrein, Blauburgunder, Merlot und andere Rotweinsorten. Weißwein wird aus den Sorten Weißburgunder, Ruländer, Gewürztraminer, Grüner Silvaner und anderen Weißweinsorten erzeugt.
In letzter Zeit gewinnt die Sektproduktion an Bedeutung.
Es werden in 7 Privatkellereien und einer Winzergenossenschaft Sekte erzeugt.

JUGOSLAWIEN

Weinbau wird in fast allen Teilen des Landes, vor allem in den Flußtälern, betrieben. Zu zwei Drittel werden Weißweine produziert.

Der Anbau verteilt sich auf fünf Weinbaugebiete:
Das slowenische Weinbaugebiet schließt an das steirische an; die Weine sind daher den österreichischen ähnlich.
In Dalmatien wird entlang der Küste — meist auf Kleinflächen — Weinbau betrieben. Bei Mittelmeerklima und auf den kalkreichen Karstböden reifen tiefdunkle, schwere, samtig milde Rotweine (bis 18 Volumenprozent Alkohol). Aus den Sorten Cabernet, Blauburgunder und Merlot werden zwischen Split und Dubrovnik säurearme, schnell alternde Weine unter den Namen Dingac und Plavac erzeugt.
In Serbien befindet sich im Südosten von Belgrad eines der größten Anbaugebiete Jugoslawiens; die wichtigsten Sorten sind Riesling, Silvaner und Traminer.
In der Herzegowina werden süße und trockene Weißweine aus der Sorte Zilavka erzeugt.
In Makedonien wird nördlich von Skoplje ein schwerer, dunkler Rotwein erzeugt und unter den Namen Amselfelder Spätburgunder und Türkenblut in den Verkauf gebracht (11.000 Hektoliter Export).

LUXEMBURG

An den Südhängen der oberen Mosel in Luxemburg wird seit alters her Wein angebaut. Die Weine zeichnen sich durch Fruchtigkeit und etwas höheren Säuregehalt aus. Die wichtigsten Sorten sind Rheinriesling, Weißburgunder, Müller-Thurgau und Elbling. Qualitätsweine in Flaschen tragen als staatliches Gütesiegel die „Marque Nationale".

MALTA

Auf Malta werden Rotwein und ein leicht süßer Weißwein produziert.

PORTUGAL

Portugal hat in verschiedenen Teilen des Landes einen sehr umfangreichen Weinbau, rund 15 Prozent der gesamten Bevölkerung leben von Weinbau und Weinhandel. Ein Großteil der Produktion wird im Lande selbst getrunken, als Exportartikel hat vor allem der Portwein, in jüngster Zeit auch der Roséwein (Mateus) große Bedeutung.

Die wichtigsten Anbaugebiete sind:
Die Provinz Minho im Norden (Vinhos verdes), das Dourotal (Portwein), das Dao-Hochland, nördlich von Lissabon das Colaresgebiet und südlich davon Moscatel de Setúbal sowie die Insel Madeira.

Vinhos verdes
Im Norden des Landes wird auf Granitböden unter dem Namen „Vinho verde" (= grüner Wein) ein frischer, spritziger Weißwein von leichter, unreifer Art (viel Säure) erzeugt. Die Reben werden in pergolaähnlicher Erziehung mit Granitsäulenunterstützung baumhoch gezogen. Für den Export werden diese Weine oft gesüßt, und so wird ihre frische Art überdeckt.

Dourotal
Der Douro durchfließt, aus Spanien kommend, ein 500 bis 600 Meter tiefes Tal. Auf breiten Terrassen, felsigem Boden, gedeiht der Grundwein für die Portweinbereitung. Die Port-

weinlagen werden in sechs Klassen eingeteilt, wobei auf geringe Erträge (maximal 0,6 Liter je Rebstock), die Höhe und Exposition der Lage (möglichst unterhalb 500 Meter) und Steilhang sowie den Sortenbestand großer Wert gelegt wird. Portwein wird gewonnen, indem man teilvergorenen Rotwein in ein zu einem Viertel mit Weindestillat gefülltes Faß gibt. Dadurch wird die Gärung gestoppt, so daß die Mischung stark und süß zugleich ist. In sogenannten Pipes (länglichen Fässern mit 520 Liter Inhalt) lagert Portwein mehrere Jahre lang. Ein Großteil wird nach England exportiert.
Im **Daogebiet,** einer hochgelegenen Gebirgslandschaft mit Granitböden, werden rote und weiße Tischweine sowie Roséweine erzeugt.
Nördlich und westlich von Lissabon wird ein leichter Rotwein namens **Colares** angebaut.
Moscatel de Setúbal heißt das Gebiet südlich von Lissabon, wo Muskat-Dessertweine erzeugt werden.

Madeira

Madeira ist eine vulkanische Insel, die zirka 600 Kilometer vor der marokkanischen Küste liegt und zu Portugal gehört. Auf steilen Lagen werden im warmen Meeresklima und auf vulkanischen Verwitterungsböden die Trauben zu extremer Reife gebracht. Den heutigen Madeira unterteilt man nach den vier Traubensorten, aus denen er bereitet wird, und dem Zeitpunkt des Branntweinzusatzes. Der süßeste ist der Malmsey, ein dunkelbrauner, blumiger Dessertwein mit leichtem Beigeschmack nach gebranntem Zucker, der für jeden Madeira typisch ist. Der Bual ist leichter und nicht so süß. Der Verdelho ist noch weniger süß, jedoch weich und hat einen leichten Honiggeschmack. Der Sercial ist der trockenste Madeiraweißwein.

RUMÄNIEN

Unter den rasch expandierenden Weinländern des Balkans dürfte bei Weißweinen Rumänien das größte Qualitätspotential haben. Rumänien hat innerhalb von 15 Jahren die Weinbaufläche verdoppelt und ist dadurch unter den europäischen Weinbauländern an die sechste Stelle vorgerückt. 16 Prozent der Anbaufläche gehören dem Staat, 50 Prozent sind im Besitz von örtlichen Genossenschaften und der restliche Teil von 34 Prozent befindet sich in privater Hand.
Die Weine sind fruchtig, bukett- und körperreich. Je nach Standort werden trockene Konsum- und Qualitätsweiß- und -rotweine sowie weiße Süßweine produziert.

Es gibt vier Hauptanbaugebiete für Wein:
Die **Dobrudscha,** ein Gebiet zwischen der Donau und dem Schwarzen Meer, das zu den bekanntesten rumänischen Weinbaugebieten zählt. Das Zentrum ist Murfatlar.
Im Weinbaugebiet von **Siebenbürgen** mit dem Banat werden aus zahlreichen Traubensorten vor allem Qualitätsweine gekeltert.
Die **Walachei** liegt südlich der Karpaten; hier werden kräftige, bukettreiche Rotweine aus Cabernet und Blauburgunder erzeugt.
Das **Moldaugebiet** liegt östlich der Karpaten und erzeugt aus den Sorten Furmint und Mädchentraube gehaltvolle Tisch- und weiße Süßweine.

SCHWEIZ

Obwohl die Schweiz zu den wichtigsten weinimportierenden Ländern zählt, hat es auch eine angesehene eigene Produktion. Im Rhonetal (Wallis) und an den sanften Berghängen des Genfer Sees (Waadt) säumt ein fast geschlossener Gürtel von Weinbergen die Landschaft. Die höchsten Weinberge Europas liegen 1200 Meter hoch bei Visperterminen im Wallis (Gletscherweine).

Die Weinbaugebiete in den Kantonen Wallis, Waadt und Genf sind die größten der Schweiz und liefern mehr als drei Viertel der Schweizer Gesamterzeugung; vier Fünftel davon sind Weißweine. Der bekannteste Rotwein des Wallis ist der Dôle, erzeugt aus den Sorten Blauburgunder und Gamay. Silvaner und Ruländer (Malvoise) sind die anderen Walliser Rebsorten.
Im Kanton Waadt, am Nordufer des Genfer Sees, wachsen zwischen Montreux und Lausanne sowie bei Genf trockene, milde und fruchtige Weine aus der Sorte Gutedel (Chasselas), die unter dem Namen Fendant vermarktet werden.
Weitere wichtige Anbaugebiete liegen am Neuenburger- und Bieler See, wo auf Kalkböden der bekannte Fendant-Gutedel erzeugt wird. Hier gedeihen auch Silvaner, Müller-Thurgau und Riesling. Auch in der Ostschweiz und im Tessin befinden sich kleinere Anbaugebiete. Die meisten weine werden im Lande selbst getrunken, bei Weißwein ist die Schweiz in guten Jahren autark.

SOWJETUNION

In der Sowjetunion versucht man seit den fünfziger Jahren den Weinkonsum auf Kosten des Wodkakonsums auszuweiten. Die Rebfläche wurde daher von 400.000 Hektar im Jahre 1950 auf rund 1,257.000 Hektar vergrößert. Damit ist die UdSSR eines der größten Weinländer der Erde.
Der sowjetische Weinbau erstreckt sich von der Moldauischen Republik im Westen über die Schwarzmeerküste (27 Prozent der Gesamtweinbaufläche) über Georgien bis nach Armenien an der türkischen Grenze. Aber auch in der Ukraine (20.000 Hektar), in Aserbaidschan und Turkestan werden Reben gepflanzt. Neuerdings wird auch in der mittelasiatischen Republik Usbekische-Kasachische-Kirgisische SSR Weinbau betrieben. Insgesamt gibt es in 11 von 15 Sowjetrepubliken Weinbau.
Die moldauischen Weinbaugebiete bauen die übernommenen rumänischen Reben, aber auch neue Sorten, wie Cabernet und Aligote.
Der Fetjaska ist ein trockener Weißwein, der Negru de Purkar der traditionell trockene, fruchtige Rotwein. Romanesti wird — ähnlich wie in Bordeaux — aus Cabernet und Merlot Marlbec bereitet, der Tshumai ist ein Dessertwein aus der Cabernet. Trifesti und Gratiesti sind weiße Dessertweine.
Auf der Halbinsel Krim, an der Kaukasischen Schwarzmeerküste und in Georgien werden vorzügliche, sehr wuchtige Rotweine produziert. Der Massandra-Muskat ist voll und bräunlich wie der Frontignan aus Südfrankreich. Trockene, körperreiche Weißweine sind der Kokur Nischnegorski und der Silvaner Feodosiiski. Der Aluschta gilt als bester Rotwein, beim Soleschmaya Dolina und Tschorni Doktor handelt es sich um einen weißen beziehungsweise roten Dessertwein.
Auf Schaumweinerzeugung ist man auf der Krim und im Don-Becken bei Rostow spezialisiert. Sehr beliebt ist der rote, süße und schäumende Zimlianskoje. Südlich von Krasnodar wird der russische Export-Riesling bei Anapa angebaut. Der Tschiornij Glaza ist Rußlands Portwein.
In Armenien, Aserbaidschan und im Gebiet am Kaspischen Meer bis Machatschkala werden Dessertweine erzeugt. Alle bekannten Sorten sind süße, starke, rote, braune oder weiße Weine, einige mit madeiraähnlichem Geschmack. Die einzige Ausnahmen sind der Matrasa und der Sadilli, ein roter beziehungsweise weißer Tischwein aus Baku.

SPANIEN

Spanien hat zwar die größte Weinbaufläche der Welt, erreicht aber nur die Hälfte der italienischen Weinerzeugung. Die spanischen Weine werden meist als Deck- oder Verschnittweine in den Handel gebracht. In Nord- und Mittelspanien wachsen bekömmliche Tischweine, in Ost- und Südspanien hingegen werden mehr Dessertweine hergestellt.

Spanien besitzt drei Hauptanbauzentren:
Das Gebiet um Jérez (Sherry), das Ebrogebiet (Rioja) und die Mittelmeerküste (Malaga, Alicante, Valencia, Tarragona).
Jérez de la Frontera ist der Name der Stadt, die dem Sherry den Namen gegeben hat. Auf einem extremen Kalkboden gedeihen unter der großen Hitze überaus schwere und vollmundige Weine mit bernsteinartiger Farbe. Die meisten Sherrysorten, die in den Handel kommen, sind mit Traubensaft gesüßte und mit Weindestillat verstärkte Mischungen aus mehreren Sorten und verschiedenen Jahrgängen. Die echten Sherrys sind jedoch durchwegs ungesüßte, trockene, hocharomatische Südweine. Die helleren, leichteren Sherryweine (15 bis 16 Volumenprozent) werden Finos genannt, die dunkleren, schwereren Sherrys (18 bis 19 Volumenprozent) Olorosos.
Im Quellgebiet des Ebro, in der fruchtbaren Landschaft im Nordosten des Landes, wächst der Rioja. Die roten Rioja-Weine werden zwei bis drei Jahre in Fässern gelagert und sind dunkle, aber fruchtige Weine.
Auch die weißen Rioja-Weine werden oft vier bis fünf Jahre lang im Faß gelagert. Erst wenn sie goldfarben und infolge der Oxidation ziemlich flach geworden sind, betrachtet man sie als ausgebaut.
Entlang der Mittelmeerküste gibt es mehrere Weinbauzentren. In Katalonien — einer der Küstenprovinzen — werden schwere, dunkle Rotweine für Verschnittzwecke produziert; man trifft hier ferner die größten Schaumweinkellereien der Welt. Als Deck- und Verschnittweine sind die aus dem Raum von Alicante kommenden Weine bekannt.
Das warme Binnenklima von Montilla läßt Trauben mit einem noch höhren Zuckergehalt reifen, der schnell fermentiert, so daß in diesem Gebiet der Sherry einen Doppelgänger gefunden hat. Auf Kalkboden (wie in Jérez) wachsen hier Süßweine.

UNGARN

Von der 168.000 Hektar großen Rebfläche dieses Landes befinden sich mehr als die Hälfte auf Sandböden, die in der großen Donau-Tiefebene im Süden des Landes liegen. Der dort erzeugte Wein setzt sich je zur Hälfte aus dem roten Kardarka und Welschriesling (Olaz-Risling) zusammen. Dieser gibt einen leichten, weichen und nicht charaktervollen Wein.
Der andere Teil der Weinbaufläche verteilt sich auf das Hügelland, das sich vom Südwesten bis zum Nordosten des Landes erstreckt, wo es in den Tokajer Bergen ausläuft.

Gebietsmäßig gliedert sich Ungarn in:
Das Plattenseegebiet (Balatongebiet)
Um den Plattensee wachsen extraktreiche, starke (14 bis 15 Volumenprozent) Weine. Das Nordufer des Plattensees hat eine geschützte Lage mit guter Sonneneinstrahlung sowie den klimatisch ausgleichenden Einfluß des Sees. Auch der Boden, eine Kombination aus Sandstein und vulkanischem Gestein, ist für den Weinbau günstig. Neben Welschriesling, Furmint (Mosler) findet man die Rotweinsorte Blaustengler (Keknyelu).

Das Villany-Pecser-Weinbaugebiet (Fünfkirchen) erstreckt sich südlich vom Plattensee und reicht bis zur jugoslawischen Grenze. Bekannt sind die Rotweine, die aus dem Blauen Kardarka, Blauen Portugieser und Blauen Burgunder erzeugt werden.

Das Ödenburger Gebiet (Sopron) liegt an der österreichischen Grenze am Neusiedlersee. Neben den alten ungarischen Sorten Ezerjo, Tausendschön und anderen werden auch Grüner Veltliner, Welschriesling und vor allem ein schwerer Rotwein aus der Sorte Blaufränkisch (Kekfrankos) gebaut.

Das Schömlauer Weinbaugebiet liegt zwischen den Flüssen Raab und Rapcza. Aus den Sorten Silvaner, Furmint, Ezerjo, Welschriesling, der sehr süßen Alföditraube (Sarfener) und der Sorte Lämmerschwanz (Jufarku) werden feurige Weine mit Auslesecharakter erzeugt.
Im Morer Weinbaugebiet wird an den Hängen des Vertesgebirges aus der Sorte Ezerjo ein extraktreicher süßlicher Wein erzeugt. Ein Teil dieses Gebietes liegt auf reblausimmunen Sandböden.
Das Erlauer Weinbaugebiet (Eger) liegt nordöstlich der Donau (zirka 100 Kilometer von Budapest entfernt) an den sonnigen und windgeschützten Hängen des Bükkgebirges. Es ist das zweitgrößte Weinbaugebiet Ungarns; sein bekanntester Wein ist der Bikàver (Stierblut), ein extraktreicher, halbsüßer, dunkler Rotwein aus den Sorten Kadarka, Cabernet, Sauvignon und Portugieser. Heute wird neben Rotwein auch der weiße Leanyka (= Mädchentraube) ausgepflanzt.
Das Tokajer Weinbaugebiet liegt an der oberen Theiß, an den Hängen der Hegyalja-Berge, am Fuße der Karpaten. Hier gedeihen Ungarns berühmteste Weißweine. Die Tokajer Berge sind erloschene Vulkane, der typische Boden ist aus verwittertem Trachyt und Rhyolit entstanden. Er ist kalkarm, stark eisenhältig und daher oft tiefrot gefärbt. Das Klima ist streng kontinental. Aus den Sorten Furmint (Gelber Mosler, Tokajer), Harslevelü (Lindenblättriger) und Muskateller werden die Ausbruch-(Aszu-)Weine in der Form bereitet, daß dem einjährigen Wein ein bis fünf Butten Trockenbeeren zugesetzt werden. Der einfachste Tokajer ist der Szamorodner („wie er gewachsen ist"), ein kräftiger, dunkelgelber Wein mit etwas bitterem Nachgeschmack. Die wertvollste Qualität ist der Aszu (Ausbruch), ein durch Zufügen von Trockenbeeren angereicherter Wein, wobei die Zahl der Butten Trockenbeeren angegeben wird. (Eine Butte enthält 25 Liter oder 12 bis 15 kg Trockenbeeren.)

TSCHECHOSLOWAKEI

Die Weinbaugebiete der CSSR liegen vor allem in der Slowakei (75 Prozent) und in Südmähren, doch findet man kleinere Anbaugebiete auch in Böhmen, an der Elbe, also unter klimatisch sehr differenzierten Bedingungen. Die Anbaufläche beträgt 45.000 Hektar, es werden im Charakter sehr vielfältige Weine gewonnen. Generell lassen sich die Weine der östlichen Slowakei mit solchen aus Ungarn vergleichen, die Weine in Mähren und der Westslowakei weisen eine Ähnlichkeit mit österreichischen Weinen auf, während für die Weine in Böhmen deutsche und zum Teil auch französische Vorbilder erkennbar sind.
Auf 70 Prozent der Anbaufläche wird Weißwein gebaut; vor allem Müller-Thurgau, Neuburger, Muskat-Ottonell, Grüner Veltliner, Frühe von der Lahn, Silvaner, Mädchentraube, Ruländer, Rheinriesling, Welschriesling, Sauvignon und Semmillon.
Unter den Rotweinen sind Portugieser blau, Burgunder blau und Cabernet erwähnenswert. Zu den beliebtesten Weinen der CSSR zählen der Blatnicky Rohác, der aus dem Weinbaugebiet Znaim stammt, zu den besten slowakischen Weinen gehören die Tokajer. Unter den Rotweinen sind Skaliker Rubin sowie der aus Mähren stammende rubinrote Slováky Rubin bekannt. Die inländische Weinerzeugung vermag den Bedarf nicht zu decken, die benötigten Weine werden vornehmlich aus Ostblockstaaten eingeführt.

DER WEINBAU IN AFRIKA

Afrika hat insgesamt 420.000 Hektar Weinbaufläche und erntet von dieser jährlich elf Millionen Hektoliter Wein, 290 Millionen Kilogramm Tafeltrauben und 22 Millionen Kilogramm Rosinen.

Weinbauflächen und Erträge afrikanischer Länder 1981

Länder	*Weinbau-* fläche in 1.000 Hektar	*Wein-* erzeugung in 1.000 Hektoliter	*Tafel-* trauben-erzeugung in 1.000 dt*)	*Rosinen-* erzeugung in 1.000 dt*)	*Weinver-* brauch in l je Kopf d. B. und Jahr
Afrika gesamt	420	11.618	2.922	218	—
Algerien	190	2.661	380	10	1.2
Marokko	50	515	750	6	0.2
Südafrikanische Republik	114	7.726	437	182	8.3
Tunesien	31	556	250	—	3.1
Ver. Arab. Rep.	14	40	—	—	—

*) Zahlen von 1979

ALGERIEN

Die Anbaufläche Algeriens betrug im Jahre 1860 nur 4600 Hektar und vergrößerte sich vor allem infolge der Kolonisation durch die Franzosen im 19. Jahrhundert. Nach Erreichen der Unabhängigkeit ging die Weinbaufläche wieder zurück. Jedoch arbeiten 40 Prozent der Erwerbstätigen im Weinbau. Algerien ist zur Zeit das größte afrikanische Erzeugerland, verbraucht aber nur sehr wenig im Lande selbst. Bis Anfang der Sechziger Jahre erzeugten Algerien, Marokko und Tunesien nahezu 10 Prozent der Weltweinernte, wovon zwei Drittel fast ausschließlich in den französischen Markt exportiert wurden. Nach der Unabhängigkeitserklärung von Algerien im Jahre 1962 konnte nur mehr ein Teil der früheren Einfuhrmenge in Frankreich abgesetzt werden, wodurch die Erzeugung algerischer Weine sehr stark gefährdet wurde. Es wurden daher neue Märkte, vor allem in Osteuropa und Deutschland, erschlossen; diese Länder werden heute vielfach mit einfachen Weinen aus Algerien überschwemmt. In Zukunft wird Algerien gezwungen sein, die Massenanbauflächen der Ebenen aufzugeben und das Augenmerk mehr auf die Qualitätsproduktion in den Berglagen zu lenken. Es können dort frische, trockene Roséweine, aber auch sehr gute Rotweine gekeltert werden. Die Weißweine entsprechen nicht immer unserem Geschmack.

MAROKKO

Marokko ist das jüngste der nordafrikanischen Weinbauländer und wurde ebenfalls durch die französische Kolonisation geprägt. Vor allem um die Hauptstadt Rabat befinden sich vielfach moderne Rebanlagen.

SÜDAFRIKANISCHE REPUBLIK

Dieses Land hat sich in den letzten Jahrzehnten nicht nur zu einem führenden Exportland von Qualitätsweinen entwickelt, es ist auch hinsichtlich der Struktur und in der Technologie international führend. Das südafrikanische Anbaugebiet wird in zwei Regionen eingeteilt: Die eine liegt am Kap und wird vom atlantischen Klima stark beeinflußt (Küstenregion), die andere Region befindet sich im Tal des „Little Karoo", einem Trockengebiet, das vielfach bewässert werden muß.
Im flächenmäßig größten Weinbaugebiet Worcester bereitet man auch gespriteten Wein und Weinbrand, da in Südafrika der Verbrauch an Spirituosen sehr hoch war und sich erst in letzter Zeit ein Trend zum Weintrinken abzeichnet. Im Weinbaugebiet um Paarl

und Stellenbosch wird Wein vom Sherrytyp erzeugt, aber auch dunkle, vollfruchtige Rotweine werden gekeltert. Die beste Weißweinsorte heißt Steen und gibt trockene Weine, es können davon aber auch Spätlesen und Süßweine erzeugt werden. Weiters sind die Sorten Riesling und Clairette-Blanche verbreitet. Der südafrikanische Weinexport verteilt sich auf folgende Länder:
Großbritannien (38 Prozent), Kanada (28 Prozent), Skandinavien (2 Prozent), das übrige Europa (5 Prozent) und andere Staaten (27 Prozent).

TUNESIEN

In Tunesien werden überwiegend einfache, aber auch Qualitätsrotweine erzeugt; insbesondere als Spezialitäten bekannt sind Roséweine und Dessertweine aus Muskatsorten.

VEREINIGTE ARABISCHE REPUBLIK

Das alte Ägypten gilt als eines der ältesten Weinbauländer der Erde. Es gibt hierüber Bilddarstellungen aus der Zeit um 3500 vor Christus. Durch den Übergang zum mohammedanischen Glauben verlor der Weinbau an Bedeutung. Heute werden Rotweine produziert.

DER WEINBAU IN AMERIKA

Auf dem amerikanischen Kontinent gibt es insgesamt 943.000 Hektar Weinbaufläche, worauf jährlich 48 Millionen Hektoliter Wein, 10 Millionen Tonnen Tafeltrauben und 216 Millionen Tonnen Rosinen geerntet werden. Die gegenwärtigen Investitionen, mit denen die Neue Welt ihre Weinwirtschaft ausbaut, lassen erwarten, daß der Wein vielleicht zum Alltagsgetränk wird.

Weinbauflächen und Erträge amerikanischer Länder 1981

Länder	Weinbaufläche in 1.000 Hektar	Weinerzeugung in 1.000 Hektoliter	Tafeltraubenerzeugung 1.000 dt*)	Rosinenerzeugung in 1.000 dt*)	Weinverbrauch in l je Kopf d. B. und Jahr
Amerika gesamt	943	48.213	10.173	2.686	—
Argentinien	324	21.633	433	25	75
Brasilien	60	2.900	2.500	—	3
Chile	125	5.400	2.000	21	48
Kanada	12	520	90	—	8
Mexiko	62	190	750	140	0.3
USA	283	16.300	3.900	2.500	8

*) Zahl von 1979

Argentinien

Südamerika erzeugt fast ein Zehntel der Weltweinproduktion, wobei nur ein Teil ausgeführt wird.

Argentinien ist das größte amerikanische Erzeugerland und umfaßt die Hälfte der südamerikanischen Anbaufläche. 70 Prozent der Weingartenfläche liegen im Gebiet Mendoza am Fuße der Anden. Das Klima ist trocken und warm; die ausgedehnten, ebenen Rebflächen werden mittels Kanälen bewässert. In riesigen Weinkellereien werden überwiegend rote Konsumweine und Qualitätsweine erzeugt.

Brasilien

Weinbau wird nur im äußersten Süden des Landes, im Bundesstaat Rio Grande do Sul, betrieben. In gemäßigtem, feuchtwarmem Klima gedeihen überwiegend Konsumweine, die im Inland verbraucht werden.

Chile

Die chilenischen Weinberge liefern zwar die besten südamerikanischen Weine, jedoch von sehr unterschiedlicher Qualität. Das Weinbaugebiet erstreckt sich auf 3000 Kilometer Länge über das ganze Land. Die nördlichen Weinbaugebiete haben fast keine Niederschläge, in Arica (Nordchile) fällt nur 1 Millimeter Niederschlag. In den südlichsten Weinbaugebieten ist mit Niederschlägen bis zu 2540 Millimeter im Jahr zu rechnen. Ein günstiges Weinbaugebiet liegt um Santiago de Chile mit einer jährlichen Niederschlagsmenge von zirka 370 Millimeter.
Im Aconcaguatal werden durch künstliche Bewässerung Weine von hervorragender Qualität erzeugt.

Kanada

Das Hauptanbaugebiet mit überwiegend Direktträgerreben ist die Halbinsel Niagara zwischen dem Erie- und dem Ontariosee. Die heimische Produktion wird durch steuerliche und kalkulatorische Vorteile gegenüber den Importweinen geschützt.

Mexiko

Mexiko pflanzt zwar seit dem 16. Jahrhundert Reben, doch gedeihen in den heißen Zonen keine Qualitätsweine. Auf 62.000 Hektar werden 1,9 Millionen Hektoliter Wein erzeugt.

USA

In den Vereinigten Staaten gibt es zwei traditionelle Weinbauregionen: die des Westens und die der Ostküste. Aber auch in den US-Staaten Oregon und Washington, Missouri, Ohio, Maryland und Virginia gibt es trotz schlechterer Klimabedingungen als in Kalifornien junge, expandierende Weinbaugebiete.
Das größte Anbaugebiet Nordamerikas liegt mit 83 Prozent der Produktion in Kalifornien. Es läßt sich in ein Küsten- und ein Binnengebiet einteilen. Das Napa-Tal ist Zentrum der Qualitätsweinerzeugung und bringt vollmundige, kräftige Rot-, aber auch Weißweine hervor. Weitere bekannte Weinbaugebiete sind Santa Rosa mit der größten Sortenvielfalt Kaliforniens. Unter diesen befinden sich auch sehr fruchtige Weine. Um Cucamonga, vor den Toren Los Angeles, werden vor allem schwere Tisch- und Dessertweine erzeugt. Im flachen, fruchtbaren Central Valley sind Wein- und Tafeltraubenanbau von gleicher

Bedeutung. In diesem sehr heißen Klimagebiet werden auch Weine vom Sherrytyp gewonnen. Ein zukunftsträchtiges Weinbaugebiet befindet sich am südlichen Zipfel Kaliforniens, unmittelbar südöstlich der Bai.
Das Weinbaugebiet der Ostküste liegt im Norden des Staates New York, zirka 300 Kilometer von New York City entfernt. Das Klima ist extrem kontinental, also charakterisiert durch heiße Sommer und kalte Winter. Diese extremen Witterungsbedingungen haben die Vitis-vinivera-Bestände häufig vernichtet, so daß die Winzer früher natürliche Hybriden der amerikanischen Reben Vitis Labrusca, Rotundifolia und Riparia pflanzten. Diese Sorten sind zwar widerstandsfähiger und relativ ertragreich, geben aber Weine mit einem unverkennbaren Fox-Geschmack. Sie wurden ersetzt durch andere Direktträger, wie Baco I, Seibel-Züchtungen und Seyve-Villard 5276. Man verschneidet diese Direktträger mit kalifornischen Weinen, um ihre ausgeprägte Eigenart zu mildern.

DER WEINBAU IN ASIEN

Eine der Ursachen, daß sich die Rebe auf diesem Kontinent nicht stärker verbreitet hat, ist in den vorherrschenden Religionen, die jeglichen Weingenuß verbieten, gelegen. Darüber hinaus ist aber auch im asiatischen Temperament eine Erklärung hiefür zu suchen.
Der asiatische Kontinent umfaßt heute 1,457.000 Hektar Weinbaufläche und erzeugt auf dieser 3,1 Millionen Hektoliter Wein, 16,7 Millionen Tonnen Tafeltrauben und 216 Millionen Tonnen Rosinen im Jahr.

Weinbauflächen und Erträge asiatischer Länder 1981

Länder	Weinbaufläche in 1.000 Hektar	Weinerzeugung in 1.000 Hektoliter	Tafeltrauben- in 1.000 dt*)	Rosinenerzeugung in 1.000 dt*)	Weinverbrauch in l je Kopf d. B. und Jahr
Asien gesamt	1.457	3.191	16.735	2.680	—
China	37	—	—	60	
Indien	95	—	—	—	—
Japan	30	456	3.519	—	0,4
Türkei	801	400	7.800	1.200	0,6
Irak	55	—	—	—	—
Iran	182	—	300	700	—
Israel	7	205	250	—	—
Jordanien	4	10	120	—	—
Libanon	21	40	880	—	—
Syrien	94	80	2.000	70	—
Zypern	50	1.950	266	30	9

*) Zahl von 1979

Japan

Die Rebfläche Japans liegt zur Zeit bei 30.000 Hektar, wobei die Rebkulturen erst in diesem Jahrhundert entstanden sind. Gerade in letzter Zeit werden westliche Gewohnheiten in großem Stil angenommen, darunter auch die Kultur des Weintrinkens. Das japanische Klima ist für den Weinbau geeignet, die hohe Luftfeuchtigkeit bewirkt jedoch ein starkes Ausbreiten von Pilzkrankheiten. Aus diesem Grunde sind Hybriden stärker verbreitet.
Die japanische Gesamtweinerzeugung von 180.000 Hektoliter kommt fas ausschließlich aus Kofu und Katsunuma in der Provinz Jamanaschi, westlich von Tokio.

Türkei

Die Türkei verfügt über die fünftgrößte Rebfläche der Welt und ist der größte Erzeuger in Vorderasien. Es werden aber nur drei Prozent der Trauben zu Wein verarbeitet, der Rest wird der Rosinen- und Tafeltraubenerzeugung zugeführt. In den Gebieten um Thrakien, Marmara und an der ägäischen Küste wird der meiste Wein erzeugt.

Vorderasien

In Vorderasien wird wohl die Wiege des Weltweinbaues vermutet, doch hat heute der Weinbau in diesen Ländern nur mehr geringe Bedeutung. Die wichtigsten Weinbauländer sind die Türkei und Israel; man kultiviert die Rebe aber auch in Syrien, Jordanien und im Libanon. Entsprechend dem warmen, trockenen Klima werden Rotweine, die meist dunkel und kräftig sind, erzeugt.

Israel

Für europäische Verhältnisse ist der Weinbau in Israel am interessantesten; das Land verfügt über eine sehr moderne Produktion und kann speziell auf dem Gebiete der Beregnung Interessantes bieten. Große Teile sind mit französischen Rotweinsorten und den Weißweinsorten Semillon und Muskat bestockt. Im übertragenen Sinn kann dieses Land zugleich als das älteste und jüngste Weinbauland der Erde bezeichnet werden, da einerseits über den Weinbau bereits im Alten Testament berichtet wird, andererseits der moderne Weinbau aber erst 1886 durch die Franzosen wieder eingeführt wurde.
Derzeit beträgt die Weinbaufläche in Israel 7.000 Hektar und dürfte in den nächsten Jahren zunehmen. Das größte und älteste Anbaugebiet befindet sich an den Hängen des Berges Carmel um Zichron-Jacob (40 Prozent der Erzeugung, Roséweine), im zweitgrößten Gebiet Sydoom-Gezer werden vor allem Rotweine gewonnen. Eine jüngere Anbauzone befindet sich im Norden des Landes (Ober- und Untergaliläa, Weiß- und Rotweine). Schließlich wird Wein in der Umgebung von Jerusalem (Weiß- und Rotweine) sowie in der Negev (Weißweine) angebaut.
Die wichtigsten Sorten sind Alicante Grenache (Rosé), Semillon (Weißwein), Bourboulenc, Ugni blanc und Carignan (Rotweine), doch werden laufend neue Sorten erprobt und eingeführt. Von den 25 Weinkellereien sind die Kellereien Richon-le-Zion bei Tel Aviv und Zichron-Jacob bei Haifa die größten. Sehr bekannt sind auch die Weine, Branntweine und Liköre aus dem Kloster Latsoun, dessen Kellereien sich in Gebirgshöhlen westlich von Jerusalem befinden.

Zypern

Zypern gehört zu den entwickeltsten Anbaugebieten der östlichen Mittelmeerregion. In den letzten Jahren vor der Krise haben sich die Zypernweine einen großen Exportmarkt erschlossen. Der typische Zypernwein ist der likörartige Commandoria, ein intensiv süßer Wein.

DER WEINBAU IN OZEANIEN

Australien

Die Weinberge Australiens liegen zwischen dem 38. und 34. südlichen Breitegrad. Auf 63.000 Hektar Rebfläche werden jährlich zirka 4,7 Millionen Hektoliter Wein geerntet. Melbourne hat die gleiche Äquatorentfernung wie Sizilien; in Australien werden demnach Weine mit hohem Zuckergehalt und wenig Säure erzeugt. Auch hier ist der weltweite Trend zu leichteren Weinen zu beobachten. Neusüdwales, die Wiege des australischen Weinbaues, ist längst von den neuen Anbauzentren in Südaustralien überrundet worden. Die Konsumweinproduktion nimmt ständig zu, obwohl noch immer die halbe Jahresernte zu Verschnittbranntwein und Industriealkohol verarbeitet wird.

NEUSEELAND

Neuseelands Weinbaufläche beträgt über 4.000 Hektar, auf der 340.000 Hektoliter Wein erzeugt werden. 85 Prozent der Anbaufläche befinden sich in Auckland, an der Hawke-Bai sowie in Gisborne. Angebaut werden Hybriden und Vimifera-Reben. Auch hier geht der Trend zu besseren Weinen.

Der Weinbau in Österreich

Hinsichtlich der Größe seiner Anbaufläche und der Gesamtweinernte gehört Österreich mit 1,2 Prozent bzw. 0,7 Prozent der Weinbaufläche Europas eher zu den kleinen Weinbauländern. Der Umfang der österreichischen Weinproduktion ist vor allem an den Absatzmöglichkeiten orientiert. Im Inland kann die Produktion vor allem bei Weißwein den Eigenbedarf voll decken und darüber hinaus beachtliche Mengen exportieren.

Eingeführt werden insbesondere Rotweine, billige Tafelweine und ausländische Spezialitäten. Anfang der achtziger Jahre standen einer durchschnittlichen Produktionsmenge von 2,7 Millionen Hektoliter Wein jährliche Importe von rund 250.000 Hektoliter und Exporte von 500.000 Hektoliter Wein gegenüber. Der Wert des ausgeführten Weines ist erheblich höher als der Wert der Einfuhrweine. Dies beweist, daß in der Qualität beachtliche Unterschiede bestehen.

Trotz der relativen Kleinheit gegenüber anderen führenden Weinbauländern der Welt hat Österreich klima- und lagebedingt insbesondere auf dem Gebiet der Erzeugung von spezifischen Qualitätsweißweinen echte Absatzchancen auf den internationalen Märkten. Viele Beispiele beweisen, daß der österreichische Weinbau mit seinen Spezialitäten im freien Wettbewerb konkurrenzfähig ist, wenn die Erzeugungskosten an die der wichtigsten Exportländer angepaßt sind. Die Rebfläche zeigt in Österreich folgende Entwicklung:

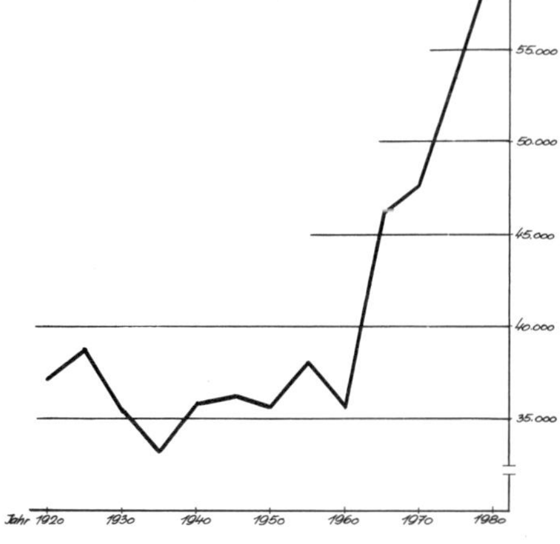

DAS KLIMA IN DEN ÖSTERREICHISCHEN WEINBAUGEBIETEN

Die klimatischen Bedingungen und auch die bodenmäßigen Voraussetzungen sind für die Erzeugung von Qualitätsweinen günstig. Die österreichischen Weinbaugebiete liegen überwiegend im pannonischen Florengebiet Mitteleuropas. Das Klima dieser Gebiete ist für die Kultur der Weinreben günstig. Es ist charakterisiert durch trockene, heiße Sommer — die durchschnittliche Julitemperatur liegt meist zwischen 18 und 20 Grad Celsius — und kalte, aber schneearme Winter. Die Jahresdurchschnittstemperatur ist durch die kalten Wintermonate gedrückt und liegt zwischen 9 und 10 Grad Celsius.
Der Weinrebe steht eine Vegetationszeit von 210 bis 240 Tagen zur Verfügung. Das meist warme Frühjahr ermöglicht einen raschen Vegetationsbeginn; der sonnige, heiße Sommer mit Niederschlägen vor allem von Mai bis Juli ist eine wichtige Voraussetzung für die Erzeugung von Qualitätsweinen. Als typisches Sommerniederschlagsgebiet fallen die Niederschläge vorwiegend in Form von Gewitterregen, die oft starke Bodenerosion, Verschlemmung und Pilzkrankheiten verursachen. Der Herbst ist gekennzeichnet durch sonnige, meist trockene Witterung und ermöglicht ein gutes Ausreifen der Trauben. Frühjahrs- und Herbstfröste sind relativ selten. Die Niederschläge liegen zwischen 400 und 600 mm jährlich, in den Randgebieten auch darüber. Die typischen Pflanzen dieses Gebietes sind Eiche, Walnuß, Pfirsich, vereinzelt auch die Mandel; unter den Ackerfrüchten Hartweizen und Körnermais. Vergleicht man die jährliche Sonnenscheindauer einiger österreichischer Weinbauorte mit den Werten anderer berühmter europäischer Weinbaugebiete, so zeigt sich eine große Ähnlichkeit.

Österreichische Weinbauorte	Sonnenstunden pro Jahr	Ausländische Weinbauorte	Sonnenstunden pro Jahr
Gumpoldskirchen	1774	Geisenheim	1656
Krems	1789	Straßburg (Elsaß)	1688
Wien	1893	Lyon (Burgund)	1918
Neusiedl am See	1903	Bordeaux	1991

Ein kleiner Teil der österreichischen Weinbaugebiete, die steirischen, gehört dem illyrischen Florengebiet an. Dieses unterscheidet sich vom pannonischen Gebiet vor allem durch weitaus höhere Niederschläge; sie erreichen Werte von 800 mm und darüber. Die Sommer sind nahezu gleich warm wie im pannonischen Gebiet, die durchschnittliche Julitemperatur liegt zwischen 18 und 19 Grad Celsius; die Jahresmitteltemperatur liegt bei 10 Grad Celsius; der Rebe steht eine Vegetationszeit von 240 Tagen zur Verfügung.

BODENVERHÄLTNISSE UND SORTEN

In den österreichischen Weinbaugebieten herrschen im wesentlichen Rohböden aus Löß, Böden, die aus Sand oder Schotter sowie solche, die aus Kalk oder aus silikatischem Gestein entstanden sind, vor. Die Vielzahl von Böden und kleinklimatische Unterschiede ermöglichen auf relativ kleinem Raum den Anbau verschiedener Rebsorten. Im österreichischen Weinbau besteht daher die Möglichkeit, speziell bei Weißweinen, Qualitätswein aus verschiedenen Sorten zu erzeugen.
Man kann diese in zwei Gruppen unterteilen: spezifisch österreichische und internationale Qualitätsrebsorten. Die spezifisch österreichischen Qualitätsrebsorten sind solche, die nur — oder fast nur — in Österreich angebaut werden und daher als österreichische Spezialität gelten. Dazu gehören: Grüner Veltliner, Neuburger, Zierfandler, Rotgipfler und einige andere. Daneben gibt es international verbreitete Qualitätsrebsorten, das sind solche, die auch in anderen europäischen Ländern angebaut werden und dort Weine von hervorragen-

der Qualität bringen. Hiezu zählen die Sorten: Rheinriesling, Welschriesling, der Weiße, Graue und Blaue Burgunder, Traminer und andere.
Die Anbaufläche wird nach dem Österreichischen Weingesetz, entsprechend den geographischen und politischen Gegebenheiten, in 14 Weinbaugebiete eingeteilt. Diese sind in Regionen zusammengefaßt, wobei die Weinbaugebiete der Bundesländer Niederösterreich, Burgenland, Steiermark und Wien jeweils eine Weinbauregion bilden.

WIRTSCHAFTLICHE STRUKTUR

Der weitaus größte Teil der österreichischen Weinbaufläche wird von bäuerlichen Betrieben bewirtschaftet. Nach der landwirtschaftlichen Betriebszählung 1980 bewirtschaften in Österreich insgesamt 53.475 Betriebe 96 Prozent der gesamtösterreichischen Weinbaufläche. Die restlichen 4 Prozent Weinbaufläche (1900 Hektar) werden von Betrieben bewirtschaftet, deren landwirtschaftliche Nutzfläche kleiner als ein halbes Hektar und deren Weinbaufläche kleiner als 0,20 Hektar ist.

Die Betriebe mit Weinbau gliedern sich nach Betriebsformen in:

	1970	1980
Weinbauwirtschaften	17.129 Betriebe (30 Prozent)	19.521 Betriebe (37 Prozent)
Weinbau-Ackerwirtschaften	7.813 Betriebe (14 Prozent)	4.844 Betriebe (9 Prozent)
Acker-Weinbauwirtschaften	9.690 Betriebe (17 Prozent)	5.131 Betriebe (10 Prozent)
sonstige Betriebsformen	21.6o5 Betriebe (39 Prozent)	23.979 Betriebe (44 Prozent)
Summe	56.237 Betriebe (100 Prozent)	53.475 Betriebe (100 Prozent)

Die Weinbauwirtschaften, das sind jene Betriebe, deren Weingartenfläche mehr als 25 Prozent der von ihnen bewirtschafteten landwirtschaftlichen Nutzfläche beträgt, bewirtschaften in Österreich rund die Hälfte der gesamten Weinbaufläche. Die durchschnittliche Größe der Weingartenfläche dieser Betriebe beträgt etwa 1,4 Hektar. Die Weinbau-Ackerwirtschaften, das sind jene Betriebe, deren Weingartenfläche 10 bis 25 Prozent der bewirtschafteten landwirtschaftlichen Nutzfläche beträgt, bewirtschaften rund ein Viertel der österreichischen Weinbaufläche. Ihre durchschnittliche Weingartenfläche pro Betrieb beträgt 1,40 Hektar.
Die Acker-Weinbauwirtschaften haben bereits eine wesentlich geringere Bedeutung im österreichischen Weinbau. Sie bewirtschaften nämlich nur mehr 14 Prozent der gesamten österreichischen Weinbaufläche, bei einer durchschnittlichen Weinbaufläche pro Betrieb von 0,70 Hektar. Als AckerWeinbauwirtschaften werden Betriebe bezeichnet, deren Weingartenfläche zwischen zwei und zehn Prozent der landwirtschaftlichen Nutzfläche liegt.

Die sonstigen Betriebe bewirtschaften neun Prozent der österreichischen Weinbaufläche, das sind 4.490 Hektar, bei einer Durchschnittsfläche pro Betrieb von nur 0,21 Hektar Weingärten.

DIE WEINBAUGEBIETE ÖSTERREICHS (Weingartenerhebung 1980)

Weinbauregion	Weinbaufläche	Weinbaugebiet	Weinbaufläche	die verbreitetsten Rebsorten
Niederösterreich (Donauland)	35.319 ha (59,3%)	Krems	3.030 ha	Grüner Veltliner (57,4%) Müller-Thurgau (16,1%) Rheinriesling (4,5%), Zweigelt (4,0%) Frühroter Veltliner
		Langenlois	3.518 ha	Grüner Veltliner (49,4%) Müller-Thurgau (19,2%) Rheinriesling (4,5%) Frühroter Veltliner
		Klosterneuburg	4.493 ha	Grüner Veltliner (40,5%) Müller-Thurgau (11,4%) Frühroter Veltliner (3,8%) Zweigelt (4,0%)
		Wachau	1.366 ha	Grüner Veltliner (57,9%) Müller Thurgau (14,6%) Rheinriesling (7,1%) Neuburger (7,1%)
		Vöslau	1.188 ha	Blauer Portugieser (40,0%) Zweigelt (7,3%) St. Laurent (7,2%) Neuburger (8,8%) Müller-Thurgau (4,9%)
		Gumpoldskirchner	2.075 ha	Neuburger (21,6%) Rotgipfler und Zierfandler (12,9%) Weißer Burgunder (7,6%) Traminer (3,2%) Blauer Portugieser (10,9%)
		Falkenstein	9.802 ha	Grüner Veltliner (51,1%) Welschriesling (9,6%) Müller-Thurgau (7,0%) Blauer Portugieser (4,4%) Weißburgunder, Zweigelt Rheinriesling
		Retz	9.847 ha	Grüner Veltliner (38,6%) Blauer Portugieser (14,8%) Müller-Thurgau (10,1%) Frühroter Veltliner

DIE WEINBAUGEBIETE ÖSTERREICHS (Weingartenerhebung 1980)

Weinbauregion	Weinbau-fläche	Weinbaugebiet	Weinbaufläche und die verbreitetsten Rebsorten	
Burgenland	20.858 ha (35,0%)	Eisenberg	459 ha	Blaufränkisch (26,5%) Welschriesling (25,7%) Grüner Veltliner (9,4%) Rheinriesling (8,5%)
		Rust — Neu-siedler See	20.399 ha	Grüner Veltliner (18,3%) Welschriesling (11,9%) Blaufränkisch (11,2%) Müller-Thurgau (8,6%) Muskat Ottonel, Zweigelt, Neuburger, Weißburgunder
Steiermark	2.642 ha (4,5%)	Klöch — Oststeiermark	998 ha	Müller-Thurgau (19,6%) Welschriesling (19,6%) Weißer Burgunder (12,3%) Traminer (6,7%)
		Südsteiermark	1.443 ha	Welschriesling (21,4%) Müller-Thurgau (17,1%) Weißer Burgunder (6,6%) Traminer (5,2%) Muskateller (5,0%) Ruländer (3,5%) Muskat Sylvaner (3,5%)
		West-steiermark	201 ha	Blauer Wildbacher (63,0%) Müller-Thurgau (8,6%) Welschriesling (4,7%) Weißburgunder (4,0%)
Wien	726 ha (1,2%)	Wien	726 ha	Grüner Veltliner (24,7%) Rheinriesling (9,2%) Weißer Burgunder (7,2%) Müller-Thurgau (6,1%)
ÖSTERREICH	59.545 ha			

WIEN
Drasenhofen
Schrattenberg
Herrnbaumgarten
Alt-Lichtenwarth
Falkenstein
Poysbrunn
Poysdorf
Großkrut
Hauskirchen
Zistersdorf
Ollersdorf
Angern/March
Mistelbach
Obersulz
Niedersulz
Götzendorf
Spannberg
Matzen
Prottes
Auersthal
Bockfließ
Gaweinstal
Hohenruppersdorf
Pirawarth
Gr. Schweinbarth
Raggendorf
Wolkersdorf
Gr. Engersdorf
Gr. Ebersdorf
Untermarkersdorf
Hadres
Seefeld-Kadolz
Mailberg
Nappersdorf
Haugsdorf
Alberndorf
Wullersdorf
Unterretzbach
Retz
Zellerndorf
Pernersdorf
Sitzendorf
Hollabrunn
Obermarkersdorf
Pulkau
Schrattenthal
Röschitz
Straning
Frauendorf
Ziersdorf
Glaubendorf
Gr. Wetzdorf
Gr. Weikersdorf
Niederrußbach
Maissau
Schönberg
Zöbing
Langenlois
Eslarn
Straß
Gösing
Hadersdorf
Ottenthal
Kirchberg
Fels
Gobelsburg
Gedersdorf
Rohrendorf
Etsdorf
Krems
Palt
Furth/Göttweig
Loiben
Schiltern
Lengenfeld
Stratzing-Droß
Senftenberg
Dürnstein
Mautern
Rossatz
Arnsdorf
Weißenkirchen
Wösendorf
Spitz
Traismauer
Nußdorf
Klosterneuburg
TULLN
ST. PÖLTEN
Hainburg
Prellenkirchen
Kittsee
Höflein
Göttlesbrunn
Perchtoldsdorf
Gumpoldskirchen
Pfaffstätten
Baden
Sooß
Guntramsdorf
Traiskirchen
Tattendorf
Bad Vöslau
NEUNKIRCHEN
Nickelsdorf
Neusiedl a. S.
Weiden a. S.
Gols
Mönchhof
Halbturn
Frauenkirchen
Andau
St. Andrä
Tadten
Jois
Winden
Breitenbrunn
Purbach
Podersdorf
Illmitz
Donnerskirchen
Schützen
Oggau
Rust
Mörbisch
Eisenstadt
Oslip
Trausdorf
St. Margarethen
Siegendorf
Müllendorf
Großhöflein
Kleinhöflein
Pöttelsdorf
Mattersburg

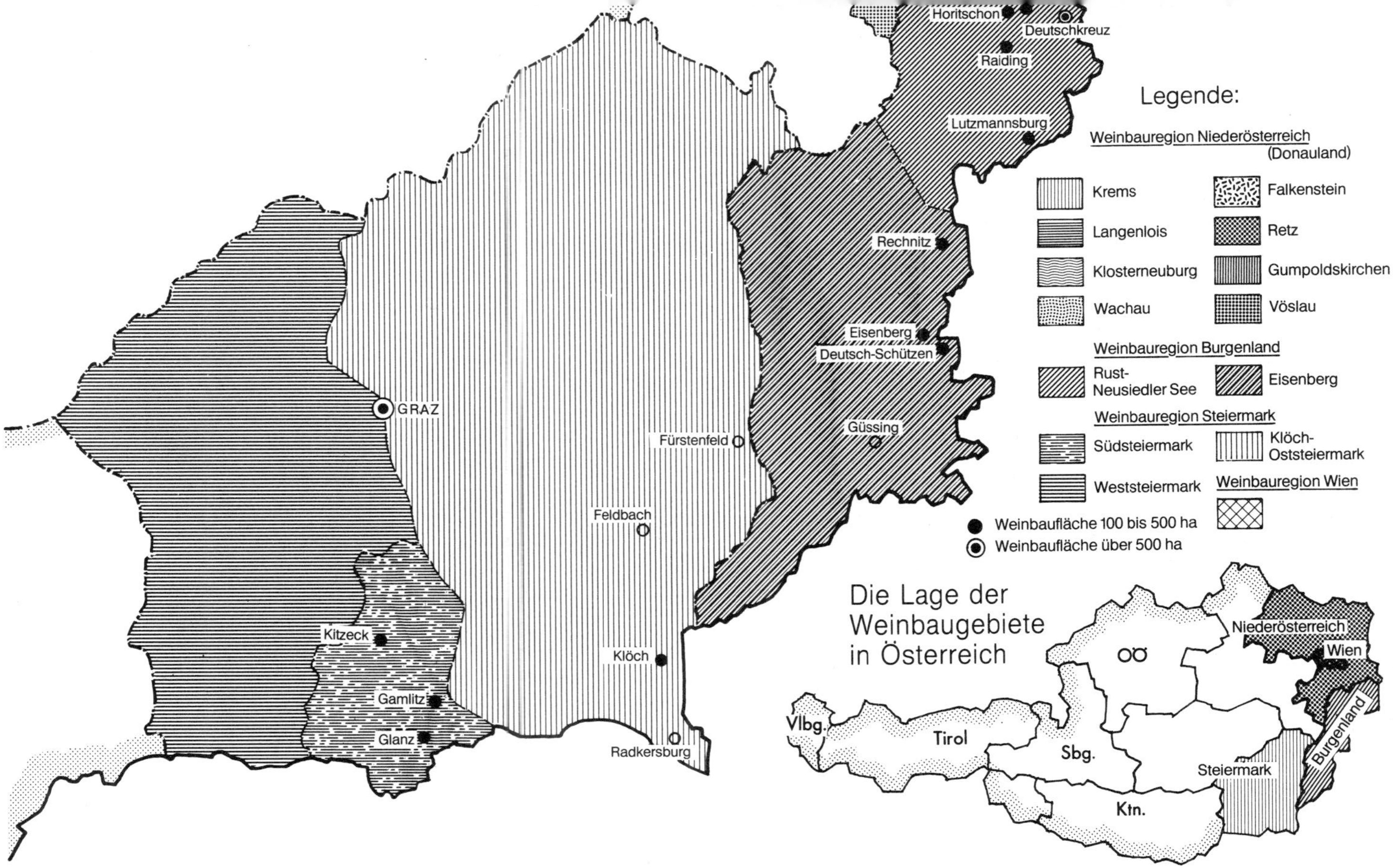

Die Lage der Weinbaugebiete in Österreich
Legende:
Weinbauregion Niederösterreich (Donauland)
Krems
Langenlois
Klosterneuburg
Wachau
Falkenstein
Retz
Gumpoldskirchen
Vöslau
Weinbauregion Burgenland
Rust-Neusiedler See
Eisenberg
Weinbauregion Steiermark
Südsteiermark
Weststeiermark
Klöch-Oststeiermark
Weinbauregion Wien
Weinbaufläche 100 bis 500 ha
Weinbaufläche über 500 ha
Horitschon
Deutschkreuz
Raiding
Lutzmannsburg
Rechnitz
Eisenberg
Deutsch-Schützen
Güssing
Fürstenfeld
GRAZ
Feldbach
Klöch
Radkersburg
Kitzeck
Gamlitz
Glanz
Niederösterreich
Wien
OÖ
Vlbg.
Tirol
Sbg.
Ktn.
Steiermark
Burgenland

NIEDERÖSTERREICH

Niederösterreich ist mit einem Anteil von rund 59 Prozent der gesamten österreichischen Weinbaufläche das größte weinbautreibende Bundesland. Auf Grund der vielfältigen Landschaftsformen, geologischen Verhältnisse sowie von kleinklimatischen Unterschieden produziert es sehr verschiedenartige Weine. Der Gesetzgeber hat daher das niederösterreichische Anbaugebiet in acht Weinbaugebiete unterteilt.
Als die wichtigste und gleichzeitig charakteristischste Sorte Niederösterreichs gilt der Grüne Veltliner mit einer Anbaufläche von 15.076 Hektar (42,7 Prozent). Von großer Bedeutung sind ferner:

	Hektar	Prozent	Hektar	Prozent
	1980		1974	
Gemischter Satz	4.615	13,1	5.156	17,4
Müller-Thurgau	3.662	10,4	2.793	9,4
Portugieser blau	2.869	8,1	2.127	7,2
Welschriesling	1.548	4,4	1.613	5,5
Zweigeltrebe	1.143	3,2	679	2,3
Veltliner frührot	1.070	3,0	1.074	3,6
Neuburger	890	2,5	869	2,9
Burgunder weiß	846	2,4	884	2,9
Rheinriesling	783	2,2	777	2,6
Veltliner braun und rot	565	1,6	686	2,0
St. Laurent	386	1,1	437	1,5
Muskat-Ottonel	139	0,4	212	0,7
Traminer	199	0,6	238	0,8
Blaufränkisch	146	0,4	153	0,5
Burgunder blau	176	0,5	161	0,5

WEINBAUGEBIET WACHAU

Nur wenige Landschaften sind vom Weinbau so geprägt wie dieser Teil des Donautales. Die Wachau ist wegen ihrer landschaftlichen Schönheit und kulturell bedeutenden Bauwerke weit über die Grenzen Österreichs hinaus bekannt.

Nach den Bestimmungen des Österreichischen Weingesetzes gehören zum Weinbaugebiet Wachau:
der Gerichtsbezirk Spitz, die Gemeinden Bergern im Dunkelsteinerwald, Dürnstein, Mautern an der Donau, Roßsatz und Weißenkirchen in der Wachau. Alle Gemeinden gehören zum politischen Bezirk Krems an der Donau.
Für das Gebiet wurden folgende Großlagen gemäß § 15, Abs. 5 des Weingesetzes festgesetzt:
- Großlage Frauenweingarten: sämtliche Weinbauflächen der Katastralgemeinden Ober- und Unterloiben.

Die meisten Weingärten des Weinbaugebietes Wachau befinden sich in geeigneten Lagen im Donautal, wobei ein Großteil der verfügbaren Flächen ausgepflanzt ist. Geographisch werden die Lagen als „Wachauer Bergland" (Böhmische Masse, Dunkelsteinerwald) bezeichnet. Wegen ihrer Steilheit mußten vielfach Terrassen angelegt werden, die der Landschaft das Gepräge geben. Es gibt derzeit in der Wachau 16 weinbautreibende Gemeinden, wobei es sich meistens um Gassengruppendörfer und Straßendörfer handelt. Das typische Weinbauernhaus in der Wachau ist meist mehrgeschossig und hat den Weinkeller im untersten Geschoß.

Geologisch ist dieses Gebiet geprägt durch kristallinisches Gestein (Sedimentgneis, Schiefergneis) sowie Löß, der an einzelnen Stellen — meist an Osthängen — das Urgestein bedeckt. Die vorherrschenden Bodentypen sind Ranker aus Kristallin, Lößrohböden und Braunerden.

Klima
Das Wachauer Weinbaugebiet gehört noch zum pannonischen Hügelland. Die Niederschläge liegen zwischen 500 und 600 Millimeter jährlich, in Randgebieten erreichen sie bis zu 700 Millimeter.
Die gesamte Weinbaufläche der Wachau beträgt 1.366 Hektar und ist mit rund 94 Prozent von Weißweinsorten und nur zu 6 Prozent mit Rotweinsorten bestockt. Die Umstellung auf die Hochkultur ist bereits sehr weit fortgeschritten, 80 Prozent der Weingärten sind bereits als Hochkultur angelegt, rund 19 Prozent als Mittelhochkultur und nur noch 1 Prozent sind Pfahlkulturen. In der Wachau gibt es 1132 Weinbaubetriebe mit einer durchschnittlichen Weinbaufläche von 1,08 Hektar.
Die wichtigsten Sorten der Wachau sind:
der Grüne Veltliner in guten Lagen, der Müller-Thurgau in den späteren Lagen, meist in der Ebene zwischen dem Beginn der Berglagen und der Donau. Es folgen die Sorten Neuburger — meist auf den kalkreicheren Böden aus Löß — und die Sorte Rheinriesling in den besten Berglagen, wo es in trockenen Jahren jedoch zur Notreife kommen kann.

WEINBAUGEBIET KREMS

Wo das enge Donautal sich weitet, am Ausgang der Wachau, liegt die alte Weinstadt Krems, die dem umliegenden Weinbaugebiet den Namen gegeben hat. Aus diesem Gebiet liegen auch die ältesten schriftlichen Aufzeichnungen über den Weinbau in Österreich vor. Dank dem Wohlstand durch den Weinbau ist Krems besonders reich an kulturellen Werten.

Nach den Bestimmungen des Österreichischen Weingesetzes gehören zu diesem Weinbaugebiet:
die Stadt Krems an der Donau und die Gemeinden Etsdorf-Haitzendorf, Furth bei Göttweig, Gedersdorf, Imbach, Paudorf, Rohrendorf bei Krems, Senftenberg, Stratzing, Droß. Alle Gemeinden sind im politischen Bezirk Krems an der Donau gelegen.
Für das Gebiet wurden folgende Großlagen festgesetzt:

- Großlage Kaiserstiege: sämtliche Weinbauflächen der Gemeinden Rohrendorf bei Krems und Gedersdorf.
- Großlage Kremstal: sämtliche Weinbauflächen der Stadt Krems.

Geographisch gehören zum Weinbaugebiet Krems das nördlich der Donau gelegene „Kremser Weinland“, Teile des „Kremstales“ und südlich der Donau das „Furth-Göttweiger Gebiet“. Derzeit gibt es in Krems zehn weinbautreibende Gemeinden, deren charakteristische Ortsformen meist Gassen-Gruppendörfer und Straßendörfer sind. Typisch für diese Orte sind die ein- und mehrgeschossigen Weinhauerhäuser.
Geologisch gehören die westlichen Randgebiete zu den Gneisgebieten (Sedimentgneis) der Böhmischen Masse. Alle übrigen Teile sind eiszeitliche Terrassenschotter. Große Teile des gesamten Gebietes sind mit Löß bedeckt. In den Südlagen der steilen Hänge sind die Weingärten oft in Terrassen angelegt; durch die hohe Festigkeit des Löß sind im Gegensatz zu den Terrassen der Wachau keine Stützmauern erforderlich. Klimatisch gehört das Gebiet zur pannonischen Florenzone (pannonische Niederungen, pannonisches Hügelland).

Durchschnittliche Klimawerte von Krems

Jahresniederschlagsmenge	528 Millimeter
Jahressonnenscheindauer	1789 Stunden
Sonnenscheindauer Sommer*)	1226 Stunden
Anzahl der Sommertage**)	52,9 Tage
Jahresmittel der Lufttemperatur	9,5 Grad Celsius
Monatsmittel der Lufttemperatur im Dezember	1,0 Grad Celsius
Monatsmittel der Lufttemperatur im Juli	20,0 Grad Celsius

*) Mai bis Oktober.

**) Als Sommertage werden jene Tage bezeichnet, an denen die Lufttemperatur mindestens 25 Grad Celsius erreicht.

Bodentypen

Die Weingärten befinden sich vor allem auf Rohböden aus Löß und Sand sowie auf Tschernosemen, Ranker und Braunerden.

Die gesamte Weinbaufläche des Weinbaugebietes Krems beträgt 3.030 Hektar. Rund 96 Prozent davon sind mit Weißweinrebsorten, der Rest ist mit Rotweinrebsorten bestockt. Mit einem Anteil von 84 Prozent aller Weingärten erreicht die Hochkultur in diesem Gebiet die relativ größte Verbreitung. Die Mittelkultur hat einen Anteil von 14 Prozent und die Pfahlkultur von knapp 2 Prozent der gesamten Weinbaufläche. Im Weinbaugebiet Krems gibt es 2155 weinbautreibende Betriebe, deren durchschnittliche Weinbaufläche 1,20 Hektar beträgt.

Die wichtigsten Sorten des Gebietes sind der Grüne Veltliner (57 Prozent), gefolgt von Müller-Thurgau, Rheinriesling und Neuburger. Gemischte Sätze sind noch mit knapp 10 Prozent der Anbaufläche vertreten. Bei den Rotweinsorten dominieren Zweigelt blau und St. Laurent.

WEINBAUGEBIET LANGENLOIS

Der alte Weinbauernort Langenlois mit seinen reizenden Plätzen, alten Fassaden und Laubenhöfen ist das Zentrum des Weinbaugebietes und hat diesem Gebiet auch den Namen gegeben. Mit mehr als 2000 Hektar Rebflächen ist es derzeit der größte Weinort von Österreich.

Nach den Bestimmungen des Weingesetzes gehören zu diesem Weinbaugebiet alle Gemeinden des Gerichtsbezirkes Langenlois mit Ausnahme der Gemeinde Etsdorf-Haitzendorf. Für das Gebiet wurden folgende Großlagen festgesetzt:

- Großlage Schönberger Kalvarienberg: sämtliche Weinbauflächen der Gemeinde Schönberg, Schönberg-Neustift, Mollands, Stiefern, Thürneustift und Altenhof.

Geographisch liegt dieses Weinbaugebiet im Kamptal und seinen teilweise trockenen Nebentälern. Das bekannteste davon ist das Straßertal. Das Kamptal ist ein breites Sohlental, das sich, in nord-südlicher Richtung verlaufend, vom Waldviertel zur Donau hinzieht. Das Straßertal ist ein enges Muldental. Diese Täler ziehen sich durch die Böhmische Masse, in deren Gesteinsmassen sich die Flüsse teilweise tief eingefressen haben. Das Gestein der Böhmischen Masse ist hier überwiegend Gneis (Glimmerschiefer und Übergänge zu Gneisschiefer); es ist teilweise von mächtigen Lößschichten überlagert.

Klimatisch zählt es zum pannonischen Hügelland und weist folgende Klimawerte auf.

Durchschnittliche Klimawerte von Langenlois

Jahresniederschlagsmenge	534 Millimeter
Anzahl der Sommertage	53 Tage
Jahresmittel der Lufttemperatur	9,2 Grad Celsius
Monatsmittel der Lufttemperatur im Dezember	0,0 Grad Celsius
Monatsmittel der Lufttemperatur im Juli	19,7 Grad Celsius

Während die Jahresniederschlagsmenge im Kamptal zwischen 500 und 600 Millimeter liegt, ist das Straßertal mit 600 bis 700 Millimeter niederschlagsreicher. Je weiter man im Kamptal nach Norden kommt, desto kühler wird es; dadurch findet der Weinbau auch seine Begrenzung.
Die vorherrschenden Bodentypen dieses Weinbaugebietes sind: Lößrohböden, Tschernoseme auf Niederterrassen, Braunerden aus Löß und Ranker aus Silikatgestein. Vereinzelt gibt es auch Rendsinen.
Die charakteristischen Ortsformen des Gebietes sind das Straßendorf und das Gassengruppendorf mit ein- und mehrgeschossigen Weinhauerhäusern.
Mit 3.518 Hektar Gesamtweinbaufläche ist Langenlois das viertgrößte Weinbaugebiet in Niederösterreich. Es gibt neun weinbautreibende Gemeinden mit 1880 Betrieben, die eine durchschnittliche Weingartenfläche von 1,63 Hektar pro Betrieb bewirtschaften. Rund 94 Prozent aller Sorten sind Weißweinsorten, 6 Prozent Rotweinsorten. 83 Prozent aller Weingärten des Gebietes sind Hochkultur, 14 Prozent mittelhohe Erziehung und 3 Prozent Pfahlkultur.
Die wichtigste Sorte ist der Grüne Veltliner, gefolgt von Müller-Thurgau, Rheinriesling, Frührotem Veltliner und Neuburger. Eine spezifische Sorte des Gebietes, die auf schweren Böden an Stelle des Grünen Veltliners zu finden ist, ist der Rote Veltliner.

WEINBAUGEBIET RETZ

Im westlichen Weinviertel — begrenzt durch den Manhartsberg im Westen, das Thayatal im Norden, die Leiserberge im Osten und den Wagram im Süden — befindet sich das Weinbaugebiet Retz, das in seiner gesetzlichen Begrenzung die politischen Bezirke Hollabrunn und Horn umfaßt.
Die Stadt Retz mit den schönen historischen Bauten am Stadtplatz und den ausgedehnten Kellergängen darunter beweist, daß diese Stadt immer wichtiges Weinbauzentrum des Gebietes war.
Zum Weinbaugebiet Retz gehören das Pulkautal, das Pulkau-Retzer Weinland (Manhartsberg), das Schmidabachtal, die Hohenwartherplatte und das Hollabrunner Hügelland. In diesem großen Weinbaugebiet liegen 48 Gemeinden. Charakteristisch für dieses Gebiet sind Straßen- und Angerdörfer, vereinzelt sind auch Platzdörfer anzutreffen. Die typische Hofform ist der Haken- und Zwerchhof. Die Häuser stehen in langen Zeilen entlang der Hauptstraße oder um den Anger und bilden eine geschlossene Häuserreihe. Im Straßentrakt befindet sich der Wohntrakt; im dahinterliegenden langgestreckten Hoftrakt sind die Wirtschaftsgebäude. Eine typische Eigenheit vieler Winzerdörfer sind die Kellergassen. Diese befinden sich außerhalb des Dorfes, meist am Beginn der Weinbaufluren. Die oft langgezogenen Gassen werden von Preßhäusern gesäumt, die ein charakteristisches Aussehen haben. Dahinter sind in den Berg die Kellergänge hineingegraben. Große Orte haben oft mehrere Kellergassen.

Geologie
Das westliche Randgebiet gehört zur Böhmischen Masse, deren Ende in einer deutlichen Landstufe abfällt (Manhartsberg). Der geologische Untergrund ist dort Granitgestein.

Bei den übrigen Teilen des Gebietes handelt es sich um tertiäres Flach- und Hügelland, das durch Schotter- und Lößschichten aus der Eiszeit überdeckt ist.
Die bedeutendsten Flußtäler des Gebietes, das Pulkau- und Schmidatal, sind breite Sohlentäler.
Die für den Weinbau wichtigsten Bodentypen sind: Tschernoseme aus Tegel und aus Löß, Lößrohböden, Braunerden aus Kristallin (Manhartsberg) und Rendsinen (Mailberg).

Klima
Mit 400 bis 600 Millimeter Niederschlag zählt dieser Raum zu den trockensten Weinbaugebieten in Österreich. Es hat typisch pannonisches Klima und weist folgende charakteristische Klimadaten auf:

Durchschnittliche Klimawerte

	Retz	Mailberg
Jahresniederschlagsmenge	505 Millimeter	559 Millimeter
Jahressonnenscheindauer	1762 Stunden	—
Sonnenscheindauer Sommer	1226 Stunden	—
Anzahl der Sommertage	48 Tage	56 Tage
Jahresmittel der Lufttemperatur	9,1 Grad Celsius	9,4 Grad Celsius
Monatsmittel der Lufttemperatur im Dezember	0,3 Grad Celsius	0,7 Grad Celsius
Monatsmittel der Lufttemperatur im Juli	19,7 Grad Celsius	19,6 Grad Celsius

Im Kessel um die Stadt Retz ist es wärmer als in vielen weit südlicher gelegenen Weinorten. Mit insgesamt 9.847 Hektar Weingartenfläche ist Retz das größte Weinbaugebiet in Niederösterreich. Die Hochkultur hat einen Anteil von rund 80 Prozent, die mittelhohe Erziehung von 17 Prozent, die Pfahlkultur ist noch immer mit rund 3 Prozent vertreten.

Sorten
85 Prozent der gesamten Fläche sind mit Weißweinsorten, 15 Prozent mit Rotweinsorten bepflanzt. Der Rotweinanbau konzentriert sich um die Orte Retz und Haugsdorf im Pulkautal. Die wichtigste Sorte des Gebietes (knapp 40 Prozent) ist der Grüne Veltliner, gefolgt von Müller-Thurgau, Welschriesling, Frührotem Veltliner und Weißem Burgunder. Unter den Rotweinsorten sind besonders stark die Sorten Blauer Portugieser und Zweigelt blau vertreten. Im Gebiet wurden 1974 9362 Weinbaubetriebe mit einer durchschnittlichen Weinbaufläche pro Betrieb von 1,04 Hektar gezählt.

WEINBAUGEBIET FALKENSTEIN

Nach dem Österreichischen Weingesetz gehören zu diesem Weinbaugebiet die politischen Bezirke Gänserndorf, Korneuburg und Mistelbach. Zum Weinbaugebiet Falkenstein gehören die bekannten Weinbauzentren Poysdorf, Zistersdorf, Mistelbach, Matzen und Wolkersdorf.
Für das Gebiet wurden folgende Großlagen festgesetzt:

- Großlage Matzner Hügel: sämtliche Weinbauflächen der Gemeinden Angern, Auersthal, Bad Pirawarth, Dürnkrut, Ebenthal, Groß Schweinbarth, Hohenruppersdorf, Matzen-Raggendorf, Prottes, Schönkirchen-Reyersdorf und Spannberg;
- Großlage Bisamberg-Kreuzenstein: sämtliche Weinbauflächen der Gemeinden Bisamberg, Enzersfeld, Hagenbrunn, Langenzersdorf, Leobendorf und Stetten;
- Großlage Marthal-Kegelberg: sämtliche Weinbauflächen der Gemeinde Diepolz und Groß Harras.

Geographie

Es handelt sich um die Anbaugebiete im östlichen Weinviertel, das im Norden durch die Staatsgrenze, im Osten durch die March — ebenfalls Grenzfluß — begrenzt wird. Vom Weinbaugebiet Retz wird es getrennt durch die Laaer Ebene, die Leiser Berge und den Ernstbrunner Wald.
Der Weinbau des Gebietes Falkenstein konzentriert sich auf die Falkensteiner Berge, das Poysdorfer Hügelland, das Mistelbacher Hügelland, das Zayatal und das Zistersdorfer Hügelland, die Weidenbachmulde, das Hügelland von Matzen und Wolkersdorf sowie um einige Orte, die zum Bisamberg gehören und solche im Marchtal und im Becken von Pirawarth.
Falkenstein hat mit 9802 Hektar Rebfläche die zweitgrößte Weinbaufläche aller niederösterreichischen Weinbaugebiete. Zum Gebiet gehören 86 Gemeinden, in denen Weinbau betrieben wird. Die charakteristischen Formen der Dörfer sind das Straßen- und das Angerdorf mit Haken- und Zwerchhöfen. Fast jedes Dorf hat eine Kellergasse.
Geologisch handelt es sich größtenteils um tertiäres Flach- und Hügelland, das von einzelnen Tälern durchzogen ist. Die Deckenschichten (Schotter, gebietsweise Löß) wurden in der Eiszeit abgelagert; aus diesen ragen einzelne Kalkklippen heraus, die aus der Jurazeit stammen. In diesem Gebiet befinden sich auch Erdölfelder mit teilweise bedeutendem Erdgas-Horizont. Die Pumpen und vereinzelt noch die alten Bohrtürme in Weingärten gehören in einzelnen Teilen zum typischen Landschaftsbild.
Die in diesem Gebiet überwiegend anzutreffenden Bodentypen sind:
Tschernoseme aus Löß, entkaklte und verbraunte Tschernoseme, Lößrohböden und Rendsinen.
Das Gebiet gehört zur pannonischen Klimazone. Pannonische Niederungen sind das Zayatal, das Weidenbachtal, der Rest gehört zum pannonischen Hügelland.
Die charakteristischen, langjährigen durchschnittlichen Klimawerte sind der nachstehenden Tabelle zu entnehmen:

	Poysdorf	Hohenau
Jahresniederschlagsmenge	603 Millimeter	578 Millimeter
Jahressonnenscheindauer	1717 Stunden	1757 Stunden
Sonnenscheindauer Sommer	986 Stunden	1269 Stunden
Anzahl der Sommertage	48 Tage	56,6 Tage
Jahresmittel der Lufttemperatur	9,0 Grad Celsius	9,0 Grad Celsius
Monatsmittel der Lufttemperatur im Dezember	0,1 Grad Celsius	0,1 Grad Celsius
Monatsmittel der Lufttemperatur im Juli	19,5 Grad Celsius	19,5 Grad Celsius

Sorten

94 Prozent der Weinbaufläche im Weinbaugebiet Falkenstein sind mit weißen Rebsorten und nur 6 Prozent mit roten Sorten bestockt. 82 Prozent aller Weingärten sind in Form von Hochkulturen gezogen, 11 Prozent haben mittelhohe Erziehung und 7 Prozent sind noch Pfahlkulturen. Die Sorte Grüner Veltliner hat einen großen Anteil, es folgen die Sorten Welschriesling, Müller-Thurgau und Weißer Burgunder. In den Rotweinbaugemeinden (Matzen) herrschen die Sorten Blauer Portugieser und die blaue Zweigeltrebe vor.
Weingärten in gemischtem Satz gibt es auf 1628 Hektar. Insgesamt gibt es in diesem Gebiet 13.304 weinbautreibende Betriebe bei einer durchschnittlichen Weinbaufläche von 0,62 Hektar je Betrieb.

WEINBAUGEBIET KLOSTERNEUBURG

Zu diesem Weinbaugebiet gehören verschiedene Anbauzentren entlang der Donau, die durch die Bundeshauptstadt Wien getrennt sind. Bis zur Weingesetznovelle 1976 hieß dieses Gebiet „Traismauer-Carnuntum". Sehenswerte Kulturdenkmäler sind in einzelnen Weinbauorten dieses Gebietes zu finden, vor allem in der Babenbergerstadt Klosterneuburg, in der Nibelungenstadt Traismauer und im Bereich der einst blühenden Römerstadt Carnuntum.

Gesetzlich ist es wie folgt abgegrenzt:

Stadt St. Pölten, Gerichtsbezirk Herzogenburg und die Gemeinde Böheimkirchen. Politische Bezirke Tulln und Bruck an der Leitha, Gerichtsbezirke Klosterneuburg und Schwechat.

Für das Gebiet wurden folgende Großlagen festgesetzt:

- Großlage Traismauer Weinberge: sämtliche Weinbauflächen des Gerichtsbezirkes Herzogenburg;
- Großlage Kirchberger Wagram: sämtliche Weinbauflächen des Gerichtsbezirkes Kirchberg Wagram;
- Großlage Carnuntum: sämtliche Weinbauflächen des Gerichtsbezirkes Schwechat und des politischen Bezirkes Bruck/Leitha.

Geographie

Zu diesem Weinbaugebiet gehören nördlich der Donau der Wagram und ein Teil der Hohenwartherplatte; südlich der Donau, im Westen von Wien, die Hollenburger Berge, der Wagramer Hügelzug und Klosterneuburg sowie östlich von Wien das Arbesthaler Hügelland und die Ausläufer des Leithagebirges. Die einzelnen Teile sind hinsichtlich verschiedener Merkmale uneinheitlich. Im Gebiet liegen 62 weinbautreibende Gemeinden. Die charakteristische Dorfform nördlich der Donau ist das Straßendorf, südlich der Donau, sowie im westlichen Teil sind es Gassen- und Gassengruppendörfer; im östlichen Teil gibt es wieder Straßen- und Angerdörfer.

Weinbau wird im Hügelland auf den Süd-, Ost- und Westhängen betrieben, in günstigen Lagen in den Tälern und auf den Hochplateaus bzw. deren Abhängen (Wagram).

Geologisch handelt es sich um Schotter aus der Eis- und Voreiszeit, die in großen Teilen von Löß überlagert sind.

Die vorherrschenden Bodentypen in diesem Gebiet sind: Rohböden aus Sand und Löß, Tschernoseme, Rendsinen auf Schotter und Braunerden.

Das Gebiet gehört zum pannonischen Hügelland bzw. zu den pannonischen Niederungen. Die charakteristischen Klimawerte sind folgende:

	Heiligeneich	Klosterneuburg
Jahresniederschlagsmenge	582 Millimeter	726 Millimeter
Anzahl der Sommertage	51,7 Tage	56 Tage
Jahresmittel der Lufttemperatur	9,2 Grad Celsius	9,9 Grad Celsius
Monatsmittel der Lufttemperatur im Dezember	1,4 Grad Celsius	2,7 Grad Celsius
Monatsmittel der Lufttemperatur im Juli	19,3 Grad Celsius	18,0 Grad Celsius

Mit 4.493 Hektar Weinbaufläche ist Traismauer/Carnuntum das drittgrößte niederösterreichische Weinbaugebiet. 90 Prozent der Rebfläche sind mit Weißweinsorten, 10 Prozent mit Rotweinsorten bestockt. Mehr als 84 Prozent aller Rebflächen sind Hochkulturen, 11 Prozent Mittelhochkulturen und 5 Prozent sind Pfahlkulturen.

Die wichtigsten Sorten dieses Gebietes sind der Grüne Veltliner, die Sorten Müller-Thurgau, Veltliner frührot und Burgunder weiß. Der Anteil an Gemischten Sätzen ist besonders groß.

WEINBAUGEBIET GUMPOLDSKIRCHEN

Südlich von Wien erstreckt sich — entlang des jähen Abfalls des Wienerwaldzuges gegen Osten — ein ausgedehntes Weinbaugebiet mit weltberühmten Namen wie Gumpoldskirchen und Baden, um nur zwei zu nennen. Bis zur Weingesetznovelle 1976 hieß dieses Gebiet „Baden".
Gesetzlich gehören zu diesem Weinbaugebiet die Gemeinden Baden, Pfaffstätten, Sooss, Traiskirchen und Trumau vom politischen Bezirk Baden, sowie vom politischen Bezirk Mödling die Orte Brunn am Gebirge, Gießhübel, Gumpoldskirchen, Guntramsdorf, Hinterbrühl, Maria Enzersdorf, Mödling, Perchtoldsdorf und Vösendorf.

Für das Gebiet wurden folgende Großlagen festgesetzt:

- Großlage Schatzberg: sämtliche Weinbauflächen der Gemeinde Gumpoldskirchen;
- Großlage Kapellenweg: sämtliche Weinbauflächen der Gemeinde Guntramsdorf;
- Großlage Weißer Stein: sämtliche Weinbauflächen der Gemeinde Perchtoldsdorf.

Geographie
Das Weinbaugebiet Gumpoldskirchen liegt entlang der Thermenlinie am Rande des Wiener Beckens im „Kalkwienerwald". Nur im Norden des Gebietes findet man Löß, südlich von Mödling gehört es der Kalkzone des Wienerwaldes (Trias) an und zeigt gegen das Wiener Becken einen deutlichen Abfall. Das Wiener Becken ist eiszeitlichen Ursprungs (Terrassenschotter). Die vorherrschenden Bodentypen sind: Braunlehme, Braunerden, Rendsinen und in den Niederungen Tschernoseme.

Klima
Das Weinbaugebiet Gumpoldskirchen gehört klimatisch zum Gebiet der pannonischen Niederungen und des illyrischen Hügellandes. Die Niederschläge des illyrischen Gebietes sind mit 600 bis 700 Millimeter, in den Randgebieten zum Wienerwald mit bis zu 800 Millimeter deutlich höher als in den pannonischen Gebieten.
Die wichtigsten Klimawerte zeigt die folgende Tabelle:

	Baden	Gumpoldskirchen
Jahresniederschlagsmenge	717 Millimeter	693 Millimeter
Jahressonnenscheindauer	1740 Stunden	1774 Stunden
Sonnenscheindauer Sommer	922 Stunden	1256 Stunden
Anzahl der Sommertage	59,9 Tage	56,1 Tage
Jahresmittel der Lufttemperatur	9,5 Grad Celsius	9,9 Grad Celsius
Monatsmittel der Lufttemperatur im Dezember	0,6 Grad Celsius	1,3 Grad Celsius
Monatsmittel der Lufttemperatur im Juli	19,9 Grad Celsius	20,1 Grad Celsius

Die Gesamtrebfläche des Gebietes beträgt 2.075 Hektar. Im Weinbaugebiet Gumpoldskirchen gibt es 14 Weinbaugemeinden. Die charakteristischen Dorfformen sind meist das Mehrstraßendorf und das Straßendorf. Die typische Hausform ist das ein- und mehrgeschossige Weinhauerhaus. Im Weinbaugebiet Gumpoldskirchen sind 71 Prozent aller Weingärten in Form von Hochkulturen angelegt, 22 Prozent haben mittelhohe Erziehung

und 7 Prozent sind Pfahlkultur. 1690 Betriebe wirtschaften auf einer durchschnittlichen Weinbaufläche von 1,15 Hektar pro Betrieb.
Die wichtigsten Rebsorten sind Neuburger (22 Prozent), Zierfandler und Rotgipfler als Spezialität dieses Gebietes (13 Prozent). Ferner sind die Sorten Weißer Burgunder, auch Traminer und Frühroter Veltliner stärker verbreitet. Bei den Rotweinsorten hat der Blaue Portugieser die stärkste Verbreitung. 84 Prozent aller Weingärten sind mit Weißweinsorten, 16 Prozent mit Rotweinsorten bestockt.

WEINBAUGEBIET VÖSLAU

An das Weinbaugebiet Gumpoldskirchen schließt im Süden das Rotweinbaugebiet Vöslau an, das weite Teile des Steinfeldes umfaßt. Im Zentrum dieses Anbaugebietes liegt der Kur- und Badeort Vöslau.
Gesetzlich gehören zu diesem Weinbaugebiet die Stadt Wiener Neustadt, die Gemeinden Bad Vöslau, Steinfelden, Kottingbrunn, Leobersdorf und Schönau an der Triesting sowie die Gerichtsbezirke Ebreichsdorf, Pottenstein im politischen Bezirk Baden und die Gemeinde Münchendorf vom politischen Bezirk Mödling, ferner die Gerichtsbezirke Neunkirchen und Wiener Neustadt.

Für das Gebiet wurden folgende Großlagen festgesetzt:

- Großlage Tattendorfer Steinhölle (Stahölln): sämtliche Weinbauflächen der Gemeinden Oberwaltersdorf, Pottendorf, Schönau/Triesting und Steinfelden.

Im Steinfeld befinden sich die Weingärten meistens in ebenen Lagen und auf sanften Hügeln. Geologisch handelt es sich um Terrassenschotter und Deckenschotter aus der Eiszeit. In diesem Gebiet kommen Braunerden über Schotter, Rendsinen über Schotter, Rendsinen des Trockengebietes sowie kalkige, sandige Schwemmböden als charakteristische Bodentypen vor.
Die Niederungen gehören klimatisch zum pannonischen Florengebiet, das Hügelland zum illyrischen.

Durchschnittliche Klimawerte von Wiener Neustadt

Jahresniederschlagsmenge	663 Millimeter
Jahressonnenscheindauer	1837 Stunden
Sonnenscheindauer Sommer	1242 Stunden
Anzahl der Sommertage	50,2 Tage
Jahresmittel der Lufttemperatur	9,4 Grad Celsius
Monatsmittel der Lufttemperatur im Dezember	0,7 Grad Celsius
Monatsmittel der Lufttemperatur im Juli	19,5 Grad Celsius

Die gesamte Rebfläche des Weinbaugebietes Vöslau umfaßt 1188 Hektar. Zwei Drittel (66 Prozent) davon sind mit Rotweinsorten, ein Drittel (34 Prozent) mit Weißweinsorten bepflanzt. 70 Prozent aller Weingärten sind Hochkulturanlagen, 22 Prozent Mittelhochkulturen und 7 Prozent Pfahlkulturen.
Im Gebiet wird Weinbau in 54 Gemeinden betrieben, deren Siedlungsformen Mehrstraßen-, Straßen- und Angerdörfer mit meist ein- und mehgeschossigen Weinhauerhäusern sind. Es gibt im Weinbaugebiet Vöslau 1330 Weinbaubetriebe, deren durchschnittliche Rebfläche 0,84 Hektar beträgt.

Sorten
Die wichtigsten Rotweinsorten des Gebietes sind: Blauer Portugieser, Zweigelt blau und St. Laurent; es kommen auch der Blaufränkische und Blauer Burgunder vor. Die wichtigsten Weißweinsorten sind: Neuburger, Müller-Thurgau und Weißer Burgunder.

WIEN

Die Donaumetropole Wien war seit jeher ein wichtiges Weinproduktions- und Weinhandelszentrum. Die Weinhauerdörfer, die einst Vorstädte waren, sind heute eingemeindet, doch ist ihr alter Ortskern teilweise noch erhalten; hier befinden sich auch die bekannten Buschenschankzentren.

Nach dem Österreichischen Weingesetz ist das Bundesland Wien eine eigene Weinbauregion, die mit dem Weinbaugebiet Wien ident ist. Seine Rebfläche beträgt 726 Hektar. Die Weingärten liegen vor allem an den Hängen der Wiener Hausberge, im Westen Kahlenberg, Leopoldsberg und Nußberg, sowie nördlich der Donau am Bisamberg. Von den früher über wesentlich größere Teile des Stadtgebietes sich erstreckenden Weingärten sind heute nur noch Restgebiete der ehemaligen Weinhauerdörfer zurückgeblieben. Nahezu alle Weinbauflächen Wiens wurden flächenwidmungsmäßig in den „Wald- und Wiesengürtel" einbezogen und sind dadurch vor Verbauung jeglicher Art geschützt.

Der Wiener Weinbau befindet sich in den Gemeindebezirken:

19. Bezirk: Döbling (Grinzing, Heiligenstadt, Ober- und Unterdöbling, Salmannsdorf, Nußdorf, Ober- und Untersievering, Kahlenberger Dorf, Neustift am Walde und Pötzleinsdorf)

17. Bezirk: Hernals (Dornbach)

16. Bezirk: Ottakring

21. Bezirk: Floridsdorf (Stammersdorf, Strebersdorf, Groß Jedlersdorf)

23. und 10. Bezirk: Favoriten (Oberlaa, Unterlaa)

Soweit der alte Ortskern noch erhalten ist, handelt es sich um Straßen-, Straßen-Anger- und Platzdörfer, in denen sich noch vereinzelt Restformen des Wiener Weinhauerhauses befinden.

Für das Gebiet wurden folgende Großlagen festgesetzt:

- Großlage Bisamberg-Wien: sämtliche Weinbauflächen der Katastralgemeinden Strebersdorf, Stammersdorf und Groß Jedlersdorf;
- Großlage Kahlenberg: sämtliche Weinbauflächen der Katastralgemeinden Kahlenbergerdorf und Josefsdorf;
- Großlage Nußberg: sämtliche Weinbauflächen der Katastralgemeinden Nußdorf und Heiligenstadt.

Geologie

Die Ausläufer der Wienerwaldberge gehören der Flyschzone an (Flyschsandstein aus der Kreidezeit), teilweise sind diese durch Löß überlagert. Am Bisamberg gibt es auch eiszeitliche Terrassenschotter, vorwiegend aber Löß.

Die vorherrschenden Bodenarten sind:

Lößrohböden, entkalkte Tschernoseme und Braunerden aus Löß.

Wien hat typisch pannonisches Klima mit folgenden Meßwerten:

Jahresniederschlagsmenge	638 Millimeter
Jahressonnenscheindauer*)	1893 Stunden
Sonnenscheindauer Sommer*)	1226 Stunden
Anzahl der Sommertage	57 Tage
Jahresmittel der Lufttemperatur	9,6 Grad Celsius
Monatsmittel der Lufttemperatur im Dezember	1,0 Grad Celsius
Monatsmittel der Lufttemperatur im Juli	19,7 Grad Celsius

*) Station Hohe Warte, alle anderen Stationen Strebersdorf

Sorten

Der Wiener Weinbau erzeugt bei einem Verhältnis von 91 Prozent Weißweinsorten zu 9 Prozent Rotweinsorten überwiegend Weißwein. Fast die Hälfte aller Bestände steht im Mischsatz.

Die wichtigsten Sorten: Grüner Veltliner, Rheinriesling, Weißer Burgunder und Müller-Thurgau.

64 Prozent aller Weingärten sind Hochkulturen, 30 Prozent Mittelhochkulturen und 6 Prozent Pfahlkulturen. Es gibt 947 Betriebe mit einer durchschnittlichen Weinbaufläche von 0,76 Hektar. Die charakteristische und überwiegende Absatzform ist der Buschenschank.

BURGENLAND

Das Burgenland ist das zweitgrößte weinbautreibende Bundesland in Österreich; es liefert mehr als ein Drittel der österreichischen Weinproduktion. Charakteristisch für dieses zu den wärmsten Weinbaugebieten Mitteleuropas zählende Anbaugebiet ist der Einfluß des Neusiedlersees. Dieser ist ein seichter Steppensee und hinsichtlich seiner Ausdehnung der drittgrößte See Europas. Infolge seiner großen Wasseroberfläche und der damit verbundenen hohen Wasserverdunstung beeinflußt er das Klima dieses Gebietes in überaus vorteilhafter Weise.

Der See liegt in nord-südlicher Richtung größtenteils auf österreichischem Gebiet und ist 36 Kilometer lang; seine größte Breite beträgt 15 Kilometer. Er bedeckt eine Oberfläche von 183 Quadratkilometer. Unter dem Einfluß des warmen, pannonischen Klimas verdunsten jährlich 40 bis 50 Prozent seiner Wassermenge. Der See hat nur einen namhaften oberirdischen Zufluß und wird hauptsächlich von unterirdischen Quellen gespeist.

Die wichtigsten Sorten und ihre Verbreitung sind:

	Hektar	Prozent	Hektar	Prozent
	1980		1974	
Veltliner grün	3777	18,1	2133	12,4
Gemischter Satz	2992	14,3	3905	22,8
Blaufränkisch	2397	11,5	2166	12,6
Welschriesling	2529	12,1	1948	11,3
Müller-Thurgau	1768	8,5	1297	7,5
Muskat Ottonell	1013	4,9	1009	5,9
Neuburger	1050	5,0	887	5,2
Zweigeltrebe	1125	5,4	647	3,8
Burgunder weiß	898	4,3	639	3,7
Traminer	604	2,9	493	2,8
Rheinriesling	338	1,6	409	2,4
Bouvier	568	2,7	391	2,3

Das Burgenland zerfällt in zwei gesetzlich festgelegte Weinbaugebiete: Rust/Neusiedlersee und Eisenberg.

Weinbaugebiet Rust/Neusiedlersee

Nach den Bestimmungen des Österreichischen Weingesetzes gehören zu diesem Weinbaugebiet die politischen Bezirke Neusiedl am See, Eisenstadt, Mattersburg und Oberpullendorf sowie die Städte Rust und Eisenstadt.

Für das Gebiet wurden folgende Großlagen festgesetzt:

- Großlage Kaisergarten: sämtliche Weinbauflächen des politischen Bezirkes Neusiedl/See;
- Großlage Sonnenberg: sämtliche Weinbauflächen des politischen Bezirkes Eisenstadt-Umgebung und der Freistadt Eisenstadt;
- Großlage Vogelsang: die Weinbauflächen der Freistadt Rust;
- Großlage Rosaliakapelle: sämtliche Weinbauflächen des politischen Bezirkes Mattersburg;
- Großlage Goldbachtal: sämtliche Weinbauflächen des politischen Bezirkes Oberpullendorf.

Geographie
Die Weingärten dieses Gebietes befinden sich an den Ost- und Südhängen des rund 35 Kilometer langen Leithagebirges, an den Hängen der Ruster Hügelkette, in der Wulkaebene, im Norden an den Abhängen der Parndorferplatte und östlich des Sees im Seewinkel. Alle diese Landschaften liegen rund um den Neusiedlersee und unterliegen direkt seinem Einfluß als Regulator von Wärme und Luftfeuchtigkeit.
Zu diesem Weinbaugebiet gehören außerdem Anbaugebiete im mittleren Burgenland: das Weinland im Mattersburger Raum sowie im Bereich der Orte Neckenmarkt, Deutschkreutz und Lutzmannsburg.
Geologisch handelt es sich um tertiäres Flach- und Hügelland. Die Parndorferplatte ist aus voreiszeitlichen Schotterplatten gebildet, die Gesteinsformationen im Seewinkel sind eiszeitliche Deckenschotter. Das Leithagebirge hat einen kristallinen Kern (Glimmerschiefer und Schiefergneis) und ist von Leithakalk überdeckt.

Bodentypen
Im Seewinkel herrschen Tschernoseme auf Niederterrassen vor; man findet auch Übergänge von kalkhältigen zu kalkfreien Tschernosemen und Tschernoseme auf Sand. Ferner sind hier Salzböden (Zickböden) anzutreffen.
In den Anbaugebieten am Nordufer des Neusiedlersees herrschen Lößrohböden und kalkfreie Tschernoseme vor; am Westufer Tschernoseme auf Sand und auf Tegel sowie Rendsinen.
Im mittleren Burgenland (Raum Mattersburg) gibt es Lehmböden.

Klima
Das Weinbaugebiet Rust/Neusiedlersee hat ein ausgeprägtes pannonisches Klima, wobei die Niederschläge im Leithagebirge allerdings bis 800 Millimeter erreichen können.
Folgende Klimawerte dienen der Charakterisierung des Klimas in diesem Raum:

Durchschnittliche Klimawerte

	Eisenstadt	Neusiedl/See	Apetlon	Deutschkreutz
Jahresniederschlagsmenge	666	623	633	650 Millimeter
Jahressonnenscheindauer	1945	1903	1888	— Stunden
Sonnenscheindauer Sommer	1355	1331	1114	— Stunden
Anzahl der Sommertage	61	61,3	47,5	59,2 Tage
Jahresmittel der Lufttemperatur	10	9,8	9,8	9,6 Grad Celsius
Monatsmittel der Lufttemperatur im Dezember	1,2	1,0	0,7	2,1 Grad Celsius
Monatsmittel der Lufttemperatur im Juli	20,1	20,1	20,0	19,7 Grad Celsius

Mit einer Weinbaufläche von insgesamt 20.399 Hektar ist das Weinbaugebiet Rust/Neusiedlersee das größte österreichische Weinbaugebiet. In diesem Gebiet befinden sich 76 weinbautreibende Gemeinden, von denen einzelne sehr große Weinbauflächen besitzen. Im Burgenland findet man als typische Siedlungsform meistens Angerdörfer, aber auch Platzdörfer und Straßendörfer. Die typische Hofform ist der Haken- und Zwerchhof. Rund 65 Prozent der gesamten Weinbaufläche sind in Form von Hochkulturen, 31 Prozent in mittelhohen Erziehungen und nur noch knapp 4 Prozent als Pfahlkulturen angelegt. Im Weinbaugebiet Rust/Neusiedlersee befinden sich 15.570 weinbautreibende Betriebe, wobei die durchschnittliche Weinbaufläche pro Betrieb 1,08 Hektar beträgt.
Die wichtigsten Rebsorten dieses Weinbaugebietes sind:
Grüner Veltliner (knapp 18 Prozent), gefolgt vom Welschriesling (12 Prozent), stark verbreitet sind auch die Sorten Müller-Thurgau, Muskat-Ottonell, Neuburger, Weißer Burgunder, Traminer, Rheinriesling und Bouvier.
Bei den Rotweinsorten ist als wichtigste Sorte der Blaufränkische zu nennen, ferner findet man die Zweigeltrebe und St. Laurent.
Das Weinbaugebiet Rust/Neusiedlersee ist zu 81 Prozent mit Weißweinrebsorten und zu 19 Prozent mit Rotweinrebsorten bepflanzt.

EISENBERG

Das im südlichen Burgenland gelegene Weinbaugebiet Eisenberg unfaßt nach den Bestimmungen des Österreichischen Weingesetzes die politischen Bezirke Oberwart, Güssing und Jennersdorf. Das Zentrum des Weinbaugebietes liegt an den Süd und Osthängen des Geschriebensteins, des höchsten Berges im Burgenland; Weingärten befinden sich auch an den Hängen im Pinkatal.
Für das Gebiet wurden folgende Großlagen festgesetzt:

- Großlage Pinkatal: sämtliche Weinbauflächen der politischen Bezirke Oberwart und Güssing.

Ein kulturelles Denkmal besonderer Art sind die Kelleranlagen von Heiligenbrunn.
Klimatisch gehört es dem pannonischen Hügelland an und zeigt folgende charakteristische Klimawerte:

Jahresniederschlagsmenge	672 Millimeter
Anzahl der Sommertage (Güssing)	63 Tage
Jahresmittel der Lufttemperatur	9,4 Grad Celsius
Monatsmittel der Lufttemperatur im Dezember	2,7 Grad Celsius
Monatsmittel der Lufttemperatur im Juli	16,7 Grad Celsius

Die Weinbaufläche dieses Gebietes beträgt insgesamt 459 Hektar. Im Weinbaugebiet Eisenberg liegen 36 weinbautreibende Gemeinden. Die Struktur der Weinbaubetriebe ist hier besonders ungünstig; in diesem Gebiet gibt es 2577 weinbautreibende Betriebe, deren durchschnittliche Weinbaufläche pro Betrieb nur 0,17 Hektar beträgt.

Sorten

Mehr als die Hälfte aller Weingärten sind in Form von mittelhohen Erziehungen, je ein Viertel als Hochkulturen und Pfahlkulturen angelegt. Rund 70 Prozent der Weinbaufläche sind mit Weißweinsorten und 30 Prozent mit Rotweinsorten ausgepflanzt.
Die wichtigsten Sorten sind:
Welschriesling, Grüner Veltliner und Rheinriesling bei den Weißweinsorten, Blaufränkisch und Blauer Burgunder bei den Rotweinsorten.

STEIERMARK

In der Steiermark wird Weinbau nur in den wärmsten Landesteilen im Süden und Südosten — in den Hügelgebieten des Vorlandes und auf den angrenzenden Vorbergen des Randgebirges — auf insgesamt 2642 Hektar betrieben. Als besonderes Merkmal des steirischen Weinbaues muß erwähnt werden, daß sich die Weingärten fast ausschließlich in Berglagen — in mittlerer Höhe und in südlicher Exposition — befinden. Auf den Nordhängen sind kaum Weingärten angelegt. Auch die Tallagen des Vorlandes scheiden für den Weinbau aus, weil sich dort während des Bestehens der Temperaturumkehr in erster Linie während der Nacht die kühlere Luft ansammelt. Dies führt auch zu extrem tiefen Wintertemperaturen sowie zu häufigen Frühjahrs- und Herbstfrösten, die keinen Weinbau ermöglichen. Die Weingärten befinden sich in einer Seehöhe von 250 bis 650 Meter; diese Werte schwanken aber je nach Gebiet. So findet man im Gebiet um Klöch die Weingärten bereits ab 250 Meter, in den anderen Gebieten erst ab 350 Meter Seehöhe. Die Weingartenanlagen reichen in Kitzeck bis auf etwa 550 Meter, im Hartberger Gebiet sogar bis 650 Meter Seehöhe. Der größte Teil der Weingärten befindet sich in Hanglagen mit einer Neigung zwischen 30 und 50 Prozent; im Gebiet Klöch/Oststeiermark findet man die flacheren Lagen (ab 20 Prozent), während im Sausal die steilsten Lagen (oft bis 80 Prozent, in Einzelfällen sogar bis 100 Prozent Hangneigung) gegeben sind. In den Steillagen muß an Stelle des Traktors der Seilzug eingesetzt werden.
Mit Ausnahme des geschlossenen Weinbaugebietes um Klöch findet man den Weinbau in unterschiedlichen Landschaften, wie auf Berghängen, Bergkuppen, in Mulden und Kessellagen.
Ein anderes spezifisches Merkmal des steirischen Weinbaues sind die hohen Niederschlagsmengen; diese ermöglichen das Mulchsystem, bringen aber eine höhere Gefahr bei den Pilzkrankheiten mit sich. Ein weiteres Produktionsrisiko ist häufiger Hagelschlag.
Auf Grund der vielfältigen Gegebenheiten in der Steiermark unterscheidet man drei gesetzlich festgelegte Weinbaugebiete:
Klöch/Oststeiermark, Südsteiermark, Weststeiermark.

WEINBAUGEBIET KLÖCH/OSTSTEIERMARK

Zu diesem Weinbaugebiet gehören nach den Bestimmungen des Österreichischen Weingesetzes die politischen Bezirke Feldbach, Fürstenfeld, Hartberg, Radkersburg, Weiz sowie von den politischen Bezirken Graz-Umgebung und Leibnitz alle Gemeinden, die sich links der Mur befinden. Die Mur stellt also die Grenze des Weinbaugebietes dar.

Für das Gebiet wurden folgende Großlagen festgesetzt:

- Großlage Steirisches Vulkanland: sämtliche Weinbauflächen der politischen Bezirke Radkersburg und Feldbach;
- Großlage Oststeirisches Hügelland: sämtliche Weinbauflächen der politischen Bezirke Fürstenfeld, Hartberg, Weiz sowie die Weinbauflächen der politischen Bezirke Leibnitz und Graz-Umgebung links der Mur.

Dieses Gebiet liegt im oststeirischen Hügelland und umfaßt 135 weinbautreibende Gemeinden. Es hat eine Weinbaufläche von 998 Hektar, wobei 96 Prozent mit weißen Rebsorten, der Rest mit Rotweinsorten bepflanzt sind. 85 Prozent der Weingärten sind Hochkulturen, der Rest je zur Hälfte mittelhohe Erziehung und Pfahlkulturen. Die wichtigsten Sorten dieses Gebietes sind Welschriesling und Müller-Thurgau, gefolgt von Weißem Burgunder und Traminer. 1974 wurden 1373 weinbautreibende Betriebe gezählt, deren durchschnittliche Weinbaufläche pro Betrieb 0,52 Hektar beträgt.

Das Klima kann aus folgenden Meßwerten entnommen werden:

	Bad Gleichenberg
Jahresniederschlagsmenge	877 Millimeter
Jahressonnenscheindauer	1880 Stunden
Sonnenscheindauer Sommer	1248 Stunden
Anzahl der Sommertage	55 Tage
Jahresmittel der Lufttemperatur	9,2 Grad Celsius
Monatsmittel der Lufttemperatur im Dezember	— 2,0 Grad Celsius
Monatsmittel der Lufttemperatur im Juli	19,2 Grad Celsius

Im Raum von Klöch wird der Weinbau auf Berghängen, die vulkanischen Ursprungs sind, betrieben. Die hier vorherrschenden Basaltverwitterungsböden eignen sich ausgezeichnet für den Weinbau (Braunlehme). Sie sind mittelgründig und haben mittlere bis schwere Bodenart.
Das flächenmäßig kleinere Anbaugebiet um Fürstenfeld und Hartberg hat eine enge Beziehung zum benachbarten burgenländischen Weinbaugebiet (pannonischer Klimabereich). Hier finden sich auch Verwitterungsböden aus Schiefergestein (verbraunter Ranker, silikatische Braunerden).

WEINBAUGEBIET SÜDSTEIERMARK

Dieses Weinbaugebiet umfaßt vom politischen Bezirk Leibnitz alle Gemeinden rechts der Mur.

Für das Gebiet wurden folgende Großlagen festgesetzt:

- Großlage Südsteirisches Rebenland: sämtliche Weinbauflächen der Gemeinden Arnfels, Berghausen, Ehrenhausen, Eichberg-Trautenburg, Gamlitz, Großklein, Leutschach, Oberhaag, Ratsch a. d. Weinstraße, Retznei, St. Johann im Saggautal, Schloßberg, Seggauberg, Spielfeld, Sulztal a. d. Weinstraße, Wagna und von der Gemeinde Heimschuh die Weinbauflächen rechts der Sulm;
- Großlage Sausal: sämtliche Weinbauflächen der Gemeinden Gleinstätten, Kaindorf a. d. Sulm, Kitzeck im Sausal, Lang, Leibnitz, Lebring-St. Margarethen, Pisdorf, St. Andrä-Höch, St. Nikolai im Sausal, Tillmitsch, Weitendorf, Wildon und von der Gemeinde Heimschuh die Weinbauflächen links der Sulm.

Die Weinbauzentren liegen im Sausal, im Sulmtal und in den windischen Büheln. Mit 1443 Hektar ist die Südsteiermark das größte steirische Weinbaugebiet; es weist bei Kitzeck auch die steilsten Lagen auf.
Als weinbauliche kulturelle Eigenheiten sind zu nennen: der „Klapotez“, ein Windrad zum Verscheuchen von Vögeln, und das sogenannte „Urhaus“, eine sehr alte Hausform, in der sich Wohn- und Kellertrakt unter einem Dach befinden.
Hinsichtlich des bodenbildenden Gesteins und der Bodentypen treten je nach Gebiet Unterschiede auf. Man trifft auf Verwitterungsböden aus Schiefern (verbraunter Ranker, silikatische Braunerden); diese sind seicht bis mittelgründig und haben eine leichte Bodenart. Aus den kalklosen Sedimenten haben sich meist Parabraunerden (sehr schwere Böden) und Pseudogleye gebildet.
In Gebieten, wo Leithakalk und Kalkkonglomerate bodenbildend waren, sind verbraunte Pararendsinen bis Kalksteinbraunlehme hervorgegangen (mittelschwer, mittelgründig).
In Gebieten, wo das Muttergestein kalkhältige Lockersedimente sind (unter 550 Meter Seehöhe), sind Braunerden und Kalksteinbraunlehme entstanden, mittel- bis tiefgründige Böden von leichter bis schwerer Bodenart.

Durchschnittliche Klimawerte

	Leibnitz
Jahresniederschlagsmenge	947 Millimeter
Anzahl der Sommertage in Jahr	51 Tage
Jahresmittel der Lufttemperatur	8,9 Grad Celsius
Monatsmittel der Lufttemperatur im Dezember	0,4 Grad Celsius
Monatsmittel der Lufttemperatur im Juli	19,4 Grad Celsius

In der Südsteiermark gibt es 3097 weinbautreibende Betriebe mit einer durchschnittlichen Weingartenfläche von 0,41 Hektar; sie befinden sich in 31 weinbautreibenden Gemeinden. 79 Prozent der Rebfläche sind Hochkulturen, 16 Prozent mittelhohe Erziehungen und 5 Prozent Pfahlkultur.

Sorten
96 Prozent der Weingärten sind mit Weißweinrebsorten, der Rest mit Rotweinrebsorten bestockt. Die wichtigsten Sorten sind der Welschriesling, Müller-Thurgau, Weißer Burgunder, Traminer und Muskat-Silvaner. Man findet auch Rheinriesling und Sämling 88. Die wichtigste Rotweinsorte ist der Blaue Wildbacher.

WEINBAUGEBIET WESTSTEIERMARK

Dieses kleinste aller österreichischen Weinbaugebiete hat eine Rebfläche von 201 Hektar und umfaßt nach den Bestimmungen des Österreichischen Weingesetzes die Stadt Graz, die politischen Bezirke Graz-Umgebung (alle Gemeinden rechts der Mur), Deutschlandsberg und Voitsberg. Es befindet sich im weststeirischen Hügelland, an den Ausläufern der Koralpe. Weinbau wird in der Nähe der Orte Ligist, St. Stefan, Stainz, Deutschlandsberg und Eibiswald betrieben. Das weststeirische Weinbaugebiet ist das klassische Schilchergebiet. Es ist mit nahezu zwei Drittel mit dem Blauen Wildbauer (Schilcher), der Rest mit Müller-Thurgau, Welschriesling und Weißburgunder bestockt.

Dieses Gebiet hat die höchsten Niederschläge und zeigt folgende Klimawerte:

	Deutschlandsberg
Jahresniederschlagsmenge	1041 Millimeter
Anzahl der Sommertage im Jahr	53 Tage
Jahresmittel der Lufttemperatur	8,9 Grad Celsius
Monatsmittel der Lufttemperatur im Dezember	0,4 Grad Celsius
Monatsmittel der Lufttemperatur im Juli	19,0 Grad Celsius

Bodentypen
Am Ostabfall der Koralpe findet man Verwitterungsböden aus Schiefern und kalklosen Lockersedimenten. Westlich von Graz Kalkverwitterungsböden (Rendsinen bis Kalksteinbraunlehme). Diese sind seicht bis mittelgründig und von leichter bis mittelschwerer Bodenart.
Weinbau wird in 42 Gemeinden von 508 Betrieben mit einer durchschnittlichen Weingartenfläche von 0,32 Hektar betrieben.

Kapitel 2

Der Boden als Standortfaktor der Rebe

ALLGEMEINES

Für viele Weinhauer steht verständlicherweise die Rebe im Mittelpunkt ihrer Überlegungen. Das Gedeihen der Kultur hängt aber nicht nur von den Eigenschaften der Rebe und vom Klima ab, sondern auch von den Standortbedingungen, weshalb es für den Winzer wichtig ist, diese genau zu kennen.
Der wichtigste Standortfaktor ist der Boden. Wenn man darüber genau Bescheid geben will, genügt es nicht, über den Nährstoffzustand und den Düngerbedarf informiert zu sein, man muß auch den Bodenaufbau, seine Zusammensetzung, seinen Wasserhaushalt und die Erfordernisse für seine Bearbeitung kennen. Die Rebe „besser wachsen lassen" kann nur jener Hauer, der seinen Boden genau kennt und jene Rebsorten sowie Unterlagen zu wählen versteht, deren Ansprüche Boden und Lage befriedigen können.
Der Boden beeinflußt sowohl den Charakter als auch die Qualität des Weines. Während Sandböden kräftige und milde Weine hervorbringen, die in der Regel nur wenig Extrakt- und Bukettstoffe aufweisen, gedeihen in warmen Lagen auf Tonböden mit durchlässigem Untergrund Reben, die volle, blumige, etwas säuerliche Weine liefern. Urgesteinsböden fördern infolge ihres hohen Kaligehaltes das Bukett und damit den Charakter gewisser Sorten; auch Böden auf vulkanischem Muttergestein bringen typische Weine hervor.
Bei der Neuanlage eines Weingartens ist vor allem der Kalkgehalt des Bodens — und zwar sowohl im Ober- als auch im Unterboden — zu berücksichtigen, denn die Kalkverträglichkeit der Unterlagsreben und auch der Edelsorten ist sehr unterschiedlich.
Vor jeder Neuanlage muß man sich über den Aufbau des Bodens ein genaues Bild verschaffen, dabei genügt es nicht, die Krume des Bodens allein für die Beurteilung heranzuziehen, denn auch die tieferen Schichten spielen eine bedeutende Rolle.
Um die Funktion des Bodens besser verstehen zu können, muß man einige Grundbegriffe der Bodenkunde kennen.
Will man Näheres über den Aufbau und die Zusammensetzung eines Bodens wissen, legt man eine Grube an, deren senkrechte Wand das **Bodenprofil** (so nennt man den Querschnitt von der Oberfläche des Bodens zu seinem unveränderten Muttergestein) zeigt. Je nach der Gründigkeit des Bodens liegt das Muttergestein (Ausgangsmaterial) in verschiedener Tiefe; bei einem tiefgründigen Boden liegt es etwa einen Meter oder noch tiefer.
Schon bei flüchtiger Betrachtung lassen sich am Bodenprofil mehr oder minder deutlich unterscheidbare Zonen erkennen, die parallel zur Bodenoberfläche verlaufen; man nennt sie Bodenhorizonte. Sie entstehen im Zuge der Bodenentwicklung aus dem Ausgangsmaterial und aus den anfallenden Pflanzenresten unter dem Einfluß der Witterungsfaktoren und der Oberflächenverhältnisse. In Weingärten sind diese Horizonte allerdings nicht immer deutlich erkennbar, weil ihre natürlichen Grenzen durch das Rigolen verwischt worden sind.
Zur Bezeichnung der **Bodenhorizonte** werden als Symbole Großbuchstaben verwendet. Der oberste Bodenhorizont, der durch den in ihm enthaltenen Humus dunkler gefärbt ist, wird als A-Horizont bezeichnet. In ihm ist das Bodenleben am intensivsten, er ist am stärksten durchwurzelt, und dementsprechend spielen sich die wechselseitigen Vorgänge zwischen Boden und Pflanze vorwiegend hier ab. Horizonte, die keine sichtbare Humusverfärbung aufweisen, jedoch — im Vergleich zum Ausgangsmaterial — durch Verwitterungseinflüsse eine deutlich erkennbare Verbraunung zeigen, werden mit „B" bezeichnet. In Trockengebieten, wie in den niederösterreichischen und burgenländischen

Weinbaugebieten, treten B-Horizonte nur selten — in den Randgebieten zu anderen Klimaverhältnissen — auf. Das Ausgangsmaterial für den Boden, auch Muttergestein genannt, ist der C-Horizont. Die Eigenschaften des Ausgangsmaterials prägen weitgehend den aus dem Muttergestein entstehenden Boden, vor allem hinsichtlich der chemischen Zusammensetzung und der Bodenart. Liegt unter dem C-Horizont Material, das mit der Bodenbildung nichts zu tun hat, nennt man dieses D-Horizont. Man findet häufig beispielsweise unter dem bodenbildenden Löß Schotter oder Sand. Horizonte, die sich unter dem Einfluß von gestautem Wasser völlig verändert haben, werden mit G oder P bezeichnet; mit G dann, wenn der Horizont ständig im Bereich des hochstehenden Grundwassers liegt, mit P in jenen Fällen, wenn das gestaute Wasser von den Niederschlägen stammt und infolge einer nicht oder wenig durchlässigen Bodenschicht (S-Horizont)

nicht geeignet.
Treten innerhalb eines Horizonts weitere Unterschiede auf (zum Beispiel Humusgehalt, Bodenart [„Schwere"], Steingehalt und dergleichen), so werden den jeweiligen Horizontsymbolen Zahlen (A_1, A_2) oder Kleinbuchstaben (zum Beispiel h für Humus, ca für Kalkanreicherung) beigefügt.
Je nach dem vorliegenden Muttergestein, den klimatischen Bedingungen und der Geländeform entstehen sehr verschiedene Böden. Ihre Entstehung und Entwicklung geht jedoch so gesetzmäßig vor sich und ihre Eigenschaften hängen so weitgehend von den Bildungsbedingungen ab, daß man die Ergebnisse der Bodenbildung gewissen Bodentypen zuordnen kann.

DIE WICHTIGSTEN BODENTYPEN IN ÖSTERREICH

In den österreichischen Weinbaugebieten sind vorwiegend folgende Bodentypen anzutreffen:

Rohböden

Rohböden aus Löß
Rohböden aus Sand
Rohböden aus Tegel

Profil:

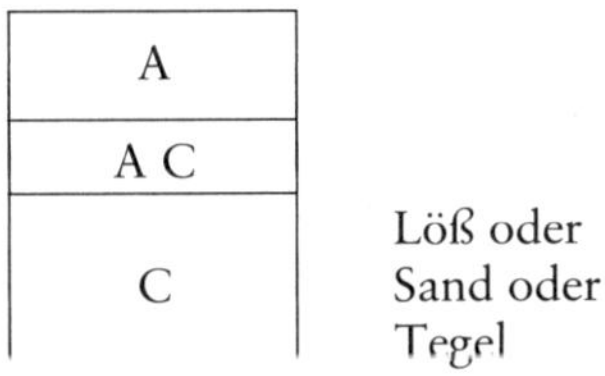

Rendsinen

Profil:

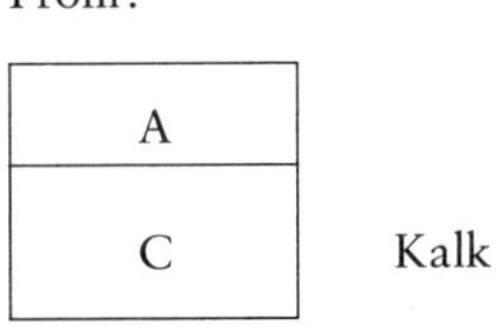

Ranker

Profil:

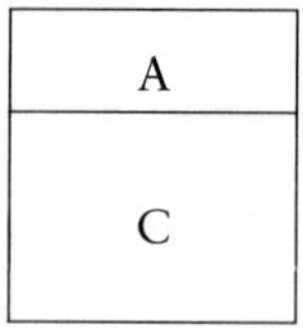

Silikatgestein
(Gneis, Granit)

Schwarzerden (Tschernoseme)

Tschernoseme aus Löß
Tschernoseme aus Sand
Tschernoseme aus Tegel

Profil:

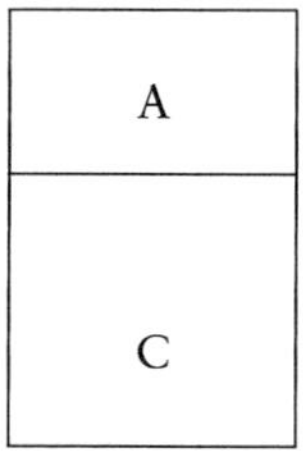

Löß oder
Sand oder
Tegel

Braunerden

Braunerden aus Löß (Lockersedimentbraunerde aus Löß)

Braunerden aus Tegel (Lockersedimentbraunerde aus Tegel)
Braunerden aus Kalkgestein (kalkige Felsbraunerde)
Braunerden aus Silikatgestein (silikatische Felsbraunerde)

Profil:

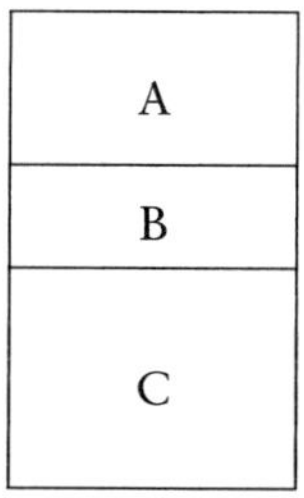

Löß oder
Tegel oder
Kalkgestein oder
Silikatgestein

Rotlehm aus Basalt

Profil:

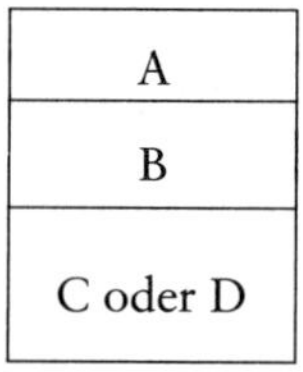

Opok aus Staublehm

Profil:

A
D
S
C oder D

Gleye und Pseudogleye

Gley-Profil:

A
G
C oder D

Pseudogley-Profil:

A
P
S
C oder D

Über diese Bodentypen und ihre Subtypen läßt sich kurzgefaßt folgendes feststellen:

ROHBÖDEN

Bei den Rohböden der österreichischen Weinbaugebiete handelt es sich eigentlich um Kulturrohböden. Sie zeigen wie die Naturrohböden einen nur wenig ausgeprägten A-Horizont; dies ist aber nicht darauf zurückzuführen, daß sie erst am Anfang einer Bodenbildung stehen, sondern ihre Krume ist seicht, weil sie durch Erosion als Folge der Hanglage immer wieder abgetragen wird. Meist sind es trockene Standorte, deren Böden — mit Ausnahme jener, die aus Tertiärsand und Tertiärtegel entstanden sind — hohen Kalkgehalt aufweisen. Diese meist tiefgründigen Böden weisen einen hohen Bedarf an organischer Substanz auf.

Rohböden aus Löß
Der unverwitterte Löß reicht bis fast an die Oberfläche, der A-Horizont ist schwach ausgeprägt und nur wenig dunkler als das Ausgangsmaterial. Diese Böden sind das Ergebnis ständiger Erosion.
Eignung für den Weinbau: Der Löß besitzt infolge seiner Stabilität und durch seine vielen Hohlräume, in denen er Wasser und Luft speichern kann, eine sehr günstige Struktur. Diese Böden sind kalkreich, hitzig und bauen organische Substanz relativ rasch ab; dementsprechend verlangen sie ausreichenden Nachschub an organischem Material („Stallmistfresser"). Die Bearbeitung verursacht keine Schwierigkeiten, Rohböden aus Löß neigen wenig zur Verunkrautung. Die Gefahr von Bodenverdichtungen ist im allgemeinen gering, bei unsachgemäßer Bearbeitung können allerdings unter der Traktorspur Verdichtungen entstehen. Nach Regenfällen sind Böden dieses Typs bald wieder befahrbar. Lößrohböden sind sehr gute Standorte für die Sorten Grüner Veltliner, Neuburger, Weißer

Burgunder, Müller-Thurgau, Ruländer und Frühroter Veltliner sowie für alle Rotweinsorten.
Verbreitung in den österreichischen Weinbaugebieten: Lößrohböden findet man sehr häufig; sie liegen vor allem in der Umgebung von Krems, Langenlois, im Weinviertel vor allem um Röschitz, im Pulkautal, am Wagram, zwischen Wolkersdorf und Matzen und südlich der Donau im Raume Mautern, Hollenburg, im Arbesthaler Hügelland und um die Brucker Pforte.

Rohböden aus Sand
Sandrohböden sind charakterisiert durch ihr leichtes, nährstoffarmes Ausgangsmaterial, das nur ein sehr geringes Wasserhaltevermögen besitzt.

darauf zu achten, daß dabei möglichst wenig Wasserverluste eintreten, denn erstens liegen sie in niederschlagsarmen Gebieten und zweitens ist ihr Wasserhaushalt ungünstig (hohe Durchlässigkeit und geringes Haltevermögen). Bodenverdichtungen sind nicht zu befürchten, nach Regenfällen können solche Böden sehr bald wieder mit dem Traktor befahren werden.
Ohne Bewässerungsmöglichkeit sind Sandrohböden nur für Sorten geeignet, die Trockenheit vertragen, wie beispielsweise Frühroter Veltliner, Neuburger und Welschriesling.
Verbreitung in den österreichischen Weinbaugebieten: Sandrohböden treten meist als kleinere Flächen im Weinviertel und südlich der Donau in der Umgebung von Krems und Tulln auf.

Rohböden aus Tegel
Tegelrohböden besitzen ein gutes Wasserspeichervermögen, sind jedoch infolge ihrer Luftarmut „kalt". Bei Trockenheit leiden diese Böden meist unter mehr oder minder starken Verhärtungen. Leichter Niederschlag dringt oft — vor allem infolge des hohen Quellvermögens solcher Böden — nur wenig tief ein; nach längerem Regen zeigen sie dann eine breiige Konsistenz, und es dauert längere Zeit, bis sie wieder befahrbar sind. Sie neigen außerordentlich zu Verdichtungen und verursachen infolgedessen auch Chlorosen.
Eignung für den Weinbau: Tegelrohböden weisen meist eine ungünstige Struktur auf, wodurch das Wurzelwachstum oft deutlich gehemmt ist. Außerdem zeigen solche Böden häufig, besonders nach längeren Regenperioden, Vernässungen, weil das Wasser nur langsam versickern kann. Dichtlagerung und Wasserstau führen oft zu Chloroseerscheinungen. Der Einsatz von Untergrundlockerern ist zu empfehlen. Als für diese Böden geeignete Sorten sind Weißer Burgunder, Traminer, Roter Veltliner und — allerdings mit Einschränkung — Grüner Veltliner zu nennen.
Verbreitung in den österreichischen Weinbaugebieten: Tegelrohböden treten — meist als kleinere Flächen — im gesamten Weinviertel, südlich der Donau zwischen Mautern und Tulln sowie in den Randgebieten des südlichen Wiener Beckens und im Tertiär-Hügelland des Burgenlandes auf.

RENDSINEN

Diese Böden zeigen ein AC- oder ein A-AC-C-Profil und sind aus Kalkgestein (Kalkstein, Dolomit, Kalkschotter, Kalkmergel) entstanden. Ihrem Ausgangsmaterial entsprechend enthalten sie sehr viel Karbonat (manchmal mehr als 50 Prozent), weisen einen hohen Humusgehalt auf und sind im allgemeinen seichtgründig. Im Trockengebiet sind es sehr hitzige Böden mit geringem Wasserhaltevermögen und hoher Durchlässigkeit.
Eignung für den Weinbau: Auf die Trockenheit dieser Standorte und auf ihren hohen Kalkgehalt ist bei der Wahl der Unterlagsrebe und bei der Edelsorte Rücksicht zu nehmen.

Die Bodenbearbeitung sollte wassersparend durchgeführt werden. Für Rendsinen eignen sich die Sorten Weißer Burgunder, Neuburger, Zierfandler, im Burgenland auch Welschriesling und Blaufränkisch.
Verbreitung in den österreichischen Weinbaugebieten: Rendsinen findet man vor allem auf sanft geneigten Hängen, meist kleinflächig, im Weinviertel bei Mailberg, Falkenstein und Staatz, an den Hängen des Manhartsberges und des Leithagebirges und südlich von Wien im Weinbaugebiet Baden (entlang der Thermenlinie).

RANKER

Ranker entstehen aus kalkfreiem Gestein (Silikatgestein), wie es vor allem für die Urgesteinszone charakteristisch ist, und weisen ein A-C-Profil auf. Es sind flachgründige, trockene Böden mit meist hohem Steingehalt.
Eignung für den Weinbau: In guten Lagen verfügen diese Böden über einen ausgezeichneten Wärmehaushalt, der ihre sonstige Kargheit großteils wettmacht. Die bevorzugte Sorte ist der Rheinriesling.
Verbreitung in den österreichischen Weinbaugebieten: Ranker treten meist kleinflächig im Übergangsgebiet zwischen Wein- und Waldviertel (Manhartsberg), Wachau, Krems, Langenlois, Röschitz, Retz auf.

SCHWARZERDEN

Im Trockengebiet entstanden auf feinem Lockersediment A-C- oder A-AC-C-Böden, sofern es sich um Flächen handelt, die nicht der Hangerosion unterliegen. Man nennt diese in der Bodenart, in der Gründigkeit und Humusmächtigkeit sehr verschiedenen Böden Schwarzerden. Ist das Muttergestein kalkig-silikatisch und lagen bei der Bodenentstehung normale Wasserverhältnisse vor, so entwickelten sich Schwarzerden vom Typ Tschernosem.

Tschernoseme aus Löß

Dieser Bodentyp, der zu den fruchtbarsten Böden unseres Raumes zählt, ist meist tiefgründig, besitzt eine ausgezeichnete Struktur, wodurch einerseits eine gute Durchlässigkeit, andererseits eine beträchtliche Speicherkraft bewirkt wird. Der Kalkgehalt ist wechselnd hoch, manchmal jedoch ist im Oberboden eine deutliche Entkalkung festzustellen. Der Humus — in trockenem Zustand grau, in feuchtem Zustand schwarz — reicht oft bis in beträchtliche Tiefe.
Eignung für den Weinbau: Löß-Tschernoseme sind ausgezeichnete Weingartenböden, auf denen hohe Erträge bei guter Qualität zu erwarten sind. Sie sind im allgemeinen nur in Hanglage erosionsgefährdet und weisen infolge ihres ausgezeichneten Hohlraumsystems einen sehr günstigen Wasserhaushalt auf. Um die gute Struktur nicht zu gefährden, soll nach ausgiebigem Regen das Befahren mit schweren Geräten vermieden werden. Löß-Tschernoseme sind geeignete Standorte für Grünen Veltliner, Müller-Thurgau, Traminer und Muskat-Ottonel. Bei starkwüchsigen Sorten, die zum Durchrieseln neigen, wie zum Beispiel Neuburger, Rheinriesling und Frühroter Veltliner, ist wegen der beträchtlichen Nährstoffnachlieferung Vorsicht geboten.
Verbreitung in den österreichischen Weinbaugebieten: Löß-Tschernoseme treten großflächig im flachwelligen Hügelland des Weinviertels auf; also nördlich der Donau in den Gerichtsbezirken Zistersdorf, Gänserndorf, Poysdorf, Ravelsbach, Hollabrunn und Haugsdorf, südlich der Donau im Gebiet Mautern, Herzogenburg, im Arbesthaler Hügelland und im Burgenland bei Weiden und Gols.

Tschernoseme aus Sand
Diese Böden sind meist tiefgründig, häufig mit einem mächtigen Humushorizont ausgestattet, sehr durchlässig und nur wenig wasserspeichernd. Es sind somit trockene Standorte, die zwar leicht zu bearbeiten, aber auch sehr anfällig gegen Abschwemmung und gegen Winderosion sind.
Eignung für den Weinbau: Bei ausreichender und regelmäßiger Düngung sind die von Natur aus nährstoffarmen Sand-Tschernoseme in den Weinbaulagen des Burgenlandes gute Standorte für die Sorten Welschriesling und Muskat-Ottonel.
Verbreitung in den österreichischen Weinbaugebieten: In ebener Lage sind Sand-Tschernoseme vor allem im Seewinkel des Burgenlandes zu finden.
In tieferen Mulden dieses Gebietes findet man manchmal eine hohe Salzkonzentration. Diese salzhältigen Flächen — es sind versalzte Tschernoseme und ausgesprochene Salzböden — sind im allgemeinen für den Weinbau nicht geeignet. Man kann zwar die alkalische Reaktion dieser Böden durch Behandlung mit Gips mildern, doch führt diese Maßnahme nicht immer zum gewünschten Erfolg.

Tschernoseme aus Tegel
Tegel-Tschernoseme sind Schwarzerden von schwerer Bodenart, die oft einen tiefreichenden Humushorizont besitzen. Ihre wasserhaltende Kraft ist sehr groß, was sich in Trockenperioden als sehr vorteilhaft erweist; ihre Durchlässigkeit ist häufig gering. Infolge dieser Eigenschaften neigen solche Böden zu Verkrustung, zu Erosion und zu Verdichtungen, die sehr schwer zu beheben sind. Bei länger andauernder Trockenheit bilden sich Bodenrisse, nach ausgiebigen Regenfällen entsteht eine breiige Konsistenz, die die Bearbeitung sehr erschweren kann.
Eignung für den Weinbau: Die geschilderten Eigenschaften der Tegel-Tschernoseme machen sie für viele Sorten wenig geeignet, wohl aber für den Traminer und Roten Veltliner, die auch auf bindigen, etwas feuchten, nährstoffreichen Böden gedeihen.
Verbreitung in den österreichischen Weinbaugebieten: Diese Böden treten kleinflächig verstreut im gesamten Weinviertel, im Gebiet von Mautern und Herzogenburg, im Tertiär-Hügelland des südlichen Burgenlandes und in den Randgebieten des Kristallins im Rechnitzer Gebiet auf.

BRAUNERDEN

Die charakteristische Erscheinung bei Braunerden ist ein Verwitterungshorizont (B-Horizont), der zwischen dem Humushorizont (A) und dem Ausgangsmaterial (C) liegt und eine deutliche Braunfärbung zeigt. Die Verwitterung reicht also tiefer als die Humusanreicherung; da diese im allgemeinen nur in feuchteren Gebieten oder in höheren Lagen auftritt, sind Braunerden im pannonischen Klimaraum nur selten anzutreffen.

Braunerden aus Löß (Lockersedimentbraunerden aus Löß)
Böden dieses Typs findet man vor allem im Übergangsbereich vom trockenen zum feuchten Klimagebiet. Das Ausgangsmaterial (C-Horizont) ist ein kalkreiches, feines Lockersediment, bei dem sich infolge seiner guten Struktur die Durchlässigkeit und die Wasserspeicherung die Waage halten. In Hanglagen kann dieser Boden allerdings zu einem trockenen Standort werden.
Eignung für den Weinbau: Für Lößbraunerden sind vor allem kalkliebende und trockenheitsunempfindliche Sorten geeignet, zum Beispiel Weißer Burgunder, Neuburger, Veltliner frührot.

Verbreitung in den österreichischen Weinbaugebieten: Lößbraunerden findet man in den höheren Lagen (etwa 200 bis 250 m Seehöhe) des Weinviertels sowie südlich der Donau im weiteren Umkreis von Krems.

Braunerden aus Tegel (Lockersedimentbraunerden aus Tegel):
In Gebieten, in denen der Tertiärsockel nicht von Löß überlagert ist, sondern wo das Tertiärmaterial (Tegel) zutage tritt, zum Beispiel in Kuppenlagen, entstehen bei ausreichender Feuchtigkeit Tegel-Braunerden.

Eignung für den Weinbau: Aus dem bindigen Ausgangsmaterial (Tegel) entstehen schwere Böden, die meist schwierig zu bearbeiten sind und nach Niederschlägen nur sehr langsam abtrocknen. Sie neigen zu Verdichtungen, die hier wachsenden Reben zeigen häufig Verdichtungschlorosen. Tegel-Braunerden eignen sich vorwiegend für kalkliebende und trockenheitsunempfindliche Sorten, zum Beispiel Neuburger, Weißer Burgunder, Frühroter Veltliner, ferner Gutedel sowie im Weinbaugebiet Baden Zierfandler.
Verbreitung in den österreichischen Weinbaugebieten: Tegel-Braunerden findet man gelegentlich in höheren Lagen (über 200 m Seehöhe) des südlichen Weinviertels und im Weinbaugebiet Baden.

Braunerden aus Kalkgestein (kalkige Felsbraunerde):
Die aus Kalkgestein entstandenen Braunerden (kalkige Felsbraunerden) mit ihrem A-B-C-Aufbau weisen ebenso wie die aus grobem, kalkhaltigem Lockermaterial hervorgegangenen Böden (kalkige Lockersedimentbraunerden) verschiedene Gründigkeit, Krumenmächtigkeit und Bodenart auf: Sie sind teils leicht, gut durchlässig und wenig wasserspeichernd, teils schwer, fast undurchlässig und gut wasserspeichernd.
Dazwischen gibt es alle Übergänge. Der Kalk ist in der Krume oft bereits ausgewaschen. Bei den schweren Varianten kommt es — vor allem bei unzeitgemäßer Bearbeitung — häufig zu Verdichtungen.
Eignung für den Weinbau: Trockene, kalkreiche Standorte dieses Bodentyps sind für Weißen Burgunder, Frühroten Veltliner, im Badener Gebiet für Zierfandler und Rotgipfler geeignet. Auf tiefgründigen, bindigen, etwas feuchten, aber nährstoffreichen Kalkbraunerden gedeihen im allgemeinen die Sorten Ruländer und Traminer; letzterer ist gegen zu hohen Kalkgehalt empfindlich.
Verbreitung in den österreichischen Weinbaugebieten: Aus festem, grobem oder lockerem Kalkmaterial entstandene Braunerden treten am Westrand des Wiener Beckens, vor allem zwischen Perchtoldsdorf und Baden, auf; vereinzelt sind sie auch im Wiener Weinbaugebiet (19. Bezirk) anzutreffen.

Braunerden aus Silikatgestein (silikatische Felsbraunerden)
Derartige Böden sind vor allem auf Schiefern und Granuliten zu finden. Es sind meist seichtgründige, leichte Böden, die einen hohen Stein- und Grusgehalt aufweisen, kalkfrei, dafür aber meist kalireich sind. Da sie wenig Wasser halten können, neigen sie zur Austrocknung. Der hohe Steingehalt erschwert die Bearbeitung, erhöht jedoch die Fähigkeit zur Erwärmung und zur Wasserspeicherung.
Eignung für den Weinbau: Für Standorte dieses Bodentyps sind die Sorten Rheinriesling und Grüner Veltliner besonders geeignet.
Verbreitung in den österreichischen Weinbaugebieten: Man findet Silikatbraunerden in Niederösterreich im Übergangsgebiet zwischen Wein- und Waldviertel bei Retz, Röschitz, Maissau, Krems, im Kamptal, in der Wachau sowie in der Steiermark im Sausal.

ROTLEHM AUS BASALT

Es ist ein bindiger Boden von intensiver Farbe und meist gutem Nährstoffgehalt, weil bei der Verwitterung von Basalt beträchtliche Nährstoffmengen freigestellt werden.
Eignung für den Weinbau: Bei nicht zu schwerer Bodenart handelt es sich um beste Weingartenböden. Folgende Sorten werden empfohlen: Traminer, Weißer Burgunder, Rheinriesling.
Verbreitung in den österreichischen Weinbaugebieten: Solche Böden kommen im steirischen (Klöch) und südburgenländischen Vulkangebiet vor. Charakteristisch sind die kegelförmigen Oberflächenformen.

OPOK AUS STAUBLEHM

Opokböden sind sehr schwere, oft stark verdichtete Böden von meist saurer Reaktion. Sie weisen durch Luft- und Wassereinflüsse deutliche Verfärbungen auf (graue Flecken durch Wassereinfluß, ockerfarbene Flecken durch Lufteinfluß).
Eignung für den Weinbau: Der Wert des Bodens hängt davon ab, in welcher Tiefe der verdichtete, oft wasserundurchlässige Unterboden beginnt. Dieser Boden erfordert eine intensive Pflege, vor allem Lockerung. Er ist für reiche organische Düngung sowie Kalkung dankbar. Folgende Sorten werden empfohlen: Welschriesling, Muskat-Silvaner, Gelber Muskateller.
Verbreitung in den österreichischen Weinbaugebieten: Opokböden kommen in der Süd- und Oststeiermark sowie im südlichen Burgenland weit verbreitet vor. Das Gelände ist sehr unruhig, charakterisiert durch Hänge und Kuppen.

GLEYE UND PSEUDOGLEYE

Böden, die ständig stauendem Wasser ausgesetzt sind, unterliegen tiefgreifenden Veränderungen. Reicht das Grundwasser bis in den Unterboden oder sogar bis in den Oberboden und weist es nur wenig oder keine horizontale Bewegung auf, so liegt Gley vor. Solche Böden neigen sehr zur Dichtlagerung, sind kalt und luftarm. Ist ein Boden nicht durch Grundwasser, sondern durch Niederschlagswasser vernäßt, das infolge einer wenig oder nicht durchlässigen Schicht nicht versickern kann, handelt es sich um einen Pseudogley. Derartige Böden sind zur Zeit der Hauptniederschläge, also im Frühjahr und im Herbst, naß, im Sommer dagegen können sie außerordentlich trockene Standorte darstellen; sie sind also mehr oder weniger stark wechselfeucht.
Eignung für den Weinbau: Beide Bodentypen eignen sich infolge ihrer Verdichtungsneigung, Luftarmut und ständigen oder zeitweiligen Vernässung nicht für Weingärten. Wenn auf derartigen Böden Weinreben stehen, muß mit Chlorosen im stärksten Ausmaße gerechnet werden.
Verbreitung in den österreichischen Weinbaugebieten: Gleye und Pseudogleye sind kleinflächig in allen Weinbaugebieten, vor allem in Mulden, in Rinnen und in Hangfußlage, anzutreffen. Schwere (tonige und schluffige) Böden neigen stärker zur Vergleyung.

Kapitel 3

Klima- und Lageansprüche der Rebe

Die Weinrebe ist in ihrer Ausdehnung seit eh und je nur auf ganz bestimmte Lagen bzw. Gebiete beschränkt, da es vor allem Klima und Lage sind, die den Erfolg des Weinbaues bestimmen. Man weiß heute, daß die jährlichen Schwankungen der Weinqualität innerhalb einer bestimmten Weinbaulage in enger Abhängigkeit von den jährlichen Klimaschwankungen stehen, die so ihren Einfluß auf die Reife der Trauben ausüben. Die klimatische Gunst eines Weinbaugebietes wird von einer Reihe von Faktoren bestimmt, die sich in ihrer Wirkung gegenseitig beeinflussen, ergänzen oder verstärken.
Als wichtigste Standortmerkmale sind zu nennen: Klima und Lage.

Das Klima

DIE VEGETATIONSZEIT

Die Rebe benötigt eine verhältnismäßig lange Vegetationszeit, nämlich 180 bis 240 Tage. Es gibt aber auch sehr früh reifende Traubensorten, wie zum Beispiel die Tafeltraube Perle von Czaba, die nur eine Reifezeit von 130 Tagen benötigt. Die Rebe verlangt wegen ihrer langen Vegetationszeit ein Klima, wo keine Spät- und Frühfröste auftreten, außerdem einen warmen und sonnenreichen Sommer sowie einen langen, milden Herbst.

LICHT UND SONNENSCHEIN

Die Lichtintensität ist vor allem für die Assimilation von großer Bedeutung. Diese verläuft aber nicht parallel zur Lichtintensität. Sie nimmt bei zunehmender Lichtintensität zunächst stark zu, erreicht schließlich einen Höhepunkt und nimmt nach dessen Überschreitung wieder ab.
Es ist bekannt, daß die Rebe ein sonniges Klima verlangt und bei langanhaltender Bewölkung der Blütenansatz stark zurückgeht. Sonnenreiche Jahre ergeben zuckerreiche Trauben und geringen Säuregehalt, während bei geringer Sonnenbestrahlung der Zuckergehalt geringer ist und der Säuregehalt hoch bleibt.
Die jährliche Sonnenscheindauer soll mindestens 1300 Stunden betragen. Der absolute Minimumsatz für den Weinbau liegt bei 1100 Stunden, während optimale Ergebnisse zwischen 1800 und 2000 Sonnenstunden erreicht werden können.
Wie unterschiedlich die Sonnenscheindauer in einzelnen Weinbauländern sein kann, zeigen die folgenden Meßwerte (jährliche Sonnenscheindauer in Stunden):

Geisenheim	1656
Wien	1893
Bozen	1913
Montpellier	2625
Algier	4628

DIE WÄRME

Die Wärmemenge, die im Verlauf eines Tages in einer bestimmten Weinbaulage aufgenommen wird, hängt vom Breitengrad und von der Jahreszeit ab.

Nur ein Teil der Sonnenstrahlen gelangt zum Boden, da ein Großteil der Sonnenstrahlen — je nach Zusammensetzung der Atmosphäre und Einfallswinkel — bereits von der Atmosphäre absorbiert wird. Die mittlere Jahrestemperatur eines Ortes gibt noch keine verläßlichen Anhaltspunkte für seine weinbauliche Eignung. So haben Temperaturschwankungen während der Winterruhe keinen Einfluß auf die Rebe, ausgenommen Temperaturen unter minus 15° C; diese können Frostschäden verursachen. Bei unseren Edelsorten beginnt die Schadensschwelle schon bei minus 15 bis minus 20° C, während einige amerikanische Reben bzw. deren Hybriden ohne Schaden Temperaturen von minus 30° C überstehen können. Am gefährlichsten sind große Temperaturstürze von Plusgraden während des Tages auf Kältegrade während der Nacht.
Die mittlere Jahrestemperatur einiger bekannter Weinbauorte:

Wien	9,6° C
Geisenheim	9,8° C
Bozen	12,0° C
Montpellier	13,4° C
Algier	18,0° C

Die notwendige mittlere Jahrestemperatur für Weinreben liegt zwischen plus 9° C und plus 21° C. Die besten Weißweine reifen bei einem Jahresmittel zwischen 9° C und 11° C, die besten Rotweine zwischen 10° C und 13° C. Um Befruchtungsschäden zu vermeiden, soll die Blütetemperatur im Juni nicht unter plus 15° C absinken.
Im allgemeinen muß gesagt werden, daß die Temperatur in bezug auf die Qualitätssteigerung eine größere Rolle spielt als die Sonnenscheindauer. Denn auch bei bedecktem Himmel findet eine — wenn auch verminderte — Zuckerbildung statt.

DER NIEDERSCHLAG

Obwohl die Rebe trockene Standorte verträgt, sollte die Niederschlagsmenge nicht unter 500 bis 600 mm liegen. Während der Vegetationszeit (vom Austrieb bis zur Lese) ist ein Minimum von 300 bis 350 mm Niederschlag notwendig. In den meisten Weinbaugebieten ist der Niederschlag der ertragsbegrenzende Faktor. Für den Qualitätsweinbau ist in erster Linie die Niederschlagsverteilung maßgeblich. Diese ist oftmals von Ort zu Ort, aber auch von Jahr zu Jahr unterschiedlich. In den niederschlagsreichen südsteirischen (Deutschlandsberg) und Südtiroler (Pustertaler) Weinbaugebieten liegen die jährlichen Niederschläge teilweise über 1000 mm. In den meisten Anbaugebieten sind jedoch die Niederschlagsmenge und ihre Verteilung sehr ungünstig, so daß — besonders in Trockenjahren — eine künstliche Beregnung zur Hebung des Ertrages und der Qualität notwendig wäre. Zur Erzeugung von 1 kg Trockenmasse sind durchschnittlich 250 bis 300 Liter Wasser notwendig.
Die Niederschläge im Winter üben keinen direkten Einfluß auf das Wachstum der Rebe aus, doch sind Wasserreserven, die während des Winters und im Herbst im Boden gespeichert werden, für das Wachstum der Rebe im Frühjahr von großer Wichtigkeit. Aus diesem Grunde sollte im Frühjahr keine Pflugarbeit (vom Stock pflügen) durchgeführt werden, weil dadurch das gespeicherte Wasser verdunstet. Sofern die Winterniederschläge unter 150 mm liegen, wäre eine Bewässerung bereits vor Beginn der Vegetationsperiode notwendig. Die Frühjahrsniederschläge sind besonders wichtig, weil von ihnen die Schnelligkeit des Triebwachstums abhängt und auch der Anbau einer Gründüngung ermöglicht wird. Sommerniederschläge wirken sich in einer Größenordnung zwischen 80 und 150 mm besonders günstig aus. Bei höheren Niederschlägen werden die Pilzkrankheiten stark begünstigt und können zu starken Ertragsverminderungen führen. Niederschläge im August wirken sich auf das Größenwachstum der Beeren und damit auf den Ertrag günstig aus. Herbstniederschläge haben verschiedene Auswirkungen. Sind die Trauben gesund und

die Niederschlagsmengen nicht zu hoch, so erhöhen sie die Erntemenge. Sind die Trauben aber bereits krank, verursachen lang anhaltende Regenfälle erhöhte Fäulnis. Während der Lese wirken sich Regenfälle vor allem aus arbeitswirtschaftlichen Gründen sowie der Bodengesundheit nachteilig aus.
In Gebieten, wo es nicht genügend regnet, kann der Tau bis zu einem gewissen Grad das benötigte Wasser ersetzen.
Jährliche Niederschlagsmengen einiger wichtiger Weinbauorte:

Geisenheim	490 mm
Wien	638 mm
Algier	691 mm
Bozen	781 mm
Montpellier	871 mm

DER WIND

Der Wind hat auf die Rebe ebenfalls einen gewissen Einfluß. Zum Beispiel kann im Frühjahr ein leichter Wind die Bildung von Nachtfrösten verhindern, während zu heftige Frühjahrswinde die jungen Triebe abscheuern können. Während der Blüte begünstigt ein leichter Wind die Verbreitung des Pollens und damit die Befruchtung. Während des Sommers führen heftige Winde zum verstärkten Austrocknen des Bodens und bringen die Vegetationsvorgänge in den jungen Trieben zum Stillstand.
Gefürchtet sind im Weinbau die sogenannten Scheuerschäden. Bei Drahtrahmenerziehung sind die Drähte infolge von Witterungseinflüssen oftmals stark angerostet und wirken dadurch wie ein Sägeblatt. Bei abgescheuerten Triebspitzen bilden sich Geiztriebe, das Schadbild sieht wie ein starker Bormangel aus. Die Stöcke werden dadurch stark geschwächt. Durch Auswechseln des schadhaften Drahtes und die eventuelle Verwendung von Kunststoffdrähten können die Scheuerschäden verringert werden.
Die Schlagschäden durch Wind wirken sich noch ungünstiger aus. Durch das fortwährende Anschlagen der Triebe an die Drähte in ausgesprochenen Windlagen brechen die Triebspitzen ab. Diese Schlagschäden können gemildert werden, wenn man den Draht nicht zu straff spannt, damit die Drähte mit dem Wind mitschwingen können. In besonders gefährdeten Windlagen ist auf die Anbringung des Heftdrahtes zu verzichten und eine freitragende Hochkultur in Erwagung zu ziehen.
Leider muß im Weinbaugebiet, sofern nicht die Einhaltung eines entsprechend großen Abstandes möglich ist, auf eine Windschutzpflanzung verzichtet werden, da Schatten- und Wurzelbeeinflussung des Windschutzgürtels sich sehr nachteilig auswirken.

Die Lage

Innerhalb eines klimatisch einheitlichen Gebietes hängt die Qualität der Weine wesentlich von der örtlichen Lage, also von der Seehöhe, der Neigungsrichtung und dem Neigungswinkel eines Grundstückes ab. Speziell die Besonnung und die Beschattung werden von der Neigung stark beeinflußt. Je weniger ein Hang geneigt ist, desto größer muß die Pflanzbreite sein, wenn ein Abweichen von der Nord-Süd-Richtung vorliegt; der Nachmittagsschatten darf nicht auf die Trauben fallen.

DIE SEEHÖHE

Weinbau findet man in Niederösterreich im allgemeinen bis zu einer Seehöhe von 400 m, in der Steiermark bis zu 650 m Seehöhe. In Südtirol (Eisacktal) gedeiht die Rebe vereinzelt noch in Höhen bis zu 900 m und in Wallis (Rhonetal, Schweiz) sogar bis 1200 m Seehöhe.

Die höchstgelegenen Weinbaulagen der Welt befinden sich in Bolivien (zwischen 2500 und 3000 m), in Afghanistan (1500 und 2500 m), Peru (1400 m), Andalusien (1300 m) und Italien (Ätnahänge bis 1200 m).
Die mittlere Temperatur nimmt pro 100 m Höhe über dem Meeresspiegel um 0,6° C ab. In südlichen Weinbaulagen wirkt sich eine höhere Lage daher günstig aus, da sie die negativen Auswirkungen der geringen geographischen Breite ausgleicht. Im Weinbaugebiet des Ätna zum Beispiel nimmt pro 100 m Höhendifferenz der Zuckergehalt der Trauben um 1° KMW (Klosterneuburger Mostwaage) ab, während der Säuregehalt zunimmt.
Wegen der besseren Einsatzmöglichkeit von Maschinen werden in jüngster Zeit immer mehr ebene Tal- und Hügellagen den klimatisch günstigeren Hängen vorgezogen. Abgesehen von qualitativen Aspekten besteht in einigen Gebieten dabei auch erhöhte Frostgefahr.

DIE NEIGUNG

Die Beurteilung einer Hanglage ist vom weinbaulichen Standpunkt aus nicht leicht zu verallgemeinern. Neben dem Neigungswinkel, der aus arbeitstechnischen Gründen nicht mehr als 30° betragen sollte, ist die Himmelsrichtung von großer Bedeutung. Auch die Böden sind infolge der Abschwemmung oft weniger fruchtbar als in der Ebene. Die Erntemenge ist daher geringer, die Qualität — ausgenommen in Trockenlagen — aber höher.
In südlich geneigten Hanglagen ist die Sonneneinstrahlung größer und die Sonnenscheindauer länger. Die Gefahr der Frühjahrsfröste ist geringer.
Besonders günstig sind wegen ihres geschützten und sonnigen Kleinklimas die Kessellagen.
Die gemittelte Tagessumme der Sonnenstrahlung in Kalorien je m² von Jänner bis Dezember (Österreich):

Südhang	2221 Kal./m²
Osthang	1589 Kal./m²
Westhang	1556 Kal./m²
Nordhang	867 Kal./m²
Hochebene	1735 Kal./m²

DIE EXPOSITION

Der Südhang

In den Randweinbaugebieten bietet der Südhang die einzige Möglichkeit, Weinbau zu betreiben. Die Sonnenstrahlung ist dort so günstig, daß der Vegetationsbeginn zirka 10 bis 14 Tage früher als in anderen Lagen einsetzt. Dies wirkt sich auf den Reifebeginn und damit auf die Qualität sehr positiv aus. In manchen Weinbaugebieten, insbesondere in den wärmeren, kann der Südhang jedoch ausgesprochen trocken sein, wodurch ebenfalls Grenzen gesetzt sind.

Der Osthang

Nach Südhängen eignen sich für den Weinbau Lagen an Ost- und Westhängen besonders gut. Dabei wird oft diskutiert, welcher Lage der Vorzug zu geben ist.
Die Osthänge leiden insbesondere nach kalten Frühjahrsnächten sehr unter der schnellen Erwärmung am frühen Morgen, was Frostschäden zur Folge haben kann.

Der Westhang
Dieser leidet in der Regel unter der Einwirkung der bei uns vorherrschenden Westwinde. Er hat aber den Vorteil, daß er die Niederschläge besser auffängt und daß er weniger unter Frostgefahr leidet, weil die späte Besonnung des Hanges die gefürchteten Temperaturstürze zwischen Tag und Nacht mildert.

Der Nordhang
Dieser hat für den Weinbau nur in den südlichen Gebieten eine gewisse Bedeutung. Nordlagen sind besonders ungünstig, wenn sich hinter dem bepflanzten Hang eine Erhöhung befindet und je stärker seine Neigung ist. In diesem Falle erwärmt sich der Boden sehr wenig und nur langsam.

Die Tallage
Im modernen Weinbau wird aus arbeitswirtschaftlichen Überlegungen der Tallage in zunehmendem Maße der Vorzug gegeben. In geschützten, weiten Tallagen mit guter Abflußmöglichkeit für die Kaltluft kann mit frühen Sorten lohnend Weinbau betrieben werden. Diese Lagen haben meist tiefgründige Böden und bringen einfachere Konsumweine hervor.

ANDERE LAGEFAKTOREN

Wald
In manchen Gebieten stellen Wälder einen Schutz gegen kalte Winde aus dem Norden dar. Windschutzstreifen schaffen vielfach ein günstiges Kleinklima und verhindern Windschäden. An Weinbaugebiete angrenzende Wälder verringern die täglichen Temperaturschwankungen, vor allem durch Verringerung der nächtlichen Ausstrahlung infolge der höheren Luftfeuchtigkeit. Bei unmittelbar angrenzenden Waldungen sind jedoch auch deren nachteilige Auswirkungen durch Beschattung, Wurzelkonkurrenz und eventuell Wildschäden zu berücksichtigen.

Wasserflächen
Eine wichtige Rolle spielt weiters die Luftfeuchtigkeit. Große Wasserflächen wirken als Wärme- und Feuchtigkeitsregler, weshalb in der Nähe von Flußläufen und Seen das Klima besonders ausgeglichen ist. Aus dieser Tatsache erklärt sich beispielsweise die besondere Qualität der Weine aus geeigneten Lagen in verschiedenen Flußtälern (Donau, Rhein) oder jener Gebiete, die in unmittelbarer Nähe von Seen liegen (Neusiedlersee, Kalterersee). Ein weiterer Vorteil der großen Wasserflächen sind die sogenannten Reflexstrahlungen. Untersuchungen haben ergeben, daß in der Nähe eines Sees die Temperatur um 1^{0} C höher ist als in weiter entfernter Lage, da dieser als Wärmespeicher wirkt. Dafür dürfte eine Kombination zwischen der Reflexion des Lichtes und der höheren Luftfeuchtigkeit verantwortlich sein. Die Reflexstrahlen von großen Wasserflächen an die Rebhänge des Ufers sind sehr bedeutend. Dieser Effekt wird durch die Wellenbildung noch erhöht.
Dagegen sind die kleineren Teiche und Bäche klimaverschlechternd, weil der Umgebung Verdunstungswärme entzogen wird, wodurch eine Abkühlung eintritt.
Den gleichen Effekt und dadurch erhöhte Spätfrostgefahr und Botrytisinfektion bewirken auch Wiesen und Kleefelder neben Weingärten.

Hagel
Das Auftreten von Hagel ist weder von der Höhe noch von der Geländeneigung oder dem umgebenden Pflanzenbestand abhängig. Bestimmte Landschaftsräume, wie zum Beispiel die Steiermark, das Kamptal, Südtirol, haben eine besonders hohe Hagelgefährdung

aufzuweisen. Dies ist durch bestimmte Windströme im Zusammenhang mit Aufwinden und Temperaturdifferenzen in verschiedenen Luftschichten zu erklären. Der Schaden, der meist nur lokal auftritt, kann jedoch verheerend sein. Die wirksamste und für den Weinhauer sicherste Maßnahme ist der Abschluß einer jährlichen Hagelversicherung, nachdem die Anlage von Hagelnetzen zu teuer ist und sich auch auf die Ausreifung ungünstig auswirkt und die Hagelabwehr mittels Raketen sich bisher als unzulänglich und unsicher erwiesen hat.

Kapitel 4

Aus der Geschichte des Weinbaues

DIE GESCHICHTE DES REBSTOCKES

Die Geschichte des Rebstockes ist viel älter als die des Menschen. Und die Geschichte des Weines ist wahrscheinlich so alt wie die des Menschen. Im Erdzeitalter des Tertiär (Beginn vor 60 Millionen Jahren) waren in großen Teilen des heutigen Europa, Nordamerika und Asien verschiedene Formen von Wildreben verbreitet. Funde von Resten fossiler Reben in den steirischen Braunkohlenlagern beweisen, daß in der mittleren Tertiärzeit auch im Gebiete von Österreich solche Wildreben — übrigens älteste Vertreter der Laubgewächse — verbreitet waren. Im folgenden Eiszeitalter ging diese Flora zum größten Teile zugrunde oder zog sich in die wärmeren Gebiete zurück. Im jüngsten Abschnitt unserer Erdgeschichte (Holozän), als sich unsere heutigen Landschaftsformen bildeten und das Klima wieder wärmer wurde, breiteten sich vor allem in den Flußtälern die Wildreben wieder aus.

DIE GESCHICHTE DES WEINBAUES

Zweifellos hat schon der Steinzeitmensch in den Wäldern die Trauben der wildwachsenden Reben gegessen und kannte wahrscheinlich schon frühzeitig die Weinbereitung. Die Funde von Traubenkernen und einer alten Traubenpresse (8000 vor Christus, Fundort 25 km südwestlich von Damaskus) beweisen dies. Der Mensch war es auch, der aus den verschiedenen Arten von Wildreben unsere heutigen Kulturreben gezüchtet hat. Wahrscheinlich ging die Entwicklung der Weinkultur in verschiedenen Gebieten parallel vor sich. Durch die archäologischen Forschungen in Mesopotamien und Ägypten wissen wir, daß die dort lebenden Völker schon vor mehreren tausend Jahren eine blühende Weinkultur besessen haben. Es ist dies auch der Grund, warum den Assyrern und Ägyptern häufig die Gründung des Weinbaues zugeschrieben wird.
Durch das Handelsvolk der Phönizier gelangte der Weinbau aus diesem Raum nach Griechenland, wo er sich bald zur Hochblüte entwickelte. Griechische Kolonisten brachten den Wein nach Süditalien und Südfrankreich, wo er bald das ganze Land bedeckte. Mit der Ausdehnung des römischen Weltreiches brachten die römischen Soldaten die Rebe als Zeichen des Friedens und als Vermittler der Zivilisation in die eroberten Gebiete. Auf diese Weise kam der organisierte Weinbau auch in die römischen Provinzen nördlich der Alpen, nach Norikum und Pannonien, wie ein großer Teil des heutigen Österreich damals hieß.

DIE GESCHICHTE DES WEINBAUES IN ÖSTERREICH

Durch Ausgrabungen wissen wir, daß schon vor der römischen Besetzung im Gebiete von Österreich von den Kelten und vielleicht noch früher durch die Illyrer eine primitive Form des Weinbaues betrieben wurde. Allerdings waren die Römer die ersten Pioniere eines organisierten Weinbaues. Als Kaiser Probus im Jahre 280 nach Christus das von Kaiser Domitian (91 nach Christus) verfügte Anbauverbot für Weingärten nördlich der Alpen aufhob und überdies die Ansiedlung von römischen Legionären in den besetzten Gebieten förderte, entstanden entlang der Donau — in den Umgebungen der damaligen Siedlungen Carnuntum, Vindobona (Wien), Aquae (Baden), Augustiana (Traismauer) und Favianae

(Mautern) — sowie in den Orten um den Neusiedlersee, in Eisenberg und in der Steiermark blühende Weinkulturen. Die Römer erweiterten und verbesserten den Sortenbestand, führten neue Erziehungsmethoden ein (Kammerbau) und brachten eine fortschrittlichere Kellertechnik.

Nach dieser ersten Blütezeit erlebte der Weinbau in Österreich immer wieder Höhen und Tiefen, je nach der politischen und wirtschaftlichen Lage im Lande. Mit dem Zusammenbruch des römischen Weltreiches übernahmen germanische Stämme die Weinkultur der Römer.

In der Zeit der Völkerwanderung und der Awareneinfälle verfiel die hochentwickelte Weinkultur infolge der Unsicherheit und der schlechten Lebensbedingungen der Winzer, ohne jedoch zum Erliegen zu kommen. Im Zuge der ersten Kolonisierung unter und nach Kaiser Karl dem Großen, vor allem aber nach der Besiegung der Magyaren unter Otto I., erholte sich der Weinbau schnell von den Rückschlägen der Vergangenheit. Durch vielfältige Maßnahmen wurde die Neuanlage von Weingärten gefördert und die Qualität verbessert. Jede neue Kolonisationswelle brachte eine Ausbreitung des Weinbaues. Vor allem waren Klöster und die geistlichen Stifte die großen Pioniere und Lehrmeister des Weinbaues; sie erwarben neben dem Adel im Laufe des Mittelalters einen Großteil des Weingartenbesitzes in Österreich. Infolge des Mangels an eigenen Arbeitskräften mußten sie aber einen Teil ihres Besitzes durch die Bauern in Halb- und Drittelbau bewirtschaften lassen, wodurch es in unseren Weinbaugebieten zu keiner Verproletarisierung der Winzer kam. Infolge der gewaltigen Produktionssteigerung im 14. Jahrhundert kam es zu einem Einfuhrverbot für Wein und einem Verkaufsverbot für ortsfremden Wein. Wien wurde Weinbau- und Weinhandelszentrum im Donauraum.

Im 16. Jahrhundert erreichte der Weinbau in Österreich seine größte Ausdehnung. Die Weinbaufläche war rund zehnmal so groß wie heute und reichte in Gebiete, wo aus klimatischen Gründen der Wein heute längst wieder verschwunden ist (Oberösterreich, Steiermark, Kärnten, Tirol). Wohl deuten aber heute noch Orts- und Flurnamen darauf hin. Der Wein war zu dieser Zeit nicht nur billiges Volksgetränk, er brachte der Obrigkeit auch beachtliche Steuer- und Deviseneinnahmen. Österreichische Weine wurden überwiegend nach Bayern, Böhmen und Mähren, Schlesien, Preußen, Polen und sogar an die Fürstenhöfe in Litauen und Lettland exportiert.

Im 16. Jahrhundert begann man in Bayern und Böhmen mit dem Bierbrauen, wodurch in der Folge der Weinabsatz erheblich zurückging. Durch diese Tatsache, vor allem aber durch die hohe Abgabenbelastung und die Folgen des Dreißigjährigen Krieges kam es im 17. Jahrhundert zum Niedergang des Weinbaues. In der Zeit nach dem Dreißigjährigen Krieg war die Bevölkerung verarmt, der Wein zur Rarität und sehr teuer geworden.

Erst unter Kaiserin Maria Theresia und ihrem Nachfolger Joseph II. erholte sich die Wirtschaft des Landes, und gleichzeitig — nicht zuletzt durch eine Steuerreform beim Wein — blühten Weinbau und Weinwirtschaft wieder auf. In dieser Zeit wurde — nachdem die Erzeugung größer war als der Verbrauch — auch die Einfuhr von Wein streng geregelt. Die Einfuhr von Wein, insbesondere aus Ungarn, unterlag einer strengen Regelung. Auf einen eingeführten Eimer Wein wurde 1 Gulden Zoll erhoben. Joseph II. erließ 1784 ein kaiserliches Patent, auf das unser heutiges Buschenschankrecht zurückgeht.

Die Geschichte des Weinbaues in der zweiten Hälfte des vorigen Jahrhunderts ist vor allem durch die Einschleppung des Oidiums, der Peronospora und der Reblaus aus Amerika gekennzeichnet. Die sich rasch ausbreitende Reblaus vernichtete in wenigen Jahren die Altkulturen, und es dauerte Jahrzehnte, bis die Umstellung auf veredelte Weingärten abgeschlossen war.

Die jüngste Geschichte des österreichischen Weinbaues ist gekennzeichnet durch ein stärkeres Eingreifen des Gesetzgebers auf dem Gebiet der Weinbereitung und Bezeichnung (Weingesetz); weiters durch gewaltige strukturelle Veränderungen der alten Betriebsformen und Anbaumethoden bei einer Abnahme der Zahl der Weinbaubetriebe und gleichzeitiger Zunahme der Betriebsgrößen.

ÜBERSICHT ZUR GESCHICHTE DES WEINBAUES

Tertiärzeit (vor 60 bis 1 Million Jahren)	in Europa, Nordamerika, Asien Funde von 40 fossilen Rebenarten
Eiszeit (vor 700.000 bis 20.000 Jahren)	Vereisung vernichtet die Reben größtenteils, Rückziehung in wärmere Gebiete
Holozän (Beginn vor 20.000 Jahren)	Wildrebenarten dringen mit Erwärmung wieder in neue Gebiete vor
zirka 8000 vor Christus	ältester Fund der Weinbereitung durch den Menschen (Traubenpresse und Traubenkerne)
um 3000 bis 500 vor Christus	hochentwickelte Weinkulturen in Mesopotamien und Ägypten
um 1000 vor Christus	Phönizier verbreiten den Weinbau im Mittelmeerraum (Griechenland)
um 750 vor Christus	Illyrer betreiben vermutlich schon Weinbau in Österreich
um 500 vor Christus	Griechische Kolonisten bringen den Weinbau nach Südfrankreich und Süditalien
400 vor Christus	Kelten betreiben Weinbau in Österreich
100 vor Christus bis 100 nach Christus	die Römer bringen ihre Weinkultur bis zur Donau
100 vor Christus bis 200 nach Christus	Römer verbreiten den Weinbau in allen Provinzen ihres Weltreiches
91 nach Christus	Kaiser Domitian beschränkt Weinbau nördlich der Alpen
280 nach Christus	Kaiser Probus (276 bis 282 nach Christus) hebt Anbauverbotsgesetze nördlich der Alpen auf und fördert Ansiedlung römischer Legionäre
um 500 nach Christus	erstes schriftliches Dokument über den Weinbau in Österreich (Lebensbeschreibung des heiligen Severin)
768 bis um 890	Förderung des Weinbaues durch Karl den Großen (768 bis 814), erste Kolonisierung durch die Klöster
890 bis 955	Schädigung durch die Magyareneinfälle
ab 955	nach Besiegung der Magyaren durch Otto I. wieder großer Aufschwung des Weinbaues in Österreich; Besiedlung durch Franken und Bayern
10. bis 12. Jahrhundert	Ausbreitung des Weinbaues durch Klöster, Stifte und Adel (Babenberger)
1355	in Krems wird das Bierbrauen untersagt

1358	Einfuhrverbot für Wein und Verkaufsverbot für ortsfremden Wein soll heimischer Erzeugung beim Absatz helfen.
1526	der Weinbau erreicht in Österreich seine größte Verbreitung
Ende 16. Jahrhundert und 17. Jahrhundert	Niedergang des Weinbaues durch hohe steuerliche Belastung, Bierbrauen und Dreißigjährigen Krieg
18. Jahrhundert	Förderung und Wiederaufbau durch Maria Theresia (1740 bis 1780) und Joseph II. (1780 bis 1790)
1784	Buschenschankpatent von Joseph II.
19. Jahrhundert	Einschleppung von Oidium (1850), Reblaus (1872), Peronospora (1878)
1860	Gründung der Weinbauschule Klosterneuburg
1880	erstes modernes Weingesetz
insbesondere ab 1956	Mechanisierung und Rationalisierung des Weinbaues durch Einführung der Hochkultur
1961	modernes Weingesetz (Novellierungen 1971, 1972, 1976, 1979)
1965, 1969, 1974, 1980	Weinbaugesetze in Niederösterreich und Burgenland, Ländervertrag vom 4. bzw. 10. Dezember 1980
1969	Weinwirtschaftsgesetz (Errichtung des Weinwirtschaftsfonds)
1982	Abkommen mit der EG über die gegenseitige Kontrolle und den Schutz bei Wein.

Abschnitt II

DIE BOTANIK DER REBE

Kapitel 5

Systematik des Rebstockes

Der schwedische Arzt und Botaniker Carl von Linné (1707 bis 1778) hat die Rebengewächse in der von ihm geschaffenen Pflanzensystematik folgendermaßen eingeordnet:
Innerhalb der zweikeimblättrigen Pflanzen gehört die Rebe zur Familie der „Rebengewächse“ (Vitaceae), welche gemeinsam mit der Familie der Kreuzdorngewächse (Rhamnaceae) die Ordnung der „Rhamnales“ (faulbaumähnliche Gewächse) bildet.

Rhamnales

1. Vitaceae (Ampelidaceae) = Rebengewächse:
   Diese Familie umfaßt zwei Unterfamilien:
   1.1 Lecoideae
   1.2 Vitoideae — die eigentlichen Rebengewächse. Zu dieser Unterfamilie gehört alles, was schlechthin mit dem Wort „Rebe“ bezeichnet wird.
2. Rhamnaceae = Kreuzdorngewächse (Kreuzdorn und Faulbaum)

Gattung der Vitoideae

Die Unterfamilie der Vitoideae gliedert sich in zehn Gattungen:

1.2.1 Ampelocissus
1.2.2 Parthenocissus — wird als Zierpflanze verwendet (Wilder Wein, Mauerkatze)
1.2.3 Ampeopsis hat gefiederte Blätter, wird auch als Zierpflanze verwendet
1.2.4 Cissus — Vertreter dieser Gattung sind als Zimmerpflanzen in Verwendung
1.2.5 Tetrastigma
1.2.6 Rhoicissus (Zierpflanze)
1.2.7 Pterisantes
1.2.8 Clematicissus
1.2.9 Landukia
1.2.10. Vitis Linné — hiezu gehört die Europäerrebe mit allen Sorten. Sie wurde von Linne sehr ausführlich beschrieben. Sie hat fünf Kronblätter, die als Mützchen abgeworfen werden.

Untergattungen

Die Gattung Vitis Linné wird in zwei Untergattungen gegliedert:

1.2.10.1 Muscadinia — dazu gehören die Arten:
Rotundifolia (Vorkommen: Florida, Südküste der USA und Ostküste von Mexiko)
Munsoniana (Vorkommen: Südflorida)
1.2.10.2 Euvitis — diese teilt sich in 35 Arten. Die wichtigsten davon sind:

Arten der Untergattung Euvitis

1.2.10.2.1 Lambruscae, Vorkommen: USA
2 Lambruscoideae, Vorkommen: Japan, China, Himalaja-Gebiet, USA
3 Aestivales, Vorkommen: Osten der USA

Ordnung	Familie	Unterfamilie	Gattung	Untergattung	Arten	Unterarten	Sorten (Rassen)
Rhamneae	1. Rhamnaceae						
	2. Vitaceae	2.1 Lecoideae					
		2.2 Vitoideae	2.2.1 Ampelocissus 2.2.2 Parthenocissus 2.2.3 Ampelopsis 2.2.4 Cissus 2.2.5 Tetrastigma 2.2.6 Rhoicissus 2.2.7 Pterisantes 2.2.8 Clematicissus 2.2.9 Landukia				
			2.2.10 Vitis Linneae	2.2.10.1 Muscadinia	Rotundifolia Munscniana		
				2.2.10.2 Euvitis	2.2.10.2 a) Lambruscae b) Lambruscoideae c) Aestivales d) Cinerascentes e) Rupestres f) Riparieae g) Asiat. Lambruscoideae		
					h) Viniferae i) Incertae	Vitis vinifera Labr. var. silvestris	
						Vitis vinifera Labr. var. caucasica	
						Vitis vinifera Labr. var. sativa	8000

4 Cinerascentes, Vorkommen: USA, mit den Unterarten:
  Vitis Cinereae — das sind die einzigen reblausimmunen Rebarten
  Vitis Cordifolia
  Vitis Berlandieri — dies ist eine der Ausgangsformen unserer wichtigsten Unterlagen

5 Rupestres, Vorkommen: USA
  Unterarten:
  Vitis Rupestris — dies sind vor allem trockenresistente Unterlagen, welche in Südfrankreich und Süditalien angepflanzt werden
  Vitis Monticola
  Vitis Arizonica

6 Ripareae mit den Unterarten:
  Vitis Riparia, auch Uferrebe genannt. Sie ist feuchtigkeitsliebend und kommt im Ontariogebiet (Kanada) vor
  Vitis Rubra im südlichen Mississippigebiet

7 Viniferae mit den Unterarten:
  Vitis vinifera, L. var. silvestris = europäische Wildrebe
  Vitis vinifera L. var. caucasica = kaukasische Wildrebe
  Vitis vinifera L. var. sativa = Edelrebe

Die Vitis vinifera L. sativa, die Edelrebe, hat die größte Bedeutung erlangt und umfaßt zirka 8000 Sorten (Rassen), die auf der ganzen Erde verbreitet sind. Man hat wiederholt versucht, diese Sorten systematisch zu erfassen.

Bau und Leben der Rebe

Die Wissenschaft unterscheidet zwischen:
Organographie, das ist die Lehre von der äußeren Gliederung der Pflanze und den Beziehungen zwischen Form und Funktion ihrer Organe.
Anatomie, das ist die Lehre vom inneren Bau (Zellen) der Pflanze. Die vergleichende Anatomie beschreibt die Ähnlichkeiten und Abweichungen vom Bau der verschiedenen Pflanzen. Die physiologische Anatomie sucht die Abhängigkeit der physiologischen Funktion vom inneren Bau der Pflanze zu erklären.
Physiologie, das ist die Lehre von den Lebenserscheinungen (Wachstum und Stoffwechsel) der Pflanze.

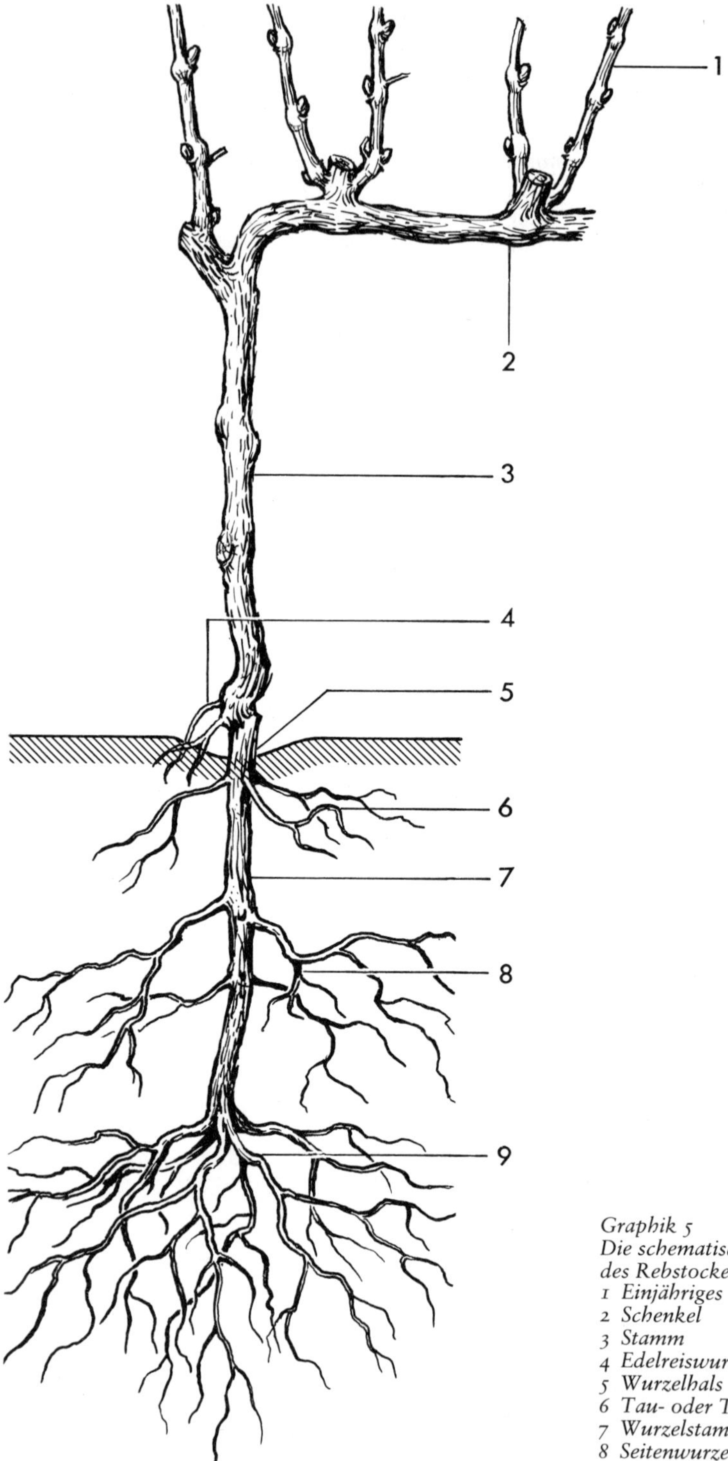

Graphik 5
Die schematische Darstellung des Rebstockes
1 Einjähriges Holz oder Rute
2 Schenkel
3 Stamm
4 Edelreiswurzeln
5 Wurzelhals
6 Tau- oder Tagwurzeln
7 Wurzelstamm
8 Seitenwurzeln
9 Fußwurzeln

Kapitel 6

Die Organe des Rebstockes und ihre Funktionen (Organographie)

Eine genaue Kenntnis der Organe des Rebstockes ist auch für den praktischen Weinbauern sehr wichtig, denn nur so kann er viele Maßnahmen verstehen und beurteilen.
Die Organographie befaßt sich mit der äußeren Gliederung des Weinstockes und den Beziehungen zwischen Form und Funktion der einzelnen Organe.

DIE UNTERIRDISCHEN ORGANE DES REBSTOCKES
DIE WURZEL

Die Wurzel ist ein Hauptorgan der Rebe und dient zur Aufnahme von Wasser und Nährstoffen. Durch sie wird die Pflanze im Boden verankert und dient auch der Speicherung von Nährstoffen.

Charakteristische Merkmale der Rebenwurzel sind:
Sie bildet niemals Blätter aus, wächst in Richtung des Erdmittelpunktes nach unten — positiv geotrop — und enthält kein Chlorophyll.
Es wird zwischen Keimwurzeln (entstehen bei der Keimung des Samens) und Adventivwurzeln (bilden sich aus Sproßteilen bei der vegetativen Vermehrung) unterschieden.

Die Keimwurzeln

Keimwurzeln bilden sich bei der Rebe nur im Falle der Vermehrung durch Samen (Rebenzüchtung). Die Rebe bildet bei der Keimung eine Pfahlwurzel, aus der sich in kurzer Zeit ein feinverzweigtes Wurzelsystem (Seitenwurzeln ersten bis vierten Grades) entwickelt. Zunächst nutzen die Wurzeln Wasser und Nährstoffe der oberen Bodenschichten, doch dringen einzelne Wurzelzweige frühzeitig auch in tiefere Bodenschichten ein. Im ersten Jahr übertrifft das Keimwurzelsystem die Entwicklung der oberirdischen Organe.

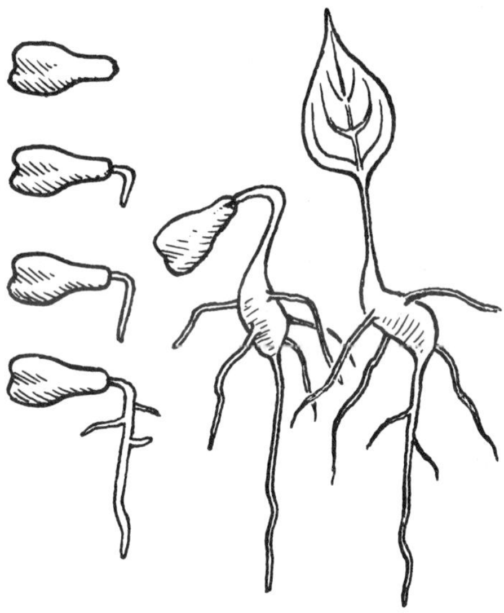

Die Keimwurzel

Die Adventivwurzeln

Sie entwickeln sich aus Sproßteilen (einjähriges Holz) bei der vegetativen Vermehrung. Unser System der Rebenvermehrung durch Setzreben und Stecklinge beruht auf der Eigenschaft, daß sich Adventivwurzeln auch an abgetrennten Sproßteilen bilden. Die dabei benutzten Sproßteile entwickeln im Boden vorzugsweise am unteren Rande der Knoten, in Ausnahmefällen — an Schadstellen durch Wuchsstoffe oder bei feuchter Witterung — auch auf den Internodien kräftige Adventivwurzeln.

Der Wurzelstamm (auch Wurzelstange genannt) wird in reblausgefährdeten Gebieten aus amerikanischen Unterlagsreben gebildet und trägt die Wurzeln. Seine Länge liegt in unserem Klimaraum bei den meisten Böden zwischen 30 und 40 cm (Schnittrebenlänge in Österreich 35 cm). Der Wurzelstamm wird bei uns deshalb länger gemacht, damit die Fußwurzeln tiefer liegen und somit im Winter vor Frost und in trockenen Sommern vor Austrocknung geschützt sind. In südlichen Ländern, wo die Gefahr des Abfrierens der Wurzeln nicht gegeben ist, sind die Wurzelstämme oft sehr kurz (15 bis 20 cm), in Ländern mit kontinentalen, kalten Wintern hingegen länger gebildet.

Dem Aussehen nach verliert der Wurzelstamm seine allmähliche Stammnatur; wie bei dem oberirdischen Stamm blättert die Rinde ab, es bilden sich wieder neue Zellen, und der in der Erde befindliche Teil wird einer Wurzel immer ähnlicher. Die mit in den Boden gelangenden Knospen bleiben schlafend, so daß ein nach Jahren aufgedeckter Wurzelstamm wieder Zweige bilden kann.

Die Edelreiswurzeln

Bei Pfropfreben bilden sich über der Veredlungsstelle häufig die sogenannten Edelreiswurzeln, vor allem dann, wenn sie zu tief gepflanzt werden. Da es sich um reblausanfällige Wurzeln (von europäischen Reben stammend) handelt, müssen sie laufend entfernt werden. Die Wurzeln der reblauswiderstandsfähigen Unterlagen würden sonst absterben und der Rebstock von der Reblaus befallen werden.

Je nach der Stellung am Wurzelstamm unterscheidet man zwischen Tag- (auch Tau- oder Luftwurzeln), Seitenwurzeln und Fußwurzeln.

Die Tagwurzeln (Tau- oder Luftwurzeln)

Die Tagwurzeln befinden sich am obersten Teil des Wurzelstammes; knapp unter der Erdoberfläche, sozusagen „zwischen Tag und Erde“. Bei der Kulturrebe bilden sie sich kräftig und immer wieder von neuem aus, auch wenn sie laufend weggeschnitten werden. In der Regel wachsen sie mehr horizontal, vor allem im Bereich der lockeren, nährstoffreichen Bodenoberfläche, so daß sie bei tiefer Bodenbearbeitung beschädigt werden. In Mulchquartieren hingegen ist ihre Entwicklung ungehindert und sehr stark. Dies führt dort oftmals bis zum Absterben der Fußwurzeln, aber auch zur Rückbildung der Seitenwurzeln. Infolge ihrer seichten Lage sind die Tauwurzeln sehr frostgefährdet und leiden auch sehr stark unter Trockenheit.

Die Seitenwurzeln

Sie befinden sich am mittleren Teil des Wurzelstammes in der Nähe des Knotens und dienen hauptsächlich der Aufnahme und Weiterleitung von Nährstoffen. Die Ausbildung der Seitenwurzeln ist sortenunterschiedlich; die Riparia bildet beispielsweise sehr feine Seitenwurzeln aus, die Rupestris hingegen fleischige. Schon im ersten Jahr wird ein weitverzweigtes Wurzelsystem gebildet (Verzweigung bis zum vierten Grad).

Die Fußwurzeln

Unter normalen Bedingungen entwickeln sich die Fußwurzeln am kräftigsten. Ihre gute Entwicklung und ihr Tiefgang sind im allgemeinen Voraussetzung für die Widerstandsfähigkeit des Rebstockes gegen ungünstige Standorts- und Witterungsverhältnisse (Trockenheit und Frost). Der Rebstock hat in der Regel drei bis fünf kräftige Fußwurzeln, von denen einige senkrecht in die Tiefe wachsen und die anderen sich mehr horizontal wachsend verteilen. Eine ausgesprochene Pfahlwurzelbildung ist mit Ausnahme der Sämlingsreben nicht gegeben. Für die bevorzugte Wachstumsrichtung der Wurzeln scheint nur die Wasser-

und Nährstoffaufnahme maßgebend zu sein. Die Masse der Hauptwurzeln befindet sich im Rigolhorizont (0 bis 60 cm), der in der Regel auch mit Humus und Nährstoffen angereichert ist; einzelne Wurzeln dringen bis 2 m tief vor. Bei hohen Erziehungsformen und großen Standweiten ist das Wurzelsystem stark ausgebildet. Der Wurzelzuwachs ist weiter vom Stock entfernt als bei niedrigen Formen. Unter besonders günstigen Bodenverhältnissen erreichen die Fußwurzeln eine Länge von 10 bis 16 m. Bei ungünstigem, besonders bindigem Untergrund dringen die Wurzeln viel weniger tief in den Boden ein. Durch eine tiefe Bodenlockerung vor der Pflanzung (Rigolen) sowie die Bearbeitung mit dem Untergrundlockerer wird die Bildung von Fußwurzeln optimal gefördert.

Entwicklung und Gliederung der Wurzeln

Die Entwicklung und morphologische Gliederung der einzelnen Wurzelstränge vollzieht sich in folgender Weise: An den Knoten der frisch gesetzten Reben entstehen zwei bis drei Millimeter dicke Wurzeln, die sich verzweigen, wenn sie etwa 10 bis 12 cm lang geworden sind. Sie erzeugen zunächst nur im Bereiche der älteren Wurzelzonen Wurzelzweige erster Ordnung. Die Wurzelspitze selbst bleibt, solange sie im lebhaften Längenwachstum begriffen ist, bis auf etwa 10 cm Länge unverzweigt. Die Wurzelzweige erster Ordnung legen in der Folge Wurzelzweige zweiten, dritten bis vierten Grades an, wobei die Verzweigungen des Wurzelstranges immer in den ältesten Teilen beginnen.
Bemerkenswert ist, daß in den ersten Jahren bereits eine Gliederung hinsichtlich Leistung, Lebensdauer und Gestalt der Wurzeln erfolgt.

Das Wurzelsystem der Rebe unterteilt man in:

- Langwurzeln
- Wurzelzweige erster Ordnung
- Wurzelzweige zweiter bis vierter Ordnung
- Wurzelfasern

Die Langwurzeln

Die Langwurzeln sorgen für die Ausbreitung des Wurzelsystems im Boden und suchen wasserhältige Bodenschichten auf. Sie dienen weiters als Träger und Leitungsorgane für die feinen Wurzeln. Die Nährstoffaufnahme der Langwurzeln ist von untergeordneter Bedeutung. Die älteren Teile der Langwurzeln verlieren ab der Stelle, wo sie Wurzelzweige anlegen, die Fähigkeit der Nährstoffaufnahme.

Die Wurzelzweige erster Ordnung

Sie bestehen aus 0,3 bis 0,5 Millimeter dicken Fasern, dringen in die feinsten Spalten des Bodens ein und sorgen wirksam für die Ernährung der Rebe. Sobald sie sich stärker verzweigt haben, sorgen sie für die Ableitung der aufgenommenen Bodennährstoffe und übernehmen damit die Funktion der Langwurzeln.

Die Wurzelzweige zweiter bis vierter Ordnung

Sie dienen fast ausschließlich als Saugwurzeln und sind für die Aufnahme von Bodennährstoffen befähigt.

Wurzelfasern

Die Wurzelfasern sind überaus dicht gelagert und können auch aus den feinsten Bodenteilchen die Wasservorräte entziehen. Bei anhaltender Trockenheit und Nährstoffmangel sterben sie jedoch auch während der Vegetationszeit ab.

Die Entwicklung des Wurzelsystems

Die Ausbildung des Wurzelsystems wird von der Art der Kultur sehr stark beeinflußt. Die in der Entwicklungsphase gebildeten Wurzeln sterben teilweise ab; die Zahl der Langwurzeln an den Stammknoten ist bei älteren Stöcken stets geringer als bei jüngeren Reben. Es entwickelt sich ein Konkurrenzkampf zwischen den stärksten und schwächsten Wurzeln, wobei die stärkeren die verfügbaren Nährstoffe an sich reißen, während die schwächeren

Wurzeln wegen Erschöpfung absterben. So verringert sich an den älteren Wurzeln auch die Zahl der Seitenwurzeln, das heißt, die Wurzelstränge reinigen sich von den überzähligen Organen.
Schließlich bleiben nur starke Fuß- und Seitenwurzeln zurück, die sich kräftig entwickeln, während die Wurzelzweige bis auf wenige starke Äste absterben.
Diese starken stammbürtigen Wurzeln können sehr tief in den Boden eindringen.
Die Wurzeläste in den oberen Bodenschichten sind an den älteren Teilen gewöhnlich kahl, am Ende hingegen an einer mehr oder weniger kurzen Zone überaus fein verästelt. Es bilden sich Saugwurzelnester, die den intensiv arbeitenden Wurzelsträngen von jungen Reben ähnlich sind. Der Unterschied in der Bewurzelung kommt vermutlich dadurch zustande, daß der nährstoffreichere und wärmere Oberboden die Wurzelverzweigung stärker begünstigt als die nährstoffarmen tieferen Schichten.

Bau und Leitung der Wurzel

Teile der Wurzel:
Wurzelspitze }
Streckungszone } Wurzelfaser
Absorptionszone }
Leitungszone

Die Wurzelspitze

Das wachsende Ende einer Wurzel heißt Wurzelspitze und ist je nach Stärke der Wurzel zwei bis fünf Millimeter lang. Die Wurzelspitze hat ausschließlich die Aufgabe, die Wurzel durch Neubildung von Zellgewebe zu verlängern.

Die Streckungszone

liegt unmittelbar hinter der Wurzelspitze und ist ebenfalls nur wenige Millimeter lang. In ihr strecken sich die vom Vegetationskegel der Wurzel gebildeten neuen Zellgewebe bis zu ihrer endgültigen Länge und bauen sich gleichzeitig fertig aus.

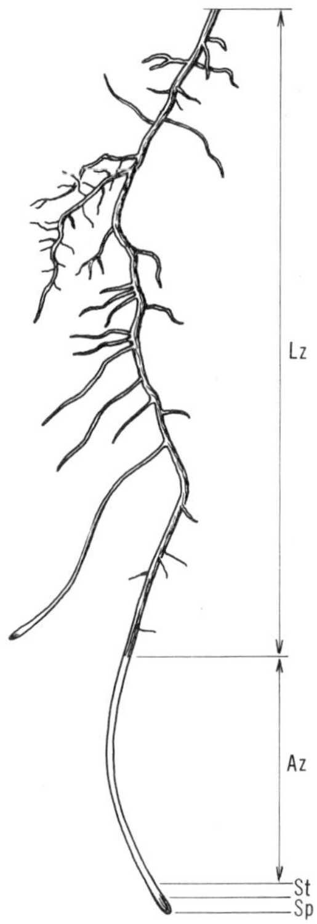

Die Gliederung der Rebwurzel

Lz Leitungszone
Az Absorptionszone
St Streckungszone
Sp Region der Wurzelspitze

Die Absorptionszone

schließt sich an die Streckungszone an, ist gelblichweiß gefärbt und mehrere Zentimeter lang. In dieser Zone befindet sich eine Reihe von Wurzelhaaren, die zur Wasser- und Nährstoffaufnahme dienen.

Die Leitungszone
reicht von der Absorptionszone bis zum Wurzelstamm. Nach außen ist sie durch verkorkte Zellschichten abgegrenzt und daher braun gefärbt. Ihre Aufgabe besteht in der Ableitung des von der Absorptionszone und den Seitenwurzeln herbeigeführten Bodenwassers mit den Nährstoffen sowie in der Zuleitung der Assimilate.

Reproduktion und Regeneration der Wurzeln
Am Wurzelsystem alter Reben können nur deren feinste Verzweigungen Nährstoffe und Wasser aufnehmen. Da aber die nährstoffaufnehmenden Teile des Wurzelsystems nur eine einzige Vegetationsperiode hindurch leistungsfähig bleiben, müssen jährlich mit Beginn der Vegetationsperiode durch Verzweigung oder Verlängerung älterer Wurzeln neue Wurzelfasern gebildet werden. In den nördlichen Weinbaugebieten erzeugt die Rebe ihre Wurzelfasern während der gesamten Vegetationszeit, am lebhaftesten aber im Mai. Gegen Ende einer Vegetationsperiode werden die Absorptionszonen der jungen Rebwurzeln in Leitungszonen umgebildet.

Im Frühjahr wird das Wurzelsystem ergänzt durch Reproduktion:
das Entstehen von Wurzeln am Wurzelstamm (Stockausschlag),
das Hervorbrechen neuer Wurzelzweige aus älteren Wurzeln (Wurzelausschlag),
die Aktivierung ruhender Wurzelspitzen an jungen Langwurzeln oder feinen Wurzelzweigen.
Die Ergänzung der Wurzeln durch Wurzelausschlag hat für die Erneuerung des Wurzelsystems vermutlich die größte Bedeutung und dürfte vom Alter des Stockes kaum beeinflußt werden.
Unter besonderen Bedingungen kann eine andere Art der Wurzelerneuerung an der Rebe eintreten, die wir als Regeneration oder Restitution bezeichnen. Sie stellt sich dann ein, wenn ältere Wurzeln verstümmelt werden. Als Folge dieses Wundreizes bildet die Wurzel, selbst zu einer Zeit, wo das Wachstum der Wurzel bereits nachgelassen hat, zum Beispiel im Hochsommer, an der verletzten Wurzel neue Zweige.
Die bei der Regeneration entstandenen Wurzeln liegen gewöhnlich in unmittelbarer Nähe der Wundstelle. Schwächere Wurzeln von etwa einem Millimeter Durchmesser erzeugen bei Verletzung meist nur eine Ersatzwurzel, während stärkere Wurzelstümpfe von 5 bis 15 Millimeter Durchmesser meist einen Kranz von neuen Wurzelzweigen anlegen.

DIE OBERIRDISCHEN ORGANE DES REBSTOCKES
DIE ACHSE

Unter Achse versteht man alle Teile der Rebe (Stengelorgane), die Wurzeln und Blätter leitend miteinander verbinden. Sie erzeugen an ihrem Vegetationskegel die Blätter und bilden mit diesen zusammen den sogenannten Sproß. Die Stellen der Achse, an denen die Blätter befestigt sind, heißen Knoten oder Nodien. Die Teile der Achse zwischen den Blättern heißen Stengelglieder oder Internodien.
Jeder belaubte Sproß (Trieb) bildet an seiner Spitze und in der Blattachsel Anlagen für neue Sprosse, die als Knospen oder Augen bezeichnet werden. Diese Augen bestehen aus einer kurzen, gestauchten Achse, die mit dicht übereinander liegenden, noch unterentwickelten Blatt- und Blütenanlagen besetzt ist. Der Sproß (Trieb) wird durch Streckung seiner Endknospe verlängert; durch Entfaltung der Seitenknospen erzeugt er Seitenachsen (Geiz- oder Irxentrieb).
Alle normalen Achsen (Stengelteile) der Rebe sind zur Verdickung und Verholzung befähigt. In verholztem Zustand treten an den Achsen nur noch unter besonderen Verhältnissen Knospen auf (Adventivknospen). Durch Verzweigung, Dickenwachstum und Verholzung von Achsen entstehen der Stamm und das Zweiggerüst der ausgewachsenen Rebe.

Die Achsen der Keimpflanze

Bei der Keimung entwickelt die Rebe einen Keimsproß, der meist sechs bis zehn Laubblätter in spiraliger Anordnung ansetzt. Den wenigen höheren Blättern, die im Laufe des ersten Lebensjahres erscheinen, stehen sogenannte Ranken gegenüber, die als Kletterorgane dienen. Die wachsende Spitze des Keimsprosses steht im Gegensatz zu den Triebgipfeln älterer Reben stets aufrecht. Sie wächst bis zum Herbst hin, gelangt unausgereift in den Winter und geht durch den Frost bald zugrunde.

In allen Blattachseln des Keimsprosses, auch an den Keimblättern, stehen Knospen, die außen von zwei harten, später braun gefärbten Knospenschuppen umgeben sind und je drei Sproßanlagen umfassen. Während die eine Knospe im ersten Jahr den sogenannten Geiztrieb bildet, entwickelt die sogenannte Lottenknospe erst im nächsten Jahr einen neuen Jahrestrieb, der morphologisch jedoch etwas anders aufgebaut ist als der Keimsproß. Die Blätter sind zweizeilig von der Mittellinie angeordnet. Seine Spitze steht nicht aufrecht, sondern wächst überhängend. Die in den nächsten Jahren stärkeren Triebe zeigen die gleiche Gliederung. Erst vom fünften oder sechsten Lebensjahr an, wo die Pflanze blühfähig wird, bleiben die aufeinanderfolgenden Jahrestriebe auf ihrer ganzen Länge nahezu gleich stark und entwickeln sich oft zu meterlangen Ruten, die mit Hilfe ihrer Ranken an Stützen emporklettern.

Die Achsen der Kulturreben

Bei allen Kulturreben, die aus Stecklingen oder Setzreben gezogen werden, gehen die Achsen aus einer voll entwickelten Knospe eines einjährigen Sproßstückes hervor. Nach dem Auspflanzen des Stecklings entsteht ein junger Sproß, der sich in seiner Gliederung und späteren Entwicklung nur unwesentlich von den Jahrestrieben einer Sämlingsrebe unterscheidet. Diese Triebe entwickeln, ebenso wie die wilden Reben, Ruten von sehr beachtlicher Länge. Durch den Rebschnitt erhalten die Kulturreben ein künstliches Achsensystem, das je nach Erziehungsart verschieden aussieht. Es läßt meist eine Gliederung in einen Stamm und Seitenglieder verschiedener Ordnung erkennen. Man bezeichnet die Achsenglieder der Kulturreben in der Regel als Stamm, Kordonarme und Triebe. Der Stamm und die Kordonarme bilden das sogenannte alte Holz, die Triebe, das ein- und zweijährige Holz der Rebe sowie die grünen Sommertriebe.

DAS ALTE HOLZ

Das alte Holz bildet die Fortsetzung des Wurzelstammes über der Erde und stellt, je nach der Erziehungsart, einen Stamm mit Kordonarmen oder einen Kopf dar. Das alte Holz nimmt mit zunehmendem Alter an Dicke zu und ist mit einer Borke bedeckt, die sich allmählich in Schuppen (Faserborke) abhebt.

Triebe

Triebe werden jene Teile der Achse genannt, die jünger als drei Jahre sind.
Je nach Alter und Stellung der Triebe unterscheidet man:
zweijähriges Holz, einjährige Ruten, Sommertriebe und Geiztriebe.

Zweijähriges und einjähriges Holz

Das zweijährige Holz steht am alten Holz in Form von Zapfen. Es hat die Funktion, das einjährige Fruchtholz zu tragen.

Der Rebtrieb

1 Geschein (Traubenansatz), 2 Sommertrieb, 3 einjähriges Holz, 4 zweijähriges Holz, 5 Blatt, 6 Auge oder Knospe, 7 Geiztrieb, 8 Ranke.

Das einjährige Rebholz wird normalerweise Rebe oder Rebholz, auch Frucht- oder Tragrebe genannt. Das einjährige Holz ist deutlich in Internodien gegliedert und mit Knospen besetzt, unterhalb welcher noch die Ansatzstellen der abgefallenen Blätter erkennbar sind. Das einjährige Rebholz zeigt sortentypische Merkmale (Internodienlänge, Stärke, Dicke der Knospe, Farbe, Furchung, Punktierung, Querschnittsform). Nach dem Rebschnitt heißt das abgetrennte einjährige Holz auch Edelreis oder Schnittrebe.

Sommertriebe

Als Sommertriebe (Lotten, auch Triebe, Ruten) werden die Achsenteile in ihrer ersten Vegetationsperiode bezeichnet. Sie gehen aus den Knospen des einjährigen Holzes hervor und erzeugen unter ihrem fortwachsenden Vegetationskegel als Seitenglieder: Blätter, Knospen, Ranken, Blütenstände (Gescheine) und kleinere Achselsprosse (Geiztriebe).

Stellung von Blättern, Trieben und Ranken am Sommertrieb

Jeder Sommertrieb bringt bis zu 40 Laubblätter hervor, die abwechselnd rechts und links am Trieb angeordnet sind.
Die Spitzen der wachsenden Sommertriebe sind hakenförmig gekrümmt, was man als Nutieren oder Nutation der Sprosse bezeichnet. Der Grad der Krümmung ist sortenspezifisch und hängt auch von den verschiedenen Entwicklungsstadien des Sprosses ab. Im Sommer ist die Krümmung besonders stark, gegen den Herbst zu ist bei ausgewachsenen Sommertrieben nur eine schwache Krümmung zu bemerken. Neben der Nutation zeigen die Triebspitzen in der Ausbildung ihrer Achsenstücke und der Form ihrer Blattanlagen noch besondere Eigentümlichkeiten, die als Sortenmerkmale Bedeutung haben (Triebspitze: glatt, behaart, grün, braun, rötlich, gedrungen, junge Blättchen offen oder geschlossen).
Die Perldrüsen sind wasserhelle, durchscheinende kleine bis zu stecknadelgroße Tröpfchen und stellen Ausstülpungen der Epidermis dar. Ihre Funktion ist jedoch bisher noch unbekannt. Sie treten an den Blattstielen, den Gescheinen auf. Besonders gehäuft findet man sie an der Basis der Sommertriebe in den Monaten Mai und Juni. Mit fortschreitendem Wachstum verschwinden sie wieder. Nicht selten werden sie mit den Eiern des Traubenwicklers verwechselt.

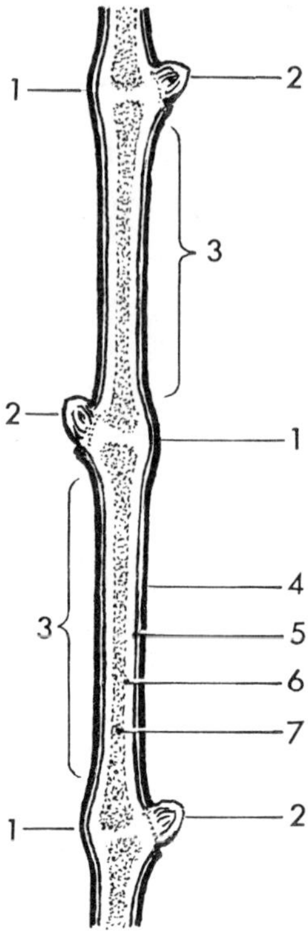

Längsschnitt durch den einjährigen Rebtrieb

1 Knoten (Nodium), 2 Auge oder Knospe, 3 Internodium, 4 Rinde, 5 Bast (sekundäre Rinde), 6 Holzschichte, 7 Mark.

Die Geiztriebe (Irxentriebe)

Als Geiztriebe bezeichnet man kürzere Sommertriebe zweiter Ordnung, die sich in den Blattachseln der Sommertriebblätter entwickeln.
An aufrecht stehenden Sommertrieben bleiben die Geiztriebe ziemlich kurz, verholzen nicht und werden im Herbst abgeworfen. Bei hängendem Wuchs entwickeln sich die Geiztriebe jedoch stärker. Werden Sommertriebe frühzeitig eingekürzt (gewipfelt), wächst der eine oder der andere der oberen Geiztriebe zum Ersatz des Hauptsprosses aus. Bei frühreifenden Sorten können die Geiztriebe unter gewöhnlichen Verhältnissen verholzen und bleiben im Herbst am Trieb.
Die Geiztriebe tragen am Grund nur ein Niederblatt und bringen die erste Ranke schon gegenüber dem zweiten ausgebildeten Laubblatt hervor. Die Geiztriebe sind bei vielen Sorten unfruchtbar. Einzelne Sorten, wie zum Beispiel Blauer Portugieser, Zierfandler, St. Laurent, Burgunder, tragen an den Geiztrieben regelmäßig Trauben, die in besonders warmen Jahren und im Süden auch reif werden.
Die Knospen aus den höherstehenden Laubblattachseln der Geiztriebe enthalten wieder Anlagen für Geiztriebe, die jedoch in der Regel unterentwickelt sind und wieder abgeworfen werden. Die am Grunde der Geiztriebe in die Niederblattachseln eingefügten Knospen überdauern in geschlossenem Zustand den Winter. Diese Niederblattknospen der Geiztriebe bilden die Winteraugen des einjährigen Rebholzes.

Die Niederblattknospen treiben im nächsten Frühjahr aus, entwickeln sich dann aber nicht zu einem Geiztrieb, sondern zu einem Sommertrieb, der selbst wieder Geizknospen erzeugt.
An der Rebe wechseln also zwei verschiedene Sproßarten miteinander ab: verholzte Langtriebe und Sommertriebe mit Geiztrieben.
Die Sommertriebe bringen Blätter und Blüten in eine günstige Stellung; die Geiztriebe dienen, ähnlich wie die Blätter, zur Ernährung der Gescheine und somit — im Gegensatz zu früheren Anschauungen — der Versorgung des Stockes.
Auch die Winterknospen werden mit Hilfe der Geiztriebe ernährt; gerade gegen den Herbst benötigen die Knospen zu ihrer völligen Ausbildung gewisse Mengen organischer Nährstoffe. Bricht man die Geiztriebe vorzeitig völlig aus, kommt es zu einer Aufweckung der Winterknospen aus ihrem Ruhestand.
Interessant ist auch die Stellung der Winterknospen zu den Seitentrieben. Die Winterknospen entspringen stets auf der einen, die Geize stets auf der anderen Seite der durch die beiden Blattreihen gedachten Ebene.

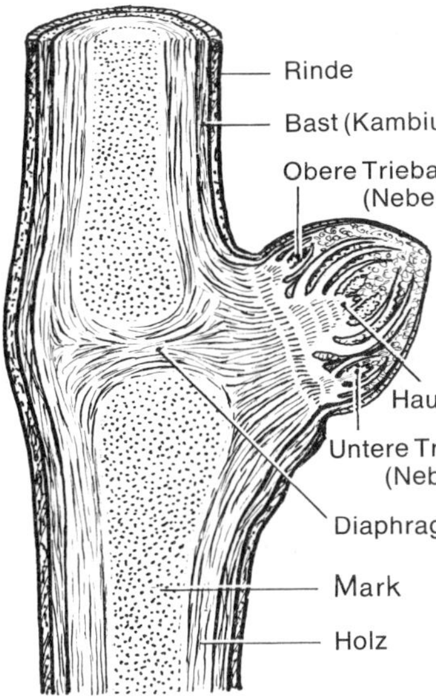

Längsschnitt durch den Knoten mit der Knospe

Die Knospen

Die Winterknospen der Rebe stehen an den Knoten der Sommertriebe auf einem kleinen, mit organischen Nährstoffen reich gefüllten Gewebepolster gegenüber der Querscheidewand. Diese Wand trennt zwei aufeinanderfolgende Stengelabschnitte voneinander.

Die äußere Decke der Knospen sind einige braune, harte Blattschuppen. Unter ihnen befindet sich die Anlage des nächstjährigen Sommertriebes.
Die Innenseite der Deckschuppen und alle inneren Knospenteile sind dicht mit feinen Wollhaaren besetzt, die alle Hohlräume der Knospen schützend ausfüllen. Die von den Blattschuppen umschlossene mittlere Sproßanlage ist bei gesunden Knospen hellgrün und heißt Herz oder Kern der Knospe. Sie umfaßt einen Haupttrieb und zwei kleinere Nebentriebe.
Auf der kegelförmigen Achse des Haupttriebes sind die späteren Stengelabschnitte bereits deutlich erkennbar. Über der Niederblattanlage am Grunde stehen in größerer Zahl kleine Laubblattanlagen, die in ihrer Gliederung die spätere Gestalt schon erkennen lassen; gegenüber von diesen sind auch die Anlagen von Gescheinen und Ranken bereits vorhanden. Der Haupttrieb trägt gewöhnlich zwei, gelegentlich auch drei und vier Gescheineanlagen.
Die seitlichen Nebentriebe der Knospen sind einfacher gebaut und besitzen gleichfalls schon einige Blattanlagen. Erfriert der Mitteltrieb der Knospen, dann treiben zumeist beide, zumindest jedoch ein Seitentrieb der Knospe aus.
Um sich von der Gesundheit der Augen (z. B. bei Edelreisern nach Frostschäden im Winter) zu überzeugen, führt man durch das Auge einen Längsschnitt (vom Scheitel bis zur Basis). Nicht geschädigte Augen sind frisch grün; zu beachten ist, daß die Augen in aufgetautem Zustand beurteilt werden müssen.

Die Anlagen der Gescheine bilden sich schon sehr frühzeitig, wenn die Knospen noch weich sind und eben das erste starke Anschwellen erkennen lassen. Die Gescheine werden in den einzelnen Knospen eines Sommertriebes nicht gleichzeitig gebildet, sondern zuerst in den untersten (ältesten) Augen, später in den höheren, entsprechend der Entwicklung an den Sommertrieben. In den unteren Knospen entstehen die Anlagen des ersten Gescheines Mitte Juni, die zweiten Anfang Juli; Anfang August sind alle Gescheine, die im nächsten Jahr zur Entwicklung kommen, in der Anlage vorhanden. Ihre weitere Ausgestaltung erfolgt bis Oktober, dann tritt die Winterruhe ein. Im März entfalten die Knospen dann die im Vorjahr hervorgebrachten Anlagen.

Die Gescheine der unteren Knospen sind schon bei Beginn der Winterruhe bis in die Einzelblüten vorgebildet, weshalb diese Augen im nächsten Frühjahr in der Regel vollkommene Gescheine hervorbringen. Die Gescheinsanlagen der höheren Augen sind meist noch wenig gegliedert und entwickeln sich daher meist zu unvollkommenen Blütenständen, die eine Mittelstellung zwischen Ranke und Geschein einnehmen (vergabelte Gescheine).

Die hin und wieder auftretenden Gescheine der Knospennebentriebe entstehen bereits im Herbst und verhalten sich wie die Gescheinsanlagen der Haupttriebe.

Zahl, Größe und Ausbildung der Gescheine sind daher nicht nur von der Witterung und Rebenentwicklung im Jahr der Entfaltung, sondern sehr wesentlich vom vorhergehenden Jahr abhängig.

Vereinzelt entstehen im Frühjahr, unmittelbar vor dem Austrieb, auch am alten Holz Augen (Adventivaugen). Sie kommen besonders dann in großer Anzahl zum Vorschein, wenn das einjährige Holz durch Frost gelitten hat, und liefern einen Ersatz für die beschädigte Rebe.

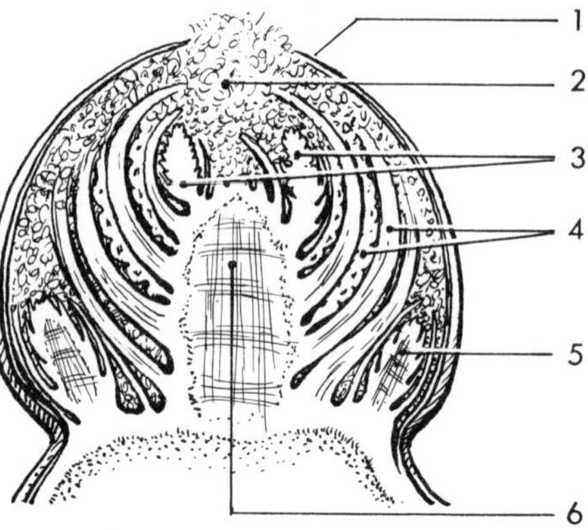

Längsschnitt durch eine Winterknospe

1 Knospenschuppen, 2 Knospenwolle, 3 Gescheinsanlagen, 4 Blattanlagen, 5 Nebentriebanlage (Nebenauge), 6 Haupttriebanlage (Hauptauge).

Die Ranken

Die Ranken des Rebstockes sind gabelähnlich verzweigte (zweiarmige, seltener drei- bis vierarmige), fadenförmige Achsen und dienen als Haftorgane. Sie ergreifen Stützen und umklammern diese fest. Junge Ranken, die noch keine Stütze gefunden haben, sind weich, gerade gestreckt bis leicht gebogen.

Die Ranken werden ihrer Aufgabe als Kletterwerkzeuge dadurch gerecht, daß sie sich bei Berührungsreizen (Haptotropismus) auf einer Seite stärker einkrümmen und die Stützen in der Form umschlingen, daß sie zwei gegenläufige Schraubenwindungen bilden.

Später rollt sich auch der freie, ältere Teil der Rankenzweige schraubig ein; gleichzeitig verholzen die Ranken.

Ranken stehen immer einem Blatt gegenüber (nicht in der Achsel eines Blattes) und sind somit keine echten Zweige der Hauptachse.

Die Anzahl, Ausbildung und Beschaffenheit der Ranken sind bei den einzelnen Rebsorten verschieden. Sehr kräftige Ranken besitzen die Sorten Gutedel, Welschriesling und Muskat-Ottonel. Letzterer bildet Ranken, die oft weit über die Triebspitze hinausragen. Bei den Sorten Grüner Veltliner und Silvaner findet man hingegen eher schwach entwickelte Ranken.

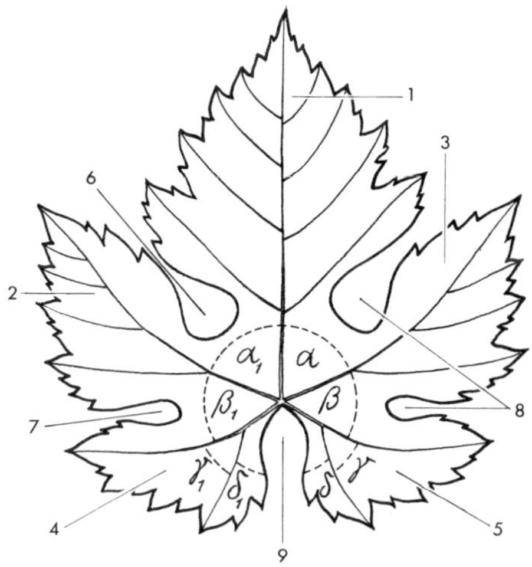

Die Gliederung des Blattes

Die Blattunterseite

1 Mittellappen (1. Lappen), 2 linker Seitenlappen (2. Lappen), 3 rechter Seitenlappen (3. Lappen), 4 linker Stielbuchtlappen (4. Lappen), 5 rechter Stielbuchtlappen (5. Lappen), 6 Seitenbucht am Mittellappen, 7 Seitenbucht am Stielbuchtlappen, 8 Seitenbuchten, 9 Stielbucht.

DIE BLÄTTER

Die Blätter stehen wechselweise an den Trieben unterhalb der Augen und umfassen diese mit ihrem am Grund verbreiteten Stiel. Neben den Wurzeln sind sie die wichtigsten Ernährungsorgane der Reben, ihre Aufgabe besteht in der Aufnahme des Kohlendioxyds und seiner Verarbeitung zu organischer Substanz.
An jedem Laubblatt sind drei Regionen zu unterscheiden:
der Blattgrund,
der Blattstiel,
die Blattspreite.

Der Blattgrund

Am Blattgrund befinden sich zwei kleine Nebenblättchen (Afterblättchen), die seitlich vom Stiel auf einem etwas vorspringenden schwachen Wulst des Stengelknotens sitzen und aus dünnhäutigen, länglich stumpfen Schuppen bestehen.

Der Blattstiel

Der Blattstiel macht die Spreite des Blattes beweglich, wodurch diese einerseits vor Zerstörung durch Regen und Wind geschützt und andererseits in die günstigste Stellung zum Licht gebracht wird. Die Länge des Blattstieles hängt wohl in gewissem Ausmaß von der Blattstellung ab, ist jedoch auch sortentypisch. Man unterscheidet langstielige und kurzstielige Blätter. Am Grunde ist der Blattstiel immer zu einer Art Polster verdickt. Weiter aufwärts ist der Stiel rund oder leicht plattgedrückt und weist an der Oberseite stets eine leichte Längsfurche auf. Seine Oberfläche kann glatt oder kahl, warzig, gerippt oder schwach borstig behaart sein.

Die Blattspreite

Als Spreite bezeichnet man den dünnen flächigen Teil des Blattes, der die Ernährungsfunktion des Blattes erfüllt. Durch die flächenförmige Ausbreitung der Blattsubstanz werden möglichst viele Zellen in eine günstige Stellung zum Licht gebracht. Außerdem werden hierdurch der Gaswechsel und der Austausch des Wasserdampfes zwischen dem Blattinnern und der umgebenden Luft gefördert. An der Übergangsstelle von Spreite und Blattstiel ist das Blatt beweglich (Lichtausnützung). Diese Fähigkeit erlischt, wenn die Blätter ein gewisses Alter überschritten haben.
Die Blattspreite ist im allgemeinen fünfteilig und annähernd herzförmig. Sie kann auch drei- oder siebenlappig, aber auch nur

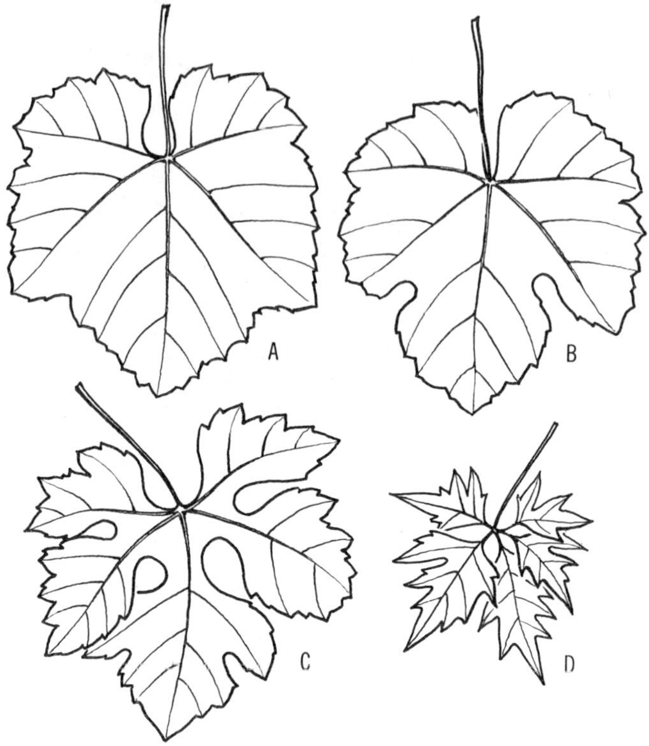

Formen des Rebblattes

A wenig gelappt
B dreilappig
C fünflappig
D siebenlappig oder petersilienartig

undeutlich eingeschnitten sein. Bei einzelnen Sorten ist die Teilung der Spreite bis zur Bildung von mehreren Einzelblättchen gegangen, die alle gemeinsam am Stielende eingefügt sind.
Die Blattspreite kann symmetrisch (beide Hälften decken sich) oder unsymmetrisch sein.

Die sogenannte **Stielbucht** hat als Sortenmerkmal besondere Bedeutung. Ihre Form kann jedoch bei ein und derselben Pflanze in ziemlich weiten Grenzen schwanken. Die Stielbucht kann stumpfwinkelig, offen, geschlossen bis überlappend sein.
Der **Blattrand** ist nie glatt ausgebildet, sondern stets mit feineren oder gröberen Einschnitten und mit Zähnen versehen. Die Zähnung kann gleichmäßig oder ungleichmäßig (abwechselnd große und kleine Zähne), fein oder grob sein.

Die **Zähne** sind entweder scharf (spitz) oder breit (stumpf); bei den europäischen Sorten tragen sie am Ende stets mehrere Wasserspalten.
Die Endzähne der Blattlappen sind meist stärker entwickelt als die übrigen Zähne, besonders deutlich zeigt sich dies an der Blattspitze. Einige Sorten haben Träufelspitzen, die der Entwässerung der Blattoberfläche dienen.
Vom grünen Gewebe der Blattspreite heben sich die **Blattnerven** (Blattrippen) deutlich als helle Streifen ab. Die Nerven bilden ein reichverzweigtes Netz, geben dem Blatt die nötige Festigkeit und dienen gleichzeitig der Zu- und Ableitung von Wasser und Nährstoffen.
Das Rebblatt ist fünfnervig, wobei der Mittelnerv eine Sonderstellung einnimmt. Er verzweigt sich auf beiden Seiten regelmäßig in mehrere unter sich gleich starke Nervenzweige ersten Grades. Diese teilen sich gleichförmig bis zu Nervenzweigen zweiten bis vierten Grades. Die Hauptnerven der Seitenlappen verästeln sich ebenfalls, doch sind bei ihnen die nach dem

Blattgrund gerichteten Nervenzweige ersten Grades länger und kräftiger entwickelt als die nach der Blattspitze gerichteten Seitenäste.
Die feineren Nervenzweige enden nicht frei am Blattrand, sondern verbinden sich untereinander zu einem Netz.

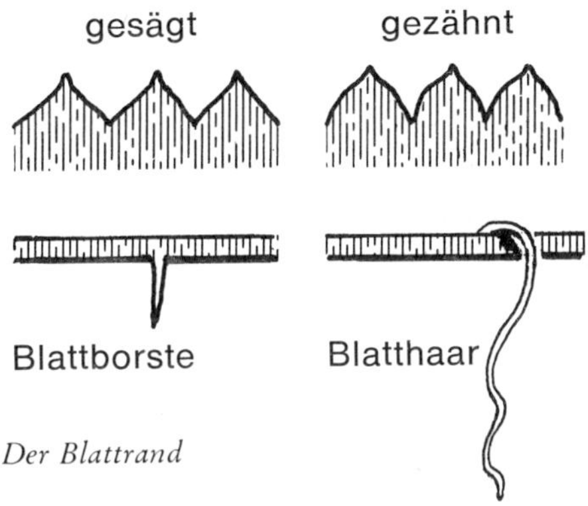

Der Blattrand

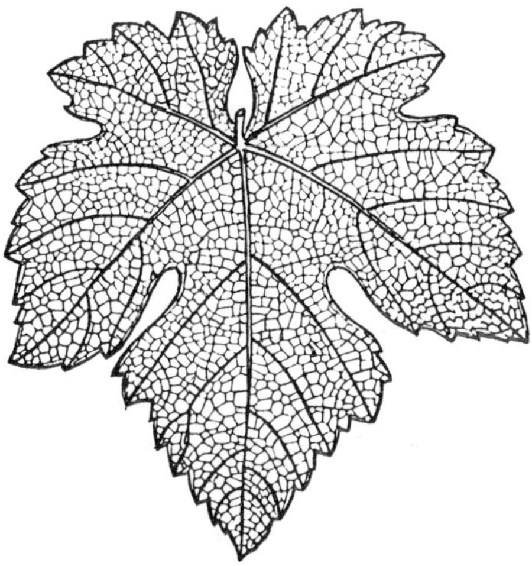

Die Nervatur des Rebenblattes

Von einzelnen Sorten abgesehen, sind zumeist nur die jungen, sich im Entwicklungsstadium befindlichen Blätter behaart, die älteren hingegen sind meist kahl.
Die **Farbe der Blätter** (gelbgrün, rötlich) dürfte nicht nur ein Sortenmerkmal sein, sondern auch vom Ernährungszustand, der Behandlung und dem Standort der Rebstöcke abhängen. Im Herbst verfärben sich die Blätter je nach Sorte gelblich oder rötlich.

DIE BLÜTE

Die Einzelblüten der Rebe sind zu Blütenständen vereinigt, die in der Praxis als Gescheine bezeichnet werden.

Geschein

Nach der Art ihrer Verzweigung handelt es sich um Rispen. Jeder Sommertrieb bringt in der Regel zwei Gescheine hervor, die im allgemeinen dem dritten bis sechsten Laubblatt gegenüberstehen.

Sorte	Mittlere Gescheinanzahl je Knospe (Knoten von unten nach oben) 1.	2.	3.	4.	5.	6.	7.	8.	9.	10.
Grüner Veltliner*)	0	1	1	1.5	0.5	0.5	1.5	2	1.5	2
Müller-Thurgau	1.6	1.3	1.3	2	1.6	2.3	1.3	1.3	2	2
Frühroter Veltliner	0	1	1	0.5	0.6	1	0.6	0.5	1	0
Weißer Burgunder	1.6	2	0.6	1.3	2	1	1	1	1	2
Rheinriesling	0	0.6	1	0.6	2	2	2	1.6	1.3	2
Welschriesling	1.3	1.3	2	1.6	1	1	1	1	0.6	1
Goldburger**)	1.7	1.8	2.0	2.1	2.4	2.2	2.2	2.2	2.3	0
Traminer	1.6	1	1	1	1.3	1	1.6	1.3	1.3	1
Blauer Portugieser	1.3	1	1	1.3	1.6	2	1.3	1	1.5	1.3
Blaufränkisch	1	1	1.6	1.3	1.3	1.6	1.6	0.6	1	1.3
St. Laurent	0	0	0.6	1	0.6	1.3	0.3	1.3	0	1

*) zwei Ruten
**) nach Priler (Diplomarbeit)
Quelle: Klosterneuburg — Hartmair

An sehr fruchtbaren Stöcken (zum Beispiel beim Rheinriesling) treten zuweilen drei, seltener auch vier Gescheine je Trieb auf. Der Gescheinansatz ist sowohl sorten- und züchtungsspezifisch als auch von Witterung, Düngung und anderen Einflüssen abhängig. Bei manchen nicht selektionierten Rebbeständen ist der Blütenansatz häufig an eine gewisse Periodizität gebunden.

Die mittlere Anzahl der Gescheine je Auge (Knospe) ist der vorstehenden Tabelle zu entnehmen. Diese ist auch für die Länge des Rebschnittes maßgeblich.

Das Geschein

Entwicklungsgeschichtlich sind die Gescheine sehr nahe mit den Ranken verwandt. Es gibt Gescheinsarten, deren Stiele reizbar und zu schwachen Schlingenbewegungen befähigt sind. Bei ungünstiger Witterung können sich die Gescheine auch zu Ranken weiterentwickeln („Gehstecken"). Das Stielgerüst eines Gescheins (Kamm) trägt an seiner Mittelspindel traubenförmig verzweigte Seitenäste, die wieder Rispen bilden. Diese enden meist in Scheingabeln (Dichasien). In den kleinen Teilblütenständen treten aber auch Einzelblüten ohne dichasiale Zweige auf. Wie bei den Ranken steht unter jedem Zweig des Gescheins ein kleines schuppenförmiges Deckblatt, das bei der Vollblüte vertrocknet und abfällt.

Die Gescheine der meisten heimischen Rebsorten tragen Zwitterblüten; doch kommen auch Rebsorten vor, die reduzierte weibliche oder reduzierte männliche Blüten ausbilden. Die **Zwitterblüten** stehen auf kurzen, an der Spitze verdickten Stielchen, die sich am Blütenboden zu einem niedrigen Saum vorwölben. Seine sechs kleinen Randzähnchen können als Rest eines im Laufe der Entwicklung verlorengegangenen fünfblättrigen Kelches angesehen werden.

Innerhalb des Kelchrandes ist die fünfblättrige Blumenkrone eingefügt.

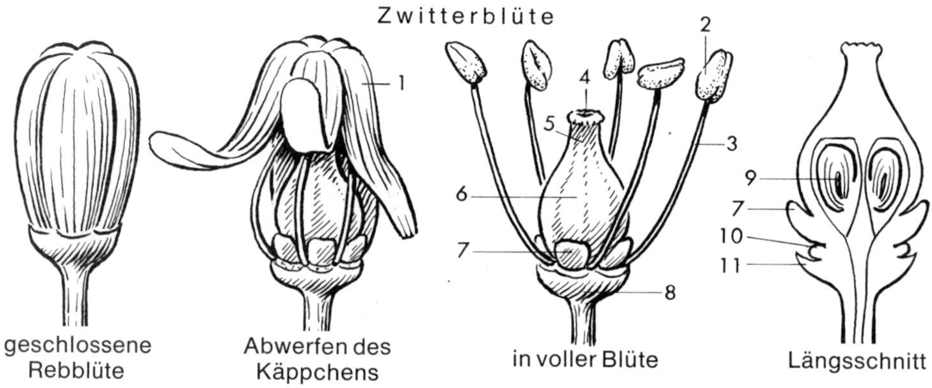

Die Rebblüte

1 Fünflappige Blumenkrone oder Mützchen, 2 Staubbeutel, 3 Staubfäden, 4 Narbe, 5 Griffel, 6 Fruchtknoten, 7 Nektarien (Honigdrüsen), 8 Kelch, 9 Samenanlage, 10 Abrißstelle des Mützchens, 11 Kelchblätter.

Der Blühverlauf

Bei Eintritt der Vollblüte lösen sich die Blättchen dieser Kappe vom Blütenboden, rollen sich etwas nach außen auf und werden dann in Form eines fünflappigen Mützchens abgeworfen. Die geöffnete Blüte trägt fünf aufrecht stehende Staubblätter (männliche Blütenteile), die sich in Staubfäden (Filament) und Staubbeutel (Anthere) gliedern. Jeder Staubbeutel ist durch eine Längsrinne in zwei Hälften geteilt, die je zwei Pollensäcke enthalten. Bei der Vollblüte öffnen sich diese und streuen den männlichen Blütenstaub (Pollen) aus.

Der Pollenstaub besteht aus kleinen, tonnenförmigen gelben Körnern mit drei Längsfalten. In der Mitte des Kornes kann man mehr oder weniger deutlich die kreisförmige Keimstelle (Keimporus) sehen.

Am Blütengrund befinden sich ferner (abwechselnd mit den fünf Staubblättern etwas weiter nach innen gerückt) fünf kleine, gelblich braune Kölbchen, die Nektardrüsen. Diese sind Duftorgane, die in unseren Breiten jedoch nie Honig absondern. Sie umringen den in der Mitte des Blütenbodens stehenden flaschenförmigen Stempel. Dieser besteht aus dem Fruchtknoten und dem auf einem kurzen Griffelhals sitzenden Narbenkopf. Der Innenraum des Fruchtknotens ist in zwei Fächer geteilt, von denen jedes zwei Samenanlagen enthält.

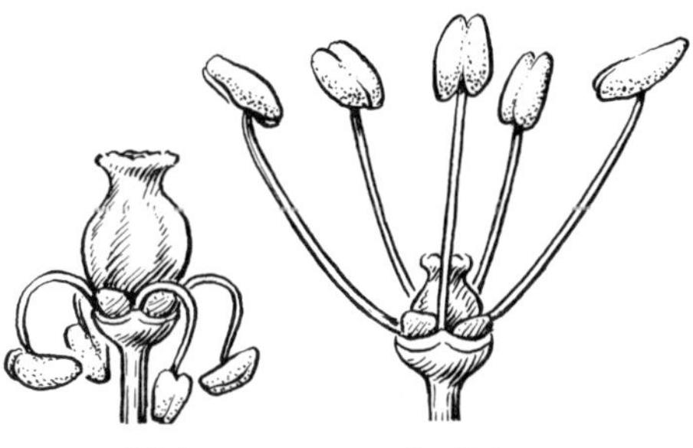

Eingeschlechtige Rebblüte und Scheinzwitterblüten

Weibliche Blüten treten bei einigen europäischen und amerikanischen Rebenarten auf. Sie sind ähnlich gebaut wie Zwitterblüten, ihre Staubblätter sind jedoch verkümmert (kurz gestielt und deutlich über den Blütenboden nach außen gekrümmt). Die Pollenkörner sind bei weiblichen Blüten keimunfähig und daher zur Befruchtung untauglich.

Männliche Blüten treten vorwiegend bei wilden Rebenarten und Amerikanerreben, seltener bei europäischen Kultursorten auf. Von den Zwitterblüten unterscheiden sich die männlichen Blüten nur durch die Beschaffenheit des Stempels. Er ist völlig unentwickelt und besteht eigentlich nur aus einem kleinen, halbkugelförmigen, an der Spitze etwas verdickten Fruchtknoten, dem Griffel und Narbe fehlen. Daraus erklärt sich die Unfruchtbarkeit vieler amerikanischer Reben, wie zum Beispiel Riparia, Rupestris und andere.

Wilde Rebenarten bilden im allgemeinen nur männliche oder weibliche Blüten aus, die sich stets auf verschiedene Stöcke verteilen. Bei den Kulturformen der europäischen Rebe treten dagegen meist nur zwittrige und weibliche Blüten auf. Man nimmt an, daß unsere zwittrigen Kulturrassen aus Arten mit männlichen Blüten hervorgegangen sind.

Manchmal können beim Bau der Blüte Abweichungen eintreten. Die Blütezeit des Rebstockes fällt bei uns meist in die zweite Junihälfte; ihr Beginn und Verlauf ist jedoch von Sorte, Witterung und Standortsverhältnissen abhängig und kann starken zeitlichen Verschiebungen unterliegen.

DIE FRUCHT (TRAUBEN UND BEEREN)

Die Früchte der Rebe besitzen fleischige, saftige Fruchtwände und hartschalige Samen und sind demnach als Beeren zu bezeichnen. Die Fruchtstände der Rebe heißen Trauben, obwohl sie botanisch zu den Rispen gehören. Die verzweigten Stielgerüste der Trauben werden Kämme oder Rappen genannt. Der unterste unverzweigte Teil heißt Traubenstiel.

Die Gestalt der Trauben ist sortentypisch, aber auch von äußeren Einflüssen abhängig.

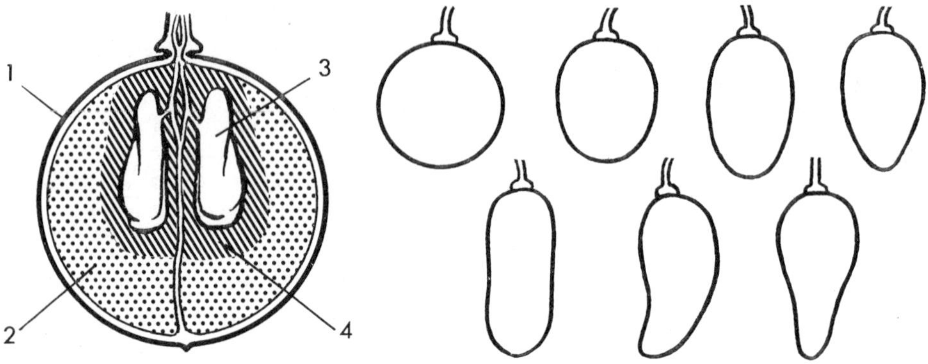

Beerenschnitt und Beerenformen

1 Schale, Hülse oder Haut, 2 Saftgewebe oder Fruchtfleisch, 3 Samen oder Kern, 4 Butzen oder Beerenmark.

Der Traubenstiel

Die Länge des Traubenstiels ist ebenfalls sortentypisch, er trägt manchmal eine kleine Nebentraube (zum Beispiel Welschriesling). Die Ansatzstelle dieser Nebentraube wird gewöhnlich als fruchtbarer Knoten des Traubenstiels bezeichnet.

Die Gestalt des Kammes ist in erster Linie sortenspezifisch. Durch ihn erhält die Traube ihre Form (walzenförmig, zylindrisch, kegelförmig, pyramidenförmig).

Die letzten Verzweigungen des Kammes sind die Beerenstiele.

Die Beerenstiele sind in der Regel am Grunde etwas verdickt, in der Mitte schwächer und unmittelbar unter der Beere zu einem kegelförmigen Fruchtboden erweitert.

Die Beere

Die Beere besteht aus der Schale (Hülse, Haut oder Balg), dem Saftgewebe (Beerenfleisch) und zwei (ein bis drei) Kernen (Samen), die bis zur Beerenreife von einer festeren Fleischschicht (dem Butzen, Mark) eingeschlossen sind, die bei der Reife schleimig werden.

Die Gestalt und die Größe der Beeren wechseln je nach Traubensorte.

Je nach Sorte und Reifegrad der Trauben ist auch die Farbe der Beeren verschieden (grün, gelb, rot, blau). Die Farbe wird durch einen feinen weißlichen oder bläulichen Reif, den sogenannten Duft (Vitin eine Wachsausscheidung), gewöhnlich etwas gedämpft. Gleichzeitig mit der Verfärbung gehen das Weichwerden und eine chemische Veränderung des Inhaltes vor sich; der Gehalt an Zucker und Bukettstoffen nimmt zu, der Säuregehalt nimmt ab. Der Farbstoff ist bei den meisten Rotweinsorten nur in den Hülsen enthalten. Auch im Beerensaft befindet sich roter Farbstoff, beispielsweise bei der Färbertraube und bei Hybriden.

Die Samen sitzen an den Samensträngen. Diese entspringen aus dem Blütenboden und bilden feste Zuleitungswege für die aus den Blättern zu den Samen und zum Fruchtfleisch kommenden Nährstoffe. In der Regel enthalten die Beeren zwei Samen. Es gibt auch kernlose Früchte, wo die Samen fehlen. Ihre Bildung ist in manchen Fällen darauf zurückzuführen, daß die Pollenkörner zwar auf der Narbe keimen und dadurch die Fruchtbildung anregen, wegen der Mißbildung der Geschlechtsorgane oder infolge von Ernährungsstörungen aber nicht imstande sind, die Eizellen zu befruchten.

Die Rebsamen (Kerne)

Die Rebsamen sind rundlich bis länglich, meist glänzend und je nach Rebsorte in verschiedenen Abstufungen von hellbraun bis graubraun gefärbt.

In der Regel sind in jeder Beere zwei, selten aber mehr Kerne enthalten. Mit der Samenzahl wächst die Beerengröße und verzögert

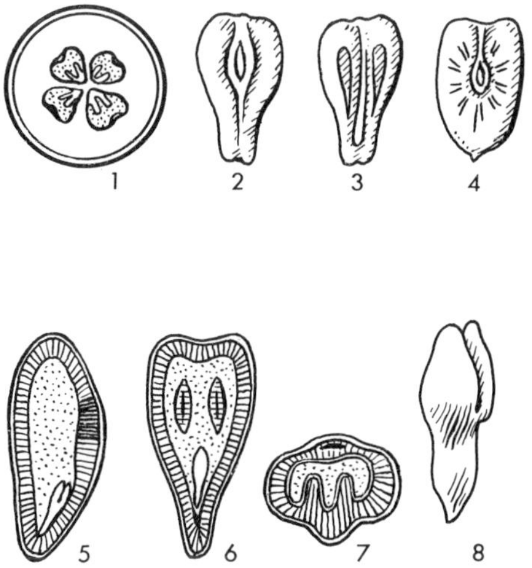

Der Rebsamen

1 Querschnitt durch eine Beere, 2 Rückseite eines Rebkernes, 3 Bauchseite eines Rebkernes, 4 Kern einer Hybridsorte, 5 sechs Längsschnitte durch einen Rebkern, 7 Querschnitt durch einen Rebkern, 8 Keimling.

sich die Reife; die kernlosen Kleinbeeren reifen daher am frühesten.

Der Samen besteht aus einer harten Samenschale, dem Keimling und dem ölreichen Mehlkörper (Endosperm), der die Nährstoffe für die Keimung der Pflanze enthält. Die Samen sind das natürliche Vermehrungsorgan der Rebe und sind für die Rebenzüchtung (Kombinationszüchtung) von Bedeutung.

Die Unterschiede der Kerne gelten als zuverlässiges Sortenmerkmal. Im Durchschnitt wiegen 30 bis 40 Samen ein Gramm.

Kapitel 7

Der innere Aufbau des Rebstockes (Anatomie)

Die einzelnen Organe des Rebstockes bestehen aus verschiedenen Geweben, die entsprechend ihrem Bau verschiedene Aufgaben zu erfüllen haben, wie Assimilation, Leitung, Speicherung und Stoffwechsel. So zeigt der Querschnitt durch den Sproß der Rebe von außen nach innen die Rinde, den Bast, das Holz und das Mark.
Unter dem Mikroskop hingegen erscheint das Innere der Organe als ein Netz von Zellen, Fasern und Röhrchen. Die Bausteine für alle diese Gewebe sind, wie bei jeder Pflanze, die Zellen.

DIE ZELLE

Jede Zelle, die als kleinster Baustein der Pflanze anzusehen ist, besteht aus vier Hauptbestandteilen: Haut, Protoplasma, Zellkern und Zellsaft.
Der mittlere Durchmesser einer Zelle beträgt 0,01 bis 0,1 Millimeter. Die Form der Zellen ist sehr verschieden, man unterscheidet **Parenchym-Zellen** (nach allen Seiten gleichmäßig ausgebildet) und **Prosenchym-Zellen** (die bevorzugt in eine Richtung wachsen).
Betrachtet man den Inhalt einer Zelle im Mikroskop, so fällt ein runder Körper, der Zellkern (Nukleus), auf. Dieser ist der Sitz des Wachstums, das mit der Zellteilung beginnt, sowie der Erbanlagen, die durch Teilung des Zellkerns auch auf die neue Zelle übergehen. Auch beim Befruchtungsvorgang spielt die Zellteilung eine wichtige Rolle. Die feinkörnige, schleimige, farblose Masse zwischen Zellkern und Zellwand bezeichnet man als Zytoplasma oder kurz als Plasma (Protoplasma). Es stellt eine Flüssigkeit von äußerst komplizierter Zusammensetzung dar, worin sich die Lebensvorgänge abspielen. Darin befinden sich auch Körperchen, die als Farbstoffträger (Chromatophoren oder Plastiden) bezeichnet werden. Diese Farbstoffträger kommen nur in pflanzlichen Zellen vor und können nach ihrer Farbe in Leucoplasten (farblos), Chloroplasten (grün) und Chromoplasten (gelb-orange) eingeteilt werden. Die gelb-orangen Farbstoffträger bedingen die rote Farbe von Pflanzen (Anthozyan). Die grünen Farbstoffträger haben linsenförmige Form und besitzen fast alle die gleiche Größe. Das Chlorophyll spielt eine ungeheuer wichtige Rolle, denn nur mit seiner Mithilfe kann die Pflanzenzelle aus dem Kohlendioxyd der Luft und Wasser mit Hilfe der Sonnenenergie organische Stoffe (Kohlehydrate) aufbauen.
Nicht alle Zellen enthalten einen lebenden Inhalt. Im Mark sterben beispielsweise die Zellen ab, an deren Stelle tritt Luft. In anderen Zellen wird der Zellinhalt durch Schichten der Zellwand verdrängt. Solche Zellen dienen dann hauptsächlich der Festigung. Andere Zellen verengen sich zu einer Art Röhre, welche als Leitungsbahn dient. Die Zellwand stellt eine Haut dar, die für Wasser und andere gelöste Stoffe durchlässig ist. Mit dem Altwerden der Zelle erfolgt eine Anlagerung von Zellulose und anderen Stoffen, wodurch sich die Zellwände verdicken und undurchlässig werden. Damit aber doch ein Stoffaustausch möglich ist, bleiben kleine Kanäle, die Tüpfel, unverdickt. Andere wieder reichern ihre Wände mit wachsartigen Stoffen an, wodurch der Wasser- und Gasaustausch wesentlich verringert wird.

DAS GEWEBE UND SEINE FUNKTION

Treten mehrere Zellen zu einer dauernden Verbindung zusammen und ist damit eine Arbeitsteilung verbunden, so spricht man von Geweben. In jeder höheren Pflanze können wir eine solche Arbeitsteilung feststellen.

Nach ihren Aufgaben unterscheiden wir:
Bildungsgewebe, deren Aufgabe die Bildung von neuen Zellen ist,
Hautgewebe, das den Abschluß nach außen bildet,
Grundgewebe, das die Füllmasse darstellt und verschiedene Funktionen zu erfüllen hat (Assimilation, Speicherung, Durchlüftung, Exkretion),
Leitungsgewebe, das der Stoffleitung dient, und
Stützgewebe, das zur Festigung der Pflanze dient.

Das Bildungsgewebe
Das Bildungsgewebe besteht aus wachstums- und teilungsfähigen embryonalen Zellen. Diese befinden sich in den Wachstumszonen der Rebe, entweder als primäres Bildungsgewebe an den Vegetationspunkten der Sprosse und der Wurzeln oder als sekundäres Bildungsgewebe in einer dünnen Schicht zwischen Holzkörper und Rinde (Kambium). Auf der Tätigkeit des Kambiums beruht in erster Linie das Dickenwachstum.

Das Hautgewebe
Das Hautgewebe bildet die Oberhaut der jungen Pflanzenteile. Es heißt bei den oberirdischen Organen „Epidermis", bei den Faserwurzeln „Epiblem". Das Hautgewebe besteht aus einer Schichte farbloser, plattenförmiger Zellen, die lückenlos aneinanderschließen. Bei Blättern oder grünen Trieben sind auf den Epidermiszellen wachsartige Substanzen aufgelagert, die ein dünnes Häutchen, die Kutikula, bilden. Die Kutikula wirkt wasserabstoßend und setzt die Verdunstung der Blätter herab. Auch der Duft oder Reif, wie er insbesondere an den Beeren zu beobachten ist, besteht aus ähnlichen Stoffen wie die Kutikula.
Die Ausstülpungen der Wurzelhaare sowie die Wollhaare an den Blättern und Trieben sind ebenfalls Bildungen des Hautgewebes.
Auf der Blattunterseite werden die lückenlos aneinanderschließenden Zellen durch zahlreiche Spaltöffnungen unterbrochen. Diese werden von je zwei halbmondförmigen, etwas chlorophyllhältigen Schließzellen begrenzt. Ein ausgewachsenes Rebblatt besitzt rund vier Millionen solcher Spaltöffnungen. Wenn die Triebe älter werden, entsteht an Stelle der Epidermis durch Verkorkung eine Zellschicht, die für Wasser und Luft nahezu undurchlässig ist. Dieser Korkmantel wird durch Atemporen, die Lentizellen, unterbrochen, so daß in das Innere der Gewebe Luft dringen kann.
Das Korkkambium stellt bald seine Tätigkeit ein und wird durch ein neues, in tieferen Schichten der Rinde gelegenes ersetzt, wodurch die äußeren Rindenteile absterben. Dieser Vorgang führt an Stamm und Schenkel zur Borkenbildung (Bast, Rinde).

Das Grundgewebe
Das Grundgewebe füllt das Innere aller Organe (Blätter, Triebe, Wurzeln und Beeren) bis auf die Gefäßbündelstränge (Adern) und das Mark aus. Im Grundgewebe der Blätter vollzieht sich die Assimilation, es dient aber auch zur Speicherung von Reservestoffen (Stärke, Zucker, Eiweiß). In der Jugend ist es von flacher Beschaffenheit und besteht aus vieleckigen, zartwandigen und saftreichen Zellen (Parenchymzellen). Sofern die Grundgewebezellen nicht lückenlos aneinanderschließen, sondern Zwischenräume (Interzellularen) freilassen, dienen diese dem Gasaustausch. Auf der Unterseite der Blätter sind die Interzellularen verhältnismäßig breit und zum Teil als Atemhöhlen ausgebaut.

Das Leitungsgewebe (Gefäßbündel- oder Stranggewebe)
Im Gegensatz zum Stoffaustausch benachbarter Zellen dienen die Leitungsgewebe dem raschen Wasser- und Stofftransport zu den verschiedenen Organen. Sie bestehen aus langgestreckten Zellen, die zu Bündeln vereinigt sind. Die Querwände sind oft aufgelöst und der Zellinhalt (Plasma) ist verschwunden, so daß lange Röhren entstehen. Solche Leit-

bündel befinden sich insbesondere in den Achsenteilen (Trieben), aber auch in Blattnerven und Blattadern. Meist liegen zusammengesetzte Leitbündel vor, die zwei Gruppen von Leitungselementen enthalten:

Einen **Holzteil** (Xylem), in dem das Wasser und die darin gelösten Nährsalze nach oben geleitet werden, und den sogenannten **Siebteil** (Phloem), in dem die in den Blättern gebildeten Assimilate an die Stellen des Verbrauches transportiert werden.

Im Stamm, in den Trieben und Wurzeln liegt zwischen dem Sieb- und dem Holzteil das **Kambium** (ein Bildungsgewebe). Dieses hat die Aufgabe, nach außen hin Bastzellen und nach innen hin Holzzellen zu bilden, wodurch das Gefäßbündelgewebe an Dicke zunimmt und das Gewebe der primären Rinde und des Markes aber abnimmt. In der Bastschichte lagern sich neue Hartbaststränge ein und im äußeren Teil derselben bildet sich gegen Ende des Sommers ein Korkgewebe, das die außerhalb befindliche Bastschicht und Epidermis zum Absterben bringt.

Das Stützgewebe

Das Stütz-, Festigungs- oder mechanische Gewebe verleiht dem Rebstock die nötige Widerstandskraft gegen mechanische Beanspruchung (Druck, Zug und Biegung). Das Festigungsgewebe tritt in den Blattstielen, Blattnerven und jungen Trieben unter der Oberhaut in Form langgestreckter, an den Kanten verdickter Zellen (Kollenchymzellen) auf. Das Stützgewebe kann auch in Form stark verholzter harter Zellen (Stein- oder Sklerenchymzellen) in den Samenschalen vorkommen. Ferner wird das Bastgewebe bei stark verdickten, oft verholzten Zellen — den sogenannten Holzfasern oder Bastfasern — angetroffen, welche den Rebstock nach außen schützend abschließen.

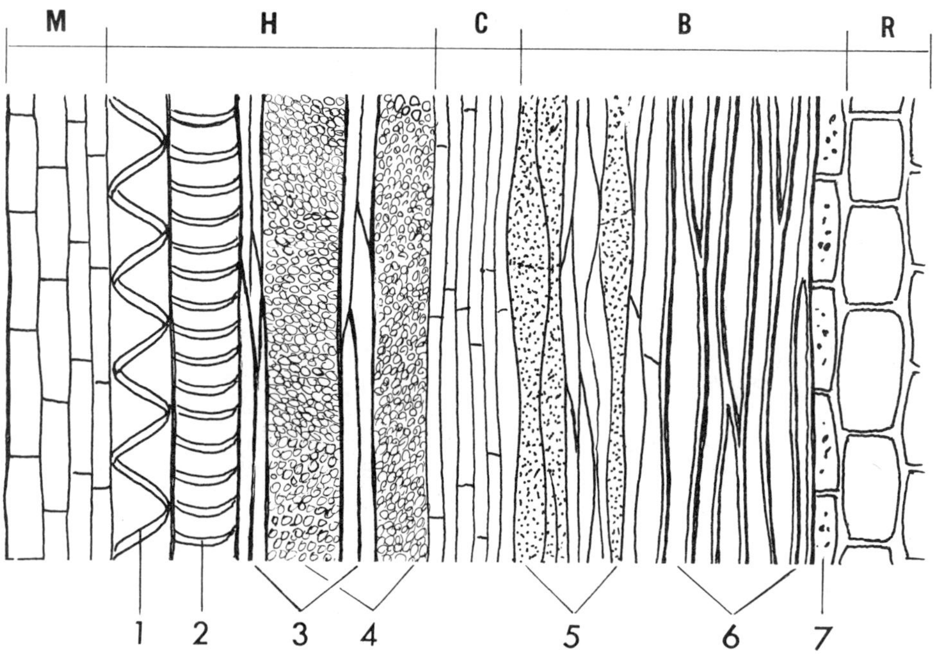

Längsschnitt durch einen Rebtrieb

M Mark, H Holz, C Kambium, B Bast, R Rinde, 1 Spiralgefäße, 2 Ringgefäße, 3 Holzfasern, 4 Tüpfelgefäße, 5 Siebgefäße, 6 Bastfasern, 7 Bastgewebe.

DIE ZUSAMMENSETZUNG DER REBE

Wassergehalt

Der Wasseranteil beträgt in den grünen Pflanzenteilen zirka 80 Prozent, im verholzten Rebholz hingegen nur 30 bis 35 Prozent. Das Wasser wird in großen Mengen aufgenommen und dient vor allem als Transportmittel.

Trockensubstanz

Diese besteht aus organischen Verbindungen, und zwar in erster Linie aus Kohlehydraten und Eiweiß; weiters sind Fette, Lipoide, Farbstoffe, Gerbstoffe und organische Säuren enthalten.

Die Kohlehydrate sind außer als Stärke und Zucker auch in folgenden Formen vorhanden:

Lignin 30%, wird nicht zersetzt
Zellulose 60%, wird langsam zersetzt und
Hemizellulose 10%, wird rasch zersetzt.

Infolge des hohen Zellulose- und Ligningehaltes verrottet das Rebholz nur sehr langsam. Der Anteil der Asche beträgt bei verholzten Reben zirka zehn Prozent, in grünen Trieben nur zwei Prozent.

Die Zusammensetzung der Asche ist nur geringfügig von der Rebsorte, in stärkerem Ausmaß jedoch vom Boden abhängig.

1 Kilogramm Weinbeeren enthält:

28 Gramm Traubenkerne mit 70 Prozent Trockensubstanz. Das 1000-Korn-Gewicht der Kerne beträgt 30 bis 40 Gramm. Die frischen Kerne enthalten 6 Prozent Eiweiß; die Ausbeute an Kernöl schwankt zwischen 10 und 20 Prozent.

Anteil von wichtigen Elementen in verschiedenen Organen der Rebe

	in g/100 g TS (= Prozent)				
Pflanzenteil	Ca	P	K	Mg	S
Blatt	1,82—2,85	0,08—0,20	0,59—0,98	0,24—0,43	0,10—0,11
Holz	0,64	0,14	0,76	0,10	0,04
Beere	0,08—0,40	0,19—0,35	0,84—2,42	0,04—0,13	0,03—0,12
Kern	0,45—0,68	0,33—0,34	0,59—0,65	0,10—0,12	0,04—0,07

Q.: Biology Data Book, Volume 1, p. 404, 409.
Federation of American Societies for Experimental Biology.

	in mg/1000 g TS (= ppm)				
Pflanzenteil	B	Cu	Fe	Mn	Zn
Blatt	16—2000	3—47	190—220	180—220	—
Holz	5— 50	15—16	28— 33	37— 46	—
Beere	15— 34	5—10	13—530	Spuren	2
Kern	—	—	—	—	—

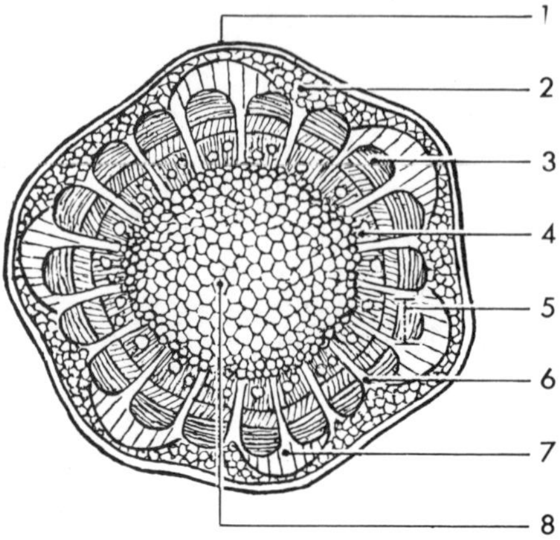

Querschnitt durch einen einjährigen Rebtrieb

1 Epidermis, 2 primäre Rinde, 3 Gefäßbündel, 4 Holzteil, 5 Bastteil, 6 primäre Markstrahlen, 7 Hartbastbündel (primärer Hartbast), 8 Mark. Zwischen Holzteil (4) und Bastteil (5) liegt das Kambium (Teilungs- oder Meristemgewebe).

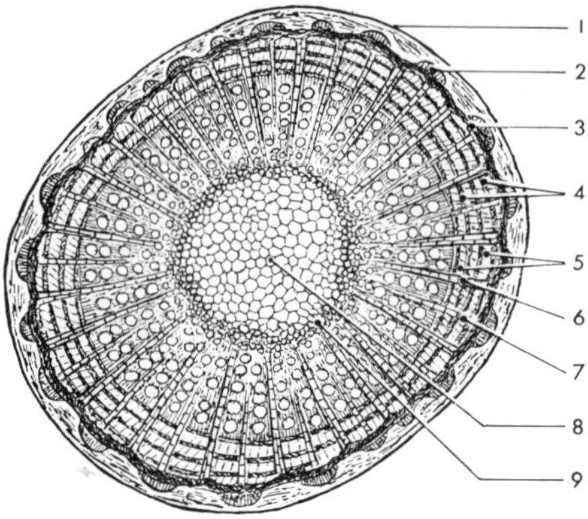

Querschnitt durch einen mehrjährigen Rebtrieb

1 Trockene Rinde, 2 Sklerenchym-(Hartbast-) Stränge, 3 Peridderm, 4 Hartbast, 5 Weichbast, 6 primäre Markstrahlen, 7 sekundäre Markstrahlen, 8 Mark, 9 Markscheide (Markkrone). Zwischen Mark und Bast liegt der Holzteil, dessen weite Gefäße (Tracheen) im Schnitt als Löcher erscheinen; das dünne Kambium, zwischen Holz und Bast, ist nicht sichtbar.

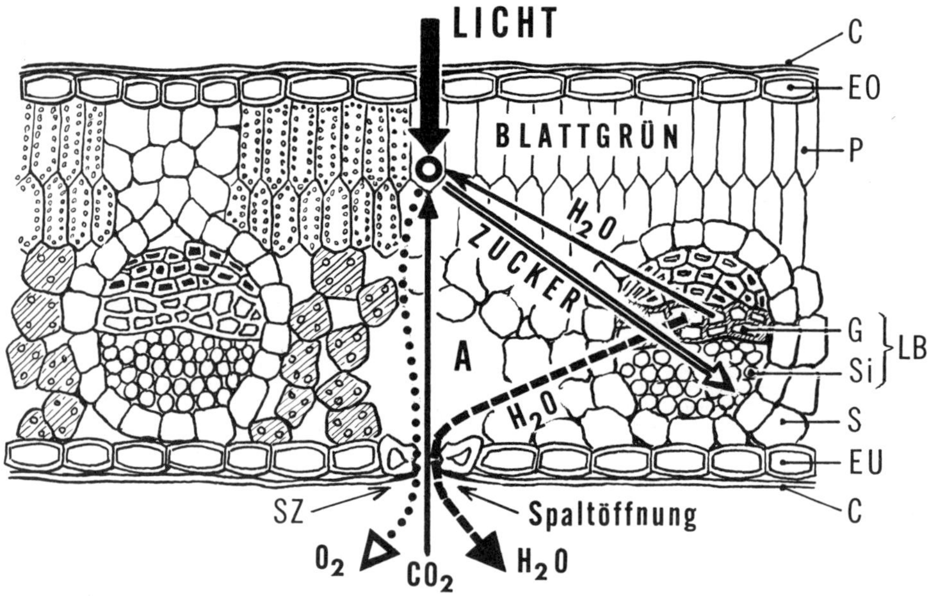

Die Kohlensäureassimilation

C Kutikula, EO obere Epidermis, P Palisadengewebe, LB Leitbündel, G Gefäßbündel, Si Siebbündel, S Schwammgewebe, EU untere Epidermis, A Atemhöhle, SZ Schließzelle. (Siehe nächste Seite.)

Kapitel 8

Die Lebensvorgänge in der Rebe (Physiologie)

Die Physiologie ist die Lehre von den Lebensvorgängen in der Pflanze.
Es wird unterschieden zwischen: **Assimilation, Ernährung, Transpiration, Atmung, Wachstum und Fortpflanzung.**
In jeder Pflanze finden laufend Stoffwechselvorgänge statt. Dabei kommen der Ernährung und der Atmung eine besondere Bedeutung zu. Einerseits werden Nährstoffe aufgenommen und zu körpereigenen Substanzen umgewandelt, andererseits werden überflüssige Stoffe ausgeschieden, wobei Energie frei wird. Diese Energie ist die Voraussetzung für jeden Lebensprozeß.

DIE ASSIMILATION

Die organische Substanz der Rebe besteht in der Hauptsache aus Kohlenstoffverbindungen. Der Kohlenstoff hiezu stammt aus der Kohlensäure der Luft. Den Vorgang, bei dem aus der Kohlensäure der Luft körpereigene Substanz gebildet wird, bezeichnet man als Kohlensäure-Assimilation. Sie erfolgt im wesentlichen in den Blättern, deren zahlreiche Spaltöffnungen und weite Interzellularräume den Zutritt der Luft zu den Zellen, in denen die Assimilation vor sich geht, erleichtern. Die Kohlensäure (CO_2) wird vom Blattgrün (Chlorophyll) absorbiert und mit Hilfe der Sonnenenergie und Wasser zu Zucker umgewandelt, wobei Sauerstoff frei wird.

Die Kohlensäureassimilation erfolgt folgendermaßen:

$$6\,CO_2 + 12\,H_2O + 2.826\text{ Joule } (= 675\text{ Kalorien}) = C_6H_{12}O_6 + 6O_2 + 6\,H_2O$$

Kohlensäure + Wasser Zucker + Sauerstoff + Wasser

In einem Kubikmeter Luft sind durchschnittlich nur 0,50 bis 0,60 Gramm Kohlensäure, das entspricht 0,13 bis 0,16 Gramm Kohlenstoff, enthalten. Demnach müssen zur Kohlehydratbildung verhältnismäßig große Luftmengen die Blätter passieren. Unter bestimmten Voraussetzungen ist die Kohlensäure auch der begrenzende Faktor der Assimilationsleistung.
Infolge der intensiven Atmung der Mikroorganismen des Bodens enthalten die bodennahen Luftschichten wesentlich mehr als 0,03 Volumprozent Kohlensäure. Der günstige Einfluß einer Stallmistdüngung auf die Rebe ist nicht zuletzt auf die erhöhte Bodenatmung und Kohlensäureanreicherung der Luft zurückzuführen. Stallmist im Spätsommer oberflächlich ausgebreitet, führt zu einer Steigerung der Assimilationsleistung.
Da zur Kohlensäureassimilation Licht benötigt wird, ist sie unter natürlichen Verhältnissen nur am Tage möglich. Sie ist bei der Rebe im vollen Tageslicht am größten, bei bewölktem Himmel aber wesentlich herabgesetzt. Die Rebe wird daher mit Recht als Sonnenpflanze bezeichnet. Bei der Wahl der Erziehungsart sowie der Pflanzabstände ist demnach auch auf die Hebung der Assimilationsleistung Rücksicht zu nehmen. In der Hochkultur wird dieses Ziel durch einen lockeren Stockaufbau am besten erreicht. Dieser ist gegeben, wenn ein Drittel der Triebe in den Drahtpaaren eingestrickt ist und je ein Drittel der Triebe rechts und links davon frei im Raum hängt. Auch die Temperatur hat einen großen Einfluß auf die Kohlensäureassimilation. Es wurde festgestellt, daß sich in den Rebenblättern noch im November Stärke bilden kann, wenn die Temperatur mindestens 17 Grad Celsius erreicht. Die Assimilation erfolgt jedoch nicht mehr bei Temperaturen unter 13 Grad Celsius. Neuere Untersuchungen ergaben, daß die Assimilationsleistung mit steigenden Temperaturen zunimmt und ihr Maximum bei etwa 30 Grad Celsius erreicht. Dann geht sie wieder zurück, um bei etwa 40 Grad Celsius zum Stillstand zu kommen.

Das erste sichtbare Assimilationsprodukt ist die Stärke. Die Stärke erfährt dann zahlreiche Umwandlungen zu verschiedenen Zuckerarten, Zellulose und ähnlichen Verbindungen, welche durch den Begriff Kohlehydrate zusammengefaßt werden. Sie bilden das Gerüst für viele andere Bau- und Reservestoffe, wie Fette, Öle, Gerbstoffe, organische Säuren (Weinsäure, Apfelsäure, Zitronensäure, Oxalsäure, Bernsteinsäure) und Eiweißverbindungen. Zucker liefert für die Rebe seine Energie, die sie zum Leben benötigt. Die Kohlensäureassimilation nimmt somit eine wichtige Stellung bei allen Lebensvorgängen der Rebe ein. Als Anhaltspunkt für die Assimilationsleistung sei angeführt, daß ein Liter Wein — je nach dem Gehalt an Restsüße — etwa 2720 bis 3350 Joule (650 bis 800 Kalorien) beinhaltet.

DIE ERNÄHRUNG DER REBE

Mit Ausnahme des Kohlenstoffes und teilweise auch des Sauerstoffes werden alle übrigen Nährstoffe — in Wasser gelöst — durch die Wurzel aufgenommen. Das Gedeihen der Rebe hängt somit davon ab, ob im Boden genügend Wasser und Nährsalze vorhanden sind. Für die erforderlichen Erträge sind die im Boden vorhandenen Kernnährstoffe Stickstoff, Phosphor, Kali, Kalzium und Magnesium, aber auch die Nebennährstoffe Schwefel und Eisen und die Spurenelemente, wie Bor, Mangan, Zink, Kupfer usw., von Bedeutung. Jeder dieser Nährstoffe hat in der Pflanze bestimmte Aufgaben zu erfüllen. Kein Nährstoff kann durch den anderen ersetzt werden. Die Nährstoffe müssen in einem bestimmten Verhältnis (harmonisches Nährstoffverhältnis) zueinander vorhanden sein. Das Überangebot von einem Hauptnährstoff oder Spurenelement drängt die Aufnahme eines anderen zurück und führt somit zu einem Mangel und zu einer Störung des normalen Stoffwechsels. In der Pflanze findet eine Umformung der anorganischen Stoffe in die eigene Körpersubstanz (organische Stoffe) statt. Auch diese Vorgänge der Bildung von Pflanzenbaustoffen werden Assimilation genannt.

Die Bedeutung der einzelnen Nährstoffe

Wasserstoff, Sauerstoff und Kohlenstoff dienen der Bildung von Kohlehydraten (zum Beispiel Zucker). Stickstoff, Phosphor und Schwefel sind am Eiweißaufbau beteiligt. Kali ist für die Synthese der Plasmakörper und die Assimilation wichtig.

Die Nährstoffaufnahme erfolgt nahezu ausschließlich durch die Absorptionstätigkeit der Wurzeln. Auf diese Art werden der Pflanze die notwendigen Elemente zugeführt, einige davon in erheblichen Mengen, andere nur in Spuren. Die Absorption oder Aufnahme erfolgt durch die osmotische Tätigkeit der Wurzelhaare. Von diesen werden die im Wasser gelösten Stoffe zunächst in die jungen, später in die älteren Wurzeln, weiter in den Stamm, bis in die Blätter und die anderen oberirdischen Organe transportiert.

In eingeschränktem Maße erfolgt die Absorption auch durch die Blätter, wie neuere Untersuchungen unter Einsatz von radioaktiven Isotopen bewiesen haben.

Untersuchungen über das Ausmaß der Aufnahme lebenswichtiger Elemente (Stickstoff, Phosphor, Kali, Kalzium und Magnesium) in den verschiedenen Vegetationsphasen der Rebe ergaben folgendes: Stickstoff wird von der Rebe während der ganzen Vegetationsperiode in ausreichenden Mengen benötigt, während die Phosphorsäure vor allem am Beginn der Vegetationsperiode und während der Blüte eine wichtige Rolle spielt. Kalium wird am stärksten vor der Blütezeit bis Anfang Juli aufgenommen, die Aufnahme nimmt danach ab und kommt zur Zeit der Beerenreife zum Stillstand. In der letzten Vegetationsphase nimmt die Kaliaufnahme wieder zu.

Der Ertrag und die Qualität der Trauben hängen vor allem vom Vorhandensein aller Nährstoffe im richtigen Verhältnis ab. Darüber hinaus besteht ein Zusammenhang zwischen der Nährstoffaufnahme und den klimatischen Bedingungen.

Der Nährstoffkreislauf

Die Rebe hat, wie alle höheren Pflanzen, einen zweifachen Nährstoffkreislauf:

1. Den Strom der gelösten Mineralstoffe von den Wurzeln zu den Blättern.
2. Den Strom der gelösten Kohlehydrate von den Blättern zu den Wurzeln und Speicherorganen.

Der aufsteigende Strom der gelösten Mineralstoffe erfolgt vor allem durch die Holzgefäße, während das Absteigen der Kohlehydrate vor allem durch die Siebröhren erfolgt.

Jene Assimilationsprodukte, die nicht für die Atmung benötigt werden, gelangen in kleinen Mengen zu den sich im Wachstum befindlichen Geweben, während der größere Teil der überschüssigen Kohlehydrate in den Depotgeweben als Reservestoffe eingelagert wird.

Nach dem Blattfall im Herbst wandert der größte Teil der gespeicherten Kohlehydrate aus den oberen Teilen in Richtung Wurzel. Nach einem kurzen Stillstand im Dezember und Jänner beginnt der Saftstrom wieder in der umgekehrten Richtung zu fließen. Nach dem Austreiben verlangsamt sich das Tempo der Saftleitung. Sobald die Assimilation beginnt, werden die Kohlehydrate nur mehr in absteigender Richtung transportiert und in Form von Reservestoffen in der Wurzel gespeichert.

Die Saftleitung kann allerdings von der Veredlungsstelle beeinflußt werden. Bei schlecht verwachsenen Veredlungen ist die Leitung der Kohlehydrate vom Edelreis zur Unterlage stark behindert, was sowohl zum Absterben der Unterlagen als auch des Edelreises führt. Bei schlechter Verwachsung der Veredlungsstelle kommt es häufig zu einem vorzeitigen Verfärben der Blätter. Die Ursache hiefür ist der Rückstau von Kohlehydraten in den Blättern, was zu einer verstärkten Bildung von Anthozyan und damit zum Verfärben der Blätter führt.

Der Wasserhaushalt

Der Wasserhaushalt umfaßt zwei entgegengesetzte Erscheinungen, nämlich die Aufnahme von Wasser durch die Wurzeln (Absorption) und die Ausscheidung von Wasser in den oberirdischen Teilen der Pflanze (Transpiration).

Die **Absorption** hängt von verschiedenen äußeren Umständen ab. Die wichtigsten davon sind:

die Konzentration der gelösten Nährstoffe im Bodenwasser,
die Art der darin gelösten Substanzen,
die Temperatur und
die Luftführung des Bodens.

Einen weiteren Einfluß üben der osmotische Druck und die Menge des benötigten oder ausgeschiedenen Wassers aus.

Im Herbst wird die Wasseraufnahme der Wurzel schon vor dem Blattfall eingestellt. Dadurch wird der Wasserhaushalt in der gesamten Pflanze verringert, der Druck in den Gefäßen nimmt ab und bleibt niedrig. Dieser Zustand hält bis zur Wasseraufnahme im Frühjahr an.

DIE TRANSPIRATION

Der Vorgang der Wasserabgabe lebender Pflanzen wird als Transpiration bezeichnet. Die Ausscheidung von Wasser erfolgt in Form von Dampf und ist von allen Faktoren, welche die relative Luftfeuchtigkeit bestimmen (wie Regen, Tau, Nebel, trockene Luftmasse usw.) abhängig. Von diesen Faktoren wird die Intensität der Transpiration beeinflußt.

Durch die Verdunstung von Wasser werden die Zellwände entquollen. Dies hat zur Folge, daß die Zellsaftkonzentration zunimmt, wodurch eine erhöhte Saugkraft entwickelt wird.

Der Sog, der durch Wasserverdunstung entsteht, pflanzt sich von Zelle zu Zelle bis zu den wasserführenden Gefäßen und bis zu den Wurzelzellen fort. Die Transpiration beeinflußt somit die Wasser- und damit auch die Nährstoffaufnahme.
Eine weitere Bedeutung der Transpiration liegt in der Kühlwirkung, wodurch bei intensiver Sonnenstrahlung eine gefährliche Überhitzung der Organe (besonders der jungen, zarten Blätter) verhindert wird. Bei sehr heißem Wetter reicht die Transpiration oftmals nicht aus, so daß es zu Verbrennungen, insbesondere der Beeren, kommen kann. Eine zu starke Transpiration führt zu übermäßigem Wasserverlust, der bei Trockenheit durch die Wasseraufnahme der Wurzeln nicht wettgemacht werden kann; dies verursacht Trockenschäden.
Innerhalb gewisser Grenzen kann die Rebe jedoch die Transpiration regulieren. In der Hauptsache erfolgt die Verdunstung der Blätter durch die Spaltöffnungen (stomative Transpiration). Die Spaltöffnungen sind normalerweise im Laufe des Tages weit geöffnet. Bei starkem Wasserverlust und mangelhaftem Nachschub von Wasser schließen sie sich. Die Transpiration — gleichzeitig aber auch die Assimilation — ist dadurch unterbrochen. Die Blätter, die am meisten transpirieren, besitzen an der Oberseite eine Wachsschicht (Kutikula), die verholzten Organe besitzen ein nahezu undurchlässiges Abschlußgewebe. Ohne diesen Verdunstungsschutz würde die Rebe vertrocknen.
Speziell die jüngeren Blätter sind auch befähigt, tropfbar flüssiges Wasser auszuscheiden. Sie verfügen an den Blattzähnen über sogenannte Wasserspalten (Hydathoden), durch welche bei hoher Luftfeuchtigkeit, vor allem in den Morgenstunden, Wassertröpfchen austreten.

DIE ATMUNG

Die Atmung stellt einen inneren Verbrennungsvorgang dar, welcher der Energiegewinnung dient. Jede lebende Zelle muß atmen, und je stärker ein Organ wächst, desto intensiver ist seine Atmung und somit sein Sauerstoffbedarf. Junge, wachsende Organe sowie Wurzeln atmen besonders intensiv. Deshalb muß für eine gute Durchlüftung des Bodens Sorge getragen werden.

Der Atmungsprozeß verläuft folgendermaßen:

$C_6H_{12}O_6$ +	$6\ O_2$=	$6\ CO_2$	$+6\ H_2O$	
Zucker +	Sauerstoff =	Kohlensäure	+ Wasser	+ 2826 Joule (675 Kalorien)

Diese bei der Atmung freigesetzte Energie wird für die Lebensvorgänge der Pflanze, wie zum Beispiel die Synthese von Stärke, die Umwandlung von Kohlehydraten in Fette, Öle, Gerbstoffe, organische Säuren und Eiweißstoffe benötigt.
Man unterscheidet zwischen einer aeroben und einer anaeroben Atmung. Bei der aeroben Atmung, die von den Pflanzen normalerweise ausgeübt wird, wird Luftsauerstoff durch die Spaltöffnungen, die Lentizellen und die Epidermis aufgenommen. Bei der anaeroben Atmung wird der Sauerstoff anderen chemischen Verbindungen, die sich auch in der Pflanze selbst befinden können, entzogen.
Der Rebstock atmet am intensivsten im ersten Stadium der Beerenentwicklung. Dabei veratmen 100 Kilogramm Rieslingtrauben in 10 Tagen 3 Kilogramm Zucker. Mit zunehmender Traubenreife nimmt diese intensive Atmungstätigkeit wieder ab.

DAS WACHSTUM UND DIE VEGETATIVEN PHASEN DER REBE

Eine der Grundvoraussetzungen des Wachstums ist die Assimilation. Man kann folgende vegetativen Phase der Rebe unterscheiden:
Phase 1: Vom Beginn des Saftstromes bis zum Beginn des Austreibens.

Phase 2: Vom Beginn des Austreibens bis zum Beginn der Blüte.
Phase 3: Vom Beginn bis zum Ende der Blüte.
Phase 4: Vom Fruchtansatz bis zum Beginn der Beerenreife.
Phase 5: Vom Beginn der Beerenreife bis zur Vollreife.
Phase 6: Von der Vollreife bis zum Beginn des Blattfalles.
Phase 7: Vom Beginn des Blattfalles im Herbst bis zum Beginn des Saftstromes im Frühjahr.

Das Bluten oder Tränen der Rebe

Normalerweise beginnt etwa einen Monat vor dem Austreiben der Rebstock zu tränen. Nach einer weitverbreiteten Ansicht setzt das Bluten dann ein, wenn die Bodentemperatur eine bestimmte Höhe erreicht hat. Die Wurzeln beginnen ihre Aktivität, es bildet sich in ihnen ein osmotischer Druck, den man an den Schnittwunden des Stockes durch das Austreten eines farblosen Saftes erkennt. Zahlreiche Untersuchungen über die Zusammensetzung dieses Blutungssaftes der Rebe haben ergeben, daß dieser — je nach Jahreszeit und Sorte — verschieden ist. Die Menge hängt von der Wüchsigkeit der Reben ab und kann je Rebstock zwischen 0,74 und 2,6 Liter liegen. Das Bluten nimmt mit dem Öffnen der Knospen ab und hört bald darauf auf.
Durch einen frühen Schnitt wird das Bluten verringert, weil die Gefäße genügend Zeit haben, sich mit Gummi oder Thyllus zu verschließen. Das Bluten verursacht keine Schwächung der Reben, bei sehr wüchsigen Reben kann es sogar nützlich sein.

Das Austreiben

Schon bevor die Wurzeln zu wachsen beginnen, schwellen die Knospen; die Knospenschuppen öffnen sich und der Trieb bricht hervor. Dieses Phänomen geht je nach den klimatischen Bedingungen und Bodenverhältnissen mehr oder weniger rasch vor sich. Die Austriebsgeschwindigkeit hängt auch von der Sorte und dem Einzelstock ab. Auch der Zeitpunkt und die Art des Schnittes üben einen Einfluß insofern aus, als zum Beispiel ein kurzer Schnitt im allgemeinen zu einem frühen Austreiben führt. Das Austreiben hängt weiters von der Stellung der Knospen am Trieb ab; zuerst öffnen sich die obersten Knospen. Der Austrieb beginnt bereits bei einer mittleren Lufttemperatur von 7,5 Grad Celsius, die Bodentemperatur darf jedoch nicht unter 13 Grad Celsius liegen. Die Triebe entwickeln zunächst nur ganz kleine Blättchen. Die Behauptung, daß diese Phase der Entwicklung der Triebe nur auf Kosten vorhandener Reservestoffe erfolgt, trifft nicht zu. Man hat festgestellt, daß auch schon die jungen Blätter bis zu einem gewissen Grad assimilieren, sie können jedoch keine Assimilate exportieren.

Das Wachstum der Triebe

Die Wachstumsgeschwindigkeit der Triebe wird stark von der jeweiligen Temperatur und dem vorhandenen Bodenwasser beeinflußt. Die übrigen Umweltfaktoren wie Sonneneinstrahlung, Luftfeuchtigkeit und Wind üben nur einen geringen Einfluß aus. Die endgültige Länge der Triebe ist in den einzelnen Jahren verschieden. Die Niederschlagsmenge im Monat vor dem Austreiben (März) und auch die Sonnenscheindauer im Vorjahr — und zwar insbesondere in der Zeit zwischen der Blüte und dem Beginn der Beerenreife — sind von Bedeutung.
Die Ausbildung der neuen Knoten (Nodien) und Zwischenglieder (Internodien) am Sproß erfolgt in dessen Gipfelknospen. Die Länge der Internodien wird von den Ampelographen für sortentypisch gehalten. Sie hängt aber nach neueren Untersuchungen auch von der Länge des Schnittes ab; je länger der Schnitt ist, desto kürzer sind die Internodien.

Die Bildung der Blätter und Knospen

Das Austreiben der Blätter erfolgt gleichzeitig mit dem Längenwachstum des Triebes, und zwar ab dem Beginn des Austreibens. Die Blätter vergrößern sich gleichzeitig mit dem

Wachstum des Sprosses, bis sie ihre endgültige Größe erreicht haben. Die Entwicklung des Laubes kann bis zu 40 Tagen dauern. Zuerst erscheinen zwei kleine Wölbungen, aus welchen zwei rudimentäre Nebenblättchen hervorgehen, zwischen denen das junge Blatt hervorsprießt. Von den Augen entwickeln sich zunächst die Neben- oder Beiaugen, und zwar knapp unter dem Vegetationskegel in der Achsel der jungen Blättchen. Sie schließen ihre Entwicklung in kürzester Zeit ab, während sich die Hauptaugen viel langsamer entwickeln und erst im kommenden Frühjahr vollkommen ausgebildet sind. Die Stellung der fruchtbaren Augen am Trieb hängt von der Sorte ab, ist aber auch bei ein und demselben Stock oft sehr verschieden.

Die Holzreife

Im Zuge der Holzreife wird in die Sproßspitze Stützgewebe eingelagert, so daß sich die Rinde erhärtet. Die Rinde nimmt eine dunklere Farbe an und erhält eine korkartige Struktur; dieses Phänomen beginnt im unteren Teil der Sprosse und setzt sich Schritt für Schritt gegen die Spitze des Sprosses fort. Die Triebspitzen sind daher bei Frühfrösten am meisten gefährdet; dasselbe gilt für die Geiztriebe.
Die Einlagerung der Reservestoffe in den Sproß beginnt Ende Juni und erreicht im August ihren Höhepunkt. Die Stärke wird hauptsächlich im Holzparenchym, im Bastparenchym und in den Markstrahlen eingelagert.
Eine gute Holzreife ist eine wesentliche Voraussetzung, nicht nur für die gute Überwinterung, sondern auch für den Ertrag im kommenden Jahr. Sie spielt auch bei der Bewurzelung von Stecklingen eine beachtliche Rolle. Das Verholzen der Sprosse wird durch Licht, Temperatur und eine gewisse Trockenheit begünstigt. Übermäßiger Ertrag und starker Krankheitsbefall der Blätter verzögern die Holzreife.

Der Blattfall

Die letzte vegetative Phase ist jene zwischen der Traubenreife und dem Abfallen der Blätter. Der Blattfall kann durch verschiedene Umstände beschleunigt oder verzögert werden, wie zum Beispiel durch Schädlingsbefall, Pflanzenschutzmittel, Frühfröste.
Die Blätter fallen in derselben Reihenfolge ab, wie sie ausgebildet wurden. Zunächst werden die untersten Blätter eines Sprosses — häufig schon vor der Lese — abgeworfen, danach die höher stehenden. In der Triebspitze bleiben die Blätter am längsten hängen. Das Abfallen der Blätter wird durch die Ausbildung einer Korkschicht ausgelöst, die in den Gefäßbündeln an der Ansatzstelle der Blattspreite und am Blattstiel oder am Ansatzpunkt des Stieles am Trieb gebildet wird. Es kann deshalb die Blattspreite vor dem Blattstiel abfallen.
Ein vorzeitiger Blattfall kann durch Mangelerscheinungen, Schädlings- oder Krankheitsbefall (vor allem von Pilzen, gelegentlich auch von Milben) hervorgerufen werden.

DIE FORTPFLANZUNG

Unter Fortpflanzung versteht man die geschlechtliche Vermehrung der Pflanze durch Samen, die über die Blüte und deren Früchte gebildet werden.

Die Blüte

Die Blütezeit eines Rebstockes ist wesentlich kürzer als die vorher beschriebenen vegetativen Phasen; sie dauert zwischen 9 und 21 Tagen. Beobachtungen haben ergeben, daß es eine positive Korrelation zwischen der Blütedauer und der Temperatur gibt.
Eine Temperaturschwankung von einem Grad Celsius verursacht eine Veränderung der Blühdauer von ungefähr zwei Tagen. Eine Schwankung der Wärmestrahlung um 100 Kalorien verändert die Blühdauer um etwas weniger als drei Tage.

Günstige Bedingungen für die Rebenblüte liegen im allgemeinen bei ziemlich hoher Temperatur, eher trockenem und sonnigem Wetter mit leichtem Wind vor. Das Blühen eines Gescheines dauert 4 bis 6 Tage. Zuerst öffnen sich die stärker ausgebildeten Blüten im Mittelteil des Gescheines, danach jene an der Basis und zuletzt die Blüten an der Spitze. Bei günstigem Wetter kann die Befruchtung der Blüte schon um 6 Uhr morgens beginnen und bereits um 10 Uhr abgeschlossen sein. Bei ungünstigem Witterungsverlauf dauert die Bestäubung eines Gescheines oft den ganzen Tag und auch länger. Die Anwendung von Schädlingsbekämpfungsmitteln — vor allem auf Kupfer- und Schwefelbasis, aber auch gewisse organische Fungizide (Wirkstoffbasis Dinocap) — während der Blüte kann den Fruchtansatz stark beeinträchtigen.

Die Bestäubung

In der Regel erfolgt die Bestäubung der Rebblüten durch den Wind, seltener durch Insekten. Es liegt also eine Fremdbestäubung vor. Fallweise, vor allem aber dann, wenn das Mützchen der Blüten nicht abgeworfen wird, kommt es auch zu einer Selbstbestäubung. Heute mißt man der Selbstbestäubung eine größere Bedeutung zu und ist geneigt, den Einfluß des Windes als weniger wichtig zu beurteilen.

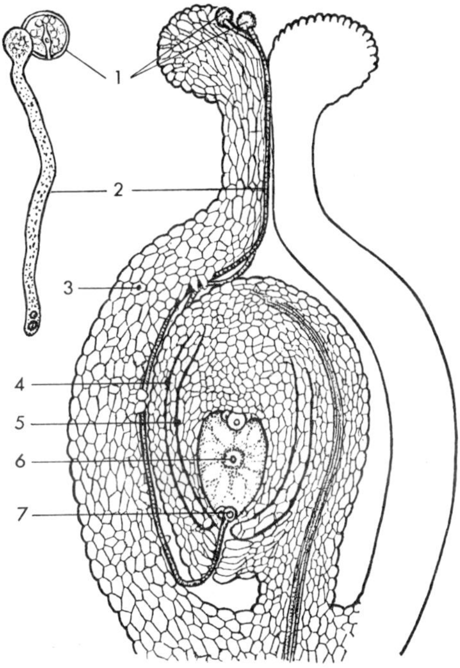

Längsschnitt durch den Fruchtknoten und Befruchtungsvorgang

1 Keimendes Pollenkorn, 2 Pollenschlauch, 3 Fruchtknotenwand, 4 äußere Samenknospenhülle, 5 innere Samenknospenhülle, 6 Embryosackkern, 7 Eizelle.

Bei der Bestäubung wird das auf die Narbe fallende Pollenkorn durch ein Narbensekret festgehalten. Dieses von der Narbe ausgeschiedene Sekret ruft die Keimung des Pollenkorns hervor. Beim Keim tritt aus einer der Poren des Pollenkornes der Pollenschlauch aus, der durch den Griffel in ein bis zwei Tagen die Mikrobyle des Ovulums erreicht und in den Eikern eindringt. Durch den Pollenschlauch gelangen in den Fruchtknoten ein vegetativer und zwei generative Kerne. Einer der beiden letzteren verschmilzt mit der Eizelle (Oospore) und bringt den Embryo hervor. Der erstere ergibt mit dem Kern des Embryonalsackes die Reserveschicht (= Endosperm) des Samens.

Unter den Anomalitäten des Blühverlaufes ist zunächst auf das sogenannte Vergabeln hinzuweisen, das heißt, die Umwandlung von Gescheinen in Ranken („Gehstecken"). Es tritt vor allem bei schwachwüchsigen Stöcken und bei ungünstigem Blühwetter auf.

Das Ausrieseln

Das Ausrieseln umfaßt eine Reihe von Phänomenen, deren Ursachen das Austrocknen und das Abfallen einzelner Blüten oder auch eines ganzen Gescheines sind. Bis zu einem gewissen Grad tritt es bei jedem Rebstock auf und bringt an sich keinen Schaden, sondern führt zu einer besseren Entwicklung der verbleibenden Beeren. Sobald es aber über einen gewissen Grad hinausgeht, verursacht es selbstverständlich Ertragsausfälle.

Die Ursachen hiefür können verschiedener Art sein. Wir kennen genetische, äußere und pathologische Ursachen. Bei einigen Sorten, die eine typische Neigung zum Ausrieseln haben, ist das Ausrieseln **genetisch** bedingt. Es hängt mit Anomalien des Blühverlaufes zusammen.

Äußere Einflüsse, die zum Verrieseln führen, können übermäßiges Wachstum — beispielsweise durch eine Stickstoffüberdüngung oder durch starkwüchsige Unterlagen — sein. Auch besonders schwachwüchsige Stöcke neigen zum Ausrieseln.

In diesem Zusammenhang muß auch eine unzulängliche Ernährung genannt werden. Auch Bormangel führt zum Verrieseln; im Narbensekret ist für ein gutes Verblühen das Vorhandensein von 1,5 ppm Bor erforderlich. Unter den für die Blüte ungünstigen Witterungsbedingungen sind vor allem zu tiefe Temperaturen zu erwähnen. Sie verhindern das Öffnen der Staubgefäße und das Auskeimen der Pollenschläuche. Starker Regen verdünnt das Narbensekret oder schwemmt den Pollen zu Boden. Trockener und heißer Wind trocknet die Narbe zu stark aus und verhindert ebenfalls das Auskeimen des Pollens.

Ursachen **pathologischer** Natur sind Chlorosen, Viruskrankheiten, das Auftreten der Reblaus, Peronospora und andere.

Andere Erscheinungen sind Folgen von Anomalien in den Funktionen der Blüte; hier ist vor allem die Jungfernbeerigkeit zu nennen. Es handelt sich dabei um kleine Beeren ohne Samen, weil die Befruchtung nicht stattgefunden hat. Bei der Parthenogenese werden dagegen Früchte mit normalen, keimfähigen Kernen ausgebildet, die jedoch ohne Befruchtung entstanden sind. Bei manchen Sorten (Sultaninen) entstehen kernlose Beeren dadurch, daß die normal befruchteten Embryos absterben.

Bei der Rebe ist die Ausbildung von Jungfernbeeren häufig von starkem Ausrieseln begleitet. Es entstehen sehr kleine Beeren, die keine Kerne haben. Diese Beeren bleiben manchmal bis zur Lese grün, in anderen Fällen reifen sie normal aus und sind oft sogar süßer als die normal entwickelten Beeren. Die Gründe dieses Ausrieselns liegen in einer fehlenden oder zumindestens unvollständigen Befruchtung. Die Kernlosigkeit dagegen kann erblich sein und ist offenbar durch Mutation entstanden. Sie stellt ein wichtiges Sortenmerkmal bei gewissen Tafeltrauben dar, vor allem bei jenen Sorten, die zur Rosinenerzeugung verwendet werden.

Das Wachstum und die Reife der Frucht

Wir unterscheiden zwei Phasen:

Die erste Phase: Vom Fruchtansatz bis zum Beginn der Beerenreife.

Die zweite Phase: Vom Beginn der Beerenreife bis zum Eintreten der Vollreife.

In den ersten Tagen nach der Befruchtung findet ein besonders intensiver Wachstumsprozeß durch Zellteilung statt. Er bestimmt im wesentlichen die endgültige Größe der Beeren. Wird in dieser Zeit das Beerenwachstum etwa durch zu wenig Licht gehemmt, wirkt sich dies auf den Ertrag nachteilig aus.

Die Beerenreife äußert sich in einer Reihe von Veränderungen in den Eigenschaften der Beere: Sie beginnt damit, daß das Fruchtfleisch weich wird, die Fruchthaut sich verfärbt und nicht zuletzt einen Reifbelag bildet. Durch die Ausdehnung des Fruchtfleisches nimmt das Gewicht der Beere merklich zu, während die Beerenhaut etwa gleich schwer bleibt. Wenn die Vollreife eintritt, nimmt der Wassergehalt des Fruchtfleisches bis zu 10 Prozent ab, während der Zuckergehalt merklich zunimmt. Auf Grund von Untersuchungen wissen wir, daß zwischen Anfang August und der zweiten Septemberhälfte in einem Zeitraum von fünf Tagen der Zuckergehalt zwischen 1 bis 3 Grad KMW (Klosterneuburger Mostwaage) zunimmt, in der Zeit von Ende September bis Ende Oktober hingegen nur mehr weniger als 1 Grad KMW pro fünf Tage.

Der Zuckergehalt der Traube hängt von der gesamten Sonneneinstrahlung sowie der mittleren Tagestemperatur ab und wird demnach während der gesamten Vegetationsperiode mitbeeinflußt.

Eine andere Gruppe von Inhaltsstoffen der Beere, die während des Reifeprozesses sich merklich verändern, sind die Säuren. Der Gesamtsäuregehalt des Beerensaftes setzt sich aus verschiedenen Säuren zusammen. Während der Beerenreife nimmt der Säuregrad kontinuierlich ab. Vor allem baut sich die Apfelsäure rasch ab. Auch der Gehalt an Gerbstoffen und Pentosanen nimmt während des Reifeprozesses rasch ab.
Die Farbstoffe der Traube — Anthozyan bei den roten (blauen) Sorten, Flavone bei den weißen Sorten — erreichen ihre stärkste Konzentration gegen Ende der Reifeperiode.
Bukettreiche Trauben bilden während der Reifeperiode Aromastoffe in größerem Umfang aus. Der höchste Gehalt an Bukettstoffen wird in der Regel schon vor der Vollreife erreicht. In Klimagebieten, wo es tagsüber warm und in den Nächten kühl ist, wird der Gehalt an Bukettstoffen gefördert, weil die während des Tages gebildeten flüchtigen Aromastoffe in den kühlen Nächten nicht verdampfen können.

Abschnitt III

REBSORTEN IM WEINBAU (AMPELOGRAPHIE)

ALLGEMEINES

Von den Viniferae-Arten hat die Vitis vinifera L. var. sativa, die europäische Edelrebe, die größte Bedeutung erlangt und umfaßt eine außerordentlich große Zahl von Sorten (Klassen). Allein in den österreichischen Weinbaugebieten gedeihen rund 200 verschiedene Sorten, wobei manche mehrere Formen aufweisen. Für den modernen Qualitätsweinbau kommt jedoch nur eine geringe Auswahl davon in Frage: jene, die hinsichtlich Qualität und Ertrag die besten Ergebnisse bringen. Auch aus betriebswirtschaftlichen Überlegungen sind Bestrebungen im Gange, den Sortenreichtum einzudämmen.
In einzelnen Weinbaugebieten hat sich auf Grund der spezifischen Klima- und Bodenverhältnisse ein bestimmtes Sortiment herauskristallisiert. Oftmals ist in einem Anbaugebiet nur eine Sorte vorherrschend, wie beispielsweise in Österreich die Sorte Grüner Veltliner, im Rheingau die Sorte Rheinriesling und in Südtirol die Sorte Großvernatsch. Manche Sorten werden deshalb nur in begrenzten Gebieten gepflanzt, weil Standort und Umweltverhältnisse dort am besten zusagen. Die Namen der einzelnen Rebsorten sind im Laufe der Jahrhunderte aus verschiedenen Gegebenheiten entstanden. Oft leiten sie sich von Herkunftsbezeichnungen ab, wie beim Traminer, Rheinriesling und Burgunder, oder sie tragen die Namen ihrer Züchter, wie beim Müller-Thurgau, der Zweigeltrebe und Bouvier, oder sie leiten sich von ampelographischen Merkmalen der Sorte ab, wie Rotgipfler und Spätrot (Zierfandler).
Die Wahl einer Sorte ist selbstverständlich nur unter dem Blickwinkel der Wirtschaftlichkeit zu sehen, wobei langfristig dem Faktor Qualität und Spezialität eine besondere Bedeutung zukommt. Die Basis für die Rentabilität einer Rebanlage hängt wesentlich von der verwendeten Sorte und Unterlage ab. Wird eine Sorte oder Unterlage an einem Standort gepflanzt, der ihr nicht zusagt, äußert sich dies in Ertrags- und Qualitätsrückgang.

Die Reifeperioden

Reifeperiode I: Sehr früh reifend, Juli bis August.
Reifeperiode II: Früh reifend. Erste allgemeine Reifezeit, das sind die beiden ersten Dekaden des Monats September.
Reifeperiode III: Mittelfrüh bis spät reifend. Zweite allgemeine Reifezeit, das ist die dritte Dekade des Monats September bis Mitte Oktober.
Reifeperiode IV: Spät reifend, ab Mitte Oktober.

Die Kalkverträglichkeit der Sorten

gut kalkverträglich	mittel kalkverträglich	wenig kalkverträglich
Welschriesling	Rheinriesling	Muskat-Ottonel
Neuburger	Müller-Thurgau	Roter Traminer
Weißer Burgunder	Frühroter Veltliner	Goldburger
Zierfandler (Spätrot)	Grüner Veltliner	
Rotgipfler	Ruländer	
Blaufränkisch	Muskat-Silvaner	
St. Laurent	Roter Veltliner	
Blauer Portugieser	Blaue Zweigelt	
Blauburger	Blauer Wildbacher	
	Jubiläumsrebe	
	Furmint	

Kapitel 9

Europäische Edelreben

Weißweinsorten in Österreich

GRÜNER VELTLINER

Allgemeines

Er wird auch Grüner, Grünmuskateller, Weißgipfler und Manhardsrebe genannt. Die Heimat scheint Niederösterreich zu sein, wo er sein Hauptverbreitungsgebiet hat; er ist aber auch im Burgenland und in Wien sehr verbreitet. Die Sorte findet man auch in den angrenzenden Weinländern Ungarn, in der Slowakei, in Mähren und in Kroatien.

Land	Bezeichnung
Österreich	Grüner, Grünmuskateller, Weißgipfler, Mouhardsrebe, Manhardsrebe

Wichtige Erkennungsmerkmale

a) Wachstum: mittelstark, aufrecht;
b) Triebspitze: weiß, wollig behaart;
c) Blatt: deutlich fünflappig, ausgeprägt gebuchtet, mittelgroß, rund, hellgrün, Unterseite etwas behaart;
d) Traube: groß kegelförmig, geschultert;
e) Beere: groß, rund bis länglich, grün, bei hohem Reifegrad gelblich mit braunen Tupfen, ziemlich dickschalig, Beereninhalt saftig;
f) Einjähriges Holz: gestreift, engknotig;
g) Reife: mittelspät bis spät; Ende der zweiten Periode.

Lage und Bodenansprüche

Für alle guten Lagen Niederösterreichs, Wiens und des Burgenlandes hervorragend geeignet. Der Boden soll weder zu feucht noch zu trocken sein. Bestgeeigneter Boden ist Löß. Gedeiht sowohl in mageren als auch in fruchtbaren Böden. Auf schweren und kalkreichen Böden neigt die Sorte zu Chlorose.

Empfindlichkeit und Widerstandsfähigkeit

Von der Sorte Grüner Veltliner gibt es zahlreiche Typen, die sich in wesentlichen Eigenschaften unterscheiden. Viele Rebentypen sind in der Blüte empfindlich. Im allgemeinen ist die Sorte gegen Peronospora anfällig, in trockenen Jahren und Lagen gegen den Roten Brenner. Die Winterhärte ist gut. Infolge des zeitigen Austriebes besteht in gefährdeten Lagen jedoch Maifrostgefahr.

Kultivierungshinweise

Schnitt: kurz und schwach; pro Hochkulturstock bei 3,0 × 1,20 m Pflanzweite insgesamt nicht mehr als 25 Fruchtaugen auf Steckern mit je 4 bis 5 Augen.
Ertrag: Der durchschnittliche Ertrag liegt bei richtiger Pflege und Düngung zwischen

10.000 und 15.000 kg Trauben pro ha. Zuckergehalt in guten Lagen zwischen 16 ° und 19 ° Klosterneuburger Most-Waage (KMW), in besonderen Fällen auch darüber.

Geeignete Unterlagen
Am besten geeignet sind alle Berlandieri × Riparia-Kreuzungen. Auf Aripa nur bei wenig Kalk im Boden. Auf Solonis ungeeignet, zeigt keine richtige Triebbildung.

Wert des Weines
Standardsorte Niederösterreichs, große Bandbreite in der Qualität. Es gibt bei dieser Sorte sowohl Tafelweine als auch Spitzenweine von höchster Qualität. Der typische Grüne Veltliner ist spritzig, fruchtig-würzig, pfeffrig, hat eine angenehme Säure und ist relativ gut haltbar. Ein besonders ausgeprägtes Sortenbukett bekommt er auf Urgesteinsböden, aber auch im Löß. Beim Vergleich von Intensität des Geschmacks und der des Geruchs ist der Grüne Veltliner eher geschmacksbetont. Rebsorte für Qualitätsweine gemäß Österreichischem Weingesetz.

MÜLLER-THURGAU

Allgemeines
Von Professor W. Müller aus dem Thurgau 1882 in Geisenheim aus Riesling und Silvaner gezüchtet; wird daher auch als Riesling × Silvaner bezeichnet.

Land	Bezeichnung
Deutschland	Müller-Thurgau, Riesling × Sylvaner
Schweiz	Riesling × Sylvaner
Luxemburg	Rivaner

Wichtige Erkennungsmerkmale
a) Wachstum: sehr stark;
b) Triebspitze: gelblich, weißlich behaart, mit rötlichem Anflug;
c) Blatt: fünflappig, tief eingeschnitten, mittelgroß, frischgrün, stark glänzend, sehr scharf gezahnt, Äderung deutlich sichtbar, Unterseite entlang der Hauptnerven leicht wollig, Mittellappen verdreht;
d) Traube: groß, meist verzweigt, lockerbeerig;
e) Beere: mittelgroß, rund bis oval, gelblich-grün, schwach muskatähnlicher Geschmack;
f) einjähriges Holz: hellgrau bis hellbraun, dunkelbraun gestreift und fein punktiert;
g) Reife: früh, Anfang zweite Periode.

Lage und Bodenansprüche
Eine Sorte für spätere Lagen in allen österreichischen Weinbaugebieten. Verlangt nährstoffreiche Böden mit guter Wasserversorgung. Weniger geeignet sind Muldenlagen mit hoher Luftfeuchtigkeit (Fäulnisgefahr); auch schwere, kalkreiche Böden sowie trockene, steinige Böden sind ungünstig. Verdichtete Böden meiden.

Empfindlichkeit und Widerstandsfähigkeit
Blätter und Trauben sind sehr für Peronospora, auch Oidium anfällig. Wenig winterhart besonders bei hohen Erträgen (besonders das einjährige Holz). Trauben stark fäulnisanfällig, daher ist Laubarbeit notwendig. Gegen Stiellähme, Wespen und Vogelfraß anfällig.

Kultivierungshinweise
Schnitt: Kurz und schwach, pro Hochkulturstock bei 3,0 × 1,20 m Pflanzweite insgesamt 25 Fruchtaugen auf Streckern mit je 4 bis 5 Augen. Ist auch für Pergel geeignet.
Ertrag: Sehr hoher und regelmäßiger Ertrag zwischen 10.000 und 15.000 kg pro Ha, in guten Jahren auch darüber, gute Qualität (15° — 18° KMW) und intensives Bukett.

Geeignete Unterlagen
Schwach wachsende Unterlagen sind wegen seiner hohen Fruchtbarkeit nicht geeignet. In wuchskräftigen Böden auf SO 4. In wuchsschwachen Böden auf 5 BB und 125 AA.

Wert des Weines
Tafel- und Qualitätswein mit intensiv muskiertem Geruch, säurearm. Der Wein baut sich sehr rasch aus und ist wenig lagerfähig. In einigen Lagen des Burgenlandes sind auch Spätlesen von höchster Qualität möglich (z. B. gibt es um Rust auch Trockenbeerenauslesen von dieser Sorte). Beim Vergleich der Intensität des Geschmacks und des Geruchs ist der Müller-Thurgau-Wein eher geruchsbetont. Rebsorte für Qualitätswein gemäß Österreichischem Weingesetz.

WELSCHRIESLING

Allgemeines
In den Anbauzentren auch kurz Riesling oder Riesler, in Italien Riesling italico genannt. Diese Sorte soll aus Frankreich, der Champagne, stammen, wird aber dort nicht mehr gebaut. Heute in Ungarn, Italien, Jugoslawien verbreitet.

Wichtige Erkennungsmerkmale
a) Wachstum: mittelstark;
b) Triebspitzen: hellgrün, weißwollig, behaart, lange Ranken;
c) Blatt: fünflappig, tief eingeschnitten, mittelgroß, hellgrün, Unterseite feinwollig, behaart, dünn, sehr scharf gezahnt;
d) Traube: klein bis mittelgroß, walzenförmig, stark zugespitzt, verästelt, fruchtbarer Knoten (Beitraube), sehr dichtbeerig, auffallend langer Stiel;
e) Beere: klein bis mittelgroß, rund, hellgrün bis honiggelb (bei Vollreife), punktiert, sonnseitig braune Flecken, dünnschalig, großnarbig, mostig;
f) einjähriges Holz: dünn, weißlich bis hell gelbbraun, gestreift, engknotig, dicke Knoten;
g) Reife: sehr spät, dritte Periode, die Beeren werden sehr spät weich, dann aber rasch süß.

Lage und Bodenansprüche
Für gute Lagen des Burgenlandes, im niederösterreichischen und steirischen Weinbaugebiet nur für besonders frühe Lagen mit leichtem Boden zu empfehlen. Man muß auch die Reifeverzögerung auf der Hochkultur berücksichtigen. Verlangt guten, nährstoffreichen Boden, der nicht zu trocken sein soll (sonst schwacher Wuchs). Verträgt hohen Kalkgehalt.

Empfindlichkeit und Widerstandsfähigkeit
Diese Sorte hat überwiegend gute Eigenschaften, wie zum Beispiel hohe Winterfrosthärte. Infolge des späten Austriebes geringe Maifrostgefährdung, sehr blütefest, kaum fäulnisempfindlich. Auch wenig peronosporaanfällig, hohe Fruchtbarkeit. Als nachteilige Eigenschaft ist bei schlechter Ernährung das leichte Abholzen zu erwähnen.

Kultivierungshinweise
Schnitt: kurz, weil schon die untersten Augen sehr fruchtbar sind; pro Hochkulturstock bei 3,0 × 1,20 m Pflanzweite insgesamt 25 Fruchtaugen auf Streckern mit je 4 bis 5 Augen.
Ertrag: gut bis sehr gut und vor allem sehr regelmäßig (um 10.000 kg pro ha, 13° — 21° KMW). In nicht geeigneten Lagen ungenügende Qualität.

Geeignete Unterlagen
Geeignet für Kober 5 BB und 125 AA.

Wert des Weines
In geeigneten Lagen guter Tafelwein und insbesondere in jenen des Burgenlandes ein sehr haltbarer Qualitätswein mit feinem Bukett; in ungünstigen Lagen säurereicher, dünner, daher minderwertiger Wein.
Rebsorte für Qualitätswein gemäß Österreichischem Weingesetz.

NEUBURGER

Allgemeines
Seine Herkunft ist unbekannt, stammt möglicherweise aus der Wachau. Man nimmt an, daß er ein natürlicher Hybride jüngeren Datums zwischen Silvaner und Burgunder ist.

Wichtige Erkennungsmerkmale
a) Wachstum: sehr stark;
b) Triebspitze: hellgrün, leicht bronziert, glänzend;
c) Blatt: meist dreilappig, wenig eingeschnitten, groß, breit, Stiel und Rippen auf der Unterseite borstig behaart, stumpfgezahnt;
d) Traube: klein bis mittelgroß, fest, walzenförmig, dichtbeerig, kurzstielig;
e) Beere: groß, grün, sonnseitig braun gefärbt, punktiert, stark bereift, dickschalig, gallertig;
f) einjähriges Holz: markreich, dick, hellbraun, gestreift;
g) Reife: mittelfrüh, zweite Periode.

Lage und Bodenansprüche
Diese Sorte ist vor allem in den niederösterreichischen Weinbaugebieten Baden, Krems und Wachau sowie im Burgenland stark verbreitet. Gedeiht auch auf sehr trockenen und kalkreichen Böden, verlangt mittelgute bis gute und luftige Lagen. Hinsichtlich der Bodenart wenig anspruchsvoll. Nicht in späten und Frostlagen anpflanzen.

Empfindlichkeit und Widerstandsfähigkeit
Nur geringe Winterfrosthärte, regeneriert sich aber wegen starker Triebkraft in kürzester Zeit. Blüteempfindlich. Im Frühjahr besteht in windreichen Lagen die Gefahr des Abbrechens der jungen Triebe. Besonders nach Sauerwurmbefall auch fäulnisempfindlich. Infolge des frühen Austriebes auch maifrostempfindlich, für Oidium und Peronospora wenig anfällig.

Kultivierungshinweise
Schnitt: mittellang und mittelstark, pro Hochkulturstock bei 3,0 × 1,20 m Pflanzweite insgesamt 35 Augen auf Fruchtruten mit je 6 bis 7 Augen.
Ertrag: Bei richtiger Düngung und Pflege auch hoher Ertrag, 8000 bis 10.000 kg pro ha, trägt meist ungleichmäßig (periodisch), erzielt hohen Zuckergehalt, 17° — 22° KMW, wenig Säure.

Geeignete Unterlagen
Verträgt sich mit allen Unterlagen hervorragend. Auf fruchtbaren Böden auf Kober 5 BB ist das Holzwachstum meist zu stark.

Wert des Weines
Konsum- und Qualitätswein, voll, kräftig, mild, mit sehr feiner, zarter Blume. Bei voller Reife ausgezeichneter Qualitätswein.
Rebsorte für Qualitätswein gemäß Österreichischem Weingesetz.

WEISSER BURGUNDER

Allgemeines
Diese Sorte stammt aus Frankreich und ist in der Burgund, in der Champagne und im Elsaß verbreitet.

Land	Bezeichnung
Deutschland	Weißer Burgunder, Weißburgunder, Weißer Klevner, Weißer Ruländer, Weißer Arbst, Weißarbst, Weißklävner
Frankreich	Pinot blanc, Pinot Chardonnay, Chardonnay, Blanc de Champagne, Morillon blanc, Arnaison blanc, Pineau Auvernas, Plant dore, Melon de la Côte d'Or
Schweiz	Pinot blanc
Ungarn	Fehérburgundi
Jugoslawien	Biela Klevanjka
Tschechoslowakei	Rouci bilé
Österreich	Weißer Burgunder, Weißburgunder

Wichtige Erkennungsmerkmale
a) Wachstum: mittelstark bis stark;
b) Triebspitze: weißlichgelb bis graugrün, wollig;
c) Blatt: rund, meist dreilappig, wenig eingeschnitten, Mittellappen fast rechtwinkelig geradlinig begrenzt, dunkelgrün, mattglänzend, derb, blasig, fein gezahnt, wenig behaart;
d) Traube: klein bis mittelgroß, kurz verästelt, dichtbeerig;
e) Beere: klein, rund bis oval, gelbgrün, dünnschalig, durchscheinend, fein punktiert;
f) einjähriges Holz: hellbraun und blaugrau bereift, gestreift und schwarz punktiert, engknotig;
g) Reife: mittelfrüh, Anfang der zweiten Periode.

In Österreich gibt es zwei Typen:
„Morillon“ (Chardonnay) mit nackter Stielbucht, das heißt, die unteren Blattrippen sind bis zur ersten Anzweigung ohne Blattsubstanz gegen den Blattrand. Die Trauben sind locker gepackt und haben kleine Beeren. Der Ertrag ist etwas geringer, dafür ist die Qualität besser. Ist jedoch im Gegensatz zum Klevner stiellähmeanfällig.
„Klevner“ (Grobburgunder), überlappte Stielbucht, geringere Zuckergrade.

Lage und Bodenansprüche

Für mittelfrühe bis frühe Lagen aller österreichischen Weinbaugebiete hervorragend geeignet. Insbesondere eignen sich trockene kalkreiche Böden; Sorte verträgt hohen Kalkgehalt, der Boden kann auch schottrig oder steinig sein. Gut geeignet ist lockerer Boden von leichter bis mittlerer Art, ungeeignet sind schwere sowie feuchte Böden. Wegen schlechter Bukettausbildung kann die Sorte für kalkarme Böden nicht empfohlen werden.

Empfindlichkeit und Widerstandsfähigkeit

Infolge der Typenvielfalt sind auch bei dieser Sorte unterschiedliche Eigenschaften, vor allem in der Blüte, gegeben. Gegen Peronospora und Oidium ist die Sorte wenig anfällig, infolge der Dichtbeerigkeit jedoch stark botrytisanfällig (besonders in feuchten Herbsten). Sehr anfällig gegen Heu- und Sauerwurmbefall. Mittlere Winterhärte. Neigt im Frühjahr zur Kalkchlorose.

Kultivierungshinweise

Schnitt: mittellang und mittelstark, pro Hochkultur bei 3,0 × 1,20 m Pflanzweite insgesamt 35 Fruchtaugen auf Streckern mit je 5 bis 7 Augen.
Ertrag: Bei richtiger Pflege und Düngung liegt der Ertrag um 10.000 kg pro ha bei 17° bis 21° KMW. Beste Qualität jedoch nur in guter Lage.

Geeignete Unterlagen

Wächst auf allen Unterlagen mit Ausnahme von Solonis. Bei Riparia und Aripa Vorsicht wegen niedriger Kalkverträglichkeit. Auf Kober 5 BB darf er nur auf trockenen mageren Böden gepflanzt werden, sonst rieselt er durch.

Wert des Weines

In guten Lagen hochwertige, volle Weine mit pikanter Säure, feiner Blume und edlem Geschmack. Die Sorte hat kein sehr ausgeprägtes Sortenbukett, eignet sich hervorragend für die Lagerung und erzielt ihre höchste Qualität als Altwein.
Rebsorte für Qualitätsweine gemäß Österreichischem Weingesetz.

RHEINRIESLING

Allgemeines

Vermutlich stammt diese Sorte vom Rhein. Trotz seiner späten Reife hat er die größte Verbreitung in den nördlichen Weinbaugebieten.

Land	Bezeichnung
Deutschland	Weißer Riesling (richtige Sortenbezeichnung), Riesling, Rössling, Riesler, Moselriesling, Rheingauer, Johannisberger, Kleinriesling, Kastellberger, Hochheimer, Klingelberger, Weißriesling. Gewürztraube, Kleinberger, Kleinriesler, Niederländer, Rieslinger, Karbacher, Gräfenberger, Grüner Riesling, Pfefferle
Frankreich	Riesling blanc, Petit Riesling, Gentile Aromatique, Petracine
Italien	Riesling rhenano bianco, Reno
Schweiz	Riesling, Petit Rhin, Johannisberger
Tschechoslowakei	Rézlink, Starosvetske, Részlink rynsky
Jugoslawien	Rajnski Rizling, Graschevina, Rizling rajinski bijeli, Biela discua grasiva, Grasevina
Ungarn	Rajnai Rizling, Grauer Riesling
Österreich	Rheinriesling, Weißer Riesling
Rumänien	Riesling de Rhin, Rheinriesling, Reynai

Wichtige Erkennungsmerkmale

a) Wachstum: kräftig, später Austrieb;
b) Triebspitze: gelblich-grün und leicht bronziert, wollig behaart;
c) Blatt: drei- bis fünflappig, ungleich tief eingeschnitten, mittelgroß, rund, blasig, dick, Unterseite rauh behaart und meist überlappte Stielbucht;
d) Traube: klein bis mittelgroß, einfach und geschultert, lockerbeerig;
e) Beere: klein bis mittelgroß, rund, grün bis gelbgrün, sonnseitig braun, Narbenpunkt;
f) einjähriges Holz: weißlich bis hellbraun, schwarz punktiert, engknospig;
g) Reife: spät, dritte Periode.

Lage und Bodenansprüche

Nur für beste Qualitätslagen (Südhang), verlangt während der Reifezeit hohe Luftfeuchtigkeit (Herbstnebel), daher insbesondere in Flußtälern, in der Nähe sonstiger Gewässer und eventuell an Waldrändern anzupflanzen. Besonders geeignet sind Urgesteinsböden, Böden mit leichter bis mittlerer Bodenart sowie warme Böden, ansonsten wenig Ansprüche an den Boden. Gedeiht auch noch auf sehr trockenen, steinigen Böden. Ungeeignet sind nasse und kalte Böden.

Empfindlichkeit und Widerstandsfähigkeit

Infolge des späten Austriebes wenig maifrostempfindlich, hat auch ausgezeichnete Winterfrosthärte, geringe Peronosporaanfälligkeit, ist insbesondere bei zu starkem Wachstum blüteempfindlich. Stark heu- und sauerwurmanfällig, wird häufig und stark von der Stielfäule befallen.

Kultivierungshinweise

Schnitt: lang und stark, pro Hochkulturstock bei 3,0 × 1,20 m Pflanzweite insgesamt 35 bis 40 Fruchtaugen auf Bögen mit je 8 bis 10 Fruchtaugen.
Ertrag: Der Ertrag liegt bei richtiger Pflege und Düngung je ha zwischen 8000 und 10.000 kg bei 15° — 18° KMW. Bei Spätlese sind sehr hohe Mostgewichte erzielbar. Bei dieser Sorte gibt es keinen Massenertrag.

Geeignete Unterlagen

Gute Affinität zu allen Unterlagen. Auf der Kober 5 BB wächst er allgemein gut, muß jedoch im dritten und vierten Jahr stark angeschnitten werden, damit er nicht zu stark ins Holz geht, sonst kommt er zu spät zum richtigen Ertrag.

Wert des Weines

In guten Lagen und Jahren hervorragende Spitzenweine mit erstklassigem Bukett, das als eines der feinsten gilt. Bei Spätlesen können ganz große Qualitäten erzielt werden. Der Wein ist bukettreich, spritzig, rassig und bekommt bei Lagerung ein ausgeprägtes Flaschenbukett. Im jugendlichen Zustand kann das Bukett als rosenartig (Blütenduft) bezeichnet werden, mit zunehmendem Alter wandelt sich dieses und erinnert an den Duft von Rosenholz. Baut sich sehr langsam aus.
Rebsorte für Qualitätswein gemäß Österreichischem Weingesetz.

MUSKAT-OTTONEL

Allgemeines

Stammt vermutlich aus Frankreich, doch deutet der Name darauf hin, daß sie ursprünglich aus der Türkei kommt. Ist in Frankreich, Deutschland und auch Österreich verbreitet.

Wichtige Erkennungsmerkmale

a) Wachstum: mittel, hängend;
b) Triebspitze: schwach bronziert, leicht wollig behaart;
c) Blatt: drei- bis fünflappig, tief gebuchtet, mittelgroß, rund, dünn, groß bezahnt;
d) Traube: klein bis mittelgroß, walzenförmig, einfach, dichtbeerig;
e) Beere: mittelgroß bis groß, rund, gelblich-grün, sonnseitig braunfleckig, dickschalig, hartfleischig, ausgeprägter Muskatgeschmack;
f) einjähriges Holz: mittelstark, flach, wenig Mark, dunkelrotbraun, engknotig, lange Ranken;
g) Reife: früh.

Lage und Bodenansprüche

Gedeiht in allen Weinbaugebieten Österreichs in mittelfrühen Lagen, verlangt aber windstillen, sonnigen Standort und sehr fruchtbaren Boden mit höchstens 20 Prozent Kalkgehalt. Klimatisch bestens geeignete Lagen finden sich vorwiegend im Burgenland. Die Sorte stellt an den Boden und an die Wasserversorgung höchste Ansprüche.

Empfindlichkeit und Widerstandsfähigkeit

Sehr winterfrosthart, sehr blüteempfindlich, etwas peronosporaanfällig. Da diese Sorte außerdem kupferempfindlich ist, soll sie bis zur Abschlußspritzung mit organischen Fungiziden gespritzt werden. Empfindlich gegen nasse und kalte Witterung, neigt im Frühjahr zur Kältechlorose.

Kultivierungshinweise
Schnitt: lang und stark, pro Hochkulturstock bei 3,0 × 1,20 m Pflanzweite insgesamt 40 Fruchtaugen auf Fruchtruten mit je 8 bis 10 Augen.
Ertrag: gering und sehr uneinheitlich. In allen Lagen, die nicht gut geeignet sind, muß häufig mit Mißernten gerechnet werden. Durchschnittsernte um 6000 bis 7000 kg pro ha bei 15° — 18° KMW.

Geeignete Unterlagen
Auf Kober 5 BB; muß auf fruchtbaren Böden lange geschnitten werden. Geeignet ist auch SO 4.

Wert des Weines
Milder Wein mit außergewöhnlich intensivem, doch feinem Bukett. Aus diesem Grund auch für Verschnitte geeignet. In den Verkauf gelangen Muskatweine meist mit einem kleinen Zuckerrest.
Rebsorte für Qualitätswein gemäß Österreichischem Weingesetz.

FRÜHROTER VELTLINER

Allgemeines
Die Herkunft ist umstritten, die Bezeichnung Veltliner ist eventuell von Veltlin-Tal (Schweiz, Italien) abgeleitet worden. Auch Niederösterreich könnte das Ursprungsland dieser Sorte sein.

Land	Bezeichnung
Diverse	Rote Babotraube, Roter Malvasier, Roter Harthannisch, Frühroт, Frühroter, Frühroter Malvasier, Printschtraube, Feldinger, Roter Mährer, Malvoisie rose du Po, Valtliner rouge précore, Italienischer Malvasier

Wichtige Erkennungsmerkmale
a) Wachstum: starkwüchsig (bei zu kräftigem Wachstum Verrieseln!);
b) Triebspitze: hellgrün, rötlich, wollig behaart;
c) Blatt: fünflappig, sehr tief eingeschnitten, groß, rund bis länglich, sehr dünn, rötliche Blattrippen, hellgrün;
d) Traube: groß, lang, zugespitzt, oft geschultert, dichtbeerig;
e) Beere: mittelgroß, rund bis länglich, hellrot mit graublauer Bereifung, dickschalig;
f) einjähriges Holz: dick, rund, dunkelbraun, stark punktiert, weitknotig;
g) Reife: früh, Anfang der zweiten Periode.

Lage und Bodenansprüche
Für alle späten Lagen der niederösterreichischen Weinbaugebiete geeignet. An den Boden werden wenig Ansprüche gestellt, besonders gut eignen sich trockene, steinige, nicht zu fruchtbare Böden. Mittlere Kalkverträglichkeit.

Empfindlichkeit und Widerstandsfähigkeit
Fäulniswiderstandsfähige Sorte, etwas blüteempfindlich, peronosporaempfindlich. Bei schlechter Ausreifung des einjährigen Holzes sowie der Augen besteht Erfrierungsgefahr. Trägt insbesondere deswegen unregelmäßig. Gegen Wind, Vögel- und Wespenfraß anfällig.

Kultivierungshinweise
Schnitt: lang und stark, pro Hochkulturstock bei 3,0 × 1,20 m Pflanzweite insgesamt 40 Fruchtaugen auf Fruchtruten mit je 8 bis 10 Augen. Sehr gut für Pergelerziehung geeignet. Ertrag: periodisch. Die Durchschnittserträge sind deshalb nur mittelhoch und liegen zwischen 6000 und 8000 kg pro ha. Es werden hohe Zuckergrade erzielt (17° — 20° KMW).

Geeignete Unterlagen
Auf Kober 5 BB und 8 B läßt auf feuchten Böden die Fruchtbarkeit zu wünschen übrig, denn er rieselt gerne durch. Auf Aripa und Riparia Portalis zeigt diese Sorte bei nicht zu hohem Kalkgehalt sehr guten Ertrag und Qualität.

Wert des Weines
Im allgemeinen Tafel- und Verschnittwein, wenig Bukett, säurearm, doch extraktreich. Rebsorte für Qualitätswein gemäß Österreichischem Weingesetz.

ROTER TRAMINER

Allgemeines
Ist eine typische Sorte der nördlichen Weinbaugebiete. Es liegt nahe, daß der Weinort Tramin in Südtirol Namenspate ist, wofür es allerdings keine Beweise gibt. Er besitzt neben Riesling die meisten Doppelnamen, was seine große Bedeutung als alte Qualitätssorte unterstreicht.

Land	Bezeichnung
Deutschland	Traminer, Gewürztraminer, Clevner, Klävner, Rotedel, Christkindltraube, Rotfranke, Fränkisch, Dreimänner, Kleinwiener, Dreipfennigsholz, Kleintraminer, Frentsch, Fleischwiener, Klebinger, Rotklävler, St. Clausler, Rotklausler, Rotwiener, Sandtraminer, Kleinbraun
Frankreich Elsaß	Gentil-Duret rouge, Gris rouge, Noble rosé, Naturé rosé, Fermentin rouge, Savagnin rosé, Forment, Formentteau, Kleber, Kläwer, Rötlichter, Auvernas rouge, Fermentin rouge, Traminer, Gewürztraminer, Edeltraube, Rotklevner, Rousselet, Trenscher
Italien Südtirol	Mala dinka, Traminer (aromatico), Fleischweiner, Fleischrot
Ungarn	Tramini piros, Fermentin rouge
Jugoslawien	Traminac creveni, Traminac mirisavi, Crovena ruzica
Tschechoslowakei	Drumin Ljbora, Liwora, Pinat Cervena
Österreich	Traminer, Gewürztraminer, Roter Nürnberger, Ranfoliza
Rumänien	Rusa
Schweiz	Haiden, Plant palen

Wichtige Erkennungsmerkmale

a) Wachstum: mittelstark;
b) Triebspitze: stark weiß-wollig behaart, rot gerändert;
c) Blatt: dreilappig, wenig gebuchtet, klein, rund, oft breiter als lang, Oberseite dunkelgrün, Unterseite graugrün, wollig behaart, derb, blasig, Bezahnung stumpf, häufig unsymmetrisch;
d) Traube: klein, kurz, oft verästelt, dichtbeerig, „gleichseitiges Dreieck";
e) Beere: klein, länglich, dickschalig, fleischig, gewürzt, Farbe hellrot bis dunkelrot; die hellrosa Typen sind in der Regel würziger;
f) einjähriges Holz: dunkelbraun, dünn, engknotig, schwache Ranken;
g) Reife: mittelfrüh, zweite bis dritte Periode.

Lage und Bodenansprüche

Für beste Lagen in allen österreichischen Weinbaugebieten geeignet. Verlangt tiefgründige, humose, fruchtbare Böden; es besteht Chlorosegefahr; etwas kalkempfindlich (schwere Böden maximal 20 Prozent, leichte Böden maximal 25 Prozent Kalk). Der Boden kann etwas feucht und bindig sein.

Empfindlichkeit und Widerstandsfähigkeit

Diese Sorte zeichnet sich durch gute Winterfrosthärte aus, die Beeren sind gegen Fäulnis sehr widerstandsfähig. Häufiger Befall durch Stielfäule und Stiellähme. Geringe Oidium- und Peronosporaanfälligkeit. Im allgemeinen blütefest, doch gibt es auch blüteempfindliche Typen. Auf zu trockenen und nährstoffarmen Böden neigt die Sorte zum Abholzen.

Kultivierungshinweise

Schnitt: sehr lang und stark, pro Hochkulturstock bei 3,0 × 1,20 m Pflanzweite insgesamt 40 bis 44 Fruchtaugen auf Bögen mit je 8 bis 10 Augen.
Ertrag: gering, 6000 bis 8000 kg je ha, allerdings höchste Zuckerwerte, 18° — 23° KMW. Der Säuregehalt ist meist nur gering.

Geeignete Unterlagen

Verträgt sich mit allen Unterlagen, nur bei Solonis ist das vegetative Wachstum gering. Auf Kober 5 BB wächst er gut auf trockenen Böden. Bei geringem Kalkgehalt zeigt er beste Verträglichkeit zu Riparia.

Wert des Weines

Hochwertige Qualitätsweine, extrakt- und alkoholreich, säurearm, robustes Bukett, das bei der Lagerung an Feinheit gewinnt. Ob der „Gewürztraminer" als echte Spielart angesehen werden kann, ist umstritten.
Rebsorte für Qualitätswein gemäß Österreichischem Weingesetz.

ROTER VELTLINER

Land	Bezeichnung
Deutschland	Veltliner, Rote Fleischtraube, Feltliner, Dreimänner, Roter Rotmuskateller, Großer Vältliner, Feldleiner, Ranfler, Ranfolica, Fleischtraminer

Allgemeines
Heißt auch Rotreifler, Roter Muskateller, Fleischtraube oder Großer Traminer. Seine Heimat ist Niederösterreich, und hier hauptsächlich am Wagram, im Kamptal und um Herzogenburg. Im Ausland ist er in Ungarn, in der Slowakei, in Italien, Deutschland und in der Schweiz verbreitet.

Wichtige Erkennungsmerkmale
a) Wachstum: sehr kräftig;
b) Triebspitze: rörlich gefärbt, wollig behaart;
c) Blatt: groß, sehr tief gelappt, fünflappig, Unterseite wollig behaart, dunkelgrün mit rötlichen Blattrippen;
d) Trauben: groß bis sehr groß, zugespitzt, dichtbeerig, ungleich reifend;
e) Beeren: länglich, fleischrot gefärbt, Hülse ist dick, Fleisch fest;
f) einjähriges Holz: rotbraun, weitknotig;
g) Reife: mittelfrüh, Anfang dritte Periode.

Ansprüche an den Boden
Lehm- und Lößböden; verträgt auch schwere, tonreiche Böden, wo der Grüne Veltliner chlorotisch wird.

Ansprüche an die Lage
Südlich warme Lage. In kalten Lagen nicht zu empfehlen.

Empfindlichkeit und Widerstandsfähigkeit
Empfindlich gegen Winterfröste, Peronospora, Roten Brenner. Zeigt oftmals Gabelkrankheit, in der Blüte sehr empfindlich, rieselt stark aus. Zeigt Blütenanomalien, weibliche Blüte verkümmert, sogenannte Weißblüten; dies tritt jedoch bei selektioniertem Material nicht mehr auf.

Kultivierungshinweise
Schnitt: Auf der Hochkultur wird er wie der Grüne Veltliner geschnitten.
Ertrag: Bei gutem Blühverlauf reich, jedoch unregelmäßig, langstielige Trauben reisen mehr aus. Großblättrige Stöcke sind ertragreicher als kleinblättrige.

Geeignete Unterlagen
Er wächst auf 5 BB etwas zu stark ins Holz. Er soll daher nur auf trockenen und schweren Böden gepflanzt werden, wo der Grüne Veltliner nicht mehr gedeiht. In fruchtbaren Böden rieselt er gerne aus und reift spät.

Wert des Weines
Auf schweren Böden und guten Lagen liefert er gute bis sehr gute Weine, extraktreich mit fruchtigem, angenehmem Geschmack. In Stein- oder Sandböden wird der Wein jedoch charakterlos.
Rebsorte für Qualitätsweine gemäß Österreichischem Weingesetz.
Im Burgenland Auspflanzung nicht gestattet.

BOUVIER, Bouviertraube

Allgemeines
Eine vom Weingutbesitzer Bouvier in Radkersburg gezüchtete und verbreitete Tafel- und Keltertraube. Besonders im Burgenland, auch in der Steiermark verbreitet.

Wichtige Erkennungsmerkmale
a) Wachstum: mittelmäßig;
b) Triebspitze: weiß-wollig, behaart, rot gerändert;
c) Blatt: drei- bis fünflappig, tief eingeschnitten, mittelgroß, rund bis länglich, Bezahnung groß und scharf, hellgrün, Unterseite stark weiß-wollig;
d) Traube: klein bis mittel, einfach, lockerbeerig;
e) Beere: mittelgroß, rund, gelb, dickschalig und fleischig, muskiert;
f) einjähriges Holz: mittelstark, hellbraun, engknotig;
g) Reife: sehr früh, Ende der ersten Periode.

Lage und Bodenansprüche
Für späte Lagen geeignet. Benötigt nährstoffreiche, gute Böden.

Empfindlichkeit und Widerstandsfähigkeit
Peronosporaanfällig, frosthart, fäulnisfest. Neigt in ungünstigen Lagen zur Chlorose.

Kultivierungshinweise
Schnitt: lang, pro Hochkulturstock bei 3,0 × 1,20 m Pflanzweite insgesamt 35 bis 40 Fruchtaugen auf Fruchtruten mit je 8 Augen.
Ertrag: Bei langem Schnitt mittelhoher Ertrag, infolge des fleischigen Beereninhaltes geringe Auspressung (Ertrag zirka 8000 kg pro ha). Hoher Zuckergehalt (17° — 20° KMW).

Geeignete Unterlagen
Zeigt mit allen Unterlagen gute Verträglichkeit.

Wert des Weines
Diese Sorte findet sowohl als Tafeltraube als auch als Keltersorte Verwendung. Infolge der Frühreife ist eine sehr frühe Lese möglich und wird daher für den Verkauf als Most und Sturm verwendet. Der Wein ist von guter Qualität, muskiert, voll und mild. Er baut sich sehr früh aus. Im Burgenland gibt es häufig auch Spätlesen von dieser Sorte.
Rebsorte für Qualitätswein gemäß Österreichischem Weingesetz.

ZIERFANDLER

Allgemeines
Auch Spätrot oder Rubiner genannt. Hauptverbreitungsgebiet ist das Weinbaugebiet Baden im Raume von Gumpoldskirchen. Die Herkunft ist umstritten, ob Niederösterreich oder Italien (Comosee).

Wichtige Erkennungsmerkmale
a) Wachstum: sehr stark, robust, aufrecht;
b) Triebspitze: leicht bronziert, feinwollige, sehr lange drei- bis vierteilige Ranken;
c) Blatt: fünflappig, mittelgroß bis groß, hellgrün, das Laub verfärbt sich im August gelbrot, Unterseite schwach behaart, blasig, stumpf gezahnt;
d) Traube: groß, walzenförmig, wenig verzweigt, sehr dichtbeerig;
e) Beere: mittelgroß, rund, sonnseitig hellrot (fleischfarbig), in der Vollreife dunkelrot, schattseitig und im Stockinneren grün, dünnschalig;
f) einjähriges Holz: dick, rotbraun, weitknotig;
g) Reife: sehr spät, dritte Periode.

Lage und Bodenansprüche
Lokale Bedeutung für das Weinbaugebiet Gumpoldskirchen; gedeiht hervorragend in den besten, kalkreichen, sonnigen Lagen. Ansonsten keine besonderen Ansprüche an den Boden.

Empfindlichkeit und Widerstandsfähigkeit
Robuste und genügsame Sorte, oidiumfest, etwas wurmempfindlich, sowohl gegen Stielfäule als auch gegen Botrytis anfällig. Holzreife spät, daher winterfrostempfindlich.

Kultivierungshinweise
Schnitt: kurz und schwach, pro m² 6 bis 7 Fruchtaugen.
Ertrag: hoch, aber unregelmäßig (periodisch), auch bei gutem Ertrag (6000 bis 8000 kg pro ha) hohe Qualität (um 20° KMW). In besten Jahren Trockenbeerenbildung mit 25° bis 28° KMW. In ungünstigen Jahren allerdings auch Zuckerwerte unter 15°KMW bei hoher Säure.

Geeignete Unterlagen
Er gedeiht auf Kober 5 BB am besten. Auf Riparia Portalis und Aripa darf der Kalkgehalt nicht zu hoch sein und außerdem darf er nicht zu lange angeschnitten werden, sonst überträgt sich diese Sorte.

Wert des Weines
Hochwertiger Qualitätswein mit sehr hohem Extraktgehalt, angenehmer Säure und sehr feiner Blume. Meist im Verschnitt mit der Sorte Rotgipfler im Verkauf.
Rebsorte für Qualitätswein gemäß Österreichischem Weingesetz.
Die Auspflanzung ist im Burgenland nicht gestattet.

ROTGIPFLER

Allgemeines
Wird auch Reifler genannt. Diese Sorte dürfte mit dem Grünen Veltliner und Zierfandler verwandt sein.

Wichtige Erkennungsmerkmale
a) Wachstum: schwach bis mittelstark, aufrecht;
b) Triebspitzen: rötlich, weiß-wollig behaart;
c) Blatt: fünflappig, mittelgroß, rund, dunkelgrün, Unterseite borstig, Stiel und Rippen rötlich, derb, stumpf gezahnt, in der Blattbucht gelegentlich ein Zahn (Buchtenzahn);
d) Traube: groß, kurz und dick, verästelt, sehr dichtbeerig, kurzstielig;
e) Beere: länglich, grüngelb, dickschalig, sehr saftreich;
f) einjähriges Holz: mittelstark, graubraun, engknotig;
g) Reife: spät, dritte Periode.

Lage und Bodenansprüche
Lokale Bedeutung für das Weinbaugebiet Gumpoldskirchen. Nur für beste Südlagen geeignet. Verlangt trockene und nährstoffreiche Böden, ist ansonsten nicht anspruchsvoll. Reift etwas früher als die Sorte Zierfandler. Wegen Fäulnisgefahr nicht in Lagen mit hoher Luftfeuchtigkeit setzen!

Empfindlichkeit und Widerstandsfähigkeit
Winterfrostempfindlich, sehr fäulnisempfindlich, neigt zum Abholzen nach gutem Ertrag, peronospora- und oidiumanfällig.

Kultivierungshinweise
Schnitt: kurz, pro m^2 6 bis 8 Augen.

Geeignete Unterlagen
Gedeiht auf Kober 5 BB auch bei hohem Kalkgehalt gut.

Wert des Weines
Hervorragender Qualitätswein des Weinbaugebietes Gumpoldskirchen. Extraktreich, ein Wein mit angenehmer Säure und feinem charakteristischem Bukett. Baut sehrt spät aus und wird meist mit Zierfandler verschnitten. Der Wein erreicht seine höchste Güte als Altwein.
Rebsorte für Qualitätswein gemäß Österreichischem Weingesetz.
Die Auspflanzung ist im Burgenland nicht gestattet.

RULÄNDER

Allgemeines
Das Herkunftsland ist Frankreich. Er stammt durch Mutation vom Blauburgunder ab.

Land	Bezeichnung
Deutschland	Ruländer, Grauer Burgunder, Grauklävner, Tokayer, Rolland, Roter Klävner, Kapuzinerkutte, Rheingrau, Rehfahl, Speyerner, Speyrer, Musler, Rulander, Rolander, Rauländer, Grauer Bayonner, Grauer Riesling, Druser, Drüsen, Viliboner, Roter Burgunder, Mauserl
Schweiz	Malvoisie, Tokayer gris, Valais
Frankreich	Pinot gris, Malvoisien, Auvernas gris, Pineau Gris, Blaurot, Noirin Gris, Moréote Gris, Fromenteau Gris
Jugoslawien	Rulendac, sivi, Crvena klevanjka
Italien	Pinot grigio
Ungarn	Grauer Mönch, Sar fejer szollo, Hanisas szollo, Szurkebarat
Österreich	Ruländer
Tschechoslowakei	Crvená klevanika, Roucl Sedivé

Wichtige Erkennungsmerkmale
a) Wachstum: in der Jugend kräftig, später mittel bis stark;
b) Triebspitze: hellgrün, weiß-wollig;
c) Blatt: dreilappig, mittelgroß, rund, Form variabel, dunkelgrün, etwas glänzend, blasig, derb, wenig behaart;
d) Traube: klein bis mittelgroß, walzig, dichtbeerig;
e) Beere: klein, oval, graurote Farbe, dünnschalig;
f) einjähriges Holz: dünn, engknotig, braunrot bis dunkelgrau punktiert;
g) Reife: früh bis mittelfrüh, zweite Periode.

Lage und Bodenansprüche
In mittelfrühen Lagen aller österreichischen Weinbaugebiete, insbesondere in Nieder-

österreich, südlich von Wien, im Burgenland und in der Steiermark gut geeignet. Tiefgründige, nährstoffreiche Böden mit Bewässerungsmöglichkeit sind besonders geeignet.

Empfindlichkeit und Widerstandsfähigkeit
Nicht besonders anfällig, nur botrytisanfällig. Gute Winterhärte, etwas blüteempfindlich.

Kultivierungshinweise
Soll nur in breiten Gassen mit hohen Stämmen, auf keinem Fall bei engen Stockabständen gepflanzt werden.
Schnitt: lang, stark, pro Hochkulturstock bei 3,0 × 1,20 m Pflanzweite insgesamt 40 Augen auf Fruchtruten mit je 8 bis 10 Augen. Für Pergelerziehung geeignet.
Ertrag: Die neueren Klone und Selektionen geben bei guter Pflege und Düngung gute Erträge um 8000 bis 10.000 kg pro Hektar bei sehr hohen Zuckerwerten (20° KMW und darüber).

Geeignete Unterlagen
Wird eine starkwüchsige Unterlage benötigt, dann 125 AA. In allen anderen Fällen die SO 4 und 5 C. Auf Kober 5 BB sollte er ausgeschieden werden.

Wert des Weines
Volle, alkoholreiche, milde Tafel- und Verschnittweine von guter Qualität. In besonders günstigen Lagen liefert die Sorte auch sehr kräftige, feurige Qualitätsweine mit feinem Aroma.
Rebsorte für Qualitätswein gemäß Österreichischem Weingesetz.

MUSKAT-SILVANER

Allgemeines
Diese Sorte stammt aus Frankreich und wird Sauvignon blanc, Sauvignon jaune, Sauvignon fumé genannt. Diese Sorte gibt dort im Verschnitt die vorzüglichen Sauternweine. In Italien heißt die Sorte „Champagne“ oder „Sciampagna“. Diese Sorte ist im Bordeauxgebiet, in Nord- und Mittelitalen, in Österreich im Burgenland und in der Steiermark verbreitet.

Wichtige Erkennungsmerkmale
a) Wachstum: kräftig, mehr aufrecht;
b) Triebspitze: weiß-wollig behaart;
c) Blatt: mittelgroß, fünflappig, stark gewellt, saftig hellgrün, Unterseite feinwollig behaart;
d) Traube: klein, zylindrisch, kurzgestielt, dichtbeerig;
e) Beere: gelblichweiß, länglich, dickschalig, schon die Beere weist einen eigenartigen, würzigen Geschmack auf (Muskatgeschmack);
f) einjähriges Holz: dünn, haselnußbraun, engknotig, am Knoten leicht violett verfärbt;
g) Reife: mittelspät, dritte Periode, gute Qualität nur bei Vollreife.

Lage und Bodenansprüche
Gedeiht auf guten Böden. Nur für südliche Lagen, die nicht zu trocken sind. Wichtig ist eine hohe Luftfeuchtigkeit.

Empfindlichkeit und Widerstandsfähigkeit
Gegen Winterfrost infolge der späten Holzreife empfindlich. Etwas gegen Peronospora, Oidium und Fäulnis anfällig.

Kultivierungshinweise
Schnitt: lang, pro m^2 8 bis 10 Augen.
Ertrag: mittelmäßig. Fruchtbarkeit schwach und unregelmäßig.

Geeignete Unterlagen
Auf Kober 5 BB produziert er zu viel Holz, worunter der Traubenertrag leidet. Auf 5 C, SO 4 ist der Ertrag besser.

Wert des Weines
Liefert in guten Jahren und in guten Lagen hervorragende Weine mit spezifisch grasigem Bukett. In schlechten Jahren bringt er jedoch saure, dünne und alkoholarme Weine. Rebsorte für Qualitätswein gemäß Österreichischem Weingesetz.

SILVANER

Allgemeines
Der Name stammt aus Transsylvanien, das auch als Siebenbürgen bekannt ist. Die Sorte ist heute noch in Deutschland verbreitet; seit Einführung der Hochkultur hat sie in Österreich an Bedeutung stark verloren.

Land	Bezeichnung
Deutschland	Grüner Silvaner, Franken, Österreicher, Frankenriesling, Silvaner, Sylvaner, Salviner, Salvaner, Scharvaner, Grünfränkisch, Grünedel, Fränkischer, Bötzinger, Schönfeilner, Weißer Augustiner, Rundblatt
Italien	Silvania, Silvaner bianco, Sylvaner verde
Frankreich	Silvain vert, Gentil vert, Picardon blanc, Gamay blanc, Clozier, Fenille Ronde, Schwäbler
Schweiz	Grüner Silvaner, Johannisberger, Gros-Rhin, Plant du Rhin
Jugoslawien	Zelena Sedmogradka, Silvanai Zeleni
Ungarn	Zölds Zilváni, Silvani Zöld, Pepetraube, Cilifandli
Tschechoslowakei	Cynifal, Zeleny, Morawka, Cyfinal Zeleing, Zeleny, Momavaha
Österreich	Silvaner, Grüner Zierfandler, Fliegentraube, Zierfandl, Zierfahndl

Wichtige Erkennungsmerkmale
a) Wachstum: schwach bis mittelstark, holzt leicht ab;
b) Triebspitze: hellgrün, glänzend, glatt;
c) Blatt: hellgrün, zur Reifezeit auffallend gelb gefärbt und gelb gefleckt, rund, wenig gelappt, dreilappig, stumpf bezahnt, unbehaart, glatt;
d) Traube: klein, breit, etwas verzweigt, dichtbeerig, erinnert an Neuburger;
e) Beere: rund, grünlich, im dichten Stand langgedrückt, in der Überreife sonnseits braun punktiert oder beduftet;

f) einjähriges Holz: hellbraun, dunkel gestreift oder punktiert, engknotig, Ranken schwach;
g) Reife: mittelfrüh, zweite Periode.

Lage und Bodenansprüche
Fruchtbare Böden sind notwendig. In mageren Böden geht bei schlechter Düngung das Holzwachstum zurück. Sehr späte Lagen sind im Hinblick auf die Holzreife zu vermeiden.

Empfindlichkeit und Widerstandsfähigkeit
Wenig maifrostempfindlich (treibt spät an). Holz reift bei ungünstigen Verhältnissen oft sehr spät aus, winterfrostempfindlich, wird auch durch Frühfröste geschädigt; empfindlich gegen Peronospora, Oidium und Verbrennung mit Spritzmitteln.

Kultivierungshinweise
Schnitt: kurz, bei einiger Vorsicht auch auf Strecker und Bogen. Daher für die Hochkultur sehr problematisch.
Ertrag: reich, regelmäßig 12.000 kg/ha; 17° — 19° KMW.

Geeignete Unterlagen
Diese Sorte ist sehr chloroseanfällig, daher Vorsicht bei der Unterlagswahl. Der Silvaner verträgt auf armen Böden Kober 5 BB und die 125 AA. Bei fruchtbaren Böden wächst er auf SO 4 und 5 C ausgezeichnet. Aripa in Löß bis 20 Prozent Kalk geht noch; er trägt auf dieser Unterlage gut, holzt aber in windigen Lagen sehr leicht ab. Silvaner auf Aripa geben rasch tragfähige Weingärten, die aber spätestens nach 20 Jahren abgetragen sind. Auf Riparia Portalis wird er auch in fruchtbaren Böden ziemlich schwach bleiben. Geeignet auch auf 161/49, 101/14.

Wert des Weines
Gute Tafelweine, mild, zartblumig. In Qualitätsgebieten dient diese Sorte zum Ertragsausgleich, in der Schweiz und in Deutschland dient sie auch als Qualitätsrebsorte.
Rebsorte für Qualitätswein gemäß Österreichischem Weingesetz.
In den Bundesländern Niederösterreich und Burgenland jedoch nicht zur Auspflanzung zugelassen.

JUBILÄUMSREBE

Allgemeines
Die Jubiläumsrebe ist eine Klosterneuburger Neuzüchtung aus den Rotweinsorten Blauer Portugieser und Blaufränkisch. Diese Kreuzungspartner haben eine Weißweinsorte ergeben.

Wichtige Erkennungsmerkmale
a) Wachstum: kräftig;
b) Triebspitze: weiß behaart;
c) Blatt: groß, drei- bis fünflappig, stumpf gezähnt;
d) Traube: mittelgroß, walzenförmig bis geschultert;
e) Beere: mittelgroß, rötlich;
f) einjähriges Holz: weitknotig, dunkelbraun;
g) Reife: sehr früh.

Lage und Bodenansprüche
Verlangt trotz ihrer Frühreife gute Lagen, damit regelmäßig Spätlesen erzielt werden können.

Empfindlichkeit und Widerstandsfähigkeit
Die Winterhärte ist gut. Keine hohe Empfindlichkeit gegen Schädlinge und Krankheiten.

Kultivierungshinweise
Schnitt: in tiefgründigen Böden langer, starker Schnitt erforderlich.

Ertrag: gut	kg Trauben je ha	° KMW
	4.000	ca. 30
	7.000	ca. 25
	12.000	18—20

Geeignete Unterlagen
Stellt keine besonderen Ansprüche an die Unterlage. Kober 5 BB, SO 4 und 5 C sind für diese Rebe erprobte Unterlagen.

Wert des Weines
Die Beeren beginnen bereits im September zu schrumpfen, so daß fast jährlich Moste mit sehr hohen Zuckergraden erzielt werden; die Weine bekommen Ausbruchcharakter. Die Weine sind alkoholreich und mild und weisen eine hohe Restsüße auf.
Gemäß Österreichischem Weingesetz nur ab Spätlese Qualitätswein.

GOLDBURGER

Allgemeines
Der Goldburger wurde an der Höheren Bundeslehr- und Versuchsanstalt für Weinbau, Klosterneuburg durch Kreuzung von Welschriesling mit Orangetraube (Z.-Nr. 16—8) gezüchtet. Ziel war, einen Welschriesling-Ersatz für mittlere Lagen zu finden. Die Frosthärte und die Ertragstreue sowie den Geschmack hat diese Sorte vom Welschriesling geerbt, während die frühe Reife von der Orangetraube kommt.

Wichtige Erkennungsmerkmale
a) Wachstum: mittelstark, hängend;
b) Triebspitze: offen, hellgrün, schwach bronziert, wenig behaart, fast kahl;
c) Blatt: mittelgroß bis groß, dem Welschriesling ähnlich, etwas größer, fünflappig, hellgrün, tief gebuchtet, stark und spitz gezähnt; Blattspreite glatt und dünn, nicht behaart; Blattrippen an Blattunterseite sehr schwach wollig behaart, Stielbucht weit offen;
d) Traube: mittelgroß, geschultert, dichtbeerig, dem Welschriesling sehr ähnlich, häufig drei Gescheine je Trieb;
e) Beere: klein, rund, gelbgrün, dünne Beerenhaut;
f) einjähriges Holz: hell, gelbbraun von mittlerer Stärke, dunkelbraun gestreift, an den Nodien dunkelbraun verfärbt, weitknotig, starke Rankenbildung, vielfach dreiteilig gegabelt;
g) Reife: mittelspät, zweite bis dritte Periode, zirka 14 Tage vor dem Welschriesling.

Lage und Bodenansprüche
Für mittelfrühe und frühe Weinbergslagen, keine besonderen Bodenansprüche, gute Kalkverträglichkeit.

Empfindlichkeit und Widerstandsfähigkeit
Gute Holzreife, gute Winterfrosthärte, Blütefestigkeit etwas geringer als beim Welschriesling; gegen Spätfrost, Peronospora, Oidium und Botrytis wenig empfindlich.

Kultivierungshinweise
Schnitt: mittellang und mittelstark, pro Hochkulturstock bei 3,0 × 1,2 m Pflanzweite insgesamt 35 Fruchtaugen auf Fruchtruten mit je 6 bis 8 Augen.
Ertrag: sehr fruchtbar (10.000 kg bis 15.000 kg pro ha) bringt um 3° — 4° KMW (15° — 20° Oe) höheres Mostgewicht und weniger Säure als die Sorte Welschriesling.

Geeignete Unterlagen
Alle Berlandieri × Riparia-Unterlagen, insbesondere sehr starkwüchsige.

Wert des Weines
Elegant rassig-fruchtige Weine mit feinem jedoch eher neutralem Bukett. Im Burgenland gut geeignet für Weine besonderer Leseart, da die Beeren auch bei später Lese nicht abfallen.

GELBER MUSKATELLER

Allgemeines
Viele Ampelographen behaupten, daß diese Sorte zu den ältesten Rebsorten gehört und aus Vorderasien stammt. Es ist eine Kelter- und Tafeltraube, die in Österreich, an der südsteirischen Weinstraße, sporadisch insbesondere in den Gebieten Wachau, Gumpoldskirchen und Rust/Neusiedlersee zu finden ist. In Südfrankreich werden aus dieser Sorte Süßweine, in Italien der bekannte „Asti Spumanti“ und in Griechenland der „Samos“ erzeugt.

Land	Bezeichnung
Deutschland	Muskateller, Weyrer, Weiße Muskattraube
Frankreich	Muscadelle, Blanche Douce, Muscat doré, Muscat blanc commun, Muscat de Frontignan, Muskat de Lunel, Blanc douse
Italien	Moscateller bianco, Zuti Muskat, Muskato bianco, Muskat bianco
Jugoslawien	Zutimuskat, Beli Muskat
Ungarn	Weier Muskataly, Bela Dinka, Muskat beli
England	White Frontignan
Spanien	Muscatel do Douco, Muskatel menudo bianco, Muscactel morisco
Österreich	Muskateller, Schmeckender, Gelber Weihrauch, Katzendreckler, Weigend

Wichtige Erkennungsmerkmale
a) Wachstum: kräftig;
b) Triebspitze: breite Spitze, schwach bronziert, leicht wollig behaart;
c) Blatt: länger als breit, groß, meist drei- bis fünflappig, Blattoberfläche blasig, kräftig, gelbgrün, sehr scharf und tief gezähnt, mit Knötchen in den Zellen. Stielbucht tief und weit geöffnet;
d) Traube: groß, dichtbeerig, meist konisch (manchmal walzenförmig) und oft an kurzen, starken Stielen verästelt;

e) Beeren: groß, rund, gelb, sonnseits braun beduftet. Mit festem Fleisch und dicker Beerenhaut;
f) einjähriges Holz: stark hell-rot-braun, oft glänzend, weitknotig, stark punktiert;
g) Reife: spät, dritte Periode.

Lage und Bodenansprüche
Am besten in ausgesprochen warmen Trockenlagen, liebt steinige und somit tiefgründige sandige Böden. Kalkhältige Böden mag die Muskateller-Traube nicht.

Empfindlichkeit und Widerstandsfähigkeit
Sehr empfindlich in der Blüte, sehr empfindlich gegen Frost sowie Pilzkrankheiten und Fäulnis in nassem Herbst.

Kultivierungshinweise
Schnitt: verträgt jeden Schnitt und jede Erziehung pro Hochkulturstock bei 3,0 × 1,20 m Pflanzbreite insgesamt 30 bis 40 Fruchtaugen auf Fruchtruten mit je 7 bis 8 Augen.
Ertrag: schwach bis mittel, unregelmäßig. Durchschnittswerte um 6000 bis 8000 kg/ha bei 15° — 17° KMW.

Geeignete Unterlagen
Nur auf trockenen Böden Kober 5 BB, auf kalkarmen fruchtbaren Böden Aripa und Riparia Portalis.

Wert des Weines
Unter guten Verhältnissen alkoholreiche Weine mit ausgeprägtem feinem Muskatgeschmack. Wird oft Verschnitten.

SCHEU-REBE (Sämling 88)

Allgemeines
Nach dem Müller-Thurgau ist die Scheu-Rebe die zweite Neuzüchtung, die sich in Deutschland durchsetzen konnte. Sie wurde von Georg Scheu durch Kreuzung von Silvaner × Riesling gezüchtet. Sie ist auch unter der Bezeichnung „Sämling 88", kurz „S 88" bekannt.

Wichtige Erkennungsmerkmale
a) Wachstum: kraftvoller Wuchs mit einem sehr späten Vegetationsabschluß;
b) Triebspitze: rotbraun oder grün, leicht wollig behaart;
c) Blatt: mittelgroß, mittel bis stark gelappt, vorwiegend fünflappig, Rand gezahnt, Stielbucht überlappend;
d) Traube: mittelgroß, dichtbeerig;
e) Beeren: rund, grüngelb;
f) einjähriges Holz: hellbraun mit grauem Anflug. Holzreife gut, Knospen frostempfindlich;
g) Reife: mittelfrüh, dritte Periode.

Lage und Bodenansprüche
Die Rebe braucht mindestens eine mittlere Lage. Qualitätsweine werden nur in besten Lagen gepflanzt. An den Boden stellt sie wenig Ansprüche, gedeiht auch in den schwersten Kalk- und Mergelböden, in denen alle anderen Sorten unter Chlorose leiden. Auch auf steinigen, trockenen Kalkböden bleibt sie gut wüchsig.

Empfindlichkeit und Widerstandsfähigkeit
Das einjährige Holz ist etwas frostempfindlich.
Eine Besonderheit ist die Frostfestigkeit des Laubes, das Temperaturen von —4 bis —5 ° C unbeschädigt übersteht. Später Austrieb, daher wenig spätfrostanfällig. Peronospora-, oidium- und bothrytisanfällig.

Kultivierungshinweise
Schnitt: wegen des kräftigen Wuchses benötigt diese Sorte weiräumige Erziehung. Bogreben brechen leicht ab. Hochkulturstock bei 3,0 × 1,20 m Pflanzweite insgesamt 25 Fruchtaugen auf Fruchtruten mit je 3 bis 5 Augen.
Ertrag: bei harmonischem Wuchs 10.000 bis 12.000 kg je ha bei 15 ° — 18 ° KMW.

Geeignete Unterlagen
5 C und 125 AA. Die 5 BB ist ungeeignet.

Wert des Weines
Verstärktes Rieslingbukett, nicht muskatellerartig, Weine strahlig, fruchtig, dabei körperreich. Unreife Weine haben abstoßendes Bukett.
Gemäß österreichischem Weingesetz nur ab Spätlese Qualitätswein.

FURMINT

Allgemeines
In Ungarn ist diese Sorte hauptsächlich im Tokajergebiet verbreitet. Man findet sie auch in der Slowakei, Rumänien und im Burgenland (Rust und Umgebung). Aus dieser Sorte werden hochfeine Prädikatsweine erzeugt.

Land	Bezeichnung
Ungarn	Furmint
Deutschland	Mosler gelb
Österreich	Furmint, Zapfner

Wichtige Erkennungsmerkmale
a) Wachstum: sehr stark, robust;
b) Triebspitze: weiß, wollig behaart;
c) Blatt: sehr groß, wenig gelappt, scharf gezähnt, unterseits stark weiß behaart;
d) Traube: groß, länglich;
e) Beere: länglich, grüngelb, sehr saftig;
f) einjähriges Holz: sehr dick, breitknotig, gelbbraun;
g) Reife: Ende der dritten Periode, spät reifend.

Lage und Bodenansprüche
Wegen der späten Reife, nur beste trockene Südhänge verwenden. Warme, kalkreiche Böden, sonst neigt diese Sorte zur Traubenfäule.

Empfindlichkeit und Widerstandsfähigkeit
Sehr anfällig gegen Heu- und Sauerwurm; gute Winterfrosthärte.

Kultivierungshinweise
Schnitt: kurz, daher auch Zapfner genannt. Pro Hochkulturstock bei 3,0 × 1,20 m Pflanzweite insgesamt 20 Fruchtaugen, auf Fruchtruten mit je 4 bis 6 Augen.
Ertrag: auf der Hochkultur ganz enorm. Durchschnittliche Ernte um 15.000 kg pro ha bei 20° KMW.

Geeignete Unterlagen
Riparia, Berl. × Rip.

Wert des Weines
Nur in guten Jahren und Lagen liefert diese Sorte schwere, blumige, extraktreiche Weine mit besonderem Sortengeschmack. Neigt zur Trockenbeerenbildung. In späten Lagen oder schlechten Jahren ergibt die Sorte saure, dünne, minderwertige Weine. Gemäß Österreichischem Weingesetz nur ab Spätlese Qualitätswein.

Tafeltraubensorten in Österreich

WEISSER GUTEDEL

Allgemeines
Der Weiße und der Rote Gutedel sind als Tafeltraubensorten in der ganzen Welt verbreitet. Es handelt sich bei dieser Sorte um eine sehr alte Rebsorte, die wie viele alte Rebsorten ihre Heimat in Kleinasien (wahrscheinlich Türkei) hat.

Land	Bezeichnung
Deutschland	Weißer Gutedel, Gutedel, Moster, Junker, Frauentraube, Schönedel, Silberling, Most, Silberweißling, Krachmoster, Alben, Weißer Junker, Ausländer, Fränkischer, Markräfer, Pariser, Süßling
Frankreich	Chasselas blanc, Chasselas, Chasselas d'ovre, Abelone, Chasselas de Fontainebleau, Mornen blanc, Fendant Blanc, Blanchette
Italien	Marzemina niduca, Tribianco vignoble, Marzemina bianco, Tribiano tedesco
Schweiz	Chasselas, Fendant, Rosmarientraube
Jugoslawien	Biela pleminka praskava, Pulliot vignoble, Biela pleminka, Biela pruscava
Ungarn	Feher ropvos Fabian, Gyöngyzölö
Tschechoslowakei	Dobrorozne
Österreich	Weißer Gutedel, Moster, Wälscher, Süßling, Silberling, Junker, Dorianer, Chaßlaner, Pariser Gutedel, Krachmost, Schönedel
England	Queen Viktoria, Royal Muscadine, Amber Muscadine

Wichtige Erkennungsmerkmale

a) Wachstum: mittelstark bis stark;
b) Triebspitze: bronziert, glänzend, kahl, lange und starke Ranken;
c) Blatt: drei- bis fünflappig, tief eingeschnitten, mittelgroß, grün bis hellgrün, blasig, stumpf gezahnt, dünn;
d) Traube: mittelgroß bis groß, kegelförmig-länglich, lockerbeerig;
e) Beere: groß, rund, gelbgrün bis goldgelb, sonnseitig braunrot durchscheinend;
f) einjähriges Holz: dick, rotbraun, dunkel betupft bis gestreift, weitknotig;
g) Reife: früh, zweite Periode.

Lage und Bodenansprüche

Wird als Tafeltraube für alle österreichischen Weinbaugebiete empfohlen. Verlangt fruchtbare, tiefgründige Böden mit genügender Feuchtigkeit.

Empfindlichkeit und Widerstandsfähigkeit

Sehr blüteempfindlich, neigt zur Jungfernbeerenbildung, peronosporaempfindlich, doch sehr fäulniswiderstandsfähig, winterhart, Trauben gut transportfähig.

Kultivierungshinweise

Schnitt: mittellang und mittelstark, pro Hochkulturstock bei 3,0 × 1,20 m Pflanzweite insgesamt 35 Fruchtaugen auf Fruchtruten mit je 6 bis 8 Augen.
Ertrag: sehr reich und regelmäßig (10.000 bis 12.000 kg/ha); Zuckergehalt um 17° KMW.

Geeignete Unterlagen

Gutedel weiß und rot befriedigen auf Kober 5 BB im allgemeinen nur wenig. Auf Aripa und Riparia Portalis ist jedoch die Fruchtbarkeit so hoch, daß sich die Stöcke oft übertragen; sie brauchen dort gute Böden und hohe Düngergaben bei wenig Kalkgehalt.

Wert des Weines

Bei der Weinbereitung erzielt man nur leichten, milden, anspruchslosen Tafelwein mit geringer Haltbarkeit.
Gemäß Österreichischem Weingesetz darf ein Wein dieser Sorte nicht als Qualitätswein bezeichnet werden. In Niederösterreich und im Burgenland ist diese Sorte für die Tafeltraubenerzeugung zugelassen. Gutedel zählt jedoch zu den besten heimischen Tafeltraubensorten, schmeckt erfrischend und wässerig.

Roter Gutedel

Es handelt sich um eine artgleiche Sorte, also um eine Mutation. Er hat die gleichen Sortenmerkmale mit Ausnahme der roten bis grauroten Beerenfarbe.
Roter Gutedel heißt auch Rotedel, Roter Süßling, Rote Frauentraube, Chasselas rouge, Chasselas rosé.

Königs Gutedel

Eine Tafeltraube mit sehr früher Reife. Die Beeren sind blaurot und dickschalig.

Geschlitzter Gutedel

Wegen seiner gefiederten Blätter auch „Petersilien-Gutedel" genannt. Sorte hat wegen ihres geringen Ertrages keine Bedeutung.

Muskat-Gutedel

Als Tafeltraube gut geeignet, die Beeren zeichnen sich durch ein feines Muskatbukett aus.

KÖNIGIN DER WEINGÄRTEN

Allgemeines
Eine Matthias-Janos-Züchtung aus Ungarn.

Wichtige Erkennungsmerkmale
a) Wachstum: stark;
b) Triebspitze: grün, glatt;
c) Blatt: fünflappig, tief gelappt, spitz gezahnt;
d) Traube: sehr groß, oft geschultert, lockerbeerig;
e) Beere: länglich und sehr groß (bis zu 25 mm lang und 20 mm breit), gelblichgrün, dünnschalig, oft jungfernbeerig;
f) einjähriges Holz: stark, markreich, gelblichbraun, Augen abstehend und spitz, in der Internodienmitte ist das Holz deutlich schwächer;
g) Reife: früh, zweite Periode, ungleichmäßig, knapp vor Gutedel.

Lage und Bodenansprüche
Benötigt beste Lagen und nährstoffreichen Boden, verträgt nur wenig Kalk.

Empfindlichkeit und Widerstandsfähigkeit
Gegen Peronospora und Fäulnis sehr empfindlich, sehr blüteempfindlich.

Kultivierungshinweise
Schnitt: mittellang und schwach, pro Hochkulturstock bei 3,0 × 1,20 m Pflanzweite insgesamt 20 bis 25 Fruchtaugen auf Streckern mit 6 bis 7 Augen.
Ertrag: sehr hoch und gleichmäßig (bis zu 20.000 kg/ha).

Verwendung
Keine Keltertraube, ausschließlich als Tafeltraube verwertbar.

Rotweinsorten in Österreich

BLAUFRÄNKISCH

Allgemeines

Seine Herkunft ist unbekannt. Vermutlich handelt es sich um eine positive Selektion aus bodenständigen Rotweinsorten, die unter Karl dem Großen durchgeführt wurde. Die wertvollen Sorten wurden dabei als die „Fränkischen", die minderen als die „Heunischen" (Hunnischen) bezeichnet.
Die Heimat ist vermutlich Niederösterreich, heute ist es die wichtigste Rotweinsorte des Burgenlandes.

Land	Bezeichnung
Deutschland	Blauer Limberger, Lemberger, Blaufränkisch, Spätschwarzer, Schwarzergrober
Jugoslawien	Orna Frankovka, Moravka, Schwarze Fränkische, Crna moravka
Ungarn	Kekfrankos
Österreich	Blaufränkisch, Schwarzer Fränkischer, Mährischer
Frankreich	Portugais rouge, Portugais Lerouse

Wichtige Erkennungsmerkmale

a) Wachstum: sehr stark, aufrecht;
b) Triebspitze: hellgrün, etwas bronziert, glatt;
c) Blatt: gelappt, sehr groß und lang, dunkelgrün, glatt, derb, groß und sehr scharf gezahnt;
d) Traube: groß, ästig, lockerbeerig;
e) Beere: mittelgroß, rund, dunkelblau beduftet, dickschalig, saftreich;
f) einjähriges Holz: dick, markreich, weißlich bis ocker, weitknotig, dünn, gerieft, dicke Knoten;
g) Reife: spät, Ende der zweiten Periode, später als Portugieser.

Lage und Bodenansprüche

Für sehr gute bis gute Rotweinlagen des Burgenlandes und Niederösterreichs empfohlene Qualitätssorte. Verlangt warme, windgeschützte Lagen. Hinsichtlich des Bodens wenig anspruchsvoll. Gedeiht auch noch auf sehr schweren und kalkreichen Böden.

Empfindlichkeit und Widerstandsfähigkeit

Fäulniswiderstandsfähige Sorte, blüteempfindlich, anfällig gegen Oidium, Peronospora und Stielfäule.

Kultivierungshinweise

Schnitt: lang und stark, pro Hochkulturstock bei 3,0 × 1,20 m Pflanzweite insgesamt 35 bis 40 Fruchtaugen auf Fruchtruten mit je 8 Augen.
Ertrag: Wenn diese Sorte gut verblüht hat, bringt sie gute Durchschnittserträge (8000 bis 10.000 kg pro ha).

Geeignete Unterlagen
Kober 5 BB fördert sehr stark das Holzwachstum und führt oft zum Verrieseln. Der Wuchskraft entsprechend wird man SO 4 und 5 C vorziehen und so auf armen Böden zu Kober 5 BB und 125 AA greifen.

Wert des Weines
Kräftiger Rotwein mit hervorragendem, fruchtigem Bukett; fein säuerlich und gerbstoffarm. Er hat meist hellere Farbe und baut sich langsam aus. In ungeeigneten Lagen und schlechten Jahren entspricht der Wein qualitativ nicht.
Rebsorte für Qualitätswein gemäß Österreichischem Weingesetz.

BLAUER PORTUGIESER

Allgemeines
Stammt aus Portugal und ist mit der dort stark verbreiteten Rebsorte Mureto identisch. Er wurde 1770 vom österreichischen Gesandten Graf Fries nach Vöslau gebracht.

Land	Bezeichnung
Deutschland	Blauer Portugieser, Porto Königstraube
Frankreich	Autrichien
Jugoslawien	Kraljevina, Kraljlvina, Portugaljka, Maorvona rana, Modra kraljevina
Ungarn	Oportô
Tschechoslowakei	Portugalké modré
Österreich	Blauer Portugieser, Oportorebe, Blaue Feslauertraube, Vöslauer, Badner

Wichtige Erkennungsmerkmale
a) Wachstum: kräftig;
b) Triebspitze: hellgrün, glatt, glänzend;
c) Blatt: drei- bis fünflappig, groß, hellgrün, glänzend, sehr dünn, glatt, scharf gezahnt;
d) Traube: groß, kegelförmig, zum Teil geschultert, dichtbeerig;
e) Beere: mittelgroß bis groß, rund, schwarzblau, hellgrau beduftet, dünnschalig, saftig;
f) einjähriges Holz: dick, markreich, rotbraun, dunkel punktiert, gestreift, weitknotig, Ranken wenig entwickelt;
g) Reife: früh bis mittelfrüh, zweite Periode.

Lage und Bodenansprüche
Hauptsorte des niederösterreichischen Rotweinbaues. Benötigt mittelfrühe Lagen, stellt keine besonderen Ansprüche an den Boden. Bevorzugt luftdurchlässige, trockene und kalkreiche Böden mit guter Nährstoffversorgung. Nicht für feuchte Standorte.

Empfindlichkeit und Widerstandsfähigkeit
Sehr blütenfeste Sorte, infolge schlechter Holzreife wenig winterhart, außerdem sehr anfällig gegen Peronospora und auch Oidium, Stiel- und Beerenfäule. Wird häufig von Kräuselmilben und Wurm befallen. Nicht besonders gut kupferverträglich. In windigen Lagen werden die dünnen Blätter beschädigt.

Kultivierungshinweise
Schnitt: kurz und schwach, weil sehr fruchtbare Sorte mit großen Trauben, pro Hochkulturstock bei 3,0 × 1,20 m Pflanzweite insgesamt 20 bis 25 Augen auf Streckern mit je 4 bis 5 Augen.
Ertrag: sehr groß und gleichmäßig (10.000 bis 15.000 kg/ha); Mostgewicht 15° — 17° KMW.

Geeignete Unterlagen
Gedeiht am besten auf Kober 5 BB, 8 B, SO 4, 5 C, 126 AA.

Wert des Weines
Dunkelrote, milde Weine mit wenig Bukett. Der Wein baut sich schnell aus und ist nicht sehr lange lagerfähig.
Rebsorte für Qualitätswein gemäß Österreichischem Weingesetz.

Spielarten

GRAUER PORTUGIESER

Eine Sorte mit hoher Fruchtbarkeit. Der Anbau dieser Sorte ist in den Bundesländern Niederösterreich und Burgenland nicht zugelassen.

GRÜNER PORTUGIESER

Sie ist wahrscheinlich aus dem Grauen Portugieser entstanden und neigt weniger zu Beerenfäule. Die Auspflanzung dieser Rebsorte ist in den Bundesländern Niederösterreich und Burgenland nicht erlaubt.

ROTBURGER (BLAUER ZWEIGELT)

Allgemeines
Sie wurde von Professor Dr. Zweigelt, Österreich, durch Kreuzung von Blaufränkisch × St. Laurent gezüchtet.

Wichtige Erkennungsmerkmale
a) Wachstum: sehr stark;
b) Triebspitze: bronziert, glatt;
c) Blatt: dreilappig, sehr derb, stumpf gezahnt, oft mehr breit als lang, Unterseite borstig behaart;
d) Traube: groß, kegelförmig, geschultert, dichtbeerig;
e) Beere: mittelgroß, eiförmig, sehr hartschalig, saftig;
f) einjähriges Holz: stark, kastanienbraun, Augen anliegend, engknotig;
g) Reife: früh.

Lage und Bodenansprüche
Benötigt mittelfrühe bis frühe Lagen, keine besonderen Ansprüche an den Boden, verträgt etwas weniger Kalk.

Empfindlichkeit und Widerstandsfähigkeit
Gegen Oidium und Fäulnis sehr widerstandsfähig, mittlere Anfälligkeit gegen Peronospora. Widerstandsfähig gegen Frost. Sie ist nicht überall und immer blütefest (Vererbung von der Sorte Blaufränkisch).

Kultivierungshinweise
Schnitt: mittellang und mittelstark, pro Hochkulturstock bei 3,0 × 1,20 m Pflanzweite insgesamt 30 bis 35 Fruchtaugen auf Streckern bis zu 6 Augen.
Ertrag: sehr hoch und gleichmäßig (12.000 kg/ha).

Geeignete Unterlagen
Zeigt wegen geringer Kalkverträglichkeit beste Affinität zur Unterlage Kober 5 BB.

Wert des Weines
Rotwein mit mittlerer Färbung, mild, im Charakter dem St. Laurent ähnlich.
Rebsorte für Qualitätswein gemäß Österreichischem Weingesetz.

ST. LAURENT

Allgemeines
Diese Rebsorte wurde von Ök.-Rat Bronner in Deutschland verbreitet und stammt laut Oberlin aus dem Elsaß; in St. Laurent bei Bordeaux ist diese Sorte unbekannt. Mit der Einführung der Hochkultur wurde der St. Laurent in Österreich rasch verbreitet. Sie wird auch Lorenzitraube genannt, wahrscheinlich nach dem heiligen Laurentius (10. August), mit Rücksicht auf die 10 bis 12 Tage vor dem Blauen Burgunder beginnende Reife.

Land	Bezeichnung
Diverse	Saint Laurent, Sankt Lorenztraube, Laurenzitraube, Sanct Lorenz, Pinot Saint Laurent

Wichtige Erkennungsmerkmale
a) Wachstum: sehr stark, aufrecht; starke Ranken;
b) Triebspitze: gelblich grün, weiß-wollig, behaart;
c) Blatt: drei- bis fünflappig, wenig gebuchtet, mittelgroß, dunkelgrün, glänzend, blasig, lederartig (derb);
d) Traube: mittelgroß, kegelförmig, dichtbeerig;
e) Beere: mittelgroß, länglich bis rund, schwarzblau, hell beduftet, dickschalig;
f) einjähriges Holz: hellbraun, gestreift und bläulich bereift, engknotig;
g) Reife: mittelfrüh, zweite Periode.

Lage und Bodenansprüche
In allen österreichischen Rotweingebieten für die Hochkultur empfohlene Sorte. Geeignet für mittelfrühe bis frühe Lagen, die nicht maifrostgefährdet sind. Hinsichtlich des Bodens stellt die Sorte wenig Ansprüche, liebt aber fruchtbare und kalkreiche Böden.

Empfindlichkeit und Widerstandsfähigkeit
Infolge des frühen Austriebes maifrostgefährdet, blüteempfindlich, peronosporaanfällig, doch winterfrosthart.

Kultivierungshinweise
Schnitt: mittelstark bis mittellang, pro Hochkulturstock bei 3,0 × 1,20 m Pflanzweite insgesamt 30 bis 35 Fruchtaugen auf Fruchtruten mit je 5 bis 7 Augen.
Ertrag: gut, aber unregelmäßig (8000 bis 10.000 kg/ha).

Geeignete Unterlagen
In wuchsstarken Böden sind SO 4 und 5 C angebracht, in wuchsschwächeren 125 AA und 5 BB.

Wert des Weines
Guter Rotwein mit dunkler Farbe und etwas höherer Säure sowie feinem Bukett. Rebsorte für Qualitätswein gemäß Österreichischem Weingesetz.

BLAUER BURGUNDER

Allgemeines
Die Heimat dieser Sorte ist Frankreich, wahrscheinlich die Burgund. Er könnte von der von Plinius beschriebenen „allobrogischen Rebe“ aus der Gegend von Vienne (Rhone) südlich Lyon stammen.

Land	Bezeichnung
Deutschland	Blauer Spätburgunder, Blauburgunder, Clävner, Klävner, Klebrot, Spätrot, Blauer Klevner, Aßmannshäuser, Süßling, Süßedel, Süßrot, Schwarzer Burgunder, Möhrchen, Maltinger, Mereotische Traube
Frankreich	Pinot noir, Pinot, Franc norien, Bourgnignon noir
Italien	Pignol, Pignola, Pino nero
Schweiz	Blauer Spätburgunder, Klevner, Pinot noir, Kleiner Burgunder, Brünläubler
Jugoslawien	Burgundac Crni, Modra Klevanyka
Ungarn	Kisburgundi kék
Tschechoslowakei	Rouci, Roucimodre
Österreich	Blauer Spätburgunder, Blauer Nürnberger

Wichtige Erkennungsmerkmale
a) Wachstum: mittelstark;
b) Triebspitze: gelblich grün, wollig behaart;
c) Blatt: meist drei- bis fünflappig, wenig gebuchtet, Mittellappen fast rechtwinkelig geradlinig begrenzt, dunkelgrün, derb, blasig, fein gezahnt;
d) Traube: klein, gedrungen, einfach, walzig, dichtbeerig, dickstielig;
e) Beere: klein, rund, schwarzbraun beduftet, dünnschalig, saftig;
f) einjähriges Holz: mittelstark, graublau bis braun, dunkel gestreift und gefleckt, engknotig;
g) Reife: mittelfrüh, dritte Periode.

Lage und Bodenansprüche
In allen österreichischen Rotweingebieten empfohlene Qualitätssorte. Benötigt warme Lagen mit tiefgründigen, lockeren, warmen und fruchtbaren Böden.

Empfindlichkeit und Widerstandsfähigkeit
Wenig anfällig gegen Peronospora und Oidium, etwas fäulnisempfindlich. Infolge des frühen Austriebes maifrostgefährdet, mittelmäßige Winterfrosthärte.

Kultivierungshinweise
Schnitt: mittellang und mittelstark, pro Hochkulturstock bei 3,0 × 1,20 m Pflanzweite insgesamt 30 bis 35 Fruchtaugen auf Fruchtbögen mit je 5 bis 7 Augen.
Ertrag: mittelhoch bis gut, liegt zwischen 6000 und 10.000 kg pro Hektar, 18° — 21° KMW.

Geeignete Unterlagen
Zu allen Unterlagen eine gute Affinität. Am besten jedoch die SO 4, gefolgt von 5 C, 125 AA, 5 BB.

Wert des Weines
Hochwertiger Rotwein von rubinroter Farbe, körperreich, vollmundig, mit sehr feinem Bukett, soll erst nach mindestens einjähriger Lagerung auf den Markt gebracht werden. Sorte für Qualitätswein gemäß Österreichischem Weingesetz.

Spielarten
Es gibt noch einen anderen Blauburgunder, den Frühblauen Burgunder, auch Jakobitraube oder Frühburgunder genannt. Seine frühe Reife (August) und sein geringer Ertrag waren seiner Verbreitung hinderlich.

BLAUBURGER

Allgemeines
Der Blauburger wurde an der Höheren Bundeslehr- und Versuchsanstalt für Obst- und Weinbau, Klosterneuburg, durch Kreuzung von Portugieser blau mit Blaufränkisch gezüchtet.

Wichtige Erkennungsmerkmale
a) Wachstum: kräftig;
b) Triebspitze: grün, schwach bronziert, kahl;
c) Blatt: drei- bis fünflappig, mittelgrün, schwach wellig, stumpf gezähnt, Blattunterseite schwach borstig behaart, Blattstiel rötlich, Stielbucht V-förmig, Herbstverfärbung rot;
d) Traube: groß, kegelförmig, etwas geschultert, dichtbeerig, lang gestielt;
e) Beere: mittelgroß, rund, schwarzblau, bereift, Beerenhaut fest;
f) einjähriges Holz: hellbraun, schwach punktiert, Internodien kurz bis mittellang, Ranken zweiteilig gegabelt;
g) Reife: früh reifend, zweite Periode.

Lage und Bodenansprüche
Auch für mittelfrühe und spätere Lagen geeignet, keine besonderen Bodenansprüche.

Empfindlichkeit und Widerstandsfähigkeit
Gute Holzreife, blütefest, gegen Oidium und Peronospora wenig empfindlich. Für alle Erziehungsarten geeignet.

Kultivierungshinweise
Schnitt: kurz und schwach, weil sehr fruchtbare Sorte; pro Hochkulturstock 3,0 × 1,20 m Pflanzweite 20 bis 25 Augen auf Streckern mit je 4 bis 5 Augen.
Ertrag: sehr gut (10.000 bis 15.000 kg), Mostgewicht 15° — 16°.

Geeignete Unterlagen
Alle Berlandieri × Riparia Unterlagen.

Wert des Weines
Sehr dunkler, extraktreicher Rotwein (hoher Farbwert) von sehr guter Qualität, ausgeprägter Rotweincharakter mit einer dem Blaufränkischen ähnlichen Fruchtbarkeit.

BLAUER WILDBACHER

Allgemeines
Das Verbreitungsgebiet erstreckt sich fast ausschließlich auf das Weinbaugebiet der Weststeiermark, wo sie zwei Drittel des Gesamtbestandes ausmacht. Hinsichtlich der Herkunft nimmt man an, daß sie von Wildbach, einer Gemeinde bei Deutschlandsberg, aus ihre Verbreitung gefunden hat. Neben dem „echten blauen" Wildbacher findet man noch als Spielart den „Spätblauen" und den „Schlehenbeerigen" Wildbacher, die jedoch kaum vermehrt werden.

Wichtige Erkennungsmerkmale
a) Wachstum: mittelstark bis stark;
b) Triebspitze: grün mit stark rötlichem Anflug, zart weiß-wollig, junge Blätter klein und dünn, Blattstiele und Ranken glatt, Trieb stark rötlich, starke Rankenbildung;
c) Blatt: mittelgroß, rund, dreilappig, dunkelgrün, glatt, Bezahnung kurz und stumpf, Blattrippen hell, nach dem Stiel zu rötlich, Blattstiel lang, dünn, blaurot;
d) Traube: mittelgroß, dicht, oft mit starken Nebentrauben, Trauben- und Beerenstiel lang;
e) Beere: dünnschalig, aber fest, mittelgroß, rund, dunkelblau, weißduftig;
f) einjähriges Holz: dünn, glatt, gelb bis hellrot, Internodien mittellang bis lang, sehr biegsam;
g) Reife: spät, vierte Periode.

Lage und Bodenansprüche
Keine besonderen Ansprüche; typische Schilcherweine, nur in der Weststeiermark.

Empfindlichkeit und Widerstandsfähigkeit
Peronospora- und oidiumanfällig, stark blüteempfindlich. Durch den sehr frühen Austrieb maifrostgefährdet, allerdings bringen in solchen Fällen auch Austriebe aus dem alten Holz noch einen Ertrag.

Kultivierungshinweise
Seit Jahrhunderten auf Hecken auf wurzelechtem Fuß gezogen. Heute in Hochkulturanlagen.
Schnitt: kurz bis mittellang, bei Hochkulturstöcken bei 3,50 × 1,20 m Pflanzweite insgesamt 30 bis 35 Fruchtaugen, auf Streckern bis zu 6 Augen.
Ertrag: 7000 bis 10.000 kg pro Hektar.

Geeignete Unterlagen
Auf Rup. Goethe 9 bringt er starkwüchsige Stöcke, auf Kober 5 BB mittleren Wuchs. Vorwiegend wird die 5 BB verwendet, vereinzelt die Aripa.

Wert des Weines

Der Schilcher ist allgemein von hellroter Farbe, in manchen Gebieten wurde er früher auch rubinrot. Der Wein hat ein würziges, rauhes Bukett und kommt mit einem Säuregehalt von 7,5 bis 9 Promille in den Verkehr. Wird vorwiegend als Jungwein konsumiert, kann aber auch länger gelagert werden.

Derzeit von der Höheren Bundeslehr- und Versuchsanstalt für Weinbau in Klosterneuburg und der Landwirtschaftlichen Fachschule in Retz, Krems, Mistelbach und Gumpoldskirchen geprüfte und im Verkehr stehende Klonen der österreichischen Rebsorten:

Veltliner grün	Mö 144, Mö 166, Mi 94/6, Mi 76,6, KR 100, KR 383, LA 7/44, LA 1/18, LA 10/83, Kl 204
Welschriesling	K 14, K 10/69, K 11/29, Kl 1
Rheinriesling	GE 239, KR 356, Gl 237
Burgunder weiß	STR 210, Kl 100, STR 4, STR 30, STHP 24/IX, STR 24
Müller Thurgau	K 5, W 1, Ge 21
Burgunder blau	W 2/10, W 10/5, G 7/3, G 6/3
Blaufränkisch	T 3/36, B 1-117, Re 15—12, M 10/13, B 3/52
Portugieser blau	K 25—25, K 1—9, K 26—29
Neuburger	K 43, K 7, K 40, K 61
Goldburger	K 51/41, K 44/82, K 46/66
Traminer	K 29, K 42, K 76, K 103
Ruländer	K 49 292, K 49 207, K 2

Sorten in Südtirol

GROSS-VERNATSCH

Allgemeines

Als Heimat wird für diese Sorte Südtirol angenommen. Sie ist in Deutschland unter der Bezeichnung „Trollinger" bekannt, der Name könnte sich über „Tirolinger" zu „Trollinger" gewandelt haben.

Land	Bezeichnung
Deutschland	Trollinger, Fleischtraube, Bocksauge, Bocksbeutel, Troller, Schwarzer, Pommerer, Frankentaler, Bockstraube, Hammelshoden, Mohrendutte, Lombard, Malvasier, Baumerer, Dachtraube, Schlamper, Zottler, Hammelsschelle, Bockshoden, Lambert, Zottelwäscher
Frankreich	Raisin bleu de Frankental, Frankental noir, Chasselas de Jérusalem, Raisin de Languedoc
Italien Südtirol	Schiavone, Schiava grossa, Uva Nera d'Amburger Groß-Vernatsch, Edel-Vernatsch, Meraner Kurtraube
Jugoslawien	Modri tirolan
Belgien	Gros bleu, Prince Albert Bruxellois
England	Black Hamburg, Black Hambourgh, Black, Red Hambourgh, Black Tripoli, Chasselas bleu de Windsor
Österreich	Großer Burgunder, Ägyptischer

Wichtige Erkennungsmerkmale

a) Wachstum: sehr stark;
b) Triebspitze: gelbgrün, manche jedoch auch kupferbronziert und wollig behaart;
c) Blatt: zumeist dreilappig, wenig tief eingeschnitten und ungleichmäßig gezahnter Rand. Das Blatt ist groß, blasig, etwas gedreht, etwas breiter als lang. Die Stielbucht ist V-förmig bis geschlossen. Herbstverfärbung ist gelb;
d) Trauben: sehr groß, konisch, lockerbeerig bis kompakt mit langem Stiel, ungleichmäßig reif;
e) Beeren: groß, ovallänglich bis rund, rotblau bis tiefblau (bei nicht voller Reife fuchsig — rötliche Schale), weiß beduftet, sehr saftig, hat dicke, aber farbstoffarme Schale;
f) einjähriges Holz: hellbraun, weitknotig, mit dunklen Punkten und Streifen versehen;
g) Reife: mittelspät bis spät, dritte Periode.

Lage und Bodenansprüche

Ansprüche mit denen des Blauburgunders vergleichbar, sogar noch etwas höher, da die Mostgewichte niedriger liegen als beim Burgunder. Eine Sorte für Hügellagen; in der Ebene und in hohen Lagen entspricht sie nicht. Am besten für wärmere Weinbaugebiete; für hitzige und für arme Böden. Recht chlorosefest.

Empfindlichkeit und Widerstandsfähigkeit

Mittlere bis geringe Winterfrostigkeit, sehr stark oidiumanfällig („Oidiumthermometer"), anfällig für Peronospora und Traubenwickler sowie für Reisigkrankheit (Virosen); fault in feuchten Jahren leicht, hat aber nicht ausgeprägte Anfälligkeit für Botrytis; blütefest.

Kultivierungshinweise
Schnitt: Verlangt infolge des starken Wuchses einen langen und starken Schnitt. Für das Pergelsystem sehr gut geeignet. Für niedrige Erziehung ungeeignet, denn Vernatsch leidet unter Sonnenbrand. 16 Augen pro Stock.
Ertrag: Die Erträge können sehr groß sein, diese gehen aber zu Lasten der Qualität. Durchschnittlich 18.000 kg pro Hektar; Zucker 16°—20° KMW.

Geeignete Unterlagen
8 B, 5 C, 101/14, SO 4, 125 AA, 5 BB (gute Blühfestigkeit, gestattet auch Veredlung auf starkwüchsigen Unterlagen).

Wert des Weines
In guten Lagen gibt es sehr süffige, spritzige Tafelweine mit einer schönen, rubin- bis dunkelrubinroten Farbe, die aber je nach Lage und Jahrgang oft einer Aufbesserung mit Lagrein bedürfen. Da die Traube gerbstoff- und säurearm ist, baut sich der Wein schnell aus. Wird auch als Tafeltraube verwendet (Meraner Kurtraube).

KLEIN-VERNATSCH

Allgemeines
Diese Sorte wird auch als Gemein-Vernatsch oder Mitter-Vernatsch bezeichnet. Es dürfte sich bei diesen verschiedenen Spielarten um gelegentlich auftretende Variationen handeln.

Wichtige Erkennungsmerkmale
a) Wachstum: stark;
b) Triebspitze: gelbgrün, wollig behaart, oft mit roten Rändern;
c) Blatt: dreilappig, mittelgroß, rund, hellgrün, mattglänzend, wenig gelappt, Blattrand kurz gezahnt, Unterseite leicht behaart;
d) Traube: mittelgroß, kurzstielig, konische Form und locker gepackt;
e) Beeren: länglich-rund, mittelgroß bis groß, rotblau, weißhäutig, stark beduftet, Beereninneres fleischig;
f) einjähriges Holz: gelbbraun, dunkel gestreift, nicht so weitknotig wie Groß-Vernatsch;
g) Reife: mittelspät, dritte Reifeperiode (8 bis 10 Tage früher als die anderen Vernatschsorten).

Lage und Bodenansprüche
Benötigt gute Südlagen. Wegen Fäulnisgefahr soll nicht in windstillen Mulden oder in der Ebene gepflanzt werden.

Empfindlichkeit und Widerstandsfähigkeit
Ist genügend winterhart; peronospora- und oidiumanfällig. Für Botrytis und Stiellähme stark anfällig.

Kultivierungshinweise
Schnitt: Er soll nicht zu lang sein, damit sich die Stöcke nicht übertragen. Diese Sorte ist für die Pergelkultur sehr gut geeignet, weil sie eine gute Durchlüftung gewährleistet.
Ertrag: geringer als Groß-Vernatsch, ist aber trotzdem sehr reichtragend. In der Qualität besser als Groß-Vernatsch. Durchschnittlich 9000 kg pro Hektar; Zucker 17°—20° KMW.

Geeignete Unterlagen
8 B, 5 C, 101/14, SO 4, 125 AA.

Wert des Weines
Dieser liefert von allen Vernatschsorten aus gesehen den besten Wein und ist ein rubinroter, eleganter, vollmundiger, würziger Wein.

LAGREIN

Allgemeines
Es handelt sich hier um eine alte Südtiroler Landsorte. Man war der Meinung, daß diese Sorte aus Lagrein stamme, sie konnte aber dort nicht nachgewiesen werden.
Diese Sorte ist praktisch im gesamten Südtiroler Weinbaugebiet anzutreffen, am stärksten ist sie jedoch im Weinbaugebiet um Bozen verbreitet.

Wichtige Erkennungsmerkmale
a) Wachstum: kräftig;
b) Triebspitze: grün und filzig behaart;
c) Blatt: drei- bis fünflappig, mittelgroß bis groß, rundlich, wenig gebuchtet, Oberseite lederartig matt glänzend, Unterseite wollig behaart, Blattstiel lang und kahl;
d) Traube: Nach der Traubenform und der Stiellänge unterscheidet man zwei Spielarten, nämlich die langstieligen und die kurzstieligen. Die Trauben der langstieligen Sorte sind größer und lockerbeeriger, geben besseren Ertrag und reifen später, die kurzstieligen sind oftmals mehr verästelt und geben besseren Wein;
e) Beeren: mittelgroß, länglich, hartschalig, sehr farb- und gerbstoffreich. Die Beere ist braunschwarz gefärbt und beduftet. Der Beereninhalt ist saftig, enthält viel Farbstoff;
f) einjähriges Holz: hellgraubraun, glatt und gestreift. Die Internodien sind mittellang bis lang. Die Nodien sind verhältnismäßig kräftig ausgebildet und dunkler gefärbt;
g) Reife: spät, dritte Reifeperiode, nach dem Groß-Vernatsch.

Lage und Bodenansprüche
Soll nur in wärmeren Lagen gepflanzt werden.

Empfindlichkeit und Widerstandsfähigkeit
Anfällig gegen Krankheiten und Schädlinge (Peronospora, Oidium, Spinnmilben, Zikaden); fault aber nicht stark, schwacher Stiellähmebefall, in feuchten Jahren besteht Verrieselungsgefahr.

Kultivierungshinweise
Schnitt: Verlangt langen Schnitt und ist für die Pergel- und Sylvozerziehung bestens geeignet.
Ertrag: Der Typ Langstingel trägt etwas mehr als der Kurzstingel, letzterer liefert meist bessere Qualität. Ertrag durchschnittlich 16.000 kg pro Hektar; Zucker 17°—21° KMW.

Geeignete Unterlagen
5 C, 8 B, 161/49, 3309, 125 AA, 101/14.

Wert des Weines
Aus dieser Sorte werden folgende Weine hergestellt:

Lagrein dunkel
Ein granatroter, gerbstoffreicher, gehaltvoller Wein mit spezifischem Bukett.

Lagreinkretzer
Ein milder, hellroter Wein, der sofort abgepreßt wird oder kurze Zeit auf der Maische steht.

Baumlagreiner
Ein Mittelding zwischen Lagreiner und Lagreinkretzer.

MERLOT

Allgemeines
Diese Sorte ist in Frankreich und in Italien verbreitet. In der Region Bozen—Trient ist sie im Raume S. Michele und in der Provinz Trient häufig zu finden.

Wichtige Erkennungsmerkmale
a) Wachstum: mittelstark;
b) Triebspitze: grün, filzig behaart und rötlich gerändert;
c) Blatt: groß, Oberseite etwas blasig, von hellgrüner Farbe, Unterseite wollig behaart, drei- bis fünflappig. Blattrand unregelmäßig gezahnt, die Stielbucht ist herzförmig;
d) Traube: mittelgroß und konisch, nicht zu locker gepackt, langer holziger Traubenstiel, fruchtbarer Knoten;
e) Beere: mittelgroß, rund, schwarzblau, wenig beduftet. Die Hülsen sind weich und enthalten nicht viel Gerbstoff;
f) einjähriges Holz: nicht kräftig, engknotig, braun gefärbt, an den Knoten dunkler gefärbt;
g) Reife: mittelfrüh, zweite Periode.

Lage und Bodenansprüche
Stellt keine besonderen Ansprüche an Lage und Boden. Trockene, warme Böden in einem milden Klima mit trockenem Herbst.

Empfindlichkeit und Widerstandsfähigkeit
Durch frühen Austrieb spätfrostgefährdet; widerstandsfähig gegen Peronospora, ist etwas fäulnisempfindlich. Durch frühe Reife Vogelfraß.

Kultivierungshinweise
Schnitt: Verlangt kurzen Schnitt, weil sehr fruchtbar. Bei langem Schnitt treiben einzelne Augen oft nicht aus.
Ertrag: Liefert gute Erträge mit hohen Mostgewichten. Durchschnitt 10.000 kg pro Hektar. Unterliegt jedoch großen Schwankungen; Zucker 14°—24° KMW.

Geeignete Unterlagen
5 BB, 101/14, SO 4, 125 AA, 161/49.

Wert des Weines
Ein voller, hochgrädiger, rubinroter Wein mit sorteneigenem Bukett. Beim Verschnitt ist jedoch Vorsicht geboten, damit das typische Merlotbukett nicht durchschlägt.

CABERNET SAUVIGNON

Allgemeines
Diese in Südtirol verbreitete Rotweinsorte wird auch Petit Cabernet, Petit Vidure, Vidure Sauvignon genannt; ihre Heimat ist Frankreich. Sie zählt zu den edelsten Bordeauxsorten und ist in den besten Medoclagen die bedeutendste Rebsorte.

Wichtige Erkennungsmerkmale

a) Wachstum: sehr kräftig;
b) Triebspitze: stark wollig behaart und rötlich gefärbt;
c) Blatt: mittelgroß, rund, Oberseite dunkelgrün, Unterseite hellgrün und wollig behaart, fünflappig, stark gebuchtet, die Lappen überdecken sich meist an der Spitze. In der Blattbucht befindet sich zuweilen ein Buchtenzahn. Der Blattstiel ist mittellang und kupferbronziert. Starke Verdickung am Stielansatz;
d) Traube: mittelgroß, dichtbeerig, konisch, manchmal auch zylindrisch, mit langem Stiel, der sich im Sommer schon rötlich verfärbt. Oft Nebentrauben;
e) Beeren: klein, fast rund, dunkelblau, stark beduftet, Hülse dick, Beereninneres fleischig, mit eigentümlichem Grasgeschmack;
f) einjähriges Holz: rostig bis braun gefärbt, an den Nodien etwas heller, das Holz ist gerieft und leicht elliptisch;
g) Reife: mittelspät, dritte Reifeperiode.

Lage und Bodenansprüche

Für warme Lagen des Südtiroler Rotweingebietes; gedeiht am besten auf fruchtbaren, lehmigen Böden.

Empfindlichkeit und Widerstandsfähigkeit

Empfindlich gegen Spätfröste. Neigt bei schlechtem Blühwetter zum Durchrieseln. Zeigt jedoch wenig Anfälligkeit gegen Pilzkrankheiten.

Kultivierungshinweise

Schnitt: Langer Schnitt, ist daher für die Pergelerziehung gut geeignet.
Ertrag: gut; aber unregelmäßig, wenn er zu stark durchrieselt. Durchschnittlich 7000 kg pro Hektar, unterliegt jedoch starken Schwankungen; Zucker 17°—20° KMW.

Geeignete Unterlagen

Zeigt mit sämtlichen Unterlagen, außer mit 101/14, eine gute Affinität.

Wert des Weines

Liefert granatrote, feurige, vollmundige Weine mit einem sortentypischen Bukett, das man als „graseln“ oder „wildeln“ bezeichnet.

CABERNET FRANC

Allgemeines

Diese Sorte stammt aus Frankreich und wird dort auch Cabernet gris, Gros Cabernet oder Gros Vidure genannt. Sie ist mit der Sorte Cabernet Sauvignon eng verwandt.

Wichtige Erkennungsmerkmale

a) Wachstum: sehr kräftig;
b) Triebspitze: wenig wollig behaart und rot gerändert;
c) Blatt: mittlere Größe, rundlich, in der Regel fünflappig, wenig tief gebuchtet, Blattrand scharf gezahnt, die Zähne mit hakenförmig gebogenen Spitzen, in den Blattbuchten findet sich oftmals ein Zahn, auch Buchtenzahn genannt. Die Blattoberseite ist grün, leicht mattglänzend, die Unterseite leicht wollig behaart;
d) Traube: groß, lockerbeerig, meist geschultert, mit langem Stiel;
e) Beeren: klein bis mittel, rund, dunkelblau, weißbeduftet. Die Hülsen sind dick und gerbstoffreich. Die Beeren weisen bei voller Reife einen grünen, grasartigen Geschmack auf;

f) einjähriges Holz: sehr hell, bräunlich bis bläulich beduftet, kurze Internodien, der Querschnitt ist abgeplattet;
g) Reife: spät, dritte Reifeperiode.

Lage und Bodenansprüche
Wegen seiner späten Reife benötigt er die besten und wärmsten Lagen, ansonsten keine besonderen Ansprüche.

Empfindlichkeit und Widerstandsfähigkeit
Sowohl Cabernet Sauvignon als auch Cabernet Franc sind zwitterblütig, doch entwickeln beide Sorten auf trockenen, mageren Böden neben den Zwitterblüten innerhalb eines Gescheines auch männliche Blüten, sogenannte „männliche Scheinzwitterblüten". Dies führt zu starkem Durchrieseln. Die kleinen und unreifen Beeren in den Trauben verursachen einen starken Ertragsabfall. Durch gute Nährstoffversorgung konnte diese schlechte Eigenschaft verbessert werden.

Kultivierungshinweise
Schnitt: Verlangt langen Schnitt, für Pergelerziehung gut geeignet.
Ertrag: ist gut, er trägt mehr als Cabernet Sauvignon. Durchschnittlich 11.000 kg pro Hektar, unterliegt jedoch großen Schwankungen; Zucker 17°—20° KMW.

Geeignete Unterlagen
8 B, SO 4, nicht 101/14.

Wert des Weines
Er ist ein voller, feuriger, granatroter, gerbstoffreicher Wein mit einem sortentypischen Bukett, das an Grasgeschmack erinnert.

ROTER MALVASIER

Allgemeines
In Südtirol hauptsächlich um Terlan anzutreffen. In Italien gibt es viele rote und weiße Malvasierarten. In Südtirol ist jedoch nur der rote Malvasier bekannt.

Wichtige Erkennungsmerkmale
a) Wachstum: kräftig;
b) Triebspitze: filzig behaart und kupferbronziert;
c) Blatt: dreilappig, mittelgroß, rundlich, Oberseite dunkelgrün, glänzend, Unterseite filzig behaart, mit gesägtem bis gezahntem Blattrand;
d) Traube: mittelgroß bis groß, konisch, lockere bis feste Packung;
e) Beere: mittelgroß, rundlich, dunkelrot beduftet;
f) einjähriges Holz: braun gefärbt, leicht gerieft, Internodien mittellang;
g) Reife: mittelfrüh, zweite Reifeperiode.

Lage und Bodenansprüche
Warme Lagen sind vorzuziehen, jedoch ist das Auspflanzen auf schweren Böden zu unterlassen.

Empfindlichkeit und Widerstandsfähigkeit
Die Sorte ist blüteempfindlich und bildet gelegentlich Jungfernbeeren aus. Fäulnis- und stiellähmeanfällig.

Kultivierungshinweise
Schnitt: Für die Pergelerziehung gut geeignet, darf nicht zu lange angeschnitten werden.
Ertrag: unregelmäßig, etwas geringer als bei der Sorte Klein-Vernatsch. 11.000 kg pro Hektar; 18°—22° KMW.

Geeignete Unterlagen
8 B, 101/14, SO 4.

Wert des Weines
Diese Sorte liefert feurige, würzige, vollmundige, rubinrote Weine. Auch für Lagerung gut geeignet.

SEMILLON

Allgemeines
Wichtige Weißweinsorte in Südtirol und Frankreich.
Die Sauternweine werden etwa zu einem Drittel aus Sauvignon und zu zwei Drittel aus Semillon hergestellt.

Wichtige Erkennungsmerkmale
a) Wachstum: kräftiger Wuchs;
b) Triebspitze: weißwollig behaart, etwas ins Bräunliche gehend. Mit Sauvignon zu verwechseln.
c) Blatt: mittelgroß, breiter als lang, drei-, manchmal fünflappig. Die Stielbucht U-förmig, offen, Blattrand gewellt, Blattoberseite sattgrün und blasig; Blattunterseite hellgrün und behaart, Blattnerven rosarot gefärbt. Die Herbstfärbung ist gelb;
d) Traube: mittelgroß, verästelt, wenig dichtbeerig;
e) Beere: mittelgroß, rundlich bis leicht abgeplattet, grünlich bis gelb, sonnseitig bräunlich;
f) einjähriges Holz: braun, an den Nodien leicht violett, Internodien kurz;
g) Reife: spät, dritte bis vierte Periode, noch später als Sauvignon.

Lage und Bodenansprüche
Braucht warme, luftige Lagen, damit er nicht fault.

Empfindlichkeit und Widerstandsfähigkeit
Bessere Holzreife als Sauvignon, auch bessere Winterfrostfestigkeit. Widerstandsfähigkeit gegen Oidium gut, gegen Peronospora etwas empfindlicher, sehr fäulnisempfindlich.

Kultivierungshinweise
Schnitt: Verlangt mittellangen Schnitt, nicht zu lang, weil er sich sonst überträgt.
Ertrag: Trägt gut, mehr als Sauvignon, 10.000 kg/ha; 17°—19° KMW.

Geeignete Unterlagen
Dieselben wie Sauvignon, also 5 C, SO 4.

Wert des Weines
Nicht so gut wie Sauvignon. Der Wein ist frisch und würzig, mit sortencharakteristischem Bukett.

Kapitel 10

Direktträger (Hybriden)

ALLGEMEINES

Als Direktträger bezeichnet man „direkt tragende", also unveredelte Rebsorten. Es handelt sich hiebei um Sämlinge aus natürlichen oder künstlichen Kreuzungen — Hybriden — von Europäerreben mit amerikanischen Wildrebenarten.
Nach Einschleppung der Reblaus und einiger Pilzkrankheiten aus Amerika versuchten viele Fachleute die neu entstandenen Probleme durch die Züchtung resistenter Formen zu bewältigen. Ihr Zuchtziel war dabei, die Widerstandsfähigkeit der Amerikanerreben vor allem gegen die Reblaus, aber auch gegen die Peronospora und das Oidium auf die bewährten europäischen Edelreben zu übertragen, ohne deren Qualität zu verringern.
Trotz der großen Zahl solcher Züchtungen konnte dieses Zuchtziel bisher weder hinsichtlich der Resistenz ganz gelöst werden, noch aber konnte — und das ist besonders wichtig — eine brauchbare Qualität erzielt werden.
In der modernen Rebenzüchtung hat man erkannt, daß dieses Zuchtziel in der F_1- und F_2-Generation wahrscheinlich nicht erreicht werden kann; einzelne Rebenzüchter versuchen nun durch Rückkreuzungen von Hybriden mit Viniferasorten das angestrebte Ziel zu erreichen.
Fortschritte wurden vor allem in Frankreich erzielt, wo auch größere Anbauflächen moderner Hybriden zu finden sind. Wenngleich pilzresistente Sorten gezüchtet werden konnten, sind diese hinsichtlich des Weingeschmacks derzeit nicht zufriedenstellend.

Eigenschaften der Direktträgerweine

Direktträgerweine sind kleine, meist saure Weine von geringer Güte. Besonders charakteristisch ist der „Fox"- oder „Direktträgergeschmack"; dieser erinnert an den Geschmack von Erdbeeren, Himbeeren oder Schwarzen Johannisbeeren; der Geruch ist dem von Robinien ähnlich und wird durch den Gehalt an Antranatilsäureäthylester verursacht.
Die Weine sind infolge ihres höheren Methylalkoholgehaltes sowie von höheren Alkoholen (Fuselöle) gesundheitsschädlich.
Der Fruchtansatz ist bei den Direktträgern meist sehr hoch; die Beeren sind aber klein und fallen leicht ab. Der Beereninhalt ist sulzig, wenig saftig, hat viele Kerne; die Beeren sind dickschalig; sie ergeben daher nur eine geringe Auspressung.

BEKANNTE DIREKTTRÄGERSORTEN

Erste Phase der Züchtung: „Alte Direktträger" (aus Amerika stammend)

Isabella blau:
hauptsächlich Eßtraube, dunkelblau, weiß bereift; wurde früher in der Steiermark in Heckenform gezogen.

Othello blau:

war früher insbesondere im Burgenland zu finden; wegen der guten Färbung wurde er als Deckwein verwendet.

Aramon × Riparia 143 A („Aripa"):
Das Holz wird in verschiedenen Gebieten noch immer als Unterlagsrebe verwendet, die Trauben dienen zur Süßmostbereitung.

Noah grün:
Eß- und Keltertraube; früher vereinzelt im Burgenland und in der Oststeiermark zu finden.

Delaware rot und weiß:
früher vereinzelt im nördlichen Burgenland; nicht genügend reblausresistent.
Diese Sorten stammen meist von Vitis Labrusca (Foxgeschmack) × Riparia.

Zweite Phase der Züchtung: „Neue Direktträger" (vor allem aus Frankreich stammend)

Die Hybriden aus dieser Phase tragen meist den Namen ihrer Züchter (zum Beispiel Seibel, Couderc, Oberlin) und die Stocknummern. Auch die Österreicher Dr. Zweigelt und Dr. Stummer befaßten sich damit; sie kreuzten meist Vitis-vinifera-Sorten mit Vitis Rupestris und Vitis Riparia, doch ohne Erfolg.

Rotweinhybriden:
Baco 1: früher vereinzelt im nördlichen Niederösterreich anzutreffen; eine sehr farbkräftige Rotweinsorte.
Seibel 4643, 5455, 7053, 8745
Couderc 7120
Ravat 262

Weißweinhybriden:
Seibel 4986, 4995, 5279, 11.803
Couderc 13
Bertille-Sýve 450
Ravat 6

Dritte Phase der Züchtung: „Moderne Direktträger"

Durch Rückkreuzungen von Hybriden mit Vitis-vinifera-Sorten konnten Verbesserungen erzielt werden, ohne bisher jedoch eine befriedigende Lösung zu bringen.

Siegfriedrebe
Aris
Zalagyöngye (= Perle von Zala)

BEDEUTUNG IN ÖSTERREICH

Die Direktträger waren früher vereinzelt in den Randgebieten des Weinbaues und als Weinhecken verbreitet. Sie haben heute jedoch keine Bedeutung mehr, wie die Statistik zeigt:

Gesamtanbaufläche von Direktträgern Österreichs		davon			
		Burgenland	Nieder-österreich	Steiermark	Wien und sonstige
Jahr	ha	ha	ha	ha	ha
1963	935,07	307,32	388,24	238,89	0,62
1971	234,97	102,59	57,93	73,58	0,87
1974	145,84	68,19	27,35	49,70	0,60
1980	63,00	25,00	6,00	32,00	0

Seit dem Jahre 1936 (BG. Nr. 73 vom 5. März 1936) ist der Anbau von Direktträgern in Österreich verboten, nachdem Hybridweine gemäß dem Weingesetz 1929 bereits vorher deklarationspflichtig waren.

Heute dürfen Direktträgerwein und Verschnitte dieses Weines mit anderem Wein nach den Bestimmungen des Österreichischen Weingesetzes als Getränk nicht in Verkehr gesetzt werden (seit dem 1. Jänner 1967 in Österreich verkehrsunfähiger Wein).
Auch die Einfuhr von Direktträgerwein ist verboten. Zulässig ist lediglich die Verarbeitung von Direktträgerwein zu Essig, Destillat oder Verwendung zu technischen Zwecken. Der aus eigener Ernte gewonnene Direktträgerwein kann als Haustrunk verwendet werden. Durch neuere chemische Bestimmungsmethoden (bei roten Hybridweinen auf papierchromatographischem Wege mit $\frac{n}{100}$ HCl) ist der Nachweis von Direktträgerwein auch in geringen Verschnitten exakt möglich. Bei weißen Direktträgern erfolgt der Nachweis durch den typischen Geruch.

Kapitel 11

Unterlagsreben

ALLGEMEINES

Jene Rebengattungen und ihre Varietäten, die nicht direkt der Traubenerzeugung dienen, werden im normalen Sprachgebrauch von den Weinbauern als „Amerikaner“ oder als „Amerikanerreben“ bezeichnet. Mit den in Nordamerika wild vorkommenden Reben haben sich schon die Botaniker früherer Jahrhunderte beschäftigt und sie in ihre Pflanzensysteme eingeordnet; für die Praxis waren sie jedoch bedeutungslos, da sie — teils männlich blühend, teils weiblich blühend — für die Traubenproduktion selbst unbrauchbar sind. Erst nach dem Auftreten der Reblaus in Europa haben sie — als reblauswiderstandsfähige Veredlungsunterlage für die europäischen Sorten — in der Praxis eine große Bedeutung erlangt. Die Frage der Versorgung mit qualitativ hochwertigen Unterlagsrebensorten ist heute in allen Ländern sehr wichtig und unterliegt vielfach einer gesetzlichen Regelung.
Von den in Nordamerika wild wachsenden Reben — die Botaniker haben sie in 8 Arten eingeteilt — haben als Unterlagsreben bzw. in der Unterlagsrebenzüchtung nur 3 eine große Bedeutung erlangt; nämlich:

Vitis Riparia Michaux,
Vitis Rupestris Scheele und
Vitis Berlandieri Planchon.

Diese amerikanischen Reben besitzen unter anderem jene Eigenschaften, die für ihre Funktion als Unterlagsrebe wichtig sind, und zwar:

- Widerstandsfähigkeit gegen die Reblaus (Immunität, das heißt, die Rebe bleibt völlig

- Anpassungsfähigkeit an die europäischen Klima- und Bodenverhältnisse (Adaption),
- gute Verwachsungsfähigkeit mit der europäischen Edelrebe (Affinität) und
- Bewurzelungsfähigkeit eines Stecklings.

DIE WILDFORMEN AMERIKAS

Die anderen Wildrebenarten Amerikas besitzen diese Eigenschaften nicht in genügendem Ausmaß und kommen daher für die Unterlagsrebenzüchtung nicht in Frage. Grundsätzlich ergeben sich aber aus der Veredlung mit der europäischen Rebe Schwierigkeiten, die umso größer sind, je ungünstiger Klima- und Bodenverhältnisse sind.
Zum besseren Verständnis der in der Praxis verwendeten Unterlagsreben gehört die Kenntnis der Wachstumseigenschaften der amerikanischen Wildreben.

Vitis Riparia (Uferrebe)
In ihrer Heimat, der gemäßigten Zone Nordamerikas, wächst sie wild in den Auwäldern entlang der Flüsse auf Schwemmlandböden. Sie ist daher hinsichtlich des Bodens sehr anspruchsvoll und verlangt fruchtbare, tiefgründige, humose Böden. Diese dürfen nicht trocken, aber auch nicht zu feucht und nicht kalkreich sein. Ihr Wurzelsystem ist feinfaserig, reich verzweigt und flach verlaufend. Gegen die Reblaus und gegen Winterkälte ist sie sehr widerstandsfähig. Die Riparia treibt sehr früh aus und beeinflußt auch die Veredlung hinsichtlich dieser Eigenschaft.
Es gibt kleinblättrige und großblättrige Formen; letztere werden als Unterlagsreben vermehrt.

Vitis Rupestris (Felsenrebe)

Die Vitis Rupestris ist im Süden der USA, im gemäßigt warmen Klima beheimatet und wächst dort auf trockenen, alluvialen Sand- und Steinböden (Prärie). An den Boden stellt sie nur geringe Ansprüche, sie ist ein Tiefwurzler (tiefgehende, wenig verzweigte fleischige Wurzeln) und ist gegen Trockenheit wenig empfindlich.
Sie verträgt einen höheren Kalkgehalt als die Riparia.
Die Vitis Rupestris ist jedoch wärmeliebend, ihre Winterfestigkeit daher nicht groß. Die Reblausresistenz, ihre Bewurzelungsfähigkeit und Affinität sind sehr gut. Sie treibt spät aus, hat eine lange Vegetationszeit und beeinflußt auch die Veredlungen in der Art, daß die Traubenreife verzögert wird und die Reben spät reifen.

Vitis Berlandieri (Kalkrebe)
Die Vitis Berlandieri kommt im heißen und trockenen Südwesten von Nordamerika (Texas) wild vor und gedeiht dort auf trockenen, heißen, stark kalkhältigen Böden (Kreideböden), in Hügellagen, aber auch an Flußufern.
Hinsichtlich des Bodens ist sie anspruchslos, liebt jedoch kalkhältige Böden; sie besitzt auch die größte Kalkverträglichkeit. Sie ist ebenfalls sehr widerstandsfähig gegen die Reblaus, läßt sich gut veredeln und bringt die Trauben früh zum Reifen. Ihre Bewurzelungsfähigkeit ist allerdings sehr schlecht.

UNTERLAGSREBEN DER PRAXIS

Nachdem die in Amerika wild vorkommenden Rebenarten jene Eigenschaften, die eine Unterlagsrebe haben muß, nicht in genügendem Ausmaß besitzen, werden Kreuzungen von amerikanischen Rebenarten untereinander und auch solche mit europäischen Reben durchgeführt mit dem Ziel, bessere Unterlagsreben zu bekommen.
Reine Amerikaner sind Unterlagsreben, die aus Nordamerika stammen und in Europa direkt vermehrt bzw. selektioniert werden.
Ameriko-Amerikaner sind Unterlagsreben, die durch Kreuzung von amerikanischen Rebenarten untereinander entstanden sind.
Europäo-Amerikaner sind Unterlagsreben, die durch Kreuzungen von amerikanischen Rebenarten mit einer Vitis-vinifera-Sorte entstanden sind.

ZUSAMMENSTELLUNG DER WICHTIGSTEN UNTERLAGSREBEN

Reine Amerikaner

Vollständige Bezeichnung	Kurzbezeichnung	Verwendung
Riparia		
a) Riparia Portalis = Riparia Gloire de Montpellier	Rip. port.	Reblauswiderstandsfähigkeit sehr gut, hohe Bodenansprüche, verträgt wenig Kalk; männliche Blüte; Triebspitze flaumig behaart.
b) Riparia 1 Geisenheim = Riparia grand glabre 1 G	Rip. 1 G	Wie Rip. port., aber Bodenansprüche infolge ihres gemäßigten Wachstums weniger groß; weibliche Blüte, kahle Triebspitze.
Rupestris		
a) Rupestris du Lot	Du Lot	Reblauswiderstandsfähigkeit sehr gut; für mittlere, kalkhältige, tiefgründige Böden in warmen und heißen Lagen (Frankreich, Italien).
b) Rupestris Goethe 9	Goethe 9	Von H. Goethe in Baden bei Wien aus Sämlingen gezogen und selektioniert; mittlere Holzreife, daher auch für nördlichere Weinbaugebiete geeignet (Steiermark).
Berlandieri		
Berlandieri Rességuier Nr. 1	Berl. Ress. 1	Selektion von Rességuier.

Ameriko-Amerikaner

a) einfache Kreuzungen

Berlandieri × Riparia Teleki, Selektion Kober 5 BB	5 BB, Kober 5 BB	Reblauswiderstandsfähigkeit sehr gut; große Anpassungsfähigkeit an die meisten Böden, sehr gut in Lößböden.
Klone:		
Kober 5 BB Klon 13 Geisenheim	Klon 13	
Kober 5 BB Klon Freiburg 148	Klon Freiburg 148	Sehr wüchsig und fruchtbar.
Berlandieri × Riparia Teleki 8 B	8 B	Reblauswiderstandsfähigkeit sehr gut; für alle kalkreichen, nicht zu trockenen, seichten Böden.

Vollständige Bezeichnung	Kurzbezeichnung	Verwendung
Klone: Teleki 8 B Klon Cosmo 2 Teleki 8 B Klon Ferrari Teleki 8 B Klone Geisenheim	Klon Cosmo 2 Tel. Ferrari 8 B Klone Gm	
Berlandieri × **Riparia Teleki, Oppenheim, Selektion Nr. 4**	SO 4	Reblauswiderstandsfähigkeit sehr gut.
Berlandieri × **Riparia Teleki, Kober 125 AA** **Klone:** Kober 125 AA, Klone Geisenheim Kober 125 AA, Klon Freiburg 26	125 AA 125 AA Klone Gm Klon Freiburg 26	Reblauswiderstandsfähigkeit sehr gut; tiefgründige Lößböden, schwere Böden. Gut veredlungsfähig.
Berlandieri × **Riparia Teleki 5 C** **Klone:** Teleki 5 C, Klon 6 Geisenheim	5 C Klon 6 Gm	Reblauswiderstandsfähigkeit sehr gut; ähnlich der 5 BB, sehr starkwüchsig.
Berlandieri × **Riparia 161—49 Couderc**	161—49	Reblauswiderstandsfähigkeit sehr gut; für besonders kalkreiche, trockene Böden (Kalksteinschotter).
Berlandieri × **Riparia 34 Ecole Montpellier**	34 EM	Reblauswiderstandsfähigkeit ausreichend; leichte, frische Kalkböden; warme Klimagebiete.
Berlandieri × **Riparia 157—11 Couderc**	157—11	Reblauswiderstandsfähigkeit ausreichend; große Anpassungsfähigkeit an den Boden; warme Klimagebiete.
Berlandieri × **Riparia 420 A**	420 A	Reblauswiderstandsfähigkeit ausreichend; für trockene, hitzige, steinige Kalkböden; warme Klimagebiete.
Riparia × **Rupestris 101—14**	101—14	Reblauswiderstandsfähigkeit gut; für schwere Riparia-Böden; warme Klimagebiete.
Riparia × **Rupestris 3309 Couderc**	3309	Reblauswiderstandsfähigkeit sehr gut; für warme, trockene und tiefgründige, nährstoffreiche Böden mit bis zu 30% Kalkgehalt (Granit-, Gneisböden).

Vollständige Bezeichnung	Kurzbezeichnung	Verwendung
Klone: 3309 Klon Freiburg 465	3309 Klon Freiburg	
Riparia × Rupestris Schwarzmann	Schwarzmann	Reblauswiderstandsfähigkeit sehr gut; für gute, kalkarme Böden; Südtirol.
Berlandieri × Rupestris 140 Ruggeri	Ruggeri 140	Reblauswiderstandsfähigkeit sehr gut; höchste Kalkverträglichkeit (bis 80%); für humusreiche, lockere Böden; Südtirol.
Berlandieri × Rupestris Teleki 10 A **Berlandieri × Rupestris 779 Paulsen** **Berlandieri Las Sorres × Rupestris du Lot 99 Richter**	Tel. 10 A Pl 779 99 Richter	
b) mehrfache Kreuzungen		
Riparia × Rupestris × Candicans	Solonis	Reblauswiderstandsfähigkeit noch genügend; geringe Bodenansprüche (trocken, hitzig, schwer).
Solonis × Riparia 1616 Couderc	1616 C	Reblauswiderstandsfähigkeit sehr gut; für feuchte, schwere Böden bis 25% Kalk (gut bei Traminer, Burgunder, Riesling).
Solonis × Riparia Geisenheim 353	Sori	
(Riparia × Carignan) × Rupestris du Lot 1.37 Pirovano **(Riparia × Rupestris 101—14) × (Riparia × Rupestris)** **(Riparia × Rupestris 101—14) × (Riparia × Rupestris)** **(Berlandieri Ress 1 × Riparia) × (Berlandieri × Riparia 157—11)**	 413 Gm 414 Gm 316 Gm	

Europäo-Franko-Amerikaner
a) einfache Kreuzungen

Aramon × Riparia 143 A	Aripa	Reblauswiderstandsfähigkeit noch ausreichend; nur für kalkärmere Böden, chloroseanfällig.
Aramon × Rupestris Ganzin Nr. 1	Ganzin 1	Reblauswiderstandsfähigkeit umstritten; trockenere, ärmere Böden; warme Klimagebiete.

Vollständige Bezeichnung	Kurzbezeichnung	Verwendung
Mourvèdre × Rupestris 1202 Couderc	1202	Reblauswiderstandsfähigkeit umstritten; tiefgründige, feuchte, kalkhältige Böden; warme Klimagebiete.
Trollinger × Riparia 26 Geisenheim	26 Gm	Reblauswiderstandsfähigkeit nicht ausreichend; nur für Sandböden, wenig kalkverträglich.
Chasselas (Gutedel) × Berlandieri 41 B MG	41 B	Reblauswiderstandsfähigkeit nicht ganz sicher; für kalkreiche Böden (Kreideböden).
Cabernet Sauvignon × Rupestris 33 A	33 A	
b) mehrfache Kreuzungen		
(Aramon × Riparia 143 B) × (Riparia × Rupestris)	315–39 Gm	
(Berlandieri Ressègnier 1 × Riparia G) × Riparia Gloire de Montpellier	162–38 Gm	
Blauburgunder × (Cordifolia × Rupestris 17 G)	141–38 Gm	
Oberlin 595 × Riparia Gloire de Montpellier	60–37 Gm	
Dr.-Decker-Rebe / (Solonis × Riesling = 157 G) × Riesling /		

IN ÖSTERREICH HAUPTSÄCHLICH VERWENDETE UNTERLAGSREBEN

Berl. × Rip. Kober 5 BB

Herkunft und Verbreitung:

Population (Sortengemisch) von Berlandieri × Riparia-Hybriden, die von Weinbaudirektor Hofrat Kober, Wien, aus Teleki-Beständen selektioniert wurde. In Österreich und Deutschland am stärksten verbreitete Unterlagsrebe.

Charakteristische Merkmale:

kräftiger Wuchs; ausgesprochener Tiefwurzler;

Blätter: groß, dreilappig, gegen die Stielbucht rotnervig, derb, blasig; stumpfe Zähne;

Sommertrieb: sonnseits rötlich, an den Knoten weinrote Ringe, sonst grün;

Triebspitze: fast vom Vinifera-Typus (der Triebspitzenkern ist völlig frei, die älteren Blätter sind ganz entfaltet), bronziert, am Rand gerötet; Nerven wollig behaart;

Blüte: weiblich, selten zwitter;

Holz: kastanienbraun mit rotbraunen Streifen, glatt glänzend, nicht behaart, Querschnitt rundlich oder leicht elliptisch, enge Internodien, Knoten wenig bemerkbar.

Vorteile: große Anpassungsfähigkeit hinsichtlich des Bodens, stellt keine besonderen Ansprüche, besonders gut für Lößböden; auch für magere, kühlere und frischere Böden, jedoch nicht für zu feuchte Böden (chloroseanfällig); hohe Kalkverträglichkeit (bis zu 55% Kalk), hohe Fruchtbarkeit; gute Bewurzelungsfähigkeit und gute Affinität zu vielen Sorten, insbesondere auch zu Veltliner grün.

Nachteile: sehr starkes Holzwachstum kann bei starktriebigen Edelsorten (zum Beispiel Neuburger) insbesondere in den ersten Jahren das Verrieseln fördern, Verzögerung der Traubenreife; ungeeignet für heiße Länder.

Berl. × Rip. Tel. 5 C

Herkunft und Verbreitung:

Eine Teleki-Selektion aus den eigenen Berlandieri × Riparia-Beständen (5 A) in Villány (Ungarn); eine Selektion mit mehr Ripariablut.

Kober 5 BB

Charakteristische Merkmale:
sehr starkwüchsig; sehr ähnlich der 5 BB, längere Internodien;

Blätter: junges Blatt gelblich grün mit leicht bräunlichem Hauch auf Oberseite;
ausgewachsenes Blatt: Berlandieri-Typ, dreilappig, breiter Mittellappen, schwach behaart;
Sommertrieb: sonnseitig rotbraun, unterseits hellgrün;
Triebspitze: Vinifera-Typ, grün, oft an Oberseite leicht bräunlich;
Blüte: große Gescheine, nur männliche Blüten.
Holz: glatt, hellbraun, lange Internodien.
Vorteile: frühere Holz- und Traubenreife gegenüber 5 BB, daher für spätreifende Sorten (zum Beispiel Welschriesling, Zierfandler) gut geeignet. Kein Verrieseln, große Fruchtbarkeit; gute Verwachsung und zufriedenstellende Bewurzelungsfähigkeit.
Nachteile: mittlere Kalkverträglichkeit, chloroseanfälliger als 5 BB.

Berl. × Rip. SO 4

Herkunft:
Selektion der Weinbauschule in Oppenheim aus der Teleki 4, ist der R 7 (Selektion Reckendorfer) sehr ähnlich.

5 C

SO 4

Charakteristische Merkmale:
Blätter: rinnenartig gefaltet, derb, breite, V-förmige Stielbucht; doppelt gegabelte Ranken;
Triebspitze: fast vom Vinifera-Typ, stark bronziert;
Sommertrieb: an den Knoten kurz beborstet;
Blüte: männlich.
Holz: schokoladebraun.
Vorteile: frühe Holzreife, günstige Beeinflussung der Fruchtbarkeit, neigt wenig zum Verrieseln (günstiger Einfluß bei Veltliner grün).
Nachteile: schwierige Kallusbildung.

125 AA

Berl. × Rip. 125 AA
Herkunft und Verbreitung:
Selektion des Weinbauinstitutes Freiburg. Wegen der schlechten Holzreife nur vereinzelt in Deutschland verbreitet.

Charakteristische Merkmale:
Blätter: rauh, blasig, derb, Mittellappen länger als bei der 5 BB;
Triebspitze: ähnlich der 5 BB;
Sommertrieb: dicht behaart, sonnseits und an den Knoten rot, Rückseite grün;
Blüte: weiblich.
Holz: hell bis dunkelbraun mit rotbraunen Streifen, stark behaart (sieht daher grau aus).
Eigenschaften: gleichen weitgehend der 5 BB.

Berl. × Rip. Tel. 8 B
Herkunft und Verbreitung:
Eine Teleki-Selektion aus den eigenen Berlandieri × Riparia-Sämlingsbeständen in Villány; eine Selektion mit mehr Berlandieri-Blut; Population (Sortengemisch).

Charakteristische Merkmale:
gute Wüchsigkeit;
Blätter: sehr groß, stumpfe, breite Zähne; derb; offene Stielbucht (V-förmig);
Sommertrieb: dicht behaart, an den Knoten und den älteren Teilen weinrot;
Triebspitze: fast vom Vinifera-Typus; grün, nur Randzone und rückwärts schwach rötlich; auf den Nerven behaart;
Blüte: männlich.
Holz: hellbraun mit rotbraunen Streifen; beborstet, erscheint daher graubraun; vieleckiger Querschnitt.
Vorteile: hohe Kalkverträglichkeit (bis zu 60% löslichen Kalk im Boden), für gute Lagen, insbesondere bei höherem Kalkgehalt, besser geeignet als die 5 BB; auch für nährstoffärmere, jedoch nicht zu trokkene Böden; gute Fruchtbarkeit, gute Affinität zu den meisten Sorten, sehr gute Holzreife.
Nachteile: späte Reife, mäßige Bewurzelungsfähigkeit, empfindlich gegen starke Winterkälte.

8 B

Riparia Portalis
Herkunft und Verbreitung:
Die Vitis Riparia wurde aus Nordamerika nach Frankreich importiert und dort als erste Unterlagsrebe bei der Umstellung auf veredelte Weingärten verwendet (1879). Portalis ist ein an der Weinbauschule Montpellier gezüchteter Klon.

Charakteristische Merkmale:
kräftiger Wuchs;
Blätter: groß, dreilappig, grün; offene U-förmige Stielbucht, mit sehr langem Stiel;
Triebspitze: behaart, Riparia-Typus (um den geschlossenen Triebspitzenkern bilden bereits ältere Blätter eine schiffchenförmige Hülle), grün;
Blüte: männlich.
Holz: Oberfläche glatt, hellbraun bis rotbraun und leicht bereift, kahl; lange Internodien und deutliche Knoten.
Vorteile: frühe Traubenreife; gute Verwachsung und Bewurzelung in der Rebschule.
Nachteile: hohe Bodenansprüche. Im Nachbau ungeeignet, daher kann nach Rodung eines Weingartens auf Riparia keine Neuauspflanzung auf Riparia erfolgen. Geringe Kalkverträglichkeit, ungeeignet für schwachwüchsige Sorten.
Eignung: gut geeignet für frische, tiefgründige und nährstoffreiche, aber kalkarme Schwemmlandböden. Nach einem Riparia-Weingarten unbedingt Unterlage wechseln.

Riparia Portalis

Solonis × Riparia 1616
Herkunft und Verbreitung:
Züchtung von Couderc, besonders in Deutschland und Österreich verbreitet.
Charakteristische Merkmale:
Wuchs: mittel;
Blätter: mittelgroß, dreilappig; lange, spitze Zähne; Endzähne deutlich säbelartig gebogen; weit offene Stielbucht;
Sommertrieb: bereift, kahl und glatt, Knoten und Internodien einseitig dunkelrotviolett;
Triebspitze: Riparia-Typus;
Blüte: männlich.
Holz: leicht gerieft, einheitlich graubraun, glatt, Querschnitt rund, Knoten wenig entwickelt.
Vorteile: größte Anpassungsfähigkeit auf den Boden, Eignung für nasse Böden. Kalkverträglichkeit 25% bis 30%; gute Verwachsung.
Nachteile: Traubenreife mittelspät.

Chasselas × Berlandieri 41 B
Herkunft und Verbreitung:
Wegen der hohen Kalkverträglichkeit weitverbreitete Unterlage im mediterranen Gebiet und in der Champagne.

Charakteristische Merkmale:
Wuchs: schwach;
Blätter: herzförmig, gewellt und gefaltet; Blattränder nach unten gebogen, dreilappig, derb, U-förmige Stielbucht;
Triebspitzen: Vinifera-Typus, weißfilzig, dicht behaart;
Sommertrieb: flaumig behaart, stark kantig, graugrün;
Blüte: weiblich bis zwitter.
Holz: kantig, graubraun, fein gestreift, grob gerieft, unbehaart.
Vorteile: verträgt von allen Unterlagsreben den höchsten Kalkgehalt (bis 65%), Boden kann auch bindig sein; chlorosefest; reichtragende und langlebige Weingärten.
Nachteile: späte Reife, sehr schlechte Bewurzelung in der Rebschule, schwacher Wuchs.

Trollinger × Riparia 26 Geisenheim (G 26)
Herkunft und Verbreitung:
Europäo-Franko-Amerikaner, Kreuzung der Rebenzuchtanstalt in Geisenheim
Charakteristische Merkmale:
Wuchs: gut und stark;
Blätter: schwach dreilappig, groß, derb;
Triebspitzen: sonnenseits grün bis bronziert, Rippen borstig, wollig behaart;
Sommertrieb: kahl;
Blüte: weiblich und zwittrig;
Holz: gelbbraun bis rotbraun;
Vorteile: hohe Fruchtbarkeit insbesondere bei den Sorten Grüner Veltliner, Rheinriesling und Müller-Thurgau. Gute Holzreife bei allen Edelsorten. Gute Kalkverträglichkeit;
Nachteil: auf schweren Böden bestehen Bedenken hinsichtlich der Reblausanfälligkeit.

Berl. × Rip. R 27
Herkunft: Berl. × Rip. Teleki Selektion Reckendorfer in österreichischen Rebanlagen vermehrt (Klon KR 1 an Fachschule Krems);
Charakteristische Merkmale:
Wuchs: sehr kräftig;
Blätter: groß, herzförmig, dick und derb, dreilappig;
Triebspitzen: stark geneigt, weißgrünlich, leicht rötlich gerändert;
Sommertrieb: glatt, kantig, grün, sonnseits bronziert;
Blüte: weiblich, längliche mittelgroße Gescheine;
Holz: mittel- bis dunkelbraun, braun gerieft;
Vorteile: kräftiges Wachstum, gutes Bewurzelungsvermögen, gute Kalkverträglichkeit, frühreifend;
Nachteile: Herkünfte unterschiedlich, daher unsicher in den Eigenschaften.

DIE IN SÜDTIROL HAUPTSÄCHLICH VERWENDETEN UNTERLAGSREBEN

Stark wachsende Unterlagen
Berl. × Rip. Kober 5 BB
Berl. × Rip. 125 AA

Mittelstark wachsende Unterlagen
Berl. × Rip. Tel. 5 C
Berl. × Rip. SO 4

Unterlagen mit hoher Kalkverträglichkeit
Riparia × Berlandieri 161—49 C:
Zählt zu den kalkresistentesten Unterlagen und eignet sich daher besonders für kalkreiche Böden und ausgesprochene Trockenlagen. Sie zeigt jedoch nicht das gute Anpassungsvermögen an die verschiedenen Standorte, das die Berl. × Rip.-Kreuzungen auszeichnet. Sie entwickelt ein tiefgehendes Wurzelsystem; ist in den ersten Jahren schwachwüchsig, später etwas stärker.
Berl. × Rup. 140 Ruggeri:
Ist für extrem kalkreiche, schottrige und trockene Böden geeignet. Wuchs mittelstark.

Schwachwachsende Unterlagen
Rip. × Rup. Schwarzmann:
Wächst sehr schwach, aber gleichmäßig; frühreifend, gute Winterfestigkeit. Für kalkarme, sehr gute Böden in Verbindung mit starkwüchsigen Edelsorten.
Berl. × Rip. Tel. 8 B

VEREINFACHTER ERKENNUNGSSCHLÜSSEL ZUR UNTERSCHEIDUNG DER WICHTIGSTEN UNTERLAGSREBEN WÄHREND DER VEGETATIONSZEIT

Triebspitzen-Typus	Behaarung der Triebe (ausgenommen d. Knoten)	Farbe der Triebspitzen	Blätter	Sonstige charakt. Merkmale	Unterlagsrebe
Riparia-Typus	—	—	sehr groß		Rip. port.
	—	—	mittelgroß	Endzähne sehr lang und schmal, säbelartig gebogen	1616 C
Vinifera-Typus	kahl	bronziert	Blattfläche dunkelglänzend	Blüte weiblich	5 BB
		stark bronziert	Blattfläche gefaltet	doppelt gegabelte Ranken; Blüte männlich	SO 4
		gelbbräunlich grün		sehr lange Internodien; Blüte männlich	5 C
	beborstet	grün	—	Blüte männlich	8 B
		bronziert	—	Blüte weiblich	125 AA

DIE STANDORTANSPRÜCHE DER WICHTIGSTEN UNTERLAGSREBEN

Unterlagsrebensorte	Kalkverträglichkeit bis zu	Bodenansprüche	Sonstiges
Rip. port.	15%	fruchtbare, humusreiche, tiefgründige, nährstoffreiche Böden	nicht auf Böden, wo vorher ein Riparia-Weingarten war
Aripa	20%	für tiefgründige Böden, die nicht so gut sind wie Rip.-Böden, besonders trockenere, leichtere Böden	holzt leicht ab, bei höherem Kalkgehalt chloroseanfällig
26 Gm	20—25%	für seichtgründige, trockene Böden	nur in reblaushalbimmunen Sandböden
1616 C	25—30%	auch für bindige, nasse Böden, hoher Grundwasserstand	
Ganzin 1	30%	sehr warme Lagen (spätreifend), trockene, nährstoffärmere Gesteins- und Urgesteinsböden	Reblausfestigkeit umstritten
5 C	45%	fast alle Böden, durchlässige Böden	frühreifend
SO 4	50—55%	für alle nicht zu trockenen Böden	
5 BB	50—55%	für fast alle Böden; sehr gut in Löß, weniger gut in tonigen und mergeligen Böden	verbreitetste Unterlage
8 B	60%	für fast alle Böden; trockene, flache Böden weniger geeignet	warme Lagen, spätreifend
41 B	65%	für kalkreichste, auch bindige und mäßig feuchte Böden	chlorosefest

Kapitel 12

Rebenzüchtung

ALLGEMEINES

Aufgabe der Rebenzüchtung ist es, die Eigenschaften der vorhandenen Rebsorten zu verbessern und im notwendigen Rahmen als Ersatz für nicht voll befriedigende Sorten Ersatz- oder Erhaltungssorten hervorzubringen. Als wichtigste Zuchtziele gelten dabei:

- Erhöhung der Erträge und der Ertragssicherheit, insbesondere durch das Ausschalten der Alternanz,
- Verbesserung der Qualität (Mostgewicht, Bukettbildung...),
- Verbesserung der Blütefestigkeit,
- Veränderung des Reifezeitpunktes (frühe Reife),
- Erhöhung der Widerstandsfähigkeit gegen Krankheiten.

Diese Zuchtziele können bei der Auslesezüchtung nur aus dem vorhandenen Rebenmaterial erreicht werden, wobei aber Grenzen gesetzt sind. Andere Methoden der Züchtung haben die Aufgabe, neue Sorten mit neuen, besseren Eigenschaften hervorzubringen; man bedient sich dabei der Methode der Kombinationszüchtung und der Mutationszüchtung.

Kostensenkung durch Ertragssteigerung
In diesem Zusammenhang muß festgestellt werden, daß die Rebenzüchtung wesentlich zur Kostensenkung im Weinbau beitragen kann. Die folgende Tabelle zeigt die Auswirkung eines Mehrertrages auf den Traubenpreis.

Eine Ertragssteigerung von nur 2000 Kilogramm Trauben je Hektar bringt bei einem Preis von S 5.— je Kilogramm Trauben eine Erhöhung des jährlichen Rohertrages um S 10.000.— oder in 20 Ertragsjahren S 200.000.— Mehrertrag. Daraus kann ersehen werden, daß nur durch die Verwendung von hochwertigem Pflanzgut (zum Beispiel Klonenmaterial) eine wesentliche Erhöhung der Erträge erreicht werden kann, was die Rentabilität wesentlich verbessert. Dabei ist überdies zu berücksichtigen, daß nach bisherigen Erfahrungen Klonenanlagen gerade in schlechten Jahren wesentlich bessere Erträge liefern als die übrigen Weingärten, so daß die Erhöhung des Rohertrages für ein Hektar Weingarten im Laufe seiner Lebensdauer bis zu einer halben Million Schilling betragen kann. Dabei soll auch erwähnt werden, daß der Einsatz des Produktionsmittels „Pflanzgut" weder von der Betriebsgröße noch von der Betriebsstruktur abhängt und somit allen im gleichen Ausmaß und ohne wesentliche Mehrkosten zugute kommt.

Gestehungskosten je kg Trauben bei

Traubenertrag kg/ha	Vollkosten je ha Ertragsrebfläche				
	S 40000,-	S 50000,-	S 60000,-	S 70000,-	S 80000,-
4 000	10,--	12,50	15,--	17,50	20,--
6 000	6,66	8,33	10,--	11,66	13,30
8 000	5,--	6,25	7,50	8,75	10,--
10 000	4,--	5,--	6,--	7,--	8,--
12 000	3,33	4,16	5,--	5,83	6,65
15 000	2,66	3,33	4,--	4,66	5,30

Abhängigkeit des Traubenpreises vom Ertrag (Quelle: Leopold Müllner, Höhere Bundeslehr- und Versuchsanstalt für Obst- und Weinbau, Klosterneuburg)

ZÜCHTUNGSMETHODEN

Auslesezüchtung (Selektionszüchtung, Klonenzüchtung)

Die Auslese ist die älteste Form der Züchtung; wie bei allen Kulturpflanzen die alten Landsorten, sind im Weinbau die meisten unserer heute verwendeten Sorten durch natürliche Auslese, aber auch infolge der Auslese durch den Menschen entstanden.

Bei der Auslesezüchtung gibt es drei Möglichkeiten:

- die negative Massenselektion,
- die positive Massenselektion und
- die Klonenzüchtung mit Nachkommenschaftsprüfung.

Die einfachste Form der Auslesezüchtung ist die negative Massenselektion. Dabei werden innerhalb eines Rebenbestandes (Population) nur die negativen Typen entfernt. Diese Methode verhindert wohl einen bedeutenden Leistungsabfall, eine Leistungssteigerung wird jedoch nicht erreicht. Es ist das primitivste Verfahren der Auslesezüchtung.

Bei der positiven Massenselektion werden die positiven Typen einer Population ausgelesen und gemeinsam vermehrt. Bei diesem Verfahren, das als zweite Stufe der Auslesezüchtung anzusehen ist, wird eine Leistungssteigerung in einem wesentlich größeren Maße erreicht als bei der negativen Massenselektion. Da aber bei dieser Art der Züchtung die Modifikationen (das sind die Eigenschaften, die durch die Umwelt bedingt und daher nicht erblich sind) nicht erkannt werden, ist eine positive Massenselektion nie frei von Minusvarianten und es kann deshalb nicht das Leistungsoptimum einer Sorte erreicht werden.

Die modernste Form der Auslesezüchtung ist die Klonenzüchtung. Schon im Jahre 1856 hat Léveque den Grundgedanken hiefür festgehalten, nämlich, daß man von der Einzelpflanze ausgehen müßte. Aber erst viel später wurde dieser Gedanke bei der Züchtung landwirtschaftlicher Kulturpflanzen angewandt und dadurch erweitert, daß die Prüfung sich auch auf die Nachkommenschaft einer vegetativ vermehrten Pflanze (auf die Klone) erstrecken muß. Erst durch einen mehrmaligen Standortwechsel und durch Vermehrung können der modifikative Einfluß ausgeschaltet und der Wert eines Klons beurteilt werden.

Bei der Klonenzüchtung werden die besten Einzelpflanzen eines Bestandes in eingehender Prüfung ermittelt; man bezeichnet sie als Eliten. Die Auslese der Eliten soll in großem Umfang erfolgen, um möglichst viele positive Kleinmutanten einer Sorte erfassen zu können. Denn die Eigenschaften, die uns bei einer Rebensorte interessieren und die verbessert werden sollen, sind durch eine große Zahl von Faktoren bestimmt, die unabhängig voneinander mutieren können.

Bei der praktischen Durchführung werden im Weingarten alle Stöcke, die durch besondere Leistungen auffallen, ausgemerkt und bonitiert: Unterteilung in Klassen von 1 (sehr schlecht) bis 5 (sehr gut). Dabei werden insbesondere folgende Eigenschaften beobachtet: Wüchsigkeit, Blütenansatz, Blütenfestigkeit, Krankheitsanfälligkeit (Chlorosen, Virosen). Nach mindestens dreijähriger Beobachtung werden die positiven Elitestöcke vermehrt.

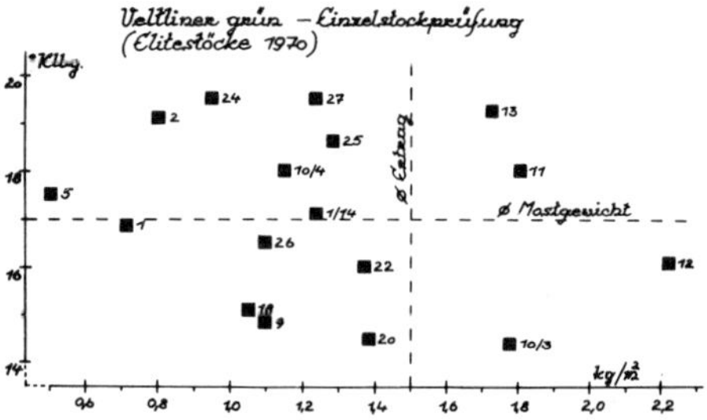

Einzelstockprüfung beim Grünen Veltliner (Graphik: Leopold Müllner, Höhere Bundeslehr- und Versuchsanstalt für Obst- und Weinbau, Klosterneuburg)

Die Prüfung der ersten Vermehrung erfolgt in einem Umfang von je 10 Stöcken (Klone) ohne Wiederholung. Bei den traditionellen Methoden werden nach drei bis vier Jahren der Anzucht vorerst die phänologischen (aussehensmäßigen) Eigenschaften beurteilt. Neben den bereits in der ersten Stufe geprüften Eigenschaften werden in dieser Phase zusätzlich auch Blühbeginn, Beginn der Beerenreife und Holzreife beobachtet. Im Herbst werden bei jedem Klon Ertrag, Mostgewicht und Säure ermittelt. Aus diesen Daten wird zur Beurteilung des Anbauwertes eine Leistungszahl nach der Formel: (Zuckergehalt)^2 × Ertrag errechnet. Züchterisch werden nur jene Klone weiterbehandelt, die nach dreijähriger Beobachtung hinsichtlich der Leistungszahl über dem Durchschnitt einer Sorte liegen und in allen übrigen Anforderungen voll entsprechen.

Diese ausgelesenen Klone kommen zur zweiten Prüfung. Die einzelnen Prüfungen der zweiten Stufe werden bereits in verschiedenen Weinbaugebieten durchgeführt. Hiedurch werden alle Begünstigungen, dic durch einen Standort gegeben sein können, ausgeklammert. Da für diese zweite Vermehrung nur das Holz von 10 Rebstöcken zur Verfügung steht, dauert es mehrere Jahre, bis in den einzelnen Weinbaugebieten eine genügende Anzahl von Prüfanlagen errichtet ist. Dabei zeigt sich, daß die ökologische Streubreite des Klones meist begrenzt ist, so daß man keinen „Universalklon" züchten kann, sondern mehrere Klone benötigt, die den einzelnen Weinbaugebieten optimal angepaßt sind.

Die Auswertung erfolgt auch hier nach statistischen Methoden. Als am besten geeignet erwies sich die Berechnung des Variationskoeffizienten, da er ein Maß für die Regelmäßigkeit der Leistung darstellt.

Mit den besten Klonen werden in jedem Weinbaugebiet Großanlagen errichtet, die zur Abgabe von Edelreisern an die Praxis dienen. Um eventuelle Klonmutationen auszuscheiden, wird in diesen Anlagen auch weiterhin eine negative Auslese durchgeführt.

Für den Praktiker ist es wesentlich, daß es in der Klonenzüchtung gelungen ist, den Ertrag und die Qualität des vorhandenen Sortenbestandes maßgeblich zu verbessern. Bei einzelnen Sorten konnten Ertragssteigerungen zwischen 50 und 100 Prozent erzielt werden. Aus modernen Klonenanlagen wissen wir, daß die mehrjährigen Durchschnittserträge zwischen 75 und 120 Hektoliter je Hektar liegen.

Am Beispiel des Grünen Veltliners soll die Leistung einzelner Klone dargestellt werden:

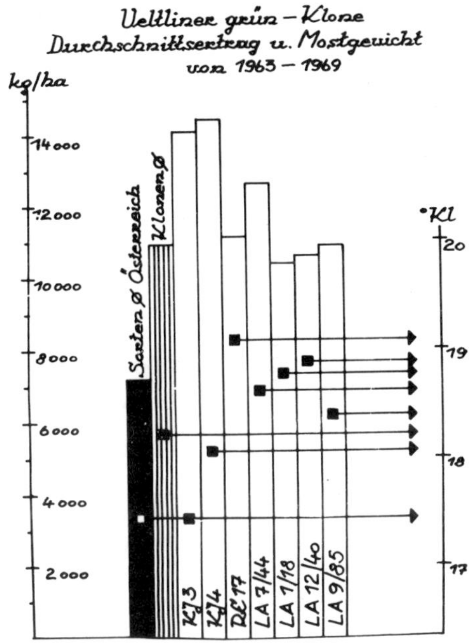

Durchschnittsertrag und Mostgewicht bei Grüner-Veltliner-Klone (Graphik: Leopold Müllner, Höhere Bundeslehr- und Versuchsanstalt für Obst- und Weinbau, Klosterneuburg)

1. NEGATIVE MASSENAUSLESE

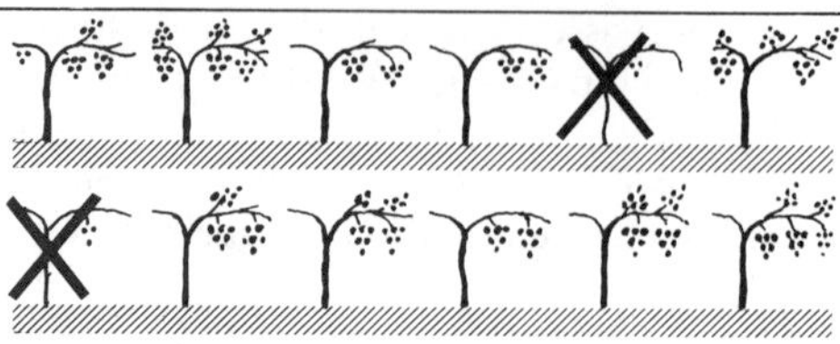

Holz von allen Stöcken wird vermehrt,

ausgenommen — 

2. POSITIVE MASSENAUSLESE

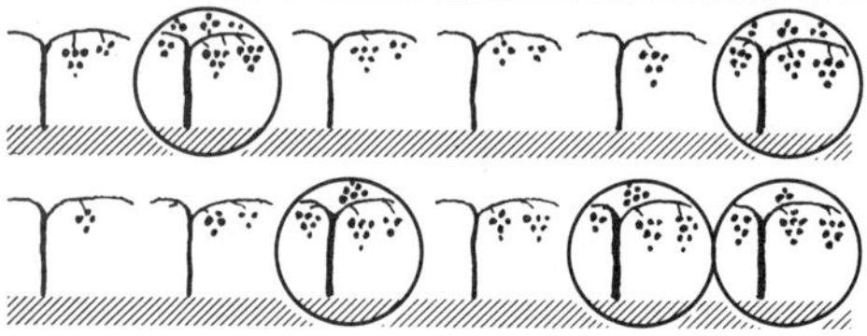

 nur Holz von diesen Stöcken wird vermehrt

3. KLONENZÜCHTUNG

I. Stufe: Prüfung der Elitestöcke im Mutterweingarten:

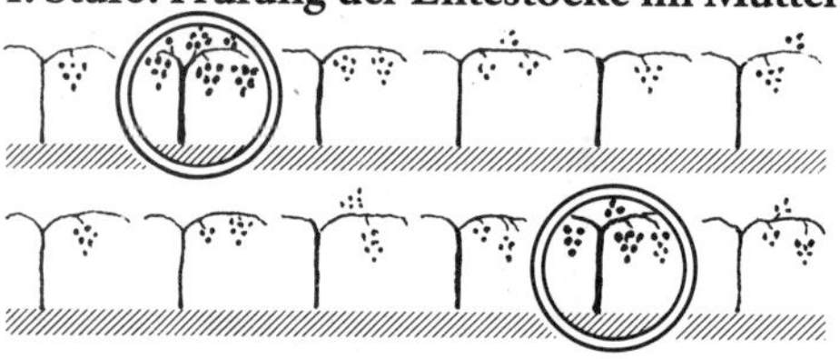

Mindestens dreijährige Prüfung von:

a) Wachstum, Blütefestigkeit, Krankheitsanfälligkeit und

b) Ertrag und Qualität

II. Stufe: Mehrjährige Prüfung der Kleinklone am Züchtungsort:

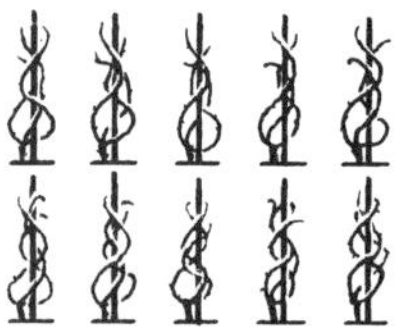

10 Stöcke (Klone) werden am Züchtungsort geprüft hinsichtlich:

a) Wachstum

b) Ertrag und Qualität

c) Blühbeginn, Beerenreife, Holzreife

d) Widerstandsfähigkeit, Anfälligkeit

bei Entsprechen

III. Stufe: Mehrjährige Prüfung der Kleinklone in verschiedenen Weinbaugebieten:

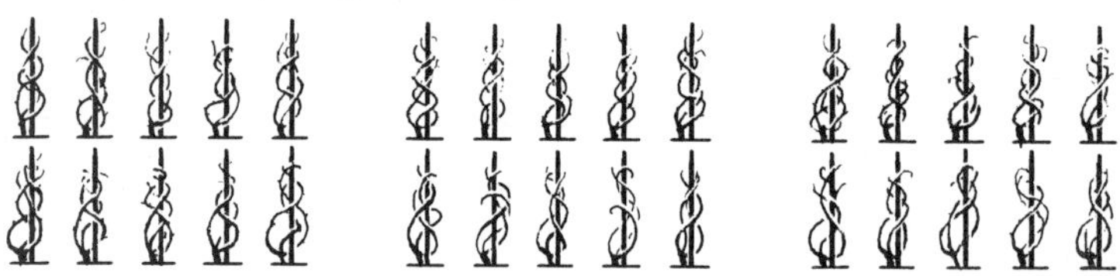

Prüfung wie in Stufe II

bei Entsprechen

IV. Stufe: Vermehrung als Großklon mit negativer Massenselektion

Kombinationszüchtung

Durch die Auslesezüchtung kann eine Sorte im Rahmen der vorhandenen Rebanlagen verbessert werden; es ist jedoch nicht möglich, neues Erbgut zu schaffen. Dies kann nur durch Züchtung neuer Sorten im Wege der Kreuzungszüchtung oder durch Änderung des Erbgutes im Wege der Mutationszüchtung erfolgen.

Durch die Kreuzung zweier Elternsorten können deren Eigenschaften im Wege neuer Kombinationen des Erbgutes in neuen Sorten vereinigt werden, da nach Mendel die Eigenschaften (Erbanlagen) frei kombinierbar sind. Physiologische Eigenschaften, zu denen alle für den Züchter interessanten Eigenschaften gehören (Wüchsigkeit, Ertrag, Qualität, Frosthärte usw.), werden stets von einer Reihe von Erbfaktoren bestimmt, die sich in ihrer Wirkung addieren können (Transgressionen).

In der Regel führen einfache Kreuzungen, vor allem in der Resistenzzüchtung, nicht zum Ziel; hier müssen Rückkreuzungen durchgeführt werden. Man arbeitet dabei meistens nach der Methode der sogenannten Konvergenzzüchtung: Durch Kreuzungen von der Form A × B und C × D entstehen Populationen, aus denen die Zuchteliten selektioniert werden. Diese werden mit dem rezessiven Elternteil rückgekreuzt (AB × A bzw. CD × C) und Eliten aus dieser Population werden miteinander gekreuzt (ABA × CDC). Daraus werden schließlich die wirtschaftlich bedeutendsten Eliten selektioniert.

Praktische Durchführung der Kreuzung

Die als Pollenspender vorgesehenen Stöcke werden von Ende April bis Anfang Mai mit Plastiksäcken umspannt, um deren Blütezeit um einige Tage vorzuverlegen. Der Pollen (männlicher Kreuzungspartner) wird von den Vaterstöcken mittels einer Pollenpinzette abgenommen und in Papiersäckchen aufbewahrt. Zirka zwei bis drei Tage vor Beginn der Blüte der weiblichen Kreuzungspartner (Mutterstöcke) werden deren Käppchen mit den Staubgefäßen entfernt, danach wird das Geschein etikettiert und eingebeutelt. Wenn die Narbe sekretiert (zirka zwei Tage nach dem Kastrieren), muß die Bestäubung durchgeführt werden. Um das Geschein in erster Linie vor Fremdbefruchtung zu schützen, wird das Säckchen erst im Juli entfernt.

Im Herbst werden die Trauben geerntet, die Kerne ausgewaschen, getrocknet und luftig gelagert. Ende Dezember werden die Kerne angebaut; zuerst werden sie vier Wochen kaltgestellt, um ein gleichmäßiges Aufgehen zu erreichen. Sie keimen zirka vier Wochen nach dem Warmstellen. Im Folgejahr werden die Sämlinge im Freiland ausgepflanzt. Auf Grund von drei Beobachtungsjahren sowie nach Verkostung des Weines werden die Elitestöcke ausgelesen und vermehrt. Diese langwierige erste Prüfung kann wesentlich abgekürzt werden, wenn die Sämlinge in Hydrokulturanlagen herangezogen werden, da sie hier bereits im zweiten Jahr Trauben ansetzen. Die Eliten aus der ersten Prüfung kommen in die erste Vermehrung. Diese soll unter praxisnahen Bedingungen erfolgen, deshalb wird auf eine ortsübliche Unterlage (zum Beispiel 5 BB) veredelt und in der Regel eine Hochkulturanlage erstellt. Da hier naturgemäß viele Elitestöcke anfallen, muß der Umfang der Prüfung auf zehn Stöcke beschränkt werden. Nach dem dritten Beobachtungsjahr erfolgt auch hier die Auslese, die weitere Vermehrung und Prüfung der neuen Elitestöcke. In dieser sogenannten Zwischenprüfung wird ein Unterlagenversuch eingebaut; hier werden auch Schnittversuche durchgeführt. Danach erfolgt die Hauptprüfung einiger weniger ausgelesener Elitestöcke. Diese Anlagen werden in allen Weinbaugebieten erstellt. Ein strenger Anbauvertrag, den der Versuchsansteller eingehen muß, soll verhindern, daß die Sorte ungeprüft und unkontrolliert vermehrt wird. Ziel der praktischen Kombinationszüchtung ist es, einzelne schlechte Eigenschaften von an und für sich wertvollen Qualitätssorten auszuschalten. Man denke dabei nur an die Spätreife bei den Sorten Rheinriesling und Welschriesling und an die Blüteempfindlichkeit bei den Sorten Blaufränkisch und Neuburger.

Die Neuzüchtung von Rebsorten darf aber keineswegs zu einer Vergrößerung der Aufsplitterung des Rebensortiments führen. Die Feststellung der Anbauwürdigkeit von neuen Sorten bedarf einer eingehenden und jahrzehntelangen Prüfung. Ihr Anbau ist erst dann gerechtfertigt, wenn sie wirtschaftlich etwas Wertvolleres bringt als die bisherigen Sorten, wobei man die schlechtere Sorte auslaufen lassen müßte.
Die Vermehrung muß im Interesse und zum Vorteil der gesamten Weinwirtschaft sein und nicht nur Gruppeninteressen (Rebenzüchter, Rebenvermehrer) dienen.

Mutationszüchtung

Bei dieser Züchtungsmethode wird das vorhandene Erbgut durch äußere Einflüsse verändert. Dabei entstehen negative und positive Varianten, wobei es Aufgabe des Züchters ist, die positiven herauszufinden.
In diesem Zusammenhang soll darauf hingewiesen werden, daß auch bei klassischen Auslesezüchtungen durch Beobachtung von Einzelstöcken positive Kleinmutanten gesucht werden.
Die künstliche Mutation kann durch Eingriffe verschiedenster Art (Bestrahlung, Behandlung mit Chemikalien...) an ruhenden oder keimenden Samen, an Pollenkörnern, an Eizellen, am Holz oder an den Vegetationspunkten hervorgerufen werden. In der Praxis werden vorwiegend Samen behandelt. Um die Mutationsrate zu erhöhen, werden aber auch Stecklinge künstlich bestrahlt, ins Gewächshaus zur Bewurzelung gebracht und im Folgejahr weinbergmäßig ausgepflanzt. Auf diese Weise versucht man vor allem eine Sorte unter Beibehaltung ihres Sortencharakters hinsichtlich von oft nur einem Merkmal zu verbessern. Zum Beispiel: Frühreife bei Welschriesling und Blaufränkisch, Blütefestigkeit bei Neuburger, Muskat-Ottonel und Blaufränkisch; bei Unterlagsreben ist das Zuchtziel die Verbesserung der Holzreife.
Die weitere Selektion erfolgt analog der Auslesezüchtung. In Prüfung stehen aus der Mutationszüchtung hervorgegangene Klone der Sorten Muskat-Ottonel, Welschriesling, Grüner Veltliner, Neuburger und Blaufränkisch.
An der Weinbauforschungsanstalt in Davis, Kalifornien, werden in jüngster Zeit modernste Methoden der Rebenzüchtung entwickelt. Dabei wird versucht, in isolierten Zellen Gene gezielt auszutauschen und so die Erbmasse im Sinne der Züchtungsziele zu verändern.

Abschnitt IV

DIE VERMEHRUNG DER REBE

ALLGEMEINES

Der Erfolg im Weinbau hängt zu einem beachtlichen Teil von der Leistungsfähigkeit des Pflanzgutes ab, im besonderen von seiner Eignung für das Gebiet, die Lage und den Boden, aber auch von seinen Erbanlagen und der äußeren Beschaffenheit. Die Heranzucht von guten Reben hat im Rahmen des Weinbaues große Bedeutung, da sie entscheidend den

Man unterscheidet grundsätzlich zwischen zwei Arten der Rebenvermehrung:
1. die geschlechtliche Vermehrung (generativ);
2. die ungeschlechtliche Vermehrung (vegetativ).

Für die Heranzucht von Pflanzgut ist ausschließlich die vegetative Vermehrung von Bedeutung.
Ihre Vorteile sind:

- das Pflanzgut kann rasch vermehrt werden (man erhält schon nach einem Jahr pflanzfähiges Material);
- die Erbmasse wird unverändert weitergegeben;
- man erzielt die Ertragsfähigkeit auf schnellstmöglichem Wege.

Es gibt verschiedene Formen der vegetativen Vermehrung; die wichtigste und heute fast ausschließlich angewendete Form ist die Vermehrung durch Veredlung (Pfropfung) auf amerikanischen Unterlagsreben.

Kapitel 13

Die Produktion von Unterlagsreben

ALLGEMEINES

Seit der Einschleppung der Reblaus müssen die europäischen Kultursorten praktisch in allen Lagen auf amerikanischen Unterlagsreben veredelt werden, so daß die Erzeugung von Unterlagsreben ein wichtiger Teil der Rebenvermehrung ist.
Die Möglichkeit einer rentablen Produktion von Unterlagsreben hängt im wesentlichen von zwei Faktoren ab:

- von einer möglichst hohen Ertragsleistung der Mutterstöcke und
- von der Höhe der Lohnkosten sowie der Möglichkeit, ausreichende Arbeitskräfte zu bekommen.

Die Ertragsleistung pro Mutterstock ist je nach Erzeugungsgebiet, Art der Anlage und Witterungsverlauf großen Schwankungen unterworfen. In den wärmeren Mittelmeerländern (Italien, Frankreich) ist der Ertrag bei gleicher Erziehungsart erheblich größer als in den klimatisch ungünstigeren nördlichen Anbaugebieten; der Ertrag hängt aber auch von anderen Faktoren, wie Sorte, Erziehungsart und Pflanzabstand, Alter, Witterungsverlauf und Intensität der Pflege, ab. Bei intensiver Bewirtschaftung schwanken die Erträge zwischen 100.000 bis 200.000 Längen pro Hektar und liegen durchschnittlich zwischen 120.000 und 150.000 Längen je Hektar (das sind 30 bis 50 Längen je Mutterstock). In Österreich hat die Schnittweingartenfläche im letzten Jahrzehnt stark abgenommen; das ist eine Folge der großen Bedarfsschwankungen, vor allem aber der stark steigenden Lohnkosten und der immer größeren Schwierigkeiten bei der Beschaffung geeigneter Arbeitskräfte.

MÖGLICHKEITEN DER VERMEHRUNG VON REBEN

1. Geschlechtliche (generative) Vermehrung

Durch Befruchtung der Gescheine entstehen Trauben, deren Beeren Samen enthalten. Werden die Samen im Boden zum Keimen gebracht, entsteht eine Pflanze, die als Sämling bezeichnet wird. Dieser kann zu einem Rebstock gezogen werden.
Diese Form der Vermehrung spielt nur bei der Rebenzüchtung eine Rolle.

2. Ungeschlechtliche (vegetative) Vermehrung

Bei dieser Form der Vermehrung entstehen durch die Bewurzelung und Triebbildung eines Pflanzteiles neue Pflanzen.

Arten der ungeschlechtlichen Vermehrung:

Ableger

Ein grüner oder verholzter Trieb, der mit der Pflanze in Verbindung steht, wird in den Boden gelegt, damit er sich bewurzelt. Wenn dies eingetreten ist, wird er von der Mutterpflanze abgetrennt (z. B. Vergruben, Topfableger).

Veredlung

Durch das Zusammenwachsen von Edelreis und Unterlage entsteht die Veredlung oder Pfropfrebe.

Steckling

Ein von der Mutterpflanze abgetrennter einjähriger Trieb mit einem oder mehreren Augen wird in den Boden gesteckt, damit er sich bewurzelt; zum Beispiel Augensteckling (Kleinvermehrung).

Die Schnittweingartenflächen in Österreich

Die bewirtschaftete Schnittweingartenfläche ist insbesondere im vergangenen Jahrzehnt sehr stark zurückgegangen. Die Ursachen für diese Entwicklung liegen einerseits in der großen Marktunsicherheit beim Absatz von Unterlagsreben, andererseits in der hohen Arbeitsintensität und den damit stark steigenden Lohnkosten, die eine großflächige Bewirtschaftung wesentlich erschweren. Die Großbetriebe mußten daher ihre Produktion einstellen.

Schnittweingartenflächen	1963 Hektar	1971 Hektar	1974 Hektar	1980 Hektar
Niederösterreich	77,81	42,68	24.49	15
Steiermark	13,28	12,62	12,04	8
Burgenland	17,59	4,07	3,24	1
Wien	1,40	—	—	—
Gesamtsumme	110,08	59,37	39,77	24

Die Schnittrebe sollte jedoch als „Rohstoff" angesehen werden und im Hinblick auf ihre existentielle Bedeutung für einen leistungsfähigen Weinbau zumindest so weit gefördert werden, daß zur Vermehrung im Bedarfsfall hochwertiges Zuchtmaterial in ausreichender Menge zur Verfügung steht. Die Klonenzucht bei Unterlagsreben ist ebenso wichtig wie bei den Ertragssorten und kann zur Verbesserung der Erträge und der Ertragssicherung wesentlich beitragen.

Insbesondere jene Betriebe, die sich auf die Erzeugung von Veredlungen spezialisiert haben, sollten in ihre Betriebsplanung Überlegungen einbeziehen, zumindest einen Teil der benötigten Unterlagsreben selbst zu erzeugen. Dies bringt zwei Vorteile:

- Unabhängigkeit von Lieferanten und der Einfuhrpolitik,
- das Unterlagsholz steht rechtzeitig und in frischem Zustand zur Verfügung.

Der Schnittrebenmarkt zeigte in den letzten Jahren in Österreich folgende Entwicklung:

	Millionen Stück			
	1964	1970	1974	1980
Gesamtbedarf an Unterlagsreben	20	6,5	26	17,4
davon aus der Inlandsproduktion	12	10 *)	6	3,6
Importmenge	8	—	20	3,8

*) Infolge mangelnder Absatzmöglichkeiten konnten weder im Inland noch im Ausland 3,5 Millionen Stück verkauft werden.

ANLAGE EINES SCHNITTWEINGARTENS

Lage

Soweit im Frühjahr und im Herbst wenig frostgefährdete, warme Lagen zur Verfügung stehen, sind ebene Grundstücke mit guten Bodenverhältnissen in günstiger Lage zum Betrieb sowohl aus arbeitstechnischen Überlegungen als auch wegen des Holzertrages am besten geeignet.

Allerdings ist in solchen Lagen speziell in ungünstigen Jahren eine nicht immer ausreichende Holzreife gegeben, so daß von diesem Gesichtspunkt aus gute Weingartenlagen zu bevorzugen wären.
Zur Erzeugung von Schnittreben ungeeignet sind Flächen in einer Gartenlage im Schatten von Bäumen, Häusern oder im Wiesengrund. Die Mindestanforderungen hinsichtlich Wärme und Licht müssen so groß sein, daß eine Ausreifung des Holzes von mindestens drei Metern gewährleistet ist; als optimal sind solche Lagen anzusehen, wo eine Reife von über vier Metern erzielt wird, wobei 90 Prozent der Reben eines Stockes gut reif sein müssen. Böden von leichterer bis mittlerer Bodenart sind besser geeignet als schwere Böden.

Neuanlage

Für die Neuanlage ist der Boden in gleicher Weise vorzubereiten wie für einen Ertragsweingarten; anstatt der Veredlungen werden bewurzelte Unterlagsreben (Wurzelreben) ausgepflanzt.
Die Pflanzweite richtet sich nach der ins Auge gefaßten Unterstützungsart, ist aber heute immer so zu wählen, daß eine Bodenbearbeitung mit an den Traktor angebauten Geräten möglich ist.

Erziehungsarten

Bei der Wahl der Erziehungsform muß insbesondere auf folgende zwei wesentliche Punkte geachtet werden:
1. Möglichst wenig Handarbeit und vollständige Mechanisierung der Bodenbearbeitung;
2. Erzielung möglichst großer Mengen gut ausgereiften Holzes.

Den Anforderungen hinsichtlich der billigsten Produktion wird die kriechende Erziehung, wie sie in Italien, Frankreich und anderen südlichen Ländern anzutreffen ist, am besten gerecht. In Österreich sind hiefür die klimatischen Voraussetzungen nicht gegeben.

Es stehen lediglich Erziehungsformen mit Stangen und Drahtunterstützungssystemen zur Auswahl.

Erziehungsart	Pflanzweite: Reihenweite in m	Pflanzweite: Pflanzabstand in der Reihe in m	Pflanzen je Hektar	Erzeugte Menge an Schnittreben	Unterstützungsart
Aquileia-Erziehung	2,30—2,50	1,30—1,50	durchschnittlich 2900	100.000 bis 150.000	Drahtrahmenunterstützung mit Führungspfählen und waagrecht laufenden Drähten.
Greiner-Deckersche Erziehung	2,50—2,80	1,30—1,50	2800	100.000 bis 150.000	Drahtrahmenunterstützung mit schräg laufenden Stangen.

Aquileia-Erziehung

Die Aquileia-Erziehung hat eine Drahtrahmenunterstützung mit einer Gesamthöhe von durchschnittlich 1,60 Meter. In einer Höhe von 80 Zentimeter und 1,50 Meter wird je ein waagrecht laufender Draht von entsprechender Stärke geführt. An diesen Drähten werden die Schnittreben in zwei Etagen angebunden. Dabei ist zu bemerken, daß die unten geführten Schnittreben im mehrjährigen Durchschnitt infolge der größeren Beschattung einen geringeren Ertrag bringen. In schwachwüchsigen Anlagen genügt ein Draht. Jede Pflanze benötigt einen Führungsstab (zum Beispiel leicht gebogenes Betonrundeisen). Die Unterstützungspfähle stehen in der Regel nach jedem dritten bis fünften Stock (4,50 bis 6,50 Meter).

Die Reihenweite liegt in Intensivanlagen zwischen 2,30 und 2,80 Meter, kann jedoch auf rund 3 Meter vergrößert werden, um die Bodenbearbeitung mit dem Standardtraktor durchführen zu können. Wichtig ist, daß bei entsprechender Trieblänge die Reben schon im ersten Jahr hochgezogen werden, damit zur Ausreifung eine entsprechende Besonnung gewährleistet wird.

Greiner-Deckersche Erziehung
Bei dieser Form der Drahtrahmenunterstützung werden die Schnittreben an schrägliegenden Stangen (2,50 bis 3 Meter) hochgezogen. Zur Erleichterung der Laubarbeit besitzen diese Stangen teilweise knapp über dem Boden ein Gelenk (Drahtverbindung, Haken und dergleichen), so daß die Stangen ausgehängt werden können. Anstelle der Stangen kann auch Draht verwendet werden.

Pyramidenerziehung
Die früher übliche Einzelstangenerziehung (Pflanzweite 1,30 × 1,30 Meter) und die Pyramidenerziehung (Pflanzweite 1,40 × 1,40 Meter) sind aus arbeitswirtschaftlichen Überlegungen nicht mehr empfehlenswert, wenngleich die daraus produzierten Unterlagsreben von besserer Qualität sind als die in Drahtrahmenanlagen erzeugten Schnittreben.

LAUFENDE ARBEITEN IM SCHNITTWEINGARTEN

Bei Unterlagsreben werden die Stöcke auf vier bis fünf zweiäugige Zapfen geschnitten. Die austreibenden Triebe müssen, soweit nötig, kurz nach dem Austrieb auf acht bis höchstens zehn Triebe pro Stock ausgejätet werden. Es ist auch möglich, unmittelbar aus dem Kopf stammende Triebe nachzuziehen. Während der Sommermonate sind das oftmalige Aufbinden der Triebe und das Beseitigen der Geiztriebe die wichtigsten Arbeiten. Die Geiztriebe sollen aus der Blattachsel nicht ausgebrochen, sondern über dem ersten Blatt eingekürzt werden, um Abreißwunden zu vermeiden. Zur Förderung der Holzreife wird zum Zeitpunkt der Beendigung des Hauptwachstums (Ende August) gewipfelt.
Im Herbst erfolgt die Ausreifung des Holzes; je länger eine warme Witterung gegeben ist, desto besser ist die Holzreife. Die Schnittreben würden am besten am Stock überwintern, doch besteht bei uns das große Risiko des Erfrierens. Sofern die Reben für die Veredlung im eigenen Betrieb verwendet werden, können sie auch erst unmittelbar vor dem Bedarf geschnitten werden, in jedem Fall aber vor stärkeren Winterfrösten.
In größeren Betrieben muß die Ernte der Schnittreben (das Schneiden) im November und Dezember durchgeführt werden, wobei die Temperaturen nicht unter minus fünf Grad Celsius liegen sollten. Das geschnittene Rebmaterial ist möglichst rasch aufzubereiten, um es sachgemäß lagern zu können und es dadurch vor Austrocknung und vor zu großer Veratmung von Reservestoffen zu schützen.
Die Bodenbearbeitung beschränkt sich auf mehrmaliges Lockern und Unkrautbekämpfung, je nach Erfordernis. Im Spätherbst werden die Stöcke angeackert und mit Erde bedeckt. Die Phosphat- und Kalidüngung der Schnittweingärten erfolgt zumeist im Herbst, wobei bei guter Versorgung des Bodens pro Hektar etwa 50 bis 60 kg P_2O_5 und 150 bis 180 kg K_2O ausgebracht werden.
Die Düngung mit Stickstoff wird im Frühjahr durchgeführt, wobei im April je nach Bodenart und Wachstum zwischen 150 und 250 kg Reinstickstoff pro Hektar gestreut werden. Zeigt sich im Juni, daß das Wachstum zu wünschen übrig läßt, so wird eine weitere Stickstoffgabe von 40 bis 60 kg N/ha verabreicht. Zu späte Stickstoffgaben sollen vermieden werden, da diese unter Umständen die Holzreife negativ beeinflussen.

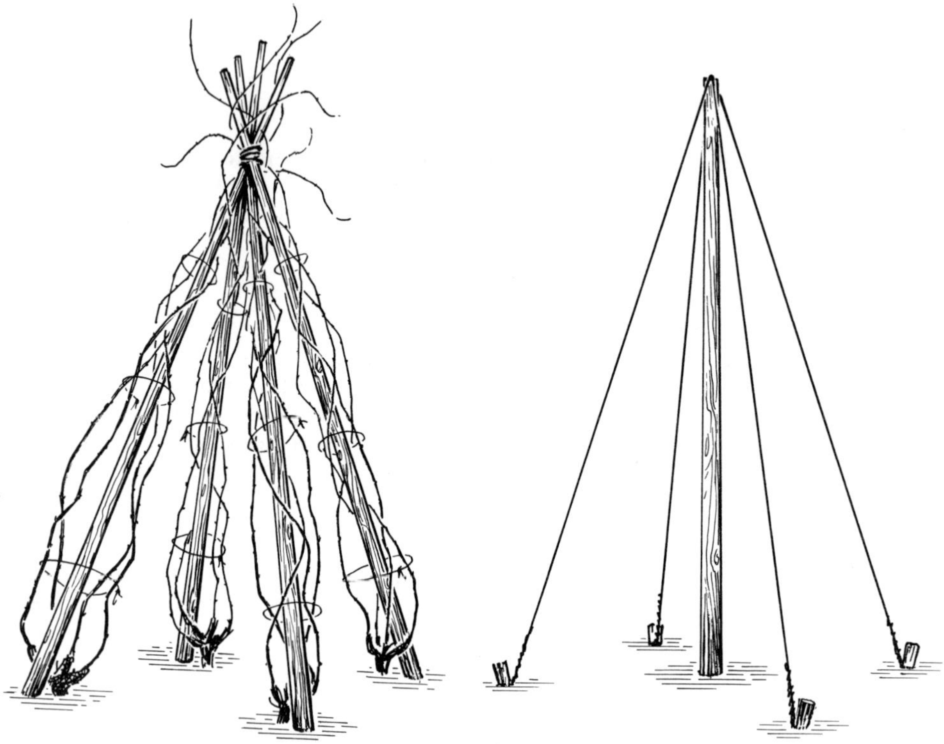

Pyramiden-Erziehung aus Stangen (links) und aus Draht (rechts)

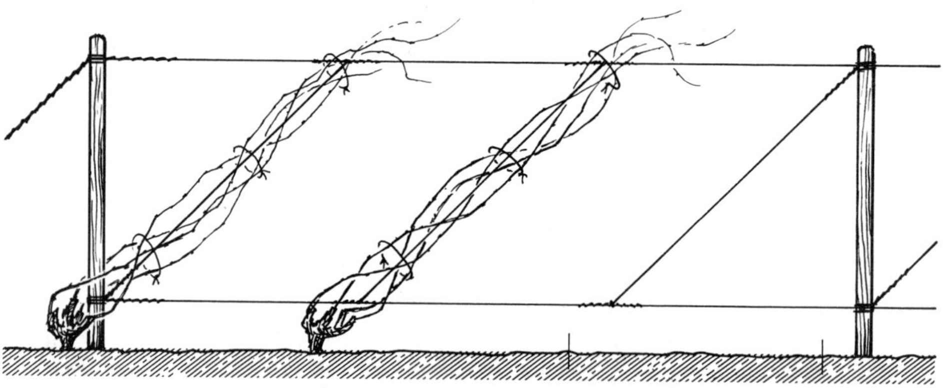

Greiner-Deckersche Erziehung

Einzelstangeerziehung

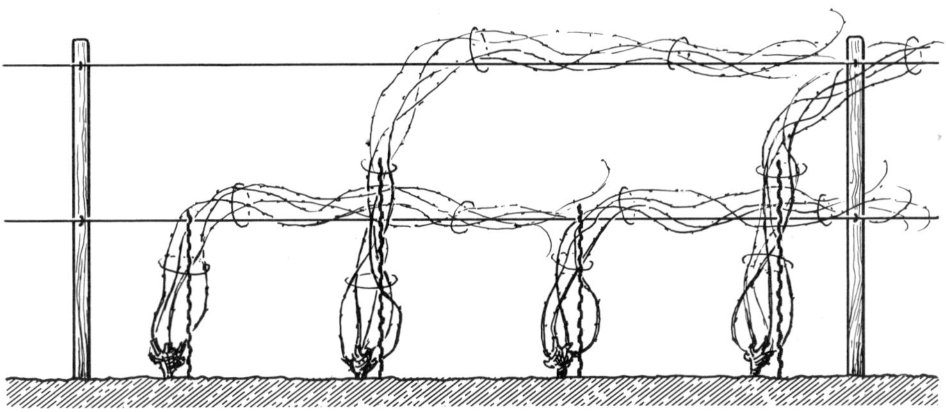

Aquilea-Erziehung

DAS ZURICHTEN DER SCHNITTREBEN

Das Zurichten der Unterlagsreben besteht aus dem Putzen und Zuschneiden. Nach dem Schnitt im Weingarten wird das Holz an windgeschützte und frostfreie Stellen gebracht und dort möglichst bald aufgearbeitet (zugerichtet).
Das Holz muß zuerst geputzt werden, das heißt, Ranken, eventuell Geiztriebe, werden mit einem glatten Schnitt, der eine möglichst kleine Wunde hinterlassen soll, weggeschnitten; ebenso das unreife Ende. Anschließend erfolgt das Zuschneiden auf die erforderliche Länge, dabei wird gleichzeitig nach der Stärke sortiert. Beim Zuschneiden müssen auch alle fehlerhaften Stellen, wie größere Geizwunden, Abreißwunden, Hagelschäden und alle anderen Verletzungen, sofern das Kambium geschädigt ist, aber auch starke Krümmungen herausgeschnitten werden, da sie zum Veredeln ungeeignet sind. Am Fußende ist ein zwei Zentimeter langer Zapfen zu belassen.

Erkennen der Holzreife

Eine gute Holzreife ist die vielleicht wichtigste Voraussetzung für einen guten Veredlungserfolg. Für den Praktiker ist deren Beurteilung eine Frage der Erfahrung (Holzfarbe, Biegeprobe, Schneideprobe); als Hilfsmittel können auch das Holz-Mark-Verhältnis (gute Reife: relativ kleines Mark), das Verhältnis von Breitseite zu Schmalseite sowie die Ausbildung und Zahl der Hartbastplatten (allseitig geschlossener mehrschichtiger Ring) herangezogen werden. Andere labormäßige Untersuchungsmöglichkeiten sind die Feststellung des Wassergehaltes des aus den Knoten und Internodien ausgepreßten Saftes bzw. des Stärkegehaltes (je mehr Stärke in das Holz eingelagert ist, desto besser ist die Holzreife).

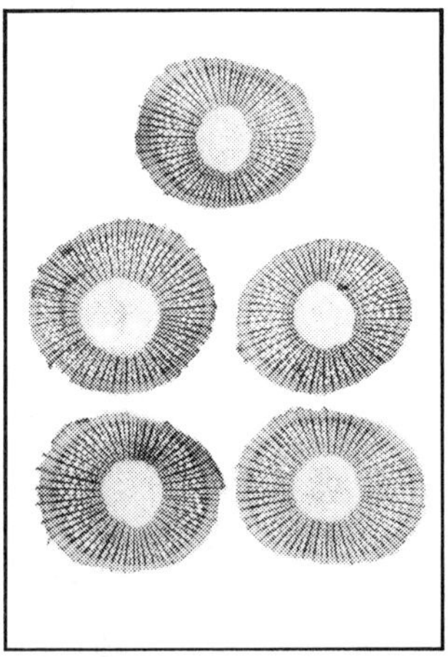

Querschnitt durch Unterlagsreben — gute Holzreife (Quelle: V. Hartmair, Hahn, Höhere Bundeslehr- und Versuchsanstalt für Obst- und Weinbau, Klosterneuburg)

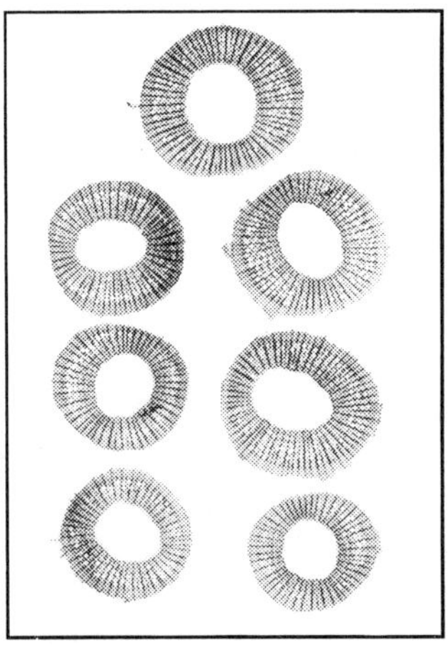

Querschnitt durch Unterlagsreben — schlechte Holzreife (Quelle: V. Hartmair, Hahn, Höhere Bundeslehr- und Versuchsanstalt für Obst- und Weinbau, Klosterneuburg)

Handelsmäßig richtig aufbereitete Schnittreben (Bestimmungen des Österreichischen Rebenverkehrsgesetzes)

Nach den Bestimmungen des Österreichischen Rebenverkehrsgesetzes dürfen nur anerkannte Reben in den Verkehr gesetzt werden (das ist Verkaufen, Tauschen usw.), ausgenommen, wenn es sich um eine gelegentliche Abgabe von kleineren Mengen an den Letztverwender handelt. Die Rebenanerkennung wird von den zuständigen Landwirtschaftskammern durchgeführt, wobei die Bestände im Sommer — mit einer dreijährigen Gültigkeit — insbesondere hinsichtlich Sortenechtheit, Sortenreinheit und Gesundheitszustand geprüft werden (Betriebsanerkennung) und die gebündelten Reben hinsichtlich ihrer Beschaffenheit. Bei positivem Ergebnis der Prüfung werden die Reben amtlich plombiert.

Die Voraussetzungen für die Plombierung von Schnittreben sind:
Das Holz muß frisch, gesund und gut ausgereift sein, darf keine tierischen oder mechanischen Beschädigungen sowie starke Krümmungen aufweisen und muß eine Stärke von 6 bis 10 Millimeter für Schnittreben erster Klasse und von 5 bis 6 Millimeter für Schnittreben zweiter Klasse haben. Die Stärke wird an der Breitseite des oberen Endes gemessen. Am Fußende muß sich ein zwei Zentimeter langer Zapfen befinden.

Die Schnittreben haben folgende Länge aufzuweisen:

	inländische Reben	ausländische Reben
einfache Länge	35 cm	40 cm
zweifache Länge	80 cm	90 cm*)
dreifache Länge	115 cm	120 cm*)

*) Auch inländische Reben bei A-Qualität.

Bündelung zu 200 Stück. Fehler hinsichtlich der handelsüblichen Aufmachung sind insbesondere: locker gebundene Bündel (dreifach lange Schnittreben müssen mindestens dreimal, zweifach lange Reben mindestens zweimal mit einem nicht zu dünnen Eisendraht gebunden werden), die Zapfen am Fußende oder die geforderten Rebenlängen sind ungleichmäßig geschnitten, die Reben sind nicht sauber geputzt.
Amtlich plombierte Reben tragen eine Plombe mit Betriebsnummer und Landeswappen und ein Anhänge-Etikett mit der Bezeichnung „Schnittreben I. Klasse“ (gelber Anhänger) oder „Schnittreben II. Klasse“ (roter Anhänger) sowie die Sortenbezeichnung.
Trotz Plombierung sollten bei Übernahme der Ware stichprobenartige Kontrollen durchgeführt werden. Eventuelle Beanstandungen wegen Qualitätsmangel haben bei direkter Übernahme sofort zu erfolgen (Bündel stichprobenweise öffnen und durchsortieren). Bei indirekter Übernahme (Versand) ist der Lieferant innerhalb von drei Tagen nach Erhalt der Lieferung mittels eingeschriebenen Briefes zu verständigen. Die Mängel sind durch ein Fachorgan feststellen zu lassen; darüber ist ein Protokoll aufzunehmen und dem Brief beizulegen. Alle beanstandeten Reben müssen dem Lieferanten zurückgestellt werden. Dieser ist verpflichtet, termingerecht und ordnungsgemäß beanstandete Reben zurückzunehmen. Der Käufer kann den Ersatz gleichwertiger Reben verlangen.
Die Möglichkeit zur Beanstandung ist insbesondere dann gegeben, wenn die Toleranz von fünf Prozent fehlerhafter Reben im Bündel überschritten wird, wenn die Reben nicht die vorgeschriebene Länge aufweisen und wenn die Reben ausgetrocknet oder verschimmelt sind.

AUFBEWAHRUNG DER SCHNITTREBEN

Die Unterlagsreben würden in nicht zu kalten Wintern am besten am Stock überwintern. Bei Temperaturen unter minus 12 Grad Celsius kann jedoch das Diaphragma geschädigt werden. Um bereits geschnittene Unterlagsreben gesund zu halten, ist deren richtige Lage-

rung bis zum Veredeln wichtig. Die Aufbewahrung muß in möglichst kühlen, gut gelüfteten Räumen erfolgen. Es darf dabei weder zur Schimmelbildung noch zu einem Austrocknen der Reben kommen. Meist werden die Reben in windgeschützten Schuppen oder Kellerräumen (Preßhäusern) am besten bei 0 bis plus 2 Grad Celsius und 65 bis 70 Prozent relativer Luftfeuchtigkeit, mehrfach übereinandergestapelt, aufbewahrt. Die Räume sind gegen Botrytis zu desinfizieren.
Die Temperatur sollte nicht höher als plus fünf Grad sein, da sonst zu viele Reservestoffe veratmet werden. Durch Frost kann es zu einer Schädigung des Diaphragmas kommen, was Pilzinfektionen ermöglicht. Eine große Gefahr ist die Austrocknung, weshalb die Aufbewahrungsorte unbedingt zugfrei sein müssen; ausgetrocknete Reben erkennt man beim Anschneiden: die Rinde ist faltig geschrumpft. Eine richtig gelagerte Rebe muß imstande sein, beim Einstellen in Wasser anzutreiben.

Sofern die Lagerung im eigenen Kühlhaus erfolgt, können die Schnittreben auf einfache Längen zugeschnitten, gebündelt und mit Plastiksäcken bedeckt aufbewahrt werden. Vorher müssen sie in eine keimhemmende Lösung eingelegt werden (zum Beispiel Chinosol W, 0,5prozentig, 15 Stunden bei plus 10 Grad Celsius. Gebrauchsanweisung der Erzeuger genau beachten) und gut abtropfen. Das genaue Verfahren ist bei der Lagerung der Edelreiser beschrieben.

Kapitel 14

Die Erzeugung von Rebveredlungen

WISSENSCHAFTLICHE GRUNDLAGEN DER VEREDLUNG

Um die Rebe vegetativ durch Veredlung vermehren zu können, müssen mehrere physiologische Vorgänge gleichzeitig verwirklicht werden:

a) aus dem Auge des Edelreises muß sich ein Sproß mit Blättern entwickeln (Sproßbildung);
b) die Unterlage muß sich bewurzeln, damit sich die Pflanze selbst ernähren kann (Wurzelbildung);
c) an den zusammengefügten Rebteilen (Edelreis und Unterlage) muß sich ein Verbindungsgewebe bilden (Kallusbildung);
d) zwischen den zusammengefügten Pflanzenteilen muß eine dauerhafte Verbindung bestehen bleiben (Affinität).

Die Sproßbildung

Die Augen bilden sich hauptsächlich aus dem Kambium und den äußeren Phloemgeweben. Da sich bei der Rebe im Gegensatz zu anderen Pflanzen aus Blättern oder Wurzeln keine Adventivaugen bilden, ist die Existenz eines Auges absolute Notwendigkeit.

Die Wurzelbildung

Im allgemeinen bewurzeln sich Sproßteile, die mit Erde bedeckt sind, im Bereich des Knotens (wo das Gewebe am wenigsten verholzt ist), gelegentlich aber auch an der ganzen Länge des Internodiums. Hinsichtlich der Stärke der Bewurzelung gibt es sortenmäßig

arten; schwer bewurzelt sich die Vitis Berlandieri. Die Riparia-Berlandieri-Kreuzungen weisen daher eine verschieden gute, meist mäßige Bewurzelungsfähigkeit auf.
Für die Wurzelbildung ist ferner Luft (Sauerstoff) eine wichtige Voraussetzung, weshalb in schweren und nassen Böden nur eine geringe Wurzelbildung möglich ist. Eine ausreichende Feuchtigkeit und Wärme (Optimum 24 bis 28 Grad Celsius) sind weitere wichtige Faktoren für eine gute Wurzelbildung, schließlich haben auch Hormonkomplexe (auf der Basis der Auxine und Gibberelline) des Edelreises (Auge) einen wesentlichen Einfluß auf die Wurzelbildung; aus Versuchen weiß man, daß je nach Beschaffenheit der Augen und der Internodien eine verschieden starke Wurzelbildung und verschiedenes Sproßwachstum gegeben ist.

Die Kallusbildung

Der Kallus ist ein zartes, weiches, weißlichgelbes Parenchymgewebe, das bei günstigen Bedingungen in erster Linie an der Basisschnittfläche der Unterlagsrebe, an den Augenblendstellen und am Veredlungsschnitt gebildet wird.
Für eine gute Kallusbildung ist eine reiche Sauerstoffzufuhr notwendig, weil die Atmung von sich teilenden Geweben sehr intensiv ist. Einen wichtigen Einfluß hat ferner die Temperatur, da sich der Kallus erst bei plus 15 Grad Celsius zu bilden beginnt; das Temperaturoptimum liegt je nach Sorte zwischen 23 und 30 Grad Celsius (in den meisten Fällen 28 Grad Celsius), ab 33 Grad tritt ein deutlicher Wachstumsrückgang ein, und bei 35 Grad scheint die oberste Grenze erreicht zu sein. Auch eine hohe relative Luftfeuchtigkeit von etwa 90 bis 95 Prozent wirkt sich auf die Kallusbildung günstig aus; eine noch höhere Feuchtigkeit fördert jedoch die Bildung von Grauschimmel. Auch physiologische Faktoren beeinflussen die Kallusbildung; im allgemeinen ist die Kallusbildung in den

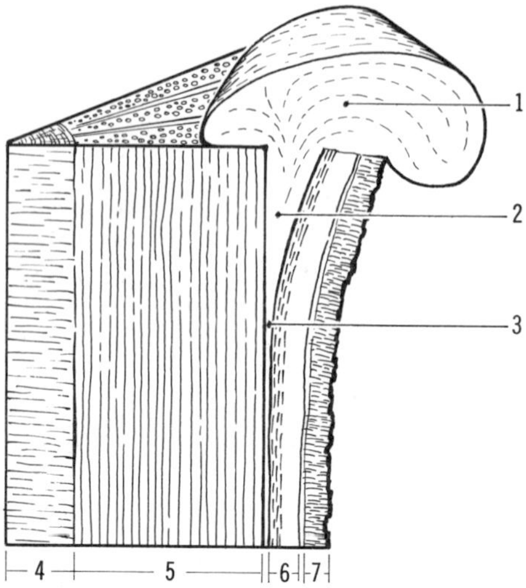

Schema der Kallusbildung aus dem Kambiumring nach einer Vortreibzeit von ca. 2 Wochen (Quelle: W. Schenk, Geisenheim)

1 Kallus, 2 Lohdenkeil, 3 Kambialzone, 4 Mark, 5 Holz, 6 Sekundäre Rinde, 7 Borke

Monaten März bis April am stärksten, wobei auch wichtig ist, daß die Kallusbildung sowohl im Edelreis als auch in der Unterlage erfolgt und somit auf beiden Schnittflächen gleichmäßig verteilt ist. Zur Kallusbildung ist es wichtig, daß die zu verwachsenden Sproßstöcke einen hohen Wassergehalt (Quellungsgrad) aufweisen; um den durch die Lagerung verlorengegangenen Wassergehalt zu ersetzen, müssen beide Teile daher gewässert werden.
Die Kallusbildung beginnt in der Kambialzone (zwischen dem Holz und der sekundären Rinde) in den Zellschichten unterhalb der Schnittfläche; durch die Zellteilung entsteht zwischen Holz und Rinde ein „Kalluskeil", der „Lohdenkeil", äußerlich erkennt man bald die ersten Kallusperlen, die bei optimalen Verhältnissen zu einem geschlossenen Ring zusammenwachsen.

VORBEREITUNG DER UNTERLAGSREBEN

Nach der Lagerung werden die Unterlagen zunächst auf die Veredlungslänge (35 Zentimeter) zugeschnitten. Das Fußende wird dabei knapp unter einem Knoten, das obere Ende in der Internodienmitte abgeschnitten.
Anschließend werden die Reben mit einem scharfen Messer geblendet, wobei möglichst nur kleine Wunden entstehen sollen. Dann werden die Unterlagsreben, je nach Möglichkeit, liegend oder stehend gewässert. Für die Winterveredlung (Jänner, Februar) werden die Unterlagen so lange gewässert, bis die Schnittfähigkeit gegeben ist; für die Frühjahrsveredlung (März, April) wässert man so lange, bis an der Schnittfläche sofort ein schleimiges Wasser austritt. Das Wässern beansprucht verschieden lange Zeit; zwischen ein und zwei Tagen bei sehr frühzeitigem Veredeln und einigen Tagen im späten Frühjahr.

VORBEREITUNG DER EDELREISER

Bei der Auswahl und Beschaffung der Edelreiser ist im Interesse von gleichmäßig hohen

mit großer Sorgfalt vorzugehen. Bei der vegetativen Vermehrung werden nämlich alle Erbanlagen des Edelreises in unveränderter Form weitergegeben. Selektioniertes und plombiertes Zuchtmaterial gewährleistet am ehesten einen entsprechenden Erfolg.
Die Edelreiser sollten bereits im Dezember vor dem Eintreten starker Fröste geschnitten und richtig gelagert werden.
Die Edelreiser müssen frisch, gesund, unverletzt (frei von Verletzungen) und gut ausgereift sein. Vorschriftsmäßig gebündelte Reben enthalten in Österreich 100 Ruten mit je 10 gesunden Augen.

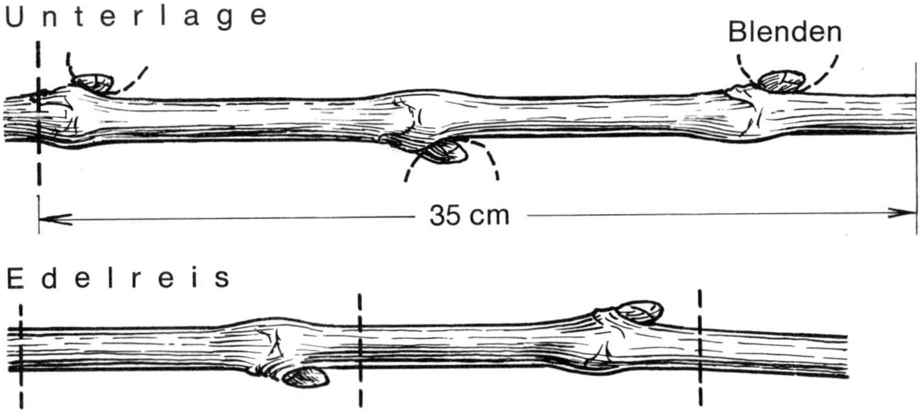

Vorbereitung der Unterlagsrebe und Edelreiser

LAGERUNG DER EDELREISER

Die Edelreiser werden gebündelt in gut durchlüfteten, kühlen, aber frostsicheren Kellerräumen oder im Kühlhaus gelagert.
In modernen ausländischen Veredlungsbetrieben setzt sich die Behandlung sowohl der Edelreiser als auch der Unterlagsreben mit Chinosol und anschließende Lagerung im Kühlhaus immer stärker durch. Dieses Verfahren soll die Ausbeute beim Vortreiben in der Rebschule durch wirksames Bekämpfen von Pilz- (insbesondere Botrytis cinerea) und Bakterienkrankheiten erhöhen. Nach in Österreich durchgeführten Versuchen besteht (bei gesundem Rebenmaterial) kein Unterschied im Rebschulerfolg zwischen herkömmlicher Lage rung im Keller sowie Behandlung mit Chinosol vor dem Veredeln und der Behandlung wie sie nachstehend beschrieben wird.

Für den Erfolg ist ein präzises Arbeiten wesentlich, wobei auf folgende Punkte besonders zu achten ist:

- Die Edelreiser werden geputzt und auf Edelreislänge geschnitten. Dabei sind die Schnitte so zu führen, daß vom Internodium oberhalb des Auges etwa zwei Drittel und unterhalb des Auges ein Drittel belassen werden.
- Die Edelreiser müssen in gutem Quellzustand sein. Ist das Holz zu trocken, muß es 15 Stunden lang vorgewässert werden.
- Sofort danach werden die Edelreiser 15 Stunden lang (über Nacht) in eine 0,5prozentige Chinosollösung, die plus 10 Grad Celsius haben muß, gelegt und dadurch desinfiziert. Es darf keinesfalls zu kurz getaucht werden, weil dies zu Schäden führen kann. Weiters ist wesentlich, daß die hohe Luftfeuchtigkeit bis zum Veredeln bestehen bleibt.
- Anschließend läßt man die Edelreiser abtropfen und packt sie feucht (nicht abgetrocknet!) in Plastiksäcke (zirka 800 Einzelaugen je Sack).
- In diesen Säcken werden die Edelreiser bis zum Veredeln im Kühlhaus bei plus ein Grad bis höchstens fünf Grad Celsius gelagert. Die Temperatur darf nicht unter null Grad Celsius sinken, weil dann das Wasser ausfriert, was zu höherer, schädigender Chinosol-Konzentration führen kann. Ein wesentlicher Vorteil dieser Art der Lagerung ist, daß die Edelreiser einerseits wesentlich länger gelagert werden können als traditionell, andererseits können sie jederzeit zur Winterveredlung herangezogen werden. Bei Lagerung in Jutesäcken muß der Raum ständig befeuchtet werden.

- Unmittelbar vor dem Veredeln werden die Edelreiser (wie auch die in Chinosol getauchten Unterlagen) noch einmal kurz gewässert (ein bis fünf Stunden), um eine eventuelle Überkonzentration abzubauen und die richtige Quellung für das Veredeln zu erreichen.

VEREDLUNGSSYSTEME UND TECHNIKEN DES VEREDELNS

Die Systeme der Rebveredlung haben im Laufe der Zeit und in den verschiedenen Weinbauländern vielfach Änderungen erfahren, bis sich als derzeitige Standardmethode die Zimmerveredlung, meist als Handveredlung mit englischer Kopulation (Kopulation mit Zungenschnitt) durchgesetzt hat.

In der nachstehenden Graphik sind die Systeme übersichtlich zusammengestellt:

I. Standortveredlung
(in südlichen Weinbauländern)

→ Holzveredlung
(am Wurzelhals, in der Nähe des alten Holzes oder am einjährigen Holz im Frühjahr)

→ Grünveredlung
(okulieren im Sommer)

II. Zimmerveredlung

Man unterscheidet:

nach d. Ausgangsmaterial:
a) Schnittrebenveredlung
b) Wurzelrebenveredlung

nach dem Zeitpunkt:
a) Winterveredlung
b) Frühjahrsveredlung

nach der Technik:
a) Handveredlung
b) Maschinenveredlung

HANDVEREDLUNG MIT ENGLISCHER KOPULATION

Diese Form der Veredlung hat sich in der Praxis am besten bewährt und wird in unseren Veredlungsbetrieben vorwiegend durchgeführt. Hinsichtlich des Zeitpunktes der Durchführung unterscheidet man: 1. Winterveredlung, 2. Frühjahrsveredlung.

	Winterveredlung	Frühjahrsveredlung
Zeitraum	Jänner, Februar	Ende März, Anfang April (kurz vor dem Vortreiben)
Vorteile	Durchführung in der arbeitsärmeren Zeit; längerer Arbeitszeitraum, daher größere Kapazität	Keine Lagerungsräume notwendig
Nachteile	bei schlechter Lagerung: Austrocknung, Schimmelbildung, vorzeitiges Austreiben, Reservestoffveratmung	große Arbeitsspitze, geringe Kapazität
Wässerung der Unterlagen	kurz; bis zur Schnittfähigkeit	so lange, bis an der Schnittfläche sofort Wasser austritt (Kontrollschnitt)
Packen der Veredlungskisten:		
Menge	600 bis 700 Veredlungen	700 bis 800 Veredlungen
Stärke der Packschicht an den Wänden	7 cm	5 cm
Stärke der Abdeckschicht	5 cm	3 cm
Temperatur der Packmasse	Kaltpackung	Warmpackung (Temperatur der eingeweichten Sägespäne 35 bis 37 Grad Celsius)
Aufbewahren der Kisten bis zum Vortreiben	werden bis zum Vortreiben in einem kalten, aber frostfreien, gut lüftbaren Raum, der keiner Sonnenbestrahlung ausgesetzt ist, aufbewahrt (0 bis 8 Grad Celsius); alle 6 bis 8 Wochen gießen. Luftfeuchtigkeit sehr hoch (95 Prozent)	werden sofort vorgetrieben

Durchführung der Handveredlung

Beim Veredeln wird mit dem Veredlungsmesser an Edelreis und Unterlage stets vom Auge weg ein schräger Schnitt (40 bis 45 Grad) so geführt, daß zwei gleich große, glatte Schnittflächen entstehen. Die Länge der Schnittfläche soll das 1,5fache der Holzstärke betragen. Dann wird im oberen Drittel der Schnittfläche (in der Mitte zwischen Rinde und Mark) der Zungenschnitt angesetzt und das Messer in der ganzen Klingenbreite zum unteren Drittel durchgezogen. Die Zunge soll 1 bis 1,5 Millimeter breit sein und muß in einem Zug geschnitten werden. Durch die Gegenzunge kann man Unterlage und Edelreis zusammenfügen und gleichzeitig wird die Verwachsung infolge der Vergrößerung der Kambiumflächen erhöht.

Zum Schluß werden Edelreis und Unterlage so zusammengesteckt, daß sich die beiden Schnittflächen genau decken (Kambium auf Kambium); dann wird noch das Edelreis zirka 1 Zentimeter über dem Auge, die Unterlage knapp unter dem Knoten abgeschnitten. Die Veredlungsteile werden kräftig zusammengesteckt und sollen festsitzen.

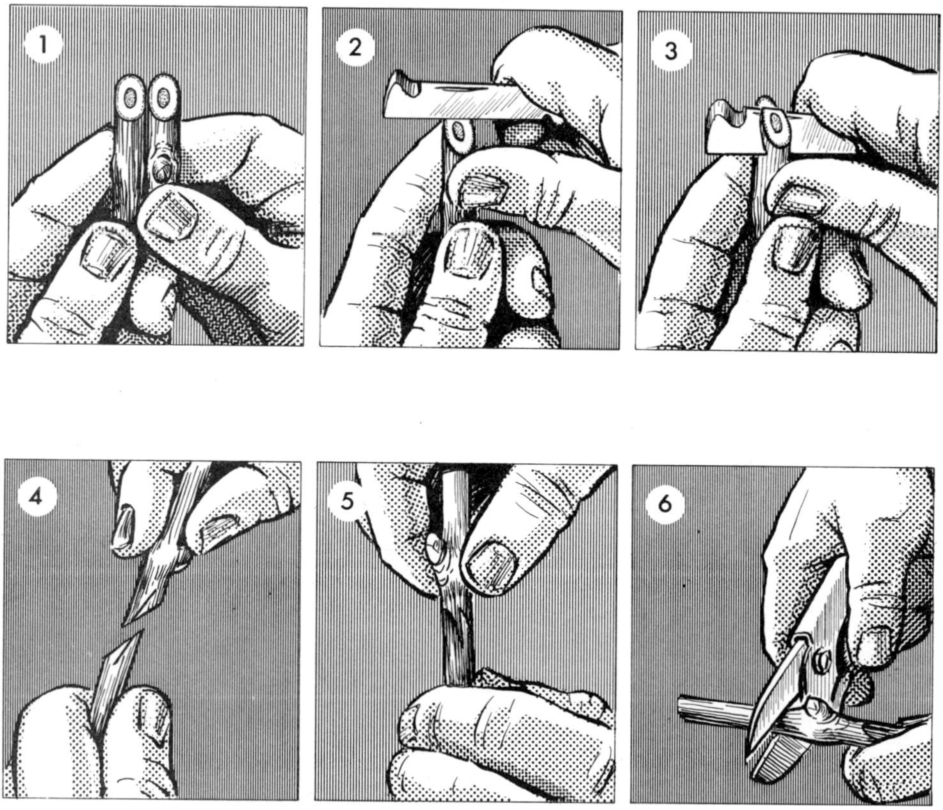

Durchführung der Handveredlung (Kopulation mit Gegenzunge)

1 Die Schnittflächen von Edelreis und Unterlage müssen gleich groß sein. 2 Ansatz zum Zungenschnitt.

3 Der Zungenschnitt wird schräg bis 2 mm unter die Schnittfläche geführt. 4 Zusammenstecken von Edelreis und Unterlage (Kopulation). 5 Die Kopulanten sollen fest sitzen und außerdem gerade abschließen.

6 Zirka 1 cm über dem Auge wird das Edelreis abgeschnitten, die Unterlage knapp unterhalb des Knotens.

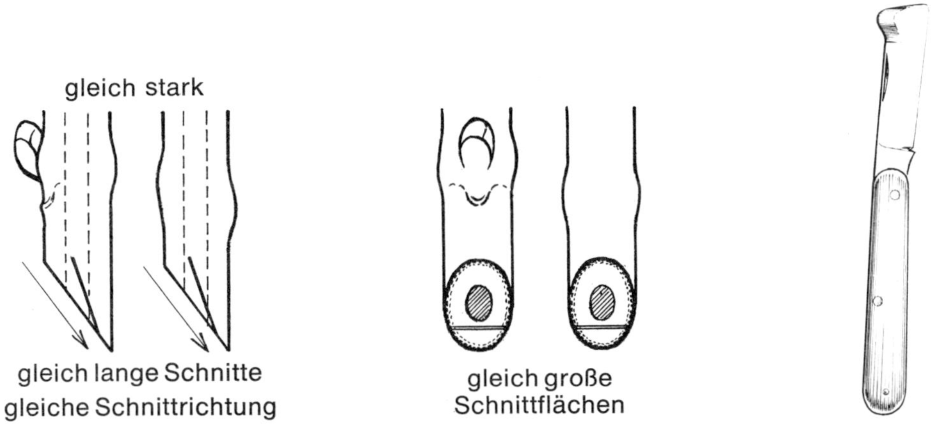

Richtige Schnittführung an Edelreis und Unterlage und Veredlungsmesser

Durch unrichtige und schlecht ausgeführte Schnitte sowie durch das Zusammenstecken von nicht gleich großen Teilen entstehen Fehler, die das Verwachsen von Edelreis und Unterlage behindern.

Die häufigsten Fehler sind:

- Schnittfläche zu lang oder zu kurz;
- Schnittfläche nicht glatt (keine ebene Fläche);
- abgesetzter Schnitt;
- die Schnittflächen sind verschieden groß, daher liegt beim Zusammenstecken nicht Kambium auf Kambium;
- Zunge ist zu dünn oder zu dick, zu kurz oder zu lang, abgesetzt;
- mangelhaft zusammengesteckte Veredlungen (Überlappen, ungedeckte Schnittflächen).

Um gute Veredlungen herstellen zu können, benötigt man ein gutes Veredlungsmesser, das durch wiederholtes Abziehen auf einem Ölstein stets scharf gehalten werden muß und öfter zu reinigen ist. Die Handveredlung gewährleistet bei sachgemäßer Durchführung eine hohe Präzision und damit beste Voraussetzungen für die Verwachsung. Es gibt bei exakter Durchführung kaum Ausfälle an Unterlagsreben. Ein guter Veredler erreicht eine Tagesleistung zwischen 1200 und 1800 Veredlungen.

MASCHINVEREDLUNG

Um die Tagesleistung zu erhöhen und auch wegen des Fehlens von guten Handveredlern ist man bemüht, zur Durchführung von Kopulationsschnitten in größeren Betrieben Maschinen einzusetzen.
Während früher nur die Kopulationsschnitte mittels Maschinen gemacht wurden und das Zusammenstecken händisch erfolgte, führen moderne Veredlungsmaschinen bereits beide Arbeitsgänge aus. Dabei haben sich Maschinen mit Omegaschnitt eindeutig durchgesetzt. Sie sind leicht zu bedienen (mit dem Fuß oder hydraulisch) und ermöglichen hohe Leistungszahlen. Von geübten Veredlern werden bei vorsortiertem Material bis zu 8.000 Veredlungen in 8 bis 10 Arbeitsstunden hergestellt.

Veredlungsmaschinen

Hersteller, Vertrieb in Österreich	Bezeichnung	Schnittform	Leistung pro Stunde	Anmerkung
E. & H. Wahler D-7056 Weinstadt-Schnait	Propf-Star (in manueller oder pneumatischer Ausführung)	Omoga-Schnitt	bis 700 Stück	für Holzstärke bis 14 mm
Maschinenfabrik Krobath A-8330 Feldbach (Hersteller)	Pneumatische Rebenveredlungsmaschine	Omega-Schnitt	ca. 500 Stück	für Holzstärke bis 14 mm
Verband ländl. Genossenschaften 1010 Wien (Vertrieb)	Rebenveredlungsmaschine für manuelle Bedienung	Omega-Schnitt	bis 350 Stück	für Holzstärke bis 14 mm

Die wichtigsten Schnittformen beim Maschinenveredeln

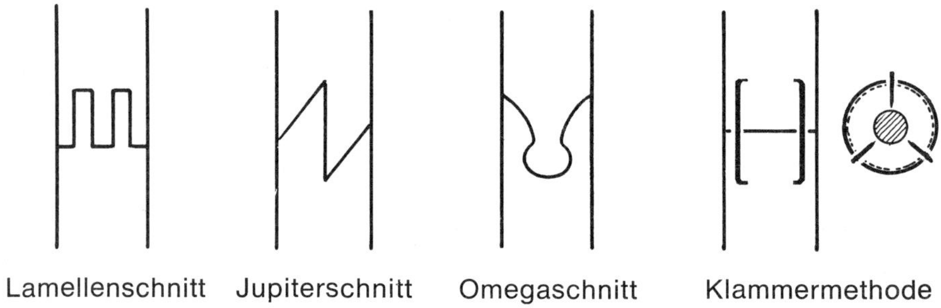

Rebveredlungsmaschine (Omegaschnitt)

Von den abgebildeten Veredelungsverfahren ist zur Zeit die Omegaveredelung die gebräuchlichste. Die Schnittführung bei der Omegaveredelung sollte von Breitseite zu Breitseite — von der Knospe zur Ranke — erfolgen. Bei Rebsorten mit „weichem“ Holz ergab die Handveredelung einen günstigeren Veredelungserfolg. Dagegen ist bei Sorten mit „hartem“ Holz der Lamellenschnitt und der Omegaschnitt der Handveredelung überlegen. Das Omegaschnittverfahren ermöglicht gegenüber herkömmlichen Verfahren eine wesentliche Artbeitsvereinfachung und Erleichterung bei gleichzeitig höherer Arbeitsleistung.

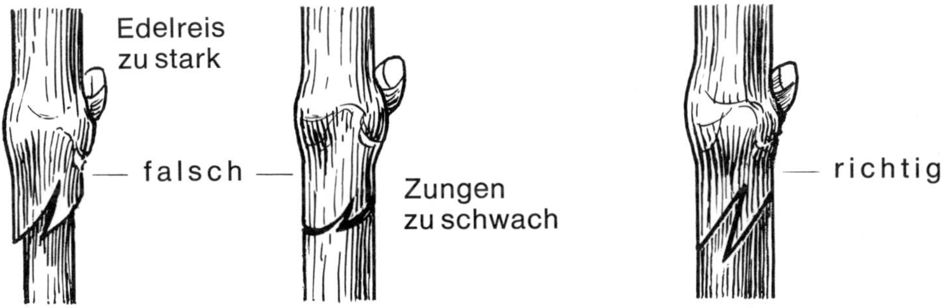

Veredlungsfehler

Omega-Schnitt vor der Kopulation

Omega-Schnitt nach der Kopulation

DAS PARAFFINIEREN DER VEREDLUNGEN

Seit rund einem Jahrzehnt tauchen die Veredler in zunehmendem Maße den oberen Teil der zusammengesteckten Veredlungen in Paraffin und erreichen damit höhere Anwachsprozente. Der Wachsmantel schützt die Veredlungsstelle in erster Linie vor Austrocknung und hemmt die Bildung von Edelreiswurzeln; dadurch wird eine bessere Kallusbildung erreicht. Fungizidzusätze verhindern die Entstehung von Botrytis.

In der Praxis wendet man beim Paraffinieren drei Verfahren an:

- Das Veredlungsparaffinieren, bei dem die Reben nach dem Veredeln getaucht werden,
- das Grünparaffinieren, bei dem die Reben nach dem Vortreiben getaucht werden und
- das Doppelparaffinieren, bei dem die Reben sowohl vor, als auch nach dem Vortreiben in Paraffin getaucht werden; das erstemal auf etwa zwei Drittel-Länge, das zweitemal bis zur Hälfte. Dieses letzte Verfahren soll sich beim Mulchfolien-Rebschulverfahren am besten bewährt haben; andere Autoren berichten, daß hiefür das Grünparaffinieren genügt.

Das Veredlungsparaffin wird im Wasserbad auf die vom Hersteller angegebene Temperatur erhitzt und auf dieser möglichst konstant gehalten. Die Temperatur liegt bei den derzeit im Handel befindlichen Paraffinen je nach Produkt zwischen 55 ° und 70 ° Celsius; bei zu niedriger Temperatur bildet sich ein zu dicker Belag, bei zu hoher Temperatur ein zu dünner.
Die Veredlungen, die möglichst abgetrocknet, jedenfalls nicht naß sein sollen, werden beim Einschulen nach dem klassischen Rebschulverfahren etwa bis zur Hälfte, beim Mulchfolien-Rebschulverfahren etwa bis zwei Drittel der Länge kurze Zeit in das flüssige Paraffin getaucht und sofort anschließend durch Eintauchen in Wasser gekühlt. Hiedurch wird ein Zusammenkleben verhindert. Bei vorschriftsmäßiger Durchführung ist dieses nicht gegeben. Messungen haben gezeigt, daß beim Veredlungsparaffinieren (80 ° Celsius, eine Sekunde lang tauchen) die Temperatur im Auge sich auf maximal 37° Celsius erhöht, beim Grünparaffinieren auf 42° Celsius. Derzeit sind in Österreich zwei Präparate als gegen die Botrytis wirkend anerkannt: Rebenveredlungswachs „Riedel" und Rebwachs WF.

DAS PACKEN DER VORTREIBKISTEN

Die Veredlungen werden entweder paraffiniert oder ohne eine solche Behandlung in die Vortreibkiste eingelegt (gepackt). Hiefür wird aus der Vortreibkiste eine Seitenwand herausgenommen und die Kiste so gelegt, daß die offene Seite oben und der obere Kistenteil vorne ist. Zunächst wird aus dem Packmaterial eine Wandschicht gebildet und darauf die erste Veredlungsreihe gelegt. Wichtig ist, daß die Veredlungsköpfe in einer Linie liegen (als Hilfsmittel ein Brett verwenden). Wenn die erste Reihe eingelegt ist, wird auf diese als Füllmasse Packmaterial und dann die nächste Reihe eingelegt. Wenn die Kiste auf diese Weise vollgepackt ist, wird die Seitenwand eingeschoben und die Kiste aufgestellt. In der fertiggepackten Kiste stehen alle Köpfe in einer Ebene. Bei nicht paraffinierten Veredlungen werden die Köpfchen mit dem Packmaterial abgedeckt (Deckschichte bei Winterveredlung 5 cm, bei Frühjahrsveredlung 3 cm). Zum Schutz vor Pilzkrankheiten können die Reben mit Fungiziden (zum Beispiel B 500, Chinosol, Albisal flüssig oder Benlate) behandelt werden. Gegen Kräuselkrankheit wird das Edelreis in eine dreiprozentige Schwefelbariumlösung getaucht. Auch die Verwendung von Wuchsstoffpräparaten (zum Beispiel Orangesiegel, Seradix B) ist möglich.

Vortreibkisten

Maße: 50 cm lang, 50 cm breit, 45 bis 50 cm hoch, zirka 1 cm breite Fugen. Eine Seitenwand ist herausnehmbar. Kein imprägniertes Holz verwenden.
Als Packmaterial wird Sägemehl von Fichte, Tanne, eventuell Föhre (saugfähige, harzarme Weichholzarten) verwendet, das ein bis zwei Tage vor dem Packen in kaltem oder warmem Wasser eingeweicht wird, damit es aufquillt. Seit neuestem wird als Packmaterial auch Torf mit bestem Erfolg verwendet.

Arbeitsablauf in einem modernen Betrieb:

Maschinelle Herstellung des Veredlungsschnittes, Omega-Veredlung

Paraffinieren und Abkühlen im klaren Wasser

Packen der Veredlungen in Papiertaschen — gefüllt mit einer Mischung von Torf und Sägemehl, 14 Reben je Tasche

Schlichten der Taschen in die Vortreibkiste

Transport der fertig gepackten Kisten ins Vortreibhaus

Vorgetriebene Veredlungen

DAS VORTREIBEN

Ende April wird vorgetrieben, damit Mitte Mai (je nach Witterung) eingeschult werden kann. Das Vortreiben wird in Vortreibhäusern durchgeführt, die hell, gut lüftbar und heizbar sein müssen. Beim Vortreiben wird eine hohe Luftfeuchtigkeit benötigt (90 Prozent relative Luftfeuchtigkeit), was durch Aufgießen von Wasser erreicht werden kann. Die Luftfeuchtigkeit ist mit einem Hygrometer laufend zu überprüfen, da sich zu trockene Luft sehr ungünstig auswirkt.
Die Kisten stehen auf dem Boden, wodutch die Bildung von Fußwurzeln gehemmt wird.

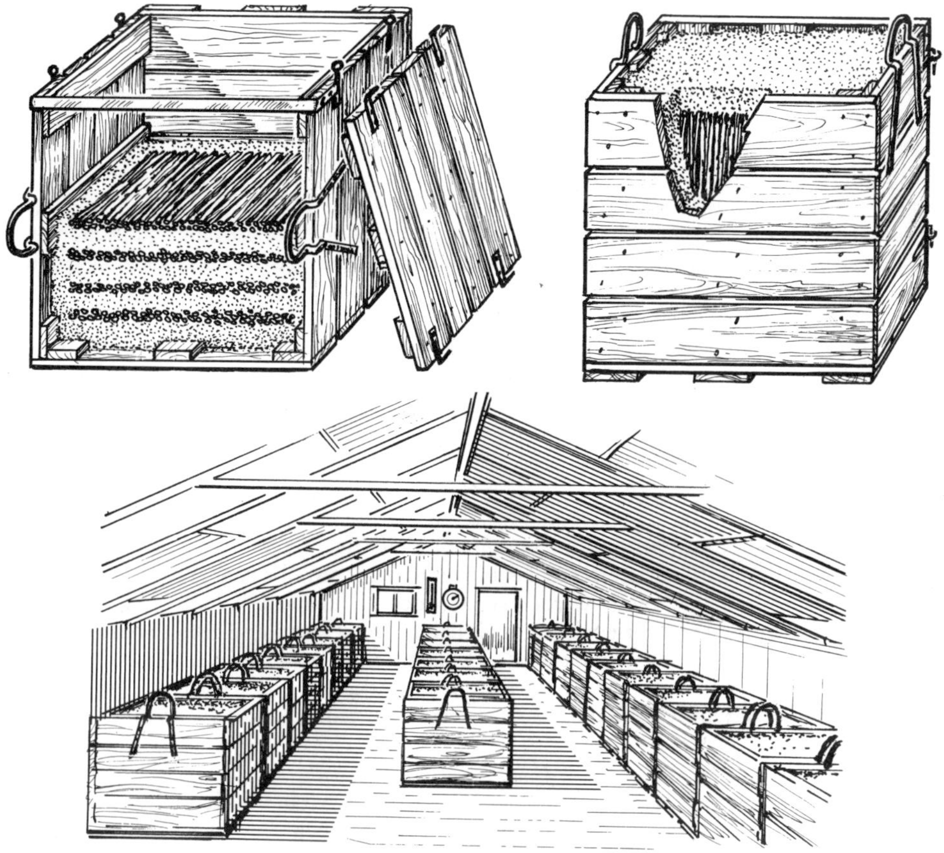

Übliche Vortreibkiste und Vortreibhaus

Das Vortreiben beginnt mit einer Temperatur von 30 Grad Celsius für abgedeckte Veredlungen, mit 28 Grad Celsius für nicht bedeckte (paraffinierte) Veredlungen und wird 10 Tage lang konstant gehalten. Bei dieser Temperatur benötigt man 4 bis 5 Tage, um im Inneren der Kiste 25 bis 28 Grad Celsius zu erreichen; dann liegt die Temperatur in der Kiste ein bis zwei Grad höher als die Lufttemperatur. Hinsichtlich der weiteren Temperaturführung gibt es zwei Methoden:

a) die Temperatur wird jeweils nach drei Tagen um zwei Grad Celsius gesenkt, bis man 20 Grad Celsius erreicht hat, und dann gleich belassen,
b) man führt die Temperatur zwischen 24 und 26 Grad Celsius weiter.

Die Temperatur in den Kisten ist mittels Thermometer laufend zu kontrollieren. Bei Untertemperatur wird mit warmem Wasser (30 Grad Celsius) gegossen. Bei Übertemperatur badet man in Wasser mit 25 bis 28 Grad Celsius. Damit die Kisten feucht bleiben, werden sie mehrmals begossen.

Vortreibziel

Das Vortreiben ist dann abgeschlossen, wenn sich ein geschlossener, gleichmäßiger Kallusring an der Veredlungsstelle gebildet hat. Am Fußende muß sich ebenfalls ein Kallusring, an allen anderen Wundstellen müssen sich kräftige Kallusansätze befinden. Der Trieb soll möglichst kurz und kräftig sein.

Nicht erwünscht sind:

- starke Triebbildung (zu großer Verbrauch an Reservestoffen),
- lange, spindelige Triebe und
- Bewurzelung an den Fußknoten (kalter Boden, Baden der Fußenden hemmt die Wurzelbildung).

Arbeiten während des Vortreibens

Beim Vortreiben müssen die Temperatur und die Luftfeuchtigkeit konstant in richtiger Höhe gehalten werden. Täglich ist zweimal eine halbe bis eine Stunde lang zu lüften, wobei Zugluft zu vermeiden ist. Ein ausreichender Sauerstoffgehalt in der Luft fördert die Kallusbildung und hemmt die Schimmelbildung.
Die gefährlichste Krankheit beim Vortreiben ist die Botrytis cinerea, die sich bei zu hoher Luftfeuchtigkeit und schlechter Durchlüftung leicht bildet. Die Bekämpfung erfolgt durch Spritzen mit 0,1prozentiger Chinosollösung nach dem Austreiben der Augen, das ist 6 bis 8 Tage nach Vortreibbeginn, oder mit 0,2 Prozent Benlate alle drei Tage. Nach Versuchen soll künstliche Zusatzbelichtung einen geringeren Verbrauch von Reservestoffen und weniger Pilzbefall zur Folge haben.

Abdecken

Während paraffinierte Reben nur bis knapp unterhalb der Veredlungsstelle gepackt sind, müssen die nicht paraffinierten Reben beim Beginn des Vortreibens abgedeckt sein. Sofort nach dem Antreiben der Augen werden sie abgedeckt, indem die Kisten gekippt werden und die Deckschicht heruntergeschabt wird. Diese Arbeit kann erleichtert werden, wenn man beim Packen unter die Deckschicht ein Blatt Zeitungspapier gelegt hat.
Das Abdecken ist notwendig, damit man kurze, kräftige, grüne Triebe erhält. Bis zum Grünwerden der Triebe müssen die Kisten im Halbschatten stehen.

Abhärten

nennt man das allmähliche Gewöhnen der Reben vom Treibhausklima an die Temperaturen im Freien. Nach dem Vortreiben werden die Kisten noch einige Tage stehen gelassen und die Temperatur auf 18 bis 15 Grad Celsius gesenkt. Dabei ist jedoch ein Kälteschock zu vermeiden und die Luftfeuchtigkeit weiterhin hoch zu halten.
Die Reben müssen auch gut belichtet werden.
Sofern die weitere Kultur in Kartonagen oder Töpfen erfolgt, ist eine Abhärtung nicht nötig.

METHODEN DER REBENANZUCHT

Das extensivste, aber noch immer am stärksten verbreitete Anzuchtverfahren für die Herstellung von Rebveredlungen ist das **Rebschulverfahren.** Um deren Nachteile auszuschalten und um vor allem Zeit zu gewinnen, wurden jedoch in Deutschland gartenbauliche Verfahren der Anzucht entwickelt:
Die **Kartonagenanzucht** und die **Topfanzucht.**

DIE REBSCHULE

In der Rebschule werden die vorgetriebenen Reben herangezogen mit dem Ziel einer

- kräftigen Triebbildung.
- allseitigen, reichen Bewurzelung,
- lückenlosen Verwachsung der Veredlungsstelle.

Auswahl des Grundstückes
Boden: locker, nährstoff- und humusreich, tiefgründig, steinfrei, durchlässig, Kalkgehalt gering bis mittel.
Lage: windgeschützt, warm, eben bis schwach geneigt. Keine Frostlage (vorzeitiger Laubverlust verkürzt die Vegetationszeit). Möglichst nahe der Betriebsstätte. Bewässerungsmöglichkeit erhöht den Ertrag und vermindert das Risiko.

Vorbereitung des Bodens
Im Herbst zirka 40 cm tief rigolen, dabei sind einzubringen:
a) Thomasmehl oder Superphosphat 7—10 $kg/100\ m^2$
Patentkali 3—4 $kg/100\ m^2$
Hexa- oder Gammapräparate zur Engerlingbekämpfung 1—1,8 $kg/100\ m^2$
Zur Bekämpfung von Erdraupen wird auch Lindan-Superphosphat verwendet.
b) Volldünger, zum Beispiel Vollkorn Linz rot 12:12:18 10 $kg/100\ m^2$
Kompost oder sehr gut verrotteter Stallmist wird nach dem Rigolen seicht eingepflügt.
Rebschule nicht länger als zwei Jahre am gleichen Standort belassen! Wenn nur wenig rebschulfähiger Boden zur Verfügung steht, Rebschule in eine Fruchtfolge einbauen, wie zum Beispiel:
1. Jahr: Rebschule.
2. Jahr: Kartoffel.
3. Jahr: Einjähriger Klee oder Gründüngung.
4. Jahr: Kartoffel; wird als Vorfrucht für die Rebschule bestens mit Stallmist oder Kompost sowie Phosphat- und Kalidüngern versorgt!
5. Jahr: Rebschule.

Das Einschulen
Zeitpunkt: Je nach Witterung Ende April bis Mitte Mai. Spätes Einschulen verkürzt die Vegetationszeit. Einschulen, wenn noch kalt, bringt Kälteschock.
Standraum: Reihenbreite 80 bis 100 cm, in der Reihe 8 cm. Bei größerem Standraum gibt es schönere Reben. Reihenrichtung: Ost — West.

Pflanztabelle für Rebschulen

Entfernung in der Reihe	Pflanzenanzahl je 100 m² bei einer Reihenweite von 60 cm	70 cm	80 cm	90 cm	100 cm	120 cm
5 cm	3333	2857	2500	2222	2000	1616
6 cm	2777	2380	2083	1851	1666	1388
7 cm	2380	2040	1785	1568	1428	1190
8 cm	2083	1785	1562	1388	1250	1041
9 cm	1850	1568	1388	1235	1111	925
10 cm	1666	1428	1250	1111	1000	833

Die klassische Rebschule
Die wichtigsten Arbeitsgänge dieses Verfahrens sind auf den nachstehenden Bildern dargestellt.
- Herstellung des Einschulgrabens: mit Pflug oder Spaten, Grabentiefe 35 bis 40 cm, Wand mit Haue oder Rechen abschrägen.
- Die Verwendung von Latte mit Markierung ermöglicht leichteres, schnelleres und genaueres Einlegen der Reben.

Nur gut vorgetriebene Reben einschulen (Bild: Chemie Linz AG)

Die Veredlungen sind in das gut vorbereitete Beet exakt einzuschlagen (Bild: Chemie Linz AG)

Zuräumen mit dem Pflug (Bild: Graf, Langenlois)

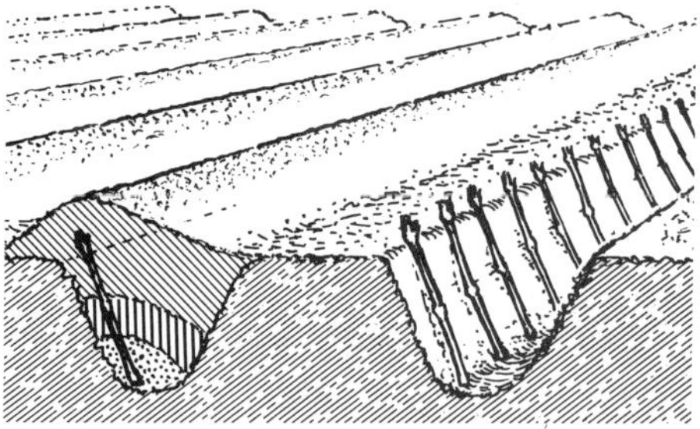

Schema richtig eingeschulter Reben, nicht paraffiniert

Eine erstklassige Veredlung zeigt guten Trieb, lückenlose Verwachsung der Veredlungsstelle und kräftige Bewurzelung

Einschulen in einem hochmechanisierten Rebschulbetrieb

Eine Arbeitsgruppe von 6 Personen ist in der Lage, in einem kontinuierlichen Pflanzverfahren gleichzeitig 2 Reihen einzuschulen. Die Arbeitsgruppe besteht aus 3 Personen je Reihe: Die erste Person entnimmt die Taschen mit den Veredlungen aus den Vortreibkisten. Die zweite Person senkt die Taschen in die Pflanzfurche. Die dritte Person bedeckt die Veredlungen mit Feinerde.

Die Taschen mit den vorgetriebenen Veredlungen werden in die maschinell vorbereitete Pflanzfurche gesenkt.

Die Rebveredlungen stehen in richtiger Reihe und Richtung und werden eingeschlämmt.

Der Damm wird mit Hilfe von rotierenden Scheiben errichtet.

- Die Veredlungsköpfe müssen knapp über dem Erdniveau stehen (Latte). Trieb muß zum Arbeiter schauen.

- Wenn die Wurzeln bedeckt sind, mit abgestandenem (lauem) Wasser eingießen. Zum Schutz des Edelreises und der Veredlungsstelle ist über den Reben ein Erddamm zu errichten. Wenn die Reben vor dem Einschulen mit Veredlungswachs behandelt wurden, braucht man keinen Erddamm errichten.

- Größte Sorgfalt bei der Trennung der verschiedenen Sorten!

- Schutz der Rebschule vor Hasenfraß: Einzäunung mit Drahtgitter, dieses einen halben Meter tief eingraben: die Höhe über dem Boden muß mindestens einen Meter betragen.

DIE MULCHFOLIEN-REBSCHULE

Dieses modernste Verfahren der Rebschultechnik setzt sich sehr schnell durch. Seine Vorteile sind die wesentlich höhere Ausbeute (60 bis 70 Prozent), kräftige Veredlung (lange Triebe; starke, grobe Wurzeln; gute Verwachsung) und Senkung des Arbeitsaufwandes. Voraussetzungen für das Verschulen nach diesem Verfahren sind die Vorbehandlung der Unterlagen und Edelreiser mit Chinosol und das Paraffinieren nach dem Vortreiben (= Grünparaffinieren).

Die Vorbereitung des Bodens ist insoferne erleichtert, als im Herbst ein tiefes Ackern genügt; soferne man über entsprechende Geräte verfügt, sind seichtes Wenden und tiefes Lockern optimal. Im Frühjahr, sobald der Boden befahren werden kann und noch genügend feucht ist, wird der Boden unmittelbar vor dem Verlegen der Folie gefräst. Die Mulchfolie (eine 0,04 oder 0,05 mm starke, 80 oder 100 cm breite, schwarze Polyäthylenfolie) wird auf den feuchten, feinkrümeligen Boden mit Hilfe eines Folienlegegerätes oder auch händisch ausgebracht. Wesentlich ist, daß der Boden feucht, gar und unkrautfrei ist. Bei richtiger Verlegung bleibt dieser Bodenzustand bis zum Verschulen (Rebenstecken) erhalten. Der Reihenabstand hängt vom Folienlegegerät und vom Traktor ab. Die Folie kann auf den flachen Boden oder über einen Damm ausgebracht werden. Bei schweren feuchten Böden hat sich das Verlegen auf Damm bewährt. Auf leicht erwärmbaren und nicht durch stauende Nässe gefährdeten Böden wird flach verlegt.

In der Praxis hat sich das Verlegen bei kühler Witterung (am Vormittag) bewährt, weil die Folie dann fester ist. Wichtig erscheint auch, daß die Folienränder gut mit Erde bedeckt sind. Das Verschulen der Reben erfolgt später. In zunehmendem Maße wartet man bis Mitte Mai, weil zu dieser Zeit die Boden- und Lufttemperatur bereits so warm sind, daß ein rasches und kräftiges Wachstum einsetzt und keine Frostgefahr mehr besteht.

Die Pflanzlöcher werden mit einem Rad, an dessen Umfang sich Eisendornen befinden, in die Folien gestochen. Dadurch entstehen exakte Pflanzabstände von 6 bis 8 cm, was eine genaue Berechnung des Flächen- bzw. Rebenbedarfes ermöglicht.
Die Reben müssen nach dem Vortreiben und Abhärten paraffiniert werden. Sind die Triebe bereits zu lang, schneidet man sie etwa drei Tage vor dem Paraffinieren zurück und behandelt sie gleichzeitig vorbeugend gegen Botrytis. Die wenigen Tage bis zum Stecken werden sie in einen Kübel mit Wasser gestellt, um sie bestmöglich mit Wasser zu versorgen. Die Reben werden durch die Pflanzlöcher in der Folie senkrecht 10 bis 15 cm tief in den Boden gesteckt (zirka 1/3 bis 1/2 der Länge). Schon beim Vortreiben ist darauf zu achten, daß sich keine Fußwurzeln bilden, weil sich diese beim Stecken nach oben biegen. Besonderes Augenmerk ist darauf zu legen, daß das beim Stanzen der Pflanzlöcher entstehende Folienblättchen sich nicht vollständig von der Folie löst.
Folienreste am Fuß der Veredlung verursachen einseitiges Bewurzeln. In unserem Klimagebiet ist eine Beregnung der Rebschule notwendig; diese soll schon 8 bis 10 Tage nach dem Einschulen beginnen und muß je nach Bedarf fortgesetzt werden. Alle weiteren Arbeiten sind gleich wie in der klassischen Rebschule: Der Boden muß unkrautfrei gehalten, die Reben müssen gespritzt werden, das Freistellen und Abwurzeln entfällt. Zwischen den Folien muß der Boden rechtzeitig bearbeitet werden; nach Regen muß der Boden tief gelockert werden; die aus den Pflanzlöchern wachsenden Unkräuter müssen händisch entfernt werden; Wurzelunkräuter (Quecke, Ackerwinde) sind dabei besonders lästig. Sollte der Folienrand an einer Stelle freigelegt werden, muß mit Erde abgedeckt werden. Wenn man die Bodenbearbeitung und das Spritzen mit Trakttorgeräten durchführt, müssen diese eine entsprechend große Bodenfreiheit haben. Bei starker Wüchsigkeit müssen die Triebe Ende August, Anfang September nach Beendigung des Wachstums eingekürzt werden.
Ausgeschult werden die Reben mit dem Pflug, wobei im Gegensatz zur klassischen Rebschule bereits ein mittelstarker Traktor genügt. Vorher müssen die Folien händisch entfernt werden (wegreißen). Spezialisierte Betriebe setzen zum Ausschulen zapfwellenbetriebene Rüttelpflüge ein.

Mulchfoliengerät

Mulchfolie in Rebschule

Arbeiten in der Rebschule

Bodenbearbeitung

Bodenoberfläche stets offen und locker halten; Kämme einige Male erneuern (Krusten sofort brechen), nach Gewittern und Regen Boden sofort behacken.

Düngung

2 bis 3 kg Nitramoncal je 100 m^2 in zwei Gaben in den Reihen streuen. Kann bei Stallmistdüngung unterlassen werden.

Schädlingsbekämpfung

Mit der Peronosporabekämpfung sofort nach dem Durchbrechen der Triebe beginnen. Bis zirka Mitte August wöchentlich zweimal Spritzen, bei feuchtwarmem Wetter auch öfter (Blattunterseite).

Ab Mitte August bis Ende September genügt meist eine Spritzung pro Woche.

Nur mit kupferfreien Mitteln spritzen; ab Ende August mit Kupferfertigpräparaten.

Pflege der Reben
Abwurzeln, das heißt Entfernen der Edelreiswurzeln (diese behindern die Fußwurzelbildung und Verwachsung).
Erstes Abwurzeln Anfang Juli, wenn die Triebe zirka 10 cm lang sind. Zweites Abwurzeln Anfang August, drei bis vier Wochen nach dem ersten Abwurzeln.
Nur meterweise, bis unter die Veredlungsstelle abräumen, Edelreiswurzeln mit scharfem Messer abschneiden und gleich wieder mit Erde zudecken.

Ausschulen
Erst nach dem Laubfall beginnen.
Schlechte Rebschulen ein zweites Jahr belassen.
Reben tief ausgraben, damit möglichst alle Wurzeln erhalten bleiben. Beim Ausschulen dort anfangen, wo man mit dem Einschulen aufgehört hat.
Während kleinere Rebschulen mit dem Spaten ausgegraben werden können, wird diese Arbeit in größeren Anlagen mit einem Pflug durchgeführt. Dabei ist wichtig, daß er so tief im Boden geführt wird, daß die Pflugsohle unter den Wurzeln liegt. Nach dem Pflügen werden die Reben aus dem Boden gezogen.

Freistellen in der zweiten Augusthälfte bei trübem, windstillem Wetter. Zuerst nur an der Rückseite freistellen, nach ein bis zwei Wochen auch an der Vorderseite. Das Freistellen erfolgt oft in Verbindung mit dem zweiten Abwurzeln.
Bewässern: genügend Wasser verwenden.
Sortenreinheit: Die einzelnen Reihen werden auf Sortenreinheit geprüft und eventuell vorhandene Fehlstöcke markiert.

SORTIEREN

Prüfung der Veredlungsstelle: allseits lückenlose Verwachsung durch Dreh- und Biegeprobe prüfen. Das Edelreis darf sich auf keiner Stelle abheben.
Prüfung des Triebes: der Trieb soll mindestens 15 bis 20 cm lang und gut ausgereift sein (beim Anschneiden grün).
Prüfung der Bewurzelung: kräftige Wurzeln nach allen Seiten. Bei schwacher Bewurzelung noch einmal einschulen.
Prüfung der Wurzelstange: keine Beschädigung des Holzes durch Tiere oder mechanischer Art (Anschlagen beim Ausschulen).

Überwinterung in einer Erdmiete im Freien

DIE ÜBERWINTERUNG DER REBEN

Beim Lagern von Veredlungen muß folgendes vermieden werden:
- Trockenschäden (an Edelreisern und Wurzeln bei unsachgemäßer Lagerung)
- Pilzbefall (vor allem in geschlossenen Räumen; Wachstum wird durch hohe Feuchtigkeit und Wärme gefördert).
- Zu früher Austrieb infolge zu warmer Lagerung
- Frostschäden.

Lagerung in einer Miete im Freien
Die Überwinterung durch Einschlagen in eine Miete im Freien wurde früher als die beste Form der Überwinterung angesehen. Gut eignen sich schattige Stellen, weil sie

nicht der Besonnung ausgesetzt sind und daher nur geringen Temperaturschwankungen unterworfen sind. Zum Schutz gegen Mausfraß ist die Erdmiete mit einem engmaschigen Gitter, das lückenlos zu schließen ist, auszukleiden und Giftköder auszulegen. Die Reben selbst sind sorgfältig mit feuchtem Sand, lockerer Erde oder Torf zu bedecken, wobei kein Hohlraum sein darf. Über den Reben wird ein Erdhügel errichtet, um die Reben vor Frost zu schützen; dieser Hügel muß jedoch einen Luftzutritt haben.

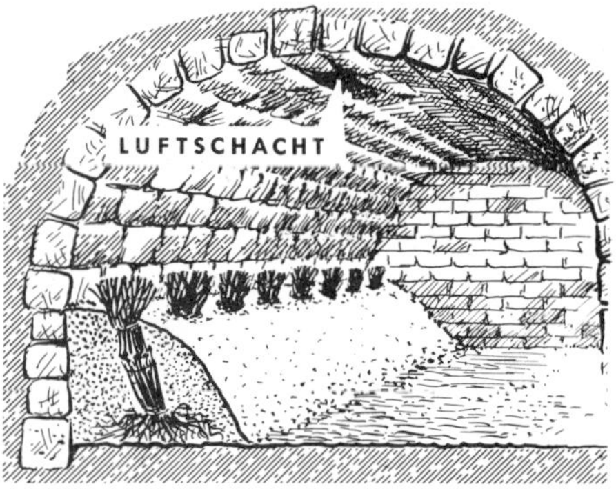

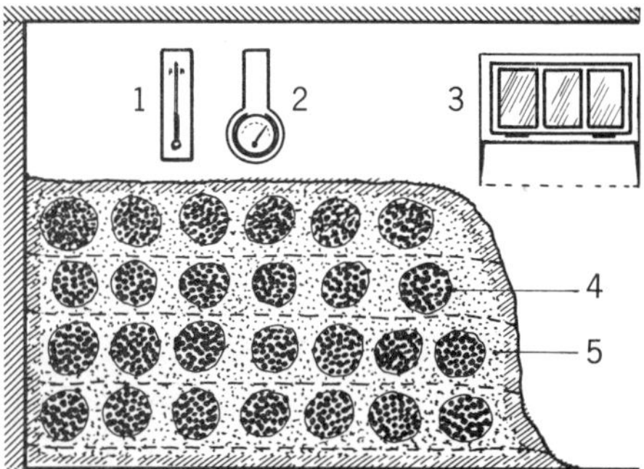

Überwinterung im Keller; stehend eingeschlagen und liegend eingeschlagen

1 Temperatur 2—3° C, 2 Relative Luftfeuchtigkeit: 65—70%, 3 Regelmäßige Lüftung (jeden 2. bis 3. Tag 1 bis 2 Stunden), 4 Rebenbündel, 5 Sand, Sägespäne.

Lagerung im Keller

Die Rebenbündel werden im Preßhaus oder in einem kühlen Keller am besten in feuchten Sand oder Torf eingeschlagen. Die Wurzeln und der Wurzelstamm müssen dabei gut bedeckt werden, damit sie vor Austrocknung geschützt sind. Zur Vermeidung von Schimmelbildung ist für eine ausreichende Lüftung zu sorgen. Die Reben sind vor Mausfraß zu schützen.

Lagerung im Kühlhaus

Soferne die technischen Voraussetzungen gegeben sind, ist die modernste Form der Überwinterung von Veredlungen die Kühlhauslagerung nach Chinosol-Behandlung. Diese Lagerung verhindert die Entwicklung von schädlichen Pilzen und Bakterien, Austrocknung und den Verbrauch von Reservestoffen.

Die plombierten Rebenbündel werden zuerst von Erd- und Torfresten mit Wasser gereinigt. Wenn sie zu trocken sind, müssen sie mehrere Stunden gewässert werden. Unmittelbar anschließend werden sie 15 Stunden lang mit einer 0,1prozentigen Chinosol-Lösung, die plus 10 Grad Celsius haben muß, desinfiziert; die Rebenbündel müssen dabei völlig untergetaucht werden. Soferne bekannt ist, daß die Veredlungen in der Rebschule botrytisbefallen waren (man kann dies an weißlichen Trieben mit schwarzen Flecken erkennen), sollten die Edeltriebe zusätzlich bis zu 15 Stunden lang in einer 0,5prozentigen Chinosollösung behandelt werden; die Rebenbündel werden hiezu verkehrt (mit den Trieben nach unten) bis zur Veredlungsstelle in ein Gefäß mit der Chinosollösung getaucht. Die so behandelten Reben werden feucht in Plastiksäcken oder im Perlite-Einschlag bei plus 1 Grad bis plus 5 Grad Celsius gelagert. Bei freier Lagerung ist das Erhalten der Feuchtigkeit wichtig. Vor dem Setzen werden die Veredlungen wieder 15 Stunden lang gut gewässert.

DIE KARTONAGE-ANZUCHT

Gut vorgetriebene Veredlungen, die einen möglichst starken Kallusring an der Veredlungsstelle, einen kräftigen Trieb und einen schönen Kallusring am Fußende besitzen müssen, werden in spezielle Kartonhülsen gesteckt. Diese Kartonhülsen werden Kartonagen genannt; sie haben einen Durch-

messer von 4 cm, ihre Länge sollte der Veredlungslänge entsprechen (zirka 30 cm), an den Seitenwänden befinden sich Löcher von 11 mm Durchmesser. Nach dem Hineinstecken der Veredlung in die Kartonage wird sie mit einer speziellen Mischung aus gleichen Teilen von Torf, Sand, Kompost und Erde gefüllt. Dabei ist zu achten, daß unterhalb des Fußknotens 5 cm Platz zum Durchwurzeln vorhanden ist.
Die fertig gefüllten Kartonagen werden senkrecht und möglichst dicht in ein Mistbeet eingestellt und dort weitergetrieben. Dabei ist darauf zu achten, daß die Temperatur in den Mistbeeten 20 bis 25 Grad Celsius beträgt. Nach der Packung des Mistbeetes wird mit warmem Wasser (pro

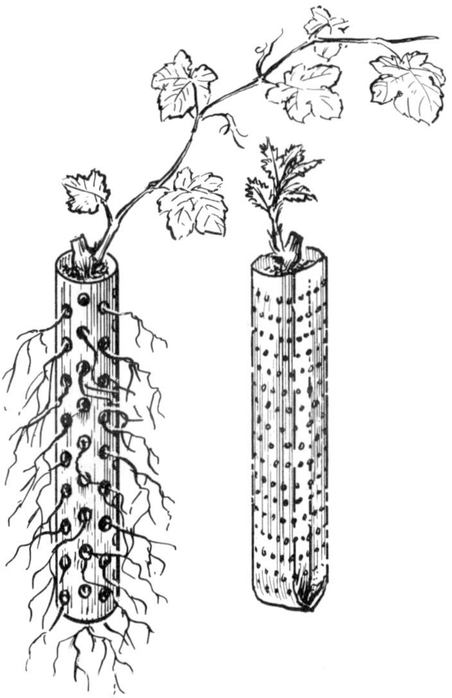

Kartonagenanzucht

Fenster zwei bis drei Gießkannen) eingegossen, die Veredlungen werden bis zu den Trieben mit trockenem Torf abgedeckt und die Fenster aufgelegt. Laufendes Lüften, Schattieren und Gießen sind für die Weiterbehandlung wichtig. Wenn aus den Löchern der Kartonhülsen die Wurzeln herauszuwachsen beginnen, können die Veredlungen im Freien ausgepflanzt werden.

Topfanzucht

TOPFANZUCHT

Die intensivste Form der Rebenanzucht ist die Topfanzucht in Gewächshäusern. Infolge der hohen Kosten und der Verbesserung anderer Methoden hat dieses Verfahren in der Praxis keine große Bedeutung erlangt. Die vorgetriebenen Reben werden in Tontöpfe (9 cm hoch, 6 cm Durchmesser), wie beim Kartonageverfahren, in eine Erdmischung eingesetzt und im Gewächshaus etwa 6 Wochen lang bei 25 Grad Celsius Lufttemperatur weitergetrieben und dann zwei Wochen abgehärtet. Nach dieser Zeit sind die Reben auspflanzfertig, es bildet sich dabei ein geschlossener Wurzelballen. Um Trockenschäden an der Wurzelstange zu verhindern, muß für eine hohe Luftfeuchtigkeit gesorgt werden.

GESETZLICHE BESTIMMUNGEN IM REBENVERKEHR IN ÖSTERREICH

Durch das Rebenverkehrsgesetz vom 21. April 1948 und die Rebenverkehrsord-

nung vom 1. August 1951 wird der Verkehr mit Reben in Österreich geregelt, mit dem Ziel, nur Reben von einwandfreier Beschaffenheit in den Verkehr zu setzen.
Reben im Sinne dieses Gesetzes sind: Schnittreben, Wurzelreben und Veredlungen. Der Verkehr mit Edelreisern ist noch ausgenommen.
Alle Reben, die in den Verkehr gesetzt werden, darunter versteht man beispielsweise das Verkaufen, Tauschen oder Verschenken von Reben, müssen anerkannt sein, ausgenommen, wenn es sich um die gelegentliche Abgabe an den Letztverwender (Weinhauer) von bis höchstens 1000 Veredlungen oder von Schnittreben aus einem Bestand von höchstens 500 Stöcken handelt.
Die Rebenanerkennung wird von den zuständigen Landwirtschaftskammern durchgeführt und gliedert sich in:

- die Betriebsanerkennung (Anlagekontrollen im Sommer) und
- die Plombierung (Beurteilung der Schnittreben, Wurzelreben oder Veredlungen im Winterhalbjahr).

Bei der Betriebsanerkennung sind wichtig: Sortenechtheit, Sortenreinheit, Gesundheit und kräftiges Wachstum.
Voraussetzungen für die Plombierung von Schnittreben sind:
(Siehe Seite 179)

Voraussetzungen für die Plombierung von Veredlungen sind:
Bündelung zu 50 Stück,
richtige Länge (30 cm, aus der Steiermark 35 cm),
Stärke mindestens 6 mm.
Die Veredlungsstelle muß lückenlos verwachsen sein, am Fußende muß sich ein geschlossener Kranz von kräftigen Wurzeln gebildet haben (nicht einseitig) und der Trieb muß mindestens vier gut ausgebildete Augen aufweisen. Die Reben müssen ferner frisch, gesund und frei von tierischen oder mechanischen Beschädigungen sein.

Voraussetzungen für die Plombierung von Edelreisern sind:
Früher (bei Edelreisern aus Niederkulturen) wurden Edelreiser zu 100 Ruten à 10 Augen gebündelt. Bei Edelreisern aus Hochkulturanlagen soll so gebündelt werden, daß 1000 Augen enthalten sind (das sind bei durchschnittlich 6 Augen pro Rute 170 Stück); die genannte Augenanzahl ist auf der Etikette anzugeben. Die Edelreiser müssen frisch, gesund, unverletzt, gut ausgereift und 6 bis 10 mm stark sein.
Hinsichtlich der Beschaffenheit besteht eine Toleranzgrenze von 5 Prozent je Bündel, nicht jedoch hinsichtlich der Sortenreinheit.

Plombierte Veredlungen

HANDELSUSANCEN IM VERKEHR MIT REBEN

Der Preis versteht sich normalerweise für die plombierten, gebündelten Reben ohne Verpackung ab Produktionsstätte. Der Verkäufer haftet für Sortenreinheit und für Sortenechtheit. Diesbezügliche Beanstandungen können bis zu einem Jahr nach der Übernahme erfolgen. Auf dem Lieferschein und der Rechnung sollen daher Menge, Sorte (bei Veredlungen auch die der Unterlage), Qualitätsstufe, Betriebsnummer der Anerkennung und der Preis enthalten sein.

GESTEHUNGSKOSTEN DER REBVEREDLUNGEN (Handveredlung)

Preise inklusive Mehrwertsteuer, Stand 1982

I. Boden je Ar	
Bodenbearbeitung (Gründüngung, Saatgut, Saat)	S 40.-
Vorratsdüngung	S 90.-
Rigolen, planieren	S 60.-
	S 190.-
II. Veredlungen je Ar	
1400 Unterlagsreb. à S 1.80	S 2498.-
1800 Edelreiser à S 0.15 (1/3 mehr)	S 208.-
Veredlungarbeit = 1000 Stück/Tag (S 500.-)	S 694.-
Paraffin 2 kg à S 120.-	S 240.-
Bewurzelungsmittel	S 25.-
1/4 Tag	S 125.-
Sägemehl	S 30.-
Ersatz für Kisten	S 50.-
Vortreibkisten	S 70.-
Grundsteuer	S 10.-
Gebäudekosten	S 40.-
	S 3990.-
III. Rebschule	
Verschulen + Traktor 1 Ar pro Tag	S 1300.-
Schädlingsbekämpfungsmittel 300 Liter × 18 = 5400 Liter/Hektar = 54 Liter/Ar	S 60.-
Arbeit: 45 Traktorstunden à S 120.- = S 5400.-; 60 Stunden Handarbeit à S 60.- =S 3600.-; je Hektar S 9000.-	S 90.-
Bodenbearbeitung: fünfmal scheren, zweimal abräumen = 7 1/2 Std. à S 60.-	S 450.-
	S 1900.-
IV. Ernte pro Ar Arbeitszeit + Traktor 2 Ar/Tag	S 500.-

V. Sortieren und Einschlag
2000 Stück/Tag (S 500.-)
= 555 Stück (36 %)

50.000 Groschen : 555 =
90 Groschen/Stück

VI. Plombieren (inkl. Plombiergebühr 20 Groschen/Stück

Zusammenstellung:

I. S 190.-
II. S 3990.-
III. S 1900.-
IV. S 500.-

S 6580.- : 555 (40% v. 1388) =	S 11.86
V. (0.90) + VI. (0.20)	=S 1.10
	S 12.96
Bei 35% v. 1388; 6580 : 485	= S 13.56
V. + VI.	S 1.10
	S 14.66
bei 30% v. 1388; 6580 : 1416	= S 15.82
V. + VI.	S 1.10
	S 16.92

Bei Maschinenveredlung reduzieren sich die Kosten pro Rebsetzling um etwa S 1.-

Abschnitt V

EIN WEINGARTEN ENTSTEHT

Den Naturgesetzen folgend, unterliegt auch die Weinrebe dem Rhythmus allen Lebens: einer Entwicklungsphase folgt eine Periode höchster Leistungsfähigkeit, die mit zunehmendem Alter zurückgeht. Während bei der wurzelechten Stockkultur die Rebe ein Alter bis zu 60 Jahren erreichte, ist im Zuge der Einführung moderner, hochleistungsfähiger Erziehungsmethoden ihre Lebenserwartung auf zirka 20 bis 25 Jahre zurückgegangen; dadurch ist auch der Zeitabstand zwischen Auspflanzung und Rodung viel kürzer geworden. Somit kommt jeder Betriebsführer in die Lage, Weingärten neu anlegen zu müssen. Damit ein Weingarten aber den größtmöglichen Ertrag bringen kann, sind eine sorgfältige Planung sowie ausreichende Kenntnisse der wichtigsten Maßnahmen unerläßlich. Besonderes Augenmerk muß jedoch zwei Fragen, die den künftigen Sortenbestand betreffen, gewidmet werden:

- welche Sorte ist aus weinbautechnischen und absatzpolitischen Überlegungen die geeignetste?
- wo kann man von der gewählten Sorte das beste Pflanzgut (Selektionen, Klone, richtige Unterlage) bekommen?

Schon einige Jahre vor der Anlage sollten die Edelreisweingärten ausgesucht und die am besten geeigneten Klone **auftragsveredelt** werden („maßgeschneiderter Weingarten“). Klone sind teurer, weil sie nachweislich schlechtere Anwachsprozente haben als normales Holz. Eventuelle Mehrkosten stehen aber in keiner Relation zum Mehrertrag und bei richtiger Wahl auch in besserer Qualität.

Kapitel 15

Überlegungen bei einer Weingartenneuanlage

Vor jeder Neuanlage ist eine mehrjährige Planung notwendig, um die Bewirtschaftung des künftigen Weingartens so rationell wie möglich durchführen zu können. In diesem Zusammanhang ist auf etwaige Kommassierungsabsichten in einer Gemeinde zu achten; durch Kauf oder Tausch sollte man trachten, die Grundstücksflächen zu vergrößern.
Ferner muß auf die weinbaugesetzlichen Bestimmungen — vor allem in den Bundesländern Niederösterreich und Burgenland — geachtet werden. Damit es in Österreich zu keiner strukturellen Überproduktion kommt, haben die beiden hauptweinbautreibenden Bundesländer Niederösterreich und Burgenland Weinbaugesetze geschaffen.

GESETZE ZUR REGELUNG DER WEINBAULICHEN PRODUKTION IN ÖSTERREICH

Nach der österreichischen Bundesverfassung fallen alle Fragen der Landeskultur, somit auch alle produktionstechnischen Belange des Weinbaues, in die Kompetenz der Länder.
In allen Fragen der Traubenproduktion, wie bei der Neuanlage von Weingärten oder bei den gesetzlichen Pflanzabständen zur Grenze, gibt es daher keine bundesgesetzliche Regelung, sondern in jedem Bundesland eigene Bestimmungen. In den Bundesländern Niederösterreich und Burgenland bestehen derzeit inhaltsgleiche Weinbaugesetze, in der Steiermark und in Wien gibt es keine solche Regelung.

Burgenland

Beim Auspflanzen sind die Bestimmungen des Weinbaugesetzes, der Rebsortenverordnung und des Grenzabstandes zu beachten. Durch das Weinbaugesetz 1980 (LGBl. für das Burgenland Nr. 38/1980, 38. St., vom 9. Oktober 1980) wurde das Weinbsaugesetz 1974 außer Kraft gesetzt und für das Wieder- und Neuauspflanzen von Weinreben eine Bewilligungspflicht wie in den Weinbaugesetzen 1966 und 1969 entsprechend dem Ländervertrag zwischen Niederösterreich und dem Burgenland wiedereingeführt.

Weiters sieht dieses Gesetz die Anlage eines Weinbaukatasters und die Einführung einer Weinbaukommission vor.

In diesem Gesetz werden insbesondere folgende Fragen geregelt:

Flächenmäßige Beschränkung des Weinbaues;

Sortenmäßige Beschränkung des Weinbaues;

Auspflanzen nach agrarischen Operationen und zu Versuchszwecken, Weinlesezeit, Weinbauaufsicht und Strafbestimmungen.

Grundsätzlich ist das Auspflanzen von Weingärten nur innerhalb der gesetzlich festgelegten Weinbaufluren gestattet. Für den Umfang der Auspflanzungen gelten die Bestimmungen des Weinbauländervertrages 1980.

Vereinbarung über die flächenmäßige Beschränkung des Weinbaues sowie die Errichtung einer gemeinsamen Weinbaukommission der Länder Niederösterreich und Burgenland (Weinbauländervertrag 1980).

LGBl. für Niederösterreich 6151—0

LGBl. für das Burgenland Nr. 31/1980

Zur Stabilisierung der Weinbauflächen dürfen aufgrund dieses Vertrages Weingärten nur in den gesetzlich festgelegten Weinbaufluren in folgendem Umfang ausgepflanzt werden:

- Nachpflanzen: in bestehenden Weingärten dürfen Rebstöcke ersetzt werden.
- Wiederauspflanzen: nach erfolgter Rodung eines Weingartens darf auf demselben Grundstück flächengleich ausgepflanzt werden.
- Neuauspflanzen: nach erfolgter Rodung eines Weingartens darf auf einem Ersatzgrundstück flächengleich ausgepflanzt werden.

Die beiden Länder haben sich weiters vertraglich verpflichtet, in ihrem Wirkungsbereich einen Weinbaukataster anzulegen und laufend zu führen. In diesem muß die gesamte Weinbaufläche ausgewiesen sein, wobei für jede Weingartenparzelle folgende Daten enthalten sein müssen:

- Name und Anschrift des Weinbautreibenden
- Katastralgemeinde und Riedbezeichnung
- Grundstücknummer und Flächenausmaß, jeweiliges Ausmaß der Auspflanzung
- Auspflanzjahr und ausgepflanzte Rebsorte.

Der letzte Stand im Weinbaukataster muß dem Vertragspartner über Ersuchen jährlich bis zum 31. Dezember bekanntgegeben werden.

Eine Kommission, bestehend aus je fünf Vertretern der Vertragsländer, wurde mit der Aufgabe der Kontrolle der Einhaltung und Durchführung dieses Vertrages geschaffen. Sie muß in regelmäßigen Abständen tagen und insbesondere die Einhaltung der Auspflanzungsbestimmungen überwachen, Übertretungen aufzeigen und auf die Ahndung gesetzwidriger Auspflanzungen achten; sie kann auch Berichtigungen im Kataster veranlassen. Bei Nichteinhaltung von Vertragsbestimmungen ist die Bezahlung einer Geldstrafe vorgesehen.

Frühestens ab 26. August 1983 kann dieser Vertrag bei sechsmonatiger Kündigungsfrist von jedem der Vertragspartner gekündigt werden. Es besteht auch für die anderen Weinbautreibenden Bundesländer Österreichs die Möglichkeit dieser Weinbaukommission beizutreten.

Im Burgenland zugelassene Rebsorten:

Gepflanzt dürfen nur solche Rebsorten werden, die auf Grund des Klimas und der Bodenbeschaffenheit der Weinbaugebiete geeignet sind, hochwertige Kelter- oder Tafeltrauben hervorzubringen.

Diese Sorten sind in der Verordnung der Burgenländischen Landesregierung vom 4. 4. 1979 (LGBl. 46/1979) wie folgt festgelegt:

Weißweinsorten:
1. Welschriesling
2. Grüner Veltliner
3. Neuburger
4. Müller-Thurgau (Riesling × Sylvaner)
5. Weißer Burgunder
6. Muskat Ottonel
7. Traminer
8. Rheinriesling
9. Ruländer (Grauer Burgunder)
10. Silvaner
11. Muskat Silvaner
12. Bouvier
13. Frühroter Veltliner
14. Muskateller
15. Goldburger
16. Jubiläumsrebe
17. Sämling 88
18. Furmint

Rotweinsorten:
1. Blaufränkisch
2. Blauer Zweigelt (Rotburger)
3. Blauer Burgunder
4. Portugieser blau
5. St. Laurent
6. Blauburger

Tafeltrauben:
1. Perle von Czaba
2. Königin der Weingärten
3. Gutedel
4. Kardinal

Auf Antrag einer Gemeinde kann die Landesregierung für bestimmte Gebiete und Sorten den Beginn der Weinlese vor einem bestimmten Zeitpunkt untersagen, doch kann in einem solchen Fall auch vorher gelesen werden, wenn der Traubenbestand durch Frost, Hagel oder Traubenkrankheiten geschädigt wird und ein weiterer schwerer Schaden nur durch eine unverzügliche Lese abgewendet werden kann. Die Einhaltung der Bestimmungen dieses Gesetzes hat die Bezirksverwaltungsbehörde zu überwachen; auch die Bundeskellereiinspektoren sind hiezu ermächtigt und verpflichtet, von ihnen wahrgenommene Übertretungen anzuzeigen. Gesetzwidrige Auspflanzung und die Bewirtschaftung solcher Rebpflanzungen (Dauerdelikt) sind mit einer Geldstrafe bis zu S 50.000.— oder mit Arrest bis zu 6 Wochen zu bestrafen.

Grenzabstand

Die Einhaltung eines bestimmten Mindestpflanzabstandes der Randreihen zur Grundstücksgrenze ist im Landesgesetz vom 12. 5. 1965, betreffend den Schutz des Feldgutes und den landwirtschaftlichen Betrieb (Feldschutzgesetz, LGBl. 23/1965), vorgeschrieben. Demnach ist bei der Anlage eines Weingartens zu der Randreihe und der Grundstücksgrenze ein Mindestabstand von 1 m einzuhalten. Wenn aber die inneren Reihen mehr als 2 m voneinander entfernt sind, dann beträgt der Mindestabstand die halbe Reihenweite.

Niederösterreich

Beim Auspflanzen von Weingärten sind in Niederösterreich folgende gesetzliche Bestimmungen zu beachten:

- Auspflanzungsrecht
- zugelassene Sorten
- Grenzabstand

Alle Belange des Auspflanzrechtes für Weingärten sowie der zugelassenen Rebsorten sind in Niederösterreich umfassend durch das NÖ Weinbaugesetz 1974 (Wiederverlautbarung LGBl. für Niederösterreich Nr. 6150-0 vom 24. 5. 1974 und Nr. 6150-1 vom 4. 12. 1980) geregelt.

Dieses Gesetz ist in folgende Abschnitte gegliedert:

I. Begriffsbestimmungen (Weinbaufluren, Weingarten und geringfügige Auspflanzung, Weinbautreibender)
II. Weinbaukataster
III. Flächenmäßige Beschränkung des Weinbaues
IV. Sortenmäßige Beschränkung des Weinbaues (zugelassene Rebsorten)
V. Auspflanzungen zu Versuchszwecken
VI. Weinlesezeit
VII. Weinbauaufsicht
VIII. Straf-, Übergangs- und Schlußbestimmungen

Das Auspflanzen von Weingärten ist nur innerhalb der Weinbaufluren gestattet, deren Abgrenzung in Verordnungen zu § 1 des NÖ. Weinbaugesetzes 1974 in verschiedenen Amtsblättern der einzelnen Bezirksverwaltungsbehörden kundgemacht worden ist. Eine Zusammenstellung dieser ist als Anlage zur Wiederverlautbarung dieses Gesetzes veröffentlicht. Weiters darf nur in der gleichen Größe ausgepflanzt werden, als vorher gerodet worden ist.

Betreffend das Auspflanzen eines Weingartens unterscheidet das Gesetz zwischen „Wiederauspflanzen" (das ist das Auspflanzen eines Weingartens nach Rodung auf demselben Grundstück und in der gleichen Größe) und „Neuauspflanzen" (das ist das Auspflanzen in der Größe einer vorher gerodeten Weingartenfläche auf einem anderen Grundstück). Beim Wiederauspflanzen benötigt man keine Auspflanzbewilligung der Bezirksverwaltungsbehörde, sofern der Weingarten im Weinbaukataster ordnungsgemäß eingetragen ist. Wenn das nicht zutrifft, muß man spätestens vier Wochen vor der Rodung bei der Bezirksverwaltungsbehörde um Bewilligung zum Wiederauspflanzen ansuchen. Soferne man jedoch innerhalb von 10 Jahren den Weingarten nicht auspflanzt, erlischt das Auspflanzrecht. Das Neuauspflanzen hingegen ist immer bewilligungspflichtig. Spätestens vier Wochen vor Rodung eines Weingartens muß man darum ansuchen. Dabei gilt, daß man immer nur in einer Weinbauflur der gleichen Art auspflanzen darf; also: ein in der offenen Weinbauflur liegender Weingarten darf nur in dieser neu ausgepflanzt werden und ein in der geschlossenen Weinbauflur gelegener nur in dieser. Bestehende Weingärten, die außerhalb einer Weinbauflur liegen, gelten als auslaufende Weingärten; diese können bewirtschaftet werden. Rodet man jedoch einen Weingarten in einer auslaufenden Flur, darf nur in einer Weinbauflur neu ausgepflanzt werden. In einem Weingarten, der in auslaufender Flur liegt, darf nur nachgepflanzt werden.

Nicht betroffen von diesem Gesetz sind Rebpflanzungen in geringfügigem Ausmaß. Als solche gelten Rebbestände, deren Fläche 500 m^2 und die Anzahl von 100 Rebstöcken nicht überschreiten. Solche Pflanzungen darf jeder Grundstückbesitzer vornehmen; er gilt auch nicht als Weinbautreibender im Sinne dieses Gesetzes.

Die Bezirksverwaltungsbehörde hat ein Verzeichnis zu führen, im dem alle Weinbaubetriebe und Weingärten detailliert aufgezeichnet sind (Bezirksweinbaukataster). Jeder Weinbautreibende hat bei der Gemeinde, in der die betreffende Weingartenfläche liegt, alle Änderungen in den Weinbau- oder Besitzverhältnissen binnen drei Monaten zu melden, damit der Stand aktualisiert werden kann.

Die Landesregierung kann im Verordnungswege für bestimmte Gebiete oder Sorten den Beginn der Weinlese vor einem bestimmten Zeitpunkt untersagen. Beim Auftreten von Frost, Hagel oder Traubenkrankheiten kann aber auch schon vorher gelesen werden, wenn der Eintritt eines weiteren Schadens nur durch sofortige Lese abgewendet werden kann. Mit der Überwachung dieses Gesetzes sind neben der Bezirksverwaltungsbehörde auch die Bundeskellereiinspektoren betraut. Diese sind verpflichtet, von ihnen wahrgenommene Übertretungen bei der Bezirksverwaltungsbehörde anzuzeigen.
Wer beispielsweise gegen die Bestimmungen betreffend den Kataster oder den Weinlesezeitpunkt verstößt, wird mit einer Verwaltungsstrafe bis zu S 5000.— oder 1 Woche Arrest bestraft. Bei gesetzwidrigem Auspflanzen oder Bewirtschaften solcher Weingärten beträgt das Strafausmaß mindestens S 2.—/m^2 bis zu S 50.000.— pro Hektar oder (und) 6 Wochen Arrest, wobei auch eine wiederholte Bestrafung möglich ist (Dauerdelikt).

Sortenfrage
Nach den Bestimmungen des NÖ. Weinbaugesetzes dürfen nur „zugelassene Rebsorten" ausgepflanzt werden, die in der Sortenverordnung aufgestellt sind. Andere Sorten dürfen nur im Rahmen von Versuchspflanzungen gesetzt werden; für diese sind die genauen Bedingungen gesetzlich festgelegt.
Zur Verbesserung der Angebotsstruktur auf dem Weinmarkt kann die Landesregierung in jenen Weinbaufluren, die bereits überwiegend mit einer Rebsorte ausgepflanzt sind, jede weitere Auspflanzung auf diese Rebsorte beschränken und die Auspflanzung anderer Rebsorten untersagen.
Gemäß NÖ. Rebsortenverordnungen vom 19. 11. 1974 und 20. 8. 1982 sind folgende Sorten zugelassen:

Weißweinsorten
1. Bouviertraube
2. Frühroter Veltliner
3. Grüner Veltliner
4. Müller-Thurgau
5. Muskat-Ottonel
6. Neuburger
7. Rheinriesling
8. Roter Veltliner
9. Rotgipfler
10. Ruländer
11. Traminer
12. Weißer Burgunder
13. Welschriesling
14. Zierfandler (Spätrot)
15. Goldburger

Rotweinsorten
1. Blauer Burgunder
2. Blauer Portugieser
3. Blaufränkisch
4. St. Laurent
5. Zweigeltrebe
6. Blauburger

Tafeltrauben
1. Gutedel
2. Königin der Weingärten
3. Perle von Czaba

Grenzabstand
Bei der Neuauspflanzung eines Weingartens, aber auch bei der Umwandlung einer bestehenden Weingartenkultur in eine höhere Erziehungsart ist ein bestimmter Mindestpflanzabstand zur Grenze einzuhalten. Alle diesbezüglichen Fragen sind im Mindestpflanzabstandsgesetz 1973 (LGBl. für Niederösterreich Nr. 6140-0 vom 5. 4. 1973) geregelt. In bezug auf Weingärten enthält dieses Gesetz im wesentlichen folgende Bestimmungen: Bei der Neupflanzung oder Umwandlung von Weingärten ist von der Grenze gegen landwirtschaftliche Grundstücke ein Mindestpflanzabstand im Ausmaß der halben Reihenentfernung, mindestens jedoch bei Stockkulturen 0,60 m, bei Hochkulturen 1,20 m einzuhalten. Der Abstand ist von der Mitte des Stammes zu messen. Die Bestimmungen dieses Gesetzes gelten nicht für Neuauspflanzungen zum Schutz gegen Abhang, Böschungen oder Verkehrsanlagen sowie auf Flächen, die an Grundstücke grenzen, die den forstrechtlichen Vorschriften unterliegen.

Zuwiderhandlungen gegen diese Vorschriften werden als Übertretung mit Geldstrafen geahndet, und außerdem ist die Pflanzung so zu ändern, daß sie den gesetzlichen Vorschriften entspricht. Wenn seit dem Beginn der Weingartenneuanlage oder der Umwandlung zwei Jahre verstrichen sind, kann ein derartiger Antrag nicht mehr gestellt werden.

Wien

Beim Auspflanzen eines Weingartens in Wien ist auf die Einhaltung des Mindestpflanzabstandes zur Grundstücksgrenze zu achten (Landesgesetz vom 18. 8. 1976 betreffend Mindestpflanzabstand für Kulturpflanzen von Grundstückgrenzen, LGBl. für Wien 18/1976).

Die Randreihe muß bei Stockkulturen und niedere Drahtrahmenkulturen 0,8 m gegen Weingärten oder die halbe Reihenentfernung gegen andere Grundstücke entfernt sein. Bei Hochkulturen beträgt die Mindestentfernung gegen Weingärten 1,50 m oder die halbe Reihenentfernung gegen andere Grundstücke.

Gesunde Altersstruktur der Weingärten im Betrieb

Um den Mengenertrag eines Betriebes in möglichst gleicher Höhe zu halten und die Belastungen einer Neuanlage (Investitionskosten, Arbeitsbelastung) möglichst gleichmäßig zu verteilen, ist eine gleichmäßige Verteilung von Weingärten verschiedenen Alters anzustreben.

Theoretisch müßten bei einer Lebensdauer von 25 Jahren jährlich 4 Prozent der Weingartenfläche erneuert werden. In der Praxis ist folgende Altersstruktur anzustreben:
25% der Weingartenfläche Neuanlage und sehr junge Weingärten 1. bis 6. Jahr
25% der Weingartenfläche junge Weingärten 7. bis 12. Jahr
25% der Weingartenfläche mittelaltrige Weingärten 13. bis 18. Jahr
25% der Weingartenfläche alte Weingärten 19. bis 24. Jahr.

Demnach hat ein Betrieb alle 6 Jahre ein Viertel seiner Weingärten zu erneuern.

Soferne es der Grundbesitz erlaubt, sollten zumindest 8 bis 12 Prozent der Weingartenfläche (zusätzlich) brach liegen, um eine 2 bis 3 jährige Regeneration des Bodens zu ermöglichen. Ein Weinbaubetrieb mit 10 ha Weingartenfläche sollte also ein weiteres ha stets in Brache haben.

Kapitel 16

Voraussetzungen für eine erfolgreiche Anlage

Im Zuge einer Weingartenneuanlage ist auf folgende Punkte besonders Bedacht zu nehmen:
Auswahl des Grundstückes
Sorten- und Unterlagswahl
Vorbereitung des Grundstückes
Bodenbearbeitung und vorbereitende Maßnahmen
Auszeilen und Ausstocken
Pflanzung
Pflege in den ertraglosen Jahren

AUSWAHL DES GRUNDSTÜCKES

Die Weinrebe ist wegen ihrer besonderen klimatischen Ansprüche nicht nur auf bestimmte Anbaugebiete beschränkt, sondern innerhalb dieser auch an bestimmte Lagen gebunden. Diese Tatsache spiegelt sich auch in den Weinbaugesetzen wider, wie in Niederösterreich und im Burgenland in der Festsetzung von Weinbaufluren oder in Frankreich in der Abgrenzung der Lagen für die Erzeugung von bestimmten Qualitätsweinen (Appellation contrôllée d'origine). Die Kultur der Weinrebe setzt verschiedene Klimawerte voraus, wie insbesondere:
die Temperatur (mittlere Jahrestemperatur nicht unter 9° C, Temperatur während der Blüte nicht unter 15° C),
ausreichende Anzahl von Sommertagen,
die Windstärke und die vorherrschende Windrichtung.
Diese Klimafaktoren beeinflussen in größtem Maße den jährlichen Ertrag und die Qualität. Sie sind auch für die großen Ertragsschwankungen verantwortlich und stellen damit den größten Riskenfaktor des Weinbaues dar. Nachdem diese Klimawerte in maßgeblichem Umfang abgeschwächt oder verstärkt werden können, kommt der richtigen Auswahl der Lage eine wichtige Bedeutung zu.
Man unterscheidet zwischen ebenen und Hanglagen (Berglagen). Bei diesen hat die Neigungsrichtung einen erheblichen Einfluß. Am günstigsten sind Süd-, Südost-, Südwest-, Ost- und Westlagen. Nordhänge sind im allgemeinen für den Weinbau nicht zu empfehlen. Der Neigungswinkel hat auf die Möglichkeiten der Bearbeitung und Mechanisierung großen Einfluß. Im allgemeinen gilt der Grundsatz: Je steiler, desto schwieriger. Wegen der besseren Einsatzmöglichkeit von Maschinen sind in den letzten Jahrzehnten immer mehr ebene Tallagen und flache Hügellagen den klimatisch günstigeren Hängen vorgezogen worden. Die extremen Berglagen sind vom Verfall bedroht.
Eine wichtige Rolle spielt die Luftfeuchtigkeit. In der Nähe von Seen und Flüssen herrscht ein ausgeglicheneres Klima, vor allem ist in deren Nähe die Luftfeuchtigkeit günstiger. Auch Waldränder können einen ähnlichen Einfluß ausüben.
Bei der Auswahl eines Grundstückes spielen vor allem arbeitswirtschaftliche Überlegungen eine wichtige Rolle. Das Grundstück muß zumindest eine Zufahrtsmöglichkeit (besser zwei Zufahrten) haben, es muß mit dem Traktor oder dem Seilzug bearbeitbar sein, es soll eine günstige Lage zum Betrieb und nicht zuletzt eine entsprechende Größe aufweisen, um die Wegzeiten möglichst kurz zu halten.
Bei der Auswahl eines Grundstückes muß auch auf die weinbauliche Eignung des Bodens Rücksicht genommen werden; in der Praxis wird darauf nicht immer ausreichend Bedacht genommen, was hinsichtlich des Ertrages und der Lebensdauer einer Anlage sich sehr

nachteilig auswirken kann. Zumindest bei der Sortenwahl ist auf die Eignung der gewählten Sorten für den vorliegenden Bodentyp Rücksicht zu nehmen.
Bei der Neuanlage eines Weingartens ist auch der Kalkgehalt des Bodens entsprechend zu berücksichtigen. Die Kalkverträglichkeit der Unterlagen und auch der Edelsorten ist sehr unterschiedlich und muß unbedingt beachtet werden.
Mehr als in anderen Kulturen besteht im Weinbau die Gefahr, daß durch die Eigenheiten dieser Kulturart, aber auch durch eine mangelhafte und unsachgemäße Bodenpflege die Bodenfruchtbarkeit verschlechtert wird; im Laufe der Jahre treten Rückgangserscheinungen auf, die in der Praxis unter dem Namen „Rebmüdigkeit" bekannt sind.

Im einzelnen belasten insbesondere folgende Faktoren die Bodenfruchtbarkeit: Als Dauerkultur besteht keine Möglichkeit der Einschaltung eines Fruchtwechsels, die Rebe nutzt den Boden jahrzehntelang einseitig aus. Im Weingarten bleiben praktisch auch keine verrottbaren Ernterückstände zurück. Infolge der weiten Abstände und des häufigen Nord-Süd-Verlaufes der Reihen geben die Reben nur wenig Schatten und somit geringen Schutz vor den garezerstörenden Einflüssen von Sonne und Regen. Das häufige Befahren der Weingärten — insbesondere auch bei nassem Boden und immer in der gleichen Spur — bei Pflanzenschutzarbeiten und bei der Lese fördert die Verkrustung und Verhärtung des Bodens. Der Humusgehalt unterliegt einem raschen Abbau, da in warmen Böden — wo die Rebe hauptsächlich angepflanzt wird — alle Zersetzungsvorgänge beschleunigt auftreten. Auch die im Weinbau notwendige intensive Bodenbearbeitung wird den Ansprüchen der Bodenfruchtbarkeit vielfach nicht gerecht.
Die Rebmüdigkeit des Bodens zeigt sich in einem steten Rückgang der Triebkraft und der Wurzelbildung. Sie tritt bei leichteren Böden früher und stärker auf als bei schwereren Böden. Die Frage der Rebmüdigkeit ist bis heute nicht eindeutig geklärt. Es wurden aber schon eine Reihe von Theorien erstellt. Man spricht in diesem Zusammenhang von einer Nährstoff-, Reizstoff- oder Giftstofftheorie. Aber auch das Überhandnehmen von schädlichen Pilzen im Boden wird für die Rebmüdigkeit verantwortlich gemacht. Die Wurzelausscheidungen sowie die abgestorbenen Wurzeln werden, wenn schon nicht als einzige, so doch als eine der Hauptursachen der Rebmüdigkeit angesprochen. Die Rebmüdigkeit ist somit als eine komplexe Erscheinung anzusehen, deren Ursache wahrscheinlich im Zusammenspiel mehrerer dieser Faktoren zu suchen ist.

Mit sehr unterschiedlichem Erfolg läßt sich die Rebmüdigkeit chemisch bekämpfen, und zwar mit Hexachlorbutadien und Schwefelkohlenstoff. Die Aufwandsmenge liegt bei Hexachlorbutadien bei 150 kg je Hektar, bei Schwefelkohlenstoff bei 300 kg je Hektar. Die Maßnahme ist sehr kostspielig und kann nur empfohlen werden, wenn das verwendete Mittel maschinell in den Boden injiziert werden kann und keine andere Möglichkeit der Beseitigung der Rebmüdigkeit gegeben ist. Die Bodentemperatur muß mindestens + 8° C betragen.
Die Behandlung ist spätestens 6 Wochen vor dem Rebsetzen durchzuführen. Der Erfolg ist jedoch nicht so überzeugend, daß man diese Methode allgemein empfehlen kann.
Die beste Vorbereitung des Bodens nach der Rodung eines Weingartens besteht in der Einschaltung einer Grünbrache, im Anbau einer mindestens einjährigen, besser jedoch mehrjährigen, tiefwurzelnden Kleeart. Diese lockert und durchwurzelt den Boden auch in größeren Tiefen, durch die Tätigkeit der Knöllchenbakterien wird der Boden obendrein mit Stickstoff angereichert. Diese Wirkung wird noch erhöht, wenn man jeden Aufwuchs häckselt und oberflächlich liegen läßt (mulcht).
Noch rascher als in den Ertragsweingärten macht sich die gefürchtete Rebmüdigkeit in den Rebschulen bemerkbar. Durch den engen Standraum und durch die im Boden verbleibenden großen Rebwurzelmassen zeigt sich die Rebmüdigkeit schon im zweiten Jahr, weshalb die Rebschulböden spätestens alle zwei Jahre zu wechseln sind.

SORTEN- UND UNTERLAGSWAHL

Von der Auswahl der richtigen Edelsorte und Unterlage hängen in bedeutendem Maße Fruchtbarkeit, Holz- und Traubenreife, Widerstandsfähigkeit gegen Krankheiten und Frost und damit Leistungsfähigkeit und Lebensdauer eines Weingartens ab. Der Praktiker sollte sich hiebei auf keine Experimente einlassen und nur solche Edelsorten und Unterlagen pflanzen, die sich in der Gegend bereits bewährt haben.
Die Weinqualität wird von vielen Faktoren beeinflußt, beginnend bei der Traubenproduktion bis zum Einfluß der kellertechnischen Maßnahmen. Dabei muß festgehalten werden, daß die Voraussetzung für die Qualitätsweinerzeugung im Weinbau geschaffen werden muß. Der Sortenwahl kommt demnach größte Bedeutung zu, und Fehler, die dabei gemacht werden, können für die Dauer der Rebanlage nicht mehr korrigiert werden. Es bedeutet eine überaus gute Verzinsung, wenn man mit der Auspflanzung eines Weingartens wartet, wenn die gewünschte Sorte oder der gewünschte Klon nicht zur Verfügung steht. Erst die Verwendung von leistungsfähigem Pflanzenmaterial ermöglicht es, daß die anderen Ertragsfaktoren, wie Düngung und Bewässerung, zur vollen Wirkung kommen können. Unsere Bestrebungen müssen dahin gehen, spezifisch österreichische Weine mit hoher Qualität zu erzeugen, wobei der Sorten- und der Gebietscharakter ein wesentliches Qualitätsmerkmal sind. Die Sortenwahl hängt jedoch nicht nur von Standort und Klima ab, sondern auch von der Vermarktungsform. Die Klonenzüchtung ist heute schon so weit vorangetrieben, daß es nicht mehr lohnend ist, alte Massenträger zu setzen.
Von seiten der Praxis wird noch immer die Frage gestellt, ob reinsortigen oder Mischsätzen der Vorzug zu geben ist, weil bei einem Mischsatz die Gefahr eines totalen Ertragsausfalles, zum Beispiel wegen schlechter Blüte einer Sorte, wesentlich geringer ist. Dagegen muß man ins Treffen führen, daß bei reinen Sätzen die je nach Sorte fachlich und zeitlich richtige Bearbeitung viel exakter und leichter durchgeführt werden kann.
Ein wichtiger Grundsatz im modernen Weinbau ist daher, nur reinsortig auszupflanzen. Beabsichtigt man in einer Anlage zwei oder gar mehrere Sorten auszupflanzen, dann soll dies entweder reihen- oder quartierweise geschehen.

Merksatz: „Nicht einsortige, aber reinsortige Weingärten!"

Bei der Wahl der richtigen Unterlage müssen in erster Linie die Bodenansprüche und der Kalkgehalt Berücksichtigung finden.
Für den modernen Qualitätsweinbau kommt nur eine beschränkte Zahl von Edelsorten und Unterlagen aus betriebswirtschaftlichen, absatzpolitischen und gesetzlichen Gründen in Frage.
In den Weinbaugesetzen von Niederösterreich und Burgenland sind die zugelassenen Sorten festgelegt.
Auch im Weinbauplan der Steiermark wurden Bestimmungen aufgenommen, die im Sinne des Qualitätsweinbaues nur bestimmte Rebsorten zur Auspflanzung zulassen. Schließlich hat auch die Wiener Landwirtschaftskammer ein empfohlenes Sortiment festgesetzt.

Qualitätsrebsortimente der Landwirtschaftskammern in den Bundesländern ohne Weinbaugesetz:

Steiermark

empfohlene Sorten (gefördert)	zugelassene Sorten
Weinbaugebiet Südsteiermark	
a) Grenzweinbaugebiet	
Welschriesling	Traminer rot oder Gewürztraminer

Sauvignon blanc	Muskateller gelb
Weißburgunder	Müller-Thurgau

b) Sausal

Rheinriesling	Müller-Thurgau
Weißburgunder	Traminer rot
Welschriesling	Scheurebe***)

Weinbaugebiet Klöch/Oststeiermark

a) Klöch-Umgebung

Traminer rot oder	Rheinriesling
Gewürztraminer	Müller-Thurgau
Welschriesling	
Weißburgunder	

b) Übrige Oststeiermark

Ruländer	Welschriesling
Müller-Thurgau	Traminer rot
Weißburgunder	

Weinbaugebiet Weststeiermark

Wildbacher blau	Traminer rot
Müller-Thurgau	Welschriesling
Weißburgunder	

Wien

Empfohlene Sorten:
- Grüner Veltliner
- Rheinriesling
- Traminer
- Burgunder weiß
- Müller-Thurgau

***) Bis höchstens 10% der Rheinrieslingfläche.

DIE STANDORTANSPRÜCHE DER WICHTIGSTEN REBSORTEN

Die richtige Sortenwahl hängt — abgesehen von betriebs- und marktwirtschaftlichen Überlegungen — vor allem von der Lage und der Bodenart ab.

Bodenart	Beste Lagen (Südhang)	Gute Lagen (Ost-, Westhang, geschützte Ebene)	Späte Lagen (Nordhang, ungeschützte Ebene)
Leicht (Sand-, Schotterböden)	Rheinriesling Weißburgunder Grüner Veltliner Blauer Burgunder	Grüner Veltliner Weißburgunder Neuburger Blauer Portugieser Blauer Burgunder	Bouvier Frühroter Veltliner Müller-Thurgau
Mittel (Löß, Lehm)	Grüner Veltliner Weißburgunder Welschriesling Traminer Blauer Burgunder	Grüner Veltliner Neuburger Weißburgunder Ruländer Muskat-Ottonel Blaufränkisch Blauer Portugieser St. Laurent	Müller-Thurgau Frühroter Veltliner
Schwer (TonigeBöden)	Traminer Roter Veltliner	Neuburger Blauer Portugieser	

Im folgenden sind die wichtigsten Ansprüche an Lage und Boden sowie damit in Verbindung stehende Sorteneigenschaften zusammengestellt. Besonders günstige Eigenschaften sind mit einem +, ungünstige mit einem — gekennzeichnet.

Weißweinsorten

Grüner Veltliner
Für frühe und mittelfrühe Lagen. Der Boden soll nicht zu feucht, aber auch nicht zu trocken sein.
+ Ideale Standorte sind Lößböden.
— Schwere, kalkreiche Böden. Chlorosegefahr, spätfrostempfindlich, anfällig gegen Peronospora und Roten Brenner.

Müller-Thurgau
Gedeiht auf nährstoffreichen, genügend feuchten Böden. Nicht geeignet für trockene, felsige Böden.
+ frühe Reife,
— Sehr fäulnisempfindlich, peronosporaanfällig, sehr oidiumanfällig, chloroseempfindlich, geringe Winterhärte.

Welschriesling
Nur für warme Lagen. Er verlangt fruchtbaren Boden, der nicht zu trocken sein soll; reiche Düngung.
+ Winterfrosthart, blütefest und kaum fäulnisempfindlich, sehr gut kalkverträglich.
— Stiellähmeanfällig.

Neuburger
Wenig anspruchsvoll, luftige Lagen. Leichte, auch schwere Böden, gut kalkverträglich.
+ Verträgt trockene, kalkreiche Standorte, starke Wüchsigkeit.
— Empfindlich gegen Winterfrost, schlechte Holzreife, blüteempfindlich.

Weißer Burgunder
Verlangt stets trockenen Boden, daher nie in feuchten Suttenlagen und bei schwerem Unterboden setzen. Reichlich düngen.
+ Sehr hitzeverträglich, gegen Peronospora und Oidium wenig anfällig.
— Anfällig gegenüber Heu- und Sauerwurm, in feuchten Herbsten Fäulnisgefahr. Mittlere Winterhärte.

Rheinriesling
Für beste Südlagen, insbesondere an Hanglagen in Flußtälern mit Urgesteinsböden. Benötigt sehr warme Böden, sonst stellt er nur sehr geringe Ansprüche. Gedeiht noch auf trockenen Gesteinsböden, infolge seiner späten Reife für nasse, kalte Böden ungeeignet. Benötigt zur Bukettbildung hohe Luftfeuchtigkeit im Herbst (Nebel). Gedeiht sehr gut in schwachsauren Böden.
+ Sehr gute Winterfrosthärte, wenig peronosporaanfällig.
— Blüteempfindlich, stielfäuleanfällig.

Muskat-Ottonel
Für mittelfrühe Lagen, verlangt sonnige, windstille Standorte mit sehr gutem, warmem Boden, reiche Düngung, vor allem Stickstoff und genügend Feuchtigkeit.
+ Sehr winterfrosthart.
— Sehr blüteempfindlich, kupferempfindlich, peronosporaanfällig.

Frühroter Veltliner
Geringe Bodenansprüche; besser geeignet für nicht zu fruchtbare und eher trockene Böden.
+ Fäulniswiderstandsfähig.
— Blüteempfindlich, Winterhärte vor allem beim einjährigen Holz nicht befriedigend, da es sehr spät ausreift.

Traminer
Gedeiht nur in den besten Lagen, verlangt tiefgründigen, humosen, fruchtbaren Boden. Bei zu viel Kalk besteht Chlorosegefahr. Bei Hanglagen im unteren Teil besser geeignet. Der Boden kann auch etwas bindiger und feucht sein, dankbar für reiche Düngung, vor allem an Stickstoff.
+ Gute Winterhärte, Beeren sehr fäulniswiderstandsfähig, meist auch blütefest.
— Auf trockenen, nährstoffarmen Böden geringeres Holzwachstum, Stielfäule.

Bouvier
Für späte Lagen des Burgenlandes geeignet, verlangt sehr guten, nährstoffreichen Boden und reiche Düngung.
+ Besonders fäulniswiderstandsfähig.
— Peronosporaanfällig, infolge Frühreife sehr vogelfraßanfällig und chloroseempfindlich.

Ruländer
Verlangt tiefgründigen, nährstoffreichen Boden sowie kräftige Düngung.
+ Befriedigende Winterhärte.
— Botrytisanfällig, etwas blüteempfindlich.

Muskat-Silvaner (Sauvignon blanc)
Verlangt fruchtbaren Boden und nicht zu trockene Südlagen.
+ „Grasiger" Geschmack, der von einigen Liebhabern geschätzt wird.
— Späte Holzreife, daher winterfrostgefährdet, peronospora-, oidium- und fäulnisempfindlich.

Zierfandler (Spätrot)
Spezialsorte des Weinbaugebietes Baden, nur lokale Bedeutung. Benötigt beste, sonnige Lagen mit hohem Kalkgehalt.
+ Robuste, genügsame Sorte, oidiumfest.
— Wurmempfindlich, gegen Stielfäule und Botrytis anfällig, späte Holzreife, daher winterfrostempfindlich.

Rotgipfler
Spezialsorte des Weinbaugebietes Baden, nur lokale Bedeutung. Verlangt Südlagen, reift etwas früher als Zierfandler.
+ Nicht anspruchsvoll, verlangt jedoch nährstoffreiche Böden.
— Winterfrostempfindlich, sehr fäulnisempfindlich, neigt bei großen Erträgen zum Abholzen, peronospora- und oidiumempfindlich.

Tafeltrauben

Gutedel weiß und rot
Bedeutendste Tafeltraube Österreichs. Nur auf tiefgründigen Böden mit genügend Feuchtigkeit pflanzen.
+ Winterhart und fäulniswiderstandsfähig, Trauben sind gut haltbar und transportfähig.
— Sehr blüteempfindlich, neigt zu Jungfernbeerenbildung, peronosporaanfällig.

Königin der Weingärten
Ausgesprochene Tafeltraube. Braucht besten, nährstoffreichen, kalkarmen Boden.
+ Trauben gut transport- und lagerfähig.
— Blüte-, peronospora- und fäulnisempfindlich.

Perle von Czaba
Nur als Tafeltraube geeignet.
+ Sehr frühe Reifezeit (Ende Juli bis August).
— Ertrag ist gering und unregelmäßig.

Rotweinsorten

Blaufränkisch
Gedeiht gut in windgeschützten Lagen und auf kalkreichen Böden, reiche Düngung.
+ Fäulniswiderstandsfähig.
— Sehr blüteempfindlich.

Portugieser blau
Geringe Ansprüche an den Boden, gedeiht noch auf kalkreichen Mergelböden.
+ Sehr blütefest.
— Anfällig gegen Peronospora, Oidium, Stiel- und Beerenfäule, nicht kupferverträglich, windempfindlich.

Blaue Zweigeltrebe
Stellt keine besonderen Ansprüche an den Boden, ist jedoch etwas kalkempfindlich.
+ Widerstandsfähig gegen Frost, Oidium und Fäulnis.
— Nicht immer blütefest (Erbmerkmal von der Sorte Blaufränkisch).

St. Laurent
Liebt fruchtbare, kalkhältige Böden und eine reiche Düngung.
+ Winterfrosthart.
— Treibt früh, daher Spätfrostgefahr, blüteempfindlich, peronosporaanfällig.

Blauer Burgunder
Verlangt tiefgründigen, lockeren, warmen und fruchtbaren Boden.
+ Wenig empfindlich gegen Peronospora und Oidium.
— Fäulnisempfindlich.

Wildbacher blau
Spezialsorte des Weinbaugebietes Weststeiermark. Nur in sehr guten Lagen pflanzen.
+ Allgemein wenig empfindlich.
— Sehr spät reifend.

Zur Frage der Unterlagswahl
Bei der Wahl der richtigen Unterlagen müssen in erster Linie die Bodenverhältnisse und deren Kalkgehalt Berücksichtigung finden. Dabei ist auch zu beachten, daß die Unterlagen bei höheren Niederschlägen weniger Kalk vertragen.

Riparia Portalis
Bevorzugt fruchtbare, humusreiche, lockere und tiefgründige Böden und gute Nährstoffversorgung.
+ Um 8 bis 10 Tage frühere Reife, sehr gute Reblausresistenz.
— Sehr geringe Kalkverträglichkeit (maximal 15% kohlensaurer Kalk), sehr chloroseempfindlich. Als Flachwurzler empfindlich gegen Frost und Trockenheit. Die Unterlage ist nicht selbstverträglich, daher nicht auf Böden pflanzen, wo vorher ein Riparia-Weingarten war.

Berlandieri × Riparia Kober 5 BB
Derzeit die am meisten verbreitete Unterlage. Eignet sich für fast alle Böden, besonders geeignet sind Lößböden, weniger geeignet sind schwere Tonböden.
+ Hohe Kalkverträglichkeit (bis 55% kohlensaurer Kalk), sehr gute Reblausresistenz.
— Die Bewurzelung ist mittel, teilweise zu starkes Wachstum.

Berlandieri × Riparia Teleki 8 B
Eignet sich für fast alle Böden.
+ Verträgt mehr Kalk als Kober 5 BB, bis zu 60% kohlensauren Kalk.
— Nicht auf flachen, trockenen Boden pflanzen, spät reifend.

Berlandieri × Riparia Teleki 5 C
Eignet sich für alle Böden.
+ Um zirka 8 Tage frühere Reife als 5 BB, verträgt bis zu 45% kohlensauren Kalk, sehr frostwiderstandsfähig.
— Chloroseempfindlich.

Berlandieri × Riparia SO 4
Eignet sich für fast alle Böden, die nicht unter Trockenheit leiden.
+ Frühe Holzreife und hohe Frostresistenz.
— Schwächerer Wuchs als Kober 5 BB.

Aramon × Riparia 143 A („Aripa")
Eignet sich für tiefgründige, mindere Ripariaböden, die etwas trockener und leichter sein können, hat jedoch einen großen Nährstoffbedarf.
+ Fördert Fruchtbarkeit und Reife der Edelsorte, gute Anwuchsprozente und Bewurzelung.

— Flachwurzler, geringe Kalkresistenz, bis 20%, neigt daher sehr zur Chlorose, Reblausfestigkeit noch ausreichend.

Solonis × Riparia 1616
Bevorzugt bindige, undurchlässige Böden mit hohem Grundwasserspiegel.
+ Die Bewurzelung ist gut.
— Reblausresistenz noch genügend, Affinität zu vielen Sorten schlecht.

Berlandieri × Chasselas 41 B
Verträgt extrem hohen Kalkgehalt.
+ Hohe Kalkresistenz, bis zu 65% kohlensaurer Kalk.
— Späte Triebreife, schlechte Anwuchsprozente und Bewurzelung.

VORBEREITUNG DES GRUNDSTÜCKES

Jede Mechanisierung im Weinbau ist nur Stückwerk, wenn nicht — am besten schon vor der Neuanlage — ein entsprechendes Wegenetz mit einer ungehinderten Zufahrt für Maschinen geschaffen wurde.
Müssen in den Parzellen Wege angelegt werden, sollte man hinsichtlich der Wegbreite nicht kleinlich sein, damit jedes gummibereifte Fahrzeug bequem durchfahren kann. Der Weg sollte mindestens 3 bis 4 Meter breit sein. Die Hauptwege, aber auch die Nebenwege müssen ordentlich befestigt sein; am billigsten ist die Berasung, besser, allerdings auch wesentlich teurer, die Befestigung durch Schottern, Asphaltieren oder Pflastern. Die Steigung soll nicht mehr als 8% betragen. Die Hauptwege sollen gleichzeitig der Wasserableitung dienen und sind daher mit einem leichten Gefälle zum Hang anzulegen.
Die Verbesserung der Lagebedingungen ist nur vor einer Neuanlage möglich und sollte auf alle Fälle durchgeführt werden. Durch Anlegen von Windschutzhecken, Planieren von Mulden, Schleifen oder Durchstechen von Dämmen kann das Kleinklima einer Anlage weitgehend verbessert werden. Beim Planieren von unebenen Parzellen und zum Schleifen von niedrigen Böschungen oder Terrassen leisten Planierraupen große Hilfe. Ist der Untergrund felsig oder sind die Konglomeratschichten höher gelegen, wird sich eine Bodensprengung nicht umgehen lassen, damit die undurchlässigen Schichten durchbrochen werden und die Rebstöcke durchwachsen können.

Pflanzenart	Saatmenge in kg/ha Weingartenfläche	Bemerkung
Luzerne	25	kräftiges, tiefgehendes Wurzelsystem, braucht jedoch eine Deckfrucht (z. B. Hafer)
Sonnenblume/Wicke	40/80	kann ohne Frostgefährdung schon im April gebaut werden
Hafer/Wicke	120/60	starke Faserwurzeln, Hafer benötigt viel Wasser

Nach einer Rodung, aber auch nach einer größeren Erdbewegung (Planierung) muß zur richtigen Vorbereitung des Grundstückes eine mindestens einjährige — besser jedoch eine mehrjährige — Grünbrache folgen. Hiezu verwendet man am besten Kleearten (Luzerne) oder andere Gründüngungspflanzen.
Zweck der Grünbrache ist eine Anreicherung des Bodenlebens, Beschleunigung der Setzung und Stabilisierung des mechanisch gelockerten Bodens sowie Bekämpfung der Rebmüdigkeit.

Reben, die sofort nach einer Rodung ausgesetzt werden, bleiben in Wachstum und Ertrag gegenüber Reben, die erst nach einer mehrjährigen Brache gepflanzt werden, stark zurück. Die Weinhauer haben frühzeitig erkannt, daß bei leichten Böden und trockenen Standorten, wo also keine Dauermulchdecke möglich ist, wie zum Beispiel in der Steiermark, die Abschwemmung der Kulturerde nur dann verhindert werden kann, wenn Terrassen angelegt werden.
In Steillagen des pannonischen Trockengebietes wird daher in manchen Fällen die Terrassenanlage unumgänglich sein.
Terrassen lassen sich zweifellos im Löß am besten anlegen. Löß hat ein so festes Gefüge, daß senkrechte Wände auch ohne Stützmauern gebildet werden können. Der Bau von Terrassen erfordert jedoch eine große Erdbewegung.
Im allgemeinen wird man auf die Errichtung von Terrassen und Steinmauern verzichten. Andererseits ermöglichen Terrassen in Steillagen erst eine maschinelle Bearbeitung und vermindern die gefürchtete Erosion. Bei einer Neigung von 20° transportiert ein Liter fließendes Wasser mehr als ein halbes Kilogramm Erdreich.

Die praktische Durchführung von Planierungen

Mit Schubarbeiten muß immer am höchsten Punkt begonnen werden. Die Terrassen selbst sind horizontal anzulegen, der vordere Terrassenrand soll um 30 cm höher sein und ist zu befestigen. Jede Terrasse ist dann in sich eine Wasserauffanggrube — das verhindert Erosion und hält das Wasser im Boden. Das von Nachbargrundstücken stammende Niederschlagswasser ist durch Gräben oder Rohre abzuleiten. Die Lößwände werden durch Berasung mit trockenheitswiderstandsfähigen Gräsern gegen das Abrutschen gesichert. Die erste Reihe muß vom Böschungsrand wenigstens 80 cm entfernt sein. Auch die Wendeplätze sind reichlich zu bemessen und abzusichern. Bringt man nur zwei Reihen unter, dann sind von einer Terrasse zur anderen Auffahrten notwendig (in Serpentinenform). Die Anzahl der Reihen einer Terrasse sollte nicht durch zwei teilbar sein, da sonst unwirtschaftliche Leerfahrten unumgänglich sind.
Bei anderen als Lößböden — beispielsweise bei Urgesteinsverwitterungsböden — können bei Terrassen keine geraden Wände angelegt werden. In mäßig geneigtem Gelände werden schräge Grasböschungen angelegt. In Hängen, die steiler als 15° sind, kann auf die Anlage von Steinmauern nicht verzichtet werden.

Unebenes Gelände vorher planieren

DIE ANLAGE VON TERRASSEN

Teilweise wird die Auffassung vertreten, daß im modernen Weinbau, sofern die Anlage von Terrassen notwendig erscheint, diese möglichst breit angelegt werden sollen. Die Erfahrung hat jedoch gezeigt, daß schmale Terrassen (beispielsweise 4,40 m breit mit 2 Hochkulturreihen, oder 7,80 m breit mit 3 Hochkulturreihen) gegenüber den breiteren Terrassen erhebliche Vorteile haben. Die wichtigsten Argumente für die Anlage von schmalen Terrassen sind:

1. Bei schmalen Terrassen wird die Bodenfläche optimal ausgenützt. Wie die nachstehende graphische Darstellung beweist, können auf der Flächeneinheit umso mehr Reben gepflanzt werden, je schmäler die Terrassen sind (siehe Graphik Seite 223).
2. Geringere Anlagekosten. Bei schmalen Terrassen sind nicht nur die Erdbewegungen geringer, sondern auch die Wege viel kürzer, so daß die Tagesleistung das Dreifache betragen kann.
3. Es gelangt weniger toter Boden nach oben. Je breiter die Terrassen angelegt werden, desto tiefer muß bergseitig abgegraben werden, wodurch viel toter Boden nach oben gelangt. Bei steinigen Unterböden sind überdies aufwendige Sprengarbeiten und das Vergraben beziehungsweise Beseitigen der Gesteinsmassen erforderlich.
4. Bei schmalen Terrassen sind die Böschungen weniger hoch als bei breiten (im gleichen Gelände). Hohe Böschungen trocknen stärker aus.

Die technische Durchführung

Mit den Planierarbeiten wird bei der Anlage von Terrassen stets am höchsten Punkt begonnen. Wie vorstehend begründet, sind möglichst schmale Terrassen mit nur 2 oder 3 Hochkulturreihen in Serpentinenform anzulegen. Sofern breitere Terrassen angelegt werden, muß die Reihenanzahl immer ungerade sein (3, 5, 7 usw.), um Leerfahrten bei der Bearbeitung zu vermeiden.

Die Berasung der Böschungen

Die Böschungen werden mit trockenheitsliebenden Gräsern und Kleearten folgendermaßen bepflanzt: Oben beginnend werden mit einem Spaten in Abständen von 30 bis 40 cm Grübchen gemacht, die zur Aufnahme des Grassamens dienen. Zur Verbesserung der Streufähigkeit mischt man zweckmäßigerweise zirka 2 kg Grassamen mit einem Ballen Torfmull zweimal trocken und gibt dann bei der 3. und 4. Mischung so viel Wasserdosen, daß die Grassamen am Torfmull klebenbleiben; dadurch läßt sich der Grassamen mehrere Meter weit werfen und gut verteilen. Man benötigt bei dieser Art nur 2 kg Saatgut („Böschungsmischung") pro 1000 m^2 Böschungsfläche.
Die Böschung wird im Frühjahr gesät und ist im Juni bereits so dicht berast, daß keine Abschwemmungsgefahr besteht.

Terrassen vor dem Planieren des Geländes

Terrassen nach dem Planieren des Geländes (Bild: Graf, Langenlois)

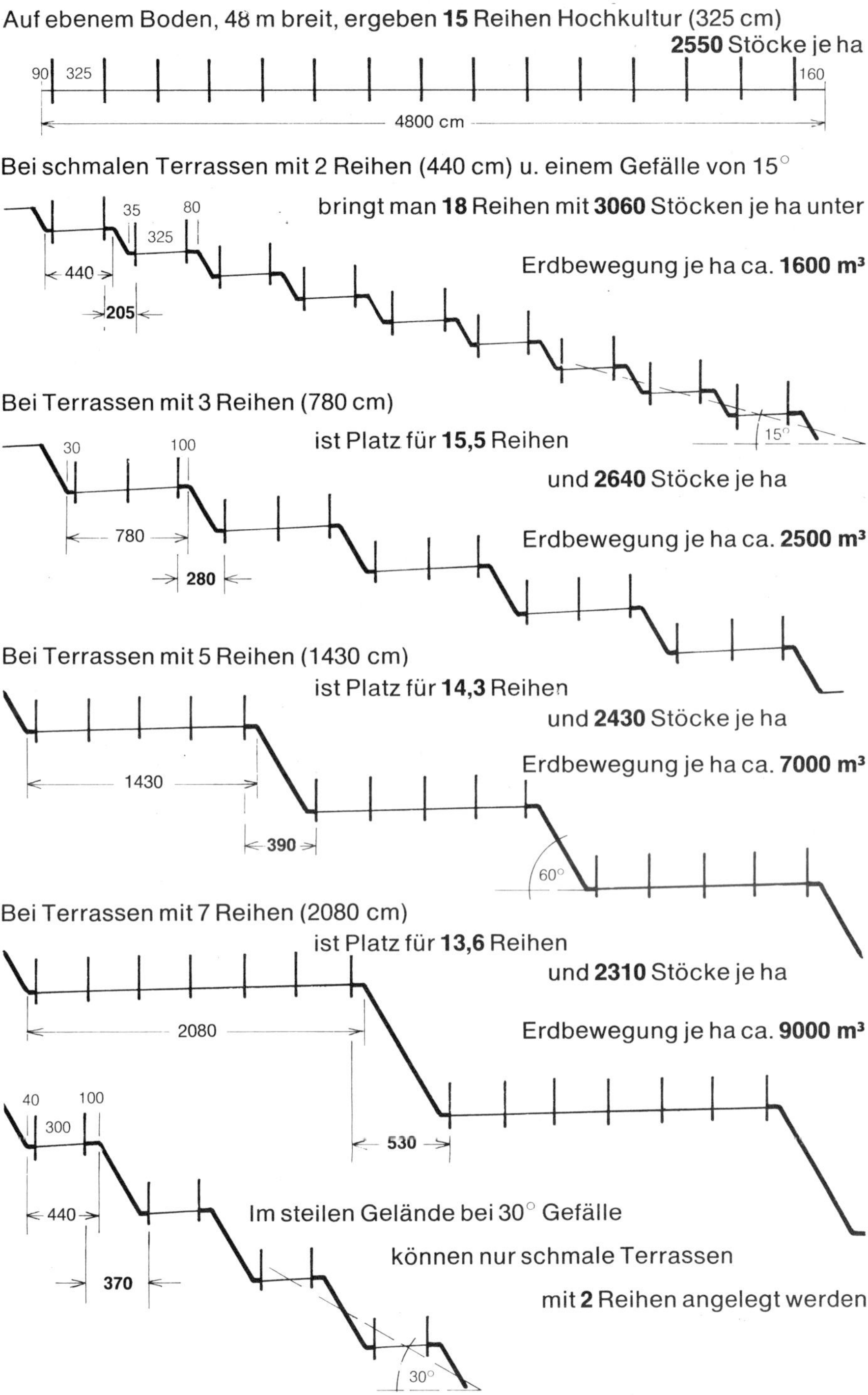

Die Ausnützung des Bodens bei verschiedenen Terrassenarbeiten (Quelle: Lenz Moser)

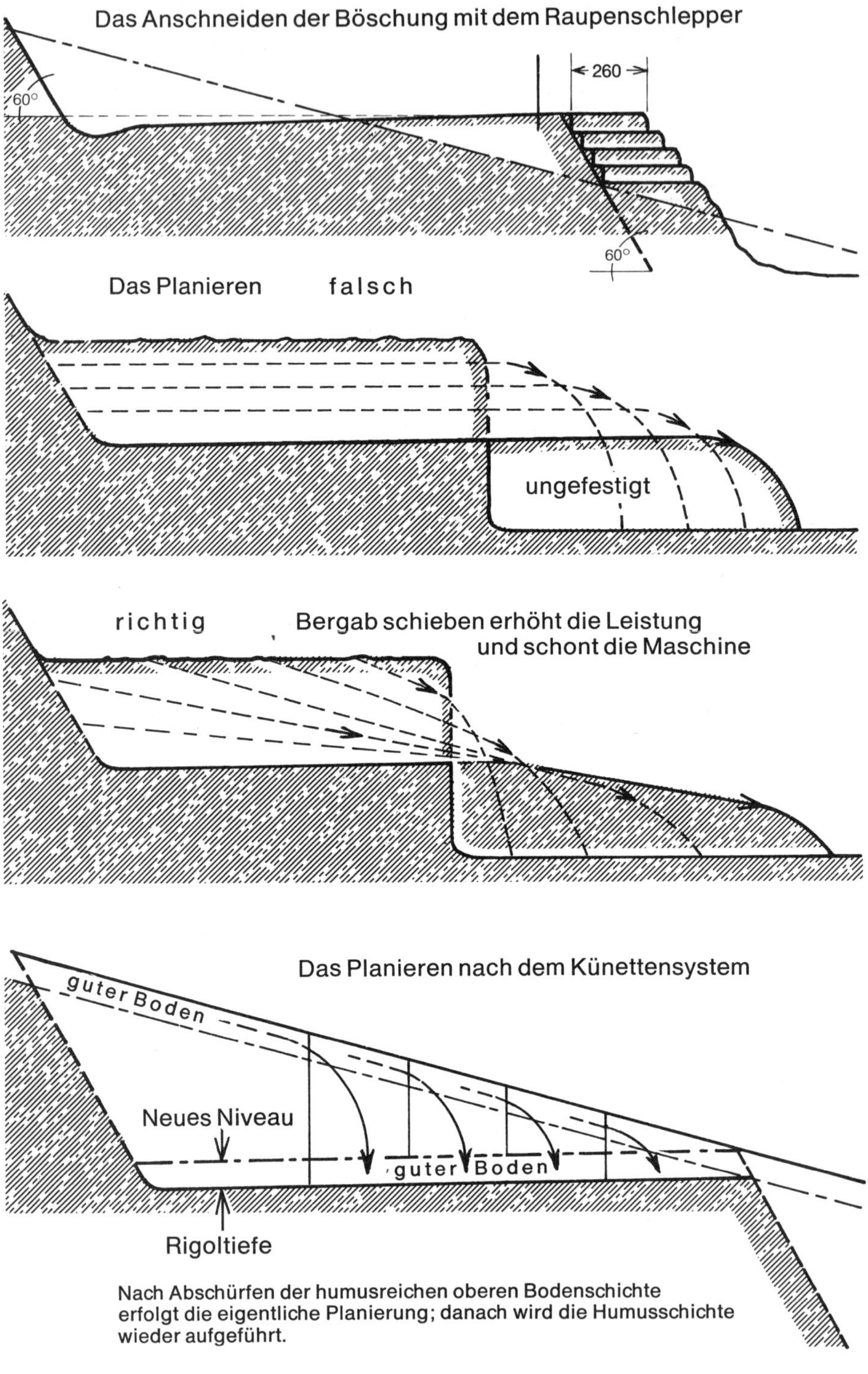

Schematische Darstellung über das Anlegen von Böschungen (Quelle: Lenz Moser)

Terrassenmauern

Trockene Mauern
Sie werden aus Steinen ohne Mörtel hergestellt und fördern dadurch gleichzeitig die Entwässerung und die Durchlüftung. Es darf dabei aber keine Erde verwendet werden. Die Krone einer trockenen Mauer muß entweder mit Rasen oder mit einem Betonkranz gesichert werden. Trockene Mauern müssen sehr stark angelegt werden und schwach geneigt zum Hang liegen.
Bei einer Geländeneigung von 30% sind je Hektar zur Befestigung 6000 m^2 Steinmauerfläche notwendig. Bei einer Dicke der Mauer von 50 cm benötigt man hiefür 3000 m^3 Steinmaterial. Die Anlagekosten von trockenen Mauern sind geringer als bei Mörtel- und Betonmauern, die Erhaltungskosten jedoch sehr hoch.
Anlagekosten: zirka 1200 S je m^3 (Stand 1975, inkl. MWSt.).

Mörtelmauern
Hiebei ist wichtig, daß bei der Anlage für Wasserabläufe gesorgt wird. Die Anlagekosten sind sehr hoch, die Erhaltungskosten dagegen gering.
Anlagekosten: inkl. Betonfundament zirka 3500 S je m^3 (Stand 1975, inkl. MWSt.).

Betonmauern
Sie sind bei günstigeren Zufahrtmöglichkeiten rasch herzustellen und sehr stabil. Durch Einlegen von Dränagerohren ist für Wasserabläufe zu sorgen.
Anlagekosten: zirka 2100 S je m^3 (Stand 1975, inkl. MWSt.).

ENTWÄSSERUNG VON WEINGARTENBÖDEN (DRÄNAGE)

Sofern in einem Teilbereich eines Weingartens stauende Nässe auftritt und aus betriebswirtschaftlichen Gründen weinbaulich genutzt werden muß, kann eine Melioration durch Entwässerung erreicht werden. Die Anlage von Entwässerungssystemen ist jedoch sehr kostspielig und nur in beschränktem Ausmaß im Weinbau vertretbar. In der Regel wird eine Wasserableitung durch unterirdische Einbauten erreicht, die eine raschere Abfuhr des Wassers im Boden bewirken. Zu diesem Zweck werden in entsprechender Tiefe und Entfernung in den Boden Rohre verlegt. Ideal ist es, wenn die Rohre so tief verlegt sind (1,0—1,5 m), daß zwischen den Rohren und der Wurzel noch eine Steinschicht eingebracht werden kann. Pro Hektar Dränagierungsfläche treten hiebei Kosten in der Höhe von 100.000.— bis 600.000.— S (Stand Anfang 1982, inkl. MWSt.) auf.
Für das Einbringen der Rohre gibt es verschiedene Methoden; in der Regel werden heute die Gräben mittels hydraulischer Grabenbaggern ausgehoben und nach dem Verlegen der Dränrohre wieder zugeschüttet. Wesentlich ist, daß die Dränstränge so angeordnet sind, daß das überschüssige Wasser abgeführt wird.
Die Maulwurfsdränage, bei der ein konischer Metallkörper in entsprechender Tiefe durch den Boden gezogen wird und dort eine Abflußrinne hinterläßt, hat den Nachteil, daß die dabei entstehende Bodenverdichtung den Wasserabfluß behindert und infolge von Bodenunebenheiten ein uneinheitliches Gefälle gegeben ist.
Wenn sich in einem Weingarten nur kleinere feuchte Stellen befinden, deren Ursache vielfach eine undurchlässige Schicht ist, so können diese durch eine Tiefensprengung beseitigt werden. Ein Sprengfachmann durchbohrt die undurchlässige Schichte, führt in das Bohrloch eine ausgebrannte stabförmige Neonröhre ein und füllt diese mit Sprengpatronen. Durch das Zünden der Ladung wird ein Sickerschacht herausgesprengt, wodurch das Druck- und Quellwasser leichter versickern kann.

Die Bodenuntersuchung

Vor jeder Weingartenneuanlage muß man sich durch eine Bodenuntersuchung genaue Kenntnisse über den Nährstoff- und Kalkgehalt des Bodens verschaffen; dies ist zur Berechnung der erforderlichen Vorratsdüngung und der späteren Erhaltungsdüngung eine unerläßliche Grundlage. Schon ein Jahr vor der geplanten Neuanlage sind von der betreffenden Parzelle Bodenproben auf ihren Gehalt an pflanzenverfügbarem Phosphat-, Kali- und Kalkgehalt (eventuell sogar auch Aktivkalk) sowie die Bodenreaktion (pH-Wert) untersuchen zu lassen. Zeigte der alte Weingarten auf der Parzelle Wachstumsstörungen oder wurden im Zuge von Planierungsarbeiten größere Erdbewegungen vorgenommen, so ist darüber hinaus eine Untersuchung auf den Gehalt an Magnesium, Bor, Zink, Mangan und Eisen zu empfehlen.

Probenentnahme

Da die Verhältnisse im Ober- und im Unterboden sehr stark voneinander abweichen können, für die Rebe aber beide Bereiche wichtig sind, ist es notwendig, Proben aus beiden Tiefen getrennt untersuchen zu lassen. Es sind daher Mischproben aus dem Oberboden (0—25 cm Tiefe) und aus dem Unterboden (25—50 cm Tiefe) zur Untersuchung einzusenden.

Große Parzellen sind — nach Möglichkeit unter Beachtung von gegebenen Abgrenzungen — so zu unterteilen, daß kein Teilstück größer als 30 Ar ist. Aus jedem Teilstück (Parzelle) sind, getrennt nach Oberboden und Unterboden, 20 bis 30 Einzelproben zu entnehmen, wobei die Entnahmestellen gleichmäßig über die ganze Parzelle bzw. das Teilstück verteilt sein sollen. Zur Entnahme verwendet man einen Bodenbohrer oder notfalls einen Spaten. Die Einzelproben eines Teilstückes sammelt man in sauberen Gefäßen (zum Beispiel Plastikeimer). Dabei benötigt man ein Gefäß für die Einzelproben aus dem Oberboden und eines für jene aus dem Unterboden. Hierauf wird der Gefäßinhalt möglichst gut gemischt und eine Mischprobe von mindestens 0,25 kg, besser jedoch 0,50 kg, gezogen. Die Anzahl der Mischproben ist also doppelt so groß wie die Anzahl der Teilstücke (Parzellen), da ja von jedem Teilstück 2 Proben (Oberboden, Unterboden) genommen werden.

Die Mischproben sind in reinem Verpackungsmaterial (Papiersäcke, Plastiksäcke oder Schachteln) sorgfältig so zu verpacken, daß die einzelnen Proben gut getrennt bleiben. Jede Mischprobe ist genau zu bezeichnen (Parzelle oder Parzellenteilstück, Ober- oder Unterboden). In einem Begleitschreiben — falls nicht ein entsprechender Fragebogen verwendet wird — ist zu erläutern, warum die Proben zur Untersuchung eingesandt werden; außerdem ist es vorteilhaft, wenn das Grundstück sowie allenfalls beobachtete abnormale Erscheinungen an den Reben möglichst genau geschildert werden.

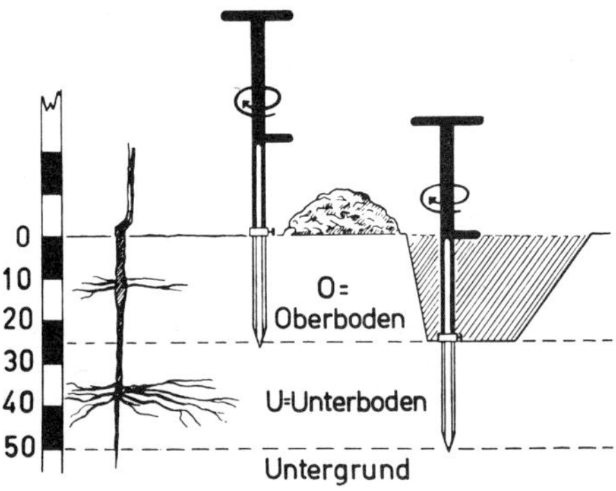

Richtiges Bodenprobenziehen

Die Bodenproben können entweder an die Düngeberatungsstelle bei der zuständigen Landeslandwirtschaftskammer, an die nächste Bezirksbauernkammer oder direkt an die zuständige landwirtschaftlich-chemische Untersuchungsanstalt eingesandt werden.

Untersuchungsanstalten

Bundesanstalt für Bodenwirtschaft, Denisgasse 31 — 33, 1200 Wien.
Landwirtschaftlich-chemische Versuchs- und Untersuchungsanstalt,
Burggasse 2, 8010 Graz.
Hauptverband der landwirtschaftlichen Genossenschaften,
Raiffeisenstraße 12, I-39100 Bozen.
Während das Ergebnis der Phosphat- und Kali-Untersuchung für die Berechnung der Vorratsdüngung dient, ist das Ergebnis der Kalk-Untersuchung auch für die Wahl der richtigen Sorte und Unterlage maßgeblich.

Das Bodenuntersuchungsergebnis

Das Bodenuntersuchungszeugnis enthält Angaben sowohl über einen eventuellen Nährstoffersatz als auch über die notwendigen Mineraldüngergaben für die Vorratsdüngung.

Für eine ausreichende Ernährung der Rebe ist folgender Nährstoffgehalt je 100 g Boden notwendig:
20—35 mg Phosphorsäure (P_2O_5)
20—45 mg Kalium (K_2O) und
über 16 mg Magnesium (Mg).

Von den Spurenelementen sollen folgende Werte vorliegen:

Spurenelement	Optimum ppm*)
Bor	0,5 — 1,0
Zink	4,0 — 7,0
Kupfer	5,0 — 10,0
Mangan	40,0 — 70,0
Eisen	50,0 — 100,0

*) ppm = ein tausendstel Milligramm bzw. mg in 1000 g Boden.

Die optimale Bodenreaktion (pH-Zahl in KCl) für die Weinrebe liegt zwischen pH 6—6,5, also im schwach sauren Bereich. Dazu muß festgestellt werden, daß der Großteil unserer Rebböden im alkalischen Bereich liegt. Eine Einflußnahme auf den pH-Wert durch Düngungsmaßnahmen ist insofern möglich, als eine Verschiebung der Bodenreaktion vom sauren zum alkalischen Milieu durch eine erhöhte Kalkdüngung hervorgerufen werden kann, während eine Verschiebung der Bodenreaktion vom alkalischen in den sauren Reaktionsbereich durch die Anwendung von physiologisch sauren Düngemitteln leider nicht zu erreichen ist.
Der Kalkgehalt des Bodens (ausgedrückt in Prozentanteil von kohlesaurem Kalk) ist vor allem für die Sortenwahl von Bedeutung (Siehe Seite 110, Kalkverträglichkeit der Sorten.

DIE VORRATSDÜNGUNG

Die wichtigste Maßnahme vor dem Rigolen ist die Vorratsdüngung. Für das Wachstum und die Leistungsfähigkeit der Rebe ist es entscheidend, daß sie während ihrer gesamten Lebensdauer im Hauptwurzelraum genügend lösliche Pflanzennährstoffe vorfindet. In bestehenden Anlagen kann diese Düngung in gleichem Umfang nicht mehr durchgeführt werden. Nur beim Rigolen ergibt sich die einmalige Gelegenheit, den Dünger in ausreichen-

der Menge in die entsprechende Tiefe einzubringen. Wird die Vorratsdüngung verabsäumt, kann sie später kaum richtig nachgeholt oder ersetzt werden. Bei der Vorratsdüngung kommt es vor allem darauf an, die schwer beweglichen Nährstoffe Phosphorsäure und Kali im gesamten Rigolbereich gleichmäßig zu verteilen. Das Ziel muß stets eine gute Durchmischung von Dünger und Boden sein, damit die Wurzel bei ihrer Nahrungssuche an jeder Stelle der durchwurzelten Erdschichte jene Nährstoffe findet, die sie zur Erzeugung von reichen und hochwertigen Ernten benötigt.
Wie bereits angeführt, richtet sich die Höhe der Vorratsdüngung nach dem Ergebnis der Bodenuntersuchung. Die nachstehende Vorratsdüngungstabelle ermöglicht es, bei Verwendung des Bodenuntersuchungszeugnisses die benötigten Düngermengen sofort abzulesen.

Düngungstabelle für die **Vorratsdüngung im Weinbau**

Gehaltsstufe (Durchschnitt aus Ober- und Unterboden)*)	Kurzbezeichnung		Düngergaben (kg Reinnährstoffe je ha)			
			Phosphorsäure	Kali (K_2O)		
				Bodenart		
	neu	alt	(P_2O_5)	leicht	mittel	schwer
sehr niedrig	A	III	600	600	700	800
niedrig	B	II	300	300	400	500
ausreichend	C	I	—	—	—	—

*) Die Nährstoffgehalte des Ober- und Unterbodens werden gemittelt:

$$\frac{(\text{mg in OB} + \text{mg in Ub})}{2} = \text{Durchschnittsgehalt}$$

Düngergaben bei Vorratsdüngung

In die Planung der Vorratsdüngung sind die Nährstoffe Phosphat, Kali, Kalk und eventuell auch Magnesium einzubeziehen. Stickstoff soll wegen Mangel an schwerlöslichen Stickstofformen nur zum Teil auf Vorrat gegeben werden. Die wichtigsten Spurenelemente werden bei Fehlen nicht in die Bemessung der Vorratsdüngung einbezogen. Ihre Ausbringung erfolgt, sofern das vorliegende Bodenuntersuchungsergebnis einen Einsatz rechtfertigt beziehungsweise erfordert, nach der Pflanzung.
Trotz guter Krumenversorgung ist in der Praxis der Phosphat- und Kaligehalt des Hauptwurzelraumes (35—50 cm), also der Unterboden, vielfach unzureichend versorgt. Deshalb müssen die Phosphat- und Kalidünger vor der Neuanlage, also beim Rigolen, in ausreichender Menge in den Unterboden gebracht werden. Die Höhe der Vorratsdüngung richtet sich nach den Ergebnissen der Bodenuntersuchung und ist in der vorstehenden Tabelle angezeigt. Speziell auf umgelegten und planierten Flächen, wo meist große Erdbewegungen durchgeführt wurden, ist eine genaue Kenntnis der für die Ernährung der Rebe benötigten Makro-, aber auch Mikronährstoffe notwendig.

Die Stickstoffbevorratung

Der Stickstoff kann nicht auf Vorrat gegeben werden. Wurde das Grundstück planiert und viel toter Boden freigelegt, gibt man 200 bis 300 kg Reinstickstoff je Hektar, um die biologische Aktivität des Bodens rasch zu erneuern. Der Bodenstickstoff ist zu 99 % im Humus gebunden. Diese Reserve stellt die „alte Kraft des Bodens" dar, wird aber durch das Rigolen weitgehend zerstört, denn die humosen, mikroorganismenreichen oberen Bodenschichten (von 0 bis 20 cm) werden vergraben. Durch das Rigolen gelangt in die oberen Bodenschichten humusarme, tote Erde, die ehestmöglich durch Humuszufuhr und Stickstoffdüngung belebt werden muß.

Die Kalkbevorratung

Von schweren Böden verlangen wir heute, daß sie nicht nur eine Reaktion von pH 7, sondern auch noch Anteile an freiem, fein verteiltem Kalk besitzen. Nur so wird ihre Krümelstabilität und damit auch ihre Durchlüftung auf die Dauer erhalten werden können. Der Kalkbedarf bei einer Kalkung wird für eine Bodentiefe von 60 cm berechnet. Bei sauren Böden (pH um 5) müssen oft sehr hohe Kalkmengen eingepflügt werden; diese Maßnahme ist jedoch Voraussetzung für die Erhaltung einer guten Krümelstruktur.
Die meisten Böden der österreichischen Weinbaugebiete benötigen, von kleinen Inseln abgesehen, keine Kalkung. Im Gegenteil, bei vielen Böden macht das hohe Kalkangebot der Rebe schwer zu schaffen.

Die Kalibevorratung

Bei Neuanlagen, wo das Gelände planiert wurde, ist die Gefahr des Auftretens von Kalimangelerscheinungen sehr groß. Kalimangel wird einerseits durch einen zu niedrigen Kaligehalt, andererseits auch durch eine starke Kalifixierung im Boden hervorgerufen.
Niedriger Kaligehalt und hohe Kalifixierungskräfte des Bodens treten meistens parallel auf, insbesondere bei abgeschobenen Lößböden. Bei Sandböden hingegen tritt keine Kalifixierung auf. Bei der Bemessung der Vorratsdüngung in Sandböden ist darauf zu achten, daß diese kein hohes Festhaltevermögen für Kali besitzen, weshalb man nur niedrige Mengen verabreichen soll. Je geringer der Anteil an bodeneigenem Kali und je tonreicher der Boden ist, desto höhere Kalimengen müssen bei der Vorratsdüngung gestreut werden.

Die Phosphatbevorratung

Auf Grund zahlreicher Untersuchungen wird die Ansicht vertreten, daß ein Phosphatgehalt von 20 bis 35 mg je 100 g Boden ausreichend ist. In diesen Fällen ist nur eine mäßige Vorratsdüngung notwendig. Bei Phosphatgehalten von über 100 mg je 100 g Boden kann auf die Vorratsdüngung sogar verzichtet werden. Hohe Vorratsdüngergaben sind nur so lange gerechtfertigt, als im Hauptwurzelraum niedrige Gehalte vorherrschen.

Die Magnesiumbevorratung

Eine gute Magnesiumernährung bringt den Sortencharakter beim Wein viel klarer zum Ausdruck. Die Sorten Traminer, Müller-Thurgau, Silvaner und Welschriesling zeigen bei geringer Magnesiumversorgung sofort Mangelerscheinungen. Erst die Einbringung in den Hauptwurzelraum der Rebe (35—50 cm) sichert einen schlagartigen Erfolg. Das Magnesium wird als zweiwertiges Element überdies schwerer und langsamer aufgenommen, als dies beispielsweise bei einwertigen Elementen (Stickstoff und Kali) der Fall ist. In Böden, die auf Grund der geologischen Beschaffenheit des Muttergesteins reich an Magnesium sind, kann die Magnesiumdüngung völlig unterbleiben, während bei Böden mit niedrigen Werten (unter 6 mg je 100 g Boden) die Magnesiumdüngungvon 400 kg bis 600 kg je Hektar Kieserit oder 150 200 kg je Hektar Magnesit DFM betragen kann. Die niedrigen Werte gelten für leichte, die höheren für mittlere und schwere Böden. Bei sauren Böden erfolgt die Ausbringung von Magnesium in Form von Dolomitkalk in Verbindung mit Patentkali (Kalimagnesia).

Allgemeine Empfehlung für die Vorratsdüngung

Die Mengen der Vorratsdüngung sollten grundsätzlich nur auf Grund der Bodenuntersuchung bemessen werden. Wurde diese jedoch verabsäumt, können für die Bemessung der Vorratsdüngung je Hektar Weingarten im allgemeinen folgende Mengen angenommen werden:
2000—4000 kg Thomasphosphat plus
1500—2500 kg Patentkali

Die der Grundstücksgröße entsprechenden Mengen werden gleichmäßig gestreut und einrigolt. Dabei ist zu beachten, daß bei Verwendung von Thomasphosphat zuerst dieses und dann Kalidünger gestreut werden. Das kann in zwei Arbeitsgängen oder, wenn sie vorher gemischt wurden, in einem Verfahren gemacht werden. Die entsprechende Menge an Hexa- (50—100 kg/ha) oder Gammamittel (100—150 kg/ha) wird danach auf die zu rigolende Fläche ausgebracht. Hexa- oder Gammamittel dürfen nicht mit nitrathältigen Düngern gemischt werden, da die Wirkung verlorengeht!
Die Anwendung von Hexamitteln (gegen Engerlinge und Drahtwürmer) hat den Nachteil, daß man wegen Geschmacksbeeinflussung auf eine eventuelle Zwischennutzung durch Kartoffel oder andere Bodenfrüchte verzichten muß.

Düngerkosten der Vorratsdüngung
in S je Hektar (Stand 1982 inkl. MWSt.)

4000 kg Thomasphosphat (à S 2,30)	S 9.200.—
2500 kg Patentkali (à S 2,40)	S 6.000.—
	S 15.200.—

Kosten der Boden-Schadlingsbekampfungsmittel in Schilling (inkl. MWSt.) je Hektar Weingartenneuanlage:
Gammastreunex

Aufwandmenge 50 kg je Hektar à S 20.—	= S 1.000.—	(gegen Engerlinge)
Aufwandmenge 120 kg je Hektar à S 20.—	= S 2.400.—	(gegen Engerlinge und Drahtwürmer)

Sofern man auf eine Zwischennutzung nicht verzichten will, kann man Gammamittel verwenden. Ihre Wirksamkeit ist sehr gut, doch baut sich das Mittel rasch ab; der Wirkungszeitpunkt reicht bis etwa August des nächsten Jahres.
Wurden diese Vorbereitungen getroffen, dann kann mit dem Rigolen begonnen werden.

DAS RIGOLEN

Durch das Rigolen soll bewirkt werden:
- Gute Durchlüftung des Bodens
- Aufbrechen von Verdichtungen
- Erhöhte Wasserspeicherung
- Förderung des Wurzelwachstums
- Einbringen von Nährstoffen in tiefere Bodenschichten

Beim Rigolen wird mittels eines Spezialpfluges — in den Steillagen der Steiermark mittels Schubraupe — der Boden bis zu 60 cm Tiefe gelockert und gewendet. Dabei werden auch die Vorratsdünger sowie Bodeninsektizide in die erforderliche Tiefe gebracht. Die beste Zeit zum Rigolen ist der Herbst oder der frühe Winter, damit der Boden auffrieren und sich bis zur Pflanzung setzen kann. Bei Schneelage sollte man das Rigolen vermeiden, da untergepflügter Schnee die Erwärmung des Bodens im Frühjahr wesentlich verzögert. Das Rigolen im Frühjahr ist nur bei leichten Böden, wenn sie nicht zur Schollenbildung

Einsatz des Rigolpfluges (Bild: Graf, Langenlois)

neigen, zu empfehlen. Auch bei leichten Böden muß 6—8 Wochen vor dem Auspflanzen der Boden rigolt werden. Man kann zum Rigolen auch einen Mehrschichtpflug einsetzen, der den Oberboden wendet und den Unterboden lockert. Es wäre aber notwendig, diese Rigolpflüge mit einem Tiefendüngungsgerät auszustatten, um die notwendigen Vorratsdüngermengen in den Unterboden einbringen zu können. Diese Methode würde den modernen Ansichten über das Rigolen entsprechen, da der belebte, humose Oberboden nicht zu tief eingebracht werden bzw. der tote Unterboden nicht nach oben gelangen soll.

Solange jedoch solche Spezialpflüge nicht zur Verfügung stehen, müssen die Böden in Trockenlagen sogar bis zu 80 cm tief nach der traditionellen Methode rigolt werden. Bei bindigen Ton- und Mergelböden wird weniger tief rigolt, hier genügen etwa 40—50 cm. Das gleiche gilt für Böden mit schottrigem oder vor allem kalkhältigem Untergrund. Hier wird nur bis zum Schotter oder bis zum Kalkflöz rigolt. Die tieferen Schichten sollten jedoch mit einem Untergrundlockerer aufgebrochen werden. Stößt man beim Rigolen auf eine wasserundurchlässige Schicht, die in niederschlagsreichen Jahren die gefürchtete Chlorose verursacht, so muß diese Zone nach Möglichkeit durchbrochen werden.

Wichtig ist auch, daß die Furchen nicht breiter als 50 cm sind, weil bei zu starken Pflugbalken keine befriedigende Lockerung und Mischung des Bodens möglich ist.

Leistungen und Kosten des Rigolens

Als Zugmaschinen für Rigolpflüge werden Raupen oder Traktoren mit hoher PS-Leistung verwendet. Rigolpflüge sind meist Einschichtpflüge mit Großscharen, die eventuell mit einer Vorschar versehen sind (zum Beispiel ein italienischer Rigolpflug der Firma Matinelli oder ein österreichischer der Firma Heger). Häufig verleihen die Weinbauvereine Rigolpflüge an ihre Mitglieder, die Miete eines Rigolpfluges kostet pro Tag zirka 100 S oder 20 bis 30 S für ein Viertel Joch.

Rigolmethoden

Handrigolen

Von Hand aus wird heute nur mehr im Terrassenweinbau, wo keine Zufahrt mit Maschinen möglich ist, rigolt. Das Handrigolen ist wohl die exakteste Arbeit, es wird aber nur eine Tagesleistung von 20 bis 60 m² pro Person erreicht. Diese Leistung könnte durch Akkordarbeit wohl etwas erhöht werden, ist aber finanziell untragbar.

Kosten je Hektar Handrigolen
Tagesleistung 20—60 m²:
Je Hektar erforderlich: 1320 — 4000 Stunden.
Arbeitskosten je Hektar: Stundenlohn S 60.— = ... S 80.000.— bis 240.000.—

Rigolen mit dem Traktor
Bei schwereren Böden kann nur mit zwei Traktoren rigolt werden. Im ebenen Gelände liegt die Tagesleistung bei zirka ½ Hektar pro Tag, in geneigtem Gelände sinkt die Leistung je nach Bodenverhältnissen und Steigung.

Rigolkosten mit zwei Traktoren
Tagesleistung 6500 m^2:
Je Hektar erforderlich: 12,5 Stunden.

Traktorkosten je Hektar: 2 Traktoren S 240.— pro Stunde = ...	S 3.000.—
Arbeitskosten je Hektar: Stundenlohn S 120.— (2 Personen à S 60.—) = ...	S 1.500.—
Pflugkosten je Hektar: S 30.— pro Stunde = ...	S 375.—
Summe total	S 4.875.—

Rigolen mit dem Raupenschlepper
Eine Raupe mit 75 PS und einer Arbeitstiefe von 60 cm leistet in ebenen bis schwach geneigten Lagen und mittleren Bodenverhältnissen bis zu zirka 1 Hektar pro Tag. Bei hängigem Gelände und schwierigen Bodenverhältnissen sinkt die Tagesleistung auf zirka

Rigolkosten für Raupenschlepper
Tagesleistung 8000 m^2:
Je Hektar erforderlich: 10 Stunden.

Kosten für die Raupe je Hektar: S 300.— pro Stunde = ...	S 3.000.—
Arbeitskosten je Hektar: Stundenlohn S 60.— pro Person = ...	S 600.—
Pflugkosten je Hektar: S 90.— pro Stunde = ...	S 900.—
Totalkosten	S 4.500.—

Wie einleitend erwähnt, wird in der Steiermark in extremen Steillagen nicht mit dem Pflug, sondern mit dem Schild einer Schubraupe rigolt.

Das Rigolen durch Sprengung
Das Sprengen wird heute nur mehr vereinzelt angewendet, und zwar dann, wenn undurchlässige Stein- oder Schotterschichten aufgebrochen werden müssen. Diese Arbeiten dürfen nur solche Personen durchführen, die eine Sprengbefugnis besitzen. Beim Sprengrigolen werden im Abstand von 1 × 1 m in den Boden 60—80 cm tiefe Löcher gebohrt, mit dem Sprengsatz versehen und gezündet. Bei dieser Art des Rigolens muß aber von Hand nachgebohrt werden. Bei schweren, tonigen Böden darf diese Art der Tiefenlockerung nicht durchgeführt werden, da es durch den Explosionsdruck zur sogenannten Birnenbildung und dadurch zu verstärkter Verdichtung kommt.
Der über den Winter in rauher Furche liegen gelassene Boden friert auf und setzt sich bis zum Zeitpunkt des Auspflanzens genügend ab. Nach dem Abtrocknen der Bodenoberfläche werden im Frühjahr die Furchen mittels Kultivatoren oder anderen geeigneten Geräten eingeebnet und abgeschleppt.

AUSZEILEN UND AUSSTECKEN

In der Regel wird im Frühjahr nach dem Rigolen der Weingarten ausgesetzt, vorher müssen jedoch die Reihen ausgezeilt und ausgesteckt werden. Beim Ausstecken werden die Unterstützungspfähle für die Reben, die „Stecken", die gleichzeitig zur Markierung der Pflanzstellen dienen, in den Boden geschlagen, vorher müssen jedoch die Zeilen(Reihen)richtung, die Zeilenbreite und die Stockentfernung festgelegt werden. Hiebei spricht man vom Auszeilen.

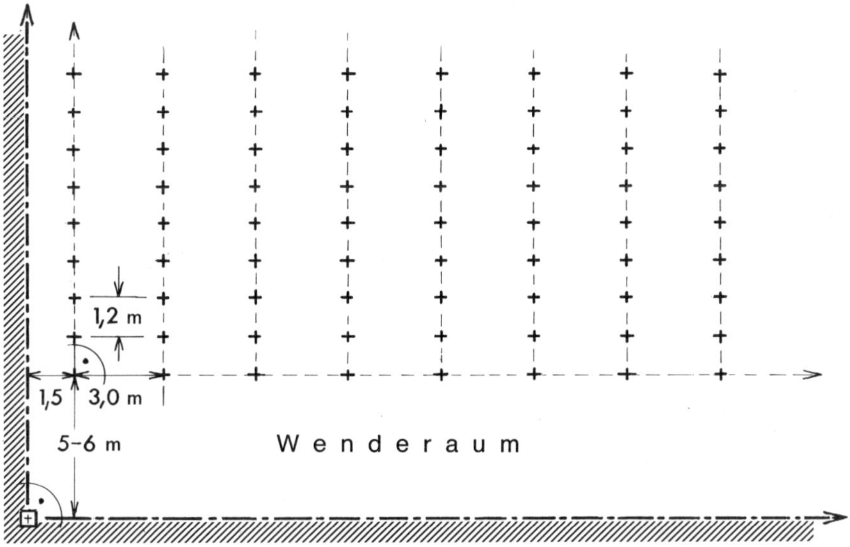

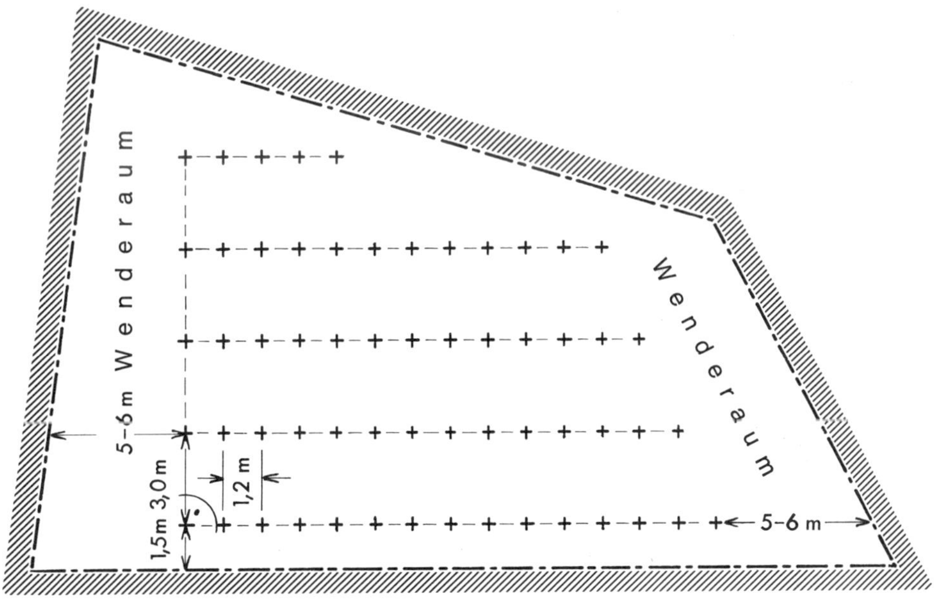

Plan von richtig ausgezeilten Weingärten

Die Zeilenrichtung hängt von der Grundstücksform, der Hanglage und der Hauptwindrichtung ab. Bei schmalen Parzellen muß man notgedrungen in der Längsrichtung auszeilen.
Im allgemeinen verlaufen in Hanglagen die Reihen in der Fallinie (Richtung des Gefälles), bei Terrassen quer zum Hang. Sofern es die Grundstücksgröße erlaubt, soll in windgefährdeten Lagen die Reihenrichtung in der Hauptwindrichtung liegen. Vom Standpunkt der Besonnung sind Nord—Süd verlaufende Reihen am günstigsten.
Bei der Festlegung der Zeilenbreite müssen die Erfordernisse der Bodenbearbeitung, der Schädlingsbekämpfung, aber auch der notwendigen Transportmaßnahmen berücksichtigt werden. Man sollte auch bedenken, daß die Entfernung umso größer sein muß, je stärker die Triebkraft, je höher die Erziehungsart und je länger der Schnitt ist, um eine zu starke Beschattung — speziell in der traubentragenden Zone — zu verhindern. Bei zu engem Abstand behindern sich die Stöcke gegenseitig in der Entwicklung, durch schlechte Luftzirkulation kommt es zu einem verstärkten Auftreten von Krankheiten.
Beim Auszeilen ist ferner auf ein Vorgewende von mindestens 5 bis 6 m zu achten, um ein klagloses Umkehren mit Maschinen zu gewährleisten.
Aus der nachstehenden Tabelle ist die erforderliche Anzahl der Rebstöcke pro Hektar bei verschiedener Stock- und Reihenentfernung zu entnehmen:

Pflanzentabelle für Weingärten
(Stück je Hektar bei verschiedenen Stockabständen und Reihenweiten)

Stockabstand in cm	Reihenweite in cm					
	160	180	260	300	320	350
100	6250	5555	3846	3333	3125	2857
110	5681	5050	3496	3030	2840	2597
120	5208	4629	3204	2777	2604	2380
130	4807	4273	2956	2564	2400	2200
140	4464	3968	2752	2381	2240	2040
150	4166	3703	2564	2222	2084	1928

Je nach der Form des Grundstückes ergeben sich in einzelnen Fällen beim Auszeilen besondere Schwierigkeiten. Auf die wichtigsten wird im folgenden hingewiesen.
Die Randreihen sollen zur Grundstücksgrenze einen Mindestabstand von einer halben Reihe aufweisen. Der Grenzabstand ist in allen drei weinbautreibenden Bundesländern Österreichs, jedoch nicht in der Steiermark, gesetzlich geregelt.
Dazu ein praktisches Beispiel:
Bei einer Hochkultur mit 3,40 m Reihenabstand beträgt der Abstand zur Grenze 1,70 m (halbe Reihenweite). Bei einer halbhohen Erziehungsart mit 2,20 m Reihenabstand darf aber nicht auf 1,10 m zurückgegangen werden, sondern es muß der Mindestabstand von 1,20 m eingehalten werden.
Wenn jeder in dieser Form auspflanzt, können auch die Randreihen maschinell bearbeitet werden.
Mit dem Auszeilen beginnt man an jener Seite, die der gewählten Zeilenrichtung entspricht und möglichst gerade verlaufen sollte. Es ist in der Regel eine Längsseite des Grundstückes. An dieser Seite werden zunächst an den Enden in entsprechender Entfernung zur Grundstücksgrenze zwei Pflöcke eingeschlagen und sodann Zwischenpflöcke einvisiert; dazu sind zwei Personen erforderlich. Eine davon muß ein gutes Auge und ein ausgeprägtes Gefühl für gerade Linien haben, um die zweite Person, welche die Zwischenpflöcke einschlägt, entsprechend einweisen zu können. Es folgt das Auszeilen der ersten Reihe mit

Hilfe einer Schnur (von Pflock zu Pflock gespannt), an der die Abstände in der Reihe bereits markiert sind oder an die eine markierte Meßlatte oder ein Meßband gelegt wird. Anschließend wird an einem Ende zur Randreihe ein rechter Winkel gebildet; dazu gibt es verschiedene Hilfsmittel, wie Winkeltrommel und Winkelkreuz, die aber meist nicht zur Verfügung stehen.
Viele Praktiker bedienen sich einer einfachen Methode, zu deren Ausführung lediglich zwei Schnüre erforderlich sind:
Vom Eckstock werden entlang der Randreihe genau 4 m abgesteckt; an diesem Punkt wird eine 5 m lange, am Eckstock wird eine 3 m lange Schnur befestigt.
Der Punkt, an dem die Enden der beiden Schnüre zusammentreffen, stellt den Fluchtpunkt für den rechten Winkel dar, von dem aus weiter anvisiert werden kann.

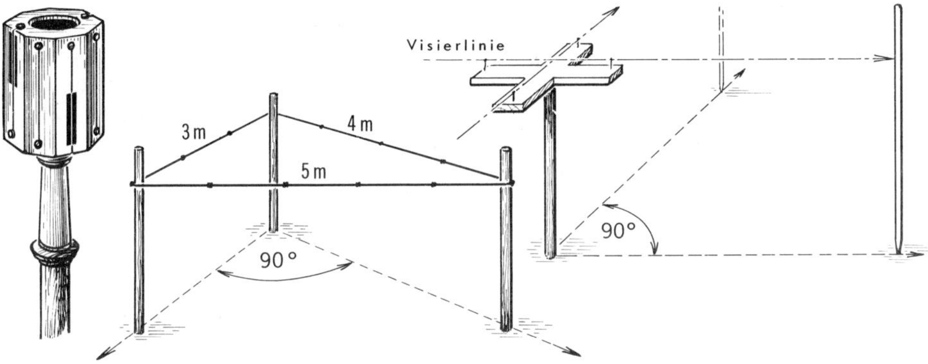

Hilfsmittel zum Bestimmen eines rechten Winkels: Winkeltrommel, Schnur, Winkelkreuz

Durch genaues Abmessen von Reihen- und Stockabstand kann sodann eine einwandfreie, saubere Auszeilung erreicht werden.
Um einen ungehinderten Maschineneinsatz zu gewährleisten, sollte die Bildung sogenannter Zwickelreihen, das sind innerhalb des Grundstückes auslaufende Reihen, durch entsprechendes Vergrößern der Reihenabstände am breiten Grundstücksende nach Möglichkeit vermieden werden. Lassen sich Zwickelreihen aber nicht vermeiden, dann müssen sie an den Rand gelegt werden.

Kosten des Auszeilens und Aussteckens

Tagesleistung beim Ausstecken (Stunde à S 60.—)
Hochkultur 2.000 m^2, das sind je ha 5 Tage à 8 Stunden = 40 Stunden = S 2.400.—/ha
Halbhohe Erziehung 1.650 m^2, das sind je ha 6 Tage à 8 Stunden = 48 Stunden = S 2.880.—/ha
Stockkultur 1.250 m^2, das sind 8 Tage à 8 Stunden je ha = 64 Stunden = S 3.840.—/ha

Kosten der Rebstecken (Stand 1982, inkl. MWSt.)

	Kosten	Lebensdauer	Hochkultur 2.800	Halbhochkultur 5.500	Stockkultur 8.500
	je Stock	in Jahren	Gesamtkosten		
Akazienholz	7.—	15	19.600.—	38.500.—	59.500.—
Lärchenholz	6.—	10	16.800.—	33.000.—	51.000.—
Fichtenholz	5.—	5—10	14.000.—	27.500.—	42.500.—
Plastik	6.—	30	16.800.—	38.500.—	51.000.—
Metall	12.—	10—20	33.600.—	66.000.—	102.000.—

Als Weinstecken werden verwendet:
Akazie, Lärche und Fichte. Die Reihenfolge der Holzarten entspricht auch ihrer Lebensdauer im Weingarten. In letzter Zeit sind auch Metall- und Plastikstecken im Handel. Während Akazienholzstecken sehr lange haltbar sind, müssen Fichtenstecken im Laufe eines Weingartenalters mehrmals ausgetauscht werden. Die Haltbarkeit ist auch sehr stark vom Boden abhängig. In leichten Böden faulen die Stecken zwischen Tag und Boden schneller ab als in schweren Böden. Durch Imprägnieren mit einem Holzschutzmittel kann die Lebensdauer erhöht werden.
Der Querschnitt der Stecken ist genormt (3—4 cm im Quadrat). Um den Hochkulturstamm gerade formieren zu können, ist eine Steckenlänge von 1,80 m erforderlich.

DIE PFLANZUNG

Reben können sowohl im Frühjahr als auch im Herbst ausgepflanzt werden. Folgende Hinweise sollen die Wahl des Zeitpunktes erleichtern:

	Vorteile	Nachteile
Herbstpflanzung	Wachstumsvorsprung im Frühjahr, Ausnutzung der Winterfeuchtigkeit	Diebstahlgefahr im Winter. Verzicht auf die lockernde Wirkung des Frostes nach dem Rigolen.
Frühjahrspflanzung	Bessere Bodenbeschaffenheit beim Auspflanzen.	Gefahr des Austrocknens der Reben vor dem Anwachsen. Bei starker Trockenheit muß angegossen werden.

Obwohl, wie aus obiger Zusammenstellung ersichtlich ist, vieles für das Auspflanzen im Herbst spricht, wird in der Praxis fast ausschließlich im Frühjahr ausgepflanzt. Es wird daher nur die Frühjahrspflanzung der Rebe besprochen.
Das Ausheben der Pflanzlöcher soll, um unnötige Verluste von Bodenfeuchtigkeit zu vermeiden, möglichst kurz vor dem Auspflanzen erfolgen. Die Pflanzlöcher werden dicht neben dem Stecken entweder mit Spaten, Dexel, Erdbohrer oder Wasserstrahl gemacht. Das Pflanzloch soll 40 bis 50 cm tief sein.
Während der Spaten nur auf steinfreiem Boden verwendet werden kann, hat sich

Herstellung des Pflanzloches mit Wasserstrahlbohrer (Bild: Traxler)

Rebsetzen in einem mit dem Wasserstrahlbohrer hergestellten Pflanzloch (Bild: Traxler)

Rebpflanzen mit Setzeisen

der Dexel auch auf steinigem Boden bewährt. Bei Verwendung des Erdbohrers besteht bei feuchtem Boden die Gefahr des Verschmierens der Pflanzlochwand, was sich auf die Ausbreitung der jungen Rebwurzeln und damit auf die Entwicklung der Rebe sehr nachteilig auswirken kann. Eine andere Methode besteht in der Verwendung des Setzeisens, wobei eine große Tagesleistung erzielt wird. Die Rebwurzeln müssen jedoch auf 1—2 cm zurückgeschnitten werden, weil sich längere Wurzeln in dem kleinen Setzloch nach oben biegen würden, wodurch das Anwachsen außerordentlich erschwert oder sogar unmöglich gemacht wird.

Im Zuge der Mechanisierung wird neuerdings zum Rebensetzen ein Wasserstrahlbohrer verwendet. Das Gerät besteht im wesentlichen aus einem etwa 1 m langen Metallrohr mit einer konischen Spitze, in der sich eine Düse befindet, und Schlauchanschlüssen. Ein traktorgezogener Wagen mit einem Wasserbehälter oder die Sattelspritze liefert das erforderliche Wasser, das von einer Zapfwellenpumpe mit einem Betriebsdruck von 3 bis 10 atü mittels Hochdruckschlauch zum Wasserstrahlbohrer befördert wird; dort wird ein Druck von 3 atü benötigt. Pro Setzloch sind 2 bis 3 Liter Wasser notwendig. Das Gerät wird für den Einsatz bei leichten bis mittelschweren Böden empfohlen und erzielt die höchste Arbeitsleistung.

Arbeitsbedarf für Setzlöcher (Hochkultur)
Stundenlohn S 60.— (Stand 1982)

	Tagesleistung Löcher in 8 Stunden	Arbeitstage je Hektar	Kosten je Hektar
Spaten	250	9,6	4.608.—
Locheisen	350	6,8	3.264.—
Tragbarer Erdbohrer	350	6,8	6.528.—*)
Erdbohrer auf Traktor	400	6,0	9.880.—**)
Wasserstrahlbohrer	2.000—2.500	1,0	3.000.—***)

*)Davon 50% für Bohreramortisation.
**) Davon etwa S 7.000.— Kosten für Traktor und Bohrer.
***) Kosten inklusive Traktor, Pumpe, Tank und Wasser.

Vorbereitung der Rebsetzlinge

Die Lebensdauer eines Rebstockes in der Hochkultur liegt zwischen 20 und 30 Jahren, sein Ertrag und seine Qualität hängen zu einem wesentlichen Teil von einem hochwertigen Pflanzmaterial ab.
Beim Ankauf von Rebsetzlingen soll das verwendete Edelreis und Unterlagsmaterial zumindest von positiv selektionierten Stöcken stammen, da Ertrag und Qualität weitgehend von der Erbanlage bestimmt werden.
Zur Förderung des Weinbaues und zum Schutz der Weinhauer wurde 1948 das Rebenverkehrsgesetz geschaffen, dessen Ziel die Verbesserung der Rebenqualität ist. Nach den Bestimmungen dieses Gesetzes dürfen nur amtlich anerkannte Reben in den Verkehr gesetzt werden.

Kennzeichen der anerkannten Rebveredlungen

(Siehe Kapitel „Gesetzliche Bestimmungen im Rebenverkehr in Österreich“)

Zurichten der Reben

Die Reben müssen vor dem Pflanzen zugerichtet werden: zweitriebige Reben werden auf einen Trieb reduziert und dieser wird auf ein Auge zurückgeschnitten. Die Wurzeln werden je nach Setzmethode auf 3—5 cm (bei Spaten-, Dexel-, Erdbohrerverwendung) bzw. auf 1—2 cm (bei Setzeisen- und Wasserstrahlverwendung) zurückgeschnitten. Alle Seiten-, Edelreis- und Tauwurzeln werden entfernt. Auch längere Zapfen über der Veredlungsstelle müssen zurückgeschnitten werden. Die Reben werden bis zum Setzen in feuchte Tücher eingeschlagen. Vorteilhaft ist es, die Veredlungsstelle in eine 3%ige Schwefel-Barium-Lösung zum Schutz gegen die Kräuselkrankheit einzutauchen. Das Einwässern der zugerichteten Reben einige Tage vor dem Setzen ist nicht zu empfehlen, da sie dadurch nach dem Pflanzen zu schnell antreiben und bei eventuell auftretenden Trockenperioden im Wuchs steckenbleiben; die Ausfälle liegen dann weit über der Norm.

Richtiges Rebsetzen

Sofern ein Pflanzloch ausgehoben wird, ist es günstig, auf dem Boden des Pflanzloches einen Hügel aus feinerer Aushuberde oder — wenn vorhanden — gut verrotteter Komposterde zu errichten und darauf die Pfropfreben zu setzen. Dabei werden die Wurzeln sorgfältig ausgebreitet und gleichmäßig verteilt. Unter keinen Umständen dürfen Stallmist, andere Humusdünger oder Mineraldünger sowie Engerling-Bekämpfungsmittel in das Pflanzloch bzw. in unmittelbare Wurzelnähe gebracht werden. Wichtig ist auch das Einrichten der Rebe; das Auge soll in der Reihenrichtung stehen, die Veredlungsstelle

3—4 cm über dem Erdniveau. Früher wurden die Reben bodengleich (das heißt, die Veredlungsstelle war in der Höhe des Erdniveaus oder knapp darüber) gesetzt, speziell in der Hochkultur wird jedoch das höhere Setzen bevorzugt. In Hanglagen gilt aber nach wie vor die Regel, daß in den oberen Lagen tiefer (Abschwemmung) und in den unteren Lagen höher (Anschwemmung) gesetzt wird. Dann wird mit dem feineren Teil der Aushuberde zirka 10 cm hoch bedeckt und die Erde leicht angedrückt.
Insbesondere in trockenen Jahren wird nun zu diesem Zeitpunkt das „Eingießen" praktiziert, das heißt, es werden 3—6 Liter Wasser je Pflanzloch gegossen, um ein rascheres Anwachsen zu erzielen. Die Rebwurzeln sind aber gerade beim Anwachsen sehr lufthungrig. In schweren Böden und bei zu großen Wassermengen führt dies daher zu Verschlämmungen und Sauerstoffmangel. Bei ausreichender Feuchtigkeit der Aushuberde ist es daher besser, nicht oder nur wenig einzugießen.
Nach dem Andrücken wird die restliche Erde aufgeschüttet und das Rebköpfchen etwa 6 cm mit feiner Erde kegelförmig abgedeckt, um es vor Austrocknung durch Sonne und Wind zu schützen.
Werden beispielsweise durch schwere Gewitterregen diese Erdhügel abgeschwemmt, müssen sie neuerlich errichtet werden. Schon nach 2 bis 3 Wochen wachsen die ersten Triebe durch. Wenn sie 10 bis 15 cm aus dem Boden herausragen, wird der Schutzkegel abgeräumt. Diese Arbeit soll nicht an sonnigen Tagen, sondern möglichst bei bedecktem Himmel durchgeführt werden. Die Veredlungsstelle muß dabei freigelegt und die Edelreis- und Tauwurzeln entfernt werden. Wurden die Erdhügel zu hoch gemacht, kommt es infolge der Verkrustung des Bodens zur Verkümmerung der Triebe, diese vergeilen, auch wird die Gefahr des Drahtwurm- und Erdraupenbefalles erhöht.

Paraffinieren

In zunehmendem Maße werden heute die Rebsetzlinge paraffiniert. Bei dieser Methode kann der Erdhügel ganz wegbleiben. Die Pflanzung und die Pflege im ersten Standjahr

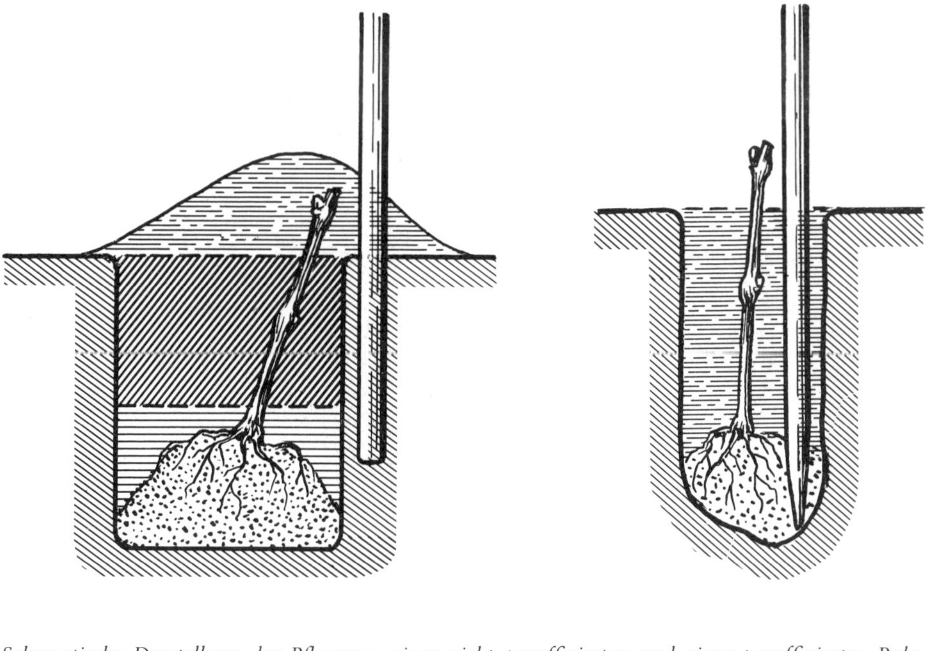

Schematische Darstellung der Pflanzung einer nicht paraffinierten und einer paraffinierten Rebe

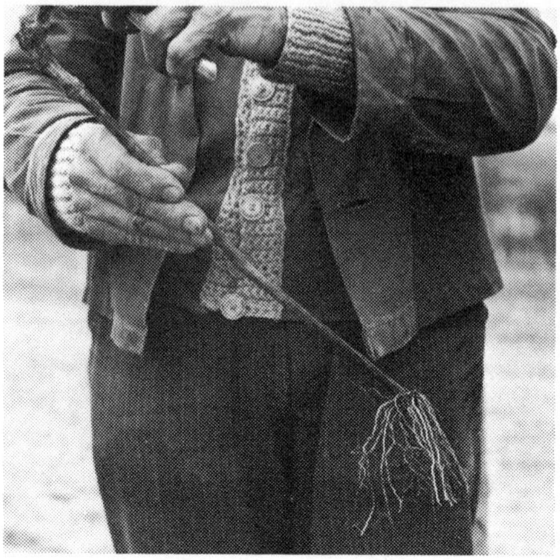

Pflanzfertig zugerichtete Veredlung

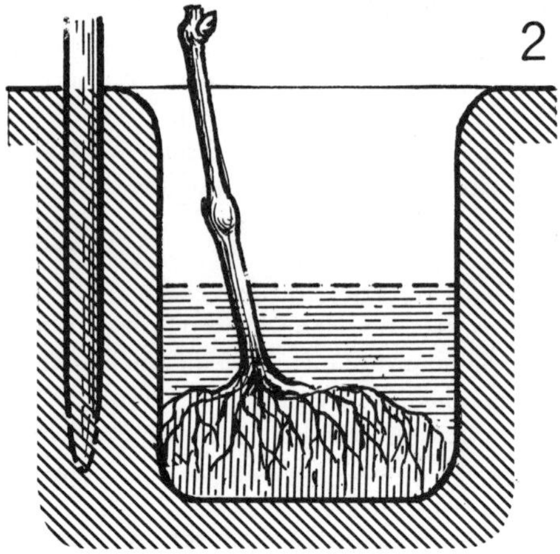

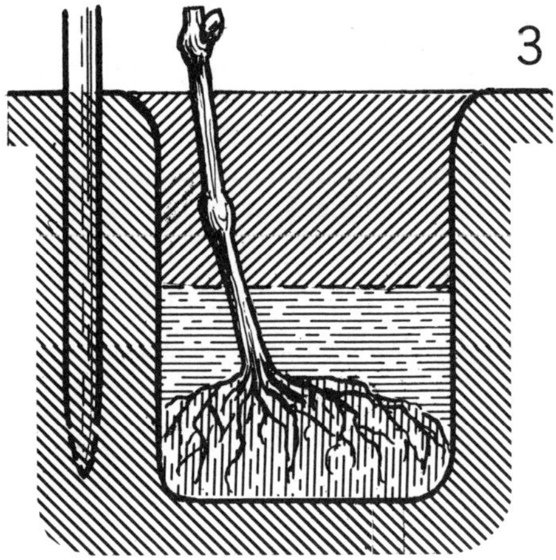

Schematische Darstellung der Pflanzung einer paraffinierten und einer nichtparaffinierten Rebe:
1 Wurzeln auf Feinerdehügel gut verteilen. Veredlungsstelle 3—4 cm über dem Bodenniveau setzen
2 Pflanzgrube wird mit guter Erde halb gefüllt und Wurzeln werden gut angedrückt
3 Auffüllen der Pflanzgrube bis zum Bodenniveau, bei paraffinierten Reben ist der Pflanzvorgang hiemit beendet
4 Bei nicht paraffinierten Reben muß über der Veredlungsstelle ein Feinerdehügel errichtet werden

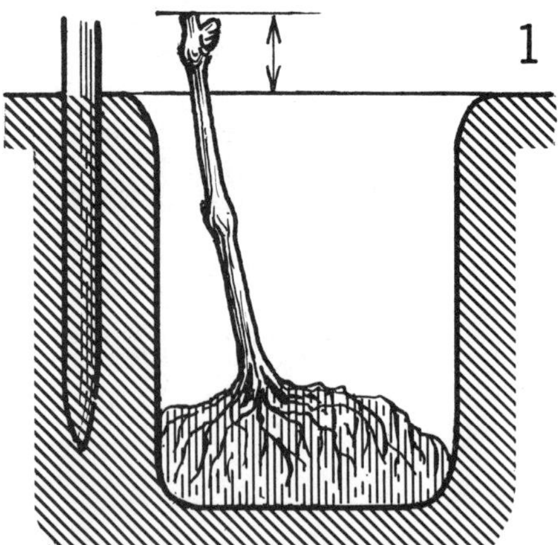

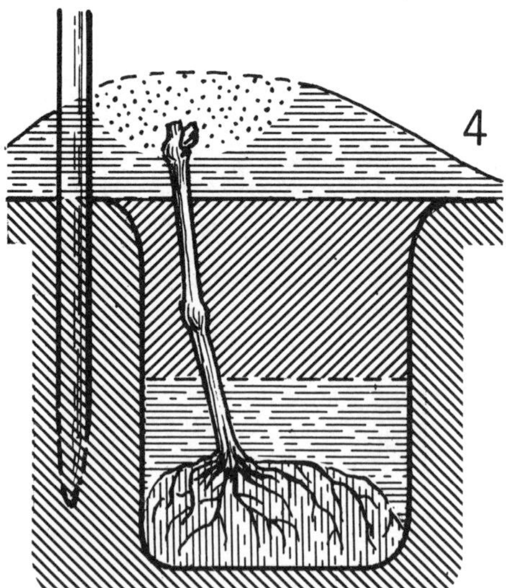

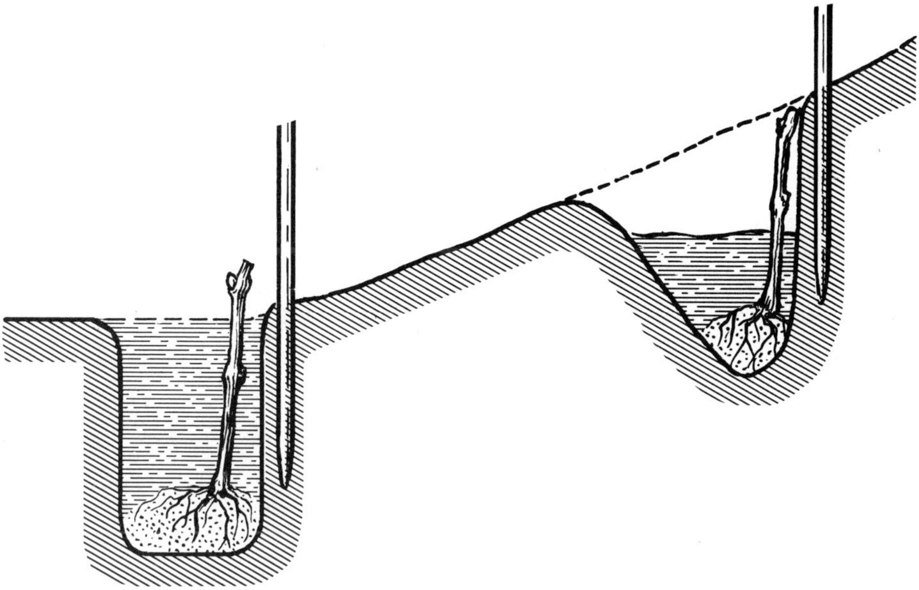

Schematische Darstellung einer Rebpflanzung in Hanglage

werden dadurch erheblich vereinfacht. Die Setzlinge werden dabei auf ein Auge zurückgeschnitten, die obere Hälfte des Setzlings wird gereinigt, das heißt, mittels Wasser wird die Veredlungsstelle von Erde und anderen Stoffen gut gesäubert. Nun läßt man den oberen Teil der Veredlungen gut abtrocknen, die Wurzeln müssen jedoch mit Tüchern immer feucht gehalten werden. Das Paraffin wird auf rund 70 ° C erhitzt (Erzeugervorschrift beachten). Die Temperatur wird am besten durch Einstellen des Behälters mit dem Paraffin in ein erhitztes Wasserbad geregelt und muß mit einem Thermometer laufend kontrolliert werden. Die Rebsetzlinge werden zirka 20 cm tief in Paraffin eingetaucht, wodurch Edelreis, die Veredlungsstelle und der obere Teil der Unterlage mit einem feinen Paraffinfilm überzogen werden. Die Rebsetzlinge werden beim Paraffinieren nur ganz kurz — längstens eine Sekunde lang — eingetaucht.
Die Knospen werden bei diesem Vorgang nicht geschädigt.
Beim Paraffinieren werden vor allem drei schwerwiegende Fehler begangen:

- Das Paraffin wird zu kalt aufgetragen, wodurch sich eine zu dicke und rissige Schicht bildet;
- die Rebsetzlinge sind noch zu feucht, wodurch das Paraffin sehr schlecht haften bleibt und Botrytisgefahr besteht;
- die Rebe wird zu wenig tief eingetaucht.

Die wichtigsten in Österreich erhältlichen Paraffinierungsmittel und deren Schmelz- und Erstarrungspunkt in Grad Celsius:

Präparat	Hersteller Lieferant	Schmelzpunkt in °C	Erstarrungspunkt in °C
Specerit gelb	Haidinger & Dieck, Wien	55—60	54—56
Specerit rot	Haidinger & Dieck, Wien	55—60	54—56
Rebwachs AW 9174	Haidinger & Dieck, Wien	65—70	64—66
Rebwachs WF	Riedl de Haen	55—59	52—54
Pflanzparaffin PP	Stähler Hamburg	71—73	55—58
L 304	Scholven Chemie	58—60	52—57
Dieda	Doppler Edenkopen	56—58	54—57

PFLEGE IN DEN ERTRAGSLOSEN JAHREN

Vom kräftigen, ungestörten Wachstum in den ersten Jahren hängen das Gedeihen, die Lebensdauer und der Ertragseintritt des Weingartens ab. Um eine bestmögliche Entwicklung eines Weingartens zu erreichen, sind Junganlagen sorgfältig zu pflegen.

Pflegemaßnahmen im ersten Jahr

Im ersten Vegetationsjahr ist der Boden laufend unkrautfrei zu halten. Diese Arbeit wird heute in den Rebgassen mit Hackgeräten mechanisch durchgeführt, in den Reihen jedoch vielfach noch händisch, da die bisher zur Verfügung stehenden Zwischenstock-Pflegegeräte nicht immer voll befriedigen. Auf keinen Fall darf in den ersten drei Jahren das Unkraut mit chemischen Mitteln bekämpft werden, da sie bei jungen Reben Schäden verursachen können.

Paraffinierter Setzling im ersten Jahr nach dem Austrieb

Für die Jungrebe ebenso schädlich wie starker Unkrautwuchs sind die von manchen Weinhauern auch heute noch unternommenen Versuche, bis zur Ertragsfähigkeit Hackfrüchte (Kartoffeln und Rüben) oder Feldgemüse (Bohnen) in den Rebgassen anzubauen. Diese Pflanzen konkurrenzieren durch ihren Wasser- und Nährstoffanspruch die Jungreben in gleicher Weise wie die Unkräuter. Häufig wird diese Maßnahme damit begründet, daß die eingebaute Kultur als Fangpflanzen für verschiedene Bodeninsekten (Engerlinge, Drahtwürmer) dient. Eine vorbeugende chemische Bekämpfung, wie sie im Kapitel „Vorratsdüngung" erwähnt wurde, ist jedoch vorzuziehen.
Eine weitere wichtige Aufgabe, die schon im ersten Jahr nach der Pflanzung gelöst werden muß, ist die Belebung des toten Bodens, der beim Rigolen aus dem Untergrund an die Oberfläche gebracht wurde. Diese Maßnahme ist zum Schutz vor Abschwemmung und Verkrustung unbedingt durchzuführen.
Wenn der Betrieb über Stallmist verfügt, wird im Pflanzjahr, vor der Herbstfurche, ein Stallmistschleier von zirka 150 dt pro Hektar ausgebracht. Wenn kein Stallmist vorhanden ist, kann ersatzweise Kompost oder Moorerde verwendet werden. In extremen Steillagen empfiehlt es sich, zum Zwecke des Erosionsschutzes und der Bodenbelebung, bei einem beidseitigen Abstand von zirka 50 cm von der Stockreihe eine kurz wachsende Gründüngung zu bauen, beispielsweise wird 160—180 kg/ha Wintergerste im Frühjahr gebaut und gibt, nachdem sie nicht kältegestimmt ist, eine ganz kurze wassersparende und erosionshemmende Gründecke.
Eine andere wichtige Pflegemaßnahme in Junganlagen ist das wiederholte Krustenbrechen und Lockerhalten der Pflanzhügel.
Neben den Bodenpflegemaßnahmen sind der Stockpflege und der Gesunderhaltung des Stockes entsprechende Beachtung zu widmen. Am Stock wird nur ein Rebtrieb belassen, der laufend aufgebunden werden muß. Die sich an diesem Haupttrieb bildenden Seitentriebe (Geiztriebe) müssen laufend entfernt (ausgegeizt) werden, um die rasche Entwicklung eines geraden, kräftigen Stammes zu gewährleisten.
Früher wurden aus Gründen der Sicherheit bis zu zwei Rebentriebe am Stock belassen.
Größtes Augenmerk ist außerdem auf geregelte Pflanzenschutzmaßnahmen zu richten. Die Jungreben sollten einmal wöchentlich mit synthetischen Fungiziden gespritzt

werden. Für die beiden letzten Spritzungen wird ein Fertigkupferpräparat verwendet. Oft wird jedoch die vom Weinhauer bisher aufgebrachte Mühe durch Wildverbiß wesentlich beeinträchtigt.
Besonders in trockenen Frühjahren und in windgeschützten warmen Lagen besteht die Gefahr eines Spinnmilbenbefalles. Alle Jungpflanzen müssen daher möglichst bald nach dem Austrieb (bereits bei einer Trieblänge von 5 cm) zum ersten Mal behandelt werden, bis 4 Wochen später ist eine zweite Spritzung durchzuführen. Von Spinnmilben befallene Stöcke werden in ihrem Wachstum stark beeinträchtigt, wobei die Wuchshemmung noch 2—3 Wochen nach dem Abtöten der Schädlinge andauert.

Möglichkeiten des Schutzes vor Wildschäden

Einzäunung
Eine gute Methode ist die Einzäunung des ganzen Weingartens mit einem festen, etwa 1 m hohen Gitterzaun. Für den laufenden Meter können folgende Richtpreise veranschlagt werden:

(Stand 1982)
Drahtgeflecht 1 m hoch, Maschenweite 20—50 mm, S 8.— je Laufmeter.

Hasenschutz durch Einzäunung

Hasenschutz aus Plastik

Bei dieser Form des Schutzes ist insbesondere darauf zu achten, daß die Einzäunung auf allen Seiten vollkommen geschlossen ist. Das Drahtgeflecht muß mindestens 10 cm tief im Boden eingegraben werden, um das Niederwild am Durchschlüpfen zu hindern.

Hasenschutz durch Plastiksack mit Gegenstock

Auch die Einfahrt muß stets geschlossen bleiben; wenn nämlich bei der totalen Einzäunung Wild in den Weingarten gelangt, kann es einen größeren Schaden verursachen als ohne Einfriedung.

*

Hasenschutzgitter

Die am meisten verwendete Form des Schutzes ist, jeden Rebstock mit einem Drahtgeflecht zu umgeben. Man benötigt dabei pro Stock von der Halbmeterausführung des Geflechtes eine Länge von 70 bis 80 cm, damit das Schutzgitter einen genügend weiten Durchmesser hat. Vielfach verwendet man heute hiefür auch Plastiksäcke. Dabei muß ein Gegenstock eingeschlagen werden, denn ein Anliegen des jungen Triebes an den Plastiksack führt unweigerlich zu Verbrennungen. Die Einzelumzäunung hat den Nachteil, daß bei den Stockpflegearbeiten die Drahthose angehoben werden muß und arbeitsintensiv ist. Die Triebe müssen sorgfältig und in kürzeren Zeitabständen als normal aufgebunden werden, damit die Triebspitzen nicht durch das Gitter wachsen und verbissen werden.

*

Wildverbißmittel

Auch Wildverbißmittel, die in regelmäßigen Abständen gespritzt werden müssen, bieten keinen absoluten Schutz vor Wildverbiß. Es gibt Wildverbißmittel, die der normalen Spritzbrühe zugesetzt werden können. In der Nähe von Ertragsanlagen gefährden sie jedoch den Geschmack des Weines dieser Weingärten.

*

Wildschaden

Wenn trotz der Durchführung von zumutbaren Schutzmaßnahmen Wildverbißschäden entstehen, ist mit dem Jagdausübungsberechtigten über eine entsprechende Schadenersatzleistung zu verhandeln. Dieser Vorgang ist in den Landesjagdgesetzen genau geregelt.

Pflegemaßnahmen im zweiten Jahr

Die Fehlstellen (ausgebliebenen Reben) sind sortenrein nachzusetzen. Der Ausfall von nicht angewachsenen bzw. nicht angetriebenen Reben sollte bei ordnungsgemäßer Bewirtschaftung nicht höher als 3% sein. Auch kranke, kümmernde Rebstöcke sollten ausgetauscht werden. Zum Nachsetzen soll nur bestes Material verwendet werden, da gegenüber den bereits früher gesetzten Reben eine starke Konkurrenz besteht.

Der Schnitt im zweiten Jahr ist von der Entwicklung des Triebes und der beabsichtigten Erziehungsform abhängig. Schwache und verhagelte Reben müssen auf 1 oder 2 Augen zurückgeschnitten werden. Eine Rebe kann dann länger angeschnitten werden, wenn sie im ersten Jahr mindestens einen 110 cm langen, bleistiftstarken Trieb, der gut ausgereift sein muß, hervorgebracht hat.

Im zweiten Jahr ist auch auf die Bekämpfung der Kräuselmilbe besonders zu achten. In der Folge ist auf die exakte Durchführung der Pflanzenschutzmaßnahmen während der ganzen Vegetationsperiode größter Wert zu legen.

Bei stark wachsenden Anlagen muß die Drahtrahmenunterstützung bereits im Frühjahr aufgestellt werden.

*

Pflegemaßnahmen im dritten Jahr

Eine ausreichende, harmonische Düngung sollte schon im Herbst des zweiten oder im Frühjahr des dritten Jahres durchgeführt werden. Die Höhe der Gabe richtet sich vor allem nach dem Wuchs der Anlage und den Werten der Bodenuntersuchung.

Hat die Rebe im dritten Jahr die notwendige Stärke erreicht, wird ein Kordonarm mit 4 bis 5 Augen angeschnitten. Die am Stamm durchtreibenden Triebe sind laufend und möglichst frühzeitig zu entfernen.

Während des Sommers ist auf Einschnürungen der Stämmchen durch das Bindematerial zu achten. Wenn notwendig, ist das leicht einwachsende Bindematerial (Aluminium-, Plastikdrähte) zu lockern.

Folgende Grundregel sollte der Winzer beachten:
Die ersten drei Jahre sind für die Erziehung und Formierung des Rebstockes notwendig. Dieser Zeitraum kann als die „Kinderstube“ des Rebstockes bezeichnet werden. Wird die Rebe schon in diesen Jahren zu größeren Ertragsleistungen gezwungen, dann wirkt sich dies sehr nachteilig in den späteren Ertragsjahren aus.

GESAMTKOSTEN EINER WEINGARTENNEUANLAGE (HOCHKULTUR) in Schilling je Hektar — inkl. MWSt. (ohne Amortisation und Verzinsung), Stand 1982

Planierung (3 Stunden):	Traktor	S 120.—		
	Frontlader	S 60.—		
	Person	S 60.—		
	S 240.—× 3 Stunden		S	720.—
Bekämpfung der Bodenschädlinge (120 kg Gammastreunex à S 20.—)			S	2.400.—
Rigolkosten (Traktor)			S	4.000.—
Vorratsdüngung (Düngerkosten):				
4000 kg Thomasphosphat S 9.200.—, 2500 kg Patentkali S 6.000.—			S	15.200.—
Vorratsdüngung (Streukosten)			S	600.—
Auspfählen			S	2.400.—
Pflanzlöcher ausheben (tragb. Erdbohrer)			S	6.528.—
zuschneiden, setzen eingießen (70 Stunden à S 60.—)			S	4.200.—
2800 Veredlungen à S 18.—			S	50.400.—
2800 Rebpfähle Akazie à S 7.—			S	19.600.—
560 Steher VÖEST verzinkt à S 50.—			S	28.000.—
772 kg 25er Draht à S 14.—			S	10.808.—
Arbeitszeit für Unterstützung 800 Stunden à S 60.—			S	48.000.—
Laufende Arbeiten im ersten Jahr:				
abwurzeln, aufbinden, spritzen, Strohmaterial, Hasengitter zirka			S	50.000.—
		Gesamtkosten	S	242.856.—

Anlagekosten je Hektar Mittelhochkultur in Schilling, inkl. MWSt. (ohne Amortisation und Verzinsung), Stand 1982

Planieren (3 Stunden):	Traktor	S 120.—		
	Frontlader	S 60.—		
	Person	S 60.—		
S 240.— × 3 Stunden		S 720.—		
Bekämpfung der Bodenschädlinge (120 kg Gammastreunex à S 20.—)			S	2.400.—
Rigolkosten (Traktor)			S	4.000.—
Vorratsdüngung (Düngerkosten)			S	15.200.—
Vorratsdüngung (Streukosten)			S	600.—
Auspfählen (48 Stunden à S 60.—)			S	2.880.—
Pflanzlöcher ausheben (tragb. Erdbohrer)			S	16.500.—
zuschneiden, setzen, eingießen (140 Stunden à S 60.—)			S	8.400.—
5500 Veredlungen à S 18.—			S	99.000.—
5500 Rebpfähle (Akazie à S 7.—)			S	38.500.—

1007 kg Draht à S 14.—	S 14.098.—
916 Steher VÖEST verzinkt à S 50.—	S 45.800.—
Arbeitszeit für Unterstützung (1500 Stunden à S 60.—)	S 90.000.—

Auflaufende Arbeiten im ersten Jahr:
abwurzeln, aufbinden, spritzen, Strohmaterial, Hasengitter zirka .... S 60.000.—

Gesamtkosten S 398.098.—

Stockkultur in Schilling je Hektar inkl. MWSt. (ohne Amortisation und Verzinsung), Stand 1982

Planieren (3 Stunden):	Traktor	S 120.—
	Frontlader	S 60.—
	Person	S 60.—

S 240.— × 3 Stunden ...... S 720.-

Bekämpfung der Bodenschädlinge (120 kg Gammastreunex à S 20.—)	S 2.400.—
Rigolkosten (Traktor)	S 4.000.—
Vorratsdüngung (Düngerkosten)	S 15.200.—
Vorratsdüngung (Streukosten)	S 600.—
auspfählen (64 Stunden à S 60.—)	S 3.840.—
Pflanzlöcher ausheben (Spaten)	S 16.320.—
zuschneiden, setzen, eingießen (220 Stunden à S 60.—)	S 13.200.—
8500 Veredlungen à S 18.—	S 153.000.—
8500 Rebpfähle (Akazie à S 7.—)	S 59.500.—

Laufende Arbeiten im ersten Jahr:
abwurzeln, aufbinden, spritzen, Strohmaterial, Hasengitter, zirka .... S 80.000.—

Gesamtkosten S 348.780.—

Bearbeitungskosten eines Hektars Hochkulturweingartens im Ertragsstadium (Stand 1982)

	Kosten in S	in %
Mineraldüngung (inkl. Streukosten)	5.200.—	9.8
Org. Düngung (alle 4 Jahre) p. A.	3.500.—	6.6
Gründüngung	2.500.—	4.6
Pflanzenschutz (8 Spritzungen)	10.000.—	18.8
Bindematerial	1.000.—	1.9
Rebschnitt	5.000.—	9.4
Laubarbeit	5.000.—	9.4
Bodenbearbeitung	5.500.—	10.3
Erhaltung der Unterstützung	2.000.—	3.8
Lese	10.000.—	18.8
Hagelversicherung	3.500.—	6.6
Summe	53.200.—	100.0

Kapitel 17

ERZIEHUNGSARTEN

In den letzten 20 Jahren hat sich die Erziehungsart der Rebkulturen in allen österreichischen Weinbaugebieten wesentlich verändert. Die traditionelle Stockkultur wurde durch höhere Erziehungsformen mit Drahtrahmenunterstützung verdrängt. Die Hauptsache hiefür war der Mangel an Arbeitskräften, der zwangsläufig zum verstärkten Einsatz von Maschinen führte. Nach der heute vorherrschenden Ansicht muß ein modernes Erziehungssystem so beschaffen sein, daß alle im Weingarten laufend vorzunehmenden Arbeiten mit möglichst geringem Aufwand bewältigt werden können.
Bei guten Erträgen müssen die Produktionskosten niedrig bleiben.

	Pfahlkultur		Mittelhochkultur		Hochkultur	
1964	17.579 ha	45,0%	8.504 ha	21,8%	12.942 ha	33,2%
1974	1.858 ha	3,7%	10.505 ha	21,2%	37.243 ha	75,1%
1980	439 ha	0,9%	7.986 ha	13,4%	51.007 ha	85,7%

Eine moderne Erziehungsart muß nicht nur den jeweiligen Sorteneigenschaften, den klimatischen Verhältnissen und den angestrebten Erträgen gerecht werden, sondern auch den Anforderungen hinsichtlich einer möglichst rationellen Bewirtschaftung entsprechen. Nur so ist es zu verstehen, daß sich in den verschiedenen Ländern und Weinbaugebieten die unterschiedlichsten Erziehungsarten entwickelt und bewährt haben.
Die folgende Darstellung der verschiedenen Erziehungsarten kann daher nicht vollständig sein und nur einen Überblick über die wichtigsten Merkmale geben.
Was versteht man eigentlich unter den Begriffen „Erziehung" und „Schnitt"?
Unter Erziehung ist die Formierung des „alten Holzes" zu verstehen, während man als Schnitt die Formierung des „einjährigen Holzes" bezeichnet.
Die wichtigsten Merkmale zur Unterscheidung der verschiedenen Erziehungssysteme sind: Stammhöhe der Stöcke und Art der Formierung des alten Holzes.

Zusammenstellung der in Österreich bestehenden Erziehungsarten:

Erziehungsart	Stammhöhe in cm	Pflanzweite in m	Anzahl der Reben je ha	Standraum je Rebe in m²
niedrige Erziehungsart				
alte Anlagen	20	1,00 × 1,00	10.000	1
neuere Anlagen	20 bis 40	1,20—1,50 × 1,00—1,10	6.000 bis 8.000	1,20 bis 1,65
mittelhohe Erziehungsart	50 bis 80	1,50—2,00 × 1,00—1,20	4.200 bis 6.700	1,50 bis 2,40
hohe Erziehungsart (Hochkultur)	120 bis 140	3,00—3,50 × 1,20—1,30	2.200 bis 2.800	3,60 bis 4,55

Arbeitsvergleich bei verschiedenen Erziehungsarten je Ar
(Schneiden, Rebholz sammeln, binden, ausbrechen, gipfeln)

	niedrige Erziehungsarten 1 m²	niedrige Erziehungsarten 1,5 m²	mittelhohe Erziehungsarten 2 m²	hohe Erziehungsarten 4 m²
im Mittel	12 h 17 min	8 h 4 min	6 h 39 min	5 h 9 min
in %	100	65,4	54,2	41

NIEDRIGE ERZIEHUNGSARTEN

Es handelt sich um Erziehungsformen, bei denen der Rebstock einen kurzen Stamm (bis 40 cm hoch) aufweist. Das Fruchtholz wird in Form von kurzen oder längeren Zapfen angeschnitten. Man kennt im wesentlichen 2 Formen:
die Pfahlkultur, bei der das obere Ende des Stammes durch den jährlich vorgenommenen kurzen Schnitt zu einer wulstigen Verdickung, dem „Kopf", verbreitert wird, und die Drahtrahmenkultur, bei der das Fruchtholz auf einen oder mehreren Schenkeln entspringt. Dadurch kommt es zu keiner kopfartigen Verdickung des Stammes. Beim ersten System werden die Reben an Pfählen gezogen, beim zweiten System benötigt man eine Drahtrahmenunterstützung.
Wegen der wesentlich höheren Arbeitskosten hat die niedrige Erziehungsart (Pfahlerziehung) in Österreich in den letzten 2 Jahrzehnten stark abgenommen und ist heute praktisch bedeutungslos geworden.

Vorteile

Teilweiser Schutz vor Winterfrost durch Anhäufeln und bei Vorhandensein einer Schneedecke. Frühere Reife durch Wärmereflexion des Bodens, was in ungünstigen Jahren eine bessere Traubenqualität zur Folge haben kann. Auch der Boden wird durch die stärkere Beschattung vor intensiver Sonnenbestrahlung geschützt.

Nachteile

Der enge Stand bedingt vor allem einen großen termingebundenen Arbeitsaufwand bei der Stockpflege, vor allem in den Monaten Mai bis August. Die hohe Standdichte verursacht hohe Pflanzkosten und führt zu einem geringeren Lichtgenuß der Blätter. Durch den speziell bei der Kopf- und der Bockkultur erziehungsmäßig bedingten kurzen Schnitt tragen nur jene Sorten zufriedenstellend, deren untere Knospen fruchtbar sind (z. B. Welschriesling, Roter Veltliner, Zierfandler und Rotgipfler). Bei starkem Regen werden die Trauben stark beschmutzt und sind stärker fäulnisgefährdet.

Die wichtigsten Formen

Die Kopferziehung
Das alte Holz hat durch den jährlich vorgenommenen kurzen Schnitt die Form eines Kopfes. Das einjährige Holz wird auf Zapfen mit je 2 bis 4 Augen geschnitten; an einem Stock befinden sich bis zu 6 Zapfen. Diese Erziehung war früher in Niederösterreich und im Burgenland stark verbreitet. Heute werden noch die Schnittweingärten in dieser Erziehungsform gezogen.

Kopferziehung

Die Bockerziehung
Der Stock hat einen niedrigen Stamm bis höchstens 30 cm Höhe, wo er sich in der

Kopferziehung

Bockerziehung

Regel in 2, manchmal auch 4—5 Schenkel verzweigt. Jeder Schenkel trägt einen Zapfen mit zwei bis höchstens drei Augen. Außerdem werden am Schenkel Ersatzzapfen angeschnitten, um den Schenkel verjüngen zu können, wenn er zu lange geworden ist. In Frankreich, Spanien, Portugal und Italien findet man die Erziehung auch ohne Pfahlunterstützung.

Die Rheingauer Erziehung
Der Stamm ist 25 bis 30 cm hoch und trägt am oberen Ende 1 bis 2 Zapfen mit je 2 Augen sowie einen Bogen mit 8 bis 10 Augen. Die Tragrebe wird im flachen Halbbogen, etwa 20 cm über dem Boden, am Mittelpfahl angebunden. Bei starktriebigen Sorten erhält der Stock zwei Tragreben. In der Reihe können auch zwei Stöcke, 10 cm voneinander entfernt, je Pfahl gepflanzt werden. Durch die Konkurrenz der beiden Reben soll der Einzelstock weniger tragen und dadurch die Qualität gehoben werden.

Die niedrige Pfälzer Erziehung
Zu dieser Erziehung gehört eine Drahtrahmenunterstützung, bei der der untere Draht 30 cm, der obere Draht 60—70 cm über dem Boden gespannt ist. Die Rebstöcke sind so formiert, daß sich auf einem 20 bis 40 cm hohen Stämmchen zwei kurze Strecker von je 5 bis 6 Augen befinden, die im Winkel von 45° am untersten Drahtpaar befestigt werden. Zu jedem Strecker gehört ein Ersatzzapfen mit 2 Augen, der den Trieb für den Strecker im nächsten Jahr liefern soll.

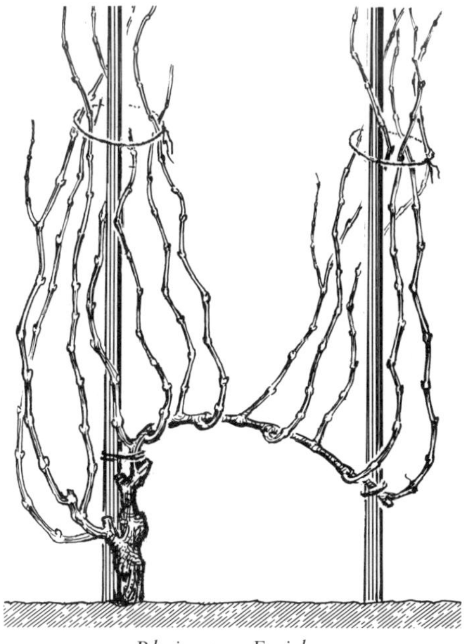

Rheingauer Erziehung

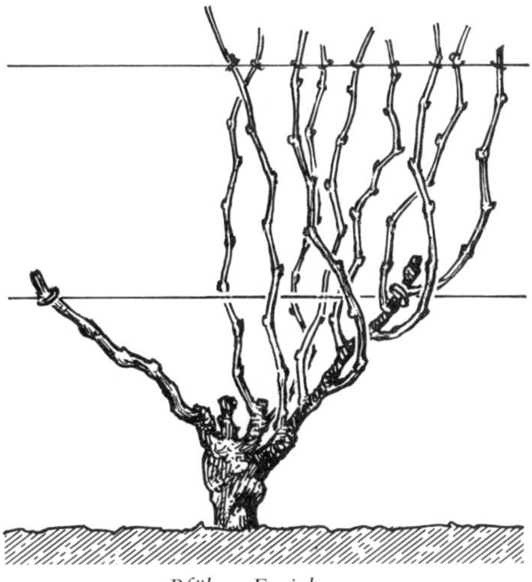

Pfälzer Erziehung

Die stark wachsenden Triebe aus den oberen Augen werden kurz vor oder unmittelbar nach der Blüte, etwa 10—20 cm über dem oberen Draht, entspitzt. Beim Wipfeln werden dann alle Triebe in dieser Höhe abgeschnitten.

MITTELHOHE ERZIEHUNGSARTEN

Bei den mittelhohen Erziehungsarten beträgt die Stammhöhe 50 bis 80 cm. In dieser Höhe befindet sich das einjährige Holz und wird dann in Form von Bogen oder Zapfen geschnitten. Diese Erziehung ist auch für starkwüchsige Sorten und solche, die hohe Erträge liefern, geeignet. In den einzelnen Weinbauländern kann man verschiedene Formen von mittelhohen Erziehungsarten finden. Sie werden vornehmlich im mediterranen und im atlantischen Klimaraum — in Frankreich, Jugoslawien und Deutschland — angewendet. In Österreich haben diese Erziehungsarten einen Anteil von rund 20%, der ziemlich unverändert bleibt.

Vorteile
Bei dieser Erziehung werden die höchsten Erträge pro Flächeneinheit erzielt. Die Bodenbearbeitung und der Pflanzenschutz können mechanisiert werden. Die größere Entfernung vom Boden verringert die Gefahr von Pilzkrankheiten. Auch die Spätfrostgefahr ist geringer.

Nachteile
Höherer Arbeitsaufwand gegenüber der Hochkultur, vor allem bei den Stockpflegearbeiten. Schwierigkeiten bei der Vollmechanisierung. Die Anlagekosten sind die höchsten von allen Erziehungsarten. Erhöhte Winterfrostgefahr, da die Stämmchen in einer Höhe von 40 bis 80 cm besonders gefährdet sind.

Die wichtigsten Formen

Klosterneuburger Stämmchenerziehung
Der Stamm wird 30—50 cm hoch gezogen und darauf ein Strecker mit 6—10 Augen und zwei Ersatzzapfen (je 2 Augen) angeschnitten, der Strecker wird am Biegedraht

Klosterneuburger Stämmchenerziehung

niedergebunden. Ein Trieb des Ersatzholzes wird im nächsten Jahr als Fruchtholz (Strecker) geschnitten. Diese Erziehung eignet sich sehr gut für schwachwüchsige Sorten in Hanglagen.

Waagrechte Kordonerziehung
Der Stamm wird bis zum untersten Draht, bis zur Höhe von 60 bis 70 cm, gezogen und dort ein 1 oder 2armiger Kordon gebildet. Als Kordon wird der waagrecht verlaufende Ast bezeichnet, der die Verlängerung des Stammes ist. Auf dem Kordon werden in möglichst günstiger Verteilung, je nach Sorte, kürzere oder längere Zapfen angeschnitten. Auch hier gilt die Regel, daß der Schnitt eine Verjüngung bringen und einjähriges Holz sich daher immer in der Nähe des Stammes befinden muß.

Flachbogenerziehung
Die Stammhöhe beträgt 60 bis 80 cm. Das angeschnittene Fruchtholz wird über den Biegedraht leicht nach unten gebogen, dabei wird mit einem oder zwei flachen Bogen gearbeitet, denen jeweils Ersatzzapfen zugeordnet sind. Durch das Niederbinden wird ein gleichmäßiges Austreiben erzielt und die Fruchtbarkeit gesteigert. Die Qualität der Trauben wird durch besseres Ausnutzen der Bodenwärme erhöht. Diese Erziehung wurde aber aus verschiedenen Gründen (zu dichtes Laubwerk, Verrieselung, Pilzkrankheiten) durch bessere Formen ersetzt.

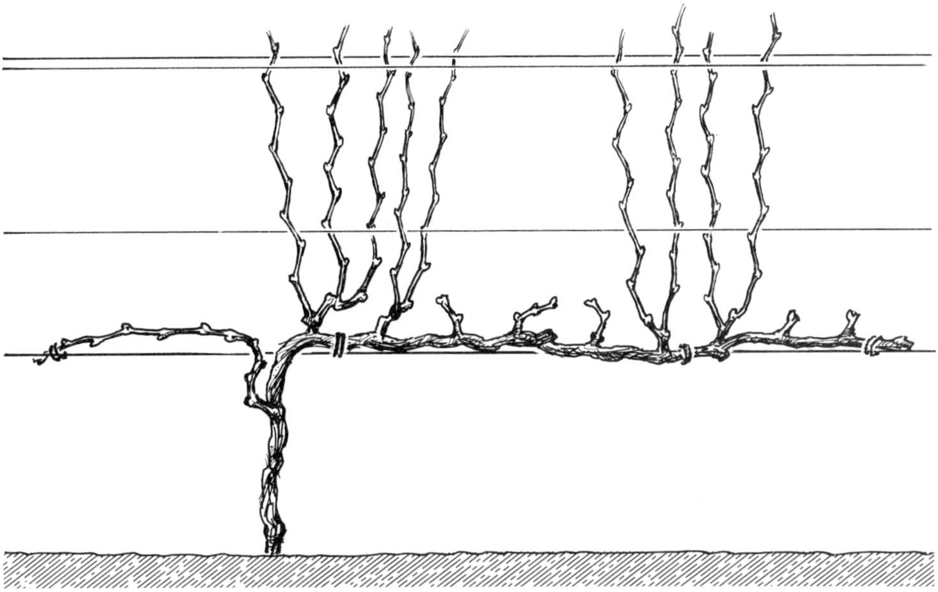

Waagrechte Kordonerziehung

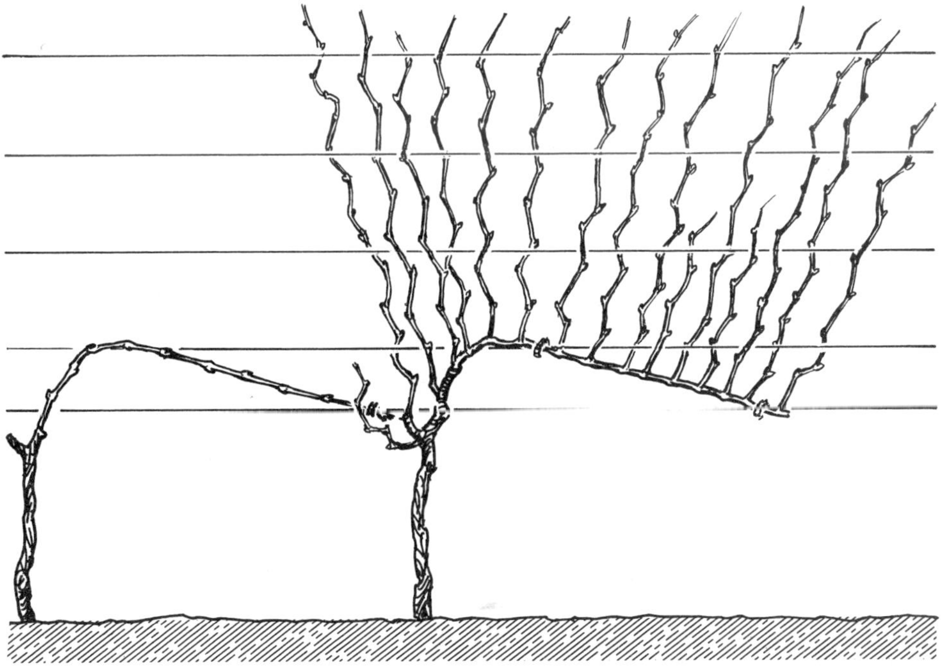

Flachbogenerziehung

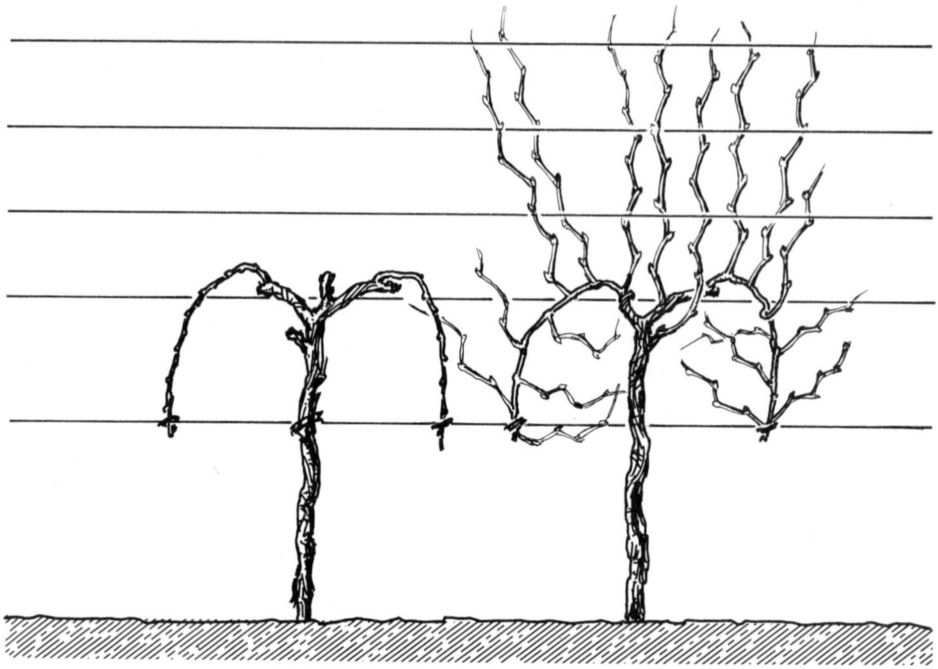

Halbbogenerziehung

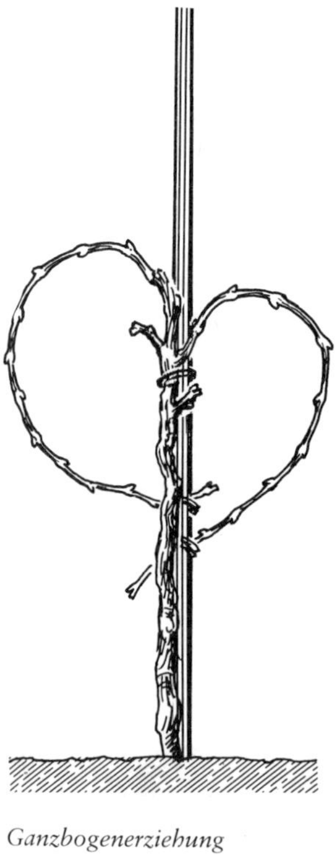

Ganzbogenerziehung

Halbbogenerziehung
Die Stammhöhe beträgt 60 bis 80 cm.
Bei waagrechten Streckern und Flachbögen überschneiden sich oft die Endteile des Fruchtholzes, wodurch es zur Verdichtung der Laubwand, zu Verrieselungsschäden und zur Vergrößerung der Peronosporagefahr kommt. Die Formierung der Fruchtruten als Halbbogen gewinnt daher immer mehr Bedeutung. Am Kordon befinden sich zwei schräg (fast senkrecht) nach unten gebogene Tragreben und ein bis zwei Ersatzzapfen. Das starke Abwärtsbiegen fördert die Entwicklung des Fruchtholzes und verbessert die Fruchtbarkeit und die Entwicklung der Trauben an der Triebspitze.
Beim Schnitt ist darauf zu achten, daß die Stammhöhe in der Nähe des Biegedrahtes bleibt.

Ganzbogenerziehung
Dabei werden lange Fruchtruten angeschnitten und in „Pferdekopfform“ (kreisförmig) nach unten gebogen. Gleichfalls wird ein etwas tieferstehender Ersatzzapfen mit 3 bis 4 Augen belassen. Die Höhe vom Boden bis zur Ansatzstelle der Bogenrebe beträgt im Durchschnitt 60—80 cm.

HOHE ERZIEHUNGSARTEN (HOCHKULTUR)

Das wesentliche Merkmal für hohe Erziehungsarten ist, daß sich das alte Holz (Stamm, Kordon) in einer Höhe von mehr als 1 m befindet. Bei der für Österreich klassischen hohen Erziehungsform (Hochkultur) beträgt die Stammhöhe 1,20 bis 1,40 m. Das Fruchtholz wird je nach Sorte, Wachstumszustand und Pflanzweite angeschnitten und in verschiedenen Formen niedergebunden oder auch frei stehen gelassen. Die Reihenentfernung ist stark vergrößert, weshalb diese Erziehungsart auch als Weitraumkultur bezeichnet wird. Als Unterstützung findet man die verschiedensten Formen von Drahtrahmen, Holzgerüsten, aber auch Bäume. Diese Erziehungsarten sind nur für winterharte und wüchsige Sorten geeignet.

Vorteile

Hohe Erziehungsarten bieten unter bestimmten Verhältnissen die Möglichkeit zur bestmöglichen Mechanisierung.
Der Arbeitsaufwand gegenüber den mittelhohen Erziehungsarten kann um 30 bis 40% gesenkt werden.
Die Arbeitsentlastung erfolgt hauptsächlich während der Vegetationszeit, weil die Grünarbeit weitgehend wegfällt und nicht termingebunden ist. Die Anlagekosten können gegenüber den anderen Erziehungsarten um ein Drittel gesenkt werden und sind die niedrigsten. Das Lesegut bleibt gesünder und kann daher länger am Stock belassen werden, so daß bei entsprechend später Lese das Mostgewicht meist gleich hoch wie in niedrigen Erziehungsarten, teilweise sogar höher ist.
Auch Sorten, die nur bei einem langen und starken Schnitt zufriedenstellende Erträge liefern, wie beispielsweise Traminer, Ruländer, Rheinriesling, Frühroter Veltliner, können mit gutem Erfolg kultiviert werden.

Nachteile

einen sorgfältigen Schnitt.
Die frühere Meinung, daß in der Hochkultur Grün- und Laubarbeiten nicht notwendig sind, mußte geändert werden. Besonders in wüchsigen Anlagen ist eine korrigierende Grün- und Laubarbeit zweckmäßig; diese Arbeiten sind aber nicht termingebunden.
Die große Fruchtbarkeit führt bei zu starkem Schnitt und hoher Düngung leicht zur Überproduktion und kann dabei einen Qualitätsabfall zur Folge haben. Dies kann auch zu frühzeitiger Erschöpfung einer Anlage führen (Abholzen).
Die Hochkultur stellt an das Können des Weinhauers höhere Anforderungen als die niedrige Erziehungsart.

Die wichtigsten Formen

Kordonerziehung (ein- oder zweiarmig; ohne Querträger)
Diese Erziehungsform wurde von Dr. h. c. Lenz Moser entwickelt und hat auch dank der Aufklärungsarbeit der Förderungsstellen rasch Eingang in die Praxis gefunden. Sie kann als „Stammform“ der Hochkultur angesprochen werden. In ebenen oder schwach geneigten Lagen werden meist Stöcke mit einem zweiarmigen Kordon gezogen.
Bei der Kordonerziehung steht das Fruchtholz auf einem oder zwei waagrechten Kordonen. In der Regel ist einer davon lang und trägt 4 bis 5 Fruchtruten sowie das entsprechende, immer dahinter stehende Ersatzholz. Der andere Kordon ist meist kurz und trägt nur eine Fruchtrute und einen Ersatzzapfen. Die Stammhöhe ist 1,20 bis 1,40 m. Die Kordonerziehung hat den Vorteil, daß das Frucht- und Ersatzholz gleichmäßig verteilt werden

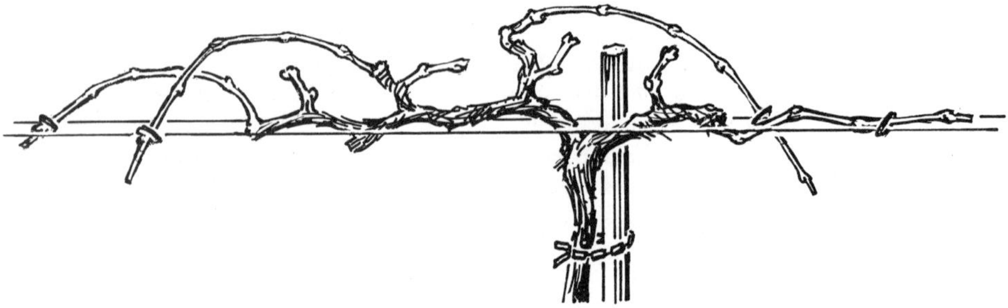

Kordonerziehung ohne Querträger

kann. Es besteht jedoch die Gefahr, daß bei unsachgemäßem Schnitt, vor allem wenn die Kordonarme zu lang sind, die Stöcke in der Mitte verkahlen und die Triebbildung an die Enden verlagert wird.
In solchen Fällen muß radikal verjüngt werden.

Die Kordonerziehung mit Querträgern
Diese Erziehungsform verlangt eine Reihenbreite von mindestens 3 m. Auf den Unterstützungspfählen werden in Höhe des Biegedrahtes Querträger von 60 bis 70 cm Länge in Form von Holz oder Winkeleisen befestigt. An den äußeren Enden der Querträger werden Drähte gespannt, und das angeschnittene Fruchtholz wird dort niedergebunden. Sie wird insbesondere bei Sorten, die einen mittellangen oder langen Schnitt benötigen, angewendet. Gegenüber der normalen Kordonerziehung hat diese Erziehungsform den Nachteil, daß der Rebschnitt schwieriger und arbeitsaufwendiger ist. Der Ertrag setzt später ein. Die Lese — speziell nach Niederschlägen — ist sehr unangenehm. Die weiter heraushängenden grünen Rebtriebe werden oft vom Traktor beschädigt und abgebrochen.
Bei beiden Formen der Kordonerziehung bilden sich bei starker Wüchsigkeit häufig „Laubglocken", die, wenn keine Laubarbeit durchgeführt wird, die Entwicklung von Pilzkrankheiten, insbesondere von Botrytis cinerea, sehr fördern.

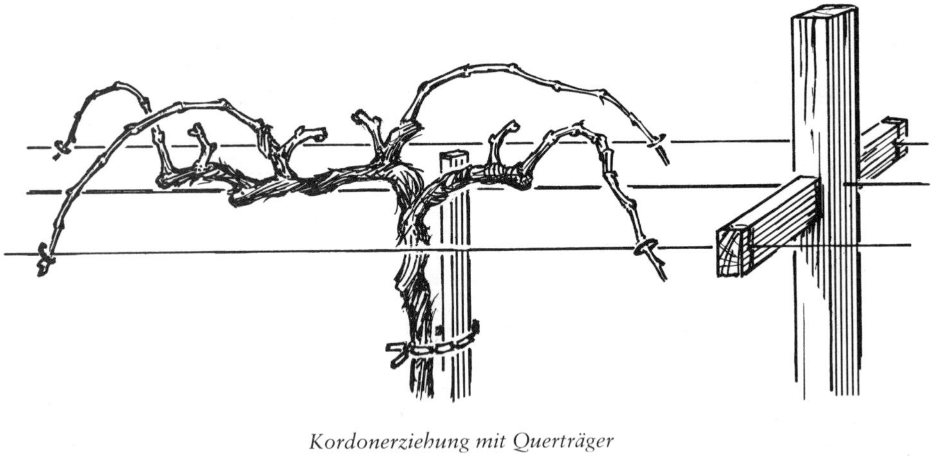

Kordonerziehung mit Querträger

Die freitragende Erziehung
Bei dieser Erziehungsform findet man am oberen Ende der T-förmigen Säulen (1,40 m) starke, kräftige Querträger, an denen vier Drähte (Nr. 31) befestigt sind. Es werden zweiarmige, weit verzweigte Kordone gezogen; die grünen Sommertriebe hängen links und rechts herunter.

Die Kronenerziehung
Auch hier liegt die Stammhöhe zwischen 1,20 und 1,40 m. Voraussetzung hiefür ist eine T- oder Querträgerunterstützung. Der Stamm teilt sich in Kordondrahthöhe in drei bis vier gleichmäßig verteilte kurze Äste. Je nach Sorte und Wüchsigkeit des Stockes werden an jedem Ast ein bis zwei lange Zapfen mit vier bis sechs Fruchtaugen belassen; zu jedem Fruchtzapfen wird ein kurzer Ersatzzapfen mit zwei Augen angeschnitten, um Holz für das nächste Jahr hervorzubringen. Diese Erziehungsform dient zur Vereinfachung des Rebschnittes und gibt dem Stock eine gute Verteilung des Holzes.
Diese Erziehungsform ist ausschließlich für Sorten mit wenig Holz und früher Holzreife zu empfehlen, da beim hängenden Wuchs im Vergleich zum aufrecht stehenden Rebholz eine schlechtere Holzreife gegeben ist. Diese Erziehung hat nur in starken Windlagen, wo stärkere Scheuer- oder Schlagschäden auftreten, eine gewisse Bedeutung. Durch das Weglassen der zwei oberen Heftdrahtpaare wird der Windschaden verringert.

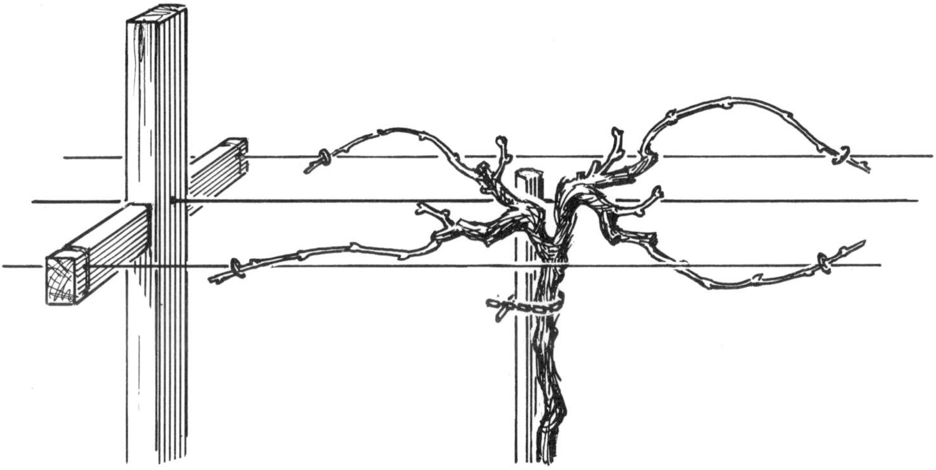

Kronenerziehung

Die Steirische Bogenerziehung (abgeänderte Sylvozerziehung)
Weingärten mit dieser Erziehungsform haben sich im Raum von Conegliano (Venetien) bestens bewährt. In Österreich wird diese Erziehungsform in der Südsteiermark propagiert. Die Stammhöhe liegt bei 140 bis 150 cm und darf nicht niedriger sein. In dieser Höhe wird ein einarmiger Kordon formiert. Voraussetzung für diese Erziehung sind starker Wuchs und langer Schnitt. Neben den langen Fruchtruten (70 bis 80 cm) werden teilweise zweiäugige Reservezapfen angeschnitten; dies ist jedoch nicht notwendig. Die Fruchtruten werden nicht horizontal niedergebunden, sondern senkrecht nach unten formiert. Die langen Fruchtruten werden an einen Draht, der 60 bis 70 cm unter dem Kordondraht verläuft, festgebunden. Um sich das Anbinden zu ersparen, kann man auch zwei Drähte locker zusammengedreht spannen und die Fruchtruten einfach in die Drahtschlinge stecken. Die Arbeit des Herabbindens des Fruchtholzes erfordert sehr viel Zeit und muß sehr sorgfältig vorgenommen werden.

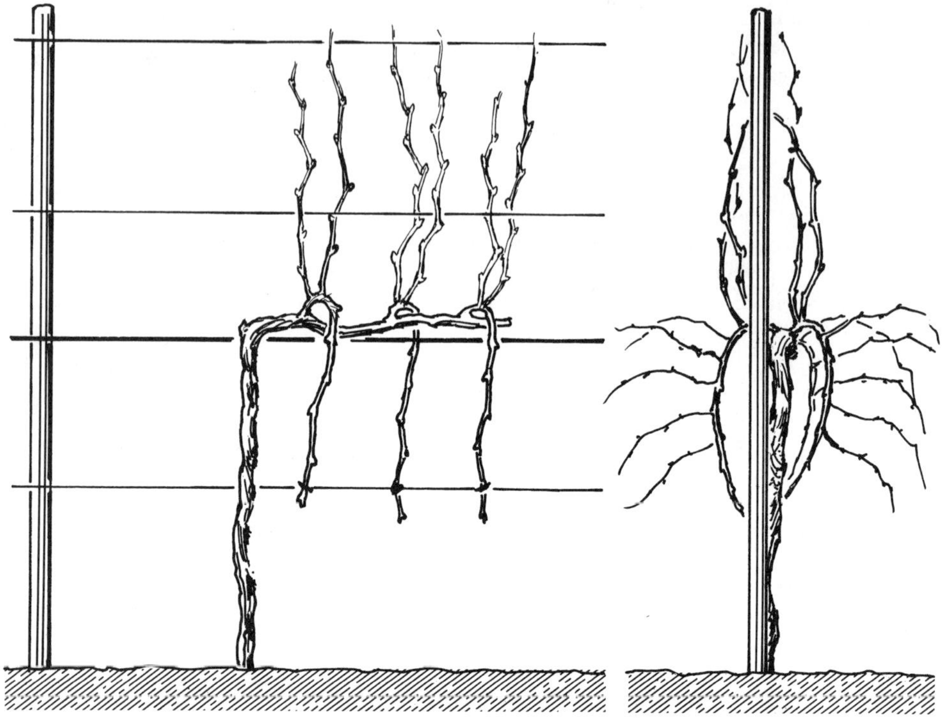

Steirische Bogenerziehung

Zahlreiche Sorten, zum Beispiel Frühroter Veltliner, Neuburger und Blaufränkischer, sind nicht geeignet, da sie beim Abwärtsbiegen leicht brechen. Die hängenden Triebe zeigen kein großes Längenwachstum und haben eine schlechte Holzreife, weshalb zum Neuformieren stets senkrecht wachsende Triebe aus den Basisaugen oder vom Ersatzholz genommen werden müssen.

Bei einem Pflanzabstand von 1,20×3,50 m werden bei mittelstark bis stark wachsenden Stöcken 2 bis 3 Bögen, bei besonders starktriebigen Stöcken und schlechten Trägern 4 Bögen angeschnitten. Der Abstand von Bogen zu Bogen soll zirka 40 cm betragen.

Diese Erziehungsform ist vor allem für niederschlagsreiche und windstille Gebiete sowie Sorten, die einen langen Schnitt benötigen, geeignet; sie erfordert einen großen Arbeitsaufwand bei der Formierung der Bögen. Durch den flächigen Aufbau sind sie überdies sehr windgefährdet.

Die Pergelerziehung — Dachlaubenerziehung

Eine besondere Form der hohen Erziehung ist die in Südtirol übliche Pergelerziehung. Die Dachlauben oder Pergel („Pergola" stammt aus dem Italienischen und bedeutet „Laube") können in verschiedener Weise ausgeführt sein.

Die Pflanzenabstände der Pergelerziehung schwanken je nach Lage und Sorte.

	Ebene [m]	Hügel [m]	Hang (Leiten) [m]
Groß-Vernatsch	3,2×1,6—1,8	3,0×1,4—1,6	2,6—3,0×1,2—0,8
Lagrein	3,2×1,6—1,8	3,0×1,2—1,4	2,6—3,0×1,2—0,8
Mitter-Vernatsch Klein-Vernatsch	3,2×1,2—1,6	3,0×1,2—1,4	2,6—3,0×1,2—0,8

Die übrigen Sorten, mit Ausnahme von Cabernet, haben um zirka 20 cm geringere Stockabstände. Diese Werte gelten für die einfache Pergel, für Bogen- bzw. Doppelpergel ergeben sich Weiten von 5 bis 6,5 × 0,8 m.
Die oft anzutreffenden engen Pflanzweiten hängen stark mit dem Alter der Rebstöcke zusammen.

Die geschlossene Doppelpergel
Diese findet man meist in den ebenen Lagen auf fruchtbaren Böden. Mittels starker Säulen, Pfosten und Latten wird ein dachartiges Gerüst erstellt, auf dem das alte Holz, die Tragruten und die grünen Sommertriebe Unterstützung finden. Die Doppelpergel ist in der Mitte 2,30 bis 2,60 m hoch und hat eine Spannweite von 5 bis 6 m; die Höhe der Säulenreihe (Fuß der Laube) beträgt 1,00 bis 1,50 m.
Die Rebveredlungen werden in der Reihe im Abstand von 30 bis 40 cm gesetzt. Der Zeilenabstand ist verschieden; die am empfehlenswerteste Breite liegt zwischen 2,50 und 3,00 m. Die Pflanzdichte ist sehr hoch; auf einem Hektar Weingarten mit Pergelunterstützung stehen durchschnittlich 10.000 Reben.

Aufbau des Dachgerüstes
Der Kordonarm wird auf dem Dachgerüst festgeheftet und die Sommertriebe liegen seitlich davon auf den Drähten. Das zeitraubende Binden der Sommertriebe fällt fast vollständig weg. Die Trauben hängen nach der Blüte durch die Drähte durch und können sich dabei günstig entwickeln.
Die Reben werden von unten gespritzt, dabei wird jede Traube sowie die Unterseite der Blätter gut getroffen. Dadurch ist eine ausgezeichnete Bekämpfungsmöglichkeit bei Pilzkrankheiten gegeben.
Zu beiden Seiten der Rebreihen wird der Boden etwa 1 m weit sorgfältig bearbeitet; häufig findet man auch das Grasmulchen.

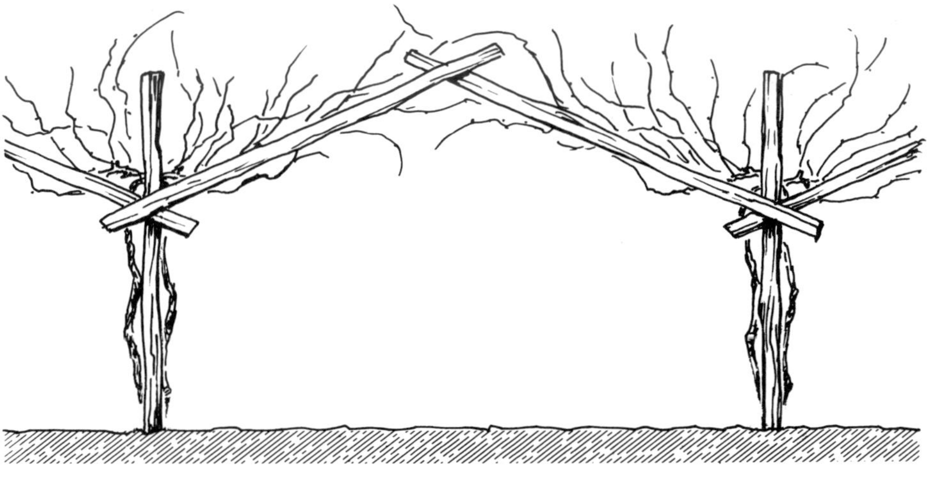

Geschlossene Doppelpergel

Die einfache Pergel
Diese Form findet sich meist in den Berglagen. Das Holzgerüst bildet nur ein einseitiges Dach. Die Reben werden bergseits gepflanzt und wieder über das dachartige Gerüst

gezogen. Auf der Talseite sind die Pergel offen. Die Neigung des Daches sowie die Höhe und Breite der Pergel sind je nach den Verhältnissen sehr verschieden.
Im Durchschnitt beträgt die Höhe des Fußes etwa 0,50 bis 1,00 m, jene des Kopfes ist 2,00 m, die Breite der Pergel ist meist 2,50 bis 3,00 m.

Vorteile
Diese Erziehung kommt vor allem der stark wachsenden Sorte Groß-Vernatsch entgegen. Bei dieser Erziehungsform sind bei entsprechendem Klima sehr hohe Erträge, bei gesundem Traubenmaterial, möglich. Bodenbearbeitung und Schädlingsbekämpfung sind mechanisierbar; Grün- und Laubarbeiten sind nur in geringem Umfang erforderlich, so daß die Bearbeitungskosten günstig liegen.

Nachteile
Die Errichtung und Instandhaltung der Dachlauben ist sehr arbeitsaufwendig und kostspielig. Das Freistellen, d. h. das Auslauben der Trauben ist eine gewisse Arbeitsbelastung. In die Dachlauben kann nur wenig Sonne eindringen. Aus diesem Grund sind Pflanzenschutzmaßnahmen sorgfältig und regelmäßig durchzuführen. Insbesonders die Weinlese und Schädlingsbekämpfung können nur unter erschwerten Arbeitsbedingungen durchgeführt werden.

Y-Erziehung

Die Y-Erziehung
Es handelt sich um eine besondere Form der hohen Erziehung, bei der die Sommertriebe auf 2 Seiten schräg nach oben laufen. Die Seitenstreben der Unterstützung bilden einen Winkel von etwa 60° zueinander. Der Kordon wird in 1,20 bis 1,40 m Höhe ein- oder zweiarmig gezogen und am Biegedraht befestigt, die Sommertriebe werden an 3 einfachen Drähten, die sich an jeder Seite befinden, angeheftet.

Freiwachsende Erziehung (Eindraht-, Hochkordonsystem)
Mit dem Ziel, den Arbeitsaufwand (insbesondere beim Rebschnitt) durch eine „natürliche Ertragsregulierung“ zu senken oder sogar nicht mehr durchführen zu müssen, wurde Anfang der Siebziger Jahre in Ungarn das Zweigkordonsystem entwickelt. Darauf basierend haben in Österreich einige Weinbaubetriebe diese Erziehungsform in verschiedenen Schnittvarianten versuchsweise eingeführt.
Charakteristisch für diese Erziehungsart ist eine Stammhöhe zwischen 1.60 m bis 1.80 m (in Einzelfällen bis 2.00 m) und ein zweiarmiger Kordon in dieser Höhe. Die Unterstützungssäulen reichen nur bis zur Kordonhöhe, wo am oberen Ende lediglich ein Eisendraht (ca. 5 mm stark) gespannt ist.
Das Fruchtholz wird in Form von 8 Zapfen zu je 3 Augen bei der Methode Dietrichstein (Metternich) oder von 4 Ruten zu je 6 Augen bei der Methode Bründlmayer und Müllner (Schule Klosterneuburg) in gleichmäßiger Verteilung angeschnitten. Ersatzzapfen gibt es nicht. Die Sommertriebe können sich bei dieser Erziehung völlig frei entwickeln und sollten links und rechts vom Kordon herunterhängen. Die Sommertriebe sind kürzer als in der üblichen Hochkultur, die Blätter kleiner.
Die allgemein vertretene Auffassung, daß die freiwachsenden Erziehungsformen arbeitswirtschaftlich kostengünstiger seien als

die übliche Kordonerziehung, konnte nicht bestätigt werden. In wissenschaftlichen Untersuchungen (Redl 1982) konnte bei der Sorte Grüner Veltliner festgestellt werden, daß sowohl Triebbildung (wesentlich geringere Blattmasse je Stock) als auch die Holzreife um 10 bis 20 Prozent ungünstiger verliefen als bei der gebräuchlichen Kordonerziehung. Oidium, Botrytis und Stiellähme traten verstärkt auf. Die geringeren Erträge (bis —25 Prozent) und die mäßige Qualität bei der Eindrahtkultur wären bis zu einem gewissen Grad zu vertreten, wenn sie sich durch arbeitswirtschaftliche Verbesserung kompensieren ließen. Das Ziel bei der Entwicklung dieser Erziehung war es, nicht die Erträge sondern die Arbeitsschwerpunkte Schnitt und Lese zu reduzieren. Durch das Wegfallen des Ausziehens des Schnittholzes aus dem Drahtgerüst konnte der Rebschnitt im Vergleichsversuch von 80 bis 95 Stunden je Hektar auf 50 bis 70 Stunden je Hektar gesenkt werden. Beim Leseaufwand schnitt die Eindrahtkultur wesentlich schlechter ab. Die Leseleistung lag bei den Versuchsparzellen um 5 bis 15 Prozent niedriger als bei der gebräuchlichen Kordonerziehung. Der Grund hiefür liegt in der ungünstigen Anordnung der Blattmasse. Während auf der dem Winde zugekehrten Seite der Rebreihen die Trauben frei hängen, wodurch eine große Leseleistung erzielt wird, bildet sich im Windschatten eine starke Laubglocke, aus der die Trauben mühsam herausgesucht werden müssen. Die Hoffnung, daß die Eindrahtkultur für die maschinelle Traubenernte besser geeignet ist, konnte auch nicht bestätigt werden. Ein leichter Vorteil der Eindrahtkultur ergibt sich bei den Anlagekosten, die jedoch nicht überbewertet werden sollen, da infolge des hohen Rebstammes die Stöcke um ein Jahr später in Ertrag kommen.

Die Vertiko-Erziehung

Diese in Ledenice (CSSR) entwickelte Erziehungsart soll vorwiegend für die Großproduktion im Weinbau geeignet sein. Dabei werden auf einem vertikalen Stamm kurze Zapfen etagenförmig angeschnitten. Die von den Zapfen emporwachsenden grünen Triebe biegen sich vom Stamm weg und ermöglichen eine gute Ausnutzung der Sonneneinstrahlung. Die ab einer Stammhöhe von 60 cm beginnenden Zapfen bilden Etagen, die etwa 30 cm voneinander entfernt sind, wobei pro Etage durchschnittlich vier Zapfen sind. Bei einer Höhe von 180 cm können 5 Etagen à 4 Zapfen mit je 2 Augen, also insgesamt 40 Augen pro Stock, belassen werden. In Österreich liegen noch keine ausreichenden Erfahrungen vor.

Die Erziehung auf Bäumen

Dies ist eine sehr extensive Form der Erziehung, die heute noch in Italien, Spanien und Frankreich zu finden ist. Zur Unterstützung dienen Kastanien-, Pappel-, Ulmen- oder Maulbeerbäume. Die Äste dieser lebenden oder abgestorbenen Bäume dienen der Rebe als Gerüst. Lebende Bäume sind hiebei ungünstiger, da die Beschattung zu groß ist; diese Erziehungsform ist für nördlich gelegene Weinbauländer nicht geeignet.

Freiwachsende Erziehung

Freiwachsende Erziehung, Methode Bründlmayer

Kapitel 18

Die Unterstützung des Rebstockes

Wie die Wildformen der Rebe, die an Bäumen emporranken, benötigen auch die Kulturreben eine Unterstützung, damit sie mit Erfolg gezogen werden können. Je nach der angestrebten Erziehungsform, der Schnittmethode und der Triebkraft des Stockes gibt es verschiedene Arten von Unterstützungen.

Die wichtigsten Unterstützungsarten der Weinrebe sind:
Pfahlunterstützung (z. B. für die Pfahlkultur),
Drahtrahmenunterstützung (z. B. für die Hochkultur),
Gerüstunterstützung (z. B. für die Pergelerziehung).
Jede Unterstützungsart hat die Aufgabe, den Rebstock so zu formen, daß die notwendigen Arbeiten rationell durchführbar sind und ein in Menge und Qualität zufriedenstellender Ertrag erzielt werden kann.
Die Arten der Unterstützung wurden daher im Laufe der Jahrhunderte mehrmals geändert und sind auch in den einzelnen Weinbauländern unterschiedlich. Auch künftig wird es entsprechend der technischen Weiterentwicklung — man denke nur an die Einführung von Traubenerntemaschinen — andere, den Erfordernissen angepaßte Unterstützungsarten geben.

DIE PFAHLSTÜTZUNG

Rebpfähle werden sowohl bei der alten Stockkultur als auch bei den moderneren Formen, der halbhohen Erziehung und der Hochkultur, benötigt. Die Länge der Rebstecken richtet sich nach der Wüchsigkeit der Rebsorten, in der Hochkultur nach der angestrebten Stammhöhe. In der Hochkultur verwendet man für jeden Rebstock einen Pfahl mit einer Länge von 1,60 bis 1,80 m und einer Stärke von 3 bis 4 cm. In der Niederkultur verwendet man Rebpfähle mit einer Länge von 1,70 bis 2,00 m, ebenfalls mit einer Stärke von 3 bis 4 cm. Als Material für Rebpfähle kommt in erster Linie Holz, z. B. Akazie, Lärche, auch Fichte, in Frage. Es gibt geschnittene und gespaltene Weinstecken. Die Haltbarkeit ist abhängig von der Holzart und der Herkunft, von der Art der Herstellung und der Imprägnierung. Die Lebensdauer ist mit 10—15 Jahren begrenzt. Mitunter werden auch verschiedene Formen von rostgeschützten Profileisen, von Welleisen und Kunststoffpfählen verwendet.

DIE DRAHTRAHMENUNTERSTÜTZUNG

Erst durch die Einführung der Drahtrahmenerziehung konnten eine Reihe von Arbeiten wie das Jäten, Aufbinden, die Bodenbearbeitung und Schädlingsbekämpfung rationalisiert werden. Im zweiten, spätestens jedoch im dritten Jahr muß bei mittelhohen und hohen Erziehungsarten die Unterstützung, der Drahtrahmen, errichtet werden.

Die Drahtrahmenunterstützung besteht aus zwei Teilen:
Dem Rebpfahl (Weinstecken), der schon vor dem Setzen dort eingeschlagen wird, wo die Veredlung gepflanzt wird. Er dient insbesondere in den ersten Jahren dem Heranziehen des Rebstockes mit einem möglichst geraden Stamm und als Stütze desselben im Ertrag.
Dem Drahtrahmen, mit der Aufgabe, den Kordon zu formen, die Triebe gleichmäßig zu verteilen und den Stock zu stützen.

Der Drahtrahmen besteht aus Säulen und Drähten

DIE SÄULEN

Es gibt Säulen aus Holz, Beton, Eisen und Kunststoff.

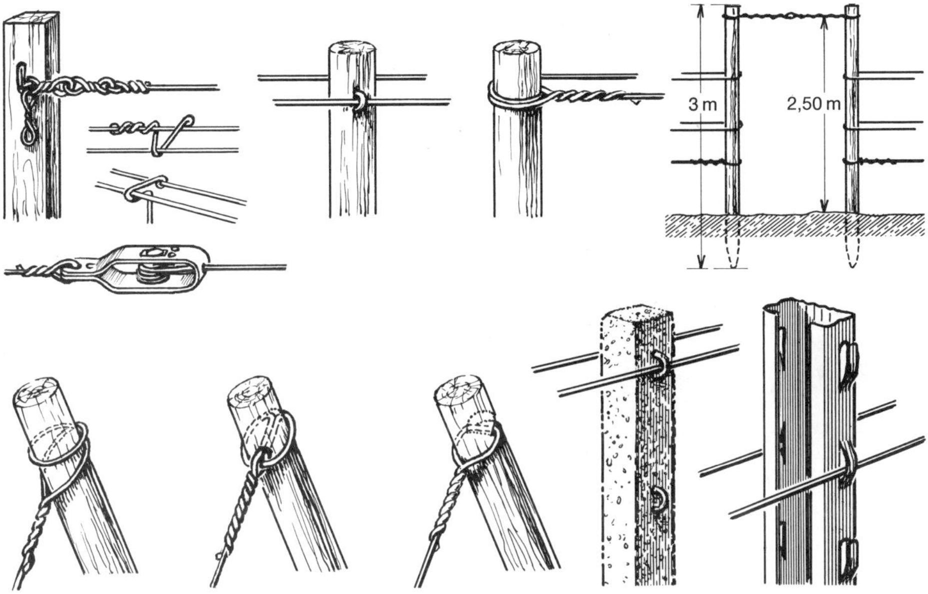

Unterstützungssäulen und Befestigung des Drahtes

Drahtspanner

Drahtspanner

Holzsäulen
werden aus demselben Material wie die Rebstecken angefertigt, also aus Akazien- (größte Lebensdauer), Lärchen-, auch Kiefern- und Kastanienholz. Die Standardsäulen sind 2,50 m lang; die Endsäulen, die am Ende einer Rebreihe stehen, sollen um 10 bis 20 cm länger sein. Die Säulen sollen am oberen Ende einen Durchmesser von mindestens 8 bis 10 cm haben; die Endsäulen sollen mindestens 10 bis 12 cm stark sein. Wesentlich stärkere Rundlinge können der Länge nach gespalten werden.

Vorbereitung des Holzes

1. Die Pfähle ganz entrinden und entbasten.
2. Imprägnieren.
3. Lagern, damit das Holz gut austrocknen und das Imprägnierungsmittel sich an die Holzfaser binden kann. Beim Lagern erste Lage nicht direkt auf den Boden legen.
4. Die Pfähle nicht spitzen.

Die Imprägnierung der Holzsäulen
Durch das Imprägnieren wird die Lebensdauer wesentlich verlängert. Diese beträgt bei einem nichtimprägnierten Pfahl bis zu 10 Jahre (je nach Holzart, Bodenart und Niederschlägen). Die Lebensdauer eines gut imprägnierten Pfahles beträgt 15 bis 20 Jahre.

Möglichst die ganze Länge imprägnieren (= Vollimprägnierung); zumindest aber 90 cm, das ist der im Erdboden befindliche Teil plus 40 cm über dem Erdboden. Wenn nur der im Boden befindliche Teil des Pfahles, das ist zirka 50 cm, imprägniert wird, ist diese Maßnahme zwecklos, da die Zone des Pfahles zwischen Tag und Erde am stärksten fäulnisgefährdet ist und daher geschützt werden muß.

Imprägnierungsverfahren

Einstellen in Kupfervitriollösung
Die Pfähle werden in eine 5prozentige Kupfervitriollösung, eventuell mit Chromatzusatz, je nach Holzstärke, 6 bis 10 Tage eingestellt. Die Wirkung ist ungenügend, weil das Kupfersalz bei Regen leicht aus dem Holz wieder ausgewaschen wird. Für das Einstellen dürfen keine Metallbehälter verwendet werden.

Einstellen in Wollmannsalzlösungen
U-Salze enthalten meistens Natriumfluorid, Bichromat, Dinitrokresole. Sie wirken nur gegen holzzerstörende Pilze und gegen Bakterien.
UA-Salze enthalten zusätzlich Arsenverbindungen und wirken somit auch gegen holzfressende Insekten.
(U = unauslaugbar, A = Arsen.)

VORSICHT, DIESE MITTEL SIND SEHR GIFTIG!

Anwendungsvorschrift für UA-Salze (sofern keine andere Firmenvorschrift):
Die Pfähle in eine 4prozentige Lösung 6 bis 8 Tage lang einstellen. UA-Salze greifen Metallbehälter nicht an. Die Einstelldauer hängt von der Holzstärke ab; für je 2 cm Pfahldurchmesser rechnet man einen Tag (die Eindringtiefe ist also am ganzen Umfang 1 cm). Feuchtes Holz, Lärche und Kiefer brauchen weniger lang eingestellt werden als trockenes Holz oder Fichtenholz.
Die Höhe des Flüssigkeitsspiegels im Behälter soll mindestens 90 cm betragen. Um die Höhe gleichzuhalten, muß die UA-Salzlösung öfters nachgefüllt werden.

Verbrauch
Zirka 5 kg UA-Salz je Kubikmeter Holz oder 5 kg UA-Salz für zirka 200 Hochkulturpfähle.

Behandlung mit öligen Mitteln
Die Pfähle werden wieder bis 90 cm Länge behandelt.

a) Die Pfähle in Holzschutz-Karbolineumlösung stellen und 2 bis 3 Stunden darin kochend halten. Früher wurden die Pfähle vor dieser Behandlung teilweise zirka 1 cm stark angekohlt.
b) Die Pfähle nur mit Holzschutzkarbolineum bestreichen, wenn die entsprechende Vorbereitungszeit fehlt. Die Schutzwirkung ist nicht so groß, da damit nur ein filmartiger Überzug geschaffen wird und das Mittel nicht in das Holz eindringen kann. Die nach a) oder b) behandelten Pfähle müssen anschließend in luftigen Stößen gelagert werden. Achtung auf Geruchsbeeinflussung auch im Nachbarweingarten! Angekohlte Pfähle dürfen nicht gewaltsam in den Boden eingerammt werden.

Imprägnierung nach dem Vakuum-Druckverfahren
Kann nur von gewerblichen Betrieben durchgeführt werden. Das Holz wird entgast und anschließend das Imprägnierungsmittel unter hohem Druck eingepreßt.

Holzsäulen für Drahtrahmenunterstützungen:

Endstützen und Durchgangssäulen:

Niedrige Drahtrahmen:	1,80 m lang; rund: Durchmesser am oberen Ende 10 cm □ : 8 × 10 cm
Mittelhohe Drahtrahmen:	2 m lang; rund: Durchmesser am oberen Ende 10 cm □ : 10 × 12 cm
Hochkultur:	2,60 bis 2,80 m lang; rund: Durchmesser am oberen Ende 10 bis 12 cm □ : 10 × 12 cm
Hochkultur freitragend:	2 m lang; rund: Durchmesser am oberen Ende 12 cm □ : 10 × 12 cm

Mittelstützen:

Niedrige Drahtrahmen:	1,60 m lang; rund: Durchmesser am oberen Ende 6 bis 8 cm □ : 5 × 5 cm
Mittelhohe Drahtrahmen:	2 m lang; rund: Durchmesser am oberen Ende 7 bis 8 cm □ : 7 × 7 cm
Hochkultur:	2,50 m lang; rund: Durchmesser am oberen Ende 8 bis 10 cm □ : 8 × 10 cm

Mittelstützen werden in Abständen von 4,80 bis 6 m gesetzt; sie kommen demnach zwischen dem vierten und dem fünften oder zwischen dem fünften und dem sechsten Rebstock zu stehen.
Die Plazierung zwischen dem sechsten und siebenten Stock ist nicht mehr zu empfehlen.
Ein Festmeter Schnittholz ergibt rund 50 Säulen.

Querträger:
Sofern Querträger aus Holz verwendet werden, haben diese folgende Maße:
Länge: 60 cm
Höhe: 6 bis 8 cm
Stärke: 2,5 bis 3 cm
Die Querträger aus Holz werden an den Steher angenagelt oder angeschraubt, teilweise auch durchgefräst.
Wesentlich einfacher ist das Anbringen von Querträgern aus verzinktem Eisen. Hiefür eignen sich Winkel-, Profil- und auch Flacheisen mit einer Stärke von 3 mm. Auch Betoneisen findet man gelegentlich.

Betonsäulen

In der arbeitsstillen Zeit kann der Hauer Steher aus Beton selbst herstellen. Sie sind aber auch bei manchen Betonwerken erhältlich und kosten S 60.— bis S 100.— (Stand 1982) per Säule. Betonsäulen sind sehr widerstandsfähig und lange haltbar. Sehr wesentliche Nachteile sind ihr hohes Gewicht (1 Säule wiegt zirka 50 bis 100 kg) und ihre Stoßempfindlichkeit (Anfahren mit Traktoren). Aus arbeitswirtschaftlichen und kostenmäßigen Überlegungen haben sich Betonsäulen nicht durchsetzen können. Zum Selbsterzeugen braucht man:

- Portland-Zement oder Eisenzement.
- Deckensand (= Schotter) mit einer Korngröße bis 18 mm Durchmesser.
- Betoneisen aus Thorstahl. Für eine Säule rechnet man 4 Stück 6 mm starke Rundeisen. Nicht geeignet sind Flacheisen, wie alte Faßreifen usw.
- Schalung aus Holz oder Eisen (250 × 10 × 12 cm).

Eisensäulen

Seit etlichen Jahren werden von der VÖEST (Vereinigte Österreichische Eisen- und Stahlwerke) Unterstützungspfähle aus Profileisen hergestellt. An der Seite besitzen sie Haken, in welche die Drähte in beliebiger Höhe eingehängt werden können. Wegen ihrer leichten Handhabung werden sie in zunehmendem Maße verwendet. Probleme bestehen hinsichtlich ihrer Festigkeit (aus diesem Grunde wurden für Endsäulen stärkere Pfähle entwickelt) und der Korrosionsbeständigkeit. Hinsichtlich ihrer Rentabilität ist eine vergleichende Kostenrechnung anzustellen, in die Anschaffungspreis, Aufstellungskosten und Lebensdauer einzubeziehen sind.

Kunststoffsäulen

In jüngster Zeit wurden Säulen aus Kunststoff auf den Markt gebracht, die derzeit in Erprobung stehen und sehr teuer sind. Ihre Vorteile sind das geringe Gewicht und damit die leichte Transportierbarkeit sowie die absolute Korrosionsbeständigkeit.
Derzeit kann noch nicht beurteilt werden, ob sie nahezu unbeschränkt haltbar sind oder im Zuge der Alterung an Festigkeit verlieren.

Säulen für die Hochkultur

Der Steher hat 2,50 m lang zu sein, damit die Rahmenhöhe 2 m beträgt. Die Zopfstärke eines Holzbagstalls beträgt zirka 10 cm im Durchmesser. Die Steher werden ungespitzt 50 cm tief eingesetzt, um dem Winddruck und dem Druck des Traubengewichtes gut standhalten zu können und um das Setzen zu vermeiden. Ein Steher wird immer in der Mitte von zwei Rebstecken gesetzt.
Die Steherentfernung ist demnach mit dem Rebabstand gekoppelt. Bei einem Rebabstand von 1,20 m, wie er heute am gebräuchlichsten ist, kann der Steherabstand beispielsweise 4,80 m, 6 m oder 7,20 m betragen, je nachdem, ob nach jedem 4., 5. oder 6. Rebstecken ein Steher plaziert wird. Für den Weinhauer ist es am einfachsten, den Bedarf an Stehern durch Abzählen in einer Rebreihe zu ermitteln. Der Gesamtbedarf ist durch Multiplizieren mit der Reihenzahl zu ermitteln, wenn alle Reihen gleich lang sind.

Für betriebswirtschaftliche Berechnungen kann folgende Formel verwendet werden:

$$\text{Steherzahl je Hektar} = \frac{\text{Rebstöcke je Hektar}}{\text{Anzahl der Stöcke je Steher}}$$

Zum Beispiel:
Bei einer Pflanzweite von 3,50 × 1,20 m (= 2380 Reben je Hektar) und wenn nach jeder 5. Rebe ein Steher gesetzt werden soll, beträgt die Zahl der Steher:

$$\text{Steherzahl} = \frac{2380 \text{ Reben}}{5} = 476$$

Kosten der Steher pro Hektar Weingarten
(Stand 1982, inkl. MWSt.)

	Kosten je Stück S	Kosten je ha Hochkultur (476 Steher) S	Kosten je ha mittelhohe Erziehung (926 Steher) S
Akaziensteher	50.—	23.800.—	46.300.—
VÖEST-Pfahl, verzinkt	50.—	23.800.—	46.300.—
Betonsteher	70.—	33.320.—	64.820.—
PVC-Steher (Kunststoffsäulen)	120.—	57.120.—	111.120.—

DIE DRÄHTE

Bei einer Drahtrahmenunterstützung dient der Draht zum Formieren und zum Tragen der Triebe und muß vor allem lange haltbar sein. Um das Rosten zu vermeiden, wird er doppelt feuerverzinkt.

Je nach seiner Aufgabe werden verschiedene Drahtsorten benützt; man benötigt:

- Kordon- oder Biegedraht (25er)
- Heftdraht (22er)
- Auslegedraht (22er)
- Ankerdraht (31er)

Die Drahtstärken sind je nach Verwendungszweck verschieden. Als Kordondraht wird Draht in einer Stärke von 2,5 mm (25er Draht) verwendet. In derselben Höhe können bei der Hochkultur Querträger montiert werden, an deren Enden Drähte mit 2,2 mm Querschnitt (22er Draht) gespannt werden, so daß in der genannten Höhe vier Drähte vorhanden sind. Bei Reihenweiten unter 3 m muß aus arbeitswirtschaftlichen Gründen auf Querträger verzichtet werden. 30 cm über dem Kordondraht folgt ein weiteres Drahtpaar (22er Draht) und schließlich 20—30 cm über diesem wieder eines in derselben Stärke. Beim Hochkulturrahmen mit Querträgern sind also insgesamt acht Drähte gespannt. Bei Drahtrahmenerziehung ohne Querträger, wie beispielsweise bei der Kordonerziehung nach Lenz Moser, sind sechs Drähte vorhanden. Es gibt verschiedene Abweichungen von diesen Standardformen, wie die freitragende Unterstützung und den Steirischen Bogenschnitt.

Drahtmaterialien

Als Draht wird am besten doppelt feuerverzinkter Draht verwendet; infolge der höheren Feuchtigkeit und durch aggressive Spritzmittel beginnt der Draht schon nach wenigen Jahren zu rosten; dies führt in Windlagen zu den gefürchteten Scheuerschäden. Der wohl rostfeste Aluminiumdraht hat sich bisher nicht bewährt. Bei mit Kunststoff ummantelten Eisendrähten sind wohl die Scheuerschäden sehr gering, der Kunststoffüberzug wird aber im Laufe der Zeit brüchig und dann rosten diese Drähte sehr rasch durch. Reine Kunststoffdrähte verursachen wohl kaum Scheuerschäden und sind korrosionsfest. Abgesehen von ihrem Preis, zeigen auch diese Drähte eine geringe Lebensdauer, da sie spröde werden und immer wieder beim Rebschnitt abgeschnitten werden.

Relativ neu auf dem Markt ist ein „kunststoff-gesinterter" Weingartendraht. Dies ist ein dauerhafter, witterungsbeständiger und chemikalienfester Weingartendraht, bei dem auf einen verzinkten Weingartendraht mittels eines Sinterverfahrens eine Kunststoffschicht aufgebracht wird und dadurch fest mit dem Drahtkern verbunden ist. Der darunter-

liegende Draht rostet nicht, die Kunststoffoberfläche bleibt glatt, wodurch die Scheuerschäden wesentlich vermindert werden.
Preis: S 31.— je Kilogramm (Stand 1982, inkl. MWSt.).
Der Bedarf an Draht ist abhängig von der Art des Drahtrahmens, das heißt, von der Anzahl der Drahtpaare. Beim Drahtrahmen ohne Querträger sind drei Drahtpaare vorhanden, je 100 m Rebreihe werden insgesamt 600 m Draht benötigt (22er und 25er).

Der Draht wird sowohl nach Gewicht als auch nach Länge gehandelt:

1000 m 22er Draht wiegt rund 29,9 kg
1000 m 25er Draht wiegt rund 38,6 kg
1000 m 31er Draht wiegt rund 59,2 kg

demnach ist:

1 kg 22er Draht 33,4 m lang
1 kg 25er Draht 25,9 m lang
1 kg 31er Draht 16,9 m lang

Im Einzelfall ist der Drahtbedarf sehr leicht zu ermitteln, wenn man die gesamte Reihenlänge kennt. Bei einem Hochkulturrahmen mit Querträgern sind erforderlich:
die doppelte Reihenlänge 25er Draht (für Kordondrahtpaar) und
die sechsfache Reihenlänge 22er Draht (für die Außendrähte am Querträger und die beiden Heftdrahtpaare).
Durch Multiplikation mit der Reihenanzahl wird der Bedarf für den gesamten Weingarten ermittelt.
Der Drahtbedarf in Metern kann aber auch mittels nachstehender Formel errechnet werden. Das hat den Vorteil, daß jede beliebige Reihenentfernung berücksichtigt werden kann.

$$\text{Drahtbedarf in Metern} = \frac{\text{Fläche in m}^2 \times \text{Anzahl der Drähte}}{\text{Reihenentfernung in Metern}}$$

Beispiel: Größe 1 ha $= 10.000\ m^2$
Reihenweite $= 3{,}50\ m$

$$\frac{10.000\ \text{m}^2 \times 6\ \text{Drähte}\ (= 3\ \text{Drahtpaare})}{3{,}50\ \text{m Reihenentfernung in m}} = \frac{60.000}{3{,}50} = 17.143\ \text{m (ohne Ankerdraht)}$$

Die Drahtrahmenunterstützung für die Hochkultur

Hochkulturrahmen ohne Querträger
Die Kordondrähte werden in 1,20 m bis 1,40 m über dem Boden am Steher befestigt. 30 cm darüber befindet sich das erste und 50 bis 70 cm über dem Kordondraht das letzte Drahtpaar.

Hochkulturrahmen mit Querträger
Bei starktriebigen Sorten und bei der Kronenerziehung werden sogenannte Querträger montiert. Diese ermöglichen es, die Drähte so zu spannen, daß das Rebholz eine Auflage findet.
Diese Querträger sind aus Holz, Profil- oder Rundeisen hergestellt. Die Befestigung am Steher erfolgt am besten durch Verschraubung. Bei Querträgern verlaufen die Drahtpaare in der Höhe des Kordondrahtes. Es gibt verschiedene Abweichungen von diesen Standardformen. So können

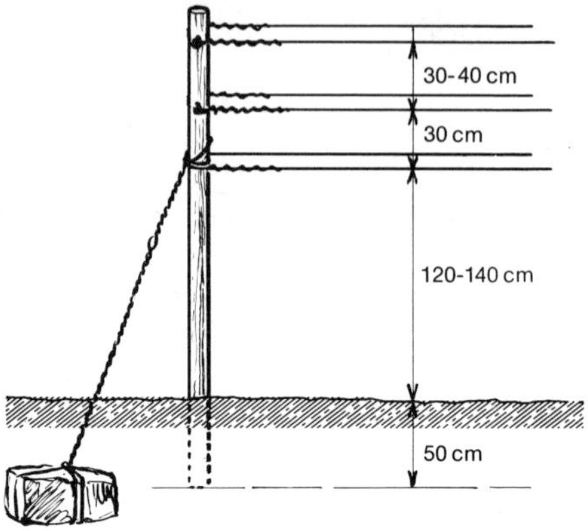

Unterstützung der Hochkultur ohne Querträger

Sylvozerziehung
Das erste Drahtpaar verläuft in Kordonhöhe (1,40—1,50 m). Darüber wird in einer Entfernung von 35 cm das zweite Drahtpaar und in weiterem Abstand von 45 cm das dritte Drahtpaar gezogen. Außerdem wird unter dem Kordondraht im Abstand von 60 bis 70 cm ein Draht (teilweise Doppeldraht) zum Herunterbinden bzw. zum Einklemmen der Fruchtruten (Bogen) geführt.

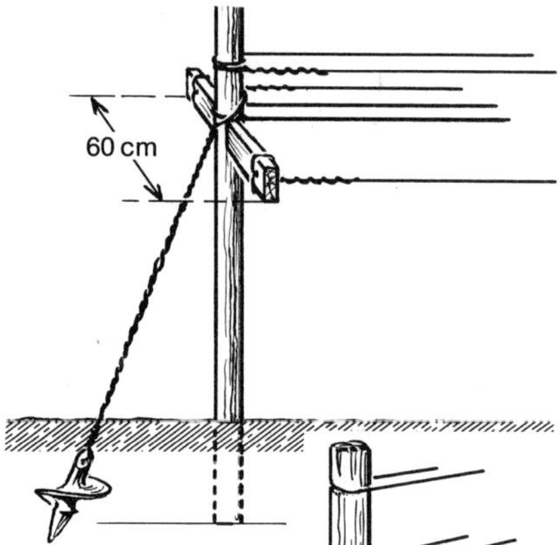

zum Beispiel an den Enden der Querträger je zwei Drähte (22er Draht) in der Art und Weise ineinander geflochten werden, daß die Fruchtruten in den Schlingen geführt werden. Es wurden auch Versuche durchgeführt, die Querträger etwas unter den Kordondrähten anzubringen.

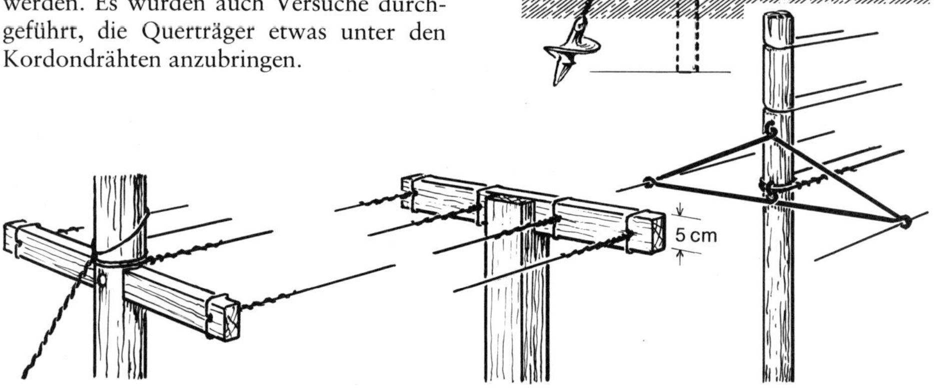

Unterstützung der Hochkultur mit Querträger

GERÜSTUNTERSTÜTZUNG

Diese Art der Unterstützung findet in erster Linie bei der Pergolaerziehung Verwendung. Als Material wird hiebei fast ausschließlich Holz verwendet. Gelegentlich allerdings findet man anstelle der oben angebrachten Holzlatten auch Drähte.
Der Abstand richtet sich nach der Reihenentfernung. Diese wiederum ist von der Lage abhängig und wird zwischen 2,6 m (Hang) und etwa 3,2 m (Ebene) liegen. Für die Bogen bzw. die Doppelpergel ergeben sich Weiten von 5 und 6,5 m.
Die folgende Skizze zeigt die im Südtiroler Weinbaugebiet häufigst anzutreffenden Formen der Pergelerziehung.

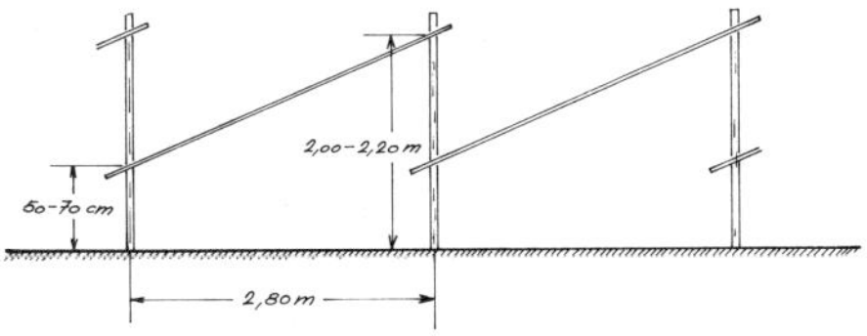

Einfache Pergel (in Südtirol am häufigsten anzutreffen)

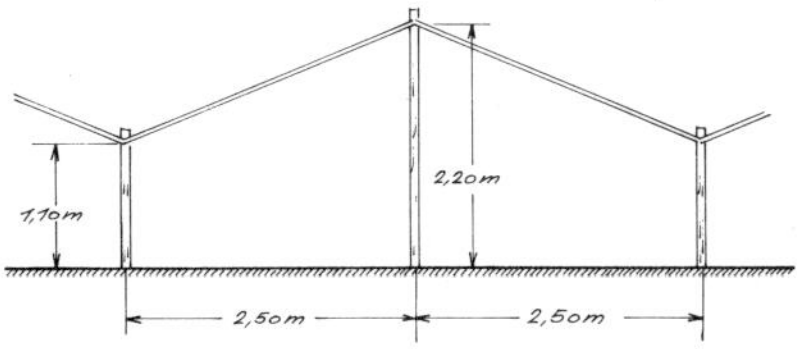

Geschlossene Doppelpergel (in Bodenlagen um Bozen, Überetsch, Unterland)

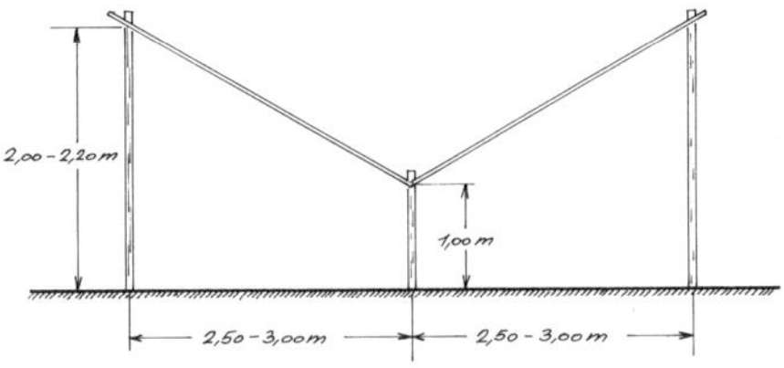

Offene Doppelpergel (reicht über Salurn und Trient hinunter bis zum Gardasee)

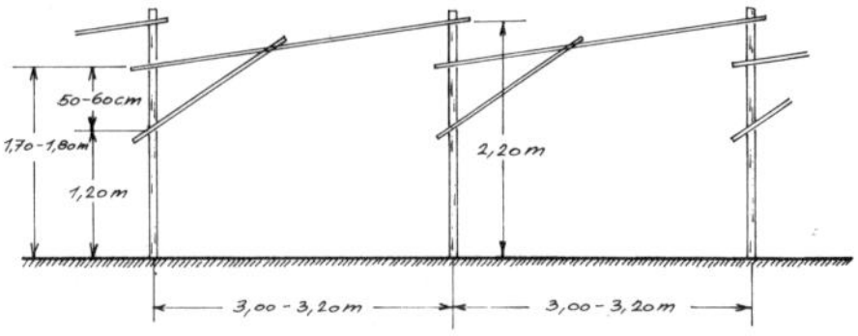

Terlaner Halbbogen (in Bodenlagen zwischen Terlan-Siebeneich und Bozen)

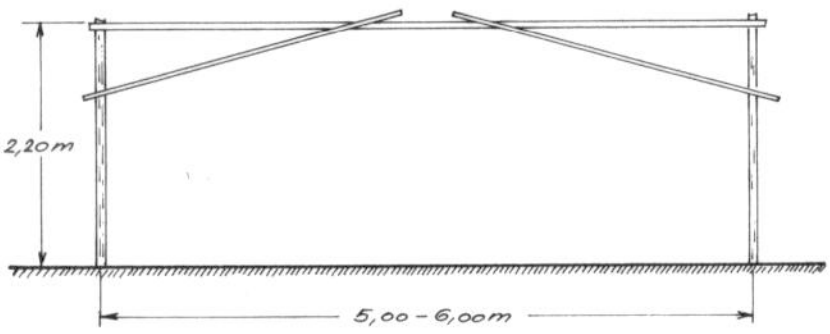

Bögen zum Überspannen von Wegen (für ebene Lagen empfohlen)

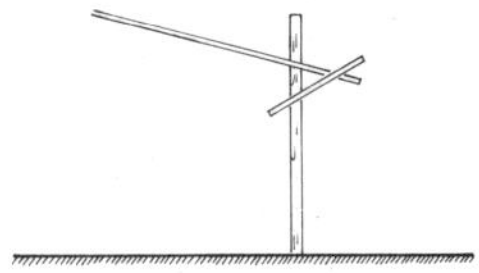

Eisacktaler Ackerpergel

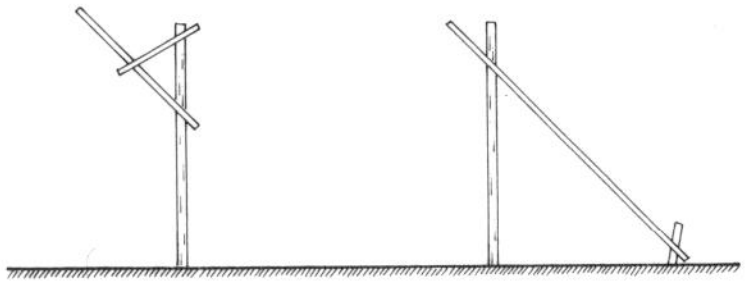

Zwischenform von der Pergel zum Rahmenbau

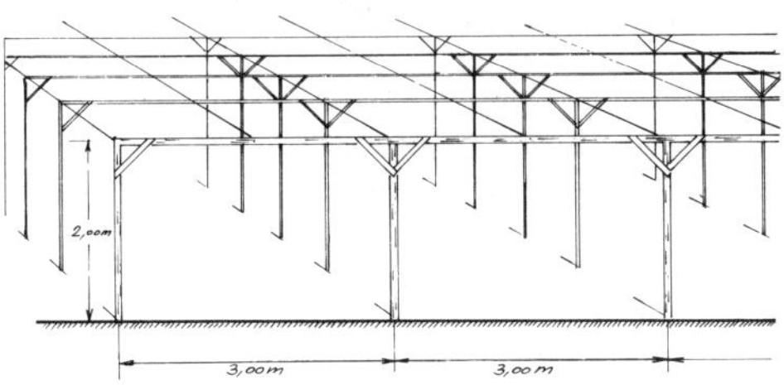

Unterstützungssystem Tentone

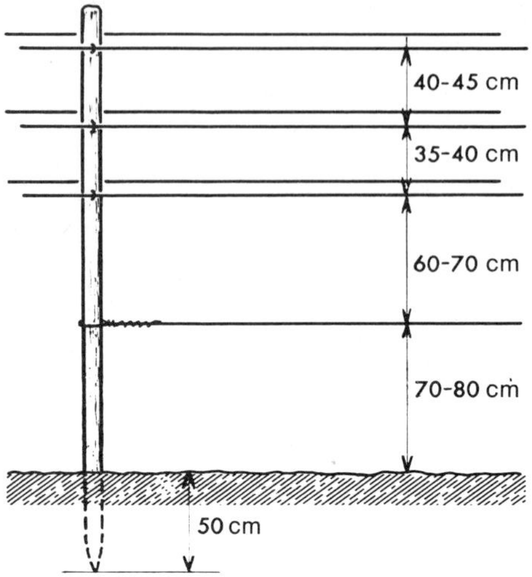

Unterstützung der Sylvozerziehung

Verankerung:

Zur Verankerung der Endstützen werden heute in den meisten Fällen Schraubenanker verwendet. Diese sind leicht sowie mit wenig Arbeitsaufwand anzubringen und sitzen sehr fest im Boden. Die früher zur Verankerung verwendeten Natur- oder Betonsteine bzw. Profileisen, alte Schienen mit einer Länge von 50 bis 60 cm, findet man heute kaum mehr. Die Anker sind je nach Bodenart 50 bis 80 cm tief in den Boden einzubringen. Sofern Steine zur Verankerung verwendet werden, ist eine entsprechend tiefe Grube auszuheben.

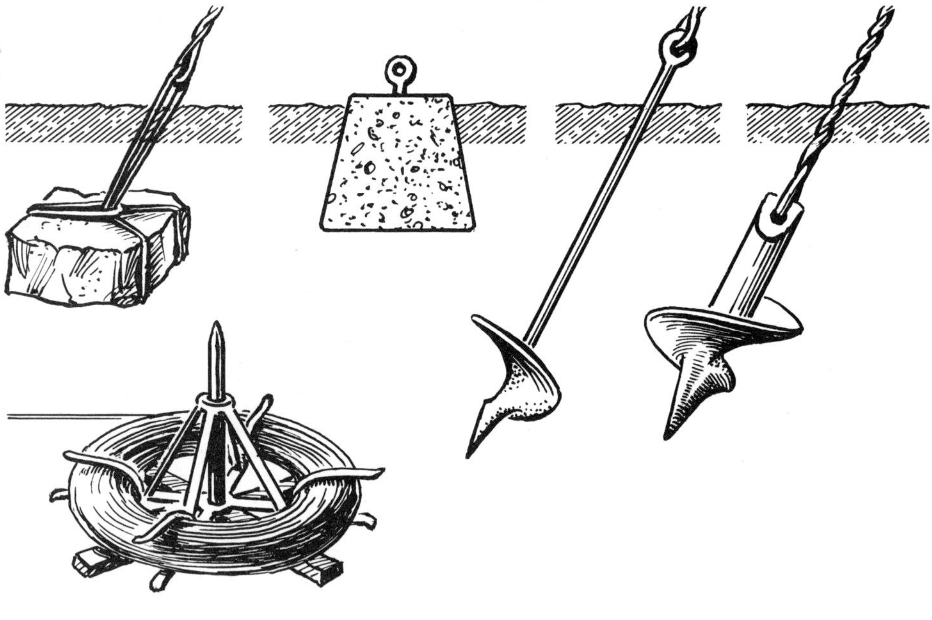

Verschiedene Bodenanker und Drahthaspel

Kapitel 19

Bewässerung im Weinbau

Unsere Kulturreben benötigen nicht nur eine bestimmte Menge an Wärme, sondern auch an Feuchtigkeit. Zwar wird die Rebe wegen ihres hohen Wärmebedarfes in unseren Breitengraden in erster Linie in trockeneren, sonnigeren Hanglagen gepflanzt, was vielfach zu der noch heute weit verbreiteten Ansicht führt, die Rebe sei als „Trockenpflanze" nur bedingt von der Niederschlagsmenge des Standortes abhängig.
Für optimale Erträge hinsichtlich der Menge und Qualität ist jedoch auch eine ausreichende Niederschlagsmenge erforderlich. Dabei kommt es nicht nur auf die Jahressumme der Niederschläge an, sondern auch auf die Höhe der Niederschläge in den einzelnen Monaten während der Vegetationsperiode. Schon eine verhältnismäßig kurze Trockenperiode während des Wachstums der Rebe kann bereits zu Quantitäts- und Qualitätseinbußen (2—3° KMW) führen. Da in der Zukunft mehr denn je Wert auf die Produktion von Qualitätsweinen gelegt werden muß, wird man Möglichkeiten finden müssen, um auch das Wasser optimal anbieten zu können. Ein Weg hiezu ist die Beregnung der Weingärten, die entweder auf Grund gemeinschaftlicher Maßnahmen oder auch durch Einzelinitiativen in viel größerem Umfang als bisher verwirklicht werden müßte.
Die Probleme der Bewässerung von Rebkulturen sind noch nicht erschöpfend bearbeitet worden. Soweit sie wissenschaftlich behandelt worden sind, sollen in diesem Kapitel die Erkenntnisse dargestellt werden.
Eine Kernfrage, die zuerst zu beantworten ist, lautet: „Welchen Wasserbedarf hat die Rebe?" Als Träger der Lebensvorgänge im Rebstock sind zur Erzeugung von einem Kilogramm Trockensubstanz der Rebe zirka 250 bis 350 Liter Wasser notwendig.

Theoretische Berechnung des relativen Wasserbedarfes pro Hektar Weingarten zur Bildung von einem Kilogramm Trockensubstanz
(Dieser Berechnung ist ein angenommener Ertrag von 10.000 Kilogramm Trauben pro Hektar zugrunde gelegt)

	Frischgewicht g je Stock*)	Gehalt an TS in %	g TS je Stock	kg TS auf 2.500 Stock	zur Bildung notwendiges Wasser in Liter (pro ha)
Triebe/Holz	1.500	45	675	1.688	472.600
Blätter (ca. 800 Stück je Stock)	120	10	12	30	8.400
Trauben	4.000	8	320	800	224.000
					705.000

1 Millimeter Niederschlag = 10.000 Liter Wasser je Hektar.
70,5 Millimeter Niederschlag = 705.000 Liter Wasser je Hektar.

*) Starke Schwankungen möglich, sorten-, standortbedingt.

Um Irrtümer auszuschalten, sei besonders darauf hingewiesen, daß der hier errechnete Wert nur die zur Bildung der Trockensubstanz der Rebe erforderliche Wassermenge darstellt. Die tatsächlich notwendige Wassermenge ist wesentlich höher.

Auf Grund des eben berechneten Beispieles sind für einen Ertrag von 15.000 Kilogramm Trauben je Hektar nach dieser Rechnung 340.000 Liter Wasser notwendig. Für einen Ertrag von 10.000 Kilogramm Trauben sind 224.000 Liter Wasser je Hektar notwendig. Um den Gesamtbedarf je Hektar zu ermitteln, sind zu vorstehenden Werten jene Wassermengen zu addieren, die zur Bildung der Triebe und Blätter notwendig sind.
Nicht nur die absolute Jahresmenge, sondern auch deren zeitliche Verteilung ist für die Wasserversorgung maßgeblich. Zu Beginn der Vegetationsperiode, also im April, ist der Wasserbedarf am niedrigsten, steigt ständig an und erreicht im Juni das höchste Ausmaß. Im August benötigt die Rebe wieder weniger Feuchtigkeit und unterschreitet im Oktober sogar die Bedarfsmenge des Aprils.
Die Pfropfrebe mit ihren höheren Ernten als beispielsweise wurzelechte Anlagen benötigt die doppelte bis dreifache Wassermenge von dieser. Der Wasserbedarf der uns heute zur Verfügung stehenden Unterlagen und jener der Europäerreben stimmen demnach nicht überein. Die Leitungsgefäße der Unterlagsreben haben einen wesentlich größeren Durchmesser als jene der Europäerreben. Die Unterlage stellt dem Edelreis bei optimalem Wasserangebot daher mehr Wasser zur Verfügung, als dieses benötigt. Die Folge davon ist eine Verweichlichung der oberirdischen Organe. Andererseits ist die Saugkraft der Europäerrebe stärker als jene der Unterlagsrebe; dies führt zu einer Wasserverschwendung, die bei einem Rückgang der Bodenfeuchtigkeit, speziell im Sommer, katastrophale Folgen haben kann.

Wasserversorgung aus dem Boden

Der Großteil des Wasserbedarfes der Rebe wird aus dem Boden gedeckt. Die laufenden Niederschläge genügen meist nicht, um den Wasserbedarf der Rebe zu decken. Es müssen daher für die Wasserversorgung der Rebe Vorräte, die im Boden gespeichert sind, herangezogen werden. Je größer daher die Speicherfähigkeit eines Bodens ist, desto gleichmäßiger und sicherer kann die Wasserversorgung der Reben erfolgen.
Bei der Wasserversorgung der Rebe ist der Wasserhaushalt des betreffenden Bodens also von größter Bedeutung. Man versteht unter „Bodenwassergehalt“ bzw. „Bodenfeuchte“ diejenige Wassermenge, die im Boden zu einer bestimmten Zeit gespeichert wird.
Dabei unterscheidet man drei Arten von Bodenwasser:

Adsorptionswasser
ist jener Teil des Haftwassers, der im Boden entweder an Ionen oder osmotisch an Kolloide gebunden ist und daher den Pflanzen nicht zur Verfügung steht.

Kapillarwasser
ist jener Teil des Haftwassers im Boden, der nicht adsorptiv gebunden ist und daher den Pflanzenwurzeln frei zur Verfügung steht.

Grundwasser
Unter diesem Begriff versteht man die gesamte Wassermenge, die in der äußersten Erdrinde zirkuliert und größtenteils aus Niederschlägen stammt.
Der Rebe steht demnach nur ein Teil des im Boden enthaltenen Wassers zur Verfügung, nämlich das Kapillarwasser sowie ein Teil des Grundwassers.

Mittleres Wasserhaltevermögen verschiedener Bodenarten
(nach Institut für Wasserwirtschaft, Universität für Bodenkultur)

Bodenart	Feldkapazität g/100 cm^3 *)	Welkepunkt g/100 cm^3 **)	Verfügbare Feldkapazität g/100 cm^3 = mm/10 cm
Sand	10	3	7
lehmiger Sand	20	8	12
sandiger Lehm	30	12	18
Lehm	35	15	20
toniger Lehm	40	22	18
Ton	45	30	15

*) Unter Feldkapazität versteht man jene Wassermenge, die ein Boden zwei bis drei Tage nach seiner vollständigen Sättigung entgegen der Schwerkraft festzuhalten vermag.

**) Als Welkepunkt wird der Wassergehalt des Bodens bezeichnet, bei dem die meisten Pflanzen, ausgenommen extreme Trockenpflanzen, permanent welken.

BEWÄSSERUNG

Sofern in bestimmten Gebieten und Lagen der Wasserbedarf der Rebe aus dem zur Verfügung stehenden Bodenwasser (Kapillarwasser) nicht gedeckt werden kann, ist die Möglichkeit der Bewässerung zu prüfen. Diese setzt jedoch voraus, daß aus dem Grundwasser oder aus nahegelegenen Oberflächengewässern unter wirtschaftlich vertretbarem Aufwand die erforderliche Wassermenge herangeführt werden kann.
Darüber hinaus müssen zur Durchführung einer erfolgreichen Bewässerung im Weinbau auch die erforderlichen Beregnungsmengen sowie der richtige Zeitpunkt für die Bewässerung bekannt sein.

Richtiger Zeitpunkt und Menge der Bewässerung

Der günstigste Zeitraum der Beregnung beginnt nach Abschluß der Rebblüte (Anfang Juli) und reicht bis zum Beginn der Traubenreife (Ende August). Auf Grund vieljähriger praktischer Erfahrungen kann bei uns in der Regel mit drei Beregnungsgaben im Jahr das Auslangen gefunden werden. Je Gabe werden zirka 30 bis 40 Millimeter Wasser verabreicht. Auf gar keinen Fall darf im Weingarten während der Blüte beregnet werden, ausgenommen bei der Tropfenbewässerung. Weiters ist wichtig, daß die Beregnung rechtzeitig durchgeführt wird. Wenn nämlich erst beregnet wird, wenn an der Rebe bereits Trockenschäden oder Wachstumsstörungen infolge von Wassermangel erkennbar sind, dann kommt die Beregnung zu spät.

- Das im Zuge einer Beregnungsgabe ausgebrachte Wasser benötigt zirka einen Tag, um in den Hauptwurzelraum der Rebe zu gelangen.
- Wenn die Wurzel nach Trockenperioden Wasser bekommt, dann bildet sie neue Faserwurzeln aus; bei abermaligem Wassermangel sterben die Faserwurzeln ab. Wenn man in einem Trockenjahr mit der Beregnung begonnen hat, muß man unbedingt bis zum Abschluß der Saison weiter beregnen.
- Extreme Trockenheit im August wirkt sich besonders ungünstig aus, da die Triebe sich noch in der Wachstumsphase befinden und vor allem die Beeren ein sehr starkes Wachstum aufweisen; insbesondere beim Weichwerden der Beeren werden größere Wassermengen benötigt. Stehen diese nicht zur Verfügung, bleiben die Beeren sulzig. Nach dem Weichwerden der Trauben ist jedoch Vorsicht mit weiteren Regengaben geboten, da diese leicht Fäulnis herbeiführen können. Die Frage der Fäulnis ist natürlich sehr sortenabhängig.

- Abgesehen von wirtschaftlichen Überlegungen kann bei der Tropfenbewässerung ohne Fäulnisgefahr auch noch nach dem Weichwerden bewässert werden.
- Bei der Beregnung spielt auch die Sorteneigentümlichkeit eine große Rolle. Weißweinsorten mit hohem Wasserbedarf sind vor allem Muskat-Ottonel, Müller-Thurgau, Rheinriesling und Traminer. Weißweinsorten mit einem niedrigen Wasserbedarf sind: Weißer Burgunder, Neuburger und Silvaner. Rotweinsorten mit einem hohen Wasserbedarf sind Blaufränkisch und Groß-Vernatsch, solche mit einem niedrigen Wasserbedarf Blauer Burgunder und Blauer Portugieser.
- Allgemein muß darauf hingewiesen werden, daß bei der Beregnung relativ kleine Wassergaben besser sind als zu große. Die Höhe der Regengaben muß vor allem auf die Bodenverhältnisse abgestimmt werden. Sie sollen pro Gabe zwischen 30 und höchstens 60 Millimeter liegen. Bei anhaltender Trockenheit ist die Beregnung nach 10 bis 14 Tagen zu wiederholen und so weiterzuführen, daß der Rebe stets ausreichend Wasser zur Verfügung steht.
- Wenn der Boden verkrustet und ausgetrocknet ist, soll man als vorbeugende Maßnahme eine seichte Bodenlockerung mit Hilfe eines Rotorkrümlers oder Kultivators durchführen, um das Eindringen des Wassers in den Boden zu erleichtern. Durch die Beregnung kann auch das Humusproblem einer dauerhaften Losung zugeführt werden.

VERFAHREN DER BEWÄSSERUNG

Die Beregnung

Von allen Verfahren der Bewässerung ist die Beregnung heute noch immer die bedeutendste Methode der zusätzlichen Wasserversorgung. Die Beregnung ist auf allen Geländeformen durchführbar. Beregnungsanlagen können so errichtet werden, daß die normale Bearbeitung nicht behindert wird. Die Beregnung kann sowohl auf kleinen Flächen mit Einzelanlagen als auch auf größeren Flächen mit Einzel- oder Verbandsanlagen durchgeführt werden.

Planung einer Beregnungsanlage

Der wirtschaftliche Erfolg der Beregnung setzt sorgfältige betriebswirtschaftliche Überlegungen und technische Berechnungen voraus.

Ein erfolgreicher Einsatz ist weitgehend abhängig von:

- der verfügbaren Wassermenge,
- der technisch richtigen Ausführung aller Teile der Anlage und einer arbeitswirtschaftlich zweckmäßigen Ausführung, die dem vorhandenen Arbeitskräftepotential Rechnung trägt.

Der folgende Beregnungsversuch beweist jedoch, daß, sofern ohne erhebliche Kosten Wasser herangeführt werden kann, der Einsatz einer Beregnung rentabel ist.

Weinbau-Beregnungsversuch — Anlage und Auswertung durch ÖDB

Standort: Oeynhausen — Sorte: Burgunder weiß — N-Gabe: 120 kg N je ha

	nicht beregnet				beregnet			
	Ertrag			Säure	Ertrag			Säure
Jahr	dt/ha	rel.	°KMW	in ‰	dt/ha	rel.	°KMW	in ‰
∅1972-1981	72,5	100	18,3	9,4	94,0	129,7	18,5	10,6

94,0 dt Trauben
—72,5 dt Trauben
21,5 dt Trauben Mehrertrag à S 500.— = S 10.750.— Beregnungskosten S 6.850.—

Vor Beginn der Planung einer Bewässerungsanlage ist als wichtigster Punkt die Wasserfrage zu klären. Wasser muß in ausreichender Menge und in geeigneter Beschaffenheit vorhanden sein. Auch muß das Recht auf die Entnahme einer bestimmten Wassermenge behördlich gesichert sein, das heißt, man muß bei der Bezirksverwaltungsbehörde um eine wasserrechtliche Bewilligung ansuchen. Sofern mehr als 100 Hektar Fläche beregnet werden sollen, ist ein diesbezüglicher Antrag beim zuständigen Amt der Landesregierung einzubringen.
Das Wasser kann aus Oberflächengewässern, wie beispielsweise Bächen, Flüssen, Seen, Stau- oder Speicherbecken, oder aus dem Grundwasser über Brunnen entnommen werden. Sofern es kostenmäßig tragbar und rechtlich möglich ist, kann man sich auch öffentlicher Versorgungsanlagen bedienen. In diesem Fall sind jedoch entsprechende Tarifvereinbarungen zu treffen, da der derzeit geltende Normaltarif zwischen S 2.— und S 4.— je Kubikmeter Wasser für die Beregnung zu teuer ist. Lediglich bei der Tropfenbewässerung von kleinen Flächen kann diese Form der Wasserbeschaffung wirtschaftlich vertretbar sein.

Technik und Arbeitswirtschaft der Beregnung

Eine Beregnungsanlage besteht aus:
Pumpenaggregat, Rohrleitungen, Regnern.
Die technisch richtige Ausführung der Anlage ist eine wesentliche Voraussetzung für den Erfolg der Beregnung.
Man unterscheidet: Vollbewegliche Anlagen, halbortsfeste Anlagen, ortsfeste Anlagen.

Vollbewegliche Anlagen

Die Pumpen und der Motor (zum Beispiel Traktormotor) sowie sämtliche Rohrleitungen sind voll beweglich. Die Zu- und Regnerleitungen bestehen in der Regel aus Schnellkupplungsrohren. Diese Anlage ist für das Ausbringen geringerer Wassermengen bis zu 70 Kubikmeter in der Stunde und für Flächen mit mehreren getrennten Wasserentnahmestellen zu empfehlen.
Wenngleich die Schnellkupplungsrohre einfach zu verlegen sind, verursacht dies einen hohen Arbeitsaufwand, der bis zu 70 Prozent des Gesamtarbeitsaufwandes beträgt. Vollbewegliche Beregnungsanlagen haben relativ niedrige Anschaffungskosten.

Halbortsfeste Anlagen

Die Zuleitung und die Pumpenaggregate sind bei einer solchen Anlage ortsfest verlegt. Auch hier werden die Regner auf die bewegliche Regnerleitung aufgesetzt. Diese Form der Beregnung ist zu empfehlen, wenn größere, zusammenhängende Flächen beregnet werden sollen und die Wasserentnahmestelle weiter entfernt ist.
Die Anlagekosten sind höher als bei der vollbeweglichen Anlage, der Arbeitsaufwand ist nahezu gleich hoch.

Halbortsfeste Beregnungsanlage

Ortsfeste Anlagen

Bei diesen Beregnungsanlagen sind das Pumpenaggregat und die Leitungen ortsfest verlegt, wodurch hohe Anlagekosten gegeben sind. Der Arbeitsaufwand ist im Gegensatz zu den beiden ersten Arten jedoch gering. Ortsfeste Anlagen sind dort zu empfehlen, wo eine Entnahmestelle mit ausreichenden Wassermengen zur Verfügung steht und eine hohe Ausnutzung pro Flächeneinheit gewährleistet ist.

Teile einer Beregnungsanlage
Der Erfolg des Beregnens hängt nicht zuletzt vom einwandfreien Funktionieren aller Teile ab. Die Pumpen sind also genauso wichtig wie einwandfreies Rohrmaterial und betriebssichere Regner.

Die Pumpen
Das Wasser wird heute üblicherweise mit Kreiselpumpen zu den Regnern gebracht. Diese sind einfach zu bedienen und werden von Diesel-, Benzin- oder Elektromotoren angetrieben.

Die Rohre
Für ortsfeste Leitungen werden vorwiegend Rohre aus Asbestzement und Kunststoff verwendet. Bewegliche Leitungen werden hingegen aus feuerverzinktem Bandstahl, Aluminiumlegierungen und auch aus Kunststoff hergestellt. Die beweglichen Rohre müssen leicht und schnell zu verlegen sein, weshalb sie Schnellkupplungen besitzen. Die Länge der Rohre beträgt bei Bandstahlrohren 6 Meter, bei Aluminiumrohren 9 Meter. Es können aber auch flexible Kunststoffrohre mit einem Durchmesser bis zu 110 Millimetern verwendet werden.

Die Regner
Die Regner werden von den einzelnen Firmen in verschiedenen Konstruktionen hergestellt. Die meisten Regner sind mit einem Schlagpendel versehen, die einerseits die Regner drehen und andererseits das gewünschte Radialprofil gewährleisten.

BERECHNUNG EINER WEINGARTENBEREGNUNGSANLAGE

Folgende Gegebenheiten werden angenommen:

Gesamtfläche 2,9 Hektar (290 m lang × 100 m breit), ebene Lage.
Brunnen und Strom direkt bei der Anlage.
Anlage ortsfest verlegt (5 Stränge à 12 Regner).

1. Beregnungsplan

	Juni		Juli		August		
	I	II	I	II	I	II	Gesamt
1 Rheinriesling (seichtgründig)	—	30	30	40	30	30	160 mm
2 Grüner Veltliner (seichtgründig)	—	—	30	30	30	30	120 mm
3 Grüner Veltliner (tiefgründig)	—	—	30	—	20	30	80 mm
	—	30	90	70	80	90	360 mm

Fläche	Wasserbedarf in m³						
1 1,2 Hektar	—	360	360	480	360	360	1920 m³
2 0,9 Hektar	—	—	270	270	270	270	1080 m³
3 0,8 Hektar	—	—	240	—	160	240	640 m³
2,9 Hektar	—	360	870	750	790	870	3640 m³

2. Maximaler Turnus- und Jahreswasserbedarf
Maximaler Turnusbedarf = 870 m^3.
Jahreswasserbedarf = 3640 m^3.

Betriebszeit und Regnergröße (theoretisch)
Betriebszeit: 10 Stunden pro Tag.
4 Beregnungstage pro Turnus = 4 × 10 = Beregnungsstunden.
Um den maximalen Wasserbedarf zu decken, muß in einer Stunde folgende Menge beregnet werden:

$$870 m^3 : 40 \text{ Stunden} = 21{,}75 \; m^3 \text{ pro Stunde} = \frac{21{,}75 \times 1000}{3600} = 6 \text{ Liter Wasser pro Sekunde.}$$

12 Regner (es wird jeweils nur ein Strang beregnet):
21,75 m^3 : 12 = 1,81 m^3 Wasser je Stunde und Regner.

Gewählte Regner: Bauer B 60, Düse: 5,5 mm, Druck an der Düse: 2,5 bar. Wurfweite: 16,0 m, Wassermenge: 1,8 m^3/Stunde, Verband: 24 × 18 m in Dreiecksaufstellung, Niederschlagsmenge pro Stunde: 4,17 mm.

Betriebszeit beim gewählten Regner B 60:
1,8 m^3 × 12 Regner = 21,6 m^3 Wasser pro Stunde,
879 m^3 : 21,6 = 40,3 Stunden Gesamtbetriebszeit je Turnus.

Praktische Betriebszeit:
4,17 mm Niederschlag = ca. 4,0 mm,
für eine 30-mm-Gabe: 30 : 4 = 7,5 Stunden,
für eine 40-mm-Gabe: 40 : 4 = 10 Stunden.

4. Druckverluste in den Leitungen

Material	Durchmesser mm		bar
ZL (Zuleitung) HK 76	76	21,6 m^3/h, 80 m	0,3
RL (Regnerleitung) HK 76	76	12 Regner, 5,5-mm-Düse, à 24 m	0,3
			0,6

Erklärung:
HK = Hebelkupplungen.
Erforderlicher Betriebsdruck:
H ges. = 0,5 bar (Saughöhe) + 0,2 bar (Druckverlust in Saugleitung) + 0,6 bar (Druckverlust in der Druckleitung) + 0,2 bar (Kulturhöhe) + 2,5 bar (Düsendruck) = 4,0 bar.

5. Pumpleistung in KW

$$N = \frac{Q \times H}{36{,}72 \cdot 0{,}6} = \frac{21{,}6 \times 4{,}0}{36{,}72 \times 0{,}6} = 3{,}92 \text{ KW } (5{,}33 \text{ PS})$$

Erklärung: N = Pumpenleistung in KW
Q = m^3/Stunde
H = Betriebsdruck in bar
36,72 = Faktor
0,60 = Wirkungsgrad

6. Betriebskosten (ohne Arbeitskosten)

Jahreswasserverbrauch = 3640 m^3, Fördermenge = 21,6 m^3 pro Stunde, gesamte Betriebsstundenzahl: 3640 : 21,6 = 168,5, Stromverbrauch: 168,5 × 3,92 kW = 660,6 kWh.

Arbeitsverbrauch: $\frac{3{,}6\ \text{kW}}{21{,}6\ \text{m}^3/\text{h}} = 0{,}18\ \text{kWh/m}^3$

Stromkosten gemäß Landwirtschaftstarif:
Grundgebühr S 38,76 S/Monat
Strompreis : 1,61 S/kWh
Arbeitspreis 660,6 × 1,61 = 1.063 S/Jahr

Stromkosten pro m^3 $\frac{1.063\ \text{S}}{3640\ \text{m}^3} = 0{,}29\ \text{s/m}^3$

7. Jährliche Gesamtkosten

Anschaffungskosten (Stand Frühjahr 1982, inkl. MWSt.):

Saugleitung	S 4.000.—		
Pumpe	S 25.000.—		
Zuleitung	S 9.000.—		
5 Stränge und 12 Regner	S 150.000.—		
Summe	S 188.000.—	(für 2,9 Hektar) = pro Hektar	S 64.830.—
Bei einer Amortisation von 10 Jahren pro Hektar			S 6.483.—
Stromkosten pro Hektar			S 367.—
Gesamtkosten pro Hektar (bei 125,5 mm Niederschlag)			S 6.850.—

3640 m^3 Wasser: 2,9 Hektar = 1255 m^3 pro Hektar = 125,5 mm.

Kosten je mm Niederschlag pro Hektar = $\frac{6850}{125{,}5} = 54{,}60\ \text{S/mm}$

Kosten = $\frac{6850}{1255} = \text{S}\ 5{,}46\ \text{S/m}^3$

Faustzahlen betreffend Beregnungskosten

Ortsfeste Anlagen kosten zwischen S 50.000.— und S 60.000.— je Hektar. Die jährlichen Aufwandsmengen für Kapital und Betriebskosten liegen zwischen S 30.— und S 80.— pro Millimeter Regengabe und Hektar. Der Preis je Kubikmeter verregnetes Wasser errechnet sich aus der Verzinsung und Tilgung des Anlagekapitals sowie den Antriebs-, Bedienungs- und Unterhaltskosten. Er beträgt S 3.— bis S 8.— je Kubikmeter. Somit ergeben sich bei einer zusätzlichen Beregnungsmenge von jährlich insgesamt 120 Millimeter Kosten von S 3600.— bis S 9600.— je Hektar und Jahr. Bei der Frostschutzberegnung entstehen weitaus höhere Kosten. Sie sind von der Dauer der Beregnungszeit abhängig. Es ist daher notwendig, bei diesen hohen Belastungen genaue Vorkalkulationen durchzuführen.

Frostschutzberegnung

Die Beregnungsanlage kann neben der Wasserversorgung auch zur Frostabwehr eingesetzt werden. Bei der Frostschutzberegnung wird das Freiwerden der Erstarrungswärme beim Übergang von Wasser in Eis genützt. Dabei werden Klein- oder Schwachregner mit einem Düsenquerschnitt von 4,5 bis 5 Millimeter und einem Druck von 3,5 bis 4,5 atü eingesetzt. Diese erzeugen einen Sprühregen, der die Rebkulturen benetzt (2,5 bis 3,5 Liter

Wasser pro Stunde und Quadratmeter). Das gefrierende Wasser schützt die Pflanzen bis zu einer Kälte von -6^0 C. Voraussetzung hiefür ist allerdings, daß ausreichend Wasser auch für länger anhaltende Kälteperioden zur Verfügung steht und die grünen Triebe bereits genügend groß sind.

Wenn der Nullpunkt bzw. $-0{,}5^0$ C am feuchten Thermometer erreicht wird, muß die Frostschutzberegnung einsetzen und so lange eingeschaltet bleiben, bis das ganze Eis, das sich an den Rebtrieben gebildet hat, wieder abgetaut ist.

Sosehr sich diese Art der Beregnung in Südtirol bei Spezialkulturen bewährt hat, so problematisch ist der Einsatz im Weinbau. Zum Zeitpunkt des häufigsten Auftretens von Frühjahrsfrösten (Anfang Mai) ist nämlich am Rebstock nur wenig Blattmasse vorhanden, wodurch die aus dem Wasser abgegebenen Wärmeeinheiten nicht aufgenommen werden können. Soweit Knospen vorhanden sind, die noch in der Wolle stecken, perlt an diesen das Wasser ab; die teilweise Benetzung kann sich äußerst schädlich auswirken.

Sofern aus vorgenannten Erwägungen überhaupt an eine Frostschutzberegnung gedacht ist, läßt sich diese wirtschaftlich nur in Form von Gemeinschaftsanlagen durchführen. Es müssen dabei größere zusammenhängende Rebflächen erfaßt werden.

Bei der Frostschutzberegnung ist ferner größtes Augenmerk auf eine exakte Verteilung zu richten. Gut bewährt hat sich der Dreiecks- bzw. Sechsecksverband, weil diese Aufstellungsarten eine gleichmäßige Wasserverteilung gewährleisten. Ferner muß die Regenverteilung, das heißt, die minimale und mittlere Beregnungsdichte, den vorgegebenen Werten genau entsprechen. Die Frostschutzberegnung erfordert verhältnismäßig große Wassermengen, da das Gelände während der gesamten Dauer des Frostes beregnet werden muß. Bei Verwendung von Speicherbecken muß mindestens so viel Wasser vorhanden sein, daß in drei aufeinanderfolgenden Frostnächten beregnet werden kann. Sofern für diesen Zweck Wasserspeicher errichtet werden müssen, ist deren Wirtschaftlichkeit genau zu berechnen.

Verregnen von Dünge- und Pflanzenschutzmitteln

Das Ausbringen von Düngern und Pflanzenschutzmitteln im Zuge der Beregnung ist ebenfalls sehr problematisch. Es wird in der Praxis kaum durchgeführt. Viele Praktiker befürchten ein wesentlich schnelleres Rosten der Leitungsrohre durch solche Maßnahmen.

Polyäthylenrohr einer Tropfenbewässerungsanlage

DIE TROPFENBEWÄSSERUNG (TRIKLERBEWÄSSERUNG)

Bei dieser modernen Form der Bewässerung laufen unter den Rebstöcken, entlang der Rebreihen, Polyäthylenrohre mit einem Durchmesser von 12 oder 16 mm, manchmal auch 20 mm. In bestimmten Entfernungen, die von der Pflanzweite in der Reihe abhängig sind (in der Hochkultur zum Beispiel 1,20 m), befinden sich Auslaßöffnungen, durch die das Wasser tropfenweise austreten kann. Der Betriebsdruck beträgt in den Rohren mit den Tropfvorrichtungen 2 atü; vor dem Filter muß der Druck höher sein, um den Druckverlust auszugleichen. Es gibt verschiedene Tropfelemente mit unterschiedlicher Tropfleistung von 2, 4, 8 und 12 Liter pro Stunde.

Tropfenelement einer Tropfenbewässerungsanlage

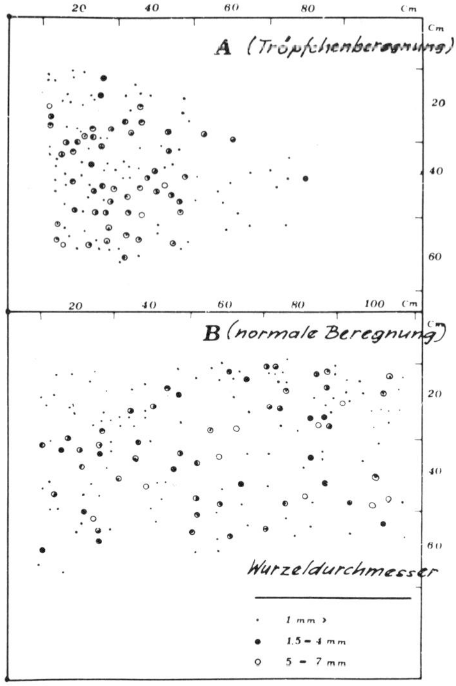

Vergleich der Wurzelverteilung in einem flachgründigen Boden, nach Tröpfchen- und Normalberegnung.

Wurzelverteilung: oben bei Tropfenbewässerung, unten bei Beregnung

Der Vorteil dieser in Israel in den letzten Jahren wiederentdeckten Form der Bewässerung ist, daß man mit geringen Wassermengen auskommt, da das tropfenweise ausgebrachte Wasser sich sofort im Boden birnenförmig verteilt. Bei Tropfenbewässerung breiten sich die Wurzeln hauptsächlich im bewässerten Raum aus, während sich diese bei Beregnung bzw. ohne Bewässerung im gesamten Bodenraum verteilen. Diesen Gegebenheiten ist selbstverständlich bei der Düngung Rechnung zu tragen. Die nebenstehende Darstellung zeigt die Entwicklung der Rebwurzeln bei Tropfenbewässerung und bei Beregnung.

Vorteile der Tropfenbewässerung gegenüber der Beregnung

Sparsamkeit im Wasserverbrauch auf Grund geringerer Verdunstungsverluste (30% bessere Wasserausnützung).

Da das Wasser unmittelbar in den Boden gelangt, kein oberflächlicher Abfluß und damit keine Erosionsgefahr.

Verringerung der Unkrautbekämpfungsmaßnahmen.

Die Luftfeuchtigkeit wird nicht beeinflußt; bei trockenem Mikroklima werden Pilzkrankheiten nicht gefördert.

- Da die Fahrspur trocken bleibt, ist eine Bodenbearbeitung jederzeit möglich.
- Durch einfache Verlegung und vollautomatisches Arbeiten geringerer Arbeitsaufwand.
- Infolge niedrigen Betriebsdruckes können große Flächen gleichzeitig bewässert werden.
- Eignung auch bei ungünstigem Gelände und bei flachgründigem, steinigem Boden.

Nachteile der Tropfenbewässerung

- Relativ hohe Anschaffungskosten in Höhe von S 50.000.— bis S 200.000.— je Hektar. Die jährlichen Amortisationskosten sind derzeit durchschnittlich doppelt so hoch wie in der Beregnung.

- Genaue Ausführung und laufende Kontrolle der Tropfenelemente erforderlich.
- Reines Wasser, eventuell Einbau einer Filteranlage, notwendig.
- Verstärkter Unkrautwuchs um die Rebe.
- Bei kalkreichem Wasser werden die Auslaßöffnungen (Trikler) leicht verkrustet und müssen von Zeit zu Zeit regeneriert werden.

Kosten der Tropfenberegnung (Annahme: Wasser direkt im Weingarten; Größe 1 Hektar)
Pro Stock ein Trikler und Leitung (1 atü Betriebsdruck)

Kosten der Anlage derzeit	S 100.000.—
bei 5jähriger Amortisation pro Jahr	S 10.000.—
Regengaben 90 mm pro Monat (3 Regentage im Wechsel mit 3 Tagen Pause)	
= in 4 Monaten 360 mm = Stromverbrauch 330 kW	S 531.—
Gesamtkosten pro Jahr	S 10.531.—

Um die Kosten einer Beregnungs- bzw. Tropfenbewässerungsanlage zu amortisieren, ist je nach dem erzielbaren Traubenpreis folgender Mehrertrag (kg/ha) notwendig:

Kosten Beregnung S/ha	Traubenpreis in S/kg					
	3,—	4.—	5.—	6.—	7.—	8.—
10.000.—	3.333 kg	2.500 kg	2.000 kg	1.667 kg	1.429 kg	1.250 kg
20.000.—	6.667 kg	5.000 kg	4.000 kg	3.333 kg	2.857 kg	2.500 kg

Andere Verfahren der Bewässerung
In wärmeren Ländern, wo bei Beregnung starke Verdunstungsverluste gegeben sind, wird vereinzelt auch die Untergrundbewässerung durchgeführt. Dabei wird in einer Tiefe von 40 bis 50 Zentimetern und in Abständen von 3 bis 4 Metern Wasser durch Plastikrohre mit Öffnungen ausgebracht. Ein wesentlicher Nachteil dieser Form der Bewässerung in Trockengebieten ist jedoch, daß es infolge einer verstärkten Wasserverdunstung zu einer Wasserbewegung nach oben kommt, wobei die im Wasser gelösten Bodensalze an der Oberfläche ausfallen und Salzschäden verursachen.
Bei der Berieselung wird über Rinnen und Gräben das Wasser oberflächlich in die zu bewässernden Flächen geleitet. Dieses Verfahren wird wegen des hohen Wasserbedarfes und Arbeitsaufwandes heute kaum mehr angewendet.

Abschnitt VI

VOM SCHNITT BIS ZUR LESE

Kapitel 20

*12*Der Rebschnitt

Die fachlich richtige Durchführung des Rebschnittes ist eine der Grundvoraussetzungen für einen erfolgreichen Weinbau. Der Rebschnitt dient bei Junganlagen der schnellstmöglichen Erreichung der angestrebten Erziehungsform, bei Ertragsanlagen dem Erbringen optimaler Erträge während des gesamten Lebensalters einer Rebanlage (20 bis 25 Jahre). Beim Rebschnitt werden nicht nur der Ertrag und die Qualität, sondern auch die Wüchsigkeit einer Anlage und der Arbeitsaufwand bei verschiedenen Maßnahmen entscheidend beeinflußt.

Das Ziel beim Rebschnitt ist es, jedes Jahr einen zufriedenstellenden Ertrag bei guter Qualität und gutem Wachstumszustand des Rebstockes zu erreichen.

Fehler beim Schnitt wirken sich auf den Ertrag, die Qualität und den Wachstumszustand des Rebstockes ungünstig aus.

Der Rebschnitt wird jedes Jahr vor dem Austrieb als erste Stockpflegearbeit vorgenommen und verursacht mit 27 Prozent des Gesamtarbeitsaufwandes nach der Weinlese die größte Arbeitsbelastung.

Vor allem in direkt-vermarktenden Flaschenfüllbetrieben ist der Rebschnitt arbeitswirtschaftlich zum begrenzenden Faktor geworden, wobei dieses Problem dadurch verstärkt wird, als hiezu nur geschulte Fachkräfte herangezogen werden können. Zur Lösung dieser Fragen wurden bisher zwei Wege beschritten:

- Arbeitsverteilung auf einen längeren Zeitraum (Jänner bis März)
- Einsatz von pneumatischen Rebschnittgeräten.

Zur Lösung der arbeitswirtschaftlichen Probleme wird mit dem Rebschnitt oft schon vor Weihnachten begonnen, wobei man zuerst die frostharten Sorten schneidet. Empfindliche Sorten werden mitunter „vorgeschnitten“, das heißt, man entfernt nur das abgetragene Holz und läßt das Fruchtholz vorerst länger und schneidet es nach. Der Einsatz pneumatischer Rebschnittanlagen senkt den Arbeitsaufwand um durchschnittlich 20 Prozent und erleichtert die körperliche Arbeit erheblich. Ab einer Weingartenfläche von rund 5 ha ist der Einsatz rentabel.

Beim Schneiden ist insbesondere auf folgende Punkte zu achten:
- Die Fruchtbarkeit der Rebsorte.
- Die Wüchsigkeit einer Anlage bzw. des jeweiligen Rebstockes.
- Der Ertrag im Vorjahr und die Holzreife.
- Eine eventuelle Schädigung des Rebstockes durch Frost oder sonstige Einflüsse.
- Das Alter der Anlage.
- Die Fruchtbarkeit und der Nährstoffgehalt des Bodens.
- Die Pflanzweite der Anlage (Standraum des Stockes).
- Klimatische Einflüsse.

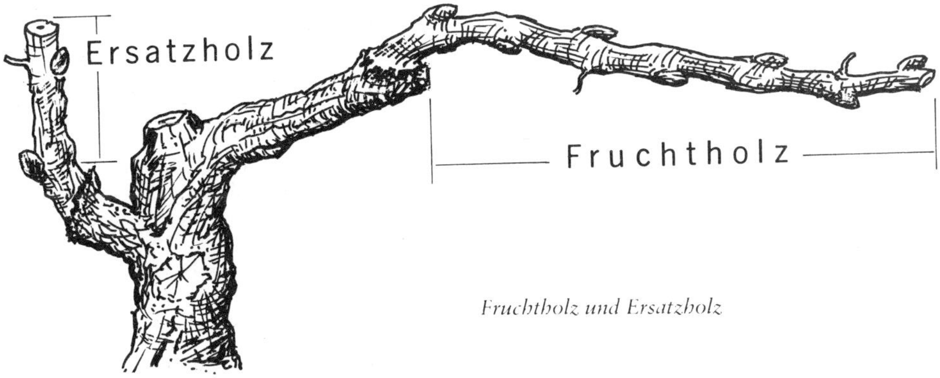

Fruchtholz und Ersatzholz

Grundregeln

- Das einjährige Holz muß jährlich zurückgeschnitten werden, damit der Rebstock seine Form behält. Dabei müssen Trag- oder Fruchtholz und Ersatzholz angeschnitten werden. Das Tragholz hat die Aufgabe, den Ertrag zu bringen; hiezu werden kräftige, richtig stehende Triebe ausgewählt; das Ersatzholz muß angeschnitten werden, um beim Schnitt im nächsten Jahr geeignetes Tragholz vorzufinden.
- Die Länge und die Stärke des Rebschnittes müssen auf jeden Stock so abgestimmt sein, daß sowohl ein zufriedenstellender Ertrag als auch eine entsprechende Qualität bei guter Wüchsigkeit erreicht wird.
- Der Ertrag einer Sorte hängt vor allem vom Durchschnittsgewicht der Trauben und von der Fruchtbarkeit der Augen (das heißt von der Anzahl der Trauben, die ein Auge durchschnittlich hervorbringt) ab. Neben der Rücksichtnahme auf die Wüchsigkeit muß der Rebstock daher sortengerecht geschnitten werden.
- Durch einen falschen Schnitt können einerseits die Traubenqualität, die Holzreife und damit die Frostwiderstandsfähigkeit des Rebstockes sowie die Wüchsigkeit beeinträchtigt werden; andererseits kann die Produktion von zu viel und zu starkem Holz, jedoch nur wenigen Trauben, die Folge sein.
  Durch einen falschen Rebschnitt wird die Form des Stockes verändert und in der Folge seine Lebensdauer verkürzt.
- Der Richtige Rebschnitt ist schon bei Junganlagen notwendig, man unterscheidet zwischen Erziehungs- und Ertragsschnitt, um in möglichst kurzer Zeit zu einem voll ertragsfähigen Rebstock zu kommen.

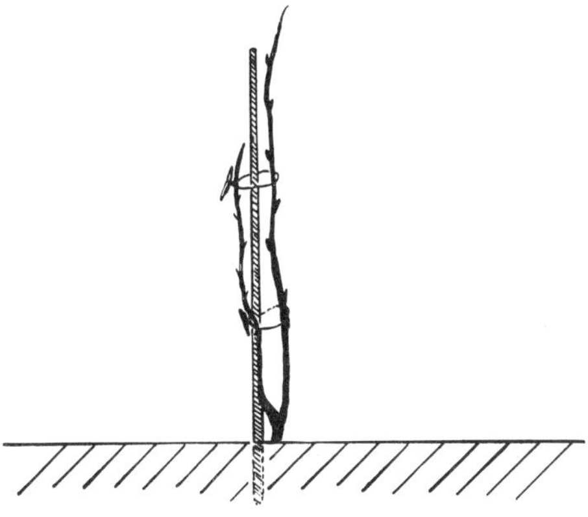

Erziehungsschnitt im 1. Jahr (vor dem Schnitt)

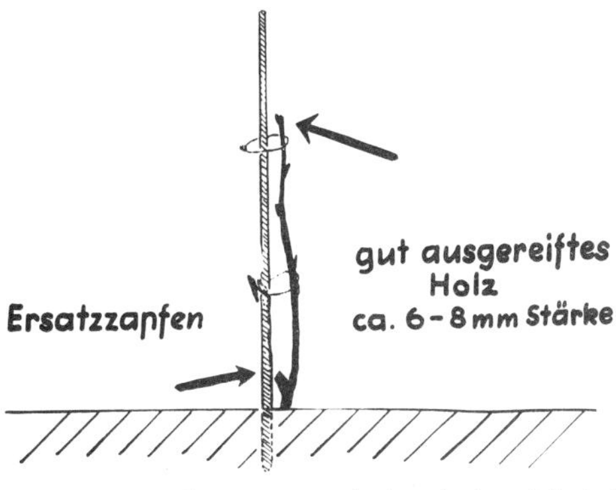

Erziehungsschnitt im 1. Jahr (nach dem Schnitt)

ERZIEHUNGSSCHNITT

1. Jahr

Beim Pflanzen ist auf das erste gut sichtbare Auge zurückzuschneiden. Dadurch wird erreicht, daß 1 bis 2 Triebe durchtreiben. Nur der kräftigere soll belassen werden, wodurch die Stammbildung wesentlich beschleunigt werden kann.

2. Jahr

Im Sommer des ersten Jahres soll ein möglichst starker und langer, gut ausgereifter Trieb erzielt werden, der zur Stammbildung herangezogen werden kann. Im Frühjahr des zweiten Jahres wird dieser, sofern das Holz vollständig gesund ist, so lange angeschnitten, als das Holz gut ausgereift und entsprechend stark ist (mindestens 6 bis 8 mm Holzstärke). Sollte im zweiten Jahr die Stammhöhe von 120 bis 140 cm bereits erreicht worden sein, kann man die Rebe in Kordonhöhe waagrecht binden und auf 1 bis 2 Augen anschneiden. Bei schwachem Holz ist auf 2 Augen zurückzuschneiden. Nach strengen Wintern muß allerdings großes Augenmerk auch auf den Gesundheitszustand des Holzes gelegt werden. Reben, die Kambiumschäden oder gar Frostrisse aufzeigen, müssen auf jeden Fall zurückgeschnitten werden.

3. Jahr

Sofern die Stammbildung bereits im zweiten Jahr erfolgt ist, beginnt im dritten Jahr der Erziehungsschnitt. Voraussetzung dazu ist das Vorhandensein der Drahtrahmenunterstützung. Auch im dritten Jahr gilt noch der Grundsatz, daß der Rebstock kurz und schwach geschnitten werden muß, damit er sich kräftigen kann (3 bis 4 Augen). Alle Triebe am Stamm werden so früh wie möglich entfernt.

4. Jahr

In der Regel ist der Hochkulturstock ab dem 4. Jahr voll entwickelt und kann erstmals auf Ertrag angeschnitten werden.

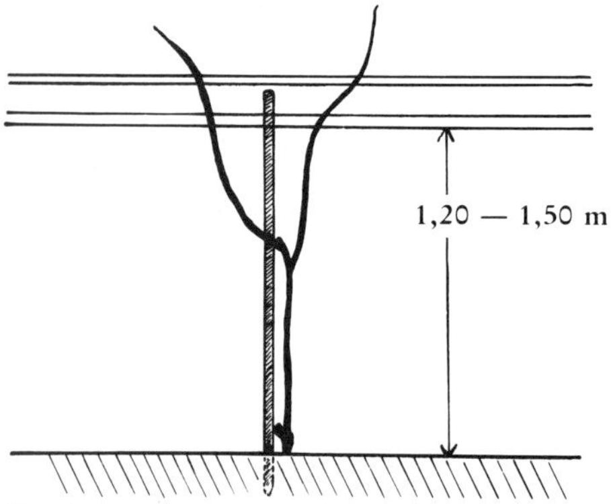

Erziehungsschnitt im 2. Jahr (vor dem Schnitt)

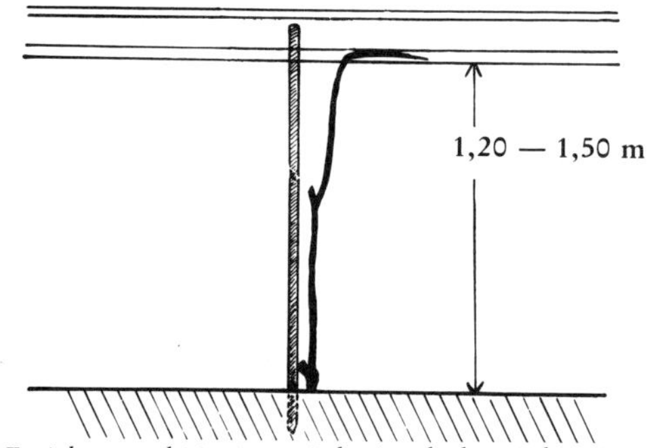

Erziehungsschnitt im 2. Jahr (nach dem Schnitt)

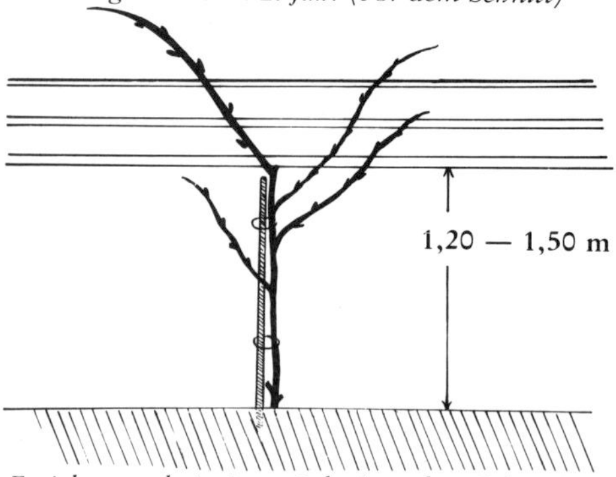

Erziehungsschnitt im 3. Jahr (vor dem Schnitt)

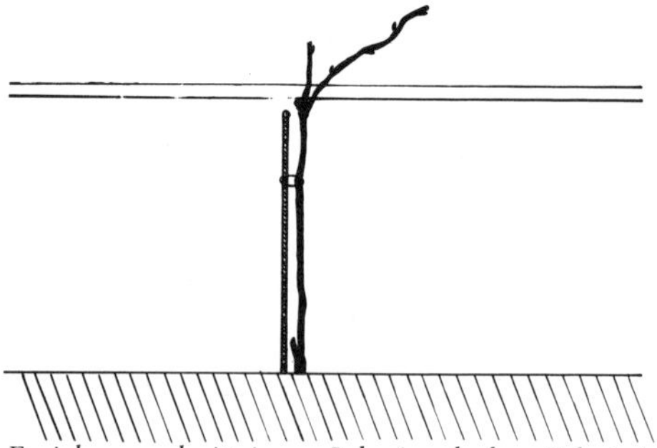

Erziehungsschnitt im 3. Jahr (nach dem Schnitt)

ERTRAGSSCHNITT

Beim normalen Ertragsschnitt kommt es darauf an, in guter und gleichmäßiger Verteilung die erforderliche Menge von Frucht- und Ersatzholz anzuschneiden.
Als Ersatzholz bezeichnet man zweiäugige Zapfen, die das Fruchtholz für den Schnitt im kommenden Jahr hervorbringen sollen. Sie sollen maximal 10 mm stark und richtig verteilt sein.
Frucht- oder Tragholz nennt man jene einjährigen Triebe, die vor allem die Aufgabe haben, Trauben hervorzubringen. Als Fruchtholz wird stets das höher und außenstehende einjährige Holz angeschnitten. Es soll auf zweijährigem Holz stehen, wenn gleich nach verschiedenen Untersuchungen Wasserschoße nur geringfügig unfruchtbarer sind. Es muß gut ausgereift, frei von Krankheiten (Botrytis, Oidium, Schwarzfleckenkrankheit) und unbeschädigt (Hagel, Sonstige Verletzungen) sein und mittlere Stärke (6 — 12 mm) aufweisen. Zu starkes Holz ist weniger fruchtbar, zu dünnes hat zu wenig Reservestoffe.
Die Zahl und Länge des Fruchtholzes richtet sich nach dem Wachstumszustand des Stockes und der Sorte.

Man unterscheidet beim Schneiden folgende Begriffe:
Stark schneiden heißt, dem Stock viele Augen als Fruchtholz zu belassen. Die Folge davon ist ein höherer Traubenansatz, jedoch auch eine Schwächung der Wuchskraft des Stockes.
Schwach schneiden heißt, nur wenig Fruchtaugen anschneiden. Die Folge davon ist ein kräftiges Triebwachstum, aber geringerer Traubenansatz.
Lang schneiden bedeutet, daß das Fruchtholz in Form von Ruten (6 — 8 Augen) oder Bögen (über 8 Augen) geschnitten wird. Das ist notwendig bei jenen Sorten, deren untere Augen wenig fruchtbar sind.
Kurz schneiden heißt, daß das Fruchtholz in Form von Zapfen (2 — 3 Augen) oder Streckern (4 — 5 Augen) geschnitten wird.
Wenn ein Stock schwach angeschnitten werden muß, dann bedeutet dies nicht, daß er auch kurz geschnitten werden muß. Sofern nur wenige, lange Fruchtruten belassen werden, ist er ebenfalls schwach geschnitten. Maßgeblich für schwaches oder starkes Anschneiden ist immer die Gesamtzahl der Fruchtaugen, die am Stock belassen werden.

Unter normalen Verhältnissen werden die Qualitätssorten in der Hochkultur folgendermaßen geschnitten:

	Anzahl der Fruchtaugen je Stock bei 3.00 × 1.20 m	Länge des Fruchtholzes (Augenanzahl)
Sehr lang und stark geschnitten werden:		
Traminer	40—44	8—10
Ruländer	40—44	(4—6) 8—10
Blaufränkisch	40—44	(7—9) 8—10
Lang und stark geschnitten werden:		
Rheinriesling	35—40	7—9
Muskat Ottonel	35—40	7—9
Frühroter Veltliner	35—40	7—9
Jubiläumsrebe	35—40	7—9
Muskatsilvaner	35—40	7—9

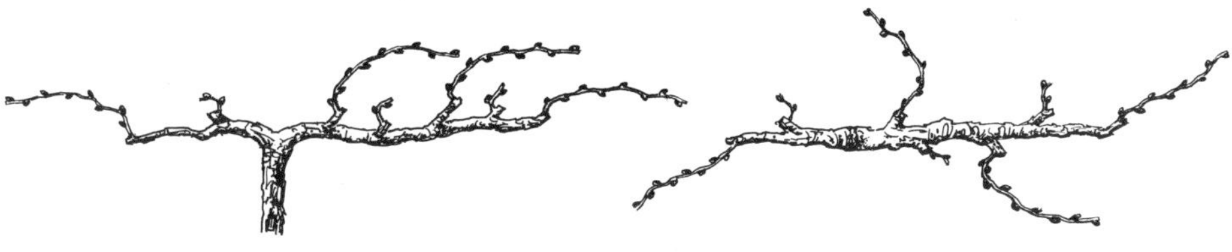

Langer Schnitt

	Anzahl der Frucht-augen je Stock bei 3,00 × 1,20 m	Länge des Fruchtholzes (Augenanzahl)
Mittellang und mittelstark geschnitten werden:		
Weißer Burgunder	30—35	4—6
Neuburger	30—35	4—6
Welschriesling	25—30	4—6
Zweigelt (Rotburger)	30—35	4—6
St. Laurent	30—35	4—6
Blauer Burgunder	30—35	4—6
Weißer Gutedel	30—35	6—8
Goldburger	30—35	6—8
Bouviertraube	35—40	7—8
Gelber Muskateller	30—40	7—8
Furmint (mittellang und schwach)	20	4—6

Mittellanger Schnitt

Kurz und schwach geschnitten werden:		
Grüner Veltliner	20—25	4—5
Roter Veltliner	20—25	4—5
Müller-Thurgau	20—25	4—5
Zierfandler	20—25	4—5
Rotgipfler	20—25	4—5
Blauer Portugieser	20—25	4—5
Scheu-Rebe (S 88)	25	3—5

Kurzer Schnitt

Die Gesamtanzahl der Augen pro Stock und die Länge des Fruchtholzes basieren nicht nur auf Erfahrungswerten, sondern können auch theoretisch aus dem durchschnittlichen Traubengewicht und der Augenfruchtbarkeit errechnet werden.
Dabei werden die Werte bei allen vorgenannten Sorten immer so gewählt, daß ein gleich hoher und gleichbleibender Ertrag zu erwarten ist.
Diese Zahlen stellen jedoch nur Richtwerte dar. Grundsätzlich muß der Rebschnitt individuell auf den Wachstumszustand des Stockes abgestimmt werden. Stöcke mit schwachem Wuchs müssen zurückgeschnitten werden; Rebstöcke mit kräftigem Wuchs und starkem Holz vertragen auch stärkeren Schnitt. Ganz allgemein liegt die günstigste Anzahl je m² Standraum bei Qualitätssorten mit großen Trauben und hoher Fruchtbarkeit zwischen 5 und 10 Augen, bei kleintraubigen und weniger fruchtbaren zwischen 10 und 15 Fruchtaugen; hiezu kommen noch die notwendigen Ersatzzapfen. Nur wo Quantität angestrebt wird und Rebstock, Boden und Düngung es zulassen, kann auf 18 bis 20 Augen angeschnitten werden.

Tabelle für den Rebschnitt bei verschiedenen Erziehungsarten
Für die leichtere Orientierung beim Rebschnitt in verschiedenen Erziehungsarten wurde die nachstehende Tabelle entwickelt. Sie zeigt die Anzahl der Fruchtaugen je Rebstock bei verschiedenen Pflanzweiten und je nach Sorte verschieden starkem Schnitt.

	Anzahl der Fruchtaugen je m²			
	5—6	7—8	9—10	10—12
Pflanzweite in Meter	Grüner Veltliner Müller-Thurgau Roter Veltliner Zierfandler Rotgipfler	Weißer Burgunder Neuburger Welschriesling Bouvier St. Laurent Blauer Burgunder	Rheinriesling Muskat-Ottonel Frühr. Veltliner	Traminer Ruländer Blaufränkisch
1,2 × 1,0	7	10	12	14
1,5 × 1,2	11	14	18	22
2,0 × 1,2	14	19	24	29
2,4 × 1,2	17	23	29	35
2,8 × 1,2	20	27	34	40
3,0 × 1,2	20	27	34	40
3,2 × 1,2	23	31	38	45
3,5 × 1,2	25	34	42	50

Diese Tabelle soll anregen, den Rebschnitt nicht planlos vorzunehmen, sondern den Schnitt entsprechend der gewünschten Anzahl von Fruchtaugen sorten- und standraumgerecht auszurichten. Daneben ist selbstverständlich die Wüchsigkeit zu berücksichtigen. In der Regel treiben schon bei normalem Schnitt und erst recht bei einem längeren Anschneiden einige Augen überhaupt nicht aus. Als Norm darf man annehmen, daß zirka 10 Prozent der Augen sitzen bleiben.

SCHNITTSYSTEME

Schnitt bei Kordonerziehung

Der Kordonschnitt
Beim Kordonschnitt steht das Frucht- und Ersatzholz auf einem oder zwei waagrechten Kordonen. Meistens ist einer davon lang und trägt 4 bis 5 Fruchtruten sowie das entsprechende Ersatzholz. Der andere Kordon ist kurz und trägt nur eine Fruchtrute und einen Ersatzzapfen. Der Kordonschnitt hat den Vorteil, daß Frucht- und Ersatzholz gleichmäßig verteilt werden können. Es besteht die Gefahr, daß bei unrichtigem Schnitt der Stock in der Mitte verkahlt und die Triebbildung sich an die Enden verlagert.

Der Kronenschnitt
Beim Kronenschnitt verzweigt sich der Stamm am oberen Ende in 3 oder 4 Äste aus altem Holz. Jeder dieser Äste trägt eine Fruchtrute und einen Ersatzzapfen, die wechselnd geschnitten werden. Der Vorteil dieser Erziehung liegt in der einfachen Schnittmethode auch bei alten Stöcken

Schnitt bei Kronenerziehung

Schnitt bei Steirischer Bogenerziehung

Schnitt einer Pergel (Bild: Traxler)

sowie am lockeren Stockaufbau, weil die Fruchtruten nach allen Seiten gut verteilt werden können. Nachteile sind die höheren Anlagekosten, Mehrarbeit beim Streckerbinden, Behinderung bei der Arbeit, größere Laubverdichtung in der Stammumgebung.

Steirischer Bogenschnitt nach Ing. Vogt (abgeänderter Sylvozschnitt)

In niederschlagsreichen Gebieten und in windstillen Lagen hat sich bei starkwüchsigen sowie bei jenen Sorten, die einen langen Schnitt erfordern, der Langbogenschnitt gut bewährt.

Die Nachteile der Kordon- und der Kronenerziehung, wie zu große Beschattung im Stockinneren, zu langsames Abtrocknen der grünen Teile und die damit verbundene erhöhte Pilzgefahr sowie schlechtes Verblühen, werden vermindert. Der grundsätzliche Unterschied zu den anderen Methoden besteht darin, daß der Stock flächenförmig entwickelt wird. Die Verteilung bzw. das Anbringen der Fruchtruten erfolgt nicht mehr horizontal, sondern sie werden in langen Bögen vertikal formiert. Die Triebe können sich bei der Sylvozerziehung je zur Hälfte nach beiden Seiten frei entfalten. Sie wachsen nicht übermäßig lang, da das Abwärtsbinden der Fruchtruten dem Längenwachstum entgegenwirkt.

Der Schnitt wird in zirka 70—80 cm langem Bogen ausgeführt. Die Bogenzahl richtet sich nach dem Abstand in der Reihe und dem Wuchs der jeweiligen Sorte. In der Regel werden 2 bis 3 Bögen je Stock in einem Abstand von zirka 40 cm angeschnitten. Zu jedem Bogen kann ein ein- bis zweiäugiger Zapfen angeschnitten werden; dies ist aber nicht unbedingt notwendig, weil aus den Basisaugen kräftige, aufrechtwachsende Triebe entstehen.

Schnitt der Pergola

Die Stämme werden in der Ebene auf zirka 1,50 m angeschnitten und werden mit zunehmender Steigung (Hangneigung) kürzer, weil sonst die vordere Auflage der Schaltern (= Querhölzer) zu hoch wäre. Das Stämmchen vergabelt sich am oberen Ende. Auf den beiden Armen werden dann je ein Strecker mit 8 Augen und Ersatzzapfen angeschnitten. Bei Sorten, welche einen längeren Schnitt vertragen, werden 1 bis 2 Strecker zusätzlich angeschnitten. Die Augenzahl beträgt zirka 4 bis 6 Augen je m^2.

Schnitt einer mittelhohen Erziehungsart

Am zweckmäßigsten ist der Einbogenschnitt, der am leichtesten durchzuführen ist. Der Stock ist übersichtlich und erfordert wenig Laubarbeit. In Steillagen macht das Biegen keine Schwierigkeiten. Dieser Schnitt wird auch als Wechselstreckerschnitt bezeichnet, das heißt, Ersatzholz mit 2 Augen und eine Tragrute werden jedes Jahr geschnitten.

Bei weitknotigem Holz und bei Sorten, deren Basisaugen wenig fruchtbar sind, hat der Zweibogenschnitt Bedeutung. Hier kann mit zwei Halbrundbögen bei gleichem Stockabstand mehr Holz untergebracht werden. In Steillagen bereitet das richtige Biegen jedoch Schwierigkeiten.

Schnitt der Stockkultur

Kopfschnitt: Das alte Holz endet in etwa 10 cm Höhe über dem Boden. Jetzt werden 3 bis 5 kurze Zapfen angeschnitten. Durch das jährliche Zurückschneiden entsteht eine kugelige Verdickung.

Bockschnitt: Das alte Holz endet in einer Höhe von 20 bis 30 cm. Um den Kopf sind zirka vier Schenkel mit je einem Fruchtzapfen (2—3 Augen) gleichmäßig verteilt. Triebe aus dem alten Holz dienen zur Verjüngung der Schenkel.

Guyoterziehung: Jede Rebe erhält 1 bis 2 zirka 1,20 m lange Strecker; die Strecker werden zirka 15 cm über dem Boden gezogen. Als Ersatz sind kurze Zapfen mit zwei Augen angeschnitten.

Moselerziehung: Pfahlerziehung mit zwei 60 bis 80 cm hohen Schenkeln, denen in zwei übereinanderliegenden Etagen fünf Bögen angeschnitten werden, die abwärts gezogen und am Stock befestigt werden. Tieferstehende Zapfen dienen als Ersatz.

ZEIT DES REBSCHNITTES

Der Rebschnitt wird während der Vegetationsruhe durchgeführt. Der Zeitpunkt richtet sich vor allem nach betriebswirtschaftlichen Gesichtspunkten. Es sollten aber auch neueste Forschungsergebnisse berücksichtigt werden, wonach bis etwa Ende Dezember vom einjährigen Holz Assimilate in den Stamm verlagert werden. Ein zu früher Rebschnitt kann also die Anfälligkeit gegen Frost erhöhen. Je größer die Weingartenfläche eines Betriebes ist, desto früher muß mit dem Rebschnitt begonnen werden. Edelreisweingärten sind noch vor Eintritt einer stärkeren Frostperiode, nach Möglichkeit noch im Laufe des Dezembers, zu schneiden.

Frostgefährdete und junge Anlagen sollen möglichst spät, wenn keine Frostperiode mehr befürchtet werden muß, geschnitten werden. Dasselbe gilt für frostempfindliche Sorten. Beim Schneiden eines Hochkulturstammes wird zuerst das abgetragene Holz herausgeschnitten, das verbleibende Holz ist hinsichtlich der Notwendigkeit für den Schnitt leichter zu beurteilen.

Rebschnitt nach Winterfrostschäden

Bei frost- oder hagelgeschädigten Rebanlagen sind von der normalen Pflege abweichende Behandlungsmaßnahmen erforderlich, um Wuchskraft, Gesundheitszustand und Leistungsvermögen der Rebstöcke wiederherzustellen. In der Regel ist ein starker Rückschnitt auf das alte Holz und damit eine Verjüngung des Rebstockes erforderlich. Das starke Zurückschneiden auf das alte Holz — im Extremfall das Entfernen des Stammes bis zur Veredlungsstelle — bewirkt das Austreiben von Adventivknospen, die vom Weinhauer als schlafende Augen bezeichnet werden. Die aus Adventivknospen stammenden Triebe sind wohl sehr wüchsig, zeigen aber keine oder nur geringe Fruchtbarkeit. Sie heißen Hirnreben oder Wasserschosse. Die Schäden in von Winterfrost geschädigten Rebanlagen können sehr unterschiedlich sein.

Bei extrem tiefen Temperaturen im Winter, jedoch auch schon bei geringer Kälte, wenn die Stöcke schon im Saft sind, wird das alte Holz geschädigt. Am Stamm und an den Kordonen können durch das Gefrieren von Wasser im Holz Risse entstehen, die erst im Frühjahr sichtbar werden; das alte Holz reißt der Länge nach auf. Starke Frostrisse führen zum teilweisen, meist aber völligen Absterben der Stöcke.
Da im zeitigen Frühjahr eventuelle Stammschäden noch nicht sichtbar sind, ist es zweckmäßig, bei Verdacht die Stämme und Kordonarme zu prüfen. Zu diesem Zwecke wird nach dem Auftauen des Holzes mit einem scharfen Messer an verschiedenen Stellen des Stammes und der Kordonarme ein halbmondförmiger kleiner Einschnitt gemacht. Zeigen sich bei diesen Einschnitten das Kambium sowie das Holz frisch grün, so sind diese nicht geschädigt. Ist die Schnittfläche jedoch braun bzw. trocken, so ist der Stamm geschädigt. Werden starke Stammschäden festgestellt, dann soll die Anlage erst nach dem Austrieb geschnitten und bei Erfordernis am besten ganz verjüngt werden. In diesem Fall wird der Stamm knapp über der Veredlungsstelle abgeschnitten und der Stock mit neuen Trieben, die aus den Adventivknospen an der Stammbasis stammen, aufgebaut. Man erleidet dadurch wohl einen ein- bis zweijährigen Ertragsausfall, erhält jedoch einen jungen, gesunden und leistungsfähigen Stock. Anderenfalls kümmert der geschädigte Stock und erreicht keine volle Leistung. Beim Neuformieren von Stamm und Kordon empfiehlt es sich, je nach Alter und Wuchskraft des Stockes, mehrere Triebe zu belassen und hochzuziehen. Beläßt man in einer wüchsigen Anlage nur einen oder zwei Triebe, dann werden diese übermäßig stark, mastig und können im folgenden Winter schon bei mäßiger Kälte erfrieren.
Bei schlechter Holzreife und bei tieferen Wintertemperaturen können durch Frosteinwirkung die einjährigen Holztriebe geschädigt werden, wovon insbesondere das Bastgewebe (Kambium), das Holz und die Holzbrücke (Diaphragma), aber auch die Knospen betroffen sein können.
Vor allem das Diaphragma, sowohl bei Edelsorten als auch bei Unterlagsreben, ist in hohem Maße frostempfindlich. Es kann schon bei Temperaturen von minus 8 Grad Celsius zu Zerstörungen kommen.
Nach dem Diaphragma sind die Knospen die empfindlichsten oberirdischen Rebteile.
Zur Feststellung von Frostschäden an den Knospen werden diese mit einem scharfen Veredlungsmesser der Länge nach angeschnitten. Der Längsschnitt wird in der Mitte vom Scheitel zur Basis geführt, so daß sowohl das Hauptauge als auch die Nebenaugen sichtbar werden. Im gesunden Zustand sind die Triebanlagen hellgrün und frisch. Frostgeschädigte Augen sind bräunlich bis schwarzbraun gefärbt. Dabei ist zu beachten, daß eventuelle Schäden nur dann zu erkennen sind, wenn das Holz nicht gefroren ist oder bereits aufgetaut war. Sofern das Holz noch gefroren ist, muß es sehr vorsichtig aufgetaut werden.
Stark frostgeschädigte Anlagen sollen nach Möglichkeit erst nach dem Austrieb geschnitten werden. Reben mit geschädigtem Bastgewebe dürfen auf keinen Fall zum Veredeln verwendet werden. Ist ein Teil der Augen frostgeschädigt, dann wird durch einen entsprechend starken Schnitt versucht, diesen Ausfall auszugleichen. Wurde nach dem Austrieb oder bei einer Untersuchung festgestellt, daß zum Beispiel 20 bis 30 Prozent der Augen erfroren sind, so muß 20 bis 30 Prozent stärker, also um 20 bis 30 Prozent mehr Augen, angeschnitten werden. In welcher Art stärker anzuschneiden ist, hängt von der Stellung der geschädigten Knospen auf den Rebentrieben ab.
Sind in erster Linie die unteren Augen geschädigt, dann ist es zwecklos, mehr Zapfen anzuschneiden; in diesem Fall müssen entsprechend dem Prozentsatz der Schädigung längere Fruchtruten und Ersatzholz angeschnitten werden. Die gewünschte Anzahl gesunder Augen befindet sich also auf längerem Holz als normal.
Sind hauptsächlich die oberen Triebteile geschädigt, dann wird kürzer, jedoch auf mehr Zapfen und kurzen Streckern angeschnitten. Da die unteren Augen bei vielen Sorten weniger oder gar keine Trauben bringen, muß auch stärker angeschnitten werden.

Bei Schäden über 70 Prozent aller Augen muß jeder geeignete Trieb angeschnitten werden; Hirntriebe werden nicht entfernt, sondern kurz geschnitten. In diesem Falle ist nach dem Austrieb eine Korrektur des Schnittes erforderlich. Das Ausbrechen der Triebe ist dabei besonders sorgfältig vorzunehmen.
Nach den Untersuchungen von Bourquin und Cappel (1979) hängt das Ausmaß der Winterfrostschädigung auch vom Zeitpunkt des Rebschnittes und des Niederbindens der Fruchtruten ab. Anlagen, die erst nach dem Frost geschnitten worden sind, hatten (unabhängig von der Länge des Schnittes) einen stärkeren Austrieb, höheren Gescheinansatz und Ertrag. Das Niederbinden der Fruchtruten vor dem Frost verursacht zusätzliche Frostschäden, weshalb diese Arbeit immer erst im ausgehenden Winter durchgeführt werden soll.
Neben den Winterfrostschäden sind zumindest in bestimmten Gebieten und Lagen die Maifröste gefährlich. Auch hier besteht — zumindest bis zu einem gewissen Grad — die Einflußnahme durch den Schnitt. Längerer Schnitt bedingt einen verzögerten Austrieb und langsameres Wachstum gegenüber kurz geschnittenem Fruchtholz, wodurch ein höherer Traubenertrag erzielt wird (Redl 1982).

Rebschnitt nach Hagelschäden
Nach Hagelschlag kommt es bei starker Schädigung der Anlage zu einem verstärkten Austrieb von Geiztrieben aus Beiaugen. Um für den Schnitt im folgenden Jahr genügend lange, gesunde und gut ausgereifte Triebe zu erhalten, ist es zweckmäßig, die Triebzahl durch Ausbrechen zu beschränken.

TECHNIK DES REBSCHNITTES

Rebschnitt mit Rebschere

Zum Schneiden verwendet man die Rebschere und für besonders starkes, altes Holz eine Baumsäge. Wesentlich ist das Arbeiten mit gut geschliffenen Scheren, die einen glatten, nicht quetschenden Schnitt ermöglichen. Auf dem Markt befindet sich eine große Auswahl von verschiedenen Typen:

● Stahlscheren
mit gerader Griffführung; eine im Gesenkschmiedeverfahren hergestellte Ganzstahlschere. Die Gegenklingen sind oft ohne Saftabstreifer. Die Lagerung ist ohne exakte Nachstellmöglichkeit. Gesamtlänge 215 mm, Gewicht 320 g.
Marken: Kunde, Pradines.

● Leichtmetallscheren
mit Paßgrifform; Klinge und Gegenklinge sind aus Stahl. Gegenklinge mit Saftabstreifer. Die Griffe sind der Handform angepaßt und mit Kunststoff überzogen. Lagerung mit exakter Nachstellmöglichkeit. Gesamtlänge 215 mm, Gewicht 240 g.
In Versuchen wurde festgestellt, daß gegenüber den Ganzstahlscheren eine 14prozentige Energieersparnis erzielt werden konnte.
Marken: Loewe, Felco, Gardena.

● Scheren mit Rollgriff
Eine Leichtmetallschere mit Klinge und Gegenklinge aus Stahl. Gegenklinge mit Saftabstreifer. Die Griffe sind ebenfalls der Handform nachgebildet, ein Griff ist als Kunststoff-Rollgriff ausgebildet und dreht sich beim Schneiden. Gesamtlänge 215 mm, Gewicht 285 g. Es können 25 Prozent des energetischen Bedarfes gegenüber Ganzstahlscheren eingespart werden.
Marke: Felco.

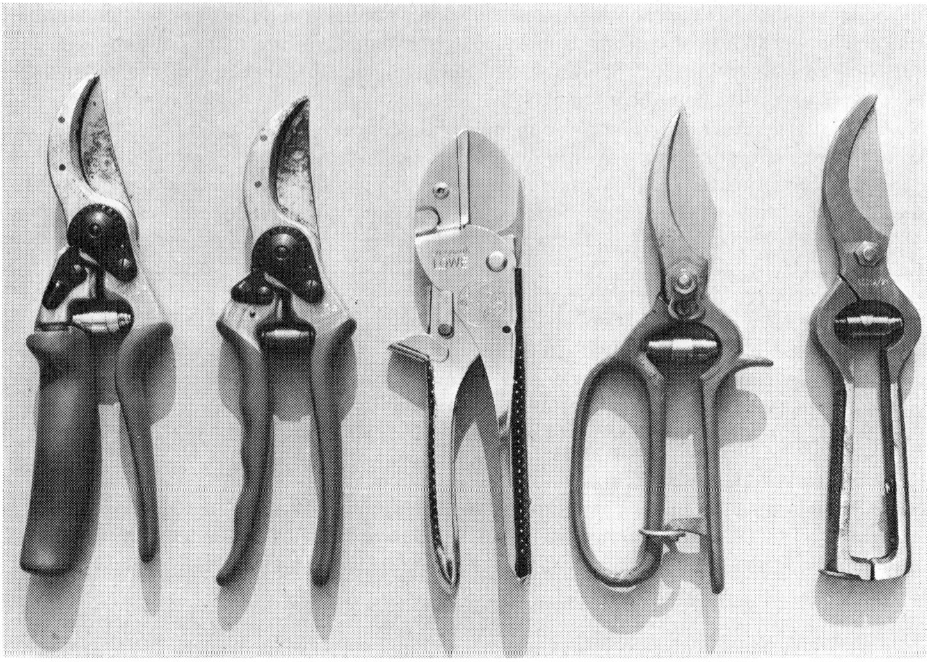

Verschiedene Rebscherer

Pneumatische Rebschere

Rebschnitt mit pneumatischen Rebschnittgeräten

Pneumatische Rebscheren haben sich in den letzten Jahren zunehmend durchgesetzt. Sie ermöglichen eine Teilmechanisierung des Rebschnittes und gehören in modern geführten, größeren Weinbaubetrieben schon zur Standardausrüstung.

Während die Anfang der Siebzigerjahre eingeführten, ersten Scheren noch unförmig und schwer waren, sind die heute im Handel befindlichen Geräte relativ leicht und handlich. Sie führen auch qualitativ gute Schnitte durch und verursachen keine Quetschungen mehr.

Folgende Vorteile werden ins Treffen geführt:

- Arbeitszeiteinsparung um durchschnittlich 20 Prozent, wobei abhängig von der Arbeitskraft und dem Rebenbestand (Alter, Sorte, Erziehung) große Abweichungen möglich sind (die Einsparungen liegen zwischen 7 und 31 Prozent).

- Arbeitserleichterung. Die Hand- und Armmuskulatur wird entlastet, Sehnen und Handgelenke werden geschont.
- Müheloses Schneiden von starkem Holz. Pneumatische Rebschnittgeräte trennen mühelos bis zu 30 mm starkes Holz ab, so daß Sägen überflüssig ist.
- Das Herunterziehen des abgeschnittenen Rebholzes wird insofern erleichtert, als abgetragene Bögen mehrmals durchgeschnitten werden.

Skeptiker weisen auf folgende Nachteile hin:

- Um die Vorteile nutzen zu können, sind Arbeitskräfte mit großer Geschicklichkeit und hoher Urteilskraft erforderlich.
- Lärmbelästigung durch Motor und Kompressor.
- Unfallgefahr beim Arbeiten mit der zweiten Hand.
- Das Nachziehen der Schläuche ist lästig.

Arten von Pneumatischen Rebschnittanlagen

Hinsichtlich der Kraftquelle gibt es grundsätzlich drei unterschiedliche Arten, nämlich auf dem Traktor angebaute Zapfwellenkompressoren, Motorkompressoren auf einem eigenen Fahrgestell und Druckluftflaschen. Jede dieser Arten hat Vor- und Nachteile, so daß es Aufgabe des Betriebsführers ist, durch Abwägung dieser Faktoren die richtige Entscheidung zu treffen.

	Zapfwellen-kompressoren	Motorkompressoren	Hochdruck-Preßluftflaschen
Allgemeines	Anbringung an der Dreipunkt-Hydraulik des Traktors, Antrieb durch Zapfwelle. Motor muß auf ca. 1/3 Gas laufen (950 bis 1.000 Umdrehungen der Zapfwelle sind notwendig)	Selbständige Geräte, die mit einem Kombi leicht in den Weingarten transportiert werden können. Der Kompressor wird durch einen Verbrennungsmotor betrieben; 4-Takt-Benzin-Motoren haben sich als sehr betriebssicher erwiesen	Die Druckluft stammt aus Preßluftflaschen, die im Betrieb vom Werkstattkompressor gefüllt werden.
Vorteile	Fast störungsfrei, da Traktor problemlos läuft keine zusätzlichen Wartungsarbeiten für Motor, Anschaffung billiger.	Traktorunabhängig (kann innerbetrieblich vorteilhaft sein). Transport und Einsatz leicht und schnell (kein Anbau notwendig), niedrige Betriebskosten.	Keine Belästigung durch Lärm und Abgase, billiger Betrieb. Nachteil: begrenzte Kapazität, Zeit zum Befüllen erforderlich.

Pneumatische Rebschnittanlagen

Hersteller (Vertrieb in Österreich)	Bezeichnung	Art, Kompressor Kraftbedarf	Schere	Schlauchlänge Arbeitsleistung	Anmerkung
Felco (Fa. Lindner, Hirnsdorf)	Schneidkompressor Typ KMB 15	Motorkompressor 1-stufig, 1 Zylinder, Ansaugleistung 200 Liter, laufruhigem 5,5 PS Honda Benzinmotor, Verbrauch ca 1/2 l/Stunde oder mit E-Motor	Handschere Felco bis 35 mm Schnittstärke, Länge 26 cm, Gewicht 705 g, Preßluft 7-12 Bar (atü), Kompressoren-Leistung 35-60 l/Min. minimum	Ansteckvorrichtung für 1 Schlauchroller mit Wartungseinheit aus Wasserabscheider, Druckminderer u. Öler, Manometer, Überdruckventil, Sicherheitsventil zur geräuschlosen Ableitung der überflüssigen Luft, Laufräder, einklappbarer Führungsholm ausreichend bis 4 Scheren	Durch Defrosteranlage mit Wasserabscheider für Arbeiten auch bei tiefen Temperaturen geeignet.
	„Humus" Schnittwagen Typ SW 13	Schnittwagen mit aufgebautem Kompressor, 2-stufig, 2 Zylinder Ansaugleistung 670 Liter Druck bis 18 bar mit Anhängevorrichtung	s. o.	Ansteckdorne für 2 Schlaufaufroller, ausgerüstet mit Wartungseinheit, Luftverteiler 4-fach, Luftkessel inhalt 500 l	s. o.
Krobath A-8330 Feldbach	Super-Star Hochdruck-Schnittanlagen	Haltevorrichtung mit 2 Hochdruckpreßluftflaschen für 3-Punkt-Aufhängung oder für Transport mit Kombi bzw. Traktoranhänger	Schere Super-Star Gewicht: 0,55 kg Schnittstärke bis 20 mm	Bei 2 Flaschen ca. 6—7 Stunden bei 4 Lesescheren bis 200 m Schlauchleitung (über 100 m sind zusätzlich Öl- und Wasserabscheider notwendig).	Lärm- und abgasfreies Arbeiten, Preßluft hat begrenzte Kapazität; Auffüllzeit pro Flasche: 3 Stunden
	Super-Star Kompressor C 200 für 2 Anschlüsse C 300 für 4 Anschlüsse C 500 für 6 Anschlüsse C 1000 für 6 Anschlüsse	Traktoranbaukompressor, 3-Punkt-Aufhängung, Kraftbedarf: 1.5 kw, 2.2 kw 3.0 kw 5.5 kw	Super-Star Gewicht: 0.55 kg Schnittstärke bis 20 mm	bis zu 300 m Schlauchlänge geeignet. pro Schere und Tag 20—30 Ar	Einkolbenschere

DIE ARBEITSLEISTUNG BEIM REBSCHNITT

Die zum Durchtrennen der häufigsten Holzstärken erforderliche Kraft kann mit guten Rebscheren meist ohne Schwierigkeiten aufgebracht werden. Zum Durchschneiden des Rebholzes ist ein Kraftbedarf von 0,3 bis 0,4 cal/Min. (= 1,26 — 1,67 Joule) erforderlich, was 5 bis 10 Prozent der Leistung, die der menschliche Körper beim Schneiden eines Rebstockes aufzubringen hat, ausmacht. Diese Leistung kann ohne Mühe mit einer Hand erbracht werden, wenn sich die Schere in gutem Zustand befindet. Der Feder- und der Reibungswiderstand bei einer neuen Leichtmetallschere beträgt 2 kg/Schnitt. In der Praxis werden jedoch auch Scheren verwendet, die einen Feder- und Reibungswiderstand von mehr als 5 kg pro Schnitt aufweisen. Unter solchen Arbeitsbedingungen steigt der Kraftbedarf enorm.

Die Arbeitsleistung beim Schneiden ist vor allem vom Alter und von der Erziehungsform der Anlage abhängig. Im Winter wird die Leistung auch durch die Kälte stark gedrückt.

In Ertragsanlagen (Hochkultur) kann ein geübter Hauer durchschnittlich 200 bis 250 Stöcke pro Tag schneiden. Das bedeutet, daß man zum Schneiden von 1 Hektar Hochkultur durchschnittlich 10 bis 14 Tage benötigt. Bei der Stockkultur rechnet man je nach Sorte und Wüchsigkeit mit 16 bis 18 Tage je Hektar.

Arbeitsaufwand je Hektar Hochkultur:	
2800 Stöcke à 2,2 Minuten = 93—103 Stunden, 93 × S 60.— je Stunde =	S 5.580.—
Arbeitsaufwand je Hektar Drahtrahmen:	
5500 Stöcke à 1,7 Minuten = 156 Stunden, 156 × S 60.— =	S 9.360.—
Arbeitsaufwand je Hektar Stockkultur:	
8500 Stöcke à 1 Minute = 142 Stunden, 142 × S 60.— je Stunde =	S 8.520.—
Arbeitsaufwand je Hektar Pergola:	
in ebener Lage 95 Stunden je Hektar à S 60.— =	S 5.700.—
in starker Hanglage 160 Stunden je Hektar à S 60.— =	S 9.600.—
(nicht mit dem Traktor befahrbar)	

Arbeitshinweise für pneumatischen Rebschnitt

Da beim Rebenschnitt immer wieder beide Hände verwendet werden, muß jene Hand, die ohne Schere arbeitet, unbedingt mit einem Kettenhandschuh geschützt werden. Allzuleicht kann nämlich die pneumatische Schere ausgelöst werden, was zu gefährlichen Unfällen einer nicht geschützten Hand führen kann.

Weiters ist die richtige Arbeitsorganisation wichtig; pneumatisch werden das abgetragene Holz und ältere Bögen geschnitten. Dabei sollen längere Bögen mehrmals durchschnitten werden, was die Arbeit des Herausziehens wesentlich erleichtert. Wenig geeignet für pneumatische Rebscheren (und somit mit der alten Rebschere händisch durchzuführen) sind das Putzen und das Schneiden in Zusammenhang mit dem Herausziehen der Reben. Wichtig ist eine ausreichende Druckluftleistung, die auch beim gleichzeitigen Schneiden mit mehreren Scheren gegeben sein muß. Es sollen auch nicht zu lange Schlauchleitungen verwendet werden.

Um Störungen und vorzeitigen Verschleiß zu vermeiden, sind die Geräte einwandfrei zu warten. Hiezu gehört das Ablassen des Wassers und der Kondensate an den hiefür vorhandenen Ablaßventilen, das regelmäßige Kontrollieren des Ölstandes und Schmieren der Scheren und das Prüfen der Keilriemenspannung. Die Messerklingen sind täglich mit einem Abziehstein nachzuschärfen und die beweglichen Teile mit Glysantin zu schmieren.

Das Niederbinden des Fruchtholzes und das Anbinden der Stämmchen

Nach dem Rebschnitt muß das Fruchtholz möglichst waagrecht am jeweils passenden Kordondraht niedergebunden (angeheftet) werden. Diese Arbeit kann ab Ende Februar, wenn keine starken Fröste mehr befürchtet werden müssen, durchgeführt werden. Man muß nicht warten, bis das Holz in Saft kommt. Beim steirischen Bogenschnitt werden die Fruchtruten an dem unterhalb des Biegedrahtes laufenden Heftdraht fast senkrecht niedergebunden.

Bei einzelnen Rebsorten, insbesondere bei starkem, markreichen Holz wie beim Neuburger, Frühroten Veltliner, können die Fruchtruten beim Biegen brechen. Durch langsames, vorsichtiges Arbeiten unter Zuhilfenahme beider Hände kann diese Gefahr verringert werden. Das Niederbinden hat den Zweck, daß möglichst alle Augen (auch die an der Basis befindlichen) gleichmäßig austreiben. Bei steil nach oben stehenden Trieben treiben nur die obersten Augen durch, während das Austreiben der tiefer liegenden durch Hormone gehemmt wird.

Zum Anbinden wird in der Praxis verschiedenes Material verwendet: Kunststoffklammern (Ringe), Alu-Drähte und Abfallschnüre aus Hanf, Sisal etc. Die Weinbergklemmen, die es in zwei verschiedenen Größen gibt, haben sich sowohl arbeitswirtschaftlich als auch kostenmäßig gut bewährt und können mehrere Jahre hindurch verwendet werden.

Zum Festbinden der Stämme werden breite Plastikbänder in verschiedenen Ausführungen eingesetzt. Im Handel werden hiefür gut geeignete Materialien angeboten. Bei Verwendung von zu dünnen Schnüren oder Drähten besteht die Gefahr des Stammeinschnürens.

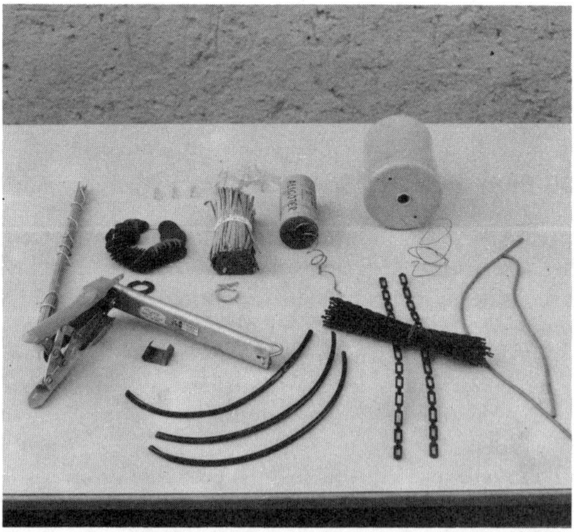

Materialien zum Anbinden von Reben

Kapitel 21

Rebholzbeseitigung nach dem Schnitt

Für die Rebholzbeseitigung nach dem Schnitt gibt es mehrere Möglichkeiten, wobei in jüngster Zeit die Verwertung als Brennmaterial aktuell geworden ist.
Die in der Praxis noch immer am häufigsten durchgeführte, aber unwirtschaftlichste Form ist das Verbrennen des Rebholzes nach dem Ausbringen auf einem geeigneten Platz in unmittelbarer Nähe des Weingartens. Das Rebholz wird im einfachsten Falle von Hand aus eingesammelt und ausgetragen. Diese Methode ist sehr arbeitsaufwendig, stellt aber bei engen Reihenentfernungen die einzige Möglichkeit dar.
In Weitraumanlagen kann das Rebholz auch **mechanisch eingesammelt** werden.

Rechen zum Rebholzausbringen (Bild: Graf, Langenlois)

Zerkleinertes Rebholz

Das einfachste Gerät hiefür ist der Kultivator; sein Einsatz kommt am billigsten, da er in den meisten Betrieben vorhanden ist. Am Kultivator sollte für diesen Zweck nur die hintere Zinkreihe montiert sein. Der Kultivator rafft das beim Rebschnitt in die Reihe geworfene Rebholz zusammen. Schwierigkeiten ergeben sich beim Abnehmen des Holzes am Reihenende. Hierbei müssen die Reben oft mühsam händisch aus den Kultivatorzinken herausgezogen werden. Das trifft besonders dann zu, wenn Gänsefußschare und nicht glatte Kultivatorzinken verwendet werden.
Zum Ausbringen werden auch viele „Eigenkonstruktionen" verwendet, die durchwegs auf dem Prinzip des Rechens beruhen. Alle Geräte können — je nach Rebholzanfall — 60 bis 80 m lange Reihen in einem Durchgang vom Rebholz säubern.

Eine andere, die für die Praxis eigentlich günstigste Form der Verwendung des Rebholzes ist das Einbringen in den Boden. Das Rebholz und die Trester stellen einen Ernterückstand dar, der ohne Schwierigkeiten dem Weingarten wieder zugeführt werden kann.

Es gibt verschiedene Methoden, um das Rebholz in den Boden einzubringen:

- Kompostieren des zerkleinerten Rebholzes und späteres Einbringen.
- Zerkleinern des Rebholzes im Weingarten und direktes Einbringen.

Das Kompostieren des Rebholzes wird in der Praxis wegen der hohen Arbeitsintensität abgelehnt, obwohl das Endprodukt ein hochwertiger Humusdünger ist. Das Reb-

Walzenhäcksler

holz hiefür wird zuerst zerkleinert, wobei es nicht nur klein geschnitten, sondern auch gequetscht oder aufgerissen werden muß, um eine raschere Verrottung zu ermöglichen. Zur Beschleunigung der Verrottung wird das Rebholz mit feuchtem Torfmull zu einer Miete angesetzt, wobei schichtweise 8 bis 10 kg Kalkstickstoff pro 100 kg Kompostmaterial gestreut werden. Diese Miete sollte mit Wasser oder noch besser mit Jauche begossen werden. Um ein gleichmäßiges Verrotten zu gewährleisten, ist die Miete mit Erde abzudecken. Nach zirka 6 Wochen soll der Komposthaufen mechanisch umgesetzt werden. Nach insgesamt 4 Monaten erhält man einen wertvollen, gebrauchsfertigen Humusdünger.
Das Zerkleinern und direkte Einbringen des Rebholzes im Weingarten stellt zweifellos den letzten Stand der wirtschaftlichen Rebholzverwertung dar. Die bisherigen Erfahrungen sind durchaus positiv. Von den Praktikern wird jedoch die Befürchtung geäußert, daß sich bei langjähriger direkter Einbringung von Rebholz in den Boden aus dem Zersetzungsprodukt Hemmstoffe bilden, was in der Folge zu Wachstumsdepression führt. Diesbezüglich liegen noch keine Versuchsergebnisse vor.

Maschinen zur Rebholzzerkleinerung
Für das Zerkleinern und direkte Einbringen des Rebholzes in den Boden benötigt man Spezialmaschinen.

Die Reben werden schon beim Schneiden in der Mitte der Reihen abgelegt, so daß das Holz von der Maschine erfaßt, zerkleinert und zerrissen werden kann.

● Rotorkrümler
Im einfachsten Fall kann der Rotorkrümler herangezogen werden, dessen Messer die Reben zerhacken bzw. zerbrechen sollen. Das Rebholz muß in diesem Fall sehr trocken und kurz sein. Lange und frische Reben verwickeln sich leicht, was zu unliebsamen Arbeitsunterbrechungen führt. Auch das ältere Holz bleibt bei dieser Methode meist unzerkleinert liegen. Der einzige Vorteil dieses Gerätes ist, daß es das Holz zerkleinert und gleichzeitig auch seicht einarbeiten kann.

● Walzenhäcksler
Diese Rebholzzerkleinerungsmaschine besteht aus zwei gegenläufigen, mit scharfkantigen Leisten versehenen Walzen, durch die das Rebholz geführt und dabei zerkleinert, zerquetscht und aufgefasert wird. Auch stärkere Rebteile werden dabei gut zerkleinert.

Der Antrieb erfolgt über die Zapfwelle, der Kraftbedarf beträgt 10 bis 12 PS. Die Arbeitsbreite beträgt je nach Gerätetyp 60 bis 120 cm. Die Maschine wiegt 220 bis 330 kg. Der Anschaffungspreis beträgt zirka S 40.000,— (Stand 1982, inkl. MWSt).

● Schlaghäcksler
Dieser Rebholzzerkleinerer besteht aus einem Rotor mit Schlagwerkzeugen, der 1400 Umdrehungen pro Minute macht. Das Rebholz wird durch die Maschine aufgenommen und auf dem über dem Rotor befindlichen Gitter zerschlagen. Höhenverstellbare Rechenzinken verhindern ein Durchrutschen von Reben.

Das Gerät wird an der Dreipunkthydraulik montiert und über die Zapfwelle angetrieben; hiefür sind mindestens 18 PS erforderlich. Das Gewicht beträgt zirka 350 kg, der Preis je nach Arbeitsbreite (90—150 cm) von S 40.000,— bis S 50.000,— (Stand 1982, inkl. MWSt.).

● Schlegelhäcksler
Beim sogenannten Schlegelschneiden wird das Rebholz von vier rotierenden Pendelmessern bei einer Drehzahl von 750 Touren pro Minute zerkleinert.
Das Gerät wird am Traktor angebaut und über eine Zapfwelle angetrieben. Der Kraftbedarf liegt bei 35 PS. Das Gerät wiegt 350 kg und hat eine Arbeitsbreite von 150 cm. Der Preis beträgt zirka S 50.000,— (Stand 1982, inkl. MWSt.).

● Feldhäcksler
Zur Zerkleinerung kann aber auch ein Feldhäcksler eingesetzt werden, der auch mit Schlagwerkzeugen arbeitet.
Hiebei laufen Messer mit 1600 Touren pro Minute durch eine Gegenschneide. Das zerkleinerte Material wird durch einen Prallteller verteilt. Arbeitsbreite = 1,50 m, Kraftbedarf = 45 PS. Die Kosten betragen derzeit etwa S 60.000,— (Stand 1982, inkl. MWSt.).
Die Leistung aller angeführten Spezialgeräte liegt bei etwa ⅓ bis ½ Hektar pro Stunde. Da diese Maschinen jedoch hohe Anschaffungskosten verursachen und einen wirtschaftlichen Einsatz erst bei größeren Flächen sichern können, sollten sie gemeinschaftlich angeschafft werden.
Es gibt aber auch Maschinen, die das anfallende Rebholz vom Boden aufnehmen, zerkleinern und in einem Sammelbehälter speichern. Auf diese Weise wird das zerkleinerte Rebholz maschinell aus dem Weingarten gebracht. Durch diese Maschinen können die vielfach geäußerten Bedenken gegenüber der direkten Einarbeitung von Rebholz im Weingarten umgangen werden. Beim Verrottungsprozeß spielt die Bodenart eine große Rolle. Der Rotteprozeß verläuft in leichten Böden wesentlich rascher und günstiger als in schweren und bindigen Böden. Besonders bei schweren Böden ist daher auf ein seichtes Einbringen zu achten, da in den obersten Bodenschichten die biologische Aktivität am größten ist. Am günstigsten verläuft die Verrottung, wenn das Rebholz in den Gründüngungsreihen eingebracht und später mit der Gründüngung gehäckselt wird. Durch die verstärkte Aktivierung von Bodenlebewesen bei der Zersetzung der Gründüngung kann auch das 2 bis 7 cm lange, zerquetschte und zerfaserte Rebholz rascher verrotten. Beim Einarbeiten von Rebholz ist auch auf den erhöhten Stickstoffbedarf zu achten; dieser beträgt zusätzlich etwa 30—40 kg Reinstickstoff pro Hektar und ist bei der Frühjahrsdüngung zu geben.
Der nachstehende Vergleich von Zeit- und Kostenaufwand pro Hektar und Jahr bei den verschiedenen Methoden der Rebholzbeseitigung soll die Möglichkeit für eigene Berechnungen geben.

Kostenvergleich der Rebholzbeseitigung

Methode	Personal: ⌀ Zeitaufwand Stunden pro ha	Personal: Kosten pro Stunde	Personal: Kosten pro ha	Traktor: ⌀ Zeitaufwand Stunden pro ha	Traktor: Kosten pro Stunde	Traktor: Kosten pro ha	Gerät: ⌀ Zeitaufwand Stunden pro ha	Gerät: Kosten pro Stunde	Gerät: Kosten pro ha	Gesamtkosten in S
Reben lose von Hand ausgetragen	25	60,—	1.500.—	—	—	—	—	—	—	1.500.—
Reben mit Traktor und Kultivator ausziehen	3	60.—	180.—	3	120.—	360.—	3	40.—	120.—	660.—
Direkte Zerkleinerung i. Weingarten	3	60.—	180.—	3	120.—	360.—	3	65.—	195.—	735.—

Rebholz für Heizzwecke

Die enorme Verteuerung der Brennmaterialien hat zur Entwicklung von neuen Heizsystemen auch für den Bauernhof geführt; eines davon ist das Verbrennen von gepreßtem Rebholz in Spezialöfen. Mit Hilfe modifizierter Strohpressen wird das Rebholz gebündelt und nach Trocknung an der Luft verfeuert. Im Handel werden verschiedene Anlagen ab etwa 30.000 Wärmeeinheiten angeboten, solche mit händischer und automatischer Beschickung. Bei Neuinstallation von Heizungen ist diese Variante hinsichtlich ihrer Wirtschaftlichkeit genau zu prüfen, wo davon auszugehen ist, daß zum Beheizen eines Einfamilienhauses das Holz von 7 bis 8 ha Weingarten (pro ha fallen 1.5 bis 2.5 t an) erforderlich ist. 3 kg trockenes Rebholz hat den Brennwert von etwa 1 Liter Heizöl extraleicht.

Kapitel 22

Die Ernährung der Rebe

DIE NÄHRSTOFFE

In der Pflanzenernährung unterscheidet man zwischen Massennährstoffen, Hauptnährstoffen, Nebennährstoffen und Spurenelementen.
Zu den Massennährstoffen zählt man Sauerstoff, Wasserstoff und Kohlenstoff. Sie stammen aus der Luft und aus dem Wasser und stehen als Nährstoffe in nahezu unbeschränkter Menge zur Verfügung.
Als Hauptnährstoffe bezeichnet man Stickstoff, Phosphor, Kalium, Kalzium und Magnesium; sie werden von den Pflanzen im allgemeinen aus dem Boden aufgenommen.
Auch die Nebennährstoffe, Schwefel und Eisen sowie die Spurenelemente wie beispielsweise Bor, Zink, Mangan, Kupfer und Molybdän werden aus dem Boden aufgenommen, doch im Gegensatz zu den Hauptnährstoffen nur in geringen Mengen benötigt, weil ihr Wirkungsgrad sehr hoch ist.
Von den Nebennährstoffen und Spurenelementen sind im Weinbau Eisen, Bor, Mangan und Zink von besonderer Bedeutung; in der Praxis sind bis heute nur bei diesen Elementen Mangelsymptome aufgetreten.

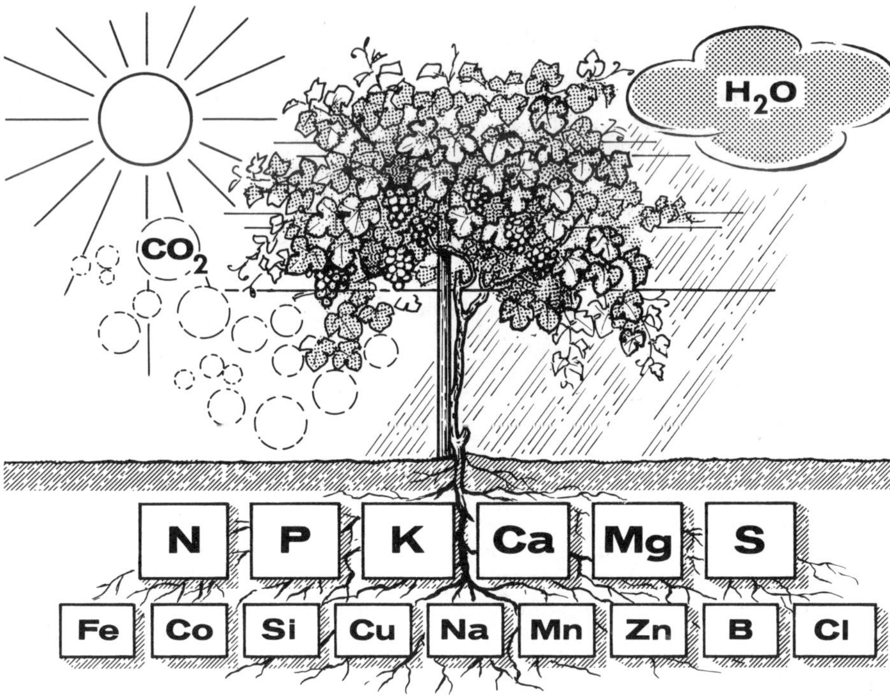

Die Nährstoffe der Reben

DIE AUFNAHME DER NÄHRSTOFFE

Die Pflanze nimmt die Nährstoffe durch zwei Organe auf: durch die Wurzel und durch das Blatt.

Die Ernährung durch die Wurzel

Alle Nährstoffe der Rebe, ausgenommen Kohlenstoff, werden durch die Wurzel aufgenommen. Sie müssen im Bodenwasser in Form von wasser- oder wurzellöslichen Salzen vorhanden sein, damit sie für die Rebe verfügbar sind.

Nach ihrer Löslichkeit kann man die nährstoffhältigen Salze in drei Gruppen einteilen, in wasserlösliche, wurzellösliche und schwer- bis unlösliche Salze.

Die wasserlöslichen Salze sind im reinen Wasser löslich und werden rasch aufgenommen. Die wurzellöslichen Nährsalze sind im reinen Wasser nicht mehr löslich, wohl aber bereits in ganz schwachen verdünnten Säuren, wie sie beispielsweise von den Wurzeln ausgeschieden werden. Solche Salze sind allerdings nur langsam aufnehmbar. Die schwer- oder unlöslichen Salze hingegen sind für die Pflanzenernährung ungeeignet, soweit sie nicht im Laufe der Zeit durch chemische Vorgänge aufgeschlossen und dadurch pflanzenzugänglich gemacht werden.

Da die Nährstoffe zum Großteil durch die Wurzeln aufgenommen werden, soll dieses Organ kurz besprochen werden.

Die Tiefe der Durchwurzelung eines Bodens durch den Rebstock ist von der Tiefgründigkeit des Bodens, der Unterlage und der Art der Bearbeitung abhängig. Bei ständig bearbeitetem (offenen) Boden ist der Hauptwurzelraum der Rebe zwischen 25 cm und 50 cm Bodentiefe, während er in gemulchten Quartieren zwischen 5 und 25 cm Bodentiefe verläuft. Die Tiefe der Durchwurzelung hängt auch von der Art der Unterlagsrebe ab. Die verschiedenen Unterlagsreben haben auch ein unterschiedliches Nährstoffaufnahmevermögen; so wurde zum Beispiel von Bovay 1964 beobachtet, daß die Unterlagsrebensorten 5 C und 5 BB anfällig gegen Kalimangel sind.

Um Rebstöcke mit einem gut entwickelten, leistungsfähigen Wurzelsystem zu erzielen, ist es wichtig, Düngung und Bodenbearbeitung schon vor der Weingartenanlage richtig durchzuführen. In den ertragslosen Jahren des Rebstockes werden nämlich die Assimilate vornehmlich für die Wurzelbildung verwendet (bei in Ertrag stehenden Anlagen nur mehr ein Drittel).

Die Hauptfaktoren für ein reichliches Wurzelwachstum sind neben einer guten Nährstoffversorgung ausreichende Feuchtigkeit und gute Durchlüftung des Bodens. Diese Wachstumsfaktoren sollten immer im Optimum stehen.

Die Nährstoffe werden in folgender Form aufgenommen:

Stickstoff (N): Nitrat (NO_3^{-}), Ammonium (NH_4^{+})

Phosphor (P): Phosphat (PO_4^{---})

Kali (K): Kalium (K^{+})

Kalk (Ca): Calzium (Ca^{++})

Die Ernährung durch das Blatt

Der wichtigste Nährstoff, der ausschließlich durch das grüne Blatt aufgenommen wird, ist der Kohlenstoff. Er gelangt aus der Luft in einer gasförmigen Verbindung, dem Kohlensäuregas oder Kohlendioxyd (CO_2), durch zahllose winzige Spaltöffnungen, die sich beim Rebblatt auf der Blattunterseite befinden, in das Blattinnere.

Durch das Blatt können aber auch vollwasserlösliche Nährstoffe in stark verdünnter Lösung aufgenommen werden. Die Aufnahme erfolgt durch die Ektodesmen; das sind unzählige Plasmastränge in der Blattoberhaut (Epidermis), die das Zellinnere mit der wachsartigen Kutikula verbinden.

Da die tieferliegenden Zellen untereinander wiederum durch Ektodesmen verbunden sind, werden die aufgenommenen Nährstoffe leicht und schnell in das Blattgewebe weitertransportiert.

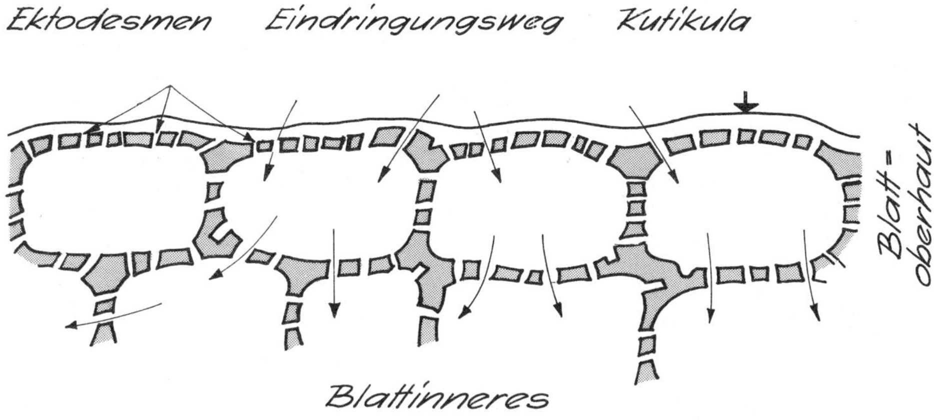

Aufnahme von Nährstoffen durch das Blatt

DIE WIRKUNG DER NÄHRSTOFFE

Jeder Nährstoff hat eine bestimmte Aufgabe zu erfüllen und kann nicht durch einen anderen ersetzt werden.

Stickstoff ist als „Motor des Pflanzenwachstums" bekannt, weil er an den wichtigsten Stoffwechselvorgängen in der Pflanze sehr wesentlich beteiligt ist. Ausreichend ernährte und gut mit Stickstoff versorgte Anlagen zeigen große Blätter mit sattgrüner Farbe, welche die beste Voraussetzung für hohe Assimilationsleistungen und gute Erträge darstellen. Stickstoff ist ein wichtiger Baustoff für alle Eiweißverbindungen und das Chlorophyll. Er ist vor allem für die Bildung junger wachsender und nicht verholzender Zellen notwendig. Wegen seiner wachstumsfördernden Wirkung benötigt die Pflanze den Stickstoff besonders in ihrer Jugendzeit. Dieser Nährstoff fördert ganz allgemein die Bildung und das Wachstum von Pflanzenmasse (vor allem Blätter, Triebe und Trauben). Bei ausreichender Stickstoffversorgung entwickelt sich die Pflanze sehr gut und zeigt kräftigen Wuchs mit dunkelgrüner Färbung.

Phosphor wirkt besonders beim Aufbau von Eiweißstoffen und Kohlehydraten mit und ist maßgeblich an der Blüten- und Fruchtbildung sowie auch am vegetativen Wachstum beteiligt. Fehlt einer Pflanze die notwendige Phosphorsäure, dann bleibt sie klein und schwach, wobei die oberen Blätter eine auffällig dunkel- bis schwarzgrüne Verfärbung zeigen.

Kalium ist stark im Junggewebe vertreten, fördert die Wasseraufnahme und hemmt die Wasserabgabe (Transpiration). Kali ist ferner bei der Zucker- und Eiweißbildung wesentlich beteiligt. Kali und Stickstoff sind die entscheidenden Nährstoffe für hohe Erträge und gute Qualität, sie tragen auch zu einem kräftigen Wurzelwachstum bei.

Kali spielt auch bei der Bukettausbildung in den Trauben eine wesentliche Rolle und ist außerdem für die Holzreife und die allgemeine Widerstandsfähigkeit, vor allem die Trokkenheitsresistenz der Rebe, von großer Bedeutung. Bei Kalimangel ist der Wasserhaushalt der Pflanze gestört und die Widerstandskraft gegen Frostschäden beeinträchtigt.

Kalk (Calzium) ist nicht nur ein wichtiger Pflanzennährstoff, sondern hat auch in hohem Maße einen Einfluß auf den Bodenzustand und erhält diesen gesund, weil durch Calziumverbindungen die Bodensäuren neutralisiert werden.

Kalk hemmt als Gegenspieler des Kalis die Wasseraufnahme und fördert die Wasserabgabe. Die wichtigste Calziumverbindung ist der Kalk (Calziumkarbonat), von dessen Vorhandensein im Boden die Reaktion weitgehend bestimmt wird. Darüber hinaus dient Kalk zur Strukturverbesserung im Boden. Zu deutlichen Mangelerscheinungen an Reben kommt es nur bei ausgeprägter Kalkarmut im Boden.

Magnesium ist ein wichtiger Baustein des Chlorophylls (Zentralatom) und spielt bei der Assimilation eine wichtige Rolle. Außerdem werden verschiedene für den Stoffwechsel wichtige Fermente nur unter Mithilfe von Magnesium gebildet.

Schwefel ist ein Eiweißbaustein und steht im Weinbau in der Regel ausreichend zur Verfügung.

Eisen ist am Chlorophyllaufbau maßgeblich beteiligt, obwohl es nur Bestandteil des grünen Blattfarbstoffes ist. Es ist auch Bestandteil mancher Fermente. Das Eisen kann im Boden bei Kalküberschuß blockiert werden, ein Mangel ruft Chloroseerscheinungen hervor.

Die **Spurenelemente** werden nur in kleinsten Mengen zugeführt und sind an vielen Steuerungsvorgängen des Pflanzenwachstums, der Assimilation, der Atmung und Transpiration beteiligt.

Bor ist ein für die Wachstumsprozesse, den Wasserhaushalt der Pflanze und die Befruchtung unentbehrliches Spurenelement. Es ist besonders kurz vor und während der Blüte für einen störungsfreien Ablauf der Befruchtung wichtig.

Zink ist an der Chlorophyllbildung beteiligt und fördert die Wuchsstoffbildung in der Pflanze (z. B. Tryptophan, eine Vorstufe der Auxine).

Mangan hat wichtige Funktionen, die teils jenen des Magnesiums, teils jenen des Eisens ähnlich sind. Die Manganaufnahme ist vor allem vom Kalkgehalt des Bodens abhängig. Mit abnehmendem pH-Wert steigt die Manganaufnahme schnell an und erreicht Werte, die an der Grenze der Verträglichkeit liegen (bei pH unter 7 bis zu 7 Prozent Mangangehalt in der Asche).

Eine Verarmung der Zellen an Mangan führt demnach zu einer Hemmung der Photosynthese durch Unterbrechung der Chlorophyllbildung. Mangan ist an sehr wichtigen enzymatischen Reaktionen im Stoffwechsel beteiligt.

Kupfer ist für die Bildung und Funktion von Enzymen notwendig. Durch die jahrzehntelange Anwendung von Kupfervitriol und Kupferfertigpräparaten sind die Weingartenböden zum Teil sehr stark mit Kupfer angereichert (bis zu 0.2 Prozent Kupfer nachgewiesen). Ein Mangel ist deshalb nicht zu befürchten. Als Pilzbekämpfungsmittel ist Kupfer in der Lage, kleinste Pflanzenzellen abzutöten. Es wirkt sich häufig bei kalter Witterung durch Blattätzungen und mangelnde Befruchtung nachteilig aus.

Molybdän und Kobalt. Über die Funktion dieser beiden Elemente ist derzeit nur wenig bekannt. Da darüber hinaus die Bestimmung der im Boden enthaltenen pflanzenverfügbaren Menge problematisch ist, kann der Praxis eine Untersuchung auf Molybdän und Kobalt derzeit nicht angeraten werden.

Grundsätzlich ist zu den Spurenstoffen zu bemerken, daß viele Fragen noch nicht ganz geklärt sind. Da Spurennährstoffe in den meisten Böden in ausreichendem Maße vorhanden sind, sollte die Spurennährstoff-Frage nicht überbewertet werden.

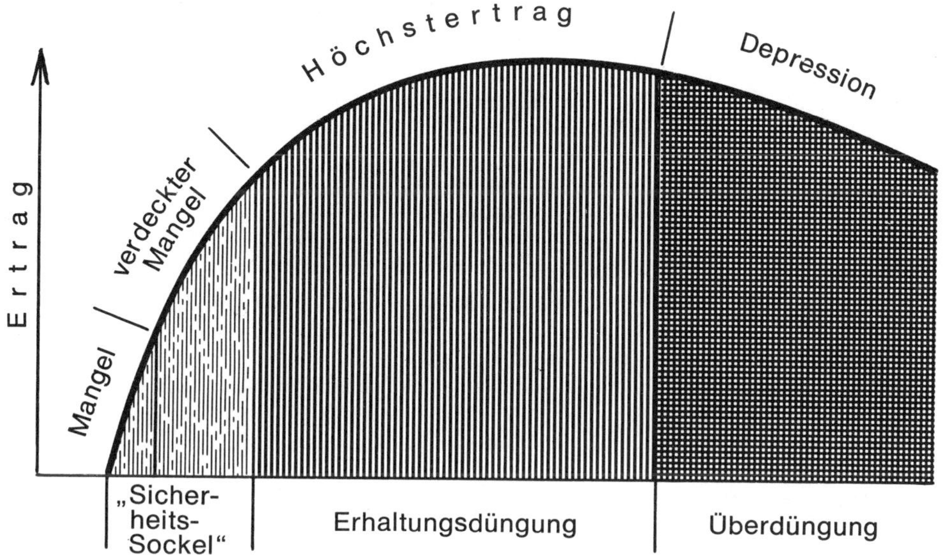

Beziehungen zwischen Nährstoffangebot und Ertrag. Im Verlauf der Ertragskurve lassen sich vier Zonen unterscheiden, die ganz bestimmte Düngungsmaßnahmen erfordern.

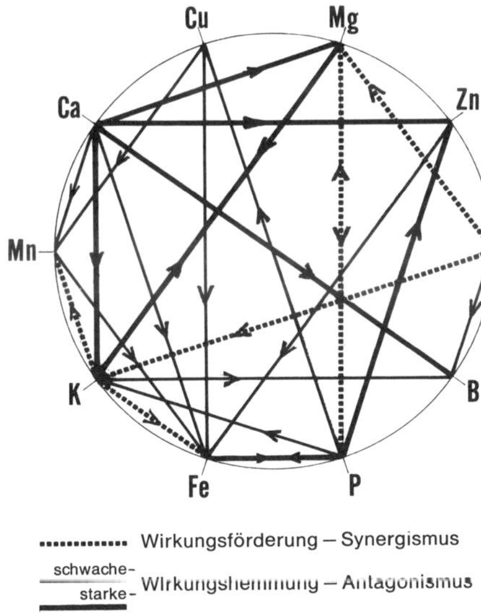

Die Wechselbeziehung der Nährstoffe zueinander

HARMONIE DER NÄHRSTOFFE

Ein ausgeglichenes Verhältnis der Nährstoffe zueinander ist gerade bei der Rebkultur eine wichtige Voraussetzung, um die Ertragschwankungen zu verringern. Sowohl das Fehlen einzelner oder mehrerer Nährstoffe (Nährstoffmangel) als auch ein Nährstoffüberschuß wirken sich auf das Pflanzenwachstum und die Ertragfähigkeit ungünstig aus und müssen daher so schnell wie möglich beseitigt werden.
Eine richtige, dem jeweiligen Standort angepaßte Bodenpflege ist bereits die billigste Maßnahme, um Nährstoffmängel zu vermeiden, und somit die wichtigste Voraussetzung zur Erzielung eines ausgeglichenen Nährstoffhaushaltes. Chlorose ist meist auf den schlechten Kulturstand (Luftmangel) in schwereren Böden zurückzuführen.
Auch eine Überdosis der Nährstoffe ist ungesund für das Pflanzenwachstum. Nährstoffe, die im Übermaß vorhanden sind, hemmen oft die Aufnahme eines anderen Nährstoffes.

Die Konkurrenz der Nährstoffe zueinander wird Antagonismus genannt. Zum Beispiel hemmt Kaliüberschuß die Magnesiumaufnahme und umgekehrt. Es gibt aber auch die Erscheinung des Synergismus; das ist die gegenseitige Förderung der Nährstoffaufnahme; zum Beispiel fördert Stickstoff die Kaliaufnahme.

DIE NÄHRSTOFFANSPRÜCHE DER REBE

Die vom Rebstock dem Boden entzogenen Nährstoffmengen geben keine sichere Bemessungsgrundlage für die Düngung, wohl aber wichtige Hinweise.
Leider weichen Nährstoffentzug und Nährstoffbedarf stark voneinander ab, weil die im Boden enthaltenen Nährstoffe nur teilweise pflanzenverfügbar sind. Der Bodenfaktor (Festlegung, Auswaschung) gewinnt in zunehmendem Maße an Bedeutung. Wenn man bedenkt, daß die Hauptmasse der Rebwurzeln sich in einer Tiefe von 35 bis 50 cm befindet und damit ein großes Bodenvolumen durchwurzelt wird, ist die große Differenz zwischen Entzug und Bedarf nicht überraschend.
Für die Berechnung der Düngergaben sind jedoch die genannten Entzugszahlen wichtig; sie liegen nur bei reichtragenden Sorten, wie Müller-Thurgau, Grüner Veltliner, Welschriesling, Blauer Portugieser, höher als angegeben.
Es ist ferner zu berücksichtigen, daß von den verabreichten Nährstoffen nur ein Teil sofort der Pflanze zur Verfügung steht. Verluste entstehen durch Auswaschung und Festlegung (Fixierung). Das Düngebedürfnis ist daher ein Vielfaches des tatsächlichen Nährstoffverbrauches.
Der Ausnutzungskoeffizient beträgt bei Stickstoff annähernd 80%, bei Phosphorsäure nur 40%, bei Kali und bei Magnesium 60%.

Auf Grund der ermittelten Entzugswerte kann das von der Rebe benötigte Nährstoffverhältnis wie folgt angegeben werden:
$2\,N : 1\,P_2O_5 : 3\,K_2O : 2\,MgO$
Das optimale Nährstoffverhältnis ist jedoch sehr stark von Witterung, Ertrag und vor allem von der Bodenart abhängig und kann demnach also von Ort zu Ort und auch von Jahr zu Jahr verschieden sein.

DER NÄHRSTOFFENTZUG

Die vom Rebstock dem Boden entzogenen Nährstoffmengen geben zwar keine unmittelbar umsetzbaren Daten für die Düngung, wohl aber Hinweise, die man berücksichtigen muß. Durch Untersuchungen wurde der Entzug festgestellt, wobei von den Wissenschaftlern verschiedene Angaben gemacht werden. Dazu ist festzuhalten, daß der ermittelte Entzug nur dann möglich ist, wenn ein entsprechendes Angebot an Nährstoffen in jenem Bereich, in dem sich die Wurzeln hauptsächlich ausbreiten, vorhanden ist.

Reinnährstoffentzug (kg/ha) im Weinbau nach Angaben verschiedener Autoren bei einer Ernte von 100 bis 150 hl/ha

Reinnährstoffentzug durch verschiedene Pflanzenteile		Autoren			
		Bucher 1975	Gärtel 1974	Djabarian 1970	Lafon 1965
Trauben allein	N	20	20	6	31
	P_2O_5	7	12	4	8
	K_2O	34	42	15	50
	Ca	4	4	3	9
	Mg	2	5	0.5	4
Blätter	N	40	—	27	22
	P_2O_5	10	—	11	2
	K_2O	56	—	33	5
	Ca	40	—	44	49
	Mg	4	—	4.5	4
Schnitt-holz	N	10	—	6	7
	P_2O_5	3	—	5	1
	K_2O	10	—	7	5
	Ca	10	—	13	10
	Mg	2	—	1.5	1
Gesamt-entzug (Trauben + Blätter + Holz)	N	70—80	100	39	60
	Pp_2O_5	20—22	41	20	11
	K_2O	100	103	55	60
	Ca	50—55	115	60	68
	Mg	8—9	20	6.5	9

Nährstoffentzug der Rebe in g/ha bei Spurenelementen
(Riesling, Ertrag 100 hl/ha, nach Gärtel)

	Fe	Cl	Zn	Mn	B	Cu	Mo
Blätter	200—470	93—149	30—85	50—100	25—50	24—48	0,15—0,42
Gipfelmasse	5—20	5—6	6—12	5—8	3—4	3—4	0,01—0,04
Holz	25—70	2—110	24—40	12—20	12—16	6—9	0,04—0,10
Most	20—40	4—20	5—20	5—15	20—50	20—40	0,04—0,20
Trester	180—275	32—46	30—50	10—20	20—30	8—14	0,06—0,08
Summe	430—875	136—331	95—207	82—163	80—150	61—115	0,30—0,84

Untersuchung
Die aus Weingärten stammenden Bodenproben werden in den landwirtschaftlich-chemischen Untersuchungsanstalten üblicherweise auf folgende Merkmale untersucht: Bodenreaktion (Säuregrad des Bodens), Kalkgehalt, Bodenschwere (Bodenart), Gehalt an pflanzenverfügbarer Phosphorsäure, Gehalt an pflanzenverfügbarem Kalium.

Auf Wunsch wird die Untersuchung ausgedehnt auf:

Humusgehalt
Tongehalt
Wasserlösliches Phosphat und Kali
Magnesium
Bor
Spurenelemente (Cu, Mn, Zn, Fe)
austauschbare Kationen (Ca, Mg, K, Na)

BODENUNTERSUCHUNG

Um den Nährstoffgehalt eines Weingartenbodens kennenzulernen, ist eine Bodenuntersuchung zu empfehlen. Sowohl die Vorratsdüngung vor der Anlage eines Weingartens als auch die spätere Erhaltungsdüngung sind wesentlich leichter bemeßbar, wenn sie auf dem Ergebnis einer Bodenuntersuchung ermittelt werden. Auch die Auswahl der Unterlagsrebe und der Edelsorte wird durch die Kenntnis der Kalk- und Reaktionsverhältnisse erleichtert.
Mit dieser einfachen Untersuchung können natürlich nur einige Hinweise auf das äußerst komplizierte Wechselspiel zwischen den vielen wirksamen Faktoren im Boden gewonnen werden. Da die Vorgänge überdies weitgehend von der Feuchtigkeit und Temperatur im Boden sowie von der Bodenstruktur und dem Bodenleben beeinflußt werden — also von Faktoren, die einer ständigen Änderung unterliegen — können mit der üblichen Bodenanalyse nur Teilbereiche erfaßt werden. Dies ist bei der Auswertung der Untersuchungsergebnisse stets zu bedenken.

Bodenreaktion
Werte unter pH 6,0 bedeuten eine saure, von 6,0 bis 6,9 eine schwach saure Reaktion. Ab pH 7,0 wird der Boden als alkalisch bezeichnet. Der günstigste Säurebereich für die Weinrebe liegt im schwach sauren Reaktionsbereich bei pH-Werten zwischen 6,0 und 6,5. In den österreichischen Weinbaugebieten findet man allerdings meist höhere, im alkalischen Bereich liegende pH-Werte, weil die meisten österreichischen Weinbaugebiete im Kalkgebiet liegen. Eine Beeinflussung der Bodenreaktion ist im allgemeinen nur dadurch möglich, daß man bei saurer Reaktion durch Kalkzufuhr eine Verschiebung der pH-Zahl in Richtung alkalischer Reaktion bewirken kann. Eine Änderung in umgekehrter Richtung, also vom alkalischen zum sauren Bereich, ist kaum zu erreichen. Man kann jedoch durch Anwendung von physiologisch sauer wirkenden Düngemitteln eine Zunahme der Alkalität verhindern. Das ist besonders dann zu empfehlen, wenn die Bodenreaktion bereits deutlich im alkalischen Bereich liegt.

Kalkgehalt

Für die Wahl der Unterlagsrebe, aber auch der Edelsorte, ist es von großer Bedeutung, ob der Weingartenboden Kalk enthält und wie hoch der Kalkgehalt ist. Die Bodenuntersuchung ermittelt diesen Wert, allerdings nur den Gesamtgehalt, nicht jedoch seine Aktivität, die vom Löslichkeitsgrad des vorliegenden Karbonates und von der wirksamen Oberfläche der Kalkteilchen abhängig ist. Es ist daher zweckmäßig, in Zweifelsfällen eher die kalkverträglichere Unterlage und Edelsorte zu wählen. Weiter ist zu bedenken, daß in Gebieten und Jahren mit hohen Niederschlägen die Unterlagsreben weniger Kalk als in trockenen Jahren vertragen.

Bodenschwere

Die Feststellung, ob ein Boden leicht (l), mittel (m) oder schwer (s) ist, dient in erster Linie zur Auswertung bei der Nährstoffuntersuchung, doch wirkt sich die Bodenschwere auch auf die Luft- und Wasserdurchlässigkeit eines Bodens aus, spielt bei der Bearbeitung eine wichtige Rolle und ist bei der Düngung zu beachten.

Gehalt an pflanzenverfügbaren Phosphaten

Die Böden des österreichischen Weinbaugebietes enthalten von Natur aus nicht so viel Phosphorsäure, als die Rebe zum Hervorbringen entsprechender Erträge benötigt. In den meisten Fällen ist daher die Zufuhr von Phosphatdüngern erforderlich. Da die Phosphorsäure im Boden kaum beweglich ist, muß sie durch Einpflügen in jene Tiefe gebracht werden, in der sie gebraucht wird.

Der Phosphatgehalt, der bei der Untersuchung ermittelt wurde, wird im Untersuchungszeugnis nicht nur in Milligramm Phosphorsäure je 100 Gramm Boden, sondern auch in Gehaltsstufen ausgedrückt.

Gehalt an pflanzenverfügbarem Kali

Kali ist im Boden zwar etwas beweglicher als die Phosphorsäure, soll aber trotzdem tief eingepflügt werden. Allerdings ist zu berücksichtigen, daß dieser Nährstoff in leichten Böden teilweise ausgewaschen werden kann.

Die Werte für den Phosphat- und den Kaligehalt im Boden (in Milligramm je 100 Gramm Boden nach der CAL-Methode), die aus dem Untersuchungszeugnis zu ersehen sind, bedeuten:

Einstufung der Phosphat- und Kaliwerte im Weinbau (Ober-und Unterböden)

Gehaltsstufe		P_2O_5	K_2O
		mg/100 g Feinboden	
A	sehr niedrig	unter 10	unter 15
B	niedrig	10 — 20	15—25
C	ausreichend	21 — 35	26 — 40
D	hoch	36 — 45	41 — 50
E	sehr hoch	über 45	über 50

Humusgehalt

Böden mit gutem Humusgehalt verfügen über eine bessere Speicherkraft für Wasser und Nährstoffe, sie sind außerdem lockerer, luftdurchlässiger und leichter erwärmbar. Somit

haben sie im allgemeinen einen besseren Wasser- und Nährstoffhaushalt und eine günstigere Struktur.
Das Ergebnis einer Bestimmung des Humusgehaltes wird im Untersuchungszeugnis nach folgender Skala angegeben:

Humuszustand	Humusgehalt in Gewichtsprozenten		
	leichte Böden	mittlere Böden	schwere Böden
humusarm	unter 1,0	unter 1,5	unter 2,0
humos	1,0—2,5	1,5—4,0	2,0—5,0
humusreich	2,6—8,0	4,1—12,0	5,1—15,0
sehr humusreich	über 8,0	über 12,0	über 15,0

Gehalt an pflanzenverfügbarem Magnesium
Der Gehalt des Bodens an Magnesium (Milligramm Magnesium in 100 Gramm Boden nach der Methode Schachtschabel) wird im Untersuchungsergebnis durch Übersetzung in Gehaltsstufen verdeutlicht:

Gehaltsstufen	mg Mg je 100 g Feinboden		
	leichter Boden	mittlerer Boden	schwerer Boden
A sehr niedrig	unter 6	unter 8	unter 10
B niedrig	6—12	8—14	10—16
C ausreichend	über 12	über 14	über 16

Gehalt an pflanzenverfügbarem Bor
Weist der Boden einen hohen Kalkgehalt auf, kann das im Boden enthaltene Bor festgelegt und damit von den Wurzeln nicht aufgenommen werden. Eine Bordüngung ist aber nur nach einer Untersuchung des Bodens auf Bor zu empfehlen, weil eine Überdüngung mit Bor Schäden verursachen kann.
Der Borgehalt im Boden (in Milligramm Bor je 1 Kilogramm Boden nach der Methode Baron) wird wie folgt bewertet:

Gehaltsstufe		Bor in mg je 1000 g Boden leichter Boden	schwerer Boden	Bemerkung
niedrig	= B	unter 0,4	unter 0,5	Bormangelschäden möglich, Bordüngung nötig
mittel	= C	0,4 bis 0,8	0,5 bis 1,0	Borschäden selten, Bordüngung nur bedingt nötig
hoch	= D	über 0,8	über 1,0	Borernährung gut gesichert, keine Bordüngung nötig
				Borschädigungsgrenze erreicht, weitere Bordüngung verursacht Schäden.

Kapitel 23

Düngung der Weingärten

Bei der Weingartendüngung kann man hinsichtlich der zu düngenden Anlagen zwischen der Vorratsdüngung, der Düngung der Ertragsanlagen und der Düngung von Rebschulen unterscheiden. Bei jeder dieser Anwendungsarten müssen sowohl mineralische als auch organische Dünger in ausreichendem Maße ausgebracht werden.

DÜNGUNG DER ERTRAGSANLAGEN

MINERALISCHE DÜNGUNG

Während der durch die Vorratsdüngung geschaffene „Nährstoff-Sicherheitssockel" das Fundament einer erfolgreichen Rebenernährung darstellt, ist es Aufgabe der Erhaltungsdüngung, nach jeder Ernte dem Boden jene Nährstoffe in ausreichender Menge und im harmonischen Verhältnis wieder zuzuführen, die er durch Entzug, Festlegung und Auswaschung verloren hat. Bei richtig durchgeführter Vorratsdüngung ist erst ab dem dritten Jahr die Erhaltungsdüngung erforderlich, deren Höhe sich in erster Linie nach dem Nährstoffgehalt des Bodens und den Erträgen richtet (Bodenuntersuchung).

DIE STICKSTOFFDÜNGUNG

Die Bemessung der Stickstoffgabe erfordert vom Weinhauer viel Erfahrung und Wissen und ist trotzdem oft nur nach dem „Gefühl" zu entscheiden. Erfahrungsgemäß können die N-Gaben im Weinbau je nach Alter und Zustand der Rebstöcke zwischen 20 kg und 150 kg Reinstickstoff je Hektar schwanken. Die Stickstoffdüngung kommt nur dann voll zur Wirkung, wenn der Humuszustand des Bodens gut ist und eine entsprechende Bodenbearbeitung erfolgt.

Eine schnelle und sichere Kontrolle der richtigen Stickstoff-Versorgung wäre für die Praxis von großer Bedeutung. Während man bei den Hauptnährstoffen wie Phosphor, Kali, Kalk und Magnesium den Gehalt durch Bodenuntersuchungen laufend überprüfen kann, ist dies bei Stickstoff leider nicht möglich und somit für den Praktiker die große Unbekannte.

Neuerdings wird auch im Weinbau versucht, den Stickstoffgehalt durch Bodenuntersuchung zu überprüfen. Dazu bedient man sich der sogenannten N_{min}-Methode nach Prof. Wehrmann (1975), bei der die im Boden vorhandenen mineralisierten (also pflanzenverfügbaren) Nitratmengen analytisch erfaßt werden. Die Differenz zum Gesamtstickstoff, der zu Vegetationsbeginn benötigt wird, ist durch Stickstoffdüngung zu ergänzen.

Beispiel:

Frühjahrsbedarf	= 100 kg/ha N
$-N_{min}$ im Frühjahr	= −20 kg/ha N
= empfohlene Düngung zu Vegetationsbeginn	= 80 kg/ha N

(N_{min} bedeutet mineralischer Stickstoff)

Die Zahlen des genannten Beispiels können naturgemäß je nach Bodenart und Typ, je nach Witterung und biologischer Aktivität des Bodens von Standort zu Standort sehr stark schwanken.

Die Schwierigkeit dieser Methode liegt auch darin, daß sowohl die Probenahme als auch die Untersuchung im Labor exakt und rasch durchgeführt werden müssen.

Die Stickstoffdüngung muß neben der Höhe der Erträge auch auf den Bedarf der einzelnen Sorten abgestimmt werden. Die nachstehende Übersicht gibt Anhaltspunkte für die Bemessung der Stickstoffdüngung im Weinbau.

Geringer Stickstoffbedarf	Mittlerer Stickstoffbedarf	Hoher Stickstoffbedarf
Neuburger Frühroter Veltliner Traminer Rheinriesling Muskat-Silvaner	Weißer Burgunder Welschriesling Gutedel Ruländer Zierfandler (Spätrot) Silvaner	Grüner Veltliner Müller-Thurgau Muskat-Ottonel Rotgipfler Bouvier Goldburger
Blaufränkischer	Blauer Burgunder St. Laurent Portugieser blau Wildbacher blau	Blaue Zweigelt

Stickstoffdüngung in den Junganlagen
Das Wachstum der Junganlagen im zweiten und dritten Jahr nach der Pflanzung ist vor allem durch die Stickstoffdüngung zu regulieren. Genaue Mengenempfehlungen sind aber schwierig, da vor allem die jeweilige Wüchsigkeit und die Frostgefährdung die Bemessung der Stickstoffgaben bestimmen.
Bei schwacher Triebigkeit sind im zweiten und dritten Jahr Mengen bis höchstens 80 bis 100 kg Reinstickstoff je Hektar angebracht. Stickstoffüberdüngung und zu späte Stickstoffgaben (nach der Blüte) sind zu vermeiden, da sie sich auf die Holzreife nachteilig auswirken. Das Holz wird schwammig und ist im Winter stark frostgefährdet.

Stickstoffdüngung in den Ertragsanlagen
Auch in den Ertragsanlagen soll der Weinhauer die Stickstoffdüngung nicht nur nach allgemeinen Richtlinien handhaben, sondern auch auf Wüchsigkeit, Traubenansatz und Holzreife bedacht nehmen. Die erste Stickstoffgabe beeinflußt hauptsächlich den Holzzuwachs. Sie wird normalerweise im Spätherbst oder im zeitigen Frühjahr — bei leichten Böden kurz vor dem Austrieb — im Ausmaß von rund zwei Drittel der Gesamtmenge, also 80 bis 150 kg Reinstickstoff je Hektar, ausgebracht.
Unter den Klimabedingungen der österreichischen Weinbaugebiete (ausgenommen die Steiermark) gewährleistet die Stickstoffanwendung vor Wintereintritt eher das erwünschte rasche und kräftige Austreiben der Reben im Frühjahr. Dadurch wird außerdem das unerwünschte, übermäßige Stickstoffangebot nach Abschluß der vegetativen Phase vermieden. Nach bisherigen Versuchserfahrungen liegt in den Trockengebieten die Stickstoff-Herbstdüngung (50 bis 100 kg Reinstickstoff, nur in Form von Ammonsulfat) sowohl ertragsals auch qualitätsmäßig gegenüber der Stickstoffanwendung im Frühjahr leicht im Vorteil.

Der Weinhauer kann überdies von den arbeitswirtschaftlichen Vorteilen der Herbstdüngung profitieren. Es ist jedoch erforderlich, den Stickstoffdünger (Ammonsulfat) einzuarbeiten, um eine allfällige Abschwemmung zu vermeiden. Tritt bereits vor der beabsichtigten Stickstoff-Herbstdüngung Schneefall ein, so ist es besser, die Stickstoffdüngung auf das zeitige Frühjahr zu verlegen.
Die zweite Stickstoffgabe ist unmittelbar vor bis spätestens kurz nach der Blüte zu geben, wobei diese umso höher ist, je stärker der Traubenansatz und je geringer das Holzwachstum sind; außerdem ist auf sortenbedingte Unterschiede Rücksicht zu nehmen. Die durchschnittliche Höhe der zweiten Gabe beträgt 30 bis 50 kg Reinstickstoff je Hektar.

In welchem Ausmaß eine richtig durchgeführte Stickstoffgabe den Ertrag beeinflussen kann, zeigt das nachstehende Versuchsergebnis.

Versuchsstandort: Krems; Sorte: Grüner Veltliner; Versuchsdauer: 5 Jahre (1976—1980); Anzahl der Wiederholungen: 4.

	O-Parzelle	140 kgN/ha
Ø Ertrag (kg/ha Trauben)	10.172	12.580
Rel. Ertrag	100	124
° KMW	14,2	14,9
‰ Säure	10,4	10,6

DIE PHOSPHAT- UND KALIDÜNGUNG

Diese ist zum Unterschied von der Stickstoffdüngung nicht zeitgebunden, obwohl es mit Rücksicht auf die schwere Beweglichkeit dieser Nährstoffe am günstigsten ist, Phosphat- und Kalidünger vor der Herbstfurche zu streuen, damit sie schneller in den Wurzelraum der Rebe gelangen. Die Mengenbemessung bei der Phosphat- und Kalidüngung richtet sich nach den Ergebnissen der Bodenuntersuchung, die im Weinbau alle drei bis vier Jahre durchzuführen ist, wobei Proben getrennt nach Oberboden (0—25 cm tief) und Unterboden (25—50 cm tief) untersucht werden.
Entsprechend dem Versorgungsgrad des Bodens werden folgende Düngermengen in Ertragsweingärten empfohlen:

Düngungstabelle für Ertragsweingärten

Gehaltsstufe	Bisherige Bezeichnung Note	Düngung in kg je ha					
		mäßiger*) Ertrag		mittlerer*) Ertrag		hoher*) Ertrag	
		Phos-phors. (P_2O_5)	Kali (K_2O)	Phos-phors. (P_2O_5)	Kali (K_2O)	Phos-phors. (P_2O_5)	Kali (K_2O)
sehr niedrig A	III	100	180	150	250	180	330
niedrig B	II	65	120	90	170	120	220
ausreichend C	I	35	60	45	85	60	110
hoch D	H	15	30	25	45	30	55
sehr hoch E	—	—	—	—	—	—	—

*) mäßige Ertragslage: durchschnittl. Ertrag etwa 70 dt/ha Trauben
mittlere Ertragslage: durchschnittl. Ertrag etwa 100 dt/ha Trauben
hohe Ertragslage: durchschnittl. Ertrag etwa 130 dt/ha Trauben

Bei geringem Düngerbedarf ist es aus düngungstechnischen Gründen besser, nicht jedes Jahr eine kleine Düngermenge, sondern in größeren Abständen (2—4 Jahre) etwas größere Düngermengen auszubringen.
Wenn auf Böden hoher Sorptionskraft bzw. auf schweren Böden der Kaligehalt unter 10 mg je 100 g Feinboden liegt, besteht die Möglichkeit, daß eine Kalifixierung vorliegt. In diesem Fall ist die Fixierung zu bestimmen und die Kalidüngung je 10 mg fixiertem Kali um 60 kg Kali (K_2O) pro ha zu erhöhen.

Im Weinbau werden vorwiegend chloridfreie Kalidünger, wie Patentkali oder schwefelsaures Kali, verwendet. Ersteres enthält Magnesium (9% MgO) und wird deshalb auch auf magnesiumarmen Böden (Urgesteinsverwitterungsböden) verwendet.
Aus wirtschaftlichen Erwägungen kann, allerdings nur im Herbst, auch das 60%ige Kalidüngesalz ausgebracht werden; dabei wird nur die halbe Menge des Patentkalis benötigt.
Magnesiumreiche Böden, wie zum Beispiel Lößböden, sind folgendermaßen zu düngen:
Ein Jahr Patentkali,
zwei Jahre schwefelsaures Kali oder im Herbst 60%iges Kalidüngesalz.
Auf magnesiumarmen Böden, wie zum Beispiel den Urgesteinsböden der Böhmischen Masse (Wachau, Krems, Langenlois, westliches Weinviertel), wird
ein Jahr schwefelsaures Kali oder im Herbst 60%iges Kalidüngesalz und
zwei Jahre Patentkali gestreut.
Bei ausreichendem Kaligehalt, aber Magnesiummangel, sollte eine Düngung mit Kieserit (400—600 kg/ha) oder Magnesit (150—200 kg/ha) erfolgen.

Auch bei den Phosphatdüngern soll die Düngerform in gewissen Abständen wechseln bzw. sie ist an die Bodenverhältnisse anzupassen. Auf kalkreichen Böden und speziell im Trockengebiet sollte der wasserlöslichen Phosphorsäure der Vorzug gegeben werden (z. B. Super- oder Triplephosphat). Auf kalkbedürftigen und phosphatarmen Böden verdienen stets die kalkhältigen, voll aufgeschlossenen Phosphatdünger den Vorzug (z. B. Thomasphosphat). Auf Böden mit nicht so hohem pH-Wert und guter Phosphatversorgung können auch die rohphosphathältigen Düngemittel eingesetzt werden (z. B. Hyperphosphat).

Gelegentlich werden Spurenelement-Mangelerscheinungen mit einem Phosphatüberschuß in Zusammenhang gebracht, dies konnte jedoch in exakten Versuchen nicht nachgewiesen werden.

Kalkdüngung
ist in den österreichischen Weinbaugebieten kaum notwendig, da die meisten Weingärten auf kalkhältigen Böden angelegt sind. Bodenuntersuchungen geben darüber eine praxisnahe Auskunft.

Einzel- oder Mehrnährstoffdünger
Entscheidend für diese Frage ist vor allem die Versorgung des Bodens, wenngleich in zunehmendem Maße arbeits- und betriebswirtschaftliche Erwägungen mitbestimmend sind.
Grundsätzlich ist zwischen Misch- und Volldüngern zu unterscheiden, wobei einige dieser Dünger neben Haupt- auch Spurennährstoffe enthalten.
Die nachstehende Tabelle zeigt, in welchen Fällen auch Mehrnährstoffdünger angewendet werden können.

Bodenuntersuchungsnote

Phosphorsäure	Kali	
C	C	Mehrnährstoffdünger oder Einzeldünger
A	C	Einzeldünger (Aufdüngung mit Phosphatdüngern)
C	B	Einzeldünger (Aufdüngung mit Kalidüngern)
A	A	Einzel- oder Mehrnährstoffdünger (stickstoffarm) (Aufdüngung mit Phosphat- und Kalidüngern)
E	E	derzeit keine Phosphat oder Kalidüngung notwendig

Mit Hilfe der Einzeldünger können Nährstofflücken sowie ungünstige Verhältnisse der Nährstoffe untereinander rasch behoben und ausgeglichen werden. Neben oft wertvollen Trägerstoffen, wie zum Beispiel Kalk, enthalten Einzeldünger manchmal auch noch Spurenelemente.

DIE BLATTDÜNGUNG

Zeitlich begrenzte, meist witterungsbedingte Ernährungsstörungen können durch Zufuhr von Nährstoffen über das Blatt behoben werden. Dabei werden die Düngemittel in verschiedenen Konzentrationen in Wasser oder auch in Spritzbrühen gelöst und auf die Blätter gespritzt oder gesprüht. Durch die Möglichkeit der Kombination mit der Schädlingsbekämpfung hat diese Methode in den letzten Jahren an Bedeutung gewonnen und sich gut bewährt.
Die Nährstoffe und die Art in der sie durch das Blatt aufgenommen werden können, sind nachstehend angeführt.
Stickstoff: mehrere Stickstoffsalze sind zur Blattdüngung geeignet. Als besonders wirksam erwiesen sich Kaliumnitrat, Ammoniumnitrat und Harnstoff.
Phosphorsäure: Von den geprüften Verbindungen wirken die Dihydrogenphosphate von Magnesium, Ammonium und Kalium am besten.
Kali: Kaliumnitrat, Kaliumsulfat sind besonders geeignet.
Magnesium: Magnesiumsulfat und Magnesiumnitrat wirken gut und können Magnesiummangel schnell beseitigen.
Calcium: Calcium wird in Form von Calciumnitrat aufgenommen.
Eisen: Aus organischen Salzen wird Eisen nur langsam aufgenommen, die Einführung der Chelate brachte eine wesentliche Verbesserung.
Bor: Borax und Borsäure helfen bei Mangel.
Mangan: Die Manganversorgung wird durch Mangansulfat sichergestellt.
Kupfer: Wenn notwendig, ist Kupfersulfat zu verwenden.
Zink und Molybdän: Zinksulfat und Natriummolybdatspritzung schaffen bei Mangel Abhilfe.
Natürlich können alle als blattwirksam bekannten Nährstoffe zu einer Blattdüngerformulierung zusammengefaßt werden.
Die Aufnahmegeschwindigkeit wurde für bestimmte Mengen ermittelt und beträgt:

Nährstoff	50 %ige Aufnahme in folgender Zeit
Stickstoff	1 — 6 Stunden
Phosphat	2,5 — 6 Tage
Kali	1 — 4 Tage
Magnesium	20 % in 1 Stunde
Eisen	8 % in 24 Stunden
Mangan	1 — 2 Tage
Zink	1 Tag

Sie variiert stark nach dem Alter; junge Pflanzen nehmen Nährstoffe schneller auf. Günstig für die Nährstoffaufnahme sind Temperaturen um 20° Celsius und hohe relative Luftfeuchtigkeit. Blattspritzungen in den Abendstunden sind wirksamer, weil die Lösung nur langsam antrocknet und durch Taubildung in den frühen Morgenstunden eine nochmalige Auflösung erfolgt.

Blattdünger für Weingärten

Das Mischen mit Pflanzenschutzmitteln ist möglich, ein gesondertes Ausbringen der Nährstoffspritzung bei auftretendem Mangel ist jedoch vorzuziehen. Die Beigabe von Haftmitteln verhindert die Verätzungsgefahr.
Der folgenden Übersicht können Mittel und Konzentration entnommen werden:

Nährstoffe	Düngemittel	Konzentration in %	entspricht Gramm pro 100 Liter	Anmerkung
NPK	Volldünger Linz 15:5:20 vollwasserlöslich	0,3—0,5	300—500	
N	Harnstoff „Urolinz“ 46%	0,3—0,5	300—500	Zu jeder Pflanzen-Schutzmaßnahme
K	Kaliumsulfat	0,5	500	bei Kalimangel
NPK	Plantan	0,1	100	
NPK	Wuxal	0,1	100	
NPK	Complesal fluid	1,0	1000	
	Combi Linz*)	0,2	200	bis 4 kg je ha und Jahr
Ca	Calciumchlorid (chemisch rein)	0,7—1,0	700—1000	Gegen Stiellähme
	Kalisalpeter Kalisulfat	0,5—1,5		
Mg	Magnesiumsulfat (Bittersalz)	2,5	2000	Als Soforthilfe bei speziellen Mangelerscheinungen. Siehe unter „Ernährungsstörungen der Rebe“
B	Borax	0,3	300	
	o. Borsäure	0,2	200	
	o. Solubor	0,15	150	
Mn	Mangansulfat	0,2	200	Bei Auftreten von Chlorose
Fe	Fetrilon o. Sequestren	0,1	100	
Zn	Zinksulfat	0,1	100	

*) enthält Mg, Fe, Mn, Cu, Zn, B, Mo, Co.

ORGANISCHE DÜNGUNG

Die einseitige Dauernutzung des Bodens durch die Rebe stellt an seinen Humusgehalt höchste Anforderungen. Die erst spät einsetzende und bei weiten Pflanzabständen nur geringe Beschattung sowie die intensive Bodenbearbeitung machen es schwierig, einen ausreichenden Humusspiegel zu erhalten oder gar den Humusgehalt zu erhöhen. Der Humusabbau beträgt im Weinbau je Hektar im Jahr zwischen 35 und 70 dt organische Trockenmasse. Es ist auch unbestritten, daß auf humusarmen oder gar humuslosen Böden nicht erfolgreich gewirtschaftet werden kann. Nicht nur im Interesse einer guten Wasser- und Nährstoffspeicherung, sondern auch zur Sicherung einer guten Ausnutzung der Mineraldünger sind alle Möglichkeiten der Humuszufuhr anzuwenden.
Nach neuesten Forschungsergebnissen enthalten besonders frische Humussubstanzen große Mengen an Stoffen, die durch die Wurzeln aufgenommen werden können. Dadurch kommt die Rebe in die Lage, hohe Stickstoffgaben besser zu verwerten.
In diesen Zusammenhang ist eine Begriffsbestimmung notwendig. Leicht zersetzliche organische Masse (Stallmist, Stroh, Gründüngung etc.) wird als Nährhumus bezeichnet, da dieser zur Ernährung der Bodenlebewesen dient. Dauerhumus hingegen ist schwer

zersetzbare organische Masse (Kompost, Torf etc.), die den Wasser-, Luft- und Wärmehaushalt des Bodens verbessert und auch die Widerstandsfähigkeit des Bodens gegen Bodendruck (Verdichtungen) erhöht.
Bei der Humusdüngung muß getrachtet werden, ein ausgewogenes Verhältnis zwischen der Nähr- und Dauerhumuszufuhr herzustellen. Aus diesem Grunde kommt der Form der Humusdüngung eine wichtige Bedeutung zu.

STALLMIST

Wo Stallmist noch vorhanden ist, sollte auf seine Anwendung nicht verzichtet werden. Lediglich in chlorosegefährdeten Weingärten, wo durch Stallmistanwendung ein verstärktes Auftreten dieser Krankheit zu befürchten ist, muß die Humuszufuhr in anderer Form erfolgen (z. B. Gründüngung).
Die günstigste Zeit für die Ausbringung des Stallmistes sind Spätherbst und Winter. Es ist zweckmäßig, den Stallmist in kleineren Gaben, dafür aber häufiger auszubringen, da dann die organische Masse von den Bodenlebewesen nicht so rasch abgebaut wird und die Nährstoffe besser verwertet werden. Stallmist soll in gut verrottetem Zustand jedes zweite Jahr in einer Menge von 200 bis 300 Doppelzentner je Hektar breitwürfig (Stallmistschleier) gestreut und sofort flach eingearbeitet werden.

JAUCHE

Jauche ist eine Mischung aus vergorenem Harn und Wasser; sie ist ein Stickstoff-Kalidünger, denn sie enthält nur sehr wenig Phosphat. Der Stickstoff liegt in der Jauche ursprünglich in Form von Harnstoff vor. Diese Verbindung wird rasch in Ammoniak umgesetzt, das gasförmig ist und sich leicht verflüchtigt. Durch Wasserzusatz können die Stickstoffverluste verringert werden. Die Jauche soll vor Vegetationsbeginn in einer Menge von 150 hl je Hektar ausgebracht werden; dabei bringt man 30 bis 45 kg Reinstickstoff und 90 bis 135 kg Reinkali in den Boden.

GÜLLE

Die Eignung dieses Wirtschaftsdüngers für den Weinbau ist noch nicht restlos geklärt. Entschließt man sich zur Gülleanwendung, dann ist der optimale Anwendungszeitpunkt der Herbst, wobei pro Hektar maximal 200 hl ausgebracht werden dürfen. Junganlagen sind von einer Güllezufuhr unbedingt auszuschließen, da besonders dort die in der Gülle enthaltenen Chloride nachteilig wirken.

STROHDÜNGUNG

Trotz der guten Eignung des Strohs (zirka 85 Prozent organische Trockenmasse) wird diese Art der organischen Düngung nur selten durchgeführt, da ein beachtlicher Arbeitsaufwand damit verbunden ist. Stroh (30 bis 50 dt/ha) wird nach der Getreideernte in den Reihen ausgebracht und erhält im Frühjahr zirka 300 kg eines 28%igen Stickstoffdüngers als Ausgleichsstickstoffgabe. Am besten sind Roggen- und Weizenstroh geeignet.
Besonders gut bewährt hat sich die Kombination zwischen Stroh- und Gründüngung. Dabei werden unmittelbar nach der Aussaat der Gründüngung - also etwa Ende Juli bis Anfang August — zirka 50 bis 60 dt/ha gehäckseltes Stroh gestreut. Unter dem Schutz der Strohdecke läuft die Gründüngung bald auf und durchwächst das Stroh. Bei der Stickstoffbemessung ist auf den Bedarf der Gründüngungspflanzen Rücksicht zu nehmen.

KOMPOST

Gut verrotteter Kompost ist besonders für chlorosegefährdete Böden eine gut geeignete Humusquelle. Trester und Laub sind gute Kompostierungsmaterialien. Im Gegensatz zu Stallmist kann Kompost (zirka 20 Prozent organische Trockenmasse) auch zur Pflanzlochdüngung verwendet werden (1 bis 2 kg je Pflanzloch).

GIPFELLAUB UND REBHOLZ

An Trestern, Rebholz, Rebtrieben und Laub fallen (je nach Ertrag und Wüchsigkeit) je Hektar und Jahr 15 bis 25 dt organische Trockenmasse an. Das Rebholz kann dort in den Boden eingebracht werden, wenn keine Gefahr der Förderung von Rebkrankheiten hiedurch gegeben ist; dabei ist eine maschinelle Zerkleinerung wegen besserer Verrottung günstig. In schweren und in mittelschweren Böden soll das Rebholz oberflächlich eingebracht werden, da es sonst wegen mangelnden Sauerstoffes und der damit verbundenen geringen Bakterientätigkeit nur sehr langsam verrottet. Eine Stickstoffausgleichsgabe von etwa 300 kg eines 28%igen Stickstoffdüngers je Hektar ist ratsam. Sehr gut hat sich in der Praxis die Kombination mit einer Wintergründüngung bewährt.

KLÄRSCHLAMM UND MÜLLKOMPOST

Die Verwendung dieser Abfallstoffe kann in Zukunft regional eine gewisse Bedeutung erlangen. Da die Verwendung dieser Produkte problematisch sein kann, ist vorher eine umfangreiche Untersuchung empfehlenswert.
Der Wert des Kompostes richtet sich nach seinem Anteil an wirksamer organischer Substanz (also humusbildenden Bestandteilen), der zirka 20 Prozent beträgt. Nur rund 15 Prozent des Nährstoffgehaltes sind ausnutzbar.

Inhaltsstoffe in drei organischen Düngern

Inhaltsstoffe	Stallmist Rind	Klärschlamm	Müllklärschlammkompost
	Mit 10 t (100 dt) Trockenmasse werden ausgebracht (Angabe in kg)		
Org. Substanz	8.000	5.700	4.000
Hauptnährstoffe			
N	170	370	80
P_2O_5	80	320	70
K_2O	220	60	40
Ca	200	1.050	500
MgO	60	140	60
Spurenelemente			
Mn	2,1	5,5	0,8
Zn	0,8	16,8	11
Cu	0,1	2,9	3
B	0,2	0,2	0,4
Schadstoffe			
Pb	—	2	6,8
Cd	—	0,16	0,05
Cr	—	2	0,6
Hg	—	0,02	0,02

Grenzwerte:	Zn	20 kg in 10 Tonnen (100 dt) Trockensubstanz
	Cu	5
	Pb	5
	Cd	0,1
	Cr	5
	Hg	0,1

HUMUSDÜNGER DES HANDELS

Entscheidend für die Humuswirkung dieser Dünger ist der Gehalt an organischen Substanzen. Trotz guter Wirkung der Humushandelsdünger soll eine sorgfältige Kostenberechnung durchgeführt werden. Für die Zufuhr von mineralischen Nährstoffen sind die Mineraldünger billiger und gezielter einzusetzen.

Vollhumon ist ein mit Nährstoffen angereichertes organisches Düngemittel. Als Rohstoff wird Hochmoortorf verwendet, dessen natürlicher Nährstoffgehalt durch Beimengung von Mineralstoffen erhöht wird. Vollhumon hat folgende Zusammensetzung:
40% organische Substanz
3,5% Stickstoff (N)
2,0% Phosphorsäure (P_2O_5)
4,0% Kali (K_2O)
0,16% Magnesium (Mg)
pH-Wert um 8,0
Die Aufwandmenge beträgt im Weinbau im allgemeinen 50 kg je Ar das ist 1 Sack (= 5000 kg/ha) jedes dritte Jahr. Wird Vollhumon der Pflanzerde beigemischt, darf der Anteil maximal 1 Teil pro 30 Teilen Erde sein.

Düngetorf
Mit 40 bis 50 Ballen Düngetorf (30 bis 50 Prozent organische Trockenmasse) läßt sich etwa die gleiche Humusanreicherung wie mit einer Stallmistdüngung von 100 Zentnern erreichen. Torf zersetzt sich nur langsam im Boden und sollte bereits im Spätherbst oder Winter gestreut werden, damit er bis zum Frühjahr genügend Wasser aufnimmt. Da er keine pflanzenverfügbaren Nährstoffe enthält, ist zusätzlich unbedingt eine mineralische Volldüngung zu geben.

Biomull
Biomull (zirka 20 Prozent organische Trockenmasse) wird aus städtischen Abfällen hergestellt. Der Wert dieses Düngers hängt stark vom Ausgangsmaterial ab. Biomull enthält alle wichtigen Nährstoffe und Spurenelemente. Empfehlenswerte Düngergabe: 2 kg je Quadratmeter jedes zweite bis dritte Jahr.

DAS MULCHEN

Vorteile

- Humusanreicherung durch Verrottung des Mähgutes.
- Verbesserung der chemischen, physiologischen und biologischen Bodeneigenschaften (des Luft- und Wasserhaushaltes sowie der Nährstoffverfügbarkeit).
- Vermehrung der Bodenlebewesen.
- Verhinderung der Bodenabschwemmung.
- Verringerung der Bodenverdichtung durch Befahren.
- Auf kalkreichen Standorten Möglichkeit des Absenkens des pH-Wertes.
- Temperaturausgleich. Der Boden erwärmt sich langsamer, kühlt aber auch langsamer ab.

Nachteile

- Verstärktes Auftreten von Pilzkrankheiten (Oidium).
- Erhöhung der Wühlmausgefahr.
- Schwer kalkulierbare Stickstoff-Freisetzung aus dem Humus.
- Auf sauren Standorten unerwünschtes Absinken des pH-Wertes.

Praktische Durchführung

Pflanzen zur Dauerbegrünung

Zur Bestandesbildung werden ausdauernde oder selbstaussamende, kleinbleibende, schattenverträgliche, trockenheitsresistente und verdichtungsunempfindliche Gras- und Kleearten ausgesät. Um diesen Forderungen gerecht zu werden, werden in der Regel Mischungen zusammengestellt, die sowohl auf die Bodenart als auch auf die Niederschlagsverhältnisse abgestimmt sind.
Renommierte Saatgutfirmen beraten gut und gern.

Grasarten:

Gemeines Rispengras: Ausdauernd, ausläufertreibend, schattenverträglich, langsam wachsend, mehr für frische Böden.

Einjähriges Rispengras: Sehr niedrig, selbstaussamend, sehr trittfest, schattenverträglich, bei Dürre versagend.

Wiesenrispengras: Ausdauernd, ausläufertreibend, trittfest, trockenheitsresistent, nicht für schwere und staunasse Böden.

Hainrispengras: Schattenverträglich, horstbildend, kalkliebend, trockene bis mäßig feuchte Böden.

Deutsches Weidelgras: Ausdauernd, trittfest, horstbildend, liebt feste und feuchte Böden.

Welsches Weidelgras: Ein- bis zweijährig, horstbildend, raschwüchsig.

Rotes Straußgras: Ausläufertreibend, trittfest, bedingt schattenverträglich, anpassungsfähig, für feuchte und trockene Böden.

Weißes Straußgras: Ausdauernd, ausläufertreibend, mehr für feuchte Lagen geeignet.

Wehrlose Trespe: Queckenähnlich, ausdauernd, sehr anspruchslos, kalkliebend, verträgt Trockenheit, lichtbedürftig.

Wiesenschwingel: Ausdauernd, winterhart, horstbildend, mehr für feuchte Böden, da trockenheitsempfindlich.

Schafschwingel: Horstbildend, ausdauernd, sehr anspruchslos, dürre- und winterfest, verträgt leichte Beschattung.

Rotschwingel: Ausdauernd, anspruchslos, schattenverträglich, trittfest, horstbildend.

Timothegras: Ausdauernd, trittfest, trockene bis mäßig feuchte Böden, horstbildend.

Kleearten:

Weißklee: Anspruchslos, verträgt Verdichtungen (Fahrspur), Kriechtriebe, ausdauernd.

Gelbklee: Verträgt trockene, kalkhaltige Standorte, ein- bis zweijährig.

Hornschotenklee: Ausdauernd, horstbildend, trockenheitsliebend, tiefwurzelnd, anpassungsfähig.

Schwedenklee: Mehrjährig, anspruchslos, liebt feuchtere Standorte — das heißt wasserreiche chloroseanfällige Böden.

In Lagen mit Spinnmilbenauftreten dürfen keine Kleearten angepflanzt werden.
In Trockenlagen hat sich der Anbau eines Gemisches von 10 kg Timothegras/ha, 10 kg Schafschwingel/ha, 10 kg Wehrlose Trespe/ha sehr bewährt.
Eine Naturberasung führt zu einer Unkrautflora, die keine geschlossene Pflanzendecke bildet, wodurch auch unangenehme Platzräuber, wie der Große Ampfer, die Oberhand gewinnen.

Da in der Anlaufzeit des Mulchens (3 bis 5 Jahre) die Nährstoffe durch das Gras festgelegt und gespeichert werden, ist in dieser Zeit eine erhöhte Mineralstoffdüngung, vor allem mit Stickstoff (800 kg Rein-N), notwendig. In den folgenden Jahren werden diese Nährstoffreserven frei, sodaß kleinere Düngermengen ausreichen.
Die Anssaat ist während des ganzen Jahres möglich, jedoch ist die Frühjahrssaat zu bevorzugen. Es ist empfehlendswert, als Deckfrucht Hafer (80 kg/ha) zu säen; der Haferwuchs soll jedoch bei Spannhöhe (15 cm) geschnitten werden. In trockenen Jahren sind zur Verminderung des Wasserverbrauches die Mulchdecken kürzer zu halten. Um einen dichten, geschlossenen Mulchrasen zu erzielen, muß im Saatjahr oft gemäht werden (kurz halten). Durch das Grasmulchen wird dem Boden mehr organische Masse zugeführt als bei regelmäßiger Stallmistdüngung.

Hühnermist

Er unterscheidet sich von anderen Mistarten dadurch, daß er neben einem hohen Gehalt an Stickstoff eine hohe Phosphatkonzentration aufweist und daß sein Kaligehalt gering ist. Hühnerdung wird nach Trocknung als mehr oder minder standardisierter organischer Dünger in den Handel gebracht. Dieser Hühnertrockenkot hat 80 Prozent organische Trockenmasse, die Aufwandmenge beträgt zirka 3 t je ha.

GRÜNDÜNGUNG

Die Gründüngung bietet auch im Trockengebiet die Möglichkeit, im Weingarten selbst Humusstoffe zu erzeugen und so die Stallmistdüngung zu ersetzen oder zu ergänzen. Die oberirdische Blattmasse schützt den Boden weitgehend vor Austrocknung und Verkrustung, die Wurzeln lockern je nach verwendeter Pflanzenart mehr oder weniger intensiv die oberen, mittleren und sogar unteren Bodenhorizonte; in Steillagen schützt die Gründecke vor Abschwemmung.
Infolge der dichten Durchwurzelung gelangen in den Boden zusätzlich Bakterien und vergrößern den Artenreichtum des Bodenlebens.
Die Wurzeln bringen außerdem schwerbewegliche Pflanzennährstoffe wie Phosphorsäure und Kali nach dem Motto „Jede Gründüngungspflanze ist eine Düngerlanze“ in tiefere Schichten, wo sich die Hauptwurzelmasse der Rebe befindet. Durch die Wurzelrückstände wird der Boden auch in tieferen Schichten mit Humus angereichert, wodurch sein Luft-, Wasser- und Wärmehaushalt günstig beeinflußt werden.
Entscheidend für das gute Gedeihen der Gründüngungspflanzen sind ausreichende und gut verteilte Niederschläge sowie eine zusätzliche Düngung mit Kali (200 kg/ha

Frühjahrsgründüngung, Anfang Juni

sollte jedoch nicht aus schwer bekämpfbaren Unkräutern bestehen. Die Arten der Gründüngung unterscheiden sich nach den Anbauzeiten.

Frühjahrsgründüngung

Die Frühjahrsgründüngung ist in Kombination mit einer Untergrundlockerung für die Heilung von Strukturschäden im Boden am wirksamsten. Durch eine Untergrundlockerung werden eventuell vorhandene Verdichtungen auf mechanischem Weg beseitigt; die Gründüngung stabilisiert diesen Zustand.

Die Gründüngungspflanzen sollen so ausgewählt werden, daß sowohl möglichst viele kräftige Wurzeln als auch zahlreiche, feine Faserwurzeln den Boden durchwurzeln. Wenn Rücksicht auf den Wasserhaushalt genommem werden muß, genügt es, nur jede zweite Rebgasse zu bebauen.

Im folgenden Jahr kann die im Vorjahr offene Hälfte mit einer Gründüngungsdecke versehen werden.

Die ab April zur Aussaat gelangenden Gründüngungspflanzen bleiben etwa 6 bis 8 Wochen stehen und werden dann mit dem Häcksler oder Rotorkrümler oberflächlich abgeschlagen und liegengelassen.

Gründüngung zeitgerecht häckseln und an der Oberfläche liegen lassen

schwefelsaures Kali), Phosphat (400 kg/ha Superphosphat), Stickstoff (300—400 kg Nitramoncal je Hektar bei Nichtleguminosen, 100 kg Nitramoncal je Hektar bei Leguminosen). Auch eine zeitweilige, natürliche Verunkrautung, eine sogenannte gelenkte Unkrautdecke, kann zur Humusversorgung und zum Erosionsschutz beitragen. Sie

Zur Frühjahrsgründüngung im Weinbau besonders geeignete Pflanzen
(Preise 1982, inkl. MWSt.)

Pflanzenarten	Saatmenge kg/ha	Preis in S je ha	Bemerkungen
Sonnenblume + Wicke	40 + 80	3.600.—	Kann ohne Frostgefährdung schon im April gebaut werden
Hafer + Wicke	120 + 60	2.400.—	Starke Faserwurzeln, Hafer benötigt viel Wasser
Mais + Peluschke	60 + 100	2.300.—	Mais hat kräftige und tiefreichende Wurzeln — darf erst ab Mai gebaut werden (Eismänner)
Wintergerste	160	1.200.—	In erosionsgefährdeten, trockenen Anlagen ist der Anbau von Wintergerste im Frühjahr sehr zweckmäßig. Die nicht kältegestimmten Pflanzen bleiben sehr kurz und schützen den Boden aber vor Abschwemmung

Raps oder Rübsen eignen sich weniger, sie liefern für tiefe Bodenschichten zuwenig Wurzelmasse.

Sommergründüngung
Die Sommergründüngung wird nach Abschluß des Rebtriebwachstums, also Anfang bis Mitte August, angebaut. In den trockenen Gebieten ist jedoch zu diesem Zeitpunkt oft die für das Aufgehen und das Wachsen notwendige Wasserversorgung nicht mehr gewährleistet. Weiters wird durch die hohe Verdunstung der Gründüngungspflanzen die Temperatur in den Rebzeilen abgesenkt und gleichzeitig die relative Luftfeuchtigkeit stark erhöht. Das verursacht eine verstärkte Botrytisanfälligkeit und kann eine Qualitätsverminderung der Trauben zur Folge haben. Die Humuszufuhr über die Sommergründüngung ist daher als sehr problematisch anzusehen.

Zur Sommergründüngung im Weinbau besonders geeignete Pflanzen

Pflanzenart	Saatmenge in kg/ha	Kosten je Hektar*
Gelbsenf	25	440.—
Ölrettich	20	820.—
Stoppelrüben	4	200.—
Perko	16	470.—
Erbsen	150	2.000.—
Phacelia	10	1.190.—

* In Schilling, Stand 1982, (inkl. MWSt.)

Herbstgründüngung
Der Anbau erfolgt nach der Weinlese, es sollten nur winterfeste Pflanzen verwendet werden. Das Auflaufen der Pflanzen im Herbst ermöglicht eine gute Ausnutzung der Winterfeuchtigkeit und sichert dadurch ein rasches Wachstum im Frühjahr.

Herbstgründüngung, Anfang Mai

Von einem Anbau von Winterraps und Rübsen ist abzuraten, da diese Gründüngungspflanzen im Winter vom Wild gerne angenommen werden (auch bei hohen Schneedecken), wobei es häufig zu starken Wildverbißschäden an den Rebstöcken und Erhöhung der Frostgefahr kommt.
Bewährte Gründüngungsmischungen sind: Wickroggen und Wickweizen, 60/150 kg je Hektar (Kosten pro Hektar S 2.900.—). Anfang bis Mitte Mai hat diese Gründecke bereits eine Höhe von zirka 50 cm erreicht und wird vor Einsetzen von Trockenperioden gehäckselt.

Vergleich der Kosten pro Kilogramm Trockensubstanz
(Richtpreise Frühjahr 1982, inkl. MWSt.)

	Kosten in Schilling	
A Stallmistdüngung (20.000 kg/ha)	B Gründüngung (Sonnenblume, Wicke)	C Kleegras (Mulch)
= 4000 kg TRS/ha	= 5000 kg TRS/ha	(im 2. Jahr) = 15.000 kg TRS/ha
Kosten: Stallmist 5.000.—	Saatgut 1.600.—	Saatgut 800.—
Ausbringung 1.500.—	Ausbringung (Säen) 300.—	Ausbringung 300.—
Einarbeiten 1.500.—	Zusammenschlagen 200.—	Zusammenschlagen, achtmal jährlich 1.100.—
8.000.—	2.100.—	2.200.—
Kosten pro Kilogramm Trockensubstanz = 8000:4000 = S 2.—	= 2100:5000 = S 0,42	= 2200:15.000 = S 0,15

DIE REBSCHULDÜNGUNG

Das Rebschulgelände muß sorgfältig ausgewählt werden. Am besten eignen sich hiezu lockere Lehmböden oder humose, lehmige Sandböden. Ungeeignet sind schwere, undurchlässige Ton- und Mergelböden oder trockene, nährstoffarme Sandböden. Das ausgewählte Grundstück soll mit Phosphrsäure und Kali gut versorgt sein; man sollte sich diesbezüglich durch eine Bodenuntersuchung informieren. Reben darf man auf einem Grundstück nicht öfter als zweimal hintereinander verschulen, weil sonst die Rebmüdigkeit des Bodens den Erfolg beeinträchtigt. Nach dem Verschulen sollte mehrere Jahre lang eine Zwischenkultur eingeschaltet werden.

HUMUSDÜNGER

Die Humusdüngung wird im Herbst durchgeführt, wobei man je Ar verwendet:
800 — 1000 kg gut verrotteter Kompost
oder 3 — 4 Ballen Torf (auf kalkarmen Böden werden zu 100 kg Torf 10 — 15 kg kohlensaurer Kalk gemischt).
Wird Torf verwendet, so ist dieser in einem Trog oder Bottich so lange anzufeuchten, bis er kein Wasser mehr aufsaugen kann. Pro Ballen Torf werden etwa 250 — 300 Liter Wasser benötigt.
Werden Humushandelsdünger, zum Beispiel Vollhumon, verwendet, so sind davon 1/2 kg je Qudratmeter unbedingt schon im Herbst einzuarbeiten. Diese dürfen keinesfalls erst vor dem Einschulen gestreut werden.

Mineralische Dünger

Im Herbst, vor dem Rigolen (bis 40 cm Tiefe), werden die auf Grund des Bodenuntersuchungsergebnisses fehlenden Nährstoffe als Grunddüngung in Form von Phosphatdüngern und Patentkali oder schwefelsaurem Kali gegeben.
In der Rebschule darf auf keinen Fall ein 40%iges oder 60%iges Kalidüngesalz verwendet werden.
Über die erforderlichen Düngermengen gibt die nachstehende Tabelle Auskunft.

Gehaltsstufe	mg P_2O_5 je 100 g Boden	18 %iger Phosphatdünger*) kg je Ar	mg K_2O je 100 g Boden	kg je Ar Patentkali	kg je Ar Schwefelsaures Kali
A sehr niedrig**)	unter 10	12—18	unter 15	12—14	7—8
B niedrig**)	10—20	10—12	15—25	10—12	6—7
C ausreichend	21—35	7—10	26—40	7—10	4—6
D hoch	36—45	4— 5	41—50	4— 5	2—3
E sehr hoch	über 45	keine Düngung	über 50	keine Düngung	

*) bei höher konzentrierten Düngern entsprechend weniger
**) Aufdüngung sollte mindestens ein Jahr vor der Anlage der Rebschule erfolgen

Der Stickstoffdünger wird im Frühjahr in Form von Kalkammonsalpeter einige Wochen vor dem Einschulen in Mengen von 4 bis 5 kg je 100 Quadratmeter gegeben. In den Fällen, wo Mehrnährstoffdünger anwendbar sind, kann zur Deckung des Nähtstoffentzuges anstatt der Einzeldünger auch ein Volldünger, je nach Zusammensetzung, (chloridfrei), gestreut werden. Es werden davon etwa 10 kg je 100 Quadratmeter gegeben.

DIE WICHTIGSTEN MINERALDÜNGER IM WEINBAU

Stickstoffdünger

Kalkammonsalpeter enthält 28% Stickstoff (N), und zwar je zur Hälfte in der rasch wirkenden Nitrat-(Salpeter)form und der nachhaltig wirkenden Ammoniakform. Daneben enthält Kalkammonsalpeter noch zirka 20% kohlensauren Kalk.

Bor-Nitramoncal (26% N) enthält den Stickstoff in der gleichen Form wie der Kalkammonsalpeter, aber zusätzlich noch 4% Borsäure, und ist daher bei Verdacht auf Bormangel ein besonders empfehlenswerter Dünger.

Ammonsulfat (schwefelsaures Ammoniak) enthält 21 % N und wirkt nachhaltig. Es ist daher besonders dort zu empfehlen, wo sich die Stickstoffwirkung auf einen längeren Zeitraum erstrecken soll (z. B. Herbstdüngung). Wegen der guten Wasserlöslichkeit ist dieser Dünger zur Beregnungs- und Blattdüngung gut geeignet.

Harnstoff „Urolinz" (46% N) wird wegen seiner guten Wasserlöslichkeit und des hohen Stickstoffgehaltes zur Blattdüngung verwendet. Harnstoff ist mit allen Spritzmitteln, ausgenommen DNOC-Präparate und Schwefelkalkbrühe, mischbar. Gerade die Kombination von Schädlingsbekämpfung und Harnstoff-Blattdüngung zeigt in der Praxis gute Erfolge.

Kalkstickstoff (21% N) wirkt langsam, da der Stickstoff erst von der Cyanamidform in die Nitratform umgewandelt werden muß. Bei dieser Umwandlung entstehen chemische Verbindungen, die keimende Unkrautsamen und tierische Schädlinge vernichten können. Kalkstickstoff ist daher nicht nur ein Stickstoffdünger, sondern auch ein Bodenentseuchungsmittel.

Kalksalpeter (15,5% N) wirkt überaus rasch und wird daher besonders vorteilhaft dort angewendet, wo die Stickstoffdüngung verspätet erfolgt oder aber zur raschen Ausheilung von Schäden, wie zum Beispiel nach Hagelschlag.

Phosphatdünger

Superphosphat (18% P_2O_5) wirkt rasch und nachhaltig. Besonders für Böden mit gutem Kalkzustand und für trockenere Gebiete ist dieser Dünger geeignet.

Triplephosphat granuliert (42% P_2O_5), sehr rasch und nachhaltig wirkende Phosphorsäure; wirkt wie Superphosphat.

Thomasphosphat (14,5% P_2O_5) wirkt rasch und nachhaltig und ist wegen seines hohen Kalkgehaltes (45% Gesamtkalk) besonders für kalkärmere Böden geeignet. Aber auch in chlorotischen Weingärten mit hohem Kalkgehalt kann Thomasphosphat angewendet werden. Zur Vorratsdüngung ist dieser Dünger besonders gut geeignet.

Hyperphosphat (31% P_2O_5) und **Hyperkorn** (30% P_2O_5 + 3% k_2O) sind alkalisch wirkende Phosphatdünger (25% unmittelbar wirksamer Kalkanteil). Am günstigsten ist die Wirkung in feuchten Lagen und auf tätigen sauren bis neutralen Böden.

Auf solchen Böden sind diese Dünger zur Vorratsdüngung gut geeignet.

Kalidünger

Patentkali (schwefelsaure Kalimagnesia) enthält neben dem Kali (30% K_2O) noch 9% Magnesium (MgO). Dieser Dünger ist vor allem auf magnesiumärmeren Böden vorteilhaft anzuwenden. Zur Vorratsdüngung hat sich Patentkali bestens bewährt.

Schwefelsaures Kali (50% K_2O). Ein Dünger für kalkreiche Böden, die gut mit Magnesium versorgt sind.

60%iges Kalidüngesalz (60% K_2O) enthält zwar etwas Chlor, kann aber trotzdem bei Anwendung im Herbst in Ertragsweingärten eingesetzt werden. In Junganlagen und Rebschulen kann dieser Dünger zu Wurzelverbrennungen führen.

Kalkdünger

Kohlensaurer Kalk (54% CaO) wirkt langsam und nachhaltig. Besonders für leichtere Böden geeignet. Kalk ist, zusammen mit Humus, die Voraussetzung für die Bodengare.

Branntkalk (bis 95% CaO) wirkt schnell und intensiv; besonders für schwere Böden geeignet. Wird staubförmig und gekörnt gehandelt.
Mischkalk (65% CaO) vereinigt die Wirkung von kohlensaurem Kalk und Branntkalk, ist daher ein idealer Dünger für mittlere und schwere Böden.
Magnesia-Kalk. Sowohl Branntkalk als auch Mischkalk gibt es als „Magnesia-Kalk". Diese sind vorteilhaft auf kalk- und magnesiumarmen Böden anzuwenden.
VÖEST Konverterkalk (45% CaO und 2% P_2O_5). Anwendung ähnlich wie kohlensaurer Kalk, reich an Spurenelementen.

Mehrnährstoffdünger
Hiebei unterscheidet man zwischen 2-Nährstoffdüngern und Volldüngern. Unter Volldünger versteht man ein Düngemittel, das die 3 Hauptnährstoffe Stickstoff (N), Phosphor (P) und Kali (K) enthält. Diese Dünger enthalten darüber hinaus noch häufig Magnesium und Spurenelemente.

Chloridfreie und chloridarme 2-Nährstoffdünger
DC 44 (0:10:30), ein PK-Dünger, der als Grunddünger im Weinbau besonders geeignet ist. Kalisalpeter (10:0:47), ein wasserlöslicher Spezialdünger für P-reiche Böden.
Nitroka (16:0:24) enthält den Stickstoff in Nitratform, das Kali in Sulfatform.
Diammonphosphat (18:46:0), Stickstoff in Ammonform, die Phosphorsäure ist wasser- und zitratlöslich.

Chloridfreie und chloridarme Volldünger
Vollkorn Linz spezial blau 14:6:18+3 enthält außer den Hauptnährstoffen noch 1% Magnesium und Spurenelemente (davon 1,3% Borsäure).
Vollkorn Linz rot 12:10:18 eignet sich besonders für Böden mit schlechterer Phosphatversorgung.
Nitrophoska perfekt (15:5:20)+2% Mg und Spurenelemente.
Volldünger Linz 15:5:20+2 ist ein stickstoffreicher, vollwasserlöslicher Volldünger.
Daneben gibt es natürlich noch eine ganze Reihe von Mehrnährstoffdüngern mit ganz speziellen Zusammensetzungen, wie zum Beispiel:
Combifert (15:5:20)+Spurenelemente, vollwasserlöslich.
Nitrophoska permanent (15:9:15), plus Spurenelemente.
Nitrophoska blau (12:12:17), plus 2% Mg und Spurenelemente.
Complesal Typ blau (12:12:17), plus Mg und Spurenelemente.
Poly-Crescal (14:10:14), Fertisal Poly Salz (8:14:18), Alkrisal (18:16:12), Wuxal (12:4:6), Alkril (20:0:16), die im Weinbau vor allem als Blattdünger eingesetzt werden können.

Spurenelementdünger sollen einen Mangel an einem oder mehreren Spurenelementen vorbeugen bzw. bei einem bestehenden Mangel Abhilfe schaffen. Von den am Markt befindlichen Mitteln seien einige angeführt:

a) Als Mischungen mehrerer Spurenelemente
   Combilinz: 4% MgO, 1,5 % Fe, 0,5% Cu, 0,5% Zn, 0,3% B sowie Mo und Co. Ein Spritzpulver hauptsächlich zur Blattanwendung mit vollchelatosierten und daher hochwirksamen Spurenelementen.
   Fetrilon Combi BASF: 9% MgO, 4% Mn, 4% Fe, 1,5% Zn, 1,5% Cu, 0,5% B, 0,1% Mo.
   Multimicro Hoechst: 0,3% B, 1,5% Fe, 0,5% Cn, 1,5% Mn, 1,5% Zn, Mo
   Radigen: 1,5% Cu, 2% Fe, 2% MgO, 0,8% Mn, 0,6% B und 0,6% Zn. Ein Spurenelement-Depotdünger auf Metallegierungsbasis.
   Arco-Plex B: chelatisierter Komplex-Mikronährstoffdünger zur Flüssigdüngung auf Böden mit pH-Wert über 6,5.
   Arco-Plex S: chelatisierter Komplex-Mikronährstoffdünger zur Flüssigdüngung auf Böden mit pH-Wert unter 6,5.

Folizin-Combi: Spurennährstoffmischdünger auf Chelatbasis.
Excello: Mehrnährstoffdünger von Mikronährstoffen auf Metallegierungsbasis.
Fertinova, Agresa und andere.

b) Spurenelementdünger vorwiegend als Einnährstoffdünger

Nährstoff	Düngemittel	Gehalt	Anwendungshinweise	
Eisen (Fe)	Eisensulfat	20% Fe	zur Spritzung verwendet, als Bodendünger schlecht wirksam	
	Fetrilon	5% Fe	Spritzmittel gegen Eisenchlorose 0,1 bis 0,3%ig	Eisen organisch gebunden
	Sequestren 138Fe	6% Fe	0,1%ig als Blattdünger	
	Sequestren 330Fe	10% Fe	in erster Linie Bodendünger	
Bor (B)	Borax	11,3% B	wasserlöslich, zur Boden- und Blattdüngung verwendet	
	Borsäure	17,5% B	giftig; bessere Löslichkeit als Borax	
	Solubor	20,5% B	0,15 bis 1%ig als Blattdünger	
Kupfer (Cu)	Kupfersulfat	25,5% Cu	wasserlöslich; rasch wirkend; auf sauren, leichten Böden auswaschungsgefährdet	
	Kupferdüngergranulat	2,5% Cu	Cu in metallischer und oxidischer Form, langsam wirkend	
Zink (Zn)	Zinksulfat	22,7% Zn	Blattdüngung mit basisch gemachten Zinksulfatlösungen, Wirksamkeit der Bodendüngung bei pH-Werten über 7 gering	
Mangan (Mn)	Mangansulfat	20—32,5% Mn	Mn-Gehalt je nach Kristallwasseranteil; Blatt- und Bodendünger	
Molybdän (Mo)	Natriummolybdat	39,6% Mo	besser löslich als Ammoniummolybdat	Aufwandsmenge nicht höher als 1—2 kg/ha
	Ammoniummolybdat	54% Mo		
Kobald (Co)	Kobaltsulfat	21% Co	gute Löslichkeit, Ausbringung flüssig oder als Zusatz zu anderen Düngemitteln	

DAS MISCHEN VON DÜNGEMITTELN

Um mehrere Handelsdünger in einem Arbeitsgang ausbringen zu können, werden in der Praxis Handelsdünger häufig gemischt.

Beim Mischen sollten möglichst nur Düngemittel mit annähernd gleicher Struktur zusammengegeben werden; andernfalls, zum Beispiel bei Mischung eines granulierten mit einem staubförmigen Dünger, kann es im Streuer zu einer Entmischung und dadurch zu einer ungleichen Verteilung kommen.

Beim Mischen ist weiters darauf zu achten, daß — chemisch bedingt— nicht alle Dünger untereinander mischbar sind (chemische Umsetzungen führen zu Nährstoffverlusten). Die Mischungstabelle auf Seite 328 gibt Auskunft darüber, welche Dünger mischbar sind.

DAS RECHNEN MIT REINNÄHRSTOFFEN

Immer häufiger werden die Düngerempfehlungen in Kilogramm Reinnährstoffen angegeben. Dadurch ist eine Umrechnung auf Düngemittel bzw. die Rückrechnung von Dünger auf Reinnährstoff vielfach notwendig. Diese anfangs vielleicht etwas kompliziert erscheinende Aufgabe ist relativ einfach mit Hilfe der beiden folgenden Formeln zu lösen.

(Siehe Seite 297)

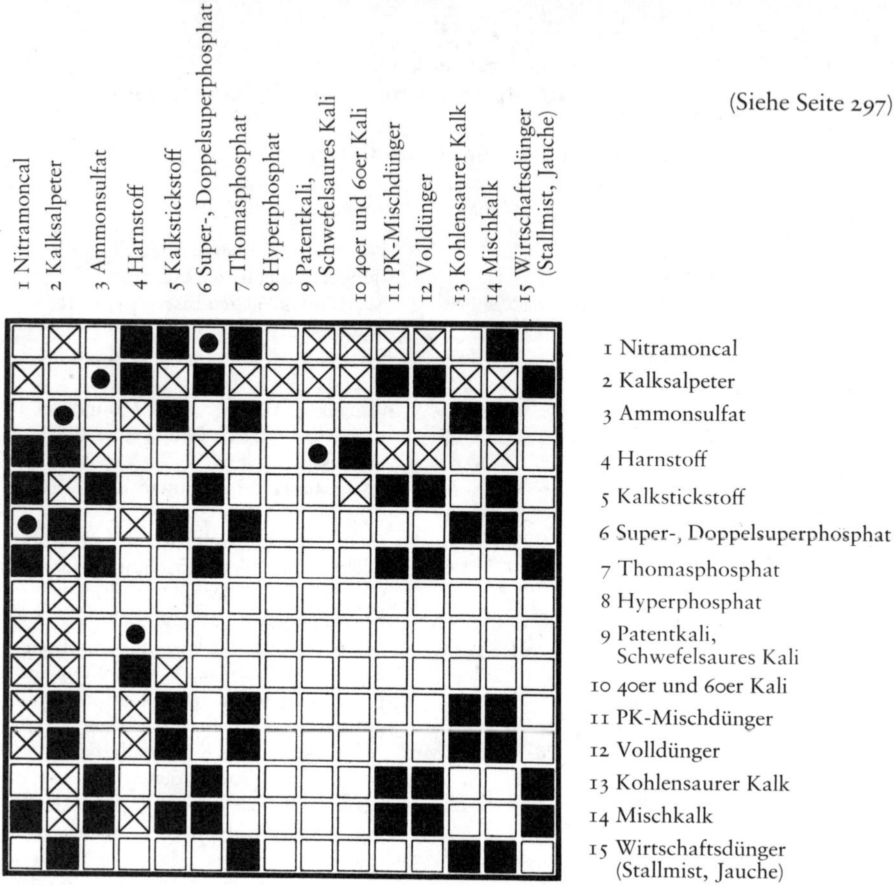

□ mischbar

■ nicht mischbar

⦿ bedingt mischbar; nur in gut gelüfteten Räumen mischen und sofort ausstreuen

☒ bedingt mischbar; Mischung packt durch angezogene Feuchtigkeit zusammen; binnen drei Tagen streuen

Formel 1: Umrechnung von Reinnährstoffmengen auf Düngermenge:

$$\frac{\text{Reinnährstoffmenge in Kilogramm}}{\text{Reinnährstoffgehalt in Prozent}} = \text{Düngermenge in dt (100 kg)}$$

Dazu ein Beispiel:
Ein Weinhauer will 200 kg Reinkali (K_2O) in Form von schwefelsaurem Kali (50% K_2O) ausbringen. Welche Menge braucht er?

$$\frac{\text{Reinnährstoffmenge in Kilogramm}}{\text{Reinnährstoffgehalt in Prozent}} = \frac{}{50} = 4 \text{ dt schwefelsaures Kali}$$

In diesem Fall müßte der Weinhauer 4 dt (= 400 Kilogramm) schwefelsaures Kali ausbringen, um 200 kg Reinkali zu verabreichen.

Formel 2: Umrechnung von Düngermenge auf Reinnährstoffmenge:
Düngermenge in dt × Reinnährstoffmenge in Kilogramm.

Dazu ein Beispiel:
Wieviel Kilogramm Reinstickstoff (N) sind in 300 Kilogramm (= 3 dt) Kalkammonsalpeter (28% N) enthalten?
Düngermenge in dt × Reinnährstoffgehalt in Prozent = 3 × 28 = 84 Kilogramm Reinnährstoff.
In 300 Kilogramm Kalkammonsalpeter sind 84 kg Reinstickstoff enthalten.
Mit diesen beiden Formeln ist praktisch jede Umrechnung möglich. So kann zum Beispiel leicht errechnet werden, welche Menge eines Düngemittels gegeben werden muß, um die gleiche Nährstoffmenge auszubringen wie mit einer bestimmten Menge eines anderen Düngers.

Dazu ein Beispiel:
Ein Landwirt verwendete bisher pro Hektar 800 kg Thomasphosphat und will nun Superphosphat streuen. Welche Menge ist notwendig?
In 800 kg Thomasphosphat ist folgende Menge Reinphosphorsäure enthalten:
8 dt × 14,5 Prozent = 116 kg P_2O_5.
Welche Menge Superphosphat muß man nun geben, um 116 Kilogramm P_2O_5 auszubringen?

$$\frac{116\ (= \text{RN-Menge in Kilogramm})}{18\ (= \text{RN-Gehalt in Prozent})} = 6{,}44 = \text{aufgerundet } 6{,}5 \text{ dt}$$

Um die gleiche Phosphatmenge wie mit 800 Kilogramm Thomasphosphat auszubringen, muß der Landwirt 650 kg Superphosphat streuen.

PRAKTISCHE DÜNGUNGSBEISPIELE

Düngungsbeispiel schwere Böden
Bezeichnung der Böden: Tschernosem und Braunerden auf Tegel, Gleyböden.
Bodeneigenschaften: Ungünstige Struktur, Gefahr von Verdichtungschlorosen; schwer zu bearbeiten (Stundenböden), kalte Böden, oft stauende Nässe.

Zeit	Reinnährstoffe in kg/ha			Schilling je ha*) Stand 1982 inkl. MWSt.)	
	N	P_2O_5	K_2O		
Herbst Winter Frühjahr nach der Blüte	70—90 40—60	100—130	250—350	130 kg N 130 kg P_2O_5 350 kg K_2O	1.742.— 2.054.— 2.590.—
				Summe	6.386.—

*) als Kalkammonsalpeter, Superphosphat und schwefelsaures Kali.

Besondere Hinweise zur Düngung:

1. Auf diesen Böden besteht häufig die Gefahr der Kalifixierung. In Zweifelsfällen gibt eine Bodenuntersuchung darüber Auskunft, in welchem Ausmaß das zugeführte Kali festgelegt wird.
2. Bei pH-Werten über 7,0 kann schwefelsaures Kali gegeben werden, nur bei Magnesiummangel ist Patentkali empfehlenswert.
3. Bei Kalkmangel auf schweren Böden Brannt- oder Mischkalk verwenden.

Düngungsbeispiel Lößböden

Bezeichnung der Böden: Rohböden, Tschernoseme und Braunerden aus Löß.

Bodeneigenschaften: Gute Nährstoffspeicherung und Nachlieferung, Tiefgründigkeit, gute Wasserführung.

Zeit	Reinnährstoff in kg/ha			Schilling in ha*) (Stand 1982, inkl. MWSt.)	
	N	P_2O_5	K_2O		
Herbst Winter Frühjahr nach der Blüte	 90—110 30— 50	 90—120	 300—400	 160 kg N 120 kg P_2O_5 400 kg K_2O	 2.144.— 1.896.— 2.960.—
				Summe	7.000.—

*) als Kalkammonsalpeter, Superphosphat und schwefelsaures Kali.

Besondere Hinweise zur Düngung:

1. Achtung auf Kalifestlegung! Besonders bei fehlender oder ungenügender Vorratsdüngung ist daher der Kalidüngung besonderes Augenmerk zu schenken.
2. Auf magnesiumreichen Standorten schwefelsaures Kali verwenden.
3. Bei leichten Böden ist von einer Stickstoffdüngung im Herbst oder Winter Abstand zu nehmen.

Düngungsbeispiel leichtere, durchlässige Böden

Bezeichnung der Böden: Rohböden und Tschernoseme aus Sand, Rendsinen, Ranker, Braunerden aus Urgestein.

Bodeneigenschaften: Von Natur aus nährstoffarm, geringe Wasser- und Nährstoffspeicherfähigkeit, austrocknungsgefährdet, leicht erwärmbar.

Zeit	Reinnährstoffe in kg/ha			Schilling je ha*) (Stand 1982, inkl. MWSt.)	
	N	P_2O_5	K_2O		
Herbst Winter Frühjahr nach der Blüte	 150—200 50—100	 120—150	 250—300 70—120	 300 kg N 150 kg P_2O_5 420 kg K_2O	 4.020.— 2.370.— 3.108.—
				Summe	9.498.—

*) als Kalkammonsalpeter, Superphosphat und schwefelsaures Kali.

Besondere Hinweise zur Düngung:

1. Die hohe Durchlässigkeit der Böden verlangt eine Nährstoffzufuhr in der Zeit des höchsten Bedarfes, damit die ausreichende Versorgung der Rebe sichergestellt werden kann.
2. Besonders Urgesteinböden weisen durchwegs einen geringen Magnesiumgehalt auf, daher Patentkali verwenden.
3. Hohe organische Düngung erhöht auch die von Natur aus schlechten Speichereigenschaften für mineralische Nährstoffe.

Kapitel 24

Ernährungsstörungen der Rebe

In den letzten Jahren werden bei Reben in zunehmendem Maße Ernährungsstörungen beobachtet. Dies ist auf verschiedene Ursachen zurückzuführen: Im modernen Weinbau werden in größerem Umfang selektionierte Reben verwendet, die einen höheren Nährstoffbedarf haben. Wenn dieser Bedarf durch die Düngung nicht richtig und ausreichend gedeckt wird, kommt es zu Mangelerscheinungen, die sich im Laufe der Jahre auf Wuchs und Ertrag auswirken. Größtenteils sind aber Düngungs- und Bodenbearbeitungsfehler hiefür verantwortlich. Die Nährstoffmangelbilder treten stets regelmäßig an bestimmten Stellen der Blätter und Triebe auf.

NÄHRSTOFFMANGEL

STICKSTOFF

Mangelerscheinungen
Die Reben zeigen dünne, hellgrüne, später gelbgrüne Blätter, deren Blattnerven stark hervortreten und deren Stiele häufig rot verfärbt sind. Die Triebe sind dünn und kurz, die Blätter und Trauben bleiben klein. Bei reichem Traubenbehang wandert infolge des Stickstoffmangels ein Teil des Blatteiweißes in die Beeren, was zu einem vorzeitigen Wachstumsabschluß, zu Blattfall und Notreife führt.

Maßnahmen bei Stickstoffmangel
Stickstoffmangel kann durch Düngung rasch behoben werden. So genügt beispielsweise als Sofortmaßnahme das zweimalige Spritzen mit einer 0,3%igen Harnstofflösung (z. B. Urolinz) im Abstand von 10 Tagen und die Ausbringung von 300 bis 400 kg/ha Nitramoncal (Nachdüngung). Die letzte Stickstoffdüngung darf allerdings spätestens Ende Juli, Anfang August durchgeführt werden, da sonst eine schlechte Holzreife eintreten kann, was zur Verminderung der Widerstandsfähigkeit gegen Frost führt.
Zum Abbau eines Stickstoffmangels sollen solche Weingärten in den folgenden Jahren je Hektar jährlich mit 800—1000 kg Nitramoncal gedüngt werden; etwa ⅔ der Gesamtmenge werden im Herbst oder zeitigen Frühjahr, ⅓ nach der Blüte verabreicht. Auf schweren Böden mit geringer Auswaschungsgefahr und bei jungen Anlagen ist weniger Stickstoff erforderlich als auf leichtem Boden und bei älteren Beständen. Es gibt jedoch auch sortenbedingte Unterschiede im Stickstoffbedarf.

PHOSPHOR

Mangelerscheinungen
Die Blätter verfärben sich zunächst auffallend dunkelgrün, haben einen metallischen Glanz und bleiben sehr klein. Allmählich werden sie vom Rand her braun, wobei das Gewebe abstirbt (Randnekrose). Bei starkem Phosphormangel zeigen Blattnerven und Blattstiele Rotfärbung. Die an langen Stielen sitzenden Blüten sind zart, ihre Käppchen werden nicht abgeworfen, sondern bleiben kleben. Die Gescheine verrieseln gleich nach der Blüte. Der ganze Stock ist schwachwüchsig, die Wurzeln sind wenig entwickelt und schwarz verfärbt.

Maßnahmen bei Phosphormangel

Während der Vegetationszeit kann Phosphormangel entweder mit Hilfe eines am Untergrundlockerer angebrachten Tiefendüngungsgerätes oder im Wege der Lanzendüngung behoben werden. Der Untergrundlockerer kann bis etwa Mitte Juni eingesetzt werden, wobei mit dem Tiefendüngungsgerät 300—400 kg/ha Superphosphat in den Wurzelbereich eingebracht werden können. Für die Lanzendüngung während der Vegetationszeit verwendet man eine 5%ige Lösung eines vollwasserlöslichen Volldüngers (z. B. Volldünger „Linz“ 15:5:20+2). Dabei werden je m^2 zwei Einstiche gemacht und dabei je 0,5 l Volldüngerlösung ausgebracht. Die beste Vorbeugung gegen Phosphormangel sind eine entsprechende Vorratsdüngung (5000—6000 kg Phosphatdünger, 15—18%ig, je Hektar) und eine regelmäßige Ersatzdüngung. Für die Ermittlung der richtigen Düngermengen ist eine Bodenuntersuchung notwendig. Phosphatdünger müssen deshalb im Wege einer Vorratsdüngung ausgebracht werden, weil Phosphor im Boden sehr schwach beweglich ist und bei späterer Einbringung die in tieferen Schichten liegenden Wurzeln nur sehr schlecht mit diesem Nährstoff versorgt werden.

KALIUM

Mangelerscheinungen

Kalimangel macht sich im Anfangsstadium durch Abwärtskrümmung der Blätter bemerkbar (Verdunstungsschutz). Dann zeigt sich an den jungen Blättern ein Absterben des Gewebes, vor allem vom Rand her, ohne daß Vergilbungen auftreten. An den älteren Blättern treten im Spätsommer und Herbst bei Weißweinsorten braune, rotbraune, braunviolette oder schwarze Verfärbungen auf; bei Rotweinsorten ist hingegen eine Rotfärbung der Blattränder zu beobachten. Die abgestorbenen Blätter fallen nicht ab. Die Traubenstiele sind weich, die Schalen der Beeren dünn. Beim Abzupfen der Beeren bleibt viel Fruchtfleisch an den Stielen hängen.

Maßnahmen bei Kalimangel

Eine rasche Milderung des Kalimangels ist nur durch eine Blattdüngung erzielbar. Hiezu werden in Abständen von je einer Woche — vier- bis fünfmal — Spritzungen des Laubes mit einer 0,5—1,5%igen Kaliumnitrat- oder Kaliumsulfatlösung vorgenommen. Da die mit der Blattdüngung ausgebrachten Kalimengen relativ gering sind, soll ergänzend die Versorgung mit einem Tiefendüngungsgerät oder einer Lanze durchgeführt werden.
Das Tiefendüngungsgerät kann bis Mitte Juni eingesetzt werden, die Lanzendüngung kann auch noch später erfolgen. Mit der Krumendüngung wird bei Kalimangel oft erst nach Jahren der gewünschte Erfolg erzielt, selbst dann, wenn sehr hohe Mengen angewendet werden. Da besonders auf Tonböden durch Kalifestlegung in bestimmten Bodenteilchen Kalimangel verursacht werden kann, ist bei der Bodenuntersuchung auch eine Bestimmung dieses Fixierungsvermögens erforderlich. Zur Absättigung dieses Festlegungsvermögens ist die Kalivorratsdüngung vor einer Neuanlage das sicherste und wirtschaftlichste Verfahren.

KALK (KALZIUM)

Mangelerscheinungen

Bevor es zu einem Kalziummangelschaden kommt, treten bereits Bodenschäden auf, die durch den hohen Säuregehalt im Boden hervorgerufen werden. Wenn die Rebe nicht genug Kalzium aufnehmen kann, tritt eine weißgelbe Verfärbung der Blätter ein, wobei die stärkeren Adern dunkelgrün bleiben und sich dadurch deutlich abheben. Später wölben

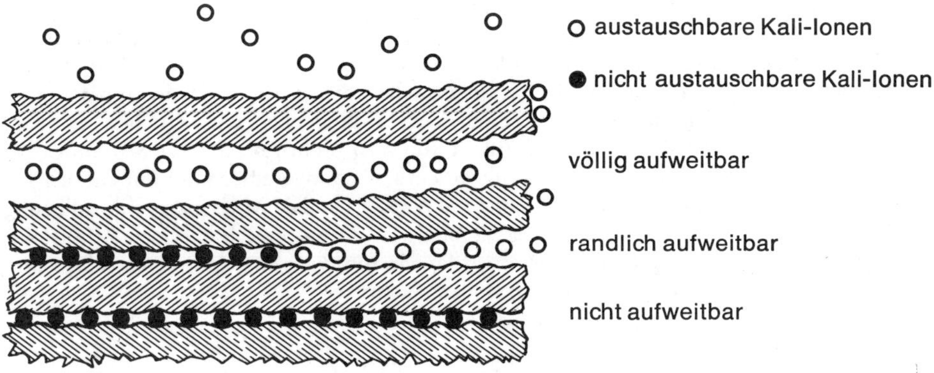

Möglichkeiten der Anlagerung von Kaliionen an den Tonkomplex

Schema eines Übergangsminerals mit einer nicht aufweitbaren Schicht, einer teilweise (randlich) aufweitbaren Schicht und einer völlig aufweitbaren Schicht.

sich die Blattränder nach oben, die Blätter selbst wenden sich steil nach unten. In der Folge stirbt das Blattgewebe ab. Die Triebe kümmern und verfärben sich rötlich bis rotviolett, die Wurzeln verkümmern ebenfalls sehr stark. Bei durch Kalkmangel bedingtem Säureüberschuß im Boden hellen sich die Blätter zuerst vom Rand her auf und sterben dann von außen nach innen ab. Es tritt ein frühzeitiger Blattfall ein, wodurch die Triebentwicklung, der Fruchtansatz und die Holzreife beeinträchtigt werden.

Maßnahmen bei Kalkmangel

Bei starkem Kalkmangel im Boden (pH unter 5,0) ist eine Aufkalkung mit Mischkalk oder kohlensaurem Kalk zu empfehlen. In Österreich, wo 95% der Weingärten auf kalkreichen Standorten stehen, kann es besonders auf schweren Böden — bedingt durch zu hohen Kalkgehalt oder ungünstige Bodenstruktur (Verdichtung, Verhärtung, Wasserstau und Luftmangel) — zu einem Eisenmangel bzw. einer Blockierung der Eisenaufnahme kommen. Dieser Mangel ist jedem Weinhauer unter der Bezeichnung „Chlorose" bekannt. Diese wird beim Spurenelement Eisen eingehend behandelt.

MAGNESIUM

Mangelerscheinungen

Akuter Magnesiummangel äußert sich zunächst im deutlich sichtbaren Chlorophyllverlust, wobei sich die Felder zwischen den Blattadern (Interkostalfelder) weißlich bis gelb verfärben. Die Blattadern und ihre unmittelbare Umgebung bleiben jedoch grün. Die unteren, älteren Blätter werden zuerst befallen, jedoch breitet sich diese Mangelerscheinung nach oben aus.

Maßnahmen bei Magnesiummangel

Magnesiummangel kann während des Sommers durch wiederholte Blattdüngung (5—6 mal im Abstand von 8 Tagen) mit einer 2—3%igen Magnesiumsulfatlösung (Bittersalzlösung) behoben werden. Diese Maßnahme kann mit der Schädlingsbekämpfung gekoppelt werden. Vorbeugend sollten als Vorratsdüngung vor einer Neuanlage etwa 2500 kg Patentkali je Hektar gestreut werden. Bei starkem Magnesiummangel im Frühjahr wird vor dem Austrieb eine Gabe von 300 kg Magnesit oder 400 kg Kieserit empfohlen.

Nach neuesten Forschungsergebnissen spielt Magnesiummangel auch bei der Stiellähme eine Rolle. Diese nur in fortschrittlichen Weinbauländern auftretende „Wohlstandskrankheit“ kommt besonders häufig auf leichten, humusarmen und einseitig überdüngten Standorten vor. Da ein Segment der Traubenstiele eintrocknet, wird die Wasser- und Nährstoffzufuhr zu den zugehörigen Beeren oder Traubenteilen unterbrochen. Obwohl für diese Krankheit viele Ursachen in Betracht kommen, steht fest, daß die Stiellähme bei gut mit Magnesium versorgten Reben in wesentlich geringerem Maße auftritt als bei Magnesiummangel. Vorbeugende Spritzung mit einer 0,5%igen Magnesiumchloridlösung ab einem Reifegrad der Trauben von etwa 5° KMW bringt eine erhebliche Befallsminderung. Neben diesen Spritzungen ist es erforderlich, für eine günstige Bodenstruktur und ein harmonisches Nährstoffverhältnis im Boden zu sorgen.

SPURENELEMENTE

Die Spurenelemente sind im Boden normalerweise in ausreichender Menge vorhanden, müssen den Reben aber bei Auftreten von Mangelerscheinungen angeboten werden. Da sich jedoch eine zu hoch bemessene Zufuhr ebenso schädlich wie ihr Fehlen auswirken kann, sollte sie nur nach vorhandener Bodenuntersuchung und in Verbindung mit fachmännischer Beratung verabreicht werden.

BOR

Mangelerscheinungen

Die ersten Symptome trifft man schon im Frühjahr an; die zuletzt entwickelten Ranken verfärben sich dunkelbraun und bekommen knotige Verdickungen; bei starkem Bormangel sterben diese nach wenigen Tagen ab.

Die Blätter zeigen zwischen den Adern und am Blattrand mosaikartige, gelbgrüne Aufhellungen. Sie verdicken sich, werden lederartig und rollen sich ein. Die Triebspitzen sterben in der Folge ab und werden abgestoßen. Durch die vielen Nebentriebe entsteht der Eindruck von Besenwuchs. Die Stengelglieder zeigen ringförmige Verdickungen, denen im Mark nekrotische Herde entsprechen (erst ab dem Sommer). Da die Befruchtung bei Bormangel unvollkommen ist, kommt es zum Durchrieseln der Blüten und zur Jungfernbeerigkeit.

Maßnahmen bei Bormangel

Die Bordüngung ist äußerst vorsichtig zu handhaben, weil eine zu hohe Düngung die Reben sehr stark schädigen kann. Wird bei der Bodenuntersuchung ein mittlerer Borgehalt (Versorgungsstufe II) festgestellt, genügt eine jährliche Gabe von 500 bis 700 kg Bor-Nitramoncal je Hektar vor dem Austrieb. Bei Borversorgungsstufe III, also bei geringem Borgehalt, wird auf leichten Böden mit 60 kg/ha Borax oder 40 kg/ha Borsäure und auf schweren Böden mit 100 kg/ha Borax oder 65 kg/ha Borsäure gedüngt. In den folgenden Jahren ist durch Verwendung von borhältigen Düngemitteln dafür zu sorgen, daß kein akuter Mangel mehr auftritt.

Borüberschuß führt zu schweren Wachstumsstörungen, die Triebe sind dünn, enggliedrig und haben starke Geiztriebe; dies bedingt Besenwuchs. Die Blätter sind im oberen Teil klein, rosa bis rot verfärbt und zahnlos, die Ränder häufig nach unten eingerollt.

EISEN

Da im Boden immer genügend Eisen vorhanden ist, entsteht dieser Mangel dadurch, daß Eisen entweder nicht aufgenommen werden kann oder an der Erfüllung seiner Funktion in der Pflanze gehindert wird. Veränderungen, die durch Eisenmangel verursacht wurden, nennt man Kalkchlorose, Eisenchlorose oder Gelbsucht.

Mangelerscheinungen
Bei Chlorose werden die oberen Blätter gleichmäßig gelb, wobei alle Adern, auch die kleinsten, lange Zeit grün bleiben. Die Verfärbungen breiten sich allmählich nach unten aus, spezielle Randverfärbungen treten nicht auf. Die Anzahl der Blätter ist geringer als bei normaler Belaubung. Junge Blätter bleiben auffallend klein, wie überhaupt stärkere Störungen im Wuchs festzustellen sind. In schweren Fällen sterben Blätter und Triebspitzen ab, ebenso die Blüten- und Fruchtansätze. Das Holz reift nur ungenügend aus.

CHLOROSE

Die Bekämpfungsmaßnahmen müssen sich nach den Ursachen, die vielfältiger Art sein können, richten.

Ursachen der Chlorose
Das Auftreten der Chlorose hat verschiedene Ursachen, die wichtigsten sind:

- Starke Bodenverdichtungen
- Ungeeignete Sorten (Edelsorten und Unterlagen)
- Falscher Rebschnitt
- Hoher Gehalt an aktivem Kalk im Boden
- Naßkalte Witterung während der Hauptwachstumszeit
- Ungünstige Niederschlagsverteilung
- Ungünstiger Standort
- Disharmonische Nährstoffverhältnisse im Boden
- Spurenelementmangel in der Rebe

Es gibt also eine Reihe von Ursachen, die die Chlorose auslösen können, wobei zwischen diesen Faktoren gewisse Wechselbeziehungen bestehen

Der „Chlorosekreis“

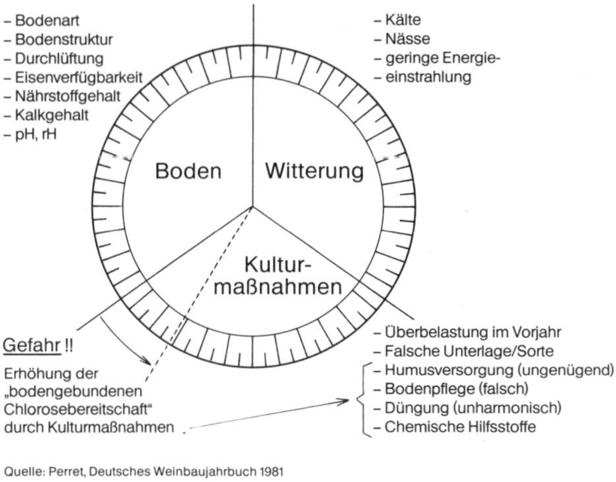

Quelle: Perret, Deutsches Weinbaujahrbuch 1981

Bodenverdichtungen:

Die ungünstige Bodenstruktur schwerer Böden und die damit verbundene schlechte Durchlüftung fördert das Auftreten der Chlorose. Mit der Einführung der Hochkultur dehnte sich das Auftreten der Chlorose stark aus, auch auf Rieden, wo sie bisher nahezu unbekannt war. Der Vorteil der Hochkultur besteht vorwiegend in der Möglichkeit, nahezu alle Arbeitsgänge zu mechanisieren. Dies bedeutet ein häufiges Befahren der Rebgassen mit oft schweren Maschinen, die immer in denselben Spuren fahren. Die starke mechanische Belastung des Bodens kann im Extremfall zu der gefürchteten Verdichtungschlorose führen. Liegen bereits starke Bodenverdichtungen vor, müssen folgende Maßnahmen ergriffen werden, um die Schäden zu beseitigen:

1. **Mechanische Maßnahmen** zur Auflockerung und Beseitigung der Verdichtungen; diese können nur im Frühjahr mittels Untergrundlockerers gebrochen werden. Als eigentliches Lockerungswerkzeug dient das an einem Schwert angebrachte Lockerungsschar. Um den Boden genügend stark aufzubrechen, muß das Schar mindestens 600 cm^2 groß und 40 cm lang sein. Bei schmäleren Lockerungsscharen besteht die Gefahr der Röhrenbildung, was zu einem Zusammenpressen der Seitenwände führt. Der Neigungswinkel des Lockerungsschars soll 25°—30° betragen.
2. Mit den mechanischen Maßnahmen müssen Hand in Hand **biologische Maßnahmen** durchgeführt werden. Dies geschieht durch den Anbau geeigneter Gründüngungspflanzen (z. B. 40 kg/ha Sonnenblumen und 80 kg/ha Wicken), welche durch ihr Wurzelsystem die Lebendverbauung des mechanisch aufgebrochenen Bodens gewährleisten. Um dem Wasserhaushalt des Bodens nicht zu stark zu belasten, wird die Frühjahrs-Gründecke ca. 6 bis 8 Wochen nach der Aussaat mittels Häckslers zerschlagen (etwa Mitte Juni) und oberflächlich liegengelassen.

Ungeeignete Sorten:

Leider werden immer wieder auch auf sehr kalkreichen Böden Edelsorten und Unterlagsreben gepflanzt, die wenig Kalk vertragen. Die Folge ist, daß diese Bestände meist ab dem dritten Jahr fast jedes Jahr unter Chlorose leiden. Spätestens ein Jahr vor der Neuanlage soll daher eine Bodenuntersuchung durchgeführt werden, um u. a. den Kalkgehalt des Bodens festzustellen. Darauf basierend ist die richtige Sorten- und Unterlagswahl vorzunehmen.

Falscher Rebschnitt:

Durch die starke Wüchsigkeit der neuzeitlichen Anlagen wird der Weinhauer verleitet, den Stock stärker anzuschneiden. Dieser ertragsbetonte Schnitt führt aber dazu, daß der Rebstock stets Hochleistungen vollbringen muß und damit gegen Krankheiten empfindlich wird. Eine weitere Folge dieses hohen Ertrages ist, daß der Großteil der gebildeten Assimilate für die Traubenproduktion verwendet werden muß und daher die Einlagerung von Reservestoffen in das Rebholz nur in ungenügendem Ausmaß erfolgen kann. Hiedurch kann es zu leichten Frostschäden (teilweise Zerstörung der Leitungsbahnen) kommen, die im Folgejahr ebenfalls zu chlorotischen Erscheinungen führen.

Hoher Kalkgehalt:

Ein hoher Kalkgehalt und der damit verbundene hohe pH-Wert im Boden erschweren die Aufnahme des im Boden vorhandenen Eisens durch die Rebe. In einem chlorotischen Weingarten müssen demnach Ursachen vorliegen, die entweder die Eisenaufnahme erschweren oder das aufgenommene Eisen in der Pflanze inaktivieren, d. h. es in der Erfüllung seiner Funktion hindern.

Es ist erwiesen, daß der Anteil des für Pflanzen aufnehmbaren zweiwertigen Eisens in mangelhaft durchlüfteten Böden zunimmt. Andererseits oxydiert bei einer Durchlüftung des Bodens das zweiwertige Eisen zum dreiwertigen und wird somit nicht aufnehmbar. Die

gleiche Entwicklung tritt auch in Böden mit hohem pH-Wert auf. Demzufolge müßte auf gut durchlüfteten Böden mit einem hohen pH-Wert die Chlorosehäufigkeit am größten sein. Der Grund, daß bei einer Durchlüftung diese Krankheit nicht zunimmt, liegt darin, daß der in gut durchlüfteten Kalkböden herrschende Humuszustand die Bildung leicht aufnehmbarer Eisen-Humus-Komplexe fördert. Daneben scheint eine gewisse genetisch bedingte Fähigkeit der Pflanzen eine Rolle zu spielen, ob durch Ausscheidungen der Wurzel schwerlösliche Einsenverbindungen in lösliche umgewandelt werden.
Besonders bei verdichteten Böden kommt es im Wurzelraum zu einer Anreicherung von Kohlendioxid (CO_2), das sich mit Wasser zu Kohlensäure verbindet ($CO_2 + H_2O = H_2CO_3$). Die Kohlensäure aktiviert einen Teil des Kalkes ($CaCO_3$) und bildet Calciumbicarbonat nach folgender Formel:

$$CaCO_3 + H_2CO_3 = Ca\,(HCO_3)_2 \text{ (= Ca Bicarbonat)}$$

Naßkalte Witterung:
Der ursächliche Zusammenhang zwischen Chlorose und naßkaltem Wetter besteht darin, daß mit abnehmender Temperatur die Menge des im Bodenwasser gelösten CO_2 zunimmt und dadurch der Bicarbonatgehalt erhöht wird. In wissenschaftlichen Arbeiten konnte nachgewiesen werden, daß bei hohem CO_2-Gehalt in der Bodenluft (über 5 Vol. %) bereits eine Abkühlung von nur 5° C den Kohlendioxydgehalt des Bodenwassers in erheblichem Maße anhebt. So bewirkt eine Abkühlung der Bodentemperatur von 15° auf 10°C, daß der CO_2-Gehalt im Bodenwasser von 50 ml/l auf 60 ml/l ansteigt.

Niederschlagsverteilung:
Bei der Niederschlagsverteilung zeigt sich, daß vor allem der Zeitpunkt der Niederschläge einen ganz entscheidenden Einfluß auf den Ertrag der Rebe ausübt.
In trockenen Lagen ist besonders die Niederschlagsmenge im Juni und Juli von entscheidender Bedeutung, weil in diesen Zeitabschnitt das stärkste Vegetationswachstum fällt. Treten in dieser Zeit Wachstumsstörungen auf (beispielsweise durch Wassermangel), sind chlorotische Erscheinungen am Rebstock keine Seltenheit.

Ungünstiger Standort:
Durch die Technisierung im Weinbau (leistungsfähige Maschinen und Geräte, Hochkulturen usw.) ist es heute dem Winzer möglich, bei gleichem Zeitaufwand eine wesentlich größere Weinbaufläche als vor etlichen Jahren zu bearbeiten. Diese Tatsache hat dazu geführt, daß die Weinbaufläche ausgeweitet wurde und gelegentlich auf Flächen betrieben wird, die für den Weinbau wegen Chloroseanfälligkeit ungeeignet sind.

Nährstoffdisharmonie:
Die Frage der Chlorose ist derart vielschichtig, daß die Einbeziehung nur eines Faktors in die Betrachtung zu einem völlig falschen Schluß führen muß. Wäre z. B. eine zu hohe Phosphatversorgung eines Bodens die alleinige Chloroseursache, so dürfte auf phosphatarmen Böden diese Krankheit nicht auftreten. Es ist jedoch eine Tatsache, daß die Chlorose auch auf Böden anzutreffen ist, die nur mäßig oder auch sogar gering mit diesem Nährstoff versorgt sind.
Eine ungleichmäßige Versorgung mit Nährstoffen verstärkt zwar die Wirkung anderer chloroseauslösender Faktoren, ist aber selbst kaum Ursache für die Chlorose.

Spurenelementmangel:
Im Gegensatz zu den Hauptnährstoffen kann eine zu hohe Konzentration an Spurenelementen im Boden für die Rebe toxisch (giftig) sein.

Das Problem der Chlorose ist noch nicht ganz erforscht. Es wird daher auf diesem Gebiete noch sehr viel Arbeit zu leisten sein, damit Krankheiten mit ähnlichen Erscheinungsformen genau abgegrenzt und gezielte Gegenmaßnahmen getroffen werden können.

ZINK

Zinkmangel kann neben anderen Ursachen an Stellen auftreten, wo im Zuge von Planierungen die obere Bodenschichte abgeschoben wurde. Die häufigste Ursache ist ein extrem hoher Phosphatgehalt der Böden. Ein Überschuß an Phosphationen führt das Zink in das für die Rebe nicht verfügbare Zinkphosphat über. Bei Mangel an Zink ist das Wachstum der Blätter und der Trauben gehemmt. Auch die Stiellähme tritt bei Zinkmangel verstärkt auf.

Mangelerscheinungen
Die Triebe sind sehr zart, die Blätter klein, asymmetrisch, pergamentartig gerollt und stark gezahnt; häufig sind die Stielbuchten offen. Häufig ist das Blattgewebe spröde und folglich sehr rissig. Der Beerenansatz ist unregelmäßig, die Beeren sind klein und die Trauben lockerbeerig, was zu einer erheblichen Ertragsminderung führt.

Zinkmangel läßt sich durch Spritzungen leicht und sicher beheben. Man verwendet hiezu eine 0,5—1%ige Zinksulfatlösung, die mit Spritzkalk neutralisiert wurde (Zinksulfat:Spritzkalk = 1:1).
Man kann auch durch Lanzendüngung mit einer 5%igen Zinksulfatlösung (4—5 Liter pro Rebstock) Mangelschäden beheben.

MANGAN

Der Mangangehalt der meisten bisher untersuchten Weingartenböden liegt zwischen 40 und 180 ppm. Einige Kalk- und Sandböden fielen durch geringen Mangangehalt auf.

Mangelerscheinungen
Die Blätter sind zwischen den Nerven aufgehellt, zeigen große Ähnlichkeit mit Magnesiummangel, aber auch mit Chlorose. Die Aufhellungen sind in der Regel intensiver und scharf abgegrenzt.

Maßnahme bei Manganmangel
Blattspritzung oder Lanzendüngung mit Manganchelat oder Mangansulfat. Mangansulfat ist 0,5%ig kurz nach der Blüte mehrmals auf das Laub zu spritzen. Manganhaltige organische Fungizide (Maneb) mindern bei wiederholter Anwendung Mangelsymptome.
Manganüberschuß verursacht Eisenmangelsymptome und direkte Schädigung. Diese erkennt man an schwarzen Flecken wechselnder Größe mit regelmäßigen Umrissen an den Trieben, Blattstielen und Hauptadern.

CHLOR

Über Chlormangel bei Reben ist nichts bekannt. Es ist bis heute nicht eindeutig geklärt, ob das Kalium den Reben in Sulfat- oder Chloridform zuzuführen ist. Es liegen Versuchsergebnisse vor, daß sich das Kaliumchlorid positiv auf den Zuckergehalt des Mostes auswirkt.

Chloridüberschuß

Bei Chloridüberschuß treiben die Reben im Frühjahr nur lückenhaft aus, besonders nach einer großen Ernte. Die Blattränder rollen sich nach unten ein, verfärben sich, vom Rande beginnend, kastanienbraun und sterben ab. Bei Rotweinsorten ist diese Verfärbung rötlich. Die Triebe bleiben kurz, die Blätter fallen häufig ab. Gegen Ende des Spätsommers kommt es gelegentlich zu neuem Austrieb, wodurch die Holzreife verzögert wird. Bei akuter Chloridverfärbung sterben ganze Stöcke ab. Die Chloridempfindlichkeit ist vom Alter des Weingartens abhängig, sie ist bei Jungreben am größten, nimmt in den ersten Ertragsjahren stark ab und wird in älteren Anlagen wieder größer.

KUPFER

Der Gesamt-Kupfergehalt der meisten Böden ist sehr gering (5—100 ppm). Mineralböden enthalten 20—60 ppm Cu, vornehmlich in Form anorganischer Kupfer-Verbindungen; in humusreichen Böden überwiegen dagegen Kupfer-Chelate. Kupfermangel-Standorte sind sorptionsschwache, stark durchlüftete Sandböden, ferner frisch kultivierte Moore.
Kupfer-Überschuß kommt häufig nach Wiederauspflanzung von Weingärten, die jahrzehntelang regelmäßig mit Cu-haltigen Fungiziden behandelt worden sind ($>$ 100 ppm Gesamtkupfer im Boden) auf.

Kupfermangel

Von diesem im Boden schwer beweglichen Spurenelement ist selten ein Mangel, sondern meistens ein Überschuß zu befürchten. Kupfermangel äußert sich in starker Chlorose (bis zur Weißfärbung) sowie Eindrehungen und Verkrümmungen der jüngsten Blätter.
Kupfermangel kann durch Blattspritzungen mit Kupfersulfatlösungen bzw. durch Peronosporabekämpfung mit kupferhaltigen Fungiziden behoben werden. Eine Kupferdüngung kann durch Ausbringen von Kupfersalzen oder fein gemahlenen Kupferschlacken „Excello“ in einer Menge von 2 bis 5 kg Cu je Hektar in Abständen von mehreren Jahren erfolgen.

Kupferüberschuß

Bei Cu-Überschuß zeigen die Spitzen und Ränder der älteren Blätter (ohne und teilweise auch mit Chlorose) zumeist rötlichbraune Nekrosen. Die jüngeren Blätter der Pflanzen sind intensiv dunkelgrün. Bei sehr starkem Überschuß gehen die Pflanzen ein. Ferner kann ein hoher Kupfergehalt auf manche Gründüngungspflanzen schädlich wirken. Die Pflanzen bleiben klein und zeigen starke Chlorose.

Maßnahme bei Kupferüberschuß

Durch hohe Humus, Phosphat- und Kalkdüngergaben kann die schädigende Wirkung hoher Bodenkupfergehalte gemildert oder beseitigt werden.

MANGELERSCHEINUNGEN AN REBEN — ERSCHEINUNGSBILD

Nährstoff-mangel	Erscheinungsbild an		
	Blättern	Wurzeln, Trieben, Holz, Wuchs	Blüten, Befruchtung, Trauben, Beeren
Stickstoff	Blätter: dünn, hellgrün, später gelbgrün Blattnerven: stark hervortretend Blattstiele: oft rot	Kümmerwuchs Triebe: dünn, hell, kleine Augen, verdickte Knoten	Trauben: klein, lockerbeerig, dünne Kämme
Phosphor	Blätter: dunkelgrün, später Braunfärbung der Ränder und Absterben Blattnerven und -stiele: rot	Wuchs: schwach Wurzeln: wenig entwickelt, schwarz	Blüten: zart, langstielig, Käppchen werden nicht abgeworfen; verrieseln
Kali	Blätter: Randnekrosen, Abwärtskrümmen der Blattränder; abgestorbene Blätter fallen nicht ab Weißweinsorten: braun, rotbraun, braunviolett (bei den älteren Blättern beginnend) Rotweinsorten: rot	keine besonderen Erscheinungen	Trauben: weiche Stiele, dünne Beerenschalen, Fruchtfleisch bleibt auf dem Stiel
Kalzium	Blätter: weißgelb, stärkere Adern bleiben grün; Blattränder wölben sich nach oben; später in den Randzonen zwischen den Nerven rotbraune Stellen, die größer werden und absterben	Triebe: kümmern, verlieren die Blätter und sterben oft ab Wurzeln: Rückbildung	Blüten: verrieseln
Magnesium	Blätter: erkrankte Blätter fallen vorzeitig ab Weißweinsorten: Interkostalfelder werden gelb, während die unmittelbare Umgebung der Blätter grün bleibt Rotweinsorten: Interkostalfelder werden rot (Symptome beginnen bei den älteren Blättern)	Trieb: Blattfall im Mittelteil	keine Besonderheiten
Bor	Blätter: gelbgrün, mosaikartige Aufhellungen zwischen den Adern und am Blattrand; lederartige Verdickungen und Einrollen nach unten	Besenwuchs Triebe: verkürzter Haupttrieb durch Absterben der Triebspitzen; ungleiche Augenabstände, Verdickung der Knoten	Blüten: unvollkommene Befruchtung, Jungfernbeerigkeit
Eisen	Blätter: klein, gleichmäßig gelb, Adern bleiben grün; Symptome beginnen an der Triebspitze	Wachstumsstörungen Triebe: Spitzen sterben oft ab; schlechte Holzreife	Blüten und Traubenansatz werden abgestoßen

Nährstoff-mangel	Erscheinungsbild an		
	Blättern	Wurzeln, Trieben, Holz, Wuchs	Blüten, Befruchtung, Trauben, Beeren
Zink	Blätter: klein, stark gezahnt, metallisch glänzend, pergamentartig eingerollt; Aufhellungen zwischen den Adern; offene Stielbucht	schwache Wüchsigkeit	Trauben: lockerbeerig, kleinbeerig, unregelmäßiger Ansatz
Mangan	Blätter: scharf abgegrenzte Aufhellungen zwischen den Nerven		
Chlorid-überschuß	Blätter: Einrollen der Blattränder, kastanienbraun, Absterben Rotweinsorten: rötlich	Triebe: kürzer, Blätter fallen ab; Wiederaustrieb im Spätsommer	
Kupfer	Starke Chlorosen bis zur Weißfärbung. Eindrehen bzw. Verkrümmung der jüngsten Blätter	Absterben der Triebspitzen	Die Fruchtausbildung unterbleibt oder ist stark reduziert

Kapitel 25

Moderne Bodenpflege im Weinbau

Im modernen Weinbau ist insbesondere in den letzten zwei Jahrzehnten die Bodenbearbeitung nahezu voll mechanisiert worden, was wesentlich zur Senkung des Arbeitsaufwandes beigetragen hat. Wenn auch mit Hilfe des Maschineneinsatzes der jährliche Arbeitsaufwand pro Hektar Weingarten von 1500 bis 2000 Arbeitsstunden auf nur 600 Arbeitsstunden gesenkt werden konnte, gilt dies nicht im gleichen Maße für die Erzeugungskosten, weil sich die Besatzwerte für Maschinen und Geräte erheblich erhöht haben und diese nicht immer voll ausgelastet sind. In vielen klein- und mittelbäuerlichen Betrieben können einige Weinbaumaschinen und -geräte wegen des Mißverhältnisses zwischen der zu bewirtschaftenden Weinbaufläche und der hohen Leistungskapazität der Maschinen nicht voll genützt werden; ihr Einsatz verursacht dadurch zu hohe Kosten. Sofern es sich um teure Maschinen handelt, können in solchen Fällen Kostensenkungen nur durch Gemeinschaftsnutzung erzielt werden. Es gibt hiefür verschiedene Möglichkeiten:

- Gemeinsame Anschaffung durch Weinbauvereine oder andere Organisationen,
- Einsatz in Maschinenringen und
- Heranziehen von Lohnunternehmen.

Nachdem die hohen Maschinenkosten nur bei Bearbeitung von entsprechend großen Flächen amortisiert werden können, muß gerade im kleineren Familienbetrieb genau geprüft werden, welche Maschinen im Betrieb unbedingt selbst benötigt werden und welche sich auch für einen gemeinschaftlichen Einsatz eignen. Wer trotz kleiner Betriebsfläche voll mechanisiert ist, kann den Arbeitsaufwand wesentlich herabsetzen und alle Arbeiten rechtzeitig durchführen, verbraucht diese Einsparung jedoch — zumindest teilweise — wieder durch die hohen Maschinenkosten.
In Zukunft ist im besonderen auch die Bodenpflege im Weinbau unter diesen Gesichtspunkten zu überdenken.

Die „ideale Bodenzusammensetzung" schwankt natürlich zwischen den verschiedenen Bodenarten. Sie sollte etwa wie folgt sein:
50 Volumsprozent feste Bodenbestandteile,
25 Volumsprozent große Poren (lufthältig),
25 Volumsprozent kleine Poren (wasserhältig).

AUFGABEN DER BODENPFLEGE UND MÖGLICHKEITEN DER DURCHFÜHRUNG

Der Boden lebt! Dies gilt ganz besonders für den Weingartenboden. Folgende Aufstellung zeigt, wie zahlreich die Lebewesen in einem Boden vertreten sind.

Das Bodenleben

Pro m^2 Boden ist in den obersten 30 cm etwa folgendes Bodenleben gegeben:

Gruppe	Individuen	Gewicht in g	entspricht kg/ha
Mikroflora:			
Bakterien, Pilze, Algen	1,1 Billionen	200	2000
Mikrofauna:			
Geißeltierchen, Wurzelfüßer	0,6 Billionen	10	100
Mesafauna:			
Nematoden, Milben, Springschwänze	1,2 Millionen	3	30
Makrofauna:			
Schnecken, Spinnen, Vielfüßer, Käfer, Asseln	11.000	12	120
Megafauna:			
Regenwürmer, Wirbeltiere	80	40	400

Da der Großteil der Bodenlebewesen „luftliebend" ist, nimmt ab einer Tiefe von 30 cm das Bodenleben rasch ab.
Diese Tatsache sollte bei jeder Bodenbearbeitungsmaßnahme bedacht werden.
Der Weingartenboden muß laufend bearbeitet werden, mit dem Ziel, ihn möglichst gesund und locker zu erhalten sowie das Unkraut zu bekämpfen. Der Gesunderhaltung des Bodens kommt gerade im Weinbau eine besondere Bedeutung zu, weil die meisten Weingartenböden humusarm sind und infolge des häufigen Befahrens in der gleichen Spur stark zu Verdichtungen neigen. Das wichtigste Ziel der Bodenpflege ist es daher, die Bodenstruktur in allen Schichten gesund zu erhalten und im Falle einer Verdichtung die Krümelstruktur wieder herzustellen. Durch geeignete Maßnahmen der Bodenpflege ist auch für eine ausreichende Durchlüftung des Bodens zu sorgen, da ein kräftiges Wachstum nur bei ausreichender Versorgung der Wurzeln mit Sauerstoff möglich ist. Schließlich ist es auch die Aufgabe einer richtigen Bodenbearbeitung, den Wasserhaushalt des Bodens in Ordnung zu halten. Ein garer Boden mit einem geordneten Wasser-Nährstoff-Luft-Haushalt ist die Voraussetzung für eine leistungsfähige Produktion.
Zur Durchführung der Bodenpflege gibt es folgende Möglichkeiten:
Mechanische Bodenpflege — durch den Einsatz von Maschinen
biologische Bodenpflege
chemische Bodenpflege — durch Anwendung von Herbiziden

MECHANISCHE BODENPFLEGE

Bei der Bodenbearbeitung unterliegt der Weinbau als langjährige Kultur anderen Gesetzen als der Ackerbau. Durch den raschen Übergang von der Stockkultur auf die Halbhoch- und Hochkultur sah sich der Weinhauer teilweise vor völlig neue Aufgaben gestellt, die wohl technisch gelöst wurden, jedoch nicht immer richtig vom Standpunkt der Bodenpflege.
So ist es in der Hochkultur möglich, schwere Maschinen einzusetzen; diese schädigen jedoch häufig die Bodenstruktur, was zu einer Zunahme der Erosion und der gefürchteten Verdichtungschlorose führt.

Fehler bei der mechanischen Bodenbearbeitung:

- Zu tiefes Pflügen im Herbst bringt toten, an Mikroorganismen verarmten Boden an die Oberfläche. Das führt zur Verdichtung der Krume und damit zur Verminderung des Bodenlebens.
- Anpflügen im Herbst und Abräumen im Frühjahr verursacht große Verluste: Das früher allgemein übliche „Zum-Stock-Pflügen" im Herbst und das „Zurückpflügen" im Frühjahr hat den Nachteil, daß durch die Wendearbeit im Frühjahr ein Großteil der Winterfeuchtigkeit verlorengeht.
- Bearbeitung in nassem Zustand: Bindige Böden werden durch Pflügen bzw. Bearbeiten bei zu hohem Wassergehalt verschmiert.
- Druck auf die Pflugsohle: Der Furchengrund wird beim Pflügen durch die in der Furche laufenden Traktorräder stark gepreßt.
- Zu häufiges Krümeln und Kultivieren verursacht eine übermäßig starke Bodendurchlüftung und fördert damit den Humusabbau.
- Der unbedeckte Boden in den Rebgassen der Hoch- und Mittelkultur ist der direkten Sonnenbestrahlung ausgesetzt. Das Bodenleben wird dadurch stark geschädigt.
- Befahren von nassem Boden: Wegen der termingebundenen Rebschutz- und Erntearbeiten muß häufig nasser Boden befahren werden; dies führt zur Verschlechterung der Bodenstruktur.
- Befahren in der gleichen Spur: Bedingt durch die begrenzte Reihenentfernung, muß mit dem Traktor immer in der gleichen Spur gefahren werden. Durch den erhöhten Druck und Schlupf entstehen schwere Strukturschäden. Bezogen auf die Reifenbreite eines Traktors von 22 cm werden bei nassem Boden 3150 m^2 je Hektar verdichtet; das ist rund ein Drittel der Weingartenfläche!

Die Traktorspur belastet den Boden

Insbesondere bei schweren und humusarmen Böden entstehen durch falsche Bodenbearbeitung Verdichtungen

Die Verdichtungen sollen mechanisch durch den Untergrundlockerer aufgebrochen werden

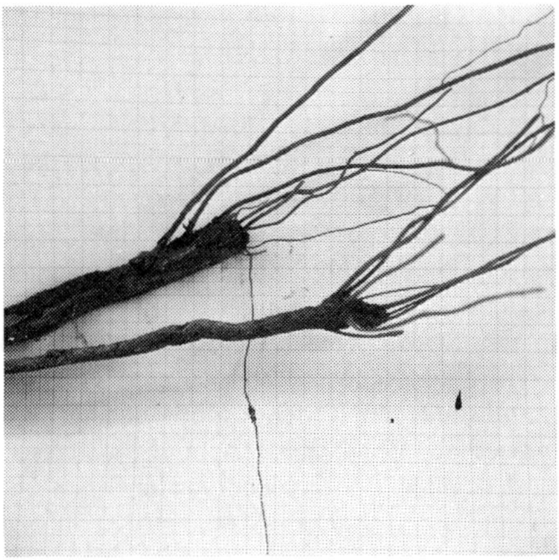

Untergrundlockerer-Einsatz nur im Frühjahr, damit sich abgerissene Rebwurzeln rasch erneuern

Die Wurzeln der Gründüngung sollen den mechanisch gelockerten Boden stark durchwurzeln, wodurch die Basis für die biologische Gesundung des Bodens eingeleitet wird

Regelmäßige Gründüngung bringt garen Boden

Richtige Bodenbearbeitung

Die richtig durchgeführte mechanische Bodenbearbeitung spielt bei den Pflegearbeiten im Weinberg eine wichtige Rolle. Das folgende Kapitel soll daher dazu dienen, aus dem Überangebot an Maschinen und Geräten eine Gerätereihe herauszufinden, die eine optimale Bodenpflege gewährleistet.

Aus bodenbiologischen Gründen und im Hinblick auf die Rationalisierung der Bodenbearbeitung sollen im Weinbau folgende Geräte eingesetzt werden:

Tiefe Bodenbearbeitung	Rigolpflug, Untergrundlockerer
Mitteltiefe Bodenbearbeitung	Spatenpflug
Seichte Bodenbearbeitung	Kultivator, Rotorkrümler, Scheibenegge, Stockräumgeräte

GERÄTE ZUR TIEFEN BODENBEARBEITUNG

Der Rigolpflug

Unter Rigolen versteht man das Lockern und Wenden eines Bodens bis zu einer Tiefe von 50 bis 70 cm. Mittels einer Zugmaschine von mindestens 60 PS wird der Boden mehr oder weniger exakt gewendet. In der Praxis wird fast ausschließlich der Rigolpflug verwendet, obwohl er vom Standpunkt der Bodengesundheit nicht voll befriedigt. Wird diese Arbeit bei nassem Boden oder bei Schlechtwetter nach der Weinlese durchgeführt, so werden infolge des Verschmierens des Bodens die Junganlagen in ihrer Wüchsigkeit behindert sein. Desgleichen ist das Rigolen im Winter bei Vorhandensein einer Schneedecke verpönt, weil sich der Boden durch den vergrabenen Schnee im Frühjahr nur sehr langsam erwärmt. Beim Rigolen im Frühjahr und anschließenden Auspflanzen wird eine Junganlage nicht befriedigen können, weil sich der Boden nicht genügend setzen kann und grobschollig ist; außerdem geht ein Großteil der Winterfeuchtigkeit verloren.

Rigolen

Chisel-Pflug (Bild: Rissbacher u. Söhne KG)

Untergrundlockerer mit Tiefendüngungsgerät

Die Rigolarbeit vor einer Neuanlage muß daher genau überdacht werden.

Als größter Nachteil des Rigolens erweist sich, daß organismenarmer Boden an die Oberfläche gebracht und organismenreicher Boden in tiefere Schichten vergraben wird. Damit wird der fundamentale Lehrsatz der Bodenbearbeitung: „Seicht wenden, aber tief lockern“ im Weinbau nicht genügend beachtet.

Zur tiefen Bodenbearbeitung vor einer Neuanlage müßte also ein Gerät zum Einsatz kommen, das die oberste Bodenschicht (20 bis 30 cm) wendet und gleichzeitig den Unterboden lockert. Ferner müßte mittels eines Tiefendüngungsgerätes die gesamte Vorratsdüngung in den Hauptwurzelraum eingebracht werden.

Ein Fehler, der beim Rigolen oft beobachtet werden kann, ist das Einbringen von frischem Stallmist in tiefe Bodenschichten, wo er infolge des Luftabschlusses vertorft. Ist Stallmist vorhanden, dann sollte dieser zur Belebung des Mikroorganismenlebens nach dem Rigolen eingesetzt werden. Er wird auf die rigolte Fläche gestreut und seicht eingearbeitet; man erzielt dadurch eine raschere Belebung des mikroorganismenarmen Bodens.

Der Untergrundlockerer

Dieses Gerät erfüllt die gestellten Anforderungen nur dann, wenn der Boden gelockert, nicht aber gewendet werden soll. Die in den Weingartenböden vorkommenden Strukturschäden befinden sich meistens unterhalb der Bearbeitungsgrenze und bilden dort oft starke Verdichtungen. Im Frühjahr können diese Verdichtungshorizonte mit dem Untergrundlockerer aufgebrochen werden. Die Wühlscharen dieses Gerätes sind so tief einzustellen, daß die verdichtete Zone unterfahren und von unten her aufgebrochen wird. Gleichzeitig kann eine Düngung des Unterbodens mit einem gut gekörnten Mineraldünger vorgenommen werden.

Zur Durchführung dieser Maßnahme benötigt man allerdings eine entsprechend starke Zugmaschine (zirka 80 PS; diese kann auch durch das Zusammenspannen von zwei schwächeren Traktoren ersetzt werden).
Beim Untergrundlockerer wird ein Teil der Rebwurzeln abgerissen. Der Wundreiz bewirkt jedoch, daß sich an der Trennstelle eine Reihe neuer Wurzeln bildet, wodurch der Rebstock verjüngt wird.

Bau- und Wirkungsweise

Als eigentliches Lockerungswerkzeug dient das an einem Schwert angebrachte Lockerungsschar.
Die vom Lockerungsschar ausgehende Hubkraft muß groß genug sein, um den verdichteten Boden genügend stark aufzubrechen. Je tiefer gelockert werden soll, desto größer muß die Hubkraft und somit die Größe des Lockerungsschares sein. Bei kleinen, schmalen Lockerungsgeräten besteht die Gefahr der Röhrenbildung, was auch zu einem Zusammenpressen der Seitenwände führt.
Um eine gute Auflockerung bis zu 70 cm Tiefe zu gewährleisten, muß das Schar mindestens 600 cm² groß sein, wobei die Scharlänge 40 cm betragen soll. Gute Schare haben eine rechteckige Form.
Auch die Scharneigung ist für eine intensive Auflockerung von maßgebender Bedeutung. Während das Schar bei zu flacher Einstellung den Boden nicht genügend anhebt und verlagert, lockert ein zu steil gestelltes Schar den Boden nur schwach und hat einen enorm hohen Zugkraftbedarf. Der Neigungswinkel des Lockerungsschares sollte 25° bis 30° betragen. Die Arbeitstiefe wird in den meisten Fällen durch die vorhandene Zugkraft begrenzt.
Nach den bisherigen Erfahrungen liegt die unterste Grenze der Lockerung bei 70 cm Tiefe. Für die Auflockerung eines trockenen Bodens in dieser Tiefe ist beispielsweise der Einsatz von 80- bis 90-PS-Traktoren notwendig. Bei der Lösung des Zugkraftproblems galt es, die vorhandene Motorkraft besser nutzbar zu machen, also einen Teil der vom Motor produzierten Kraft direkt auf die Lockerungsschare wirken zu lassen. Dies gelang bei den sogenannten „Hubschwenklockerern", wobei die Motorleistung des Traktors um zirka 60% besser ausgenützt werden kann.
Eine dauerhafte Strukturverbesserung des Bodens kann nur dann erzielt werden, wenn der mechanisch gelockerte Untergrund biologisch stabilisiert wird. Eine wichtige Voraussetzung hiefür ist die gleichzeitige Tiefendüngung.
Bei den älteren Tiefendüngungsgeräten fällt der Mineraldünger unverteilt in den Unterboden. Der oft bandförmig abgelegte Dünger verhärtet dort und die Stabilisierung der Lockerstruktur gelingt daher nur unzureichend. Bei den neuesten Geräten wird der Dünger

in den Bodenraum geblasen. Um eine gute Verteilung des Düngers im Boden zu erreichen, ist nicht der Luftdruck, sondern die Luftmenge entscheidend. Dazu ist ein leistungsfähiges Gebläse, das über die Zapfwelle angetrieben wird, notwendig. Der Dünger wird aus dem Vorratsbehälter angesaugt und über zwei Düsen in die Hohlräume des aufgebrochenen Bodens geschleudert. Soll eine vielseitige Meliorationswirkung über längere Zeit erhalten bleiben, dann ist nachher eine strukturschonende Bodenbearbeitung durchzuführen. Jede zu tiefe Bearbeitung des Oberbodens wirkt sich auf die Struktur des Unterbodens ungünstig aus.

GERÄTE ZUR MITTELTIEFEN BODENBEARBEITUNG

Nach der Lese soll der Boden bis zu einer Tiefe von 20 bis maximal 25 cm gewendet und gelockert werden. Anschließend soll der Boden in möglichst rauher Scholle liegengelassen werden, damit die Winterfeuchtigkeit eindringen und der Boden gut durchfrieren kann. Dadurch erzielt man im nächsten Jahr eine lockere obere Bodenschichte. Für diese Arbeit verwendet der Weinhauer zwei- oder dreischarige Beet- oder Wendepflüge.
Die Bearbeitung in dieser Form hat jedoch den Nachteil, daß in der Mitte der Rebgasse eine tiefe Furche entsteht, weil die Erde nach beiden Seiten zum Stock geworfen wird. Die tiefen Furchen in der Mitte sind häufig die Ursache dafür, daß in schneearmen Wintern mit tiefen Temperaturen die oberen Rebwurzeln durch Frost geschädigt werden. Die in der Rebgassenmitte entstandene Mulde wird außerdem bei der Schneeschmelze oder nach Regenfällen zu einem Rinnsal, in dem Nährstoffe und die wertvollsten Feinerdebestandteile abgeschwemmt werden.
Das Anpflügen im Herbst bringt auch arbeitswirtschaftliche Nachteile, weil es automatisch das Abpflügen im Frühjahr bedingt; durch diese Wendearbeit wird außerdem ein großer Wasserverlust verursacht. Auf Grund dieser bodenbiologischen Überlegungen sollte zumindest in weniger frostgefährdeten Anlagen auf das An- und Abpflügen verzichtet werden und diese Bodenbearbeitung mit dem Spatenpflug durchgeführt werden.

Der Spatenpflug

Der Spatenpflug ist ein zapfwellengetriebenes Gerät mit mehreren rotierenden Spaten, die senkrecht in den Boden einstechen, diesen herausbrechen und — je nach Gerätetyp — mehr oder weniger gut wenden. Mit diesen Geräten wird versucht, die Bewegung der händischen Bodenbearbeitung mit dem Spaten nachzuahmen. Für den Einsatz von Spatenpflügen werden wegen ihres hohen Eigengewichtes schwerere Traktoren mit kräftiger Hydraulik benötigt. An den Zugkraftbedarf selbst werden keine allzu großen Anforderungen gestellt, da die von der Zapfwelle angetriebenen Spaten die Vorwärtsbewegung fördern. Ein Nachteil des Spatenpfluges ist die geringe Fahrgeschwindigkeit von 1 bis 1,5 km pro Stunde; es kann daher nur mit einer Tagesleistung von 2 bis 3 ha gerechnet werden.
Beim Einsatz des Spatenpfluges besteht keine Gefahr der Pflugsohlenbildung; die gesamte Rebreihe wird gleichmäßig gepflügt, während bei den Zwei- und Dreischarpflügen ein Teil des Bodens der Rebgasse nur überworfen wird. Dies kann am deutlichsten an Hand eines Beispiels erläutert werden:
Bei der Scharbreite eines Pfluges von 30 cm wendet ein Dreischarpflug in einem Arbeitsgang eine Breite von 90 cm; bei zwei Arbeitsgängen (Hin- und Rückfahrt) werden in einer Hochkulturreihe von 3 m Reihenbreite daher nur 1,80 m bearbeitet. Der restliche Teil des Bodens — vor allem die meist verdichtete Traktorspur — wird nur überworfen.
Auch beim Einsatz des Spatenpfluges gilt der wichtige Grundsatz, daß der Boden nur seicht, nämlich 20 bis 25 cm tief, gewendet werden darf.

Spatenpflug beim Wenden

Kultivatorpflug, Patent „Mantler“

In neuerer Zeit sind Bestrebungen im Gange, Maschinen zu konstruieren, die nach einem ähnlichen Prinzip arbeiten, aber eine größere Flächenleistung und eine geringere Reparaturanfälligkeit haben. Dabei muß auf ein Gerät hingewiesen werden, das einem Kultivator gleicht und eine sehr hohe Flächenleistung bei guter Arbeitsqualität erzielt. („Kultivatorpflug“.)

Als Beweis dafür, wie günstig ein Spatenpflug den Wasserhaushalt eines Bodens beeinflußt, sei eine kleine Wasserbilanz angeführt.

Wasser-Bilanz im Boden (Frühjahr)

Bodentiefe	unbearbeitet		Spatenpflug		Pflug	
	Gew.-% H_2O*	Liter H_2O/ha*	Gew.-% H_2O*	Liter H_2O/ha*	Gew.-% H_2O*	Liter H_2O/ha*
0—10 cm = 1,5 Mill. kg Boden	22,0	330.000	26,4	396.000	22,2	333.000
10—25 cm = 2,25 Mill. kg Boden	22,5	506.000	26,1	587.000	23,0	518.000
25—50 cm = 3,75 Mill. kg Boden	22,3	836.000	26,4	990.000	21,5	806.000
Gesamt 7,50 Mill. kg Boden		1,672.000		1,973.000		1,657.000
Differenz gegenüber unbearbeitet in Liter H_2O*			+	301.000	—	15.000

Ried: Pisenkopf-Weing., Dat. d. Probenahme: 22. 4. 1970, = 30,1 mm = 1,5 mm
Spez. Gew. d. Bodens zirka 1,5
* = H_2O = Wasser

GERÄTE ZUR SEICHTEN BODENBEARBEITUNG

Alle Bodenbearbeitungsvorgänge im Frühjahr und im Sommer sollen nur seicht, mit einer Bearbeitungstiefe von etwa 10 cm, durchgeführt werden.

Zweck der seichten Bearbeitung während der Vegetationszeit

- Unkrautfreihalten des Bodens:
  Speziell die Wurzelunkräuter, wie Winden und Disteln, kann man durch häufiges Abscheren in ihrem Wachstum erschöpfen.
- Regelung des Wasserhaushaltes im Boden:
  Verkrusteter Boden trocknet sehr leicht bis in große Tiefen aus. Durch seichtes Lockern wird die Kapillarität im Boden unterbrochen. Der gelockerte Boden bildet eine Isolierschichte und schützt das in den Kapillaren aufsteigende Wasser vor Verdunstung. Je trockener die Witterung ist, desto häufiger soll deshalb seicht gelockert werden.
- Förderung des Gasaustausches im Boden:
  Die Wurzeln benötigen für ihre Lebensvorgänge Luft und Sauerstoff.

Zur seichten Bodenbearbeitung steht der Praxis eine Vielzahl von Systemen und Typen zur Verfügung. Am stärksten verbreitet sind die Kultivatoren; daneben werden auch langsam rotierende Fräsen, sogenannte Rotorkrümler, und vereinzelt die Scheibenegge verwendet. Rotorkrümler sollten weniger häufig eingesetzt werden, um den Humushaushalt des Bodens und seine Struktur nicht zu sehr zu belasten.
Sofern es der Witterungsverlauf und der Bodenzustand ermöglichen, soll der Boden im Frühjahr zeitig bearbeitet werden.

Kenndaten einiger Bodenbearbeitungsgeräte für den Weinbau*)

Gerät	Typenbezeichnung	Richtpreis in S (inkl. MWSt. Stand Frühjahr 1982	Arbeitsbreite in m	Flächenleistung in ha/Tag (8 St.) (Weingarterfläche)	Kraftbedarf in PS zirka	Anmerkung
Kultivator	Weinbaukultivator TR 12 (Vogel & Noot)	12.000,—	1,10—1,90	6—8	ab 25	
	Weinbaukultivator WB 11 (Fa. Kongskilde)	19.000,—	1,10—2	5—8	ab 15	stufenlos verstellbar
Mark II Kultivatoreinsatz		16.000,—	1,45	6—8	ab 15	
	145/7 Zinken mit Stegwalzenkrümler EH 150 (Fa. Heger)					
Rotorkrümler	Mascio (Vogel & Noot)	31.000,—	1,30	1	ab 20	
	Bodenfräse mit Zwischenstockräumautomatik (Vogel & Noot)	47.000,—	1,30	1	ab 25	
	Howard HL 155 SU	28.000,—	1,55	1	ab 25	
	Howard HL 180	31.000,—	1,80	1,20	ab 25	
Stockräumgerät	Stockräumgerät BR (Fa. Krobath)	17.000,—	0,30	4—6	ab 10	
Zwischenstockräumgerät	Bosselet (Vogel & Noot)	10.000,—	0,30	4—6	ab 10	
	vollhydraulisch	18.000,—				
Spatenpflug	V6 (Fa. Hammerschmied)	65.000,—	1,45	2—3	ab 35	
	Selvatici V6 (Fa. Hofbauer)	53.000,—	1,45	2—3	50	
Tiefkulturpflug	Dachs I/35 HM (Fa. Heger)	20.000,—	0,35	1—1,20	ab 40	ohne Vorschäler u. Stützrad
Erdlockerer	Howard-Paraplow		1,0		ab 60	zweibeinig
Untergrundlockerer	Superio CP 2—3 (F. u. C. Berger)	13.000,—	1,25	4—6	ab 30	
	Brenig Hubschwenklockerer HSK II (F. u. C. Berger)	63.000,—	1,0		ab 40	zweiarmig
	Brenig Wippscharlockerer WS II	137.000,—	1,5—2,20	7—10	ab 100	zweiarmig

*) Diese Aufstellung erhebt weder Anspruch auf Vollständigkeit noch soll damit gesagt werden, daß andere hier nicht aufscheinende Geräte schlechter sind. Bei den Daten handelt es sich vorwiegend um Angaben der Vertriebs- bzw. Herstellerfirmen!

Das frühzeitige Lockern hat den Vorteil, daß die Wasserverdunstung stark reduziert wird. Sofern das Rebholz in den Reihen zerkleinert werden soll, ist es zweckmäßig, die Gassen vorher einzuebnen, weil sonst viele Ruten vom Häcksler nicht erfaßt werden können. Wenn das Rebholz oder auch die Frühjahrsgründüngung nicht ausreichend gehäckselt wird, soll zur zweiten Bodenbearbeitung ein Rotorkrümler verwendet werden, da es beim Einsatz des Kultivators häufig zu Verstopfungen kommt.
Alle weiteren Bodenbearbeitungen richten sich nach dem Unkrautwachstum und nach den Niederschlägen. Je humusärmer ein Boden ist, desto weniger oft sollte er gelockert und bearbeitet werden, da durch jede Bodenlockerung die Bakterientätigkeit angeregt und Humus abgebaut wird.

Der Kultivator
Für die Bearbeitung des Bodens im Sommer wird der Kultivator mit bestem Erfolg eingesetzt. Das Unkraut wird größtenteils an der Bodenoberfläche abgelegt und meist mit den Wurzeln ausgerissen, was vor allem bei der Bekämpfung der Wurzelunkräuter vorteilhaft ist. Kultivatoren mit breiten Gänsefußscharen (16 cm) eignen sich für die Bodenpflege nur sehr bedingt, weil sie den Boden in zirka 10 cm Tiefe glätten und verschmieren. Hingegen sind Kultivatoren mit schmalen Scharen (3 cm), die zusätzlich noch vibrieren, für den Weinbau sehr gut geeignet. Diese Federzinken lockern den Boden sowohl in der Tiefe als auch in der Breite. Der Kultivator wird gezogen und reißt dabei den Boden 10 bis 20 cm tief auf. Dabei wird vor allem auch der durch den Raddruck verdichtete Boden wieder gelockert. In Hanglagen ist der Einsatz dieses Gerätes allerdings gefährlich, da infolge der verbleibenden Rinnen bei Gewitterregen die Abschwemmung des gelockerten Bodens stark gefördert wird. In solchen Lagen sollen hinter dem Kultivator eine Egge oder ein Krümelstern angehängt werden, wodurch diese Längsrinnen beseitigt werden. Bei dieser Gerätekombination ist die beste Arbeitsqualität gegeben.

Federzinkenkultivator mit Planieregge

Messerwelle eines Rotorkrümlers

Der Rotorkrümler
Als Rotorkrümler wird eine langsam rotierende Weinbergfräse bezeichnet, die je nach Typ und Ausstattung mit veränderbarer Drehzahl der Messerwelle (120 bis 280 U/min) geliefert wird. Dieses Gerät ist als Bodenpflegegerät, als Gerät zur Unterbringung der Gründüngung und in beschränktem Umfang auch zur Zerkleinerung des Rebholzes geeignet.
Bei der Bodenbearbeitung fährt man mit einer Geschwindigkeit von 3,5 km pro Stunde und langsamer Drehzahl, wodurch der Boden gröber liegenbleibt. Auch zur

Scheibenegge beim Zerkleinern der Gründecke (Bild: Graf, Langenlois)

Verunkrauteter Grasstreifen. Richtig wäre: nur Untergräser

Vorbereitung des Saatbeetes für Gründecken ist der Rotorkrümler gut geeignet. Bei der Bodenbearbeitung ist man mit diesem Gerät nicht termingebunden, da man auch eine starke Unkraut- und Gründecke jederzeit leicht unterbringen kann.
Die Einbringung der Gründüngung bereitet auch bei hochgewachsenen Pflanzen keine Schwierigkeiten. Eine mähendhäckselnde Wirkung läßt sich erzielen, wenn das Gerät mit tiefstehenden Stützrädern bei großer Drehzahl knapp über der Erde rotiert. Wenn die Grünmasse trocken oder sogar angewelkt ist, kommt es allerdings zu stärkeren Verstopfungen der Messerwelle. Zur Einbringung von Gründecken oder Unkraut sind Geräte mit neuen Winkelmessern besser geeignet. Auf steinigen Böden dürfen nur schwach gewinkelte Hackmesser eingesetzt werden, da bei anderen Messern die Abnützung zu groß ist. Um die Abschwemmungsgefahr infolge einer immer gleich tiefen Bodenbearbeitung zu verringern, ist es zweckmäßig, abwechselnd sowohl den Rotorkrümler als auch den Kultivator einzusetzen.

Die Scheibenegge

Die Scheibenegge wird im Weinbau nur vereinzelt verwendet, sollte aber wegen ihrer Vorteile mehr beachtet werden. Speziell bei steinigen Böden und verunkrauteten Flächen rollt sie über diese Hindernisse hinweg, ohne sich zu verstopfen. Auch der Materialverschleiß, speziell bei solchen extremen Bodenverhältnissen, ist sehr gering. Während beim Kultivator die Beanspruchung auf wenige Zentimeter an der Scharspitze konzentriert ist, verteilt sich diese bei der Scheibenegge bei einem Scheibendurchmesser von 65 cm auf eine Schneidelänge von 200 cm.
Diesen Vorteilen stehen aber auch einige Nachteile gegenüber. Tieferes Eindringen dieses Gerätes in den Boden kann nur durch schwere Belastung bewirkt werden. Wegen des hohen Seitendruckes, der nur zum Teil durch die Stützräder abgefangen werden kann, ist die Scheibenegge für den Einsatz in auch nach einer Seite hin geneigten Querhanglagen nicht geeignet.
Während die bisher angeführten Geräte hauptsächlich der Bodenbearbeitung in den Rebgassen dienen, werden zur Bearbeitung im Stockraum (in den Reihen) sogenannte Stockräumgeräte eingesetzt.

Die Bearbeitung des Bodens in der Reihe (Stockraumbearbeitung)

In den letzten Jahren wurde intensiv nach Arbeitsverfahren geforscht, um den Handarbeitsaufwand zur Bearbeitung des Bodens in der Reihe zu vermindern und dadurch die Kosten zu senken bzw. zu einer größerer Flächenleistung zu kommen.

Der Grasstreifen

Die einfachste Lösung, die Rebgassenmitte durch mechanische Bodenbearbeitung laufend offenzuhalten und in den Stockreihen einen Streifen mit unterständigen Gräsern natürlich zu begrünen, hat sich nicht bewährt. Dieser grüne Streifen müßte laufend gemäht werden, was bei händischer Durchführung zu arbeitsaufwendig ist und vielfach auch zu Verletzungen der Stämme führt. Der Einsatz von Mulchgeräten mit Tast- oder Schwenkarm setzt gerade Stämme und eine exakte Zeilenreihe voraus, um Stockverluste zu vermeiden. Außerdem müßte dafür ein Spezialgerät angekauft werden. Ein weiteres Kriterium ist, daß sich unter den Stöcken ein ständig höher werdender Damm bildet, der sehr stark verunkrautet.

Aus diesen Gründen wurden andere Arbeitsverfahren eingeführt. In den letzten Jahren hat die Anwendung von Herbiziden zur Stockraumbehandlung am stärksten Eingang gefunden. Diese wird im Rahmen der chemischen Bodenbehandlung abgehandelt.

Die Stockräumgeräte

Derzeit kommen viele solcher Geräte in den Handel, aber nur wenige sind für die Praxis gut geeignet. Eine wesentliche Voraussetzung für den Einsatz aller Stockräumgeräte ist, daß große Stockabstände, gerade Stämmchen, exakte Zeilenreihen und eine gewissenhafte Fahrweise gegeben sein müssen. Bei Stöcken mit krummen Stämmen ist aus Sicherheitsgründen vor dem Rebstock ein Holzpflock einzuschlagen, damit die Automatik früher anspricht und der Stock nicht verletzt wird. Bei Einsatz mechanischer Stockräumgeräte ist die Doppelstockpflanzung zu überlegen, da bei großen Abständen die Stockverletzung vermindert werden kann. Durch den Einsatz von Stockräumgeräten wird die Handarbeit zur Gänze ersetzt. Die Zeiteinsparung beträgt gegenüber der Handarbeit 40 bis 60 Stunden pro Hektar.

Im allgemeinen kann man feststellen, daß Stockräumgeräte mit Steuerung durch einen Menschen den Rebstock mehr schonen und eine bessere Qualität bringen. In der Praxis haben daher in vielen Gebieten einseitig arbeitende Handstockräumer, kombiniert mit dem Kultivator, Eingang gefunden. Die Vorteile dieses Gerätes sind der niedrige Preis, die gute Arbeitsqualität und die geringe Gefahr von Stockverletzungen. Dieses Gerät hat den großen Nachteil, daß neben dem Traktorfahrer eine zweite Bedienungsperson benötigt wird, die am Kultivator sitzt und mit größter Konzentration arbeiten muß.

Mechanisches Stockräumgerät mit Abräumscheibe (Bild: Graf, Langenlois)

Bei den automatischen Stockräumgeräten gibt es zwei Arten:
Geräte mit Räumscharen und
Geräte mit rotierenden Messern

Die letzteren haben den Vorteil, daß sie auch hohes Unkraut sehr gut fassen. Nachteilig ist, daß bei wiederholtem Einsatz der Boden stark zerschlagen wird. Bei automatischen Stockräumgeräten mit Räumscharen können wir zwischen einzeilig und zweizeilig arbeitenden Geräten unterscheiden. Letztere können in der Halbhoch-, nicht aber in der Hochkultur eingesetzt werden und haben den Vorteil, daß nur ein Durchgang pro Gasse erforderlich ist, wodurch die Arbeitsleistung größer wird. Nach den bisherigen Erfahrungen stellt der Einsatz der zweizeilig arbeitenden Stockräumer aber große Anforderungen an den

Bei nicht gerade gezogenen Stämmen besteht große Verletzungsgefahr

Fahrer; die Fahrgeschwindigkeit kann nur 1 bis 2 km pro Stunde betragen. Bei einzeilig arbeitenden Geräten kann man mit einer Geschwindigkeit von 2 bis 3 km pro Stunde fahren. Auch bei diesem Gerät ist auf eine exakte Auszeilung und gerade Stämmchenerziehung zu achten, ohne dadurch Stockverletzungen voll ausschalten zu können.

Eine beachtliche Anzahl neuerer Stockräumgeräte kann am Heck des Traktors angebaut werden. Der Antrieb des Tasters kann mechanisch, über Öldruck oder durch Luftdruck erfolgen.

Der auslösende Berührungsdruck für den Fühler soll sehr gering sein; er kann bei einzelnen Geräten bis auf 180 g herabgesetzt werden. Die Arbeitsgeschwindigliegt bei 3,5 km pro Stunde; der Stockabstand darf nicht unter 90 cm betragen. Alle am Heck des Traktors angebauten Stockräumgeräte haben den großen Nachteil, daß sie nicht im Blickfeld des Fahrers liegen und damit den Arbeitsablauf erschweren.

Parallel zu den bisher beschriebenen Stockräumgeräten verlief die Entwicklung der Zwischenachs-Stockräumgeräte. Sie haben folgende Vorteile:

- Sie liegen im Blickfeld des Fahrers und können daher bei der Arbeit gut kontrolliert werden.
- Sie sind leicht und genau einzustellen.
- Infolge ihrer einfachen Bauart sind sie wenig reparaturanfällig.
- Im Vergleich zu anderen Stockräumgeräten sind die Anschaffungskosten gering.

Man unterscheidet zwischen Geräten, die mechanisch, hydraulisch und pneumatisch arbeiten. Zum gegenwärtigen Zeitpunkt kann nur ein Gerät angeführt werden, das sich in der Praxis bereits bewährt hat: ein mechanisches Stockräumgerät mit einer Abräumscheibe. Eine Hohlscheibe fährt exakt an die Rebreihen heran, wodurch das Unkraut bis auf einen schmalen Streifen weggeräumt wird.

Stockraumbearbeitung mit einer Propangasflamme

Die Unkrautbekämpfung in der Stockreihe kann auch mittels eines Propangasbrenners durchgeführt werden, der auf dem Traktor montiert werden kann. Zum Zeitpunkt des Abflammens sollte das Unkraut allerdings noch nicht zu hoch sein (10 bis 15 cm). Der Flüssiggasverbrauch beträgt zirka 6 kg pro Stunde. Die Flamme hat jedoch im Gegensatz zu den Bodenherbiziden keine nachhaltige Wirkung, so daß mit einem 2- bis 3maligen Einsatz gerechnet werden muß. Bei den jungen, nachgesetzten Reben ist Vorsicht geboten. Der Einsatz dieser Geräte ist vielfach wirtschaftlicher als die Handarbeit. Wenngleich die bereits am Markt befindlichen Geräte eine wesentliche Hilfe darstellen, sind sie noch nicht die voll befriedigende Lösung.

BIOLOGISCHE BODENPFLEGE

Um der Gefahr einer allzu intensiven mechanischen Bodenbearbeitung begegnen zu können, aber auch als Ausgleich für die in vielen Fällen mangelhafte organische Düngung, hat man sich in den letzten Jahren intensiv mit der Gründüngung im Weinbau beschäftigt.
Ob das Anlegen einer Gründecke möglich ist und in welcher Form sie durchgeführt werden kann, hängt in erster Linie von der Niederschlagsmenge und der Wasserhaltekapazität des Bodens ab.
Auf Grund vieler Versuche ist heute erwiesen, daß nicht nur ab 700 mm Niederschlag und entsprechender Wasserhaltekapazität des Bodens, sondern auch bei geringerem Niederschlag eine Dauerbegrünung oder Mulchwirtschaft möglich ist und die günstigste Form der Bewirtschaftung darstellt. Man kombiniert dabei häufig die biologische Bodenwirtschaft mit der chemischen Bearbeitung in den Stockreihen.
Eine andere Form der biologischen Bodenbearbeitung besteht darin, daß man entweder eine gelenkte Unkrautdecke wachsen läßt oder eine Frühjahrs- oder Herbstgründüngung anbaut. Um einen zu starken Wasserentzug zu vermeiden, muß die Gründecke durch Häckseln, Mähen oder auf andere Weise niedrig gehalten werden. Genaue Anleitungen über die Durchführung der Gründüngung bzw. der Mulchwirtschaft sind im Kapitel „Organische Düngung" enthalten.

Der Rebhäcksler
Zur Unterbringung der Gründüngung hat sich der Rebhäcksler hervorragend bewährt. Dieses Gerät entwickelt sich immer mehr zu einem echten Universalgerät, das auch gemeinschaftlich in Verwendung stehen kann.
Es gibt Betriebe, die das Rebholz in den Anlagen belassen und mittels eines Rebhäckslers zerschlagen, um die Verrottung zu beschleunigen. Bei dieser Arbeitsweise werden zirka 50 Arbeitsstunden je Hektar eingespart. Man bringt ferner zirka 20 bis 30 Zentner organische Trockenmasse in Form von schwer zersetzlichen Substanzen in den Boden, die für die Humusversorgung nutzbar gemacht werden können. Die Rebholzzerkleinerung sollte, um einen starken Phomopsisbefall zu verhindern, sehr zeitig vorgenommen werden. Wichtig ist auch, daß das Rebholz zerkleinert und vor allem stark gequetscht wird. Zur Beschleunigung der Verrottung ist eine Stickstoff-Ausgleichsdüngung erforderlich.

vorganges. Das anfallende Rebholz wird in jeder Rebgasse abgelegt und in einem Arbeitsgang zusammen mit der Herbstgründecke mit Hilfe des Rebhäckslers zerhackt und oberflächlich liegen gelassen. Das Rebholz wird durch den Einfluß der Mulchmasse leicht angerottet. Sollte nach dem ersten Mulchgang das Rebholz noch zu lang sein, empfiehlt es sich, nach einer gewissen Zeit einen zweiten Arbeitsgang folgen zu lassen, damit die folgenden Bodenbearbeitungsgänge durch zu sperriges Material nicht behindert werden.
Die Rebholzzerkleinerungsmaschinen haben sich bisher nicht durchgesetzt; die Meinungen, ob das Rebholz im Weingarten zu Humus umgesetzt werden soll und ob dadurch die Rebmüdigkeit gefördert wird, gehen weit auseinander.
Das Rebraffen mit dem Traktor ist wirtschaftlich: es können hiefür der Anbaugrubber, der Frontlader mit Gabel und Rebrechen in verschiedenen Formen Verwendung finden.

CHEMISCHE BODENPFLEGE

Zur Erreichung der Vollmechanisierung und Einsparung von Handarbeit bieten nicht nur die Maschinenhersteller, sondern auch die chemische Industrie ihre Dienste an.

Bei den noch nicht zufriedenstellend gelösten Problemen der Bodenbearbeitung, wie insbesondere die Behandlung in der Reihe, sind die Entwicklungen sowohl bei der chemischen als auch bei der mechanischen Bearbeitung besser als bisher aufeinander abzustimmen.
Die schädigende Wirkung überhandnehmender Unkräuter auf die Entwicklung und den Ertrag der Rebstöcke ist unbestritten. Die Maßnahmen zur Unkrautbekämpfung werden jedoch unterschiedlich beurteilt. Während ein Teil der Weinbauern die chemische Unkrautbekämpfung in den Rebkulturen ablehnt, vertreten andere die Meinung, daß sie ohne chemische Unkrautbekämpfung künftig nicht mehr das Auslangen finden werden. Die Wahrheit liegt — wie meistens — in der Mitte. In gewissen Fällen können chemische Unkrautbekämpfungsmittel vorteilhaft angewendet werden, in anderen Fällen wird man ohne sie auskommen müssen.
Zur chemischen Bekämpfung von Unkräutern im Weinbau werden rebenverträgliche Herbizide eingesetzt.
Vor dem Einsatz solcher Mittel sollte sich jeder Weinhauer mit der Wirkungsweise aller anerkannten Mittel beschäftigen und sich eine gute Marktübersicht verschaffen. Er sollte sich auch darüber im klaren sein, daß es niemals die Aufgabe der chemischen Unkrautbekämpfung sein darf, alle Unkräuter bis auf das letzte Unkraut in den Weingärten zu vernichten, da dies zur biologischen Trägheit führt. Eine schwache, naturbedingte Begrünung ist besonders in Hanglagen und Steillagen vorteilhaft, weil bei stärkerer Durchwurzelung des oberen Bodens Erosionsschäden vermindert werden. Es gibt jedoch Unkräuter, die bei Überhandnehmen den Rebstock stark belasten; das sind vor allem: Ackerwinde, Quecke, Pfeilkresse und Ackerdistel; der Hühnerdarm (Vogelmiere) hingegen sollte nicht unerwünscht sein. Herbizide müssen stets nach den vorhandenen Unkräutern ausgewählt werden; es sind nur jene besonders zu bekämpfen, die in großer Dichte auftreten und als gefährliche Konkurrenten des Rebstockes anzusehen sind.
Unter diesem Blickpunkt müßte von den Herbiziden, die im Weinbau eingesetzt werden, folgendes gefordert werden:

- Herbizide dürfen keine allzu große Breitenwirkung besitzen, um das Aufkommen einer schwächeren, erosionshemmenden Unkrautdecke nicht zu verhindern.
- Es müßte eine Palette von selektiv wirkenden Herbiziden zur Verfügung stehen, mit denen besonders hartnäckige und störende Unkräuter, insbesondere Wurzelunkräuter, spezifisch bekämpft werden können.
- Die Gesamtkosten der chemischen Unkrautbekämpfung dürfen die Kosten der mechanischen Bodenbearbeitung nicht übersteigen.

EINTEILUNG DER HERBIZIDE NACH IHRER WIRKUNGSWEISE

Systemische Mittel mit typischen Wuchsstoffeigenschaften
Die Wirkstoffe dieser Mittelgruppe vermögen in die Pflanze einzudringen, werden im Leitungssystem der Pflanze weiterbefördert und regen junges Gewebe zu überhöhten, todbringendem Wachstum an. In den gebräuchlichen Anwendungskonzentrationen zeigen sie hohe Selektivität, wobei vornehmlich dikotyle Arten geschädigt werden, während monokotyle Pflanzen verschont bleiben. Die geschädigten Pflanzen zeigen typische Wuchsstoffsymptome, wie Krümmungswuchs, Gewebewucherungen, Luftwurzeln und Blattdeformationen. In diese Gruppe fallen die MCPP- und die 2-, 4-, 5-T-Mittel. Die Weinrebe ist gegen diese mit großem Erfolg im Getreidebau eingesetzten Mittel besonders empfindlich. Ihr Einsatz in der Nähe von Weingärten verursacht schon in geringsten Konzentrationen schwere Schäden.

Systematische Mittel ohne typische Wuchsstoffeigenschaften
Die Wirkstoffe dieser Mittel dringen ebenfalls in die Pflanze ein, werden innerhalb dieser weitergeleitet, greifen aber vornehmlich in die Photosynthese oder andere Stoffwechselvorgänge ein. Die geschädigten Pflanzen zeigen Blattverfärbungen und Welkerscheinungen, jedoch keine typischen Wuchsstoffsymptome. Dieser Gruppe gehören die Triazine, Aminotriazol, Harnstoffderivate, Dichlobenil und Glyphosate an.

Ätz- oder Kontaktmittel
Diese Mittel besitzen eine ausgesprochene Ätzwirkung. Die behandelten Pflanzen zeigen daher Verbrennungen und eine Zerstörung des Chlorophylls; sie gehen zumeist unter Welkerscheinungen zugrunde. Einige Ätzherbizide besitzen auch eine geringe systemische Wirkung, die die tieferliegenden Organe der Pflanze schädigt. Zu diesen gehören die Mittel der Gruppe Paraquate und Diquate.

Empfindlichkeit der wichtigsten Unkräuter in Weingärten gegenüber den derzeit verfügbaren Herbiziden (Stand 1982)

Deutscher Name	Wissenschaftlicher Name	S = Samenunkraut W = Wurzelunkraut	Simazin Atrazin	Kerb	Weedar ADS super Ustinex W Yerbavin Saminol extra	Prefix Granulat Casoron G	Caragard 3587	Semparol 1167 Sp.	Dicopur KVT-Fluid MCPP + 2, 4, 5-T Sandoz	Tropotox	Gramoxone	Reglone	Roundup	Patoran Kloben
Ackersenf	Sinapis arvensis	S	E	R	E	E	E	E	E	E	E	E	E	E
Ackerdistel	Cirsium arvense	W	r	R	E	E	E	E	E	E	e	e	E	r
Ehrenpreis	Veronica sp.	S	E	e—r	E	E	E	E	E	R	E	E	E	E
Erdrauch	Fumaria officinalis	S	E	r	E	E	E	E	r	r	E	E	E	e
Franzosenkraut	Galinsoga parviflora	S	E	r	E	E	E	E	e	e—r	E	E	E	e
Gänsefuß, Weißer (Melde)	Chenopodium album	S	E	e—r	E	E	E	E	E	E	E	E	E	E
Gänsedistel	Sonchus arvensis	W	r	r	E	E	E	e	e	e	e—r	e—r	E	R
Geißfuß	Aegopodium podagraria	W	R	R	R	E	r	R	R	R	e—r	e—r	e	R
Hahnenfuß, Kriechender	Ranunculus repens	W	R	R	e	R	R	e—r	e	e—r	e	e	E	r
Hederich	Raphanus raphanistrum	S	E	R	E	E	E	E	E	R	E	E	E	E
Hirtentäschl	Capsella bursa-pastoris	S	E	R	E	E	E	E	E	E	E	E	E	E
Hohlzahn	Galeopsis sp.	S	E	R	E	E	E	E	E	r	E	E	E	E
Huflattich	Tussilago farfara	W	R	R	e	e	r	R	e—r	R	e—r	e—r	e	R
Hühnerhirse, Fingerhirse	Echinochloa crus-galli, Setaria sp.	S	r	E	E	E	E	e—r	R	R	E	e	E	e—r
Kamille	Matricaria sp.	S	E	r	E	E	E	E	r	r	E	E	E	e
Klettenlabkraut	Galium aparine	S	e—r	e—r	E	E	E	e—r	E	r	E	E	E	e
Knöterich	Polygonum sp.	S	E	e—r	E	E	E	E	e	e	E	E	E	e
Kreuzkraut	Senecio vulgaris	S	E	e—r	E	E	E	E	E	E	E	E	E	e
Löwenzahn	Taraxacum officinale	W	r	R	E	E	E	e—E	E	R	e	e	E	r
Pfeilkresse	Cardaria draba	W	e	R	E	E	E	E	E	e	e—r	e—r	E	r
Pfennigkraut	Thlaspi arvense	S	E	R	E	E	E	E	E	E	E	E	E	E
Quecke	Agropyron repens	W	e—r	E	E	E	E	e—r	R	R	e—r	e—r	E	R
Rispe, Einjährige	Poa annua	S	E	E	E	E	E	e	R	R	E	e	E	e
Rittersporn	Delphinum sp.	S	E	r	E	E	E	E	e—r	r	E	E	E	e
Taubnessel	Lamium sp.	S	E	r	E	E	E	E	e	R	E	E	E	e
Vogelmiere	Stellaria media	S	E	e—r	E	E	E	E	E	R	E	E	E	E
Winde, Acker-	Convolvulus arvensis	W	R	R	e—r	e	e	e—r	e	e	r	e—r	E	R

E = leicht bekämpfbar e = bekämpfbar r = schlecht bekämpfbar R = nicht bekämpfbar

Quelle: Neururer, Bundesanstalt für Pflanzenschutz, Wien.

EINTEILUNG DER HERBIZIDE NACH ANWENDUNGSZEIT IN BEZUG AUF UNKRAUTENTWICKLUNG

Die Bodenherbizide

Die Bodenherbizide werden vor dem Auflaufen der Unkräuter, bei Beginn der Vegetation und nach der ersten Bodenbearbeitung ausgebracht. Die Wirkstoffe dringen über den Wurzelbereich in die Pflanze ein und verhindern das Auflaufen der Unkräuter. Die Wirkungsdauer erstreckt sich über die gesamte Vegetationsperiode. Trockenheit und höherer Humusgehalt des Bodens setzen die Wirksamkeit der Bodenherbizide herab.

Die Blattherbizide

Die Blattherbizide werden erst nach dem Auflaufen der Unkräuter gespritzt und wirken über die Blätter. Die Wirkungsdauer ist in der Regel nicht nachhaltig, die später auflaufenden Unkräuter bleiben unbeschädigt. Vom Standpunkt der Bodenbiologie sind diese Mittel zu bevorzugen.

Unkrautbekämpfung in der Reihe mittels Bodenherbizid (Bild: Bayer AG, Leverkusen)

Unkrautbekämpfung in der Reihe mittels Blattherbizid (Bild: Bayer AG, Leverkusen)

Kombinierte Boden- und Blattherbizide

Diese Mittel wirken sowohl auf bereits aufgelaufene als auch auf Unkräuter, die sich noch im Keimstadium befinden. Die Einhaltung des richtigen Anwendungszeitpunktes ist bei ihnen besonders wichtig. Sie sollen erst dann angewendet werden, wenn die Beeren schon Schrotkorngröße erreicht haben, da die Rebstöcke zu diesem Zeitpunkt schon widerstandsfähiger sind. Beim Einsatz solcher Mittel vor und während der Blüte kann es leicht zum Verrieseln der Gescheine kommen.

HERBIZIDE FÜR DEN EINSATZ IM WEINBAU

Auf den folgenden Seiten sind in übersichtlicher, kurzer Form die derzeit anerkannten Herbizide im Weinbau beschrieben. Bei ihrer Auswahl ist im Sinne der integrierten Unkrautbekämpfung besonders gegen stark auftretende und für den Rebstock belastende Unkräuter vorzugehen.

Unkrautbekämpfungsmittel im Weinbau, Stand lt. amtlicher Anerkennung 1982 (Ertragsanlagen)

Handelsbezeichnung	Hersteller, Vertrieb in Österreich	Wirkstoff	Aufwandsmenge in kg/ha	Wirkungsweise	Anwendungszeitpunkt	Hinweise über Ausbringungsart	Besondere Wirkung gegen	Ungenügende Wirkung gegen
Bodenherbizide (Anwendung vor dem Auflaufen der Unkräuter):								
Afalon S (in Rebschulen vor dem Austrieb)	Höchst-Austria	Linuron + Monolinuron						
Casoron G	Sandoz	Dichlobenil	80—120		Nach Bodenbearbeitung im Frühjahr	Streumittel	Samen- und Wurzelunkräuter	Hahnenfuß
Compo-Gartenunkrautvernichter	BASF-Österreich	Dichlobenil	80—120		Nach Bodenbearbeitung im Frühjahr	Streumittel	Samen und Wurzelunkräuter	Hahnenfuß
Gesatop 50	Ciba-Geigy	Simazin	1,5—10		Nach der ersten Hackarbeit im Frühjahr	Spritzmittel	Samenunkräuter	Ackerwinde, Hirsen
Gesatop-2-Granulat	Ciba-Geigy	Simazin	100—250		Nach der ersten Hackarbeit im Frühjahr	Streumittel	Samenunkräuter	Ackerwinde, Hirsen
Patoran	Ciba-Geigy	Metobromuron	3		nach Aufgehen der Unkräuter	Spritzmittel; Zugabe von 2 l Reglone + o. 5% Netzmittel	Samenunkräuter	Keine nachhaltige Wirkung gegen Wurzelunkräuter
Prefix-Granulat	Shell	Chlorthiamid	80—150		Nach Bodenbearbeitung im Frühjahr	Streumittel	Samen- und Wurzelunkräuter	Hahnenfuß

Unkrautbekämpfungsmittel im Weinbau, Stand lt. amtlicher Anerkennung 1982 (Ertragsanlagen)

Handelsbezeichnung	Hersteller, Vertrieb in Österreich	Wirkstoff	Aufwandsmenge in kg/ha	Wirkungsweise	Anwendungszeitpunkt	Hinweise über Ausbringungsart	Besondere Wirkung gegen	Ungenügende Wirkung gegen
Blattherbizide (Anwendung nach dem Auflaufen der Unkräuter):								
Caragard 3587		Triazine	10—15		Vor dem Auflaufen (10 kg/ha). nach dem Auflaufen (15 kg/ha)	Ausbringung auch in Teilgaben (5 kg vor dem Auflaufen und 10 kg nach dem Auflaufen der Unkräuter)	Ackerwinde	
Dicopur KVT-Fluid	Chemie Linz	Mecoprop + 2, 4, 5-T	4		Ab Schrotkorngröße der Beeren	Spritzmittel, Reben nicht benetzen, Abtrift vermeiden	Ackerwinde, Disteln	Gräser
Gramoxone	Plant Protection	Paraquat	3—5.5	Blattherbizid ohne Dauerwirkung	Nach Auflaufen der Unkräuter	Netzmittelzusatz vorteilhaft, Blätter nicht benetzen, Abtrift vermeiden	Samenunkräuter	Wurzelunkräuter
Hedapur MPT	Schering	Mecoprop + 2, 4, 5-T	4 gelöst in 300—1000 l Wasser			Spritzmittel		
MCPP + 2, 4, 5-T Sandoz	Sandoz	Mesoprop + 2, 4, 5-T	4		Ab Schrotkorngröße der Beeren	Spritzmittel, Reben nicht benetzen, Abtrift vermeiden	Ackerwinde, Disteln	Gräser

Unkrautbekämpfungsmittel im Weinbau, Stand lt. amtlicher Anerkennung 1982 (Ertragsanlagen)

Handelsbezeichnung	Hersteller, Vertrieb in Österreich	Wirkstoff	Aufwandsmenge in kg/ha	Wirkungsweise	Anwendungszeitpunkt	Hinweise über Ausbringungsart	Besondere Wirkung gegen	Ungenügende Wirkung gegen
Reglone	Ciba-Geigy	Diquat	3—5	Blattherbizid ohne Dauerwirkung	Nach Auflaufen der Unkräuter	Netzmittelzusatz vorteilhaft, Blätter nicht benetzen, Abtrift vermeiden	Samenunkräuter	Wurzelunkräuter
Reglone ICI	Plant Protection	Diquat	3—5	Blattherbizid ohne Dauerwirkung	Nach Auflaufen der Unkräuter	Netzmittelzusatz vorteilhaft, Blätter nicht benetzen, Abtrift vermeiden	Samenunkräuter	Wurzelunkräuter
Reglone Linz Ronstar	Chemie Linz	Diquat	3—5	Blattherbizid ohne Dauerwirkung	Nach Ablaufen der Unkräuter	Netzmittelzusatz vorteilhaft, Blätter nicht benetzen, Abtrift vermeiden	Samenunkräuter	Wurzelunkräuter
Roundup	Monsanto	Glyphosate	3—12	Blattherbizid	Nach Ablaufen der Unkräuter	Spritzmittel, Reben nicht benetzen, Abtrift vermeiden	Samen- und Wurzelunkräuter	
Boden- und Blattherbizide (Anwend. wie Blattherbizide):								
Atrazin flüssig		Atrazin	4—10	Gegen Quecke höhere Aufwandsmenge (10 kg/ha)	Nach der ersten Hackarbeit im Frühjahr	Spritzmittel	Samenunkräut.	Ackerwinde, Hirsen

Unkrautbekämpfungsmittel im Weinbau, Stand lt. amtlicher Anerkennung 1982 (Ertragsanlagen)

Handelsbezeichnung	Hersteller, Vertrieb in Österreich	Wirkstoff	Aufwandsmenge in kg/ha	Wirkungsweise	Anwendungs-zeitpunkt	Hinweise über Ausbringungsart	Besondere Wirkung gegen	Ungenügende Wirkung gegen
Eprozin	Epro	Atrazin	4—10	Gegen Quecke höhere Aufwandsmenge (10 kg/ha)	Nach der ersten Hackarbeit im Frühjahr	Spritzmittel	Samenunkräut.	Ackerwinde, Hirsen
Eprozin flüssig	Epro	Atrazin	4—10	Gegen Quecke höhere Aufwandsmenge (10 kg/ha)	Nach der ersten Hackarbeit im Frühjahr	Spritzmittel	Samenunkräut.	Ackerwinde, Hirsen
Gesaprim	Kwizda	Atrazin	4—10	Gegen Quecke höhere Aufwandsmenge (10 kg/ha)	Nach der ersten Hackarbeit im Frühjahr	Spritzmittel	Samenunkräut.	Ackerwinde, Hirsen
Gesaprim 500,	Ciba-Geigy	Atrazin	4—10	Gegen Quecke höhere Aufwandsmenge (10 kg/ha)	Nach der ersten Hackarbeit	Spritzmittel	Samenunkräut.	Ackerwinde, Hirsen
Lentazin	Chemie Linz	Atrazin	4—10	Gegen Quecke höhere Aufwandsmenge (10 kg/ha)	Nach der ersten Hackarbeit im Frühjahr	Spritzmittel	Samenunkräut.	Ackerwinde, Hirsen
Lentazin flüssig	Chemie Linz	Atrazin	4—10	Gegen Quecke höhere Aufwandsmenge (10 kg/ha)	Nach der ersten Hackarbeit im Frühjahr	Spritzmittel	Samenunkräut.	Ackerwinde, Hirsen

Unkrautbekämpfungsmittel im Weinbau, Stand lt. amtlicher Anerkennung 1982 (Ertragsanlagen)

Handelsbezeichnung	Hersteller, Vertrieb in Österreich	Wirkstoff	Aufwandsmenge in kg/ha	Wirkungsweise	Anwendungszeitpunkt	Hinweise über Ausbringungsart	Besondere Wirkung gegen	Ungenügende Wirkung gegen
Saminol extra Spritzpulver	Kwizda	Simazin + Amitrol + Mecoprop + 2,4,5-T	15		Ab Schrotkorngröße d. Beeren	Spritzmittel, Reben nicht benetzen, Abtrift vermeiden	Samen- und wurzelunkräuter	
Semparol 1167 Spritzpulver	Ciba-Geigy	Mecoprop 2, 4, 5-T + Atrazin	10		Ab Schrotkorngröße d. Beeren	Spritzmittel, Reben nicht benetzen, Abtrift vermeiden	Samen- und wurzelunkräuter	Wurzelunkräuter
Ustinex W	Bayer Austria	Amitrol + Diuron + MCPA	10		Ab Schrotkorngröße d. Beeren		Samen- und wurzelunkräuter	
Weedar ADS super	Avenarius	Amitrol + Diuron + MCPA + Terbazil	8		Ab Schrotkorngröße d. Beeren	Spritzmittel, Reben nicht benetzen, Abtrift vermeiden	Samen- und wurzelunkräuter	
Yerbavin	Höchst Austria	Linuron + Monolin. Uron + MCPP + 2, 4, 5-T	7.5-10		Ab Schrotkorngröße d.	Spritzmittel, Reben nicht benetzen, Abtrift vermeiden	Samen- und wurzelunkräuter	

DIE AUSBRINGUNG DER HERBIZIDE

Herbizide können auf verschiedene Arten ausgebracht werden. Die Spritzung wird als Flächenspritzung oder Bandspritzung durchgeführt. Von einer Bandspritzung spricht man, wenn nur ein schmaler Bodenstreifen (Band) in der Rebreihe gespritzt wird. Die Bandbreite beträgt im Weinbau normalerweise 0,50—0,75 Meter. Da die mechanische Unkrautbekämpfung zwischen den Reihen zumeist keine Schwierigkeiten verursacht, wird schon aus Kostengründen im Weinbau die Bandspritzung bevorzugt.

Der Spritzmittelaufwand für eine Bandspritzung wird nach folgender Formel berechnet:

$$x = \frac{D.B.F.}{P.R.}$$

x = gesuchte Mittelmenge (kg bzw. l), die dem Spritzfaß zugesetzt werden soll
D = vorgeschriebene Flächendosierung (kg bzw. l/ha Ganzflächenspritzung)
B = Breite des Spritzbandes (cm, z. B. 60 cm)
F = Wassermenge im Faß (l)
P = auf Grund der Probespritzung im Bandverfahren pro ha überfahrener Fläche ausgebrachte Wassermenge in Liter
R = Reihenabstand in cm (z. B. 350 cm bei einer Reihenentfernung von 3,50 m)

Quelle: Neururer, Bundesanstalt für Pflanzenschutz, Wien.
Die Grundlage für die genaue Dosierung bildet die Probespritzung, bei der die tatsächlich ausgebrachte Spritzflüssigkeitsmenge ermittelt wird. Bei dieser Probespritzung müssen die Fahrgeschwindigkeit und Motordrehzahl gleich groß sein wie bei der tatsächlichen Spritzung.

AUSBRINGUNGSVERFAHREN

Streuen (Handausbringung)
Damit Granulate in gleichmäßiger Verteilung in schmalen Streifen unter den Rebstöcken gestreut werden können, muß sich der Arbeiter tief bücken. Das ist ziemlich beschwerlich, weshalb die Flächenleistung sehr unterschiedlich und gering ist.

Stihl-Gerät
Motorbetriebenes Rückengerät (3 DIN-PS), das leer 7,5 kg wiegt. Eignet sich zum Sprühen und Stäuben, ist aber auch zur Ausbringung von Granulaten geeignet. Bei günstigen Geländeverhältnissen kann pro Stunde 1 Hektar behandelt werden. Der Preis dieses Gerätes beträgt derzeit (Stand 1982, inkl. MWSt.) etwa S 8.500,—.

Procall-Rex Streugerät
Es handelt sich um ein rückentragbares Gerät und wird mit einer Handkurbel betrieben. Ungefüllt wiegt es 4,75 kg und hat ein Fassungsvermögen von 10 kg. Es kostet zirka S 3.200,— (Stand 1982, inkl. MWSt.). Die Aufwandmenge kann gut eingestellt und das Granulat leicht ausgebracht werden.
Für die Behandlung von einem Hektar benötigt man etwa drei bis vier Stunden, doch gibt es Schwankungen je nach Geländeform. Die Leistung ist gleich hoch wie beim Ausbringen der Herbizidbrühe mittels Rückenspritze.
Auch bei diesem Gerät bringt ein beidseitiges Begehen jeder Rebreihe bei halber Ausbringungsmenge einen besseren Bekämpfungserfolg.

Abstreifbesen
Diese ermöglichen es, Herbizide ganz gezielt auszubringen (Kosten derzeit etwa S 700,—).

Mineraldüngerstreuer
Für Pendeldüngerstreuer gibt es einen speziellen Streurüssel, der es ermöglicht, 80% des Streugutes in den Stockraum zu werfen. Die Leistung ist gleich hoch wie beim Ausbringen von Handelsdünger.

Spritzen

Bei der Flächenspritzung rechnet man mit einem Verbrauch von 2000 Liter Brühe pro Hektar, was einer Menge von 340 Liter bei Behandlung eines 0,50 m breiten Streifens entspricht.
Die Wirkung der Spritzmittel hängt sehr wesentlich von der ausgebrachten Wassermenge, der Tröpfchengröße und der Belagsdichte ab. Versuche haben gezeigt, daß es am zweckmäßigsten ist, alle Unkrautbekämpfungsmittel mit Flachstrahldüsen auszubringen. Die wesentlichen Vorteile gegenüber den bisher verwendeten Hohlkegeldüsen liegen in einer besseren Querverteilung und einer wesentlich geringeren Abtriftgefahr. Weiters können die Düsen je nach Art der Bekämpfung verschieden ausgewählt und am Gerät montiert werden. Mit einem Kostenaufwand von derzeit rund S 2.200,— können Spritzgeräte, die mit Hohlkegeldüsen ausgestattet sind, auf Flachstrahldüsen (Teejet-Düsen) umgerüstet werden. Dabei ist es wesentlich, daß für die Flächen- und die Bandspritzung verschiedene Flachstrahldüsen benötigt werden, wie die folgende Tabelle zeigt:

Eigenschaften verschiedener Düsenformen:

Düsenform	Kegeldüsen	Flachstrahldüsen (TeeJet-Düsen)			
	Hohlkegeld.	Flächenspritzung	Reihenspritzung (Bandspritzung)	Unterblatt-Flächenspr. Weitwinkel-Düse	Unterblatt-Bandspr Exzenter-Düse
Eigenschaften	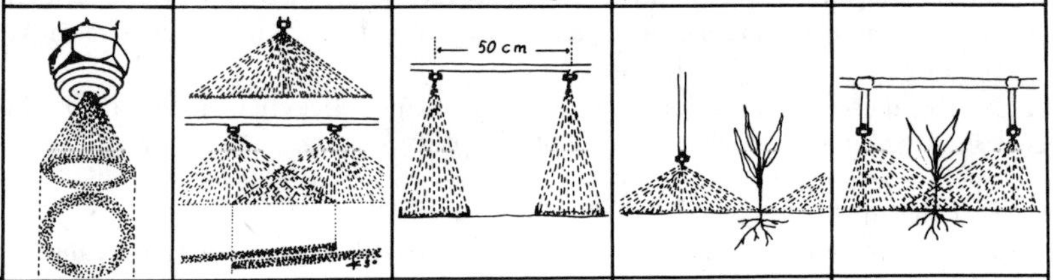				
Druck in atü	10-20	3	3	3	3
Düsengröße (Norm)	1,2	11001 - 11006	8001E - 8006E	150015-15006	OC 02 - OC 06
Wasser in l/ha bei 6,4 km/h	250-500	71 - 405	73 - 440	108 - 432	140 - 440
Windbeständigkeit	schlecht	gut	gut	gut	gut
Einstellung der Spritzbreite	Höheneinstellung		Höheneinstellung + Vertikalverdrehung		Höheneinstellung + Vertikalverdrehung
Maschenweite der Siebe	kleiner als Düsenöffnung				

(Graphik Neururer, Bundesanstalt für Pflanzenschutz, Wien)

Rückenspritze mit Flachstrahldüse

Bei Verwendung der normalen Rückenspritze wird zwischen Spritzrohr und Düse ein Spritzschirm aus Kunststoff gegeben, der eine Abtrift verhindern soll. Dies ist bei Ätzherbiziden und Mitteln mit Wuchsstoffeigenschaften besonders wichtig.
Auch hier ist die Behandlung der Rebreihen von beiden Seiten sehr günstig. Das Ausbringen mit der Rückenspritze ist dann zu empfehlen, wenn die Rebentriebe schon länger sind und aus größerer Entfernung vom Spritzstrahl getroffen werden können; ebenso bei jungen, nachgesetzten Stöcken und wenn ein leichter Wind geht.

Herbizidspritzbalken

Der Herbizidspritzbalken ist ein in der Breite verstellbares Gestänge, das vorne am Traktor, also im Sichtbereich des Lenkers, befestigt wird. Von einer Sattelspritze aus wird über Schlauchleitungen die Herbizidbrühe zugeleitet. Der Herbizidspritzbalken hat an beiden

Enden drehbar gelagerte Schenkel, die über einen Seilzug vom Fahrzeuglenker wahlweise beide zugleich oder auch einzeln bedient (das heißt zurück- bzw. hochgeklappt) werden können. Durch einen Federzug werden sie in ihre ursprüngliche Arbeitsstellung zurückgebracht und dort festgehalten. Am äußeren Ende jedes Schenkels befinden sich eine oder zwei Flachstrahldüsen (Teejetdüsen), die im leichten Winkel seitwärts spritzen. Auf diese Weise wird in der Rebenreihe ein Band von 10 bis 30 cm Breite gespritzt. Eine Beschädigung der Stöcke ist weitgehend ausgeschaltet, da die Schenkel, die zum Schutz der Düsen mit dem Abweisring versehen sind, durch den Widerstand des Stockes nach hinten gedrückt werden und nachher sofort wieder in ihre ursprüngliche Lage zurückkehren.
Mit diesem Gerät können die Herbizide einfach, exakt und schnell ausgebracht werden. Ist kein oder nur niedriges Unkraut vorhanden, genügt es, jede zweite Rebgasse zu befahren. Bei höherem Unkrautwuchs wird zwecks besserer Verteilung empfohlen, in jeder Gasse zu fahren, jedoch nur die halbe Menge auszubringen.

KOSTEN DER CHEMISCHEN UNKRAUTBEKÄMPFUNG
(Stand 1982 inkl. MWSt.)

Herbizidaufwand je Hektar für eine einmalige Behandlung

Mittel	Aufwandmenge in kg/ha bzw. l/ha	Kosten/kg in S	Kosten/ha*)
Gramoxone	3—5.5	360.—	1080.— 1980.—
Reglone	3—5	285.—	855.— 1425.—
Reglone Linz	3—5	285.—	855.— 1425.—
Reglone ICI	3—5	285.—	855.— 1425.—
Semparol 1167	10	270.—	2700.—
Dicopur KVT Fluid	4	105.—	420.—
MCPP + 2, 4, 5-T	4	105.—	420.—
Saminol extra	15	255.—	3825.—
Gesatop 50	1.5—10	265.—	398—2650.—
Gesatop 2-Granulat	100—250	45.—	4500.— 11.250.—
Gesaprim H	4—10	145.—	580— 1450.—
Gesaprim 500 flüssig	4—10	95.—	380— 950.—
Lentazin	4—10	145.—	580— 1450.—
Lentazin flüssig	4—10	95.—	380— 950.—
Eprozin	4—10	145.—	580— 1450.—
Eprozin flüssig	4—10	95.—	380— 950.—
Atrazin flüssig	4—10	95.—	380— 950.—
Caragard 3587	10	280.—	2800.—
Ustinex W	10	300.—	3000.—
Weedar ADS super	8	370.—	2960.—
Patoran	3	245.—	735.—
Yerbavin	7,5— 10	80.—	600.— 800.—
Prefix Granulat	80—150	85.—	6800.— 12.750.—
Casaron G	80—120	85.—	6800.— 10.200.—
Compo-Gartenunkrautvernichter	80—120	115.—	9200.— 13.800.—
Roundup	3— 12	630.—	1890.— 7560.—

* Die Behandlung eines 0,5 m breiten Streifens entspricht einer Fläche von 0,17 ha.

FEHLER BEI DER CHEMISCHEN UNKRAUTBEKÄMPFUNG:

In der Praxis kommt es bei der Anwendung von Herbiziden häufig zu Mißerfolgen, die folgende Ursachen haben können:

- Bei einer Bandspritzung muß die Aufwandmenge je Hektar auf die Fläche des zu behandelnden Streifens umgerechnet werden. Zum Beispiel bei Behandlung eines 0,5 m breiten Streifens beträgt die zu spritzende Fläche bei einem Hektar Weingarten nur 1700 m^2.
- Dosierungsfehler durch ungenaues Arbeiten oder Versagen des Rührwerkes.
- Beim Ausbringen von Blattherbiziden, aber auch bei Bodenherbiziden können bei zu hohem Druck und großer Geschwindigkeit oder bei Verwendung falscher Düsen Schäden an den Reben entstehen.
  Am besten eignen sich für diese Arbeit im Interesse des Schutzes der grünen Rebenteile Breitstrahldüsen (Teejetdüsen) mit Abtriftschutzvorrichtung. Es soll nur mit niedrigem Druck von 1 bis 1,5 atü und großen Tropfen gespritzt werden.
- Für die Unkrautbekämpfung sollte ein eigenes Spritzgerät zur Verfügung stehen. Sofern das gleiche Spritzgerät sowohl für den Rebschutz als auch zur Unkrautbekämpfung verwendet wird, ist nach jeder Unkrautbekämpfung eine sofortige und gründliche Reinigung notwendig.
- Junganlagen sollten bis zum 4. Jahr nicht mit Unkrautherbiziden behandelt werden.
- Bei nachgesetzten Jungreben ist große Vorsicht geboten, da sie sonst schwer geschädigt werden können.
- Granulate sollten vor dem Austrieb der Reben ausgebracht werden. Sofern diese nicht in den Boden eingearbeitet worden sind, verdampfen sie an heißen Tagen, wobei die aufsteigenden Dämpfe zu Schädigungen der Blätter und Trauben führen können.
  Werden während der Vegetation Granulate ausgebracht, ist zum Zeitpunkt der Blüte und der Triebbildung die Gefahr der Schädigung durch aufsteigende Dämpfe besonders hoch.
- Falsches Einstellen der Düsen.

Kapitel 26

Die Stockpflegearbeiten in der Vegetationszeit

Unter diesem Begriff werden alle Arbeiten, die im Laufe des Sommers durchgeführt werden müssen, zusammengefaßt. Bei den intensiv zu pflegenden Erziehungsarten (Pfahlkultur) gehören dazu das

Ausbrechen oder Jäten,
Ausgeizen,
Aufbinden, Heften und Einstecken,
Gipfeln, Wipfeln oder Abstutzen,
Einkürzen oder Entspitzen.

Wenngleich dem Großteil der hier angeführten Laubarbeiten in der Hochkultur nicht mehr jene Bedeutung zukommt wie bei der niedrigen Erziehung, so soll der Winzer dennoch über Zweck, Bedeutung und Durchführung informiert sein.

Physiologische Grundlagen der Stockpflegearbeiten

Die in den Blättern gebildeten Assimilate wandern vom Ort der Entstehung zu den Organen des Verbrauches. Die Strömungseinrichtung wird hauptsächlich von den aktiven Bildungsgeweben, wie Triebspitze (Längenwachstum), Kambium (Dickenwachstum) und Frucht (Gescheinen bzw. Trauben) bestimmt.

Eine grundsätzliche Frage dabei ist daher, wann die in den Blättern gebildeten Kohlehydrate zu den Triebspitzen, zu den jungen Blättchen, zu den Gescheinen bzw. Trauben und den Wurzeln wandern. Durch Markierung von Kohlenstoff konnte der Nachweis erbracht werden, daß erst dann, wenn das Rebblatt ein Drittel seiner Endgröße erreicht hat, Assimilate abgegeben werden. Bis zu diesem Zeitpunkt werden laufend Reservestoffe aus dem alten Holz mobilisiert. Durch die erste Laubarbeit haben wir es daher in der Hand, die Rebe im optimalen Gleichgewicht zwischen Triebwachstum und Ertrag zu halten. Als Richtlinie sollten pro Quadratmeter Standraum 6 bis 8 Triebe mit 12 bis 16 Gescheinen belassen werden. Eine weitere Faustzahl besagt, daß pro Quadratmeter Weingartenfläche mindestens 2 Quadratmeter Blattfläche gegeben sein sollen.

Über die Wanderrichtung der Assimilate weiß man, daß das unterste Blatt seine Assimilate größtenteils in Richtung Triebbasis abgibt, wo sie als Reservestoffe und für die Wurzelernährung Verwendung finden. Das 2. bis 4. Blatt eines Triebes — das sind die Blätter der Traubenzone — senden ihre Assimilate bis zur Blütezeit sowohl zur Triebbasis als auch zu den Triebspitzen.

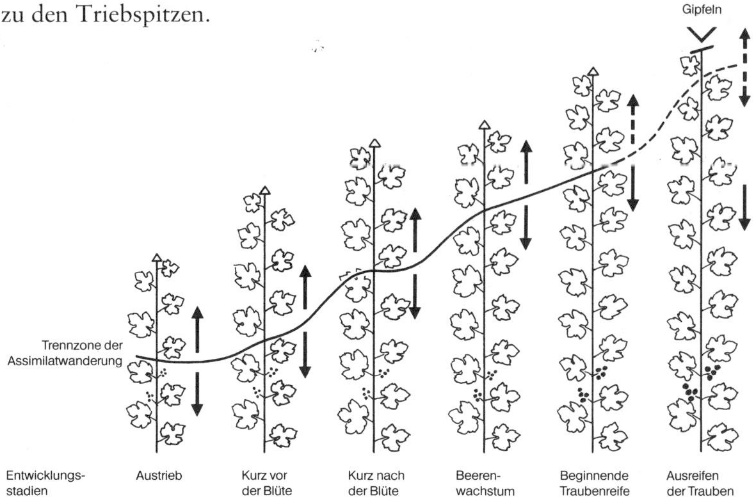

Die Rebblüten (Gescheine) besitzen vor der Befruchtung nur einen geringen Bedarf an Kohlehydraten. Nach der Befruchtung hingegen wandern die Assimilate in größerem Ausmaß zu den wachsenden und reifenden Beeren. Zwischen dem Triebspitzenwachstum und der Entwicklung der Gescheine besteht während der Blütezeit ein gewisser Konkurrenzkampf um die in den Blättern produzierten Kohlehydrate. Starkwachsende Reben verrieseln daher oft deshalb, weil die Blüte ungenügend mit Assimilaten versorgt wird.
Mit fortschreitender Vegetation, also bei fortschreitender Traubenentwicklung, liefern immer mehr obere Blätter ihre Assimilate in die Traubenzone. Gegen Ende der Traubenreife werden aus den drei untersten Blättern praktisch keine Assimilate abgegeben.
Die Anzahl der Blätter über den Trauben ist entscheidend für die Qualität der Trauben. In Versuchen wurde nachgewiesen, daß pro Blatt bei einem Trieb eine Zuckersteigerung von rund 1° Öchsle erzielt wurde. Rebstöcke, deren Triebe kurz nach der Blüte nur 4 bis 6 Blätter haben, weisen deutlich leichtere Trauben auf. Alle Blätter in und unterhalb der Traubenzone bleiben je nach Jahr bis Ende August, Anfang September aktiv, das heißt, daß Assimilate abgegeben werden. In der Folge geht die Bedeutung dieser Blätter stark zurück. Daher könnte man zirka 2 bis 3 Wochen vor der Lese ohne nachteilige Auswirkungen die Stöcke zum Beispiel chemisch entlauben, damit die Traubenzone besser durchlüftet und dadurch gegen Fäulnis besser geschützt werden kann, aber auch, um die Arbeit bei der Lese zu erleichtern.

Das Ausbrechen oder Jäten

Das Jäten dient zur Herstellung des Gleichgewichtes zwischen den ober- und unterirdischen Organen. Man versteht darunter das Wegbrechen der jungen Triebe aus zu eng stehenden Hauptaugen, Nebenaugen, von Wasserschoßen und Trieben aus dem alten Holz. Diese Grünarbeit ist bei den niedrigen Erziehungsarten unumgänglich, weil sich zu viele Triebe bilden. Durch das Entfernen überzähliger Triebe wird eine kräftige Entwicklung der verbleibenden Triebe angestrebt, es sollte möglichst frühzeitig, wenn die Triebe zirka 10 bis 15 cm lang und die Gescheine erkennbar sind, erfolgen. Je m^2 Standraum sollen 6—8 Triebe mit 12 bis 16 Gescheinen belassen werden.
Das Jäten ist vor allem bei stark wachsenden Sorten und bei unsachgemäßem Schnitt notwendig. Verschiedene Sorten erfordern auch in der Hochkultur das Jäten bis zu einem gewissen Maße.
Am Rebstock bilden sich meistens viel mehr Triebe, als erwünscht sind, und selbst mehr, als Augen angeschnitten wurden. Es sind dies Bodentriebe, Wasserschoße am alten Holz und Triebe aus schlafenden Augen. In der Regel bilden sich diese Triebe umso stärker, je unsachgemäßer und kürzer geschnitten wurde. Meistens sind diese Triebe unfruchtbar und belasten nur den Rebstock.
Beim Jäten darf jedoch nicht übersehen werden, daß der Rebstock eine ausreichende Zahl von Blättern und Trieben zu einer weiteren Entwicklung, das heißt, zur Ernährung und zur Bildung des Ersatzholzes, braucht. Besonders bei höheren Erziehungsarten dient eine gewisse Jätarbeit zur besseren Ausbildung von Ersatzholz.
Die Hirntriebe aus dem alten Holz, die nicht zum Aufbau des Stockes benötigt werden, sind grundsätzlich zu entfernen. Weiters sollten die unfruchtbaren Nebentriebe der Beiaugen, soweit sie nicht für die Ernährung und den nächstjährigen Schnitt notwendig sind, entfernt werden. Selbstverständlich sind auch die überzähligen Triebe an den Stämmchen immer wieder zu entfernen.
Durch das rechtzeitige Ausbrechen der überflüssigen Triebe vermeidet man größere Wunden. Die Arbeit geht überdies rascher voran als bei langen Trieben. Die verbleibenden Triebe werden durch diese Laubarbeit im Wachstum gefördert, gekräftigt und besser belichtet. Dadurch wird die Bildung von Knospen und Blütenanlagen, die die nächstjährige Ernte bringt, gefördert.

In der Rebschule werden beim ersten Abwurzeln die neben dem Haupttrieb entwickelten ein oder zwei Austriebe aus den Beiaugen mit einem scharfen Messer entfernt. Dadurch wird der Einzeltrieb weitaus besser versorgt und kann sich kräftiger entwickeln.
Bei jungen Hochkulturanlagen wurde früher aus Sicherheitsgründen nur bis auf zwei Reben ausgejätet. Heute werden hingegen alle Triebe bis auf den kräftigsten oder den am besten stehenden ausgebrochen, da man oft schon im ersten Jahr eine entsprechend starke Rebe zur Stammbildung erreichen will.
Im Schnittweingarten rechnet man je nach Wuchskraft mit dem Belassen von sieben bis neun Reben pro Stock, die möglichst gleichmäßig am Rande des Kopfes verteilt sein sollen. Die gewünschte Triebzahl ist eigentlich sechs bis acht, doch rechnet man mit dem Abbrechen von ein bis zwei der sehr spröden Reben. Sofern bis zum und beim Binden keine Rebe abgebrochen wird, können die überzähligen Triebe nach dem Aufbinden entfernt werden.

Ausdünnen

Wichtiger als das Jäten ist in der Hochkultur das Ausdünnen bei übermäßigem Fruchtansatz. Es dient speziell bei jüngeren Stöcken (bis zum dritten Jahr) zur Entlastung des Stockes und zur Sicherung der Holzreife.
Bei übermäßig starkem Behang sollte ein Teil der Trauben nach beendeter Rebblüte, wenn sich bereits die Beeren gebildet haben, weggebrochen werden. Dabei werden die obersten der bis zu dritt am Trieb stehenden Trauben ausgebrochen. Ausgedünnt werden ferner vor allem die Trauben im Inneren des Stockes, aber auch Trauben aus den späteren Austrieben der Beiaugen. Nicht zuletzt sollten im Laufe des Sommers die Trauben der Geiztriebe zur Gänze weggenommen werden. Durch diese Maßnahmen können wir in der Hochkultur einen Qualitätsabfall verhindern und, was besonders wichtig ist, Junganlagen (vor allem Stöcke in den ersten drei Jahren) vor einem Übertragen bewahren. Viele Weinhauer wollen bei wüchsigen Anlagen schon im zweiten und dritten Jahr einen kleinen Ertrag erzielen. Dies erscheint nur dann angebracht, wenn das Holz zu kräftig (mastig) wachsen würde. Normalerweise sollten die ersten drei Jahre nur der Erziehung dienen. Reben, die in den ersten drei Jahren nicht überfordert wurden, lohnen dies in den späteren Vollertragsjahren.

Das Ausgeizen

Die Frage, ob die Geiztriebe den Rebstock belasten oder fördern, hat die Winzer schon immer beschäftigt. Heute kann man eindeutig den Nachweis erbringen, daß die Geiztriebblätter, wenn sie eine Größe von 30 cm^2 (das sind 43% ihrer Endgröße) erreicht haben, Assimilate abgeben, gleichzeitig aber auch bis zum Erreichen von 75% der Endgröße Assimilate von anderen Geiztriebblättern beanspruchen.
Haben sich die Geiztriebblätter frühzeitig genügend weit entwickelt, dann liefern sie bereits um die Blütezeit Assimilate an die wachsenden Beeren. Die Geiztriebe entsenden die Assimilate nur an jene Trauben, die auf der gleichen Seite des Haupttriebes stehen.
Auf Grund dieser Versuchserkenntnisse wird die Auffassung vertreten, daß die Geiztriebe einen sehr bedeutenden Einfluß auf die Qualität der Trauben haben. Die Schlußfolgerung für die Hochkultur heißt daher, außerhalb der Traubenzone die Geiztriebe zu belassen.
Bei mittelhohen und niedrigen Erziehungsarten muß in verstärktem Maße ausgegeizt werden, da sonst die Laubmasse, speziell in der Traubenzone, zu dicht wird. Die Geiztriebe sollten aber möglichst frühzeitig entfernt werden, um jede unnötige Verschwendung von Wachstumskraft zu vermeiden. Nach starkem Wind oder Hagelschlag, wenn die Haupttriebe beschädigt wurden, setzt oft eine starke Geiztriebbildung ein. Die neugebildeten, unbeschädigten Geiztriebe werden zum Teil zum Aufbau des Stockes herangezogen.

Das Einstricken

In der Hochkultur wird mitunter ein Teil der Tribe in die oberen Drahtpaare eingesteckt; diese Arbeit dient einer besseren Verteilung der Triebe und Blätter und ist in engen Gassen empfehlenswert. Die Ertragsleistung ist nicht nur von der Anzahl der angeschnittenen Augen abhängig, sondern auch von der Assimilationsleistung der Blätter und deren Stellung zum Licht. Bei zu starker Beschattung derselben, was durch übermäßiges Einstecken verursacht werden kann, werden sowohl das Beerenwachstum als auch die Beerenreife gehemmt, was sich auf die Ertragsbildung ungünstig auswirkt. Insbesondere in den ersten Tagen nach der Blüte, wo eine intensive Zellteilung in den Beeren stattfindet, ist auf eine ausreichende Belichtung zu achten.

Grundsätzlich gilt folgende Regel: Ein Drittel aller Triebe soll zwischen den Drahtpaaren in aufrechter Lage sein, je ein Drittel rechts und links frei heraushängen. Keinesfalls dürfen alle Triebe eingestrickt werden, da sich die vielen Blätter gegenseitig beschatten und dadurch eine optimale Assimilation verhindern würden. Ziel der Laubarbeiten soll es sein, eine möglichst große, gut belichtete Blattmasse zu erreichen und für eine gute Durchlüftung des Stockes im Innern zu sorgen.

Das Gipfeln oder Wipfeln

Darunter versteht man das Einkürzen der Sommertriebe gegen Ende der Wachstumsphase. Dazu werden die Triebe etwa 20 cm über dem Pfahl oder dem letzten Drahtpaar abgeschnitten. Durch das „Gipfeln" soll eine „Dachbildung" durch Überhangen langer Triebe verhindert und die Trieb- und Traubenreife gefördert werden. In den engen Kulturen wird die Beschattung geringer, die Reben, insbesondere auch in der Traubenzone, bleiben durchlüftet. Sehr wichtig ist es, diese Arbeit zum richtigen Zeitpunkt und nicht zu früh durchzuführen. Beim Gipfeln im ersten Augustdrittel besteht in der Regel keine Gefahr mehr, daß die obersten Augen neu austreiben. In hagelgefährdeten Gebieten gipfelt man etwas später, da die überhängenden Triebe den Trauben einen gewissen Schutz geben.

In Hochkulturen wird normalerweise nicht gegipfelt. Nur bei sehr wüchsigen Anlagen werden die oft bis zum Boden herunterhängenden Reben eingekürzt; man erreicht damit eine bessere Besonnung und Durchlüftung der Trauben. Auch die Bodenbearbeitung und die Spritzarbeit werden erleichtert. Das Gipfeln löst in der Hochkultur meist einen Nachtrieb aus, wodurch die Gefahr eines Spätperonosporabefalles gegeben ist. In der Hochkultur können die Spritzarbeiten daher nicht zu früh eingestellt werden.

Das Einkürzen und Entspitzen

Darunter versteht man bei niedrigen Erziehungsarten das Zurücknehmen jener Sommertriebe, die sehr stark wachsen und im nächsten Jahr als Tragreben und zum Stockaufbau nicht benötigt werden. Beim Einkürzen werden die Triebe jeweils über dem 5. bis 6. Blatt über der letzten Traube abgebrochen (entspitzt). Bei Sorten, die zum Durchrieseln neigen, wird diese Arbeit vor, sonst nach der Blüte durchgeführt.

Durch die Umstellung auf die Hochkultur hat das Einkürzen seine Bedeutung vollkommen verloren.

Die Laubarbeit bedeutet eine wesentliche Arbeitsbelastung im Weinbau. Sie wird durch die Erziehungsart, den Schnitt und die Pflanzweite stark beeinflußt. Ein wesentlicher Vorteil der Hochkultur besteht darin, daß bei richtiger Durchführung der anderen Arbeiten die Laubarbeiten praktisch wegfallen können. Sofern aber korrigierende Eingriffe notwendig sind, sollten sie auch in der Hochkultur durchgeführt werden. Es können dadurch Mängel beseitigt und eine bessere Entwicklung und Reife der Trauben und des Rebholzes erreicht werden.

Kapitel 27

Weinlese

Bei der Weinlese hat der Weinhauer Gelegenheit, auf die Qualität und die Eigenart eines Jahrganges entscheidend Einfluß zu nehmen. Fehler, die bei der Lese oder den damit zusammenhängenden Arbeiten gemacht werden, lassen sich später nur mehr schwer beheben. In größeren Betrieben ist die Weinlese zu einer empfindlichen Arbeitsspitze geworden, in der Hochkultur beträgt der Anteil der Lese am Gesamtarbeitsaufwand rund 40% und ist damit die absolute Arbeitsspitze. Aus betriebswirtschaftlichen Gründen ist es daher notwendig, auf breiter Basis Möglichkeiten zu suchen, den Arbeitsaufwand und die Kosten der Traubenlese zu reduzieren. Die Mechanisierung der Weinlese durch den Einsatz von Traubenvollerntemaschinen vollzieht sich immer rasanter und wird im modernen Weinbau bald als selbstverständlich gelten.

DIE VORBEREITUNG DER LESE

Nicht nur wegen der Qualität, sondern auch im Hinblick auf einen reibungslosen Arbeitsablauf müssen die Vorbereitungsarbeiten sowie die Weinlese selbst sorgfältig geplant werden. Im Preßhaus und im Keller müssen rechtzeitig sämtliche Behälter und Gegenstände gereinigt werden. Jede Verunreinigung oder gar Schimmel würden die Reintönigkeit des Mostes zunichte machen.
Bei der Lese gibt es praktisch nur mehr Behälter aus Kunststoff; sie lassen sich leicht und gut reinigen und sind leicht. Sofern für den Transport noch Holzbottiche verwendet werden, müssen sie vor der Verwendung gründlich mit Wasser und heißer Sodalösung gereinigt werden. Schimmel muß zuerst trocken weggebürstet werden.

DER RICHTIGE ANGESETZTE LESEZEITPUNKT

Der Lesebeginn unterliegt von Jahr zu Jahr gewissen Verschiebungen, die vom Verlauf der Witterung und damit zusammenhängend mit dem Zucker- und Säuregehalt der Trauben sowie vom Gesundheitszustand der Trauben wesentlich beeinflußt werden. Sicherlich richtet sich der Lesebeginn auch nach den Sorten der Art der Lese und betriebswirtschaftlichen Überlegungen.
Bei der Festsetzung des Lesezeitpunktes sollte man sich von der Zielsetzung leiten lassen, entsprechend den Gegebenheiten eines Jahres eine möglichst hohe Qualität zu erreichen. Neben Weinbaugebieten und -orten, wo immer spät gelesen wird, gibt es trotz gesetzlicher Bestimmungen noch immer andere, in denen manchmal zu früh gelesen wird. Langfristig können durch eine konsequente, spät durchgeführte Lese die Qualität der Weine und damit der Ruf eines Gebietes wesentlich gesteigert werden.
Der Reifeverlauf sollte vom Winzer laufend kontrolliert werden, am besten mit dem Refraktometer. Dabei ist darauf zu achten, daß mehrere Beerenproben so entnommen werden, daß sie einen repräsentativen Mostgewichtsdurchschnitt ergeben. Man findet relativ große Unterschiede im Mostgewicht nicht nur bei den verschiedenen Trauben eines Stockes, sondern auch innerhalb einer Traube.
Neben dem Mostgewicht sollten auch Säurebestimmungen durchgeführt werden, um die Mostqualität besser beurteilen zu können.

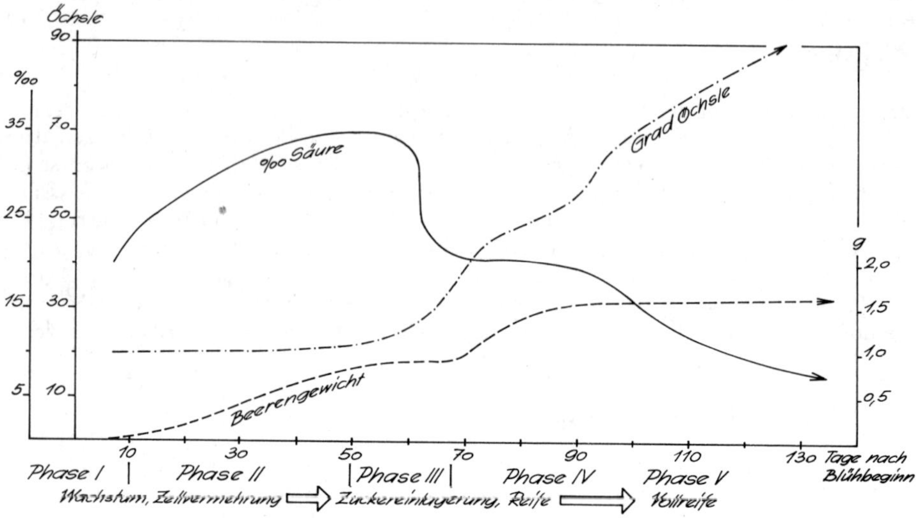

Verlauf von Wachstum und Reife bei Rheinriesling (Quelle: nach Alleweldt)

Während in den Phasen I und II das Traubenwachstum durch Zellbildung erfolgt, beobachten wir in der Phase III eine starke Zuckereinlagerung und einen kräftigen Säureabbau. Der Ablauf der eigentlichen Reifeperiode IV und der erreichbare Höchstreifegrad hängt wesentlich vom Herbstwetter, vom Gesundheitszustand der Rebe sowie vom Lesezeitpunkt ab.

In der Schweiz wird die Traubenreife durch Errechnen des „Reifefaktors" beurteilt.

$$\text{Reifefaktor} = \frac{\text{Mostgewicht in °Öchsle} \times 10}{\text{g Gesamtsäure}}$$

Werte über 80 gelten als gut.

Die Reifestadien

Nach dem Reifegrad der Trauben unterscheidet man folgende Stadien:

Die Bukettreife

Die Bukettreife ist jenes Entwicklungsstadium, in dem das Bukett der Traube seine volle Entwicklung erreicht hat. Dieses Stadium wird meist 1° bis 2° KMW vor der Vollreife erreichen. Gewisse Sorten, bei denen es auf das primäre Bukett ankommt, wie zum Beispiel Müller-Thurgau und Grüner Veltliner, sollten bei Erreichung dieses Stadiums gelesen werden, da sie zu diesem Zeitpunkt ihr sortentypisches Bukett am besten hergeben. Dies bedeutet jedoch nicht, daß man diese Sorte nicht auch im Stadium der Vollreife oder der Überreife ernten kann.

Die Vollreife

Unter Vollreife versteht man jenes Entwicklungsstadium, in dem im Wege der Assimilation der optimale Zuckergehalt erreicht wurde und auf diesem Wege keine wesentliche Zunahme mehr zu erwarten ist. Sofern entsprechend den klimatischen Gegebenheiten die richtigen Sorten gewählt wurden, erreicht in guten Jahren ein großer Teil der Trauben dieses Stadium.

Die Überreife
Bleiben die Trauben nach Erreichen der Vollreife noch am Stock hängen, so setzt bei günstiger Witterung ein Konzentrierungsprozeß ein: man spricht vom Stadium der Überreife; in diese Gruppe fallen alle Formen der Spätlesen.
In günstigen Herbsten und in hiefür besonders geeigneten Gebieten erfolgt die Ernte dieser überreifen Trauben durch langes Hinauszögern der Lese. In vielen Gebieten und bei weniger günstigem Witterungsverlauf ist das Einbringen von Spätlesen nur durch mehrmaliges Ernten möglich. Nicht selten befällt auch der Pilz „Botrytis cinerea", der sogenannte Edelfäulepilz, die Trauben. Bei trockenem, warmem Wetter und ausreichender Luftfeuchtigkeit greift der Pilz die Beerenhaut an, die hiedurch braun und mürbe wird. Durch die beschädigte Beerenhaut verdunstet das Wasser der Beeren, der Beereninhalt und damit der Zuckergehalt wird hiedurch konzentriert, das Mostgewicht nimmt zu. Dieser Schrumpfungsprozeß kann so weit gehen, daß es zur Trockenbeerenbildung kommt. Mit dem Eintrocknen der Trauben ist natürlich ein sehr großer Mengenverlust verbunden.

AUSZUG AUS DEN BESTIMMUNGEN DES ÖSTERREICHISCHEN WEINGESETZES

Das Österreichische Weingesetz bestimmt, daß zur Erzeugung von Wein nur solche Weintrauben geeignet sind, deren Saft ein Mostgewicht von mindestens 13° KMW aufweist. Nur in Jahren mit besonders ungünstigen Reifeverhältnissen, was der Bundesminister für Land- und Forstwirtschaft bis spätestens 15. Oktober des Lesejahres durch Verordnung festzustellen hat, braucht das Mindestmostgewicht nur 11° KMW zu betragen.
Im § 19 des Österreichischen Weingesetzes sind die Bestimmungen für die Bezeichnung von Qualitätswein genau festgelegt. Neben wichtigen anderen Bestimmungen enthält dieser Paragraph auch solche, die sich auf das Mindestmostgewicht, das der Saft der Weintrauben erreichen muß, beziehen. Es besteht demnach ein wesentlicher Zusammenhang zwischen der Möglichkeit der Verwendung von Qualitätsbezeichnungen und der Weinlese, wie der Übersicht auf Seite 378 entnommen werden kann.

Weine besonderer Reife und Lesart (Prädikatsweine)

In klimatisch geeigneten Gebieten werden — auch aus internationaler Sicht — erhebliche Mengen Prädikatsweine erzeugt, deren Normen im § 19 des österreichischen Weingesetzes festgelegt sind. (siehe Übersicht auf Seite 379)
Prädikatsweine dürfen wie Kabinettweine keinerlei Zusatz von Zucker, Traubenmost, Traubensaft oder Traubendicksaft erhalten haben. Eine etwaige Restsüße darf nur durch Gärungsunterbrechung oder Verschneiden mit einem anderen Prädikatswein derselben Stufe (mindestens 5 Vol% Alkoholgehalt) herbeigeführt werden.
Prädikatsweine unterliegen sehr strengen Kontrollen wie:

Absichtsmeldung: Wer beabsichtigt, Prädikatswein zu erzeugen muß dies am Tag der jeweiligen Lese bis spätestens 9 Uhr vormittag unter Angabe der Sorte, Grundstücksbezeichnung und Sorte bei der Gemeinde schriftlich melden. Diese Meldung wird umgehend an die Weinaufsicht weitergegeben.

Vorführpflicht: Sie wird vom zuständigen Landeshauptmann durch Verordnung bestimmt. In den Vorführgemeinden ist jeder Erzeuger von Prädikatswein verpflichtet, die geernteten Trauben in loser Schüttung zur Mengen- und Qualitätskontrolle den amtlichen Mostwägern vorzuführen.

Durchführungsmeldung: Nach durchgeführter Lese muß der Prädikatsweinerzeuger binnen 3 Wochen die erzeugte Menge, Sorte, Leseart, Mostgewicht, das Grundstück sowie bei Verkauf den Übernehmer des Lesegutes bekanntgeben. Aufgrund dieser Meldung und dem Ergebnis der Vorführkontrolle stellt die Verwaltungsbehörde eine entsprechende Bescheinigung aus.

Das Österreichische Weingütesiegel

Unter bestimmten Voraussetzungen kann der Bundesminister für Land- und Forstwirtschaft für österreichische Qualitätsweine das Österreichische Weingütesiegel verleihen. Dieses darf bei Zuerkennung als amtliches Kennzeichen für österreichische Qualitätsweine auf Flaschen von 0,35 bis 1 Liter Inhalt angebracht werden.

Übersicht zu den gesetzlichen Erfordernissen für österreichischen Qualitätswein nach H. Haushofer

Art des Weines		Der Wein bzw. die Trauben (muß bzw. darf)
Qualitätswein	mit der Bezeichnung „Qualitätswein“	— aus einer Weinbauregion stammen — von einer zugelassenen Rebsorte sein — kein versetzter Wein sein — harmonisch und frei von Fehlern sein — typisch für die Sorte sein — **mindestens 15 Grad KMW als Most gewogen haben** — mindestens aufweisen: Weißwein / Rotwein zuckerfr. Extr. (g/l) 18,0 / 18,0 — Alkohol (Vol.-%) 10,5 / 10,5 Asche (g/l) 1,4 / 1,6 titb. Säure (g/l) 4,5 / 4,0 — mit einer geographischen Herkunft versehen sein — kann verbessert werden — Höchstens 50 mg/l freie und nicht mehr als 300 mg/l Ges. SO_2 aufweisen
	mit der Bezeichnung „Kabinett“	— muß den Bestimmungen eines Qualitätsweines entsprechen — **mindestens 17 Grad KMW als Most gewogen haben** — darf nicht verbessert werden! — höchstens 50 mg/l freie und nicht mehr als 300 mg/l ges. SO_2 aufweisen

Art des Weines		Der Wein bzw. die Trauben (muß bzw. darf)	
Qualitätswein besonderer Reife und Leseart (Prädikatswein)	Spätlese (Spätlesewein)	— vollreifer Zustand bei der Ernte — **mind. 19°** KMW — max. 50 freie und nicht mehr als 300 mg/l Ges. SO_2 aufweisen	— kein versetzter Wein — harmonisch und frei von Fehlern — kein Zusatz von Zucker, Trauben oder Traubensaft — aus Weinbauregion stammen — die Eigenart solcher Weine besitzen — Restsüße nur über Gärungsunterbrechung oder Ver- — schnitt mit gleichem Wein von mindestens 5 Vol.-% Alkohol — bei Bez.-Verwaltungsbehörde angemeldet werden — a) Anmeldung am Tag der Lese bis 9 Uhr beim Gemeindeamt b) Mengenmeldung 3 Wochen nach Lesebeendigung
	Auslese (Auslesewein)	— Positivauslese — **mind. 21° KMW** — max. 60 freie und — nicht mehr als 350 mg/l — SO_2 Ges. aufweisen	
	Beerenauslese (Beerenauslesewein)	— aus guter Lage — stammen — **mind. 25° KMW** — max. 75 freie und nicht mehr als — 400 mg/l Ges. — SO_2 aufweisen	
	Ausbruch (Ausbruchwein)	— ausschl. edelfaule Beeren — **mind. 27° KMW** — max. 75 freie und — nicht mehr als — 400 mg/l Ges. SO_2 aufweisen	
	Trockenbeerenauslese (Trockenbeerenauslesewein)	— **mind. 30° KMW** — max. 75 freie und — nicht mehr als 400 mg/l Ges. SO_2 aufweisen	
	Eiswein	— **mind. 22° KMW** — ausschließlich aus Trauben, die bei der Lese und Kelterung gefroren waren.	

DURCHFÜHRUNG DER WEINLESE

Die Vorlese

Traubenkrankheiten, wie die durch den Botrytispilz verursachte Fäulnis oder die Stiellähme, und Witterungseinflüsse, wie Frühfröste, können eine vorzeitige Lese erzwingen und dadurch die Qualität erheblich vermindern. Aus arbeitswirtschaftlichen und kostenmäßigen Überlegungen wird es heute immer schwieriger, die früher empfohlene Vorlese durchzuführen. Es ist daher schon bei den Rebschutzmaßnahmen im Sommer auf die Gesunderhaltung der Trauben zu achten, darüberhinaus stehen sehr wirksame Betriebsmittel zur Verfügung. Sollte trotzdem in stärkerem Maße Fäulnis auftreten, müssen die angefaulten Trauben herausgelesen werden.

Auch bei einem stärkeren Auftreten der Stiellähme ist es zweckmäßig, die kranken Trauben vorzeitig aus- und aufzulesen. Wenn durch starke Frühfröste die Blätter ganz oder größtenteils vernichtet werden, wird die Assimilation und damit die Zuckerbildung ausgeschaltet, weshalb sofort zu lesen ist. Wurde das Blattwerk jedoch nur teilweise betroffen, so nehmen die Trauben auch weiterhin an Qualität zu, ein sofortiges Lesen ist nicht notwendig

Die Hauptlese

Spätestens mit dem Eintreten der Bukett- bzw. der Vollreife setzt die Hauptlese, das heißt, das vollsltändige Abernten der Weingärten, ausgenommen die Erzeugung von „Qualitätsweinen besonderer Reife und Lesart“, ein.

Die Lese soll bei trockenem Wetter vorgenommen werden. Bei Regen können beträchtliche Mengen Wasser in das Lesegut kommen, wodurch die Qualität des Mostes sehr herabgesetzt wird.

Arbeitswirtschaftliche Überlegungen

Nach Arbeitstagebuchaufzeichnungen beträgt der Anteil der Traubenlese in Steillagen durchschnittlich 30%, in Hang- und Flachlagen zwischen 35% bis 45% des Gesamtarbeitsaufwandes. Damit beansprucht diese Arbeit anteilsmäßig den größten Arbeitsaufwand, und es ist selbstverständlich, daß nach arbeitsparenden Lesemethoden und Mechanisierungsmöglichkeiten gesucht wird. Der Mangel an Arbeitskräften und hohe Lohnkosten mögen in kleinen Weinbaubetrieben noch nicht als drückend empfunden werden, in großen Betrieben ist dies jedoch bereits zu einem akuten Problem geworden, so daß die Mechanisierung der Weinernte nicht mehr aufzuhalten ist.

Die Traubenlese gliedert sich nach der derzeitigen Durchführung in folgende Teilarbeiten:

1. Abschneiden der Trauben vom Stock und Sammeln in die Lesebehälter.
2. Transport der Lesebehälter zum Sammelbehälter im Weingarten.
3. Transport der Trauben aus dem Weingarten.

Von diesen Teilarbeitsbereichen ist der Transport der Trauben aus dem Weingarten am stärksten mechanisiert worden. Das altherkömmliche Heraustragen in Butten ist verschwunden, die Trauben werden entweder in Butten, Bottichen oder sonstigen Behältern auf Traktoranhängern oder mittels moderner Lesewagen aus dem Weinberg transportiert.

Der Traubentransport aus dem Weinberg beansprucht allerdings nur 10% des Gesamtarbeitsaufwandes bei der Lese, doch kann diese Arbeit wesentlich erleichtert werden.

Man findet noch Maschinen, die neben dem Transport aus dem Weingarten auch den Transport zum Sammelbehälter übernehmen; die Lesearbeiter schneiden die Trauben auf Tassen oder Förderbänder.

Halbautomatische Traubenerntemaschinen, bei denen die Trauben von 2 Zeilen über Förderbänder oder Drehteller aufgenommen, in Behälter gesammelt und aus dem Weinberg transportiert werden, sind wieder verschwunden.

Hingegen hat sich die Vollmechanisierung der Traubenlese durchgesetzt.

Die anfänglichen Probleme, wie hohe Mengenverluste, erhebliche Qualitätsminderung, Schwierigkeiten durch ungeeignete Unterstützungssysteme konnten weitgehend gelöst werden. Neben der Umstellung auf geeignete Unterstützungssysteme sind die Kernfragen Struktur- und betriebswirtschaftliche Überlegungen.

VOLLMECHANISIERUNG DER TRAUBENERNTE

Die Vollmechanisierung der Traubenernte, die in den sechziger Jahren in den USA begonnen hat, in Europa zehn Jahre später — hauptsächlich in Frankreich, Italien, in der Bundesrepublik Deutschland sowie in den Ländern des Ostblocks — Eingang gefunden hat, ist in den letzten Jahren auch in Österreich Realität geworden.
Von den verschiedenen Verfahren, die im Zuge der Entwicklung zur Diskussion gestanden sind, hat sich das mechanische Trennverfahren nach dem Rüttelprinzip durchgesetzt, weil es am sichersten ist und sich in der Praxis am besten bewährt hat; andere Systeme werden kaum weiterentwickelt.
Es gibt grundsätzlich drei verschiedene Verfahren zur Trennung der Trauben vom Stock:

- mechanische Verfahren
- pneumatische Verfahren
- elektrische Verfahren

Mechanische Verfahren

Die nach diesem Prinzip arbeitenden Maschinen wurden in den USA entwickelt und sind zur Zeit am stärksten verbreitet; während bei uns erst einreihig arbeitende Maschinen bekannt sind, gibt es in Amerika bereits solche, die gleichzeitig 4 Reihen ernten. Das Ernteprinzip besteht im Abschlagen der Trauben durch Schüttelstäbe beim Durchfahren der zu erntenden Reihe. Die Schüttelfrequenz kann je nach Sorte und Reife der Trauben geändert werden. Die Reben werden durch das Schütteln nicht beschädigt, so daß keine Folgeschäden am Holz entstehen. Die Ernteverluste liegen mit 3 bis 6% bereits sehr niedrig. Die Qualität hängt wesentlich vom Sammel-, Reinigungs- und Transportsystem ab.
Es werden vollmechanisierte Traubenernter verschiedener Erzeuger angeboten, selbstfahrende (Kosten ca. S 1,1 — 1,6 Millionen) und gezogene Maschinen (Kosten ca. S 600.000,—), wobei hydraulische Antriebssysteme im Vordergrund stehen. Unterschiede findet man primär bei der Art der Auffangbehälter (Teller oder Becher) sowie der Anzahl und der Anbringung der Rüttelsysteme. Die Maschinen haben extrem kleine Wendekreise und können auch an schwieriges Gelände angepaßt werden. Ein Problem, das vorausschauend von den Weinbauern zu lösen ist, ist die Umstellung auf vollerntegerechte Erziehungssysteme; Reihenabstände, Kordonhöhe und Unterstützung müssen an die Lesemaschine angepaßt werden.
Verbesserungen sind mit Bestimmtheit auch bei der Unterbringung bzw. Entleerung des Lesegutes zu erwarten. Durch Verwendung von Niederdruckreifen ist die Schädigung des Bodens infolge des großen Gewichtes verringert. In Österreich werden derzeit folgende Maschinen angeboten.

Traubenlesemaschine Braud 1014

Traubenvollernter Howard — Rotovator

Traubenlesemaschinen

Hersteller (Vertrieb in Österreich)	Bezeichnung	Art, Motor bzw. Zugkraftbedarf	Technische Angaben (Abmessungen)	Lesevorrichtung, Antrieb	Eignung f. Gelände, Rebenerziehungen	Leistung	Anmerkung
Braud (Eibl & Wondrak A 1160 Wien)	Traubenlese-maschine Braud 1014	Selbstfahrer, 92 PS, 5-Zylinder Dieselmotor	L: 5.83 m B: 2.40 m (2.10) Gesamtgewicht: 6.2 t Wendekreis: 4 m	frei pendelnde Lesevorrichtung; zwei Bänder mit je 54 Bechern aus Polyuretan, hydrostatischer Antrieb, Schlagstöcke aus Glasfiber	Seitenhangausgleich: 58 cm Durchgangshöhe: bis 2.40 m Erntehöhe von 15 cm bis 170 cm	2—2,5 ha/Tag Edelstahlbehälter, Inhalt 1500 Liter	Große Stabilität
	Traubenernte-maschine Braud 524	Traktorgezogenes Gerät. Zugmaschinen ab 40 PS	L: 3.47 m B: 2.30 m Gesamtgewicht: 1,5 t Wendekreis: 4 m	Antrieb durch Hydraulikmotor; frei pendelnde Lesevorrichtung, Schlagstöcke aus Polyesterharz, glasfiberverstärkt; 2 Bänder mit selbstreinigenden Schuppen;	Seitenhangausgleich: 60 cm Durchgangshöhe: verstellbar von 2.00—4.00 m Lesehöhe ab 30 cm	1—1,5 ha/Tag Lesebehälter: 800 Liter Edelstahl	Zeilenbreite mindestens 1.40 m
(Howard Rotovator Gesellschaft m. b. H. (Austria) A-2100 Korneuburg	485 T 2	Selbstfahrer 75 PS, 4-Zylinder-Dieselmotor	L: 4.46 m B: 2,5 m Gesamtgew. 4,3 t Wendekreis: 3,5 m	hydraulisch angetriebene Rüttelstäbe	Niveauausgleich von 0—0,35 cm Erntehöhe: von 0,15—2,3 m	2—3 ha pro Tag, 2 Lesebehälter á 650 Liter aus	hydraulische Seitenausförderung
	GM 4125	Selbstfahrer 115 PS, 6-Zylinder-Dieselmotor	L: 6,2 m B: 3,0 m Gesamtgewicht: 5,4 t Wendekreis: 3,7 m	hydraulisch angetriebene Rüttelstäbe	Niveauausgleich von 0—0,5 m Erntehöhe: von 0,25 m bis 2,6 m	2—3 ha pro Tag, 1500 Liter Lesebehälter aus Edelstahl	hydraulische Seitenausförderung
	Traubenvollernter MT	Traktorgezogenes Gerät. Kraftbedarf: ab 45 PS	L: 3,58 m B: 2,27 m Gesamtgew.: 2,5 t Wendekreis: 4,5 m	hydraulisch angetriebene Rüttelstäbe	Niveauausgleich 20 cm Erntehöhe: von 0,2—1,8 m	2—3 ha pro Tag, 1000 Liter Lesebehälter aus Stalblech lackiert	hydraulische Seitenausförderung

Pneumatische Verfahren

Bei den nach diesem Prinzip arbeitenden Maschinen werden die Trauben mittels eines Druckluftstrahles aus gegenüberliegenden Düsen, wodurch eine Schüttelwirkung erzielt wird, abgetrennt.
Es gibt auch Geräte nach dem Saugluft-Prinzip, die wegen eines hohen Anteils an Gerb- und Trübstoffen noch nicht befriedigen.

Elektrischische Verfahren

Die Trauben werden mit Hilfe von Wechselstrom mit hoher Spannung (10 KV) am Stiel abgetrennt, weil dieser den größten elektrischen Widerstand hat. Um die Qualität nicht negativ zu beeinflussen, muß mit hoher Geschwindigkeit abgetrennt werden. Nicht zuletzt aus Sicherheitsgründen wird dieses Verfahren in nächster Zukunft kaum praxisreif werden.

DIE ENTBLÄTTERUNG DER TRAUBENZONE

Chemische Entblätterung der Traubenzone

Die chemische Entblätterung wird in der österreichischen Weinbaupraxis kaum angewendet, wobei dieses Verfahren besonders im Zusammenhang mit der maschinellen Traubenernter an Bedeutung gewinnen kann.
Beim Einsatz von chemischen Entlaubungsmitteln ist dafür zu sorgen, daß diese weder die Mostqualität noch die Holzreife negativ beeinflussen.

VERGLEICHE VERSCHIEDENER LESEVERFAHREN

In der nachfolgenden Übersicht sind die verschiedenen Ernteverfahren gegenübergestellt.

Leseverfahren	Entblättern AKh/ha*)	Lese AKh/ha	Gesamtarbeitsaufwand AKh/ha	Mh/ha**)	Erntemengen kg/ha	kg/AKh
1. Von Hand aus	—	240	240	—	9600	40
2. Traubenernter und Entblätterung von Hand	160	48	208	16	9600	46
3. Von Hand und chemische Entblätterung (30—40% Zeiteinsparung)	6	144	150	6	9600	64
4. Traubenernter und mechanische Entblätterung mit Traubenernter	26	48	78	26	9600	123
5. Traubenernter und chemische Entblätterung	6	48	54	22	9600	177
6. Trauben-Vollernter (Fernziel)	entfällt	16	16	16	9600	600

*) AKh = Arbeitskraft-Stunden
**) Mh = Maschinen-Stunden

Kapitel 28

Arbeitsaufwand und Erzeugungskosten in Ertragsweingärten

Arbeitsaufwand bei verschiedenen Erziehungsarten

Die jährlich durchzuführenden Maßnahmen im Weinbau erfordern einen hohen Arbeitsaufwand, dessen Höhe wesentlich von der Erziehungsart abhängt. Aus dreijährigen, exakt durchgeführten Arbeitsaufzeichnungen in Tagebüchern sind durchschnittliche Werte errechnet worden, die in der Tabelle auf Seite 385 zusammengestellt sind. Diese Richtzahlen stammen aus Betrieben mit ebenen und schwach hängigen Weingartenanlagen und einer Parzellengröße zwischen 0,7 und 1 Hektar. Die Bodenbearbeitung in der Mittelhochkultur, in der Hochkultur und in der in der Ebene liegenden Pergola wurde vorwiegend maschinell durchgeführt.

MÖGLICHKEITEN ZUR SENKUNG DER ERZEUGUNGSKOSTEN

Das zentrale Problem der modernen Betriebsführung ist es, möglichst rationell zu produzieren, um einen größtmöglichen Deckungsbeitrag herauswirtschaften zu können.
Durch die Einführung der Hochkultur konnte im österreichischen Weinbau bei der Rationalisierung ein gewaltiger Fortschritt erzielt werden: dies kann Übersicht auch Seite 385 über den Arbeitsaufwand bei verschiedenen Erziehungsarten entnommen werden. Weitere Möglichkeiten der Kostensenkung liegen bei vielen bäuerlichen Betrieben vor allem in der Strukturverbesserung (Aufstockung), aber auch im überbetrieblichen Maschineneinsatz sowei in der Flurbereinigung (Grundstückszusammenlegungen, Wegebau usw.). Mit der Durchführung dieser Maßnahmen sind jedoch die technischen Möglichkeiten zur Senkung der Erzeugungskosten erschöpft.

Auswirkung der Ertragshöhe auf die Erzeugungskosten:

In zahlreichen Betrieben liegen noch gewaltige Reserven zur Erhöhung der Rentabilität in der Erhöhung des Flächenertrages durch Verwendung von hochwertigen Klonen und Selektionen der Qualitätsrebsorten. Daß hiebei — die Verwendung von entsprechendem Hochzuchtmaterial und richtige Durchführung aller Arbeiten vorausgesetzt — keine Qualitätsminderung eintreten muß, kann durch Versuche bewiesen werden.
Wie groß die Auswirkung der Höhe des Flächenertrages auf die Erzeugungskosten ist, kann aus der folgenden Tabelle entnommen werden:

Gestehungskosten je Kilogramm Trauben

Traubenertrag in kg/ha	bei Vollkosten je ha Ertragsweingarten von				
	S 60.000.—	S 70.000.—	S 80.000.—	S 90.000.—	S 100.000.—
4.000	15.—	17.50	20.—	22.50	25.—
6.000	10.—	11.66	13.30	15.—	16.67
8.000	7.50	8.75	10.—	11.25	12.50
10.000	6.—	7.—	8.—	9.—	10.—
12.000	5.—	5.83	6.65	7.50	8.33
15.000	4.—	4.66	5.30	6.—	6.67

(Tabelle nach L. Müllner)

Wenn man die Höhe des eigenen Ertrages und die Vollkosten kennt, kann man aus der obigen Tabelle ersehen, zu welchem Preis man die Trauben verkaufen muß, um kostendeckend zu arbeiten. Sofern ein bestimmter Traubenpreis erzielt wurde, kann man errechnen, wie hoch der Gewinn oder der Verlust ist.

Der Arbeitsaufwand im Weinbau in Arbeitsstunden je Hektar (= Akh/ha)

Arbeiten	Pfahlkultur ca. 1,00 × 1,20 m Bodenbearbeitung manuell und mit Kleinfräse; Motor-Rückenspritze		Mittelhochkulturen ca. 1,20 × 1,50 m Schmalspurtraktor mit Boden-bearbeitungsgeräten und Anbauspritze		Hochkultur ca. 1,20 × 3,00 m Normalspurtraktor mit Boden-bearbeitungsgeräten (bis 1,6 m) und Anbauspritze		Pergola-Erziehung			
							Ebene Lage ca. 3,20 × 0,40 m		Hanglage ca. 2,60 × 0,40 m (nicht mit Traktor befahrbar)	
		in %		in %		in %		in %		in %
Rebschnitt[1])	193 (170—216)[5])	14	151 (130—172)	20	96 (82—110)	17	95	15	160	16
Laubarbeiten	424 (380—468)	30	144 (117—170)	19	92 (65—119)	16	170	26	170	17
Bodenbearbeitung + anorganische Düngung	310 (285—335)	22	148 (131—165)	20	125 (92—158)	21	75	12	140	14
Rebschutz (8 Arbeitsgänge)	98 (86—110)	7	47 (35— 58)	6	36 (32— 40)	6	40	6	130	13
Reparatur der Unterstützungen[2])	15 (7— 22)	1	28 (18— 38)	4	32 (16— 48)	5	120*)	18	190*)	19
Lese — Preßarbeiten[3])	382 (335—428)	26	239 (204—274)	31	206 (155—257)	35	150**)	23	210**)	21
Summe[4])	1422	100	757	100	587	100	650	100	1000	100

[1]) Ohne Berücksichtigung der verschiedenen Schnittarten.
[2]) Je nach Gefährdung (Wind) und Alter der Anlage in einem unterschiedlichen Ausmaß anfallend.
[3]) Aufwand besonders von den Ertragsverhältnissen abhängig.
[4]) Bei Gründüngungsmaßnahmen (bei den Weitraumanlagen) erhöht sich der Aufwand um zirka 10 AKh/ha.
[5]) Die in Klammer gesetzten Werte zeigen den Schwankungsbereich auf.
Angaben in AKh/ha für die Arbeitszeit am Ort (AzaO) zuzüglich der Preßarbeiten im Keller.
*) = Inkl. verschiedener Arbeiten, wie zum Beispiel dem Binden.
**) = Nur Ernte und Transport.

Um den Erfordernissen der modernen Betriebswirtschaft zu entsprechen, wurde eine Tabelle entwickelt, aus der man die Höhe des Deckungsbeitrages entnehmen kann, wenn man den Ertrag, die variablen Spezialkosten und den erzielten Traubenpreis kennt. Selbstverständlich erhöht sich auch der Deckungsbeitrag sehr wesentlich mit zunehmendem Ertrag.

Traubenertrag in kg je ha	Deckungsbeitrag*) in Schilling je ha Traubenproduktion[1]) (bei Annahme eines Traubenpreises je kg in Höhe von S 4.— und S 6.— pro kg) bei variablen Spezialkosten**) je ha von					
	S 15.000.—		S 20.000.—		S 25.000.—	
	Traubenpreis 4.—	Traubenpreis 6.—	Traubenpreis 4.—	Traubenpreis 6.—	Traubenpreis 4.—	Traubenpreis 6.—
4.000	1.000.—	9.000.—	— 4.000.—	4.000.—	— 9.000.—	— 1.000.—
6.000	9.000.—	21.000.—	4.000.—	16.000.—	— 1.000.—	11.000.—
8.000	17.000.—	33.000.—	12.000.—	28.000.—	7.000.—	23.000.—
10.000	25.000.—	45.000.—	20.000.—	40.000.—	15.000.—	35.000.—
12.000	33.000.—	57.000.—	28.000.—	52.000.—	23.000.—	47.000.—
15.000	45.000.—	75.000.—	40.000.—	70.000.—	35.000.—	65.000.—

*) **Deckungsbeitrag:** Das ist jener Beitrag, der für die Abdeckung der Fixkosten des Betriebes (einschließlich des Lohnanspruches) dient. Er wird aus dem Rohertrag durch Abziehen der „variablen Spezialkosten" errechnet.
Je höher der Deckungsbeitrag eines Betriebszweiges ist, desto größer ist sein Beitrag zur Deckung der allgemeinen Kosten sowie zur Errechnung des Betriebsgewinnes.

) **Die variablen Spezialkosten sind jene Kosten, die einem Betriebszweig direkt angelastet werden können. Sie stehen also in einem unmittelbaren Zusammenhang mit der Bearbeitung eines Weingartens und beinhalten die Kosten für Düngung, Rebschutz, Unterstützungsmaterial, alle Kosten für fremde Arbeitskräfte, die variablen Maschinenkosten und eventuelle Maschinenfremdkosten, eventuelle spezifische Versicherungsprämien (zum Beispiel Hagelversicherungsprämie) und die Mehrkosten bei der Grundsteuer samt Zuschlägen.

(—) **Grenzverlust:** Dieser Betrag muß vom Betrieb zugeschossen werden, damit die variablen Spezialkosten abgedeckt werden können. Sofern im mehrjährigen Durchschnitt weder ein höherer Ertrag noch ein höherer Traubenpreis erzielt werden kann, ist die Bewirtschaftung eines Weingartens unter diesen Verhältnissen nicht zielführend.

[1]) = obige Deckungsbeiträge beinhalten keine anteiligen Anlagekosten.

Abschnitt VII

KRANKHEITEN UND SCHÄDLINGE DER REBE UND DEREN BEKÄMPFUNG

ALLGEMEINE GRUNDLAGEN

Zur Erzielung von regelmäßigen und hohen Erträgen bei guter Qualität ist es notwendig, alle umweltbedingten Störungen des Wachstums der Rebe und der Traubenentwicklung auszuschalten. Alle Arbeiten, die diesem Ziele dienen, werden als Rebschutzmaßnahmen bezeichnet. Man schätzt, daß durch Schadensursachen verschiedenster Art in Österreich die Traubenernte jährlich um 15 bis 20% verringert wird; dabei wird der durch tierische Schädlinge verursachte Ertragsausfall mit 8%, die Schäden durch pflanzliche Krankheitserreger werden mit 66%, die nichtparasitären Schäden (Unkraut, Ernährungsstörungen) mit 26% angenommen.

Die Schadensursachen des Rebstockes werden eingeteilt in:

1. **Abiotische (leblose) Schadensursachen**

   Diese werden durch Umwelteinflüsse verschiedener Art — meist sind sie witterungs- oder bodenbedingt —, nicht jedoch durch Lebewesen, verursacht. Zum Beispiel:

   - Frostschäden, Hagelschäden, Windschäden (Witterung).
   - Trockenschäden, Nährstoffmangel (Boden und Witterung).
   - Spritzmittelschäden wie Verbrennungen, Hormonschäden (menschlicher Einfluß).

2. **Biotische (lebende) Schadensursachen**

   Sie werden durch Lebewesen verursacht, deren Nahrungsgrundlage ganz oder teilweise der Rebstock ist.

   Man unterscheidet:
   Schädlinge, wenn es sich um tierische Lebewesen handelt (Insekten, Vögel, Wild usw.), und
   Krankheiten, wenn der Schadenserreger eine Pflanze ist (Pilze, Bakterien, Viren).
   In der Praxis spricht man in vielen Fällen allerdings auch bei nichtparasitären Schädigungen von Krankheiten.

Zur erfolgreichen Behandlung von Schäden im Weingarten
muß der Winzer in seiner Funktion als „Pflanzenarzt" — wie der Humanmediziner — umfassende Kenntnisse haben über die

- Kultur des Weingartens (er muß den „Patienten" kennen),
- den Schadenserreger,
- das anzuwendende Präparat und dessen richtige Anwendung („Arznei, Dosierung und Therapie").

Wichtig sind:

1. Das richtige Erkennen (Diagnose)
Der Weinhauer hat den Gesundheitszustand seines Rebenbestandes laufend zu kontrollieren. Schäden am Rebstock erkennt er an den
Krankheitsbildern (Symptome).
Solche sind insbesondere:
Welke- und Absterbeerscheinungen, Verfärbungen; Ausscheidungen, Wunden, Veränderungen der Form.

2. Rechtzeitige Vorbeugemaßnahmen (Prophylaxe)
Für die Erzielung von entsprechenden Erträgen haben diese Maßnahmen im Rebschutz die größte Bedeutung.

Man kennt:

Kulturmaßnahmen
Eine richtige Auswahl des Standortes (Fröste), Bodens (Chlorose), der Sorte (in feuchten Lagen faulnisfeste Sorten) und die richtige Durchführung von Düngung und Bodenbearbeitung sind für die Gesunderhaltung eines Bestandes von großer Wichtigkeit.

Bekämpfungsmaßnahmen
a) Biologische (haben derzeit im Weinbau keine Bedeutung).
b) Mechanische (Anbringen von Drahtgittern, Aufstellen von Staren-Abwehrgeräten, Abklauben von Maikäfern usw.).
c) Chemische.

3. Behandlung bei Vorliegen eines Schadens (Therapie)
Sofern das Auftreten eines Schadens nicht durch vorbeugende Maßnahmen verhindert werden konnte, muß dieser sobald als möglich bekämpft werden.

CHEMISCHE BEKÄMPFUNGSMASSNAHMEN

Die chemischen Bekämpfungsmaßnahmen haben im modernen Weinbau die größte Bedeutung erlangt. Sie sind in den meisten Fällen die wirkungsvollste und billigste Methode zur Gesunderhaltung des Weingartens.
Die zum Einsatz kommenden Mittel bezeichnet man nach ihrer Wirksamkeit:

gegen Insekten	als Insektizide,
gegen Pilze	als Fungizide,
gegen Unkräuter	als Herbizide,
gegen Schädlingseier	als Ovizide,
gegen Milben	als Akarizide.

Bedeutung und Wirkung der chemischen Bekämpfungsmittel
Jedes Bekämpfungsmittel besteht aus einem Wirkstoff und Begleit- oder Trägerstoffen. Der Wirkstoff hat die Aufgabe, den Schadenserreger auszuschalten oder eine Heilung hervorzurufen. Nach der Wirkungsweise unterscheidet man zwischen Fraß-, Kontakt-, Atemgiften und solchen mit kombinierter Wirkung. Die Begleitstoffe haben die Aufgabe, die Wirkstoffe zu verdünnen, pflanzenverträglich und für Warmblütler ungefährlich zu machen. Spezielle Aufgaben haben Netzmittel (gleichmäßige Verteilung des Spritzmittels),

Lösungsmittel, Haftmittel, Warnstoffe (Farb- und Geruchsstoffe bei für den Menschen giftigen Präparaten) und Stabilisatoren (verhindern das Absetzen des Mittels in der Brühe) zu erfüllen.

AUSBRINGUNGSVERFAHREN (APPLIKATION)

Die Ausbringung kann nach verschiedensten Verfahren erfolgen, für die jeweils zahlreiche geeignete Maschinen und Geräte zur Verfügung stehen.

Die wichtigsten Ausbringungsverfahren sind:

Spritzen
Dieses Verfahren arbeitet mit großer Wassermenge (800 bis 1600 Liter pro Hektar), die bei der Ausbringung als Trägerstoff dient. Alle Pflanzenteile werden mit der Spritzflüssigkeit bis zum Abtropfen gleichmäßig überzogen (Film). Der Vorteil dieses Verfahrens liegt in der großen Wirksamkeit bei vielen Krankheiten. Nachteilig sind die hohen Transport- und Arbeitskosten infolge der großen Wassermengen. Die durchschnittliche Größe der Spritztropfen ist 200 bis 300 mikron (1 mikron = 1/1000 Millimeter).

Spritzsprühen
Verschiedene Geräte arbeiten mit Luft und Wasser als Trägerstrom. Zur Ausbringung der Spritzflüssigkeit dienen sowohl der mit Hilfe eines Gebläses erzeugte Luftstrom als auch die mittels Pumpe unter Druck ausgebrachte Wassermenge. Bei diesem Verfahren kann man die Flüssigkeitsmenge je Flächeneinheit je nach Erfordernis variieren.
(Mittelkonzentration gegenüber dem Spritzen zwei- bis zweieinhalbfach.)

Sprühen
Bei diesem Verfahren dient ein Luftstrom von hoher Geschwindigkeit als Träger für das Ausbringen des Mittels. Die Wassertröpfchen sind wesentlich kleiner als beim Spritzen (50 bis 100 mikron); je Flächeneinheit wird wesentlich weniger Wasser benötigt, nämlich 300 bis 500 Liter pro Hektar.
Das Sprühen hat den Vorteil eines geringeren Wasserverbrauches, wodurch die Transport- und Arbeitskosten verringert werden. Dies ist vor allem in schwer zugängigen Lagen wichtig. Das Mittel wird gleichmäßig und fein verteilt, es gibt keine Abtropfverluste; das Mittel trocknet schnell an. Nachteilig sind die geringere Dauerwirkung und die schlechtere Wirksamkeit bei manchen Krankheiten, wo Traubenwaschungen notwendig sind.

Feinsprühen
Dieses Verfahren arbeitet mit feinsten Tröpfchen (0,5 bis 50 mikron) und hat einen Flüssigkeitsverbrauch von nur 80 bis 100 Liter pro Hektar. Es wird ermöglicht durch den Zusatz von „Synergid 3". Dieses Mittel begünstigt die Zerreißung der Brühe in feinste Tröpfchen und die Bildung des Filmbelages. Es verhindert das Verdampfen der Tröpfchen auf dem Weg von der Düse zum Blatt und führt zu einem sofortigen Antrocknen des Mittelbelages auf dem Blatt. Dieses Verfahren hat bei der Applikation mittels Flugzeuges große Bedeutung, doch sind die Verteilungsprobleme sowie die Regenbeständigkeit noch nicht vollständig gelöst.

Stäuben
Dieses Verfahren arbeitet ohne Wasser und verursacht somit die geringsten Transport- und Ausbringungskosten. In der Praxis hat sich dieses Verfahren, das in Zukunft vielleicht die größte Bedeutung erlangen wird, noch nicht durchsetzen können. Die Gründe hiefür sind, daß noch keine Mittel mit ausreichender Regenbeständigkeit zur Verfügung stehen

(Verbesserung durch Haftstaub), die Technik der Ausbringung noch nicht gelöst und die Anwendung teuer ist.
Andere Ausbringungsmöglichkeiten von Bekämpfungsmitteln sind das Streuen (Unkrautbekämpfung), in speziellen Fällen das Gießen und Streichen.

GESETZLICHE BESTIMMUNGEN

Das Arbeiten mit chemischen Pflanzenschutzmitteln erfordert hohe Verantwortlichkeit und unterliegt auch einer strengen gesetzlichen Regelung (Pflanzenschutzgesetz 1948 mit Novellierung 1970).
In Österreich ist die Bundesanstalt für Pflanzenschutz in Wien für alle Fragen des Pflanzenschutzes zuständig, insbesondere für amtlich anzuordnende Pflanzenschutzmaßnahmen, die Pflanzenschutzmaßnahmen bei der Ein- und Ausfuhr und die Zulassung von Pflanzenschutzmitteln. In Österreich dürfen nur amtlich anerkannte Pflanzenschutzmittel in Originalpackungen verkauft werden.

Für das Arbeiten mit giftigen Pflanzenschutzmitteln ist es wichtig, die wichtigsten Bestimmungen der Giftverordnung (§ 30) zu kennen:

1. Gifthältige Pflanzenschutzmittel dürfen nur in Gefäßen oder Behältnissen aufbewahrt werden, die mit einer dauerhaften Aufschrift über den Inhalt versehen sind; von Nahrungs-, Genuß- und Heilmitteln sind gifthältige Pflanzenschutzmittel fernzuhalten.
2. Diese Mittel dürfen von Land- und Forstwirten bzw. von Obst-, Wein- und Gartenbautreibenden nicht an andere Personen weitergegeben werden, sondern dürfen nur von ihm selbst oder unter seiner Verantwortung von verläßlichen, über die Gefährlichkeit und Handhabung wohlunterrichteten Arbeitskräften vorschriftsmäßig angewendet werden. Derartige Pflanzenschutzmittel dürfen nur gegen Schädlinge verwendet werden, zu deren Bekämpfung sie bestimmt sind.
3. Die Verwendung von Kindern unter 14 Jahren, von Geisteskranken und Personen mit offenen Wunden an unbedeckten Körperteilen zu Arbeiten mit gifthältigen Pflanzenschutzmitteln ist untersagt.
4. Diese Mittel dürfen nur in Behältnissen aufbewahrt werden, welche mit der Bezeichnung ihres Inhaltes und der auffälligen Aufschrift „Gift" versehen sind. Die Behältnisse sind stets gut zu verschließen und versperrt aufzubewahren, so daß kein Unberufener zu ihnen gelangen kann.
5. Das Aufbewahren, Auswägen, Mischen und Zubereiten und jedes sonstige Gebaren in Wohnräumen, Küchen, Lebensmittel-Vorratskammern, Stallungen und Futterkammern ist verboten.
6. Das Benetzen der Haut, jedes Verschütten oder unnötige Verspritzen ist unbedingt zu vermeiden. Die Verwendung von Gummihandschuhen und einer Schutzkleidung wird empfohlen.
7. Verpackungen und Behältnisse müssen nach ihrer Entleerung in geeigneter Weise durch Verbrennung oder tiefes Vergraben in die Erde unschädlich gemacht werden, desgleichen sind unverwendet bleibende Reste des Präparates durch Entleeren in tiefe Erdgruben und Ausfüllen derselben mit Erde zu vernichten. Das Vergraben darf aber weder in Höfen noch in der Nähe von Brunnen oder Quellen noch auch in unmittelbarer Nachbarschaft von sonstigen Gewässern geschehen.
8. Die zu Arbeiten verwendeten Geräte (Waagen, Meßgefäße) sind jeweils sofort sorgfältig zu reinigen; hölzerne Geräte (Löffel, Mischbottich usw.) dürfen zu keinen anderen als zu Pflanzenschutzzwecken verwendet werden.
9. Die verwendeten Spritzen und Verstäuber sowie alle zugehörigen Bestandteile sind nach vollendeter Arbeit völlig zu entleeren und gut zu reinigen.

10. Den Arbeitern ist besonders einzuschärfen, daß das Reinigen der Spritzdüsen, Schläuche, Rohre usw. durch Ausblasen mit dem Munde unstatthaft ist.
11. Beim Verspritzen oder Verstäuben sind eigene Arbeitskleider oder zumindest besondere Arbeitsmäntel (aus leicht waschbaren Stoffen) zu tragen.
Beim Verspritzen ist das Einatmen des Mittels zu vermeiden.
12. Das Verspritzen gegen den Wind ist unstatthaft.
13. Während der Arbeit darf nicht geraucht oder gegessen werden; vor dem Essen sind beschmutzte Arbeitskleider abzulegen, Hände und Gesicht zu reinigen. Nach der Arbeit sind auch Kleider und Schuhe zu reinigen.
14. Gleiche Vorsicht ist auch bei allen Arbeiten mit vergifteten Pflanzen und Pflanzenteilen, zum Beispiel beim Jäten, Ausgeizen und Gipfeln, zu üben.
15. Bei Unterbrechung der Arbeit müssen vorbereitete Mengen des Mittels zur Schädlingsbekämpfung und dessen verbleibende Reste bewacht oder sorgfältig aufbewahrt werden.
16. Das Bespritzen der Ertragsreben mit gifthältigen Pflanzenschutzmitteln ist ab Beendigung der Lese bis zum 10. August des nächsten Jahres, bei Frühtrauben bis längstens vier Wochen vor Beginn der Lese erlaubt; in Schnittweingärten, welche ausschließlich der Rebengewinnung dienen, während des ganzen Jahres.
17. Aus bespritzten Kulturen (einschließlich Zwischen- und Unterkulturen) dürfen durch vier Wochen nach dieser Behandlung keinerlei Pflanzen- und Pflanzenteile zum Zwecke des menschlichen Genusses genommen oder geerntet werden.
18. Die Verwendung von Weinlaub und Blättern, die mit dem Mittel behandelt wurden, zur Einhüllung von Nahrungs- und Genußmitteln ist verboten.
19. Bei Erkrankung ist sogleich ärztliche Hilfe zu suchen, wenn der Verdacht einer Vergiftung durch dieses Mittel vorliegt; der Arzt ist auf die Möglichkeit einer solchen Vergiftung besonders aufmerksam zu machen.

DIE WICHTIGSTEN REBSCHUTZGEBOTE

1. Nur amtlich anerkannte Pflanzenschutzmittel in Originalpackungen kaufen.
2. Pflanzenschutzmittel, nur unter Sperrverschluß in Originalpakungen aufbewahren. Zur Aufbewahrung sind Orte, wo sich Lebensmittel befinden, Kinder, unzurechnungsfähige und unbefugte Personen Zutritt haben und Tiere herankommen können, ungeeignet.
3. Vor der Anwendung sind Aufschrift und Gebrauchsanweisung genau zu lesen und zu befolgen. (Aufwandmenge, Konzentration einhalten!)
4. Funktionstüchtige Pflanzenschutzgeräte verwenden. Es kommt nicht nur auf die richtige Aufwandsmenge, sondern auch auf gleichmäßige Ausbringung an.
5. Beim Ausbringen geeignete Schutzkleidung und Atemschutz tragen; nicht bei starkem Wind spritzen.
6. In Arbeitspausen oder beim Arbeiten nicht rauchen, trinken oder essen.
7. Nach dem Spritzen Schutzkleidung ablegen und mit Seife und Wasser Hände und Gesicht sorgfältig waschen.
8. Restbrühen nicht in Gewässer (Bäche, Teiche, Brunnen) ausleeren; leere Packungen nicht achtlos wegwerfen, sondern sorgfältig vernichten.
9. Die vorgeschriebenen Wartezeiten (Karenzzeiten) einhalten.
10. Bei Vergiftungeserscheinungen sofort den Arzt rufen und die Packungen des verwendeten Mittels herzeigen.
11. Die Umwelt schützen: Nur den Schadenserreger gezielt bekämpfen. Vögel, Bienen, sonstige Tiere und auch die Nachbarkulturen sind zu schützen.

Integrierter Pflanzenschutz

Mit dem stark vordringenden Umweltschutzbewußtsein gewinnt der integrierte Pflanzenschutz gegenüber der chemischen Bekämpfung von Schädlingen und Krankheiten immer mehr Bedeutung. Unter integriertem Pflanzenschutz versteht man die gezielte und aufeinander abgestimmte Anwendung *aller* bekannten Bekämpfungstechniken bei der Bekämpfung von Schädlingen und Krankheiten. Chemische Mittel werden nur dann eingesetzt, wenn die wirtschaftliche Schadensschwelle erreicht ist. Weiters werden Nebenwirkungen von chemischen Mitteln (Schonen von Nützlingen, gleichzeitiges Bekämpfen eines anderen Schädlings oder Krankheit) bestmöglich genützt. Vor allem ist man bestrebt, Anbaumethoden (Erziehungssysteme, Bearbeitungsverfahren und Sorten) so zu wählen, daß das Auftreten von Krankheiten und Schädlingen verhindert oder so gut wie möglich zurückgedrängt wird.

Im integrierten Pflanzenschutz werden folgende Bekämpfungstechniken angewendet:

- biologische Bekämpfungsmaßnahmen. Im Weinbau gibt es derzeit noch keine solche Verfahren, auch bei anderen Kulturen ist diese Bekämpfungsart erst bei wenigen Schädlingen und im geringen Umfang möglich, beispielsweise der Einsatz von Raubmilben gegen die Bohnenspinnmilbe in Gewächshäusern.
- Kulturtechnische Bekämpfungsmaßnahmen. Diese Techniken können sehr verschiedenartig sein und spielen im Weinbau vor allem bei der Bekämpfung von Pilzkrankheiten eine wichtige Rolle. Die Maßnahmen reichen von der richtigen Sortenwahl und der Art des Erziehungssystems bis zur harmonischen Düngung.
- Physikalische Bekämpfungsmaßnahmen. Durch physikalische Reize — wie der Angstschrei bei der Abwehr von Staren, der Einsatz von Pheromonen bei der Bekämpfung des Traubenwicklers — werden Schädlinge abgewehrt.
- Chemische Bekämpfungsmaßnahmen. Chemische Mittel werden erst dann eingesetzt, wenn eine solche Bekämpfung unumgänglich ist, nicht mehr vorbeugend wie im klassisch chemischen Pflanzenschutz. Das Mittel ist zu jenem Zeitpunkt auszubringen, wo die größtmögliche Wirkung gegen den Erreger erzielt werden kann.

Neben der Erhaltung einer „gesunden Umwelt" hat der integrierte Pflanzenschutz den Vorteil, daß es bei konsequenter und richtiger Anwendung kein plötzliches Massenauftreten von Schädlingen mehr gibt und die Gefahr der Resistenzbildung verringert wird. Als Folge der geringeren Anzahl chemischer Behandlungen verringern sich die Mittelkosten und das Rückstandsproblem.

Der integrierte Pflanzenschutz setzt allerdings ein reiches Wissen und eine große Erfahrung des Betriebsleiters voraus. Er muß die Biologie der Krankheitserreger und deren natürliche Feinde genau kennen, ihr Auftreten und ihre Entwicklung genau verfolgen und richtig beurteilen.

Im Weinbau beschränkt sich der integrierte Pflanzenschutz derzeit auf die Bekämpfung von Spinnmilben und den Traubenwickler.

WICHTIGE FACHAUSDRÜCKE

Adulte	= geschlechtsreifes Tier, auch Imago (Imagines = Mehrzahl)
akropetal	= bedeutet, daß ein Mittel im aufsteigenden Saftstrom der Pflanze geleitet wird
Antagonist	= ein Stoff, der die Wirkung des anderen (des Gegenspielers) aufhebt
Applikation	= Ausbringung des Mittels
Atemgift	= der Wirkstoff greift die Atmungsorgane an
basipetal	= bedeutet, daß ein Mittel im absteigenden Saftstrom der Pflanze geleitet wird
Berührungsgift (Kontaktgift)	= der Wirkstoff dringt von außen in den Körper ein und lähmt das Nervensystem
Dauerwirkung	= Wirkung auf längere Zeit (kombinierte Initial- und Dauerwirkung durch Mischen von Präparaten)
Emulsion	= Flüssigkeit, in der feinste Teilchen einer flüssigen Substanz (Tröpfchen) schwebefähig verteilt sind
Fraßgift (Magengift)	= der Wirkstoff wird durch den Verdauungstrakt aufgenommen
Initialwirkung	= Abtötungserfolg unmittelbar nach der Ausbringung
LD 50 (= mittlere letale Dosis)	= Menge reiner Wirksubstanz, die bei einmaliger Verabreichung 50% der Versuchstiere abtötet
phytotoxische Wirkung	= Giftwirkung auf die Pflanze; ist unerwünscht
ppm	= Abkürzung für "parts per million", das bedeutet Teile in einer Million
prophylaktische Wirkung	= vorbeugender Schutz (zum Beispiel gegen Botrytis)
Resistenz	= Widerstandsfähigkeit gewisser Schadenserreger gegen ein Mittel
Rückstandsproblem	= Durch das Aufbringen eines Mittels können Rückstände bleiben, die eine Geschmacksbeeinflussung, Gärschwierigkeiten oder Giftigkeit gegenüber Menschen hervorrufen. Um solche negative Wirkungen auszuschalten, ist die Karenzzeit einzuhalten.
selektive Wirkung	= Wirksamkeit gegen einen speziellen Schadenserreger
Suspension	= Flüssigkeit, in der feinste Teilchen einer festen Substanz schwebefähig verteilt sind
Synergismus	= bedeutet, daß ein Stoff die Wirkung eines anderen verstärkt
systemisch	= Der Wirkstoff wird über die grünen Pflanzenteile und über die Wurzeln aufgenommen und im aufsteigenden Saftstrom zu allen Organen transportiert. Diese Mittel haben den großen Vorteil eines längeren Schutzes auch von neu zuwachsenden Teilen; lange Karenzzeit (5 bis 8 Wochen). Es gibt solche gegen tierische Schädlinge; mit ausreichender fungizider Wirkung gibt es sie derzeit nur gegen Botrytis.
Toxizität	= Giftwirkung des Mittels
Wirkungsbreite (= Wirkungsspektrum)	= alle mit einem Mittel bekämpfbaren Schädlinge oder Krankheiten

Kapitel 29

Schädlinge des Rebstockes und deren Bekämpfung

MILBEN (Acari)

Allgemeines

Die Milben gehören zu den Spinnentieren. Es handelt sich um Gliederfüßler mit einer einheitlichen Körpergröße, die meistens vier Beinpaare (ausgenommen Kräusel- und Pockenmilbe mit je zwei Beinpaaren) zum Kriechen bzw. Umklammern besitzen. Die im Weinbau als Schädlinge vorkommenden Milben leben parasitisch und haben saugende Mundwerkzeuge. Sie machen eine komplizierte Verwandlung mit folgenden Entwicklungsstadien durch: Ei — Larvenstadium — Nymphen (Übergangsformen) — Adulten (geschlechtsreifes Volltier) — Ei.

Kräuselmilben (Kräuselkrankheit, Akarinose; Calepitrimerus vitis)

Schadbild

Die Triebe bleiben sofort nach dem Austrieb im Wachstum zurück (gestaucht), einzelne Triebe bleiben in der Wolle stecken, aus einer Knospe treiben oft zwei und mehr Triebe. Die Blätter bleiben kleiner, sind gekräuselt, eingerissen. Hält man sie gegen das Licht, erkennt man helle, sternförmige Stichflecken, die wie unregelmäßige Sterne aussehen. Das Blatt wird um die Einstichstelle dürr.
Die Gescheine kümmern, verdorren und fallen ab.
Das Holz (Schadbild im Winter) ist engknotig, weist Zickzackwuchs auf und ist schwach. Man findet häufig Gabler.

Schädling

Als Kräuselmilben werden verschiedene, sehr kleine (0,15 Millimeter lang), längliche Milben bezeichnet, die am Knospengrund und unter der Rinde des Rebstockes, vor allem an den Übergangsstellen vom alten zum jüngeren Holz, überwintern. Im Frühjahr, wenn die Knospen schwellen, wandern die Milben zu den Knospen und saugen an den dort bereits gebildeten Trieben, Blättern und Gescheinsanlagen. Ende April und im Mai legen sie Eier, aus denen sich nach 8 bis 10 Tagen Larven entwickeln, die ebenfalls auf der Blattunterseite der jeweils jüngsten Blätter saugen und dadurch großen Schaden verursachen. Über ein Zwischenstadium (Nymphen) entwickeln sich geschlechtsreife Milben (Adulten), die sich wieder durch Eier vermehren. Ab Ende August wandern die geschlechtsreifen Tiere zu den Überwinterungsstellen.

Bekämpfung

Winterspritzung

mit einem der nachstehend angeführten Bekämpfungsmittel. Dabei sind insbesondere die höheren Teile des alten Holzes, das ein- und zweijährige Holz zu waschen, bis das Mittel abtropft. Bei Hochkulturen sind Kordon und Stamm zu spritzen, da die Milben überall überwintern können. Man arbeite mit geringem Druck (Handspritzpistolen) und verwende kein Sprühgerät. Der richtige Bekämpfungszeitpunkt ist knapp vor dem Knospenschwellen, wenn die Milben zu den Knospen wandern. Wenn man früher spritzt, muß der ganze Stock gewaschen werden, da sich die Milben noch in den Winterverstecken befinden. Das Abfallholz ist zu verbrennen.

1982 waren in Österreich folgende im Handel erhältliche Mittel anerkannt:

	Empfohlene Anwendungs-konzentration
Netzschwefel:	
Cosan-Super-Kolloid-Netzschwefel	0,75%ig
Elosal Netzschwefel „Hoechst“	0,75%ig
Flotox C	0,75%ig
Kumulus Super	0,75%ig
Mormino-Spritzschwefel super	0,75%ig
Netzschwefel „Bayer“	0,75%ig
Netzschwefel „Ciba-Geigy“	0,75%ig
Netzschwefel — Kwizda	0,75%ig
Sufralo	0,75%ig
Thiovit	0,75%ig
TOP-Netzschwefel „Schering“	0,75%ig
Oleo-Diazinonspritzmittel:	
Oleo-Basudin	0,5%ig
Ovitox Diazinon-Öl	0,5%ig
Oleoparathionprodukte u. ä.:	
Folidol Öl*)	1,5%ig
Oleoparathion-Sandoz*)	1,5%ig
Olparin*)	1,5%ig
Endosilfanprodukt:	
Thiodan-Spritzpulver 35**)	0,15%ig
Paraffinöle:	
Paroil	3,0%ig

*) Siehe auch Anwendungshinweise bei derSpringwurmbekämpfung.
**) Anwendung während des Knospenschwellens.

Sommerspritzung

Wenn die Winterspritzung versäumt wurde, kann mit einem der nachstehenden Mittel (Stand 1982) bekämpft werden, wobei es sich jedoch nur um eine Ersatzmaßnahme handelt, weil die Stöcke bereits teilweise geschädigt sind.

	Empfohlene Anwendungs-konzentration
Netzschwefel (pulverförmig):	
Cosan-Super-Kolloid-Netzschwefel	0,2%ig
Elosal Netzschwefel „Hoechst“	0,2%ig
Flotox C	0,2%ig
Kumulus Super	0,2%ig
Netzschwefel „Bayer“	0,2%ig
Netzschwefel „Ciba-Geigy“	0,5%ig
Netzschwefel — Kwizda	0,2%ig
Sufralo	0,2%ig
Thiovit	0,2%ig
Ultra Sofril	0,2%ig
Endosulfan-Spritzmittel:	
Thiodan Spritzpulver 35	0,15%ig
Systemische Insektizide:	
Nach Gebrauchsvorschrift.	

Die Bekämpfung der Kräuselmilben während der Vegetationszeit ergibt nur Teilerfolge.

Rebveredlungsbetriebe sollen aus von Kräuselmilben befallenen Weingärten grundsätzlich kein Edelreis verwenden. Ist dies unumgänglich, dann sind die Edelreiser einige Minuten lang in eine Lösung eines Bekämpfungsmittels zu tauchen.

Wirtschaftliche Bedeutung
Hohe Ertragseinbußen; bei starkem Befall Kümmerwuchs, der bei mehrjährigem Auftreten zum Absterben der Rebstöcke führen kann. Besonders gefährdet sind Jungweingärten; besonders anfällige Rebsorten sind der Grüne Veltliner, Müller-Thurgau, Neuburger und Silvaner.

Pockenmilbe (Weinblattgallmilbe, Weinblattfilzmilbe, Eriophyes vitis)

Schadbild
Auf der Blattoberseite befinden sich pockenartige Gallen, an den entsprechenden Stellen der Blattunterseite befindet sich ein zuerst weißer, später gelblichbrauner bis rötlicher dichter Haarfilz. Dieser wird gelegentlich mit dem Pilzrasen der Peronospora verwechselt; er ist jedoch im Gegensatz zu diesem nicht wegzuwischen.

Bekämpfung
Winterspritzung
Anwendung der gleichen Spritzmittel und Konzentration wie gegen die Kräuselmilbe (Rebstöcke „waschen"). Eine Winterspritzung mit einem schwefelhaltigen Präparat hat auch eine Nebenwirkung auf Oidium.

Sommerspritzung
mit Phosphorinsektiziden (Endosulfan) oder systemischen Mitteln bringt Teilerfolge.

Schädlinge
Sehr kleine (0,15 Millimeter lang), längliche Milben, die an der Blattunterseite stärkerer Blätter leben. Man kann sie erst ab 20facher Vergrößerung sehen. Ihre Eier legen sie an die Blattunterseite und schützen das Gelege durch einen dichten Haarfilz. Ausgewachsene Blätter werden selten befallen. Im Spätsommer wandern die Adulten zum alten Holz, wo sie unter den Knospenschuppen überwintern.

Wirtschaftliche Bedeutung
Stärkerer Befall führt zu Kurztriebigkeit und Kümmerwuchs. Die befallenen Blätter fallen frühzeitig ab. Infolge der geringen Beweglichkeit der Milben besteht nur eine geringe Ausbreitungsmöglichkeit und ist ein Massenauftreten selten. Sorten mit behaarter Blattunterseite (zum Beispiel Rheinriesling) werden bevorzugt befallen.

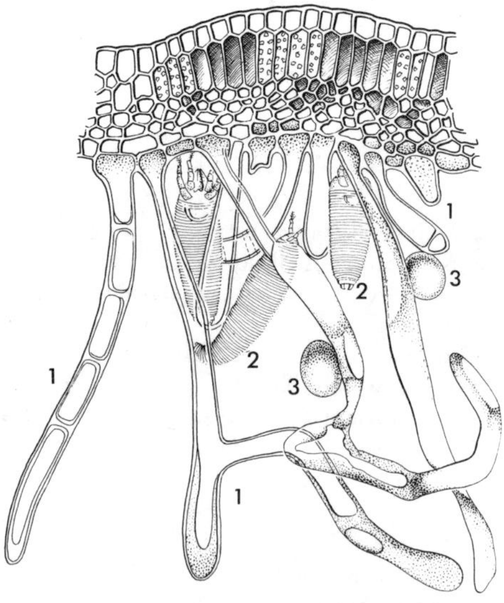

Schnitt durch Rebblatt mit Pockenmilbenbefall, stark vergrößert

1 Haare, 2 Milben, 3 deren Eier

Spinnmilben (Bohnenspinnmilbe (Tetranychus urticae) und Rote Spinne (Metatetranychus ulmi)

Schadbild

Das Schadbild der Spinnmilben ist dem der Kräuselmilben ähnlich. Die Triebe kümmern, die Blätter sind klein und gekräuselt, zerreißen und weisen helle, unregelmäßige Flecken auf. Diese verlaufen jedoch im Gegensatz zur Kräuselmilbe nicht sternförmig. Die Einstichstellen liegen dicht nebeneinander. An der Blattunterseite findet man ein feines Gespinst aus silbriggrauen Spinnfäden und die saugenden Milben. Während die jüngeren Blätter gesprenkelt schwarz aussehen, verfärben sich die älteren Blätter gelblichrot bis bronzefarbig.

Winter: Bei starkem Befall erkennt man in der Nähe der Knoten des einjährigen Holzes die roten Kolonien der Wintereier (Rote Spinne).

Schädling

In trockenen, heißen Jahren und in warmen Lagen treten als Weinbauschädlinge zwei Arten von Spinnmilben auf:

die Bohnenspinnmilbe, die mit etwa zwei Dritteln die vorherrschende Art ist, und

die Rote Spinne (oder Obstbaumspinnmilbe) mit etwa einem Drittel Anteil.

Unterscheidungsmerkmale	Bohnenspinnmilbe	Rote Spinne
Farbe	gelblich-grün	rot
Auftreten	Sommer	Frühjahr und Herbst
Überwinterung	befruchtetes Weibchen am Rebstock, auf Unkräutern und im Reblaub	Eier am Rebstock

Die Milben sind etwa 0,5 Millimeter groß und mit freiem Auge sichtbar. Sie leben an der Blattunterseite, wo sie ein feines, schleierartiges Gespinst anfertigen, und schädigen den Rebstock durch ihre Saugtätigkeit und die Giftwirkung ihres Speichels. Durch ihre überaus große Vermehrungsfähigkeit — sie haben 6 bis 8 Generationen im Jahr — können sie zum Massenbefall führen. Die gefährlichere Art ist die Bohnenspinnmilbe, die etwa doppelt soviel Eier ablegt als die Rote Spinne.

Bekämpfung

Winterspritzung und Austriebsspritzung

Die Winterspritzung wird mit Gelbölen (Dytrol FF 3%/2%) oder Paraffinölen (Paroil 3%) in gleicher Konzentration wie zur Schildlausbekämpfung durchgeführt. Bei starkem Wintereibesatz (Rote Spinne) wird eine Austriebsspritzung empfohlen mit (Stand 1982):

Austriebsspritzmittel 7 E

Austriebsspritzmittel 7 E Kwizda

Austriebsspritzmittel Oliocin

Shell-Austriebsspritzmittel.

Durch die Winterspritzung kann nur die Rote Spinne bekämpft werden, deren Eier am zwei- und mehrjährigen Holz überwintern. Sie wirkt nicht gegen die Bohnenspinnmilbe, die überwiegend auf Unkräutern, abgefallenem Laub überwintert und erst im April zuwandert. Die Austriebsspritzung trifft nicht nur beide Arten, sie ist umweltfreundlich, schützt vor einer potentiellen Resistenzbildung und wirkt auch gegen andere Schädlinge.

Sommerspritzung

Das Auftreten von Spinnmilben ist laufend zu beobachten. Die stärkste Verbreitung ist meist im Frühjahr (Drei- bis -Fünfblattstadium) und im Hochsommer gegeben. Findet man je Rebenblatt mehr als drei bis fünf Milben, dann ist mit einem anerkannten Akarizid zu spritzen.

1982 waren in Österreich folgende Mittel anerkannt:	Empfohlene Anwendungs-konzentration:
Acrex 30 Emulsion	0,25%ig
Animert V 101 Spritzpulver	0,2%ig
Kelthane 35 W	0.15%ig
Malathin-Akarizid	0,2%ig
Morestan	0,1%ig
Neoron 500	0,075%ig
Omite 30	0,15%ig
Paridol	0,1%ig
Plictran 25 W	0,1%ig
Rospan 25	0,1%ig
Tedion V 18	0,2%ig
Tedion V 18, Spritzpulver	0,1%ig
Torque	0,05%ig

Hohe Brüheaufwandmengen notwendig, da alle Tiere benetzt werden müssen (eventuell Netzmittelzusatz).

Häufiger Wirkstoffwechsel verzögert Resistenzbildung!

Bei Befall ist insbesondere auch auf eventuelle Nebenwirkungen anderer Spritzmittel zu achten. So begünstigen die Vermehrung und Entwicklung von Spinnmilben Carbaryl und Kupferspritzmittel, während Schwefel und einige synthetische Fungizide hemmend wirken. Bei Bohnenspinnmilbenauftreten ist auf eine Gründüngung — insbesondere mit Klee — zu verzichten.

Wirtschaftliche Bedeutung

Im Vergleich zu anderen Schädlingen vermehren sich die Spinnmilben sehr schnell und ungehemmt. Bei Massenbefall in trockenen, warmen Jahren und Lagen sind sie ein überaus gefährlicher Weinbauschädling. Die befallenen Stöcke haben einen bedeutend schwächeren Wuchs und geringeren Traubenansatz. Es kommt zu vorzeitigem Blattfall und zu Reifeverzögerung (geringere Holz- und Traubenreife).

RAUPEN UND SCHMETTERLINGE

Allgemeines

Die Schmetterlinge gehören zu den Insekten und weisen daher alle charakteristischen Merkmale dieser auf (dreigliedriger Körperbau, Chitinpanzer, drei Beinpaare am Brustteil [alle Gliedmaßen paarig], Tracheenatmer). Die Schmetterlinge schädigen keine Pflanzen, sie sind im Gegenteil bei der Bestäubung sogar nützlich. Die Raupen einzelner Arten gehören jedoch zu den gefährlichen Schädlingen.

Die Schmetterlinge machen eine vollkommene Entwicklung mit folgenden Stadien durch: Ei — Raupe („Wurm") — Puppe — Schmetterling — Ei.

Die Raupen sind also die Larvenform der Schmetterlinge. Sie besitzen einen weichen, walzigen Körper mit einer harten Kopfkapsel. Diese trägt kräftige, kauende Mundwerkzeuge. Raupen müssen große Mengen an Nahrung aufnehmen, da sie „schlechte Futterverwerter" sind (sie können nur die saftigen Teile der Nahrung verdauen). Nach mehrmaliger Häutung (die Haut besteht aus Chitin) erreichen sie ihre Endgröße und verpuppen sich anschließend. Bei der Puppe handelt es sich um ein Ruhestadium, in dem die Umwandlung zum Schmetterling vor sich geht.

Pheromone

Die synthetische Herstellung von Pheromonen in reinster Form, die in jüngster Zeit gelang, eröffnet bei der Bekämpfung von Schadschmetterlingen (im Weinbau Traubenwickler, Springwurm, Eulen) neue Wege, die schon in überschaubarer Zeit in der Praxis stärker Eingang finden werden. Als Pheromone bezeichnet man chemische Signalstoffe, die von Lebewesen abgegeben werden, um bestimmte sexuale und soziale Informationen der Tiere übertragen („mitteilen") zu können.
Pheromone werden in Drüsen der Tiere erzeugt, wirken in geringster Konzentration und sind grundsätzlich artspezifisch.
Man unterscheidet bei Insekten zwischen:

- Sexualpheromonen (Beispiel: die geschlechtsreifen Weibchen des Traubenwicklers locken damit die Männchen an),
- Aggregationspheromonen (Beispiel: die Bienenkönigin kann damit ihr Volk zusammenhalten),
- Markierungspheromonen (Beispiel: die Kirschfliege kennzeichnet damit ihre Eiablage; die markierte Kirsche wird nicht mehr angestochen) und
- Alarmpheromonen (Beispiel: Blattläuse scheiden ein Pheromon aus, wenn ein Feind kommt).

Chemisch handelt es sich um höhere Fettsäuren und Alkohole, die auf Grund verschiedener Mischungsverhältnisse artspezifisch wirken.
Im Pflanzenschutz werden Pheromone zur Überwachung des Auftretens (Pheromonefallen) und für biotechnische Bekämpfungsmethoden eingesetzt.
Die Pheromone ermöglichen auf Grund exakter Flugbeobachtungen bei Schmetterlingen Prognosen des richtigen Bekämpfungszeitpunktes und damit einen gezielten und unter Umständen sparsamen Insektizideinsatz.

Pheromonefallen

In jüngster Zeit werden zur Ermittlung des Flugverlaufes des Traubenwicklers Pheromonefallen eingesetzt. Bei richtiger Anbringung locken sie die Männchen an, die an Leimflächen kleben bleiben. Die gefangenen Motten können täglich leicht und schnell ausgezählt und so der Beginn, der Höhepunkt und die Stärke des Mottenfluges genau ermittelt werden. Dazu ist zu bemerken, daß der Flugverlauf mit dem Wurmbefall nicht konform sein muß. Der große Vorteil der Pheromonefallen liegt darin, daß sie artspezifisch wirken und die Motten eindeutig identifiziert werden können. Sie wirken witterungsunabhängig und gleichmäßig während des ganzen Flugverlaufes. Eine wichtige Voraussetzung ist das richtige Anbringen. Beim Heuwurm müssen sie im Gescheinsbereich, beim Sauerwurm im oberen Teil der Laubwand so angebracht werden, daß der Wind (Hauptwindrichtung) zuerst durch die Falle, dann auf die Laubwand streicht.

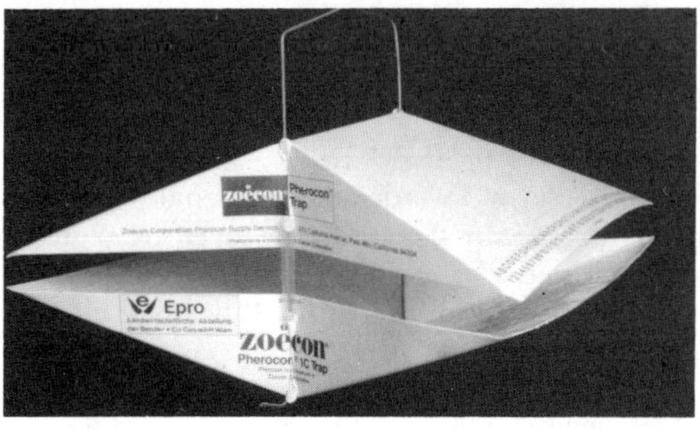

Pheromonfalle

Bis Anfang der Siebzigerjahre wurden Halbliter- bis Einlitergläser mit gärendem Inhalt in die Weinstöcke gehängt (auf zirka 500 Stöcke ein Fangglas) und am Morgen des nächsten Tages die gefangenen Motten ausgezählt. Die weiblichen Motten erkennt man am dickeren Hinterteil. Eine Verbesserung war die Einführung der UV-Lichtfallen, mit deren Hilfe von den Gebietsleitungen des Rebschutzdienstes der Flugverlauf- und Höhepunkt ermittelt wurden.
Bei den biotechnischen Bekämpfungsmethoden werden zwei Arten erprobt: Der „Massenfang" (mass-trapping), bei dem die Männchen durch die Sexualpheromone in die Falle gelockt und dort durch chemische Insektizide getötet werden. Der Vorteil dieser Methode liegt darin, daß nur die angesprochenen Schädlinge bekämpft werden, doch sind Verfahren dieser Art noch nicht praxisreif.
Das zweite Verfahren, die „Konfusionsmethode", wird bereits praktisch eingesetzt. Durch Ausbringen einer nahezu homogenen „Duftwolke" (Sexualpheromone) im Bereich der Weinstöcke verlieren die Männchen des Traubenwicklers ihre Orientierung. Sie finden die Weibchen nicht, es kommt zu keiner Begattung. Deswegen werden meist keine oder nur unfruchtbare Eier gelegt. Das Hauptproblem dieser Technik besteht in der Notwendigkeit, während der ganzen Flugzeit eine genügend dichte „Duftwolke" zu verbreiten.

Heu- und Sauerwurm (Traubenwickler)

Schadbild und Erkennen
Den Befall durch Heu- oder Sauerwurm erkennt man daran, daß sich im Falle des Heuwurmes zirka 10 Millimeter lange, hellbräunliche oder grüne Raupen im Bereiche der Gescheine befinden und diese einspinnen; im Falle des Sauerwurmes fressen diese Raupen an den heranwachsenden Beeren.
Um diese Schädlinge erfolgreich bekämpfen zu können, muß der Flugverlauf der zugehörigen Schmetterlinge (Traubenwickler) ermittelt werden. Bei einer für den Traubenwickler ungünstigen Witterung (Trockenheit, Hitze; kühles Wetter, kalte Winde) kommt es zu einem verzettelten Flug, der eine mehrmalige Bekämpfung erforderlich macht.

Unterscheidungsmerkmale	Einbindiger Traubenwickler (Clysia ambiguella Hb.)	Bekreuzter Traubenwickler (Lobesia botrana Schiff.)
Schmetterling	gelblicher Vorderflügel mit dukler Querbinde	braungrau mit fleckiger Zeichnung auf den Vorderflügeln
Raupe	hell-bräunlich mit (dunkel)braunem Kopf; 10 bis 12 mm lang. Diese Art ist in Österreich stärker vertreten. Liebt eher kühle Temperaturen	grünlich mit gelbem Kopf; 9 bis 10 mm lang. Diese Art kommt in Österreich weniger stark vor. Liebt heiße, trockene Gebiete (Burgenland)

Schädlinge
Als Heu- und Sauerwurm („Wurm") werden die Raupen des Traubenwicklers bezeichnet, eines kleinen Schmetterlings („Motte"), von dem es zwei Arten gibt: den Einbindigen und den Bekreuzten Traubenwickler.
Die erste Raupengeneration tritt Mitte Mai auf und befällt die Gescheine; sie heißt Heuwurm.
Die Weibchen der Traubenwickler legen ihre Eier (größte Eiablage während des Flughöhepunktes) in die Gescheine; nach 6 bis 10 Tagen (bei einer Lufttemperatur zwischen 20 bis 28 Grad Celsius) schlüpfen die Raupen, welche die Blütenknospen ausfressen und

das Geschein einspinnen. Man erkennt den Wurmbefall an den klumpig zusammengesponnenen Gescheinen und am Knospenfraß. Die Raupen verpuppen sich in den Gespinsten.

Die zweite Generation der Schmetterlinge tritt im Juli auf, die zweite Raupengeneration Ende Juli, Anfang August — 6 bis 10 Tage nach dem Flughöhepunkt — und befällt die in Entwicklung befindlichen Beeren; diese Raupen heißen Sauerwurm.
Die Raupen (Sauerwurm) fressen sich in die kleinen Beeren und schädigen diese. Durch die löchrigen Fraßstellen wird die Beerenhaut verletzt, wodurch die Gefahr einer Botrytisinfektion entsteht. Diese befällt auch die benachbarten gesunden Beeren, so daß größere Traubenteile zu faulen beginnen können.

Bekämpfung
Eine Woche nach dem Flughöhepunkt der Traubenwickler ist mit einem anerkannten Bekämpfungsmittel zu spritzen oder zu stäuben. Nach 8 bis 10 Tagen ist diese Behandlung zu wiederholen. Die Spritzungen werden mit der Peronosporabekämpfung kombiniert.

Im Sinne des integrierten Pflanzenschutzes sollte bei der Bekämpfung versucht werden, die Anzahl der Spritzungen (gegenwärtig durchschnittlich vier) herabzusetzen. Das ist dann möglich, wenn man einerseits den Flugverlauf exakt kennt (siehe Pheromonefallen), andererseits aber auch die Eiablage genau beobachtet. Zeigt sich dabei, daß infolge sehr hoher Temperaturen (35° C bis 38° C) die Eier vertrocknen erübrigt sich eine Spritzung. Weiters sind integrierte Pflanzenschutzmethoden förderungswürdig; durch den Einsatz der sehr selektiven Bacillus thuringiensis-Präparate werden Nützlinge geschont und auf Sicht hiedurch vielleicht der Spinnmilbenbefall herabgesetzt. Die geringere Wirksamkeit dieser Mittel wird durch die hohe Schadensschwelle beim Traubenwickler abgefangen.
In jüngster Zeit wurden erfolgreiche Bekämpfungsversuche mit Pheromonebändern gemacht. Diese werden an den Unterstützungsdrähten angebracht und verursachen im Weingarten eine gleichmäßig verteilte „Pheromon-Wolke", wodurch die Männchen des Traubenwicklers die Weibchen nicht finden können, die keine oder unbefruchtete Eier legen.
Betreffend den Einsatz von Insektiziden sei bemerkt, daß Pyrethroide sich durch eine große Anfangswirkung und geringere Giftigkeit für den Menschen und Warmblütler auszeichnen.

1982 waren in Österreich folgende Mittel anerkannt:
(Spritzmittel für einfache und kombinierte Behandlungen)

	Epfohlene Anwendungskonzentration
a) Phosphorinsektizide:	
Parathion-Spritzmittel:	
Alenthion	0,15%ig
E 605 forte Universal-Insektizid	0,025%ig
E 605-Spritzmittel	0,125%ig
Ekatox „20"-Pulver	0,05%ig
Luxan Parathion 20% Spritzpulver	0,2%ig
Diazinon-Spritzmittel:	
Basudin-Emulsion	0,15%ig
Insex Emuslion	0,1%ig
Sonstige Phosphorinsektizide:	
Dicontal Neu	0,25%ig
Folimat	0,1%ig
Gardona Emulsion	0,4%ig
Gardona Spritzpulver	0,2%ig
Gusathion perfekt	0,15%ig

Gusathion-Spritzpulver	0,15%ig
Imidan 50 Spritzpulver	0,15%ig
Lannate 25-W Methomyl Insektizid	0,15%ig
Lebaycid	0,15%ig
Nuvacron 20	0,15%ig
Orthen	0,12%ig
Rubitox flüssig	0,15%ig
Rubitox-Spritzpulver	0,15%ig
Ultracid 20 Emulsion	0,15%ig
Ultracid 20 Spritzpulver	0,15%ig
b) Carbaryl-Produkte:	
Agro-Ravin, Sevipur, KWP 61, Pantrin, alle	0,15%ig

Achtung! Carbaryl-Produkte können die Entwicklung von Spinnmilben fördern.

c) DDT-Parathion-Spritzmittel:	
Stratilon	0,2%ig
d) Pyrethroide:	
Epigon	0,02%ig
Sumicidin	o,02%ig
e) Bacillus thuringiensis-Präparate:	
Leptox Spritzpulver 6000	0,15%ig
Thuricide	0,06%ig

Wirtschaftliche Bedeutung
Bei starkem Auftreten kann es zu erheblichen Ertragsminderungen und beachtlichen Qualitätsverlusten durch Botrytisbefall kommen. Somit zählt der Traubenwickler zum wichtigsten Schädling in den meisten Weinbaugebieten Österreichs. Stärker befallene Sorten sind: Rheinriesling, Burgunderarten und Traminer.

Springwurm (Springwurm-Wickler, Sparganothis pilleriana Schiff.)

Schadbild
In vom Springwurm befallenen Weingärten findet man von Mai bis Juli zusammengesponnene Rebblätter und ebensolche Triebspitzen. Mit fortschreitender Vegetation werden stets weitere Blätter in die Gespinste einbezogen. Im Inneren dieser Blattnester fressen die Raupen (Lochfraßstellen). Ein Teil der befallenen Blätter verdorrt später. Die Raupen bewegen sich ruckartig, daher die Bezeichnung „Springwurm", und lassen sich bei geringsten Störungen auf Spinnfäden zu Boden gleiten.

Schädling
Der Springwurm ist die Raupe eines Kleinschmetterlings, der im Sommer (Juli, August) auf der Oberseite der Rebblätter 40 bis 100 Eier in dachziegelartig angeordneten Flecken ablegt. Nach zwei bis drei Wochen schlüpfen die jungen Raupen. Diese nehmen keine Nahrung mehr auf, seilen sich an Gespinstfäden von ihrem Nest ab und gelangen so — teilweise durch den Wind vertragen — zu den Überwinterungsplätzen (altes Holz, Unterstützungspfähle, Laub u. ä.). Im nächsten Frühjahr wandern die jungen Raupen auf die Rebblätter — insbesondere im Bereich der Triebspitzen — und fressen dort; dabei spinnen sie die Blätter zusammen und dabei häufig auch die Triebspitzen nach unten.
Der Springwurm ist eine graugrüne Raupe, 20 bis 30 mm lang, mit dunkelbraunem Kopf. Im Juli suchen die Raupen zwischen den eingesponnenen Blättern ein Versteck und verpuppen sich dort.
Springwurmwickler: Gelbbrauner Falter mit drei dunklen Querbinden.

Bekämpfung
Um bestmögliche Erfolge zu erreichen, ist eine Bekämpfung sowohl durch Austriebsspritzung als auch durch Sommerspritzung notwendig.

1982 waren in Österreich für die Spritzung vor dem Austrieb folgende Mittel anerkannt:
Oleoparathionprodukte:

Folidol Öl	1.5%ig
Oleoparathion-Sandoz	1.5%ig
Olparin	1.5%ig

Spritzungen mit diesen Mitteln nur bei Temperaturen über 10 Grad Celsius durchführen.

Paraffinöle:

Paroil	3%ig

Spritzungen mit diesem Mittel nur bei Temperaturen über 0 Grad Celsius durchführen.

Mit dem Springwurm werden gleichzeitig auch Kräuselmilben und Weinblattpockenmilben bekämpft.
Im Sommer ist ein mehrmaliges Behandeln notwendig, wobei die gleichen Spritzmittel wie bei der Traubenwicklerbekämpfung Anwendung finden.

Wirtschaftliche Bedeutung
Durch Schäden an den Triebspitzen, Blättern, Gescheinen und Knospen kommt es zu Ernteminderungen. Störungen des Triebwachstums können Kümmerwuchs zur Folge haben und zu Schwierigkeiten beim nächstjährigen Rebschnitt (lange Fruchtruten) führen. Der Springwurm tritt herdweise auf. In Pfahlkulturen war er ein ernst zu nehmender Schädling, wurde durch die Einführung der Hochkultur zurückgedrängt und dringt nach Anpassung an das geänderte Mikroklima in letzter Zeit wieder vor.

Erdraupen (Eulenraupen, Noctuidae)

Schädling
Erdraupen sind die Larven von verschiedenen Eulenfaltern (Nachtfaltern). Die Raupen werden 40 bis 50 mm lang, sind fettglänzend und haben eine graubraune Farbe. Bei Störung ringeln sie sich sofort ein. Sie treten im zeitigen Frühjahr in Ertragsweingärten und in Rebschulen auf. Der Fraß erfolgt nur in den Nachtstunden.

Bekämpfung
Das Unkrautfreihalten der Bestände ist eine wichtige Kulturmaßnahme zu ihrer Bekämpfung. Chemisch erfolgt die Bekämpfung durch Stäuben mit Aldrinpräparaten und Auslegen von Ködermitteln.

Wirtschaftliche Bedeutung
Bei starkem Auftreten verursachen sie Schäden in Ertragsweingärten durch Ausfressen der Knospen. In Rebschulen können durch den Fraß an den Trieben und der Wurzelstange unmittelbar unter der Erdoberfläche große Schäden hervorgerufen werden.

KÄFER UND ENGERLINGE

Allgemeines
Die Käfer gehören zu den Insekten und zeigen äußerlich eine deutliche Dreigliederung in Kopf (Fühler, Mundwerkzeuge), Brust (besteht aus 3 Ringen, diese tragen 3 Beinpaare) und Hinterteil. Die Atmung erfolgt durch Tracheen, deren Öffnungen im Chitinpanzer als Stigmen bezeichnet werden. Mit Hilfe ihrer kauenden Mundwerkzeuge nehmen sie die Nahrung auf.
Sie machen folgende Entwicklungsstadien durch:
Ei — Engerling (Larve) — Puppe — Käfer — Ei.

Als Schädling treten sowohl die Käfer als auch die Engerlinge auf. Diese besitzen beißende Mundwerkzeuge und müssen sich mehrmals häuten, bis sie ihre Endgröße erreicht haben und sich dann verpuppen.

Rebstecher (Zigarrenwickler, Byctiscus betulae)

Schadbild
Der Rebstecher tritt von April bis Anfang Juni auf und führt an den älteren Blättern Fensterfraß (ein dünnes Häutchen, die Kutikula, bleibt bestehen) oder Lochfraß an den jüngeren Blättern durch. Die Käfer fressen auch tiefere Löcher in die angeschwollenen Knospen. Im Mai und Juni werden die Blattstiele angefressen, so daß die Blätter welk werden; diese werden dann zigarrenförmig zusammengewickelt.

Schädling
Der Rebstecher ist ein metallisch glänzender, grün, blau oder seltener auch goldbraun gefärbter Rüsselkäfer. Er ist 6 bis 9 mm lang und kommt meist nur in bestimmten Rieden vor. Der Rebstecher überwintert in Erdverstecken, im Frühjahr führt er den Reifungsfraß an Knospen, vorwiegend an jungen Blättern und Triebspitzen, durch. Das Weibchen legt je 5 bis 6 Eier auf angewelkte Blätter und dreht diese zigarrenförmig zusammen. Ein Weibchen fertigt durchschnittlich 30 solcher „Zigarren" an. Die Blattzigarren fallen ab und geben den ausschlüpfenden Larven Schutz und Nahrung.
Die im Spätsommer ausschlüpfenden Käfer suchen ihre Überwinterungsplätze auf.

Bekämpfung
Wenn die ersten Fraßspuren gefunden werden, ist der Spritzbrühe ein DDT-Mittel beizugeben und die Behandlung nach 10 bis 14 Tagen zu wiederholen. Auch ein Stäuben mit DDT-Mitteln ist erfolgreich. Der Rebstecher ist leicht bekämpfbar.

Schreiber (Rebenfallkäfer, Bromis obscurus)

Schädling und Schadbild
Der Schreiber ist ein zirka 6 mm großer, brauner Blattkäfer mit dunklem Halsschild und Kopf. Er tritt von Mai bis August, verstärkt im Juni, auf und läßt sich bei Störungen schnell zu Boden fallen („Rebenfallkäfer").

In die Blätter frißt er schmale Streifen (etwa 10 mm lang, 1 mm breit), die über Blattrippen hinweggehen können und an Schriftzeichen erinnern („Schreiber"). Diese Fraßspuren findet man auch an Trieben und Beeren.

Bekämpfung
Nach Sichtbarwerden der Fraßspuren mit einem DDT-Mittel wiederholt spritzen oder stäuben. Durch diese Behandlung wird auch der Rebstecher bekämpft.

Wirtschaftliche Bedeutung
Der Blattschaden ist geringfügig, ausgenommen bei einem Massenauftreten. Durch den Fraß an den Beeren werden diese gegen Botrytis anfällig. Durch Wurzelfraß der Engerlinge kann es bei starkem Auftreten zu Kümmerwuchs und Absterben der befallenen Stöcke kommen.

Der Liebstöckelrüßler (Näscher, Dickmaulrüßler, Otiorrhynchus ligustici)

Schädling und Schadbild
Ein erdfarbener, zirka 11 mm großer Rüsselkäfer mit zweijähriger Entwicklung; tagsüber hält er sich versteckt. Er verursacht Fraßschäden an den Knospen und später an den Blättern, tritt häufig in der Nähe von Luzernefeldern auf und frißt nur in den frühen Morgenstunden.

Bekämpfung
Wenn der Käfer beobachtet wird, spritzen oder stäuben mit einem Phosphorsäureester beziehungsweise Aldrinmittel. Bei starkem Auftreten ist die Behandlung zu wiederholen.

Maikäfer (Melolontha-Arten) und Engerlinge

Schädling
Der Maikäfer tritt in den österreichischen Weinbaugebieten überwiegend im dreijährigen Turnus auf (Flugjahre sind 1975, 1978). Nur in den Grenzgebieten zum Waldviertel treten auch Käfer mit vierjährigem Turnus auf.

Biologie

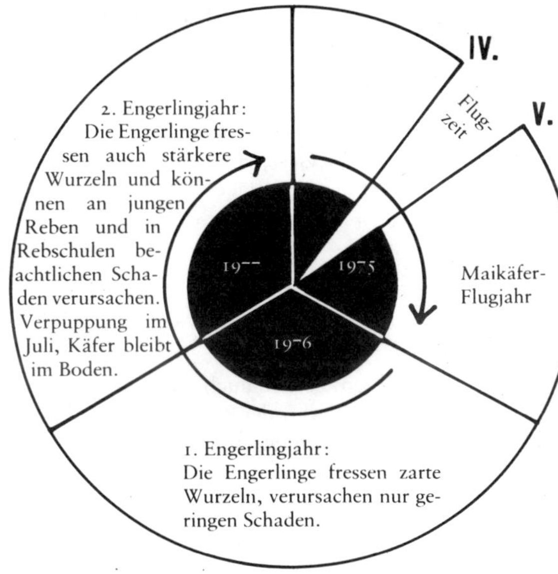

Maikäferflugjahr:

Der Maikäfer schlüpft im April aus dem Boden, führt 4 bis 6 Wochen einen Reifungsfraß durch (Waldbäume, Hochkulturen in Waldnähe usw.) und legt im Mai und Juni in wärmere, leichte Böden die Eier ab. Im Herbst treten die Jungengerlinge auf, die aber keinen Schaden verursachen.

Erkennen:
Maikäferbefall an Hochkulturen, insbesondere wenn sie auf dem Flugweg vom Acker zum Wald liegen.
Engerlinge: Eingeschulte Veredlungen und junge Rebstöcke werden plötzlich welk und sterben ab. Wenn man die Pflanze herauszieht, findet man Fraßspuren an den Wurzeln und an der Wurzelstange und oft auch die Engerlinge.

Bekämpfung
Maikäfer:

a) Spritzen mit DDT-Gamma-Mitteln in doppelter Konzentration ist sehr erfolgreich, da es überwiegend als Fraßgift wirkt.
b) Spritzen mit DDT-Mitteln in doppelter Konzentration ist weniger effektiv; wirkt nur als Kontaktgift.
c) Benebeln der Waldränder mit Lindanrauch ist nur als Gemeinschaftsaktion mit Einverständnis des Waldbesitzers möglich.
d) Das Abklauben ist arbeitsaufwendig.
e) Phosphorsäureester wirken schnell, aber zu kurz.

Engerlinge:
Nach alter Hauerregel sollen Weingärten in Maikäferflugjahren und nicht unmittelbar auf Klee gepflanzt werden. Heute werden zum Schutz gegen Engerlingfraß im Herbst Gamma- oder Hexamittel miteinrigolt. Dasselbe gilt für die Rebschule.
Wurde diese Maßnahme versäumt, können beim Setzen der Erde Aldrin- oder Gammamittel beigemengt werden (Achtung, Verbrennungsgefahr!) oder später die Rebstöcke mit Aldrinmitteln gegossen werden. Die Fangpflanzmethode (Bohnen, Salat) ist zu arbeitsaufwendig.

Wirtschaftliche Bedeutung
Maikäfer verursachen bei starkem Flug meist nur in bestimmten Lagen durch Fraß an den jungen Trieben (Blätter, Gescheine) oft großen Schaden. Engerlinge können durch den Fraß an Wurzeln und der Unterlage in Rebschulen und jungen Weingärten große Ausfälle zur Folge haben.

LÄUSE

Allgemeines
Zur Klasse der Insekten werden auch die Läuse gezählt, wenngleich nicht im engeren Sinn. Sie leben parasitär von Blatt- oder Pflanzensäften, die mit Hilfe eines Stechrüssels (Schnabel, daher „Schnabelkerfe") aufgenommen werden.
Als Rebschädling kennen wir die Reblaus, die zu den Pflanzenläusen gehört. Diese verursachen durch ihre Saugtätigkeit Ernährungsstörungen, was zum Absterben der Pflanzen führen kann. Die besondere Gefahr liegt in ihrer enorm großen Fruchtbarkeit. Das Speichelsekret der Läuse ruft häufig an den Blättern Gallenbildungen hervor, an den Wurzeln Verdickungen. Sie weisen eine direkte Entwicklung auf; es wechselt wenigstens eine (meistens mehrere) parthenogenetische Generation mit einer zweigeschlechtlichen ab. Es gibt geflügelte und ungeflügelte Tiere.
Den Pflanzenläusen am nächsten verwandt sind die Schildläuse, unter denen wir ebenfalls einige Arten finden, die den Rebstock befallen können.

Schildläuse (Coccina)

Schadbild
Man findet insbesondere am 1- und 2jährigen Holz ovale, 4 bis 6 mm lange, rotbraune Schilde.

Die Zwetschkenschildlaus hat einen stark gewölbten Schild; die Wollige Rebenschildlaus hat einen flachen Schild, unter dem ein weißes Gespinst hervorkommt; die Rebenschmierlaus ist ein im Sommer schildloses, weißes Gebilde; die Napfschildlaus hat einen napfartigen, braunen Schild.
Durch starken Befall kommt es zu Kümmerwuchs der Reben, Vertrocknen von Blättern und Beeren. Die Blätter haben einen lackartigen Überzug und sind oft sekundär von Rußtau befallen.

Schädling
An Rebstöcken findet man folgende Arten:

1. Zwetschkenschildlaus (= Rebenschildlaus)
2. Wollige Rebenschildlaus
3. Rebenschmierlaus
4. Napfschildlaus

Die Schildläuse überwintern als Larve (Zwetschkenschildlaus, Rebenschmierlaus) oder als Weibchen (Wollige Rebenschildlaus, Napfschildlaus) am Rebstock und vermehren sich durch Eier. Die Jungläuse schädigen durch Saugen an den Blättern und Trieben.

Bekämpfung
Winterspritzung mit

Austriebsspritzmittel Oliocin	2,0 %ig
Austriebsspritzmittel 7E	2,0 %ig
Folidol-Öl	1,5 %ig
Gebutox	0,75%ig
Oleo Basudin	0,5 %ig
Oleoparathion-Sandoz	1,5 %ig
Olparin	1,5 %ig
Ovitox-Diacinon-Öl	0,5 %ig
Paroil	3,0 %ig
Shell Austriebsspritzmittel	2,0 %ig

War 1982 in Österreich anerkannt.

Wirtschaftliche Bedeutung
Bei Massenbefall kommt es zu einer starken Schwächung des Stockes. Die befallenen Stöcke treiben meist später aus und haben Kümmerwuchs. Sie treten meist in ungepflegten Weingärten auf.

Reblaus (Phylloxera, Dactylosphaera vitifolii)

Schadbild
Das Auftreten der Phylloxera vitifolii erkennt man an den Gallenbildungen auf den Blättern von Amerikanerreben.
Die Wurzelläuse verursachen Mißbildungen, die an den feinen Wurzeln „Nodositäten", an den älteren Wurzeln „Tuberositäten" genannt werden.

Schädling
Von der Reblaus gibt es zwei Rassen:
1. Die Phylloxera castatrix lebt fast nur auf den Wurzeln der Europäerreben.
2. Die Phylloxera vitifolii lebt auf den Wurzeln der Europäerreben, im Sommer als Blattgallenlaus auf den Blättern von Amerikanerreben und Hybriden.

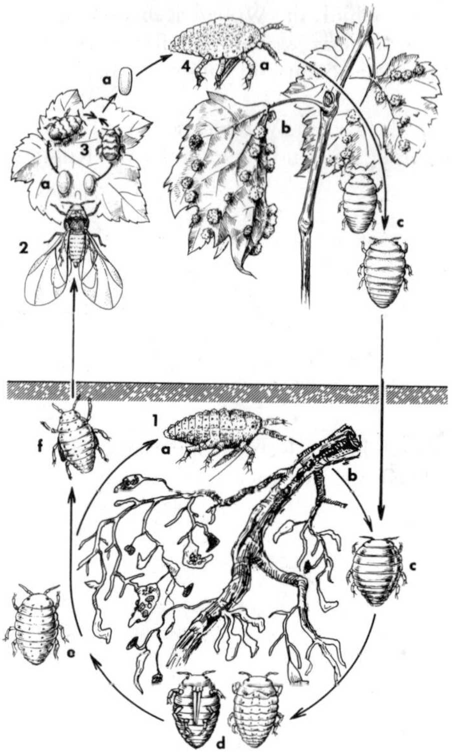

Reblauszyklus
(Phylloxera vastatrix oder Peritymbia vitifoli)

1 Wurzellaus (überwinternd)
a junge, ungehäutete Wurzelreblaus
b von der Reblaus befallene Wurzeln mit Schwellungen und Wucherungen
c Wurzellaus (1. Sommergeneration)
d Wurzellaus (2. Sommergeneration) Bauch- und Rückenansicht
e Wurzellaus (3. Sommergeneration)
f Nymphe —

2 Geflügelte Reblaus
a deren Eier

3 Geschlechtstiere
a Winterei

4 Gallen- oder Blattreblaus
a junge, ungehäutete Gallenreblaus
b Blätter mit Reblausgallen
c weitere Gallenrebläuse, an den Wurzeln überwinternd

Bekämpfung
Im Weinbau ist das Problem durch die Einführung reblausfester Unterlagen gelöst. In Schnittweingärten müssen befallene Anlagen durch eine Winterspritzung mit Paraffinölen oder Gelbölen behandelt werden. Das alte Holz muß allseitig und ausgiebig gespritzt werden.
1982 waren in Österreich anerkannt:

Winterspritzung
Gegen Reblauswintereier (Blattgallenreblaus) am alten Holz von Unterlagsreben mit Mitteln und Konzentrationen wie bei der Schildläusebekämpfung ausgiebig und allseitig spritzen.

Sommerspritzung
Blattgallenreblaus: Lindan-Spritzmittel laut Gebrauchsanweisung.
Wurzelreblaus: Phyllodien in den Boden injizieren (zweite Maihälfte) 200 kg/ha.

SÄUGETIERE

Hasen, Kaninchen
In jungen Weingärten können Hasen und Kaninchen durch Verbiß an den Triebspitzen großen Schaden verursachen. Im Winter können Rebstöcke durch ihr Nagen am Holz geschädigt werden.

Bekämpfung:
Die jungen Reben können vor Verbiß am besten durch das Anbringen von Hasenschutzgittern geschützt werden. Dabei ist darauf zu achten, daß diese engmaschig sowie genügend hoch sind und keinen zu kleinen Durchmesser haben. Durch wiederholtes Aufbinden und erforderlichenfalls durch Nachziehen ist ein Herauswachsen der Triebe zu verhindern. Eine andere, billige Möglichkeit zum Abhalten ist die Verwendung von Plastikhosen. Sie schützen nicht nur die Rebe vor einem eventuellen Verbiß, sondern begünstigen auch deren Wachstum durch Verbesserung des Mikroklimas. Dabei ist jedoch darauf zu achten, daß die Rebe nicht am Plastik anliegt, da dies zu Verbrennungen führt. Beim Anbringen von Plastikhosen ist daher unbedingt ein Gegenstock zu verwenden.
Auch das mehrmalige Spritzen mit einem anerkannten Wildverbißmittel ist erfolgreich. Einige dieser Mittel können der normalen Spritzbrühe beigemengt werden und werden teilweise von den Jagdausübungsberechtigten kostenlos zur Verfügung gestellt. Wegen der Gefahr einer geruchlichen Beeinflussung dürfen sie aber nur bis zur Blütezeit angewendet werden, wenn sich Ertragsweingärten in der Nähe befinden.
Damit die Hasen und Kaninchen nicht angelockt werden, ist das Anbauen einer Wintergründüngung mit Winterraps und ähnlichem zu unterlassen.

1982 waren in Österreich folgende Mittel anerkannt:

Winter:	Sommer:
Arbinol-WS (Spritz- und Streichmittel),	Arikal 67
Cunitex (Spritzmittel), Dendrocol 17	Cunitex
(Spritz- und Streichmittel), Forstin	Ha-Te-40-Extrakt
(Spritzmittel), Monacol (Spritzmittel),	Monacol (ausgenommen Ertragsanlagen)
Nikal-fix (Streichmittel)	Nikal-fix

Gebrauchsanweisung beachten!

Rehe

In der Nähe von Waldrändern, in Gebieten mit starkem Wildwechsel, kann es durch Verbiß von Reben zu größeren Schäden kommen.
Durch Spritzen mit einem Wildverbißmittel können diese verhindert werden. Erfolgreiche Versuche wurden auch durch Aufstellen von elektrisch geladenen Weidezäunen (je ein Draht in 5 cm, 15 cm und 80 cm Höhe) durchgeführt.

WÜHLMAUS (Arvicola terrestris L.)

Wühlmäuse haben das Aussehen einer Feldmaus (dichtes, glänzendes Fell, Oberseite schwarz bis braun, Bauchseite heller, die Ohren sind nicht sichtbar), die Größe einer Ratte (12 bis 19 cm Körperlänge, der Schwanz ist halb so lang) und die Lebensweise eines Maulwurfes. Sie vermehren sich stark, weil die Weibchen schon mit zwei Monaten fortpflanzungsfähig sind und drei- bis viermal im Jahr zwei bis acht Junge werfen.
Im Weinbau treten sie in Gebieten und Anlagen mit Dauerberasung auf (Steiermark) und verursachen durch Annagen der Wurzelstämme und der Wurzeln Schäden; solche Rebstöcke sterben ab.

Schadbild
Das Vorkommen von Wühlmäusen erkennt man an den typischen Freßgängen, die dicht unter der Erdoberfläche verlaufen und zu den Vorratskammern mit dem Nest führen; die Erdauswurfhaufen sind flach und kleiner als bei Maulwürfen. Öffnet man einen bewohnten Gang, so wird dieser bald wieder geschlossen.

Bekämpfung
Voraussetzung für das Bekämpfen ist das Auffinden der Gänge und die Feststellung, ob sie bewohnt sind. Das Einleiten von Auspuffgasen von Benzinmotoren in die Mausgänge ist eine gute Bekämpfungsmöglichkeit. Eine andere sehr gute Bekämpfungsmöglichkeit ist die Anwendung von Endrinmitteln (gemäß Gebrauchsanweisung) nach der Weinlese. Das Problem dabei ist, daß dadurch auch Vögel getötet werden können. Das Einsetzen von Räuchertabletten und Vergasungsmitteln ist mit erheblichen Kosten verbunden. Das Aufstellen von Fallen ist sehr zeitaufwendig und erfordert eine gewisse Geschicklichkeit. Die Fallen sind in benutzten Gängen einzulegen.

VÖGEL

Im Weinbau verursachen vor allem Stare, im Bereich von Hausgärten und Siedlungen Amseln und Drosseln, in Ackerbau-Gebieten auch Fasane Schäden durch Traubenfraß. Wenn der Schaden ein bestimmtes Maß übersteigt, müssen Überlegungen zu dessen Verhinderung und Herabsetzung angestellt werden. Generell kann man dabei folgende Mittel einsetzen:

- Abwehrmittel
- Tötungsmittel
- Narkotika
- Sterilisierungsmittel

Stare

Die Stare sind in fast allen Ländern Europas — auch in Österreich — als Nutzvögel geschützt, da sie sich während 9 bis 10 Monaten im Jahr von Insekten ernähren. Im Weinbau müssen sie allerdings als Schadvögel angesehen werden. Die Verfolgung darf jedoch nur mit behördlicher Genehmigung (Bezirkshauptmannschaft) durchgeführt werden, es gibt aber für viele Weinbaugebiete zur Zeit der Traubenreife generelle Ermächtigungen. Stare treten in großen Schwärmen vor allem in jenen Gebieten auf, wo entsprechende Schlafplätze vorhanden sind (Schilf, auch hohe Pappeln).
In großen Schwärmen kommen die Stare Ende August, seit einigen Jahren erst Ende September in unsere Weinbaugebiete. Spätestens beim ersten Frost verlassen sie die Weinbaugebiete, auch bei länger anhaltendem Regen ziehen sie vorzeitig in das nächste Schönwettergebiet.

Abwehr:
Derzeit werden folgende Methoden der Abwehr durchgeführt:

Vertreibung von den Schlafplätzen
Nach Einbruch der Dunkelheit werden die Tiere in ihren Schlafplätzen mit Knallkörpern beschossen und dadurch aufgeschreckt. Auch phonoakustische Anlagen wurden hiefür eingesetzt. Infolge eines wiederholten nächtlichen Schockes sollen die Vögel zum vorzeitigen Weiterflug gezwungen werden. Diese Methode ist aufwendig, setzt große Sachkenntnis voraus, kann aber in kleineren Rieden erfolgreich sein. Die Vögel werden dadurch aber nicht zum vorzeitigen Verlassen des gesamten Gebietes gebracht.

Vertreibung von Fraßplätzen

Während des Tages werden die Vögel durch verschiedene Maßnahmen von den Weingärten verscheucht.

Flugzeug: In geschlossenen großen Weinbaugebieten (Burgenland) hat sich diese Methode teilweise bewährt. Ein Flugzeug kann für eine Fläche bis 10.000 Hektar eingesetzt werden. Der Einsatz ist nur in großen Befallsgebieten lohnend, Einsatzkosten und Schadensminderung sind genau abzuwägen.

Knallgeräte: Mit Selbstschußgeräten (Propangas, Karbid), Knallraketen (100 bis 200 m Reichweite) und Knallpatronen (30 m Reichweite) werden die Vögel von einzelnen Weingärten vertrieben. Die Wirkung ist örtlich begrenzt. Nach dem Pyrotechnikgesetz ist für den Gebrauch die erfolgreiche Absolvierung eines Kurses notwendig. Bei automatischen Schußgeräten ist mit einer gewissen Gewöhnung zu rechnen, weshalb Standort und Intervall öfter zu ändern sind. Bei den Selbstschußgeräten gibt es neuerdings elektronische Steuerungen für Intervalle und Richtung des Knalles.

Schrotgewehr: Durch Beschießen der Vogelschwärme werden einzelne Tiere getötet, wodurch die Tätigkeit der automatischen Schußgeräte wirksam unterstützt wird. Eine unterstützende Wirkung ist dabei durch die Angst- und Todesschreie von verletzten Tieren gegeben. Es soll nicht auf hochfliegende Schwärme geschossen werden, da diese in den betreffenden Weingärten nicht einfallen.

Abhalten von Weingärten:

Vogelschutznetze werden im Traubenbereich aufgehängt. Sie können mehrere Jahre verwendet werden.

Gespinstfasern (Agrolan, Starex und ähnliche) schützen ebenfalls die Trauben mechanisch, sind jedoch nur einmal verwendbar und werden teilweise durch Regen sowie durch Wind beschädigt und dort unwirksam.

Akustische Warnanlagen
Im hügeligen Gelände hat sich der Einsatz batteriebetriebener akustischer Warnanlagen (z. B. Star-Disonator) bewährt, wobei der richtige Aufstellungsort (der Warnschrei muß gegen den Hang gerichtet sein) wichtig ist. Diese Geräte geben die Angst- und Todesschreie der Stare vollautomatisch alle drei Minuten wider. Im ebenen Gelände (z. B. im Burgenland) ist ihr Einsatz wegen Fehlens der verstärkenden Echowirkung nicht empfehlenswert.
Sterilisation
Da keine der Abwehrmethoden vollbefriedigen, wurden an der Tierärztlichen Universität in Wien Versuche zur zeitlich beschränkten Sterilisation der weiblichen Tiere mit Hilfe der „Pille“ durchgeführt. Diese Methode gilt auch als die „humanste“ Form der Bekämpfung. Das größte Problem dabei besteht darin, für die Stare ein Futter zu finden, das ihnen besser schmeckt als die Beeren und von ihnen allein gefressen wird. Über den Einsatz der ausgearbeiteten Sterilisierungsprojekte in den Überwinterungsgebieten in Nordafrika, wird in der EPO noch beraten.

Wirtschaftliche Bedeutung
Im österreichischen Weinbau entsteht durch Starenfraß ein jährlicher Schaden in Höhe von etwa 10 Millionen Schilling. Gegenüber früheren Jahren ist das Schadensausmaß erheblich zurückgegangen, weil die Stare später kommen. Der Grund hiefür sind große Ölsaatenfelder im benachbarten Ungarn und in der CSSR. Durch Vogelfraß wird aber nicht nur der Ertrag oft ganzer Weingärten erheblich verringert, sondern auch die Qualität, weil die unreifen Beeren zurückbleiben.

Kapitel 30

Krankheiten der Rebe und deren Bekämpfung

PILZKRANKHEITEN

Allgemeines

Unter den Kleinpilzen findet man die heute gefährlichsten Erreger von Rebkrankheiten. Pilze besitzen kein Chlorophyll und sind daher auf organische Nahrungsstoffe, die von anderen Lebewesen stammen, angewiesen. Teilweise leben sie in oder auf lebenden Pflanzen (als Parasiten), teilweise auf abgestorbenen Pflanzenteilen (als Saprophyten).
Die im Weinbau als Krankheitserreger auftretenden Kleinpilze gehören alle zu den Fadenpilzen, den Pilzen im eigentlichen Sinn. Ihr Hauptmerkmal besteht darin, daß sie mikroskopisch feine „Fäden" (Hyphen) mit Spitzenwachstum besitzen. Wenn die Hyphen keine bestimmte äußere Form haben, sondern regellos verlaufen und an oder auf der Pflanze befindliche Fadenkomplexe bilden, nennt man dies Mycel (= Pilzgeflecht).
Die Vermehrung erfolgt durch Sporen. Die Art der Sporenbildung ist ein wichtiges Merkmal für die Systematik.

Peronospora (Falscher Mehltau, Plasmopara viticola)

Krankheitsbild:
Blatt: An den Blättern bilden sich zuerst rundliche, durchscheinende, gelblich-grüne Flecken (Ölflecken). Später bilden sich an der Blattunterseite weiße Pilzrasen. Diesen kann man auch an Trieben, Gescheinen und den Beeren bis Erbsengröße beobachten. Zum Schluß werden die Blätter dürr und fallen ab (Blattfallkrankheit).
Gescheine: Befallene Gescheine werden dürr und fallen ab.
Beeren: An den Beeren ist ab Erbsengröße außen kein Pilzrasen mehr zu finden, die Beeren verfärben sich blaugrau, später braun und schrumpfen ein (Lederbeeren).

Auftreten
Die Krankheit tritt im Frühjahr, etwa 2 Wochen nach dem ersten warmen Regen (mindestens 10 mm Niederschlag innerhalb von 3 Tagen bei mindestens plus 10° C) auf. Die stärkste Infektionsgefahr ist bei einer Temperatur zwischen 20 bis 25° C und bei einer relativen Luftfeuchtigkeit von 70 bis 100% gegeben. Bei Temperaturen über 30° C kommt es zu keiner Infektion. Zur Infektion kann es nur kommen, wenn die Blattunterseite eine bestimmte Zeit lang naß ist (nach langjährigen Beobachtungen mindestens 15 Stunden bei 12° C und mehr, Messungen mit dem BNR-Gerät). Wenn also die Blätter nach einem Regen durch Wind rasch abtrocknen, kommt es zu keiner Infektion.

Krankheitserreger
Der Erreger der Peronospora gehört zu den Fadenpilzen (Falsche Mehltaupilze) und überwintert als Winterspore im abgefallenen Reblaub. Im Frühjahr gelangen die Sporen durch Regen auf die Blätter und keimen dort bei feuchtwarmer Witterung (Primärinfektion). Der Pilz entwickelt sich zuerst im Blattinneren (Ölflecke), später bilden sich an der Blattunterseite weiße Pilzrasen, die Sporen zum Weitervermehren tragen. Der Krankheitsausbruch erfolgt nur nachts bei hoher relativer Luftfeuchtigkeit und Temperaturen von mindestens plus 13°C.

Die Zeit zwischen der Infektion und dem Ausbruch der Krankheit (Inkubationszeit) beträgt:

im Mai	12 bis 16 Tage
im Juni	6 bis 12 Tage
im Juli, August	5 bis 6 Tage

Von den Sommersporen ausgehend sind 6 bis 8 Zyklen möglich.

Inkubationskurve zur Vorausbestimmung des Peronosporaausbruches der Rebe:

Die Inkubationszeit beträgt:

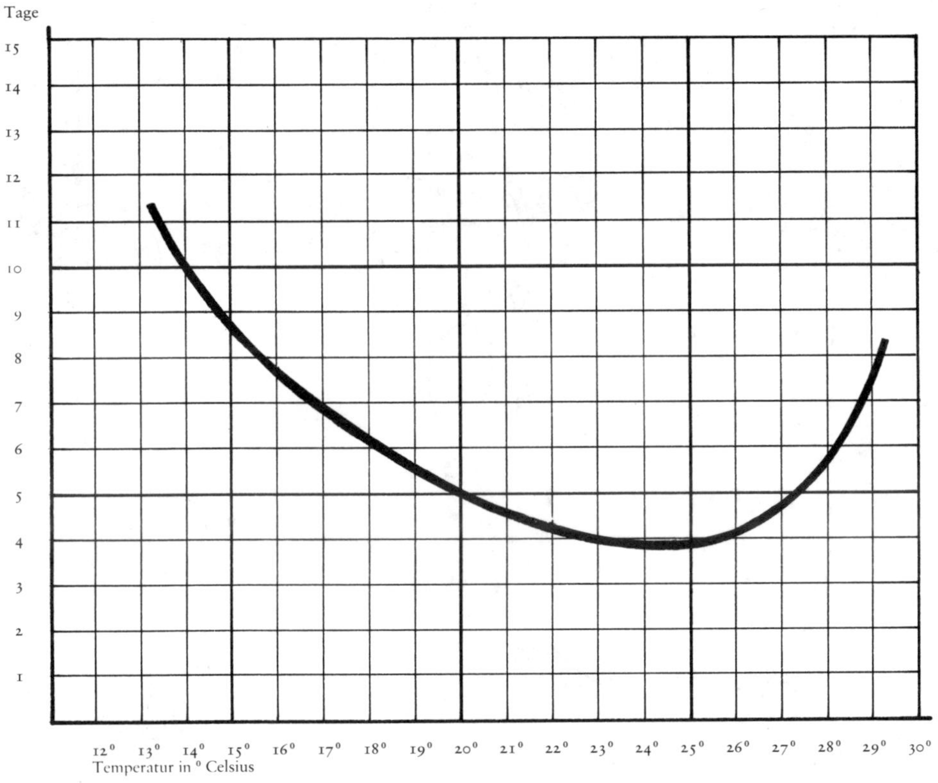

Entwicklungskreislauf der Peronospora der Rebe (Plasmopora viticola):

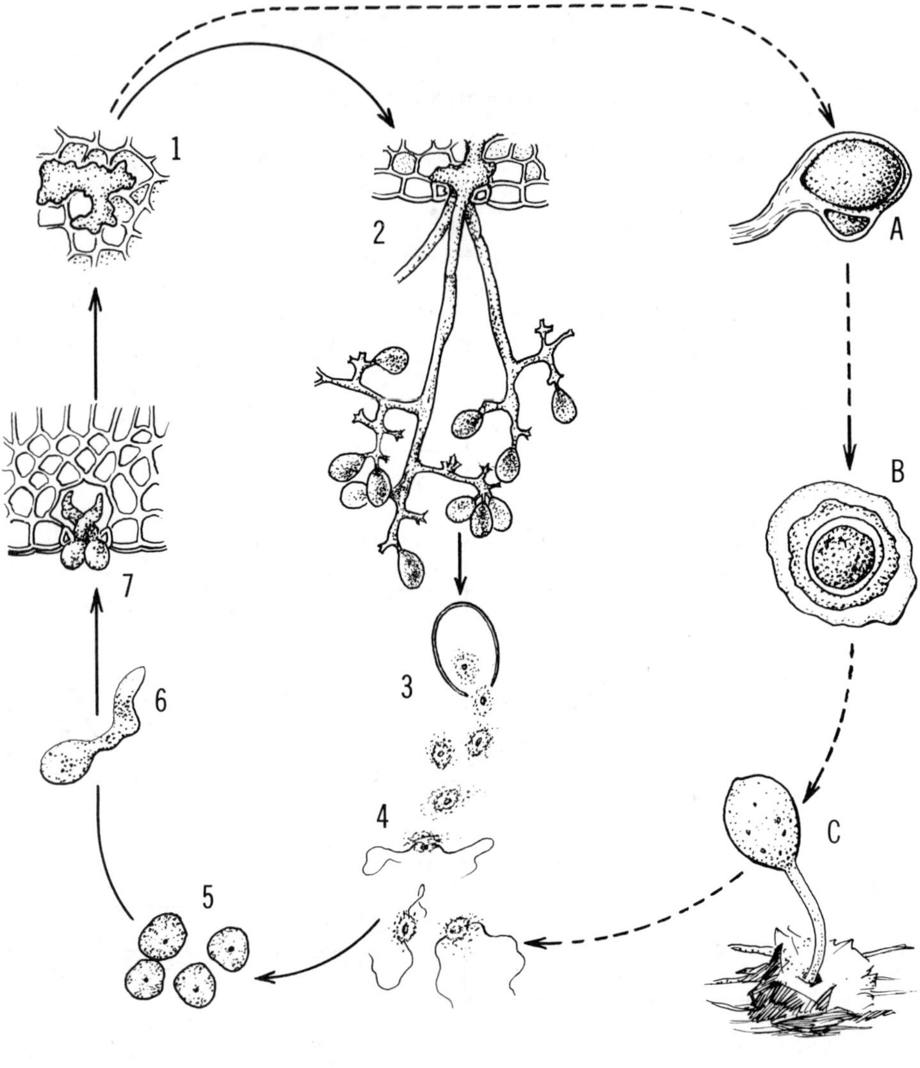

Sommersporenform:

Die Entwicklung folgt im Jahre mehrmals aufeinander: 1 Schnitt durch ein Rebblatt mit dem zwischen den Zellen wuchernden Pilzgeflecht, 2 Querschnitt eines Rebblattes, aus einer Spaltöffnung herauswachsende Sporenträger mit Sporenbehältern, 3 Sporenbehälter mit austretenden Schwärmsporen, 4 Schwärmsporen, 5 Schwärmer, Schwimmfaden abgestoßen, 6 Keimschlauch, 7 in die Spaltöffnung eines Blattes einwachsender Keimschlauch

Geschlechtliche Entwicklungsform:
Bildung von befruchteten Dauersporen (Wintersporen)

A Befruchtung der weiblichen Zelle, B dickhäutige, befruchtete Dauerspore (Winterspore), C Keimschlauch mit Primärsporenbehälter, aus dem bis 60 Schwärmsporen hervorgehen

Infektionsverlaufbei der Peronospora (stark vergrößert):

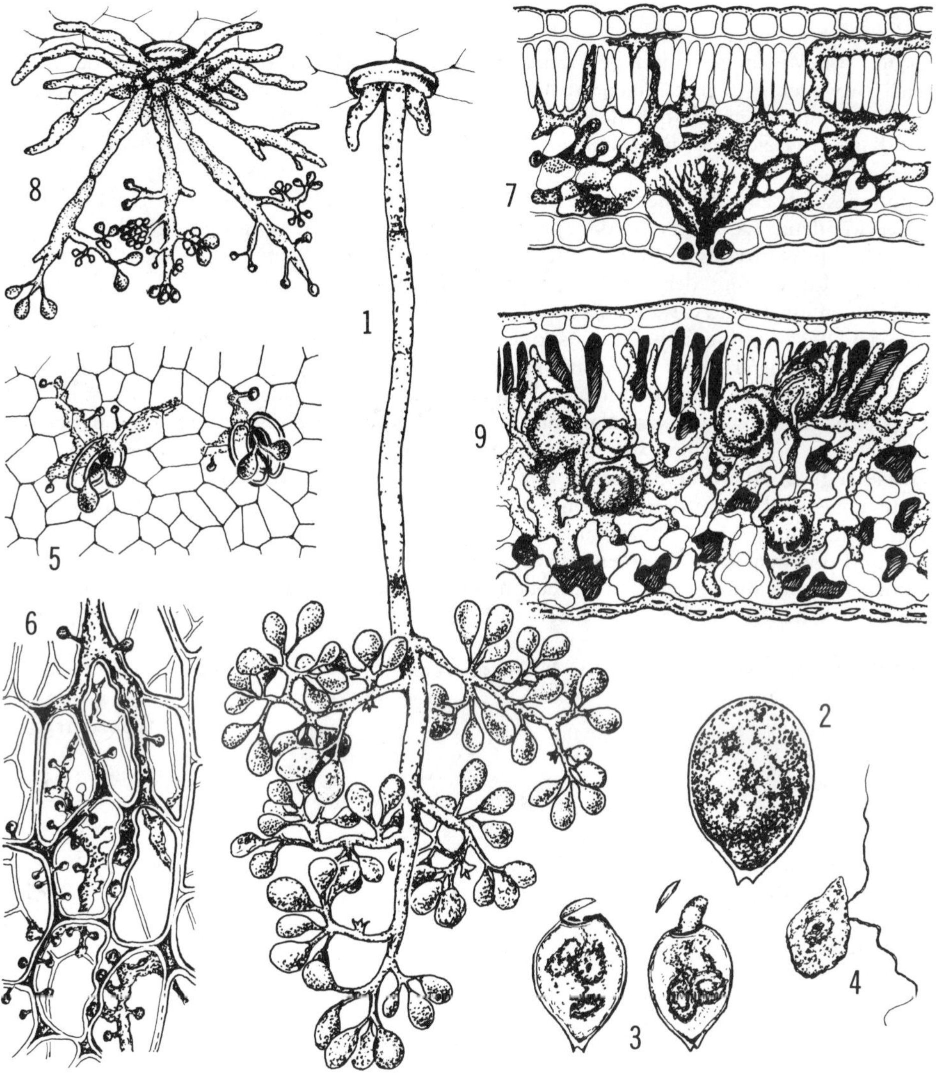

1 Konidienträger, 2 einzelne Konidie, 3 Entleerung der Schwärmsporen aus den Konidien, 4 einzelne Schwärmspore, 5 Eindringen der Schwärmsporen durch Spaltöffnungen, 6 der Pilz im Innern der Rebe, 7 Blattquerschnitt mit den unterhalb der Spaltöffnungen zusammengeknäulten Pilzhyphen, 8 Hervorbrechen des Pilzes aus einer Spaltöffnung, 9 Blattquerschnitt mit Wintersporen (Oosporen)

Bekämpfung
Die Bekämpfung der Peronospora zählt zu den wichtigsten Maßnahmen im Rebschutz. Die Spritzmittel müssen zum richtigen Zeitpunkt eingesetzt werden, das heißt, sie müssen vor dem Ende der Inkubationszeit aufgebracht sein, um ein Auskeimen der Sporen zu verhindern.
Die erste Spritzung richtet sich nach dem Zeitpunkt der Primärinfektion. Diese wird auf Grund von Messungen durch den Rebschutzdienst ermittelt und verlautbart. In der Folge wird entweder in regelmäßigen Abständen (alle 10 bis 12 Tage) weitergespritzt oder je nach Witterung gezielt behandelt. Das Spritzen in regelmäßigen Abständen verringert das Risiko, erleichtert die Arbeitseinteilung, ist jedoch teurer und belastet die Umwelt stärker.
Zumindest bis einschließlich der ersten Nachblütenspritzung sind synthetische Fungizide zu verwenden. Häufig werden die Spritzungen mit solchen Mitteln weitergeführt und nur die Abschlußspritzung(en) mit kupferhältigen Mitteln durchgeführt.
Seit der Einführung der Bordeauxbrühe (1885 durch Millardet) und der Erkenntnis, daß in regelmäßigen Abständen von 12 Tagen zu spritzen ist (1907 durch Fuhr) hat sich bei der Bekämpfung der Peronospora erst vor wenigen Jahren eine bahnbrechende Neuentwicklung ergeben: die Erfindung systemischer Bekämpfungsmittel. Sie werden über alle Pflanzenorgane aufgenommen und haben neben vorbeugender auch heilende Wirkung. Dies ermöglicht es, im Extremfall mit dem Spritzen erst nach Sichtbarwerden der ersten Ölflecke zu beginnen und vor allem die Abstände zwischen den Spritzungen wesentlich zu verlängern. Auch die Sicherheit der Wirkung ist größer, weil die Mittel durch Regen nicht abgewaschen werden können und die zuwachsenden Pflanzenteile geschützt sind. Die Einführung von Langzeitfungiziden (gegen alle Pilzkrankheiten) hat eine große Zukunft und man kann erwarten, daß es künftig nur mehr 4 bis 5 Spritzungen (vor der Blüte, sofort nach der Blüte, vor dem Schließen der Trauben, Mitte August und eventuell noch einmal 5 Wochen vor der Lese) geben wird.

1982 waren in Österreich folgende Mittel anerkannt:	Empfohlene Anwendungs-konzentration
a) Synthetische Fungizide:	
Antracol	0,3%ig
Basfungin	0,25%ig
Bravo flüssig	0,25%ig
Captan 50 Kwizda	0,3%ig
Captan 80 Kwizda	0,2%ig
Compo Pilzfrei	0,3%ig
Daconil M	0,25%ig
Difolatan	0,15%ig
Dithane M-45	0,3%ig
Dithane Z-78	0,3%ig
Euparen	0,25%ig
Folpazid	0,3%ig
Folpetan	0,3%ig
Luxan Zineb 75/80% Spritzpulver	0,3%ig
Mancofol	0,25%ig
Mancotan	0,25%ig
Miltoxan Blau	0,3%ig
Mycodifol	0,2%ig
Nekulan	0,25%ig
Nemispor	0,3%ig
Orthocid 50	0,3%ig

Ortho-Phaltan 50	0,3%ig
Permilan	0,3%ig
Perontan	0,3%ig
Perontan ZMF	0,3%ig
Polyram	0,3%ig
Pomuran	0,25%ig
Trimanoc Neu	0,3%ig
Vondozeb	0,3%ig
Zineb FE	0,3%ig

b) Kupferpräparate:
Coprantol, Cupravit spezial, Cuprofor, Cuproxat S, Grünkupfer „Linz", Haftkupfer „Linz", Kupfer-Kwizda, Kupfer-Sandoz, Kupferspritzmittel „Brixlegg", Vitigran conc., alle 0,75%ig

c) Kombinierte Präparate
Synthetische Fungizide + Kupfer:

Cuprodithane	0,4%ig
Cuprosan Ultra	0,3%ig
Kupfer-Folpet	0,5%ig
Kupfer-Phaltan	0,3%ig
Miltox	0,7%ig
Miltoxan Spezial	0,25%ig
Nospor	0,6%ig
Polyram-Kupfer	0,3%ig
Ridomil plus	0,15—0,2%ig
Turbofal	0,25—0,5%ig

Kupfer + Schwefel:
Cusuwa 1%ig

Stäubemittel (nur für Zwischenbehandlungen):
CuSul „Allwetterstaub Riedel" 30—40 kg/ha

Die Verwendung von synthetischen Fungiziden wird auch besonders für Rebschulen, Junganlagen, Vorblütespritzungen und bei kupferempfindlichen Sorten (zum Beispiel Muskat Ottonel) empfohlen.
Nach Hagel ist innerhalb weniger Stunden zu spritzen oder eine Zwischenbehandlung mit einem Stäubemittel durchzuführen.

Kritischer Vergleich zwischen

	synthetischen Fungiziden	kupferhältigen Mitteln
Wachstumsbeeinflussung	keine Wachstumshemmung und keine Verbrennungsgefahr; daher: besseres Wachstum, bessere Befruchtung, höherer Ertrag und Qualität	wachstumshemmend, Verbrennungsgefahr (besonders zusammen mit Netzschwefel bei naßkalter Witterung und umso stärker, je feiner das Kupfer verteilt ist), daher: schlechteres Wachstum, Reifeverzögerung
Wirkung	gute Anfangswirkung kürzere Wirkungsdauer	lange Wirkungsdauer, regenbeständiger, guter Schutz Spätperonosporabefall, gegen günstige Nebenwirkungen auf Oidium und Grauschimmel

Wirtschaftliche Bedeutung:
Gefährliche Pilzkrankheit. Wenn keine Bekämpfung durchgeführt wird, können die Laubmasse und der Traubenertrag vollständig vernichtet werden. Bei schwächerem Befall kommt es zu Ernte- und Qualitätsverminderung; durch Laubverlust zu schlechter Traubenreife.
Empfindliche Sorten sind: Müller-Thurgau, Grüner Veltliner und Gutedel.

Oidium (Echter Mehltau, Äscherich, Uncinula necator; Oidium tuckeri)

Krankheitsbild:
Blätter: Auf der Blattoberseite und auf den Triebspitzen befindet sich ein weißgrauer, mehliger, leicht abwischbarer Belag.
Beeren: Kleine Beeren (bis Erbsengröße) können bei Befall nicht weiterwachsen, bleiben hart und vertrocknen; sie werden schwarz.
Größere Beeren platzen (Samenbruch), weil die Beerenhaut nicht weiterwachsen kann, das Gewebe im Beereninneren jedoch weiterwächst.

Unterscheidungsmerkmale:

	Oidium	Peronospora
Farbe des Pilzrasens	weißlich-grau, mehlig	weiß, glänzend
Pilzrasen bei Vergrößerung	auf der Blattoberseite überzieht er ganze Teile der Oberfläche, wie mit Mehl bestäubt; Sporenträger bilden ein flaches Fadengewebe	auf der Blattunterseite abgegrenzte Pilzrasen; Sporenträger sehen aus wie kleine „Bäumchen“
Schnitt durch eine befallene Beere	Pilz lebt auf der Oberfläche, das Innere ist nicht geschädigt	das Beereninnere (besonders die Randschichten) ist dunkel verfärbt

Krankheitserreger:
Echte Mehltaupilze leben auf der Oberfläche ihrer Wirtspflanzen und ernähren sich mit Hilfe von Saugfortsätzen (Haustorien), die sie in das Oberflächengewebe der befallenen Pflanzen senken.

Der Oidiumpilz überwintert an den Knospen und am Holz in Form von Wintersporen, meistens aber als Mycel. Die Sporen keimen ab Mai bei hoher relativer Luftfeuchtigkeit (70—80 %), nicht aber auf regennassen Blättern. Eine Keimung ist bereits unter plus 10 ° C möglich, mit zunehmender Temperatur nimmt die Keimdauer rasch ab und beträgt bei Temperaturen über 14 ° C rund 3 Stunden, bei 20 ° bis 25 ° C nur mehr 2 Stunden. Über 30 ° C wird die Keimung hingegen rasch eingestellt. Warme, sonnige Tage mit starker nächtlicher Abkühlung (Taubildung) fördern die Ausbreitung des Pilzes (günstige Witterung im Mai und im August). Der Vermehrung dienen kettenförmig abgeschnürte Zellen (Konidien), die vom Wind vertragen werden. Die Konidien keimen ab plus 5 ° C, am besten bei plus 20 ° C. Die Inkubationszeit beträgt je nach Temperatur 7 bis 14 Tage.

Entwicklungskreislauf des Oidiums (die Nebensporen- oder Sommersporenform, Oidium tuckeri)

1 Querschnitt eines vom Pilz überwucherten Rebblattes. Der Pilz treibt Saugfüße (Haustorien) in die Oberhautzellen (Epidermis) und bildet an senkrecht abstehenden Trägern (Konidienträgern) Sporenketten.
2 Isolierte Sporenkette mit reifer Spore (Oidiospore).
3 Einzelne, reife, tönnchenförmige Spore.
4 Auskeimende Spore.
5 Querschnitt durch Rebblatt mit Neubefall (Infektion). Beginn der Konidienbildung. Damit ist dieser Entwicklungsverlauf geschlossen.

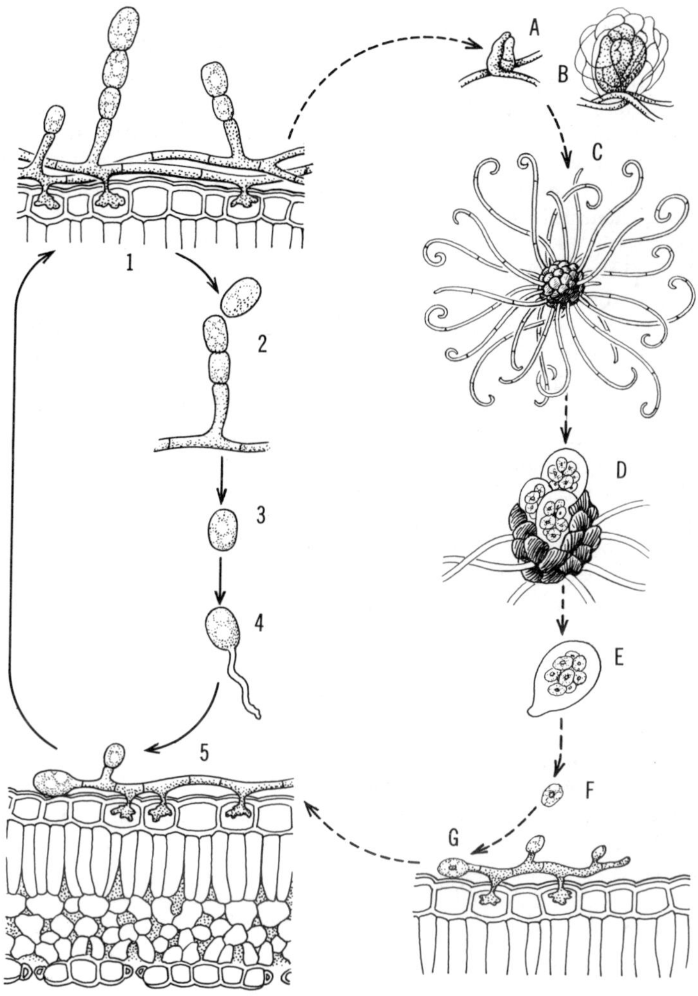

Der Kreislauf der geschlechtlichen Vermehrung (die Hauptsporenform, Uncinula necator)

A *Einzelne Pilzfäden wachsen an der Oberfläche der Rebblätter zusammen und bilden an den Berührungsstellen je eine Zelle mit männlichen und weiblichen Kernen. Beide Zellen verschmelzen.*
B *Aus der Verschmelzung bildet sich ein Sporenbehälter (Perithezium, Wintersporenbehälter).*
C *Der Sporenbehälter im reifen Zustand mit uhrfederförmigen Anhängseln.*
D *Im Frühjahr aufplatzender Sporenbehälter mit hervortretenden Sporenschläuchen.*
E *Einzelner Sporenschlauch (Ascus) mit 8 eingeschlossenen Sporen (Ascosporen).*
F *Einzelne Spore (Ascospore).*
G *Neubefall des Weinblattes durch auskeimende Ascospore (Infektion). Fortsetzung der Entwicklung in der Nebensporenform (Oidium).*

Bekämpfung:
Spezifisch gegen den echten Mehltau wirken Schwefelpräparate, die der Spritzbrühe vorbeugend beigegeben werden. Ihre fungizide Wirkung beruht auf der Entstehung von Schwefelwasserstoff (H_2S), das beim Verdampfen von Schwefel entsteht. Das ebenfalls entstehende SO_2-Gas verursacht ab einer bestimmten Menge, die noch keine fungizide Oidium-Wirkung hat, Verbrennungen am Blatt. Ventilatorschwefel wirkt daher erst ab plus 18 ° C und führt über 25 ° C Wärme zu Verbrennungen.
Bei starkem Infektionsdruck oder zur heilenden Behandlung werden synthetische Fungizide eingesetzt.
Dabei haben sich die neuen systemischen Mittel sehr gut bewährt und setzen neue Maßstäbe. Ihre besonderen Vorteile sind: Vorbeugende und heilende Wirkung, Wirkungssicherheit (weil temperaturunabhängig und nicht abwaschbar), lange Wirkungsdauer (rund 3 Wochen, dies ermöglicht eine Reduzierung der Spritzungen auf 3 bis 5) und kein negativer Einfluß auf den Wein. Beim Ausbringen ist besonders auf eine gute Verteilung der Spritzflüssigkeit auf alle Rebenteile durch geeignete Geräte und die richtige Aufwandsmenge/ha zu achten. Von Nachteil sind das Wegfallen der hemmenden Wirkung auf Spinnmilben (wie beim Netzschwefel), mögliche Blattschäden und die mögliche Entstehung resistenter Stämme. Zur Verbesserung der Benetzungsfähigkeit ist ein Netzmittel zuzusetzen, Schwefelpräparate und Dinocap-Produkte sind wegen Verbrennungsgefahr während der Blüte nicht einzusetzen.

1982 waren in Österreich folgende Mittel anerkannt:

	Empfohlene Anwendungskonzentration
a) Stäubemittel	
CuSul „Allwetterstaub Riedel“	
b) Spritzmittel (für einfache oder kombinierte Spritzungen):	
Netzschwefel (pulverförmig):	
Cosan-Super-Kolloid-Netzschwefel	0,5%ig
Elosal Netzschwefel „Hoechst“	0,5%ig
Flotox C	0,5%ig
Kumulus Super	0,5%ig
Mormino-Spritzschwefel super	0,2%ig
(nur bei schwachem Auftreten)	
Netzschwefel Avenarius	0,5%ig
Netzschwefel „Bayer“	0,5%ig
Netzschwefel „Ciba-Geigy“	0,5%ig
Netzschwefel — Kwizda	0,5%ig
Sufralo	0,5%ig
Thiovit	0,5%ig
TOP Netzschwefel „Schering“	0,5%ig
Ultra Sofril	0,5%ig
c) Kupfer-Schwefel-Spritzmittel:	
Cusuwa	1%ig
d) Synthetische Fungizide (nicht mischbar mit Kupfervitriol Kalkbrühe)	
Dinocap-Produkte:	
Arcotan	0,1—0,12%ig
Caprane supra	0,15%ig
Karathane FN 57	0,1—0,12%ig
Karathane LC	0,05%ig

Systemische Fungizide:

Afugan	0,05%ig
Bayleton spezial	0,1%ig
Benlate Benomyl Fungizid	0,1%ig
Mischpräparate:	
Daconil M	0,25%ig

Wo im Vorjahr Oidium aufgetreten ist, sollten bei Anwendung von Schwefelpräparaten vor der Blüte zwei vorbeugende Behandlungen durchgeführt werden. Die Anwendung schwächerer Konzentrationen ist dann angezeigt, wenn erfahrungsgemäß ein schwächerer Befall zu erwarten ist; wenn beispielsweise in den letzten zwei Jahren kein Oidium aufgetreten ist.

Wirtschaftliche Bedeutung:
Bei starkem Auftreten verursacht Oidium starke Ertragsausfälle und Qualitätsverminderungen. Es tritt immer wieder periodisch auf. Hochkulturen mit einem dichten Laubwerk, der Einsatz von Sprühgeräten mit niedrigem Wasseraufwand sowie organische Mittel ohne Nebenwirkung gegen Oidium fördern dessen Ausbreitung.
Besonders empfindliche Sorten sind:
Portugieser, Müller-Thurgau, Neuburger und Ruländer.

Botrytis cinerea (Grauschimmel)

Kranhkheitsbild und Auftreten:
Bräunlich-graues Pilzgeflecht an den befallenen Rebteilen. Der Pilz Botrytis cinerea verursacht an den Beeren unreifer Trauben die Sauerfäule; besonders empfindlich sind die Sorten: Müller-Thurgau, Neuburger, Weißer Burgunder, Portugieser.
An den Beeren vollreifer Trauben verursacht er die Edelfäule; durch pilzeigene Enzyme kommt es zur Mazeration des Hautgewebes, die Beerenhaut wird durchlässig.
An den Traubenstielen ruft er die Stielfäule hervor; man findet häufig Bodentrauben; empfindlich sind: Traminer, Rheinriesling.
Der Pilz befällt ferner Blätter, Triebspitzen, Gescheine und einjähriges Holz (weißgraue Rindenfärbung). Bei der Erzeugung von Rebveredlungen ist er ein gefürchteter Schadpilz; er befällt die Veredlungen beim Vortreiben und gleich nach dem Einschulen.

Krankheitserreger:
Der Pilz „Botrytis cinerea Pers." kann verschiedene Pflanzen — die Rebe, Unkräuter, Obst, Gemüse und Zierpflanzen — befallen. Am Rebstock kann er auf allen grünen Teilen und während der gesamten Vegetationszeit auftreten. Er überwintert in Form von Sklerotien (Dauerformen) in abgestorbenen Rebteilen, hauptsächlich im Boden.
Durch Regen und Wind gelangen die Sporen auf die Organe des Rebstockes. Bei entsprechend hoher Feuchtigkeit — wenn die Organe naß sind, aber auch bei hoher Luftfeuchtigkeit — und bei ausreichender Wärme kommt es zum Keimen der Sporen und damit zur Infektion.
Botrytisinfektionen erfolgen besonders leicht, wenn die betroffenen Gewebe verletzt sind. Es kommt aber auch bei gesundem Gewebe zu Infektionen, wenn die Rebteile bei plus 20 ° C mindestens 18 Stunden lang benetzt sind (bei plus 12° C 30 Stunden).
Unter diesen Bedingungen werden durch eigene Fermente die Kutikula und die Mittellamellen der darunter liegenden Epidermis aufgelöst, so daß der Pilz in die Pflanze eindringen kann. Unter günstigen Bedingungen kann es schon nach vier bis fünf Tagen nach der Infektion zur Sporenbildung kommen. Bei Temperaturen von über plus 30° C geht die Vermehrung nur langsam vor sich.

Der Botrytispilz ist vor allem ein Wund- und Schwächeparasit, so daß Verletzungen von Organen, Beschädigungen durch Wurmfraß, Haarrisse durch Beerenquellung, Wunden an den Traubenstielen infolge von Wind eine günstige Situation für die Infektion bieten; wenn der Pilz entsprechend erstarkt ist oder wenn entsprechend lange Zeit tropfbares Wasser vorhanden ist, befällt er auch gesundes Gewebe. Der Pilz lebt saprophytisch und parasitisch.

Bekämpfung:
Indirekte Bekämpfung durch entsprechende Kulturmaßnahmen.
Für die Gesunderhaltung ist eine lockere Laubwand, die rasch abtrocknet, wichtig. Gerade in der Hochkultur mit der botrytisfördernden „Dunstglocke" sind eine gute Durchlüftung und Besonnung notwendig. Diese wird bei zu starker Belaubung durch Ausbrechen in der Traubenzone gefördert, aber auch durch verschiedene Schnittmethoden. Zu den indirekten Maßnahmen gehören auch die rechtzeitige Unkrautbekämpfung, das Freihalten von Sommergründüngung, eine sorgfältige Wurmbekämpfung und eine harmonische Düngung (keine einseitige oder zu späte Stickstoffdüngung). Bei empfindlichen Sorten und Lagen sind schwächerwüchsige Unterlagen zu empfehlen.
Direkte Bekämpfung mit Kontaktfungiziden und systemischen Fungiziden
1982 waren in Österreich folgende Mittel anerkannt:

	Empfohlene Anwendugs-konzentration
a) Spezielle Botrytis-Präparate (nur gegen Botrytis wirksame Kontakt-Fungizide):	
Ronilan	0,1%ig
Rovral	0,1—0,15%ig
Sumisclex	0,075—0,1%ig
b) Kontaktfungizide (auch gegen Peronospora wirksam):	
Antracol	0,3%ig
Basfungin	0,25%ig
Bravo flüssig	0,25%ig
Bravo 500 flüssig	0,35%ig
Cuprofol	0,5%ig
Daconil M	0,3%ig
Difolatan	0,2%ig
Euparen	0,25%ig
Folpazid	0,25%ig
Folpetan	0,3%ig
Folpetan flüssig	0,3%ig
Kupfer-Folpet flüssig	0,5%ig
Mancotan	0,3%ig
Mycodifol	0,2%ig
Ortho-Phaltan 50	0,25%ig
Pomuran	0,3%ig
Turbofal	0,5%ig
c) Systemische Fungizide:	
Benlate Benomyl Fungizid	
vor der Blüte	0,02%ig
nach der Blüte	0,04%ig
Benlate Benomyl Fungizid	
ab 1. Nachblütespritzung	0,05%ig
Cercobin M	
vor der Blüte	0,04%ig
nach der Blüte	0,08%ig

Zur Gesunderhaltung der Trauben in gefährdeten Lagen und in Jahren mit anhaltend feuchtem Wetter sind drei Spritzungen wichtig:

- In die abgehende Blüte (da die abgestorbenen Blütenteile leicht befallen werden und von dort gesunde Beeren und Stielteile infiziert werden können).
- Vor dem Schließen der Beeren (Juli); zu diesem Zeitpunkt kann der Wirkstoff zum letzten Mal auf das Stielgerüst gebracht werden.
- Zwei- bis dreimaliges Traubenwaschen in 12tägigen Abständen ab dem Weichwerden der Beeren (ab Mitte August bis Anfang September, wenn die Trauben zirka 5° KMW aufweisen).

Hohe Wassermengen verwenden (1000 Liter je Hektar). Wegen eventueller Gärstörungen und Geschmacksbeeinflussungen ist in der empfohlenen Wartefrist vor der Lese keine Spritzung mehr durchzuführen.
Systemische Fungizide können bei mehrjähriger Anwendung zu starker Vermehrung resistenter Stämme führen. Aus diesem Grunde sollen sie nur bei erhöhter Gefahr und nicht regelmäßig eingesetzt werden. Die Durchführung der Abschlußspritzungen mit einem Kupferpräparat verringert ebenfalls den Botrytisbefall.

Wirtschaftliche Bedeutung:
Im Intensivweinbau ist die Botrytis zur gefährlichsten Rebkrankheit geworden. Infolge ihrer starken Verbreitung entstehen jährlich bedeutende Schäden. Die Verluste erreichen oft 50% des Normalertrages. Bei Befall wird heute meistens keine Vorlese mehr durchgeführt, sondern vorzeitig mit der Hauptlese begonnen, ohne daß der erforderliche Reifegrad erreicht ist; dadurch kann auch eine erhebliche Qualitätseinbuße verursacht werden. Durch den Befall an Blättern und Trieben kommt es zu schlechter Holzausreifung und zu Augenschäden.

Roter Brenner (Pseudopeziza tracheiphila)

Krankheitsbild:
Äußerlich findet man an den Organen keinen Pilzrasen. Die befallenen Blätter haben durch Blattnerven scharfe, winkelig abgegrenzte, vertrocknete Flecken. Diese findet man normalerweise im Juni (stärkstes Wachstum); sie sind bei Weißweinsorten anfänglich gelb gefärbt und werden später rotbraun; bei Rotweinsorten sind sie purpurrot. Die abgestorbenen Blätter fallen schließlich ab. Im Juli findet man daher meist keine befallenen Blätter auf den kranken Rebstöcken. Ende August kommt es zum 2. Ausbruch der Krankheit, wobei alle Blätter befallen werden.

Krankheitserreger:
Der Rote Brenner wird durch den Pilz Pseudopeziza tracheiphila hervorgerufen, der hauptsächlich in den Leitungsgeweben der Blätter (Blattrippen, Adern) lebt und diese durch seine Hyphen verstopft. Die befallenen Blatteile trocknen ein und sterben ab (Verfärbung). Der Pilz überwintert in speziellen Fruchtkörpern (Apothezien) im abgestorbenen Reblaub; im Frühjahr gelangen die Sporen durch Wind oder Wasser auf die Blätter, wo sie bei günstigen Bedingungen keimen. Mit einer Infektion ist Anfang Mai nach dem ersten starken Regen (mehr als 10 mm) zu rechnen. Als Faustregel gilt, daß ein entsprechender Regen ab dem Drei- bis Vier-Blatt-Stadium zur Infektion führen kann; bei spätem Austrieb kann dies jedoch auch schon vorher sein.

Bekämpfung

Kulturmaßnahmen:
In gefährdeten Lagen sind eine reiche Düngung (Stallmist und Mineraldüngung), mehr-

maliges Bodenlockern (zur Verbesserung des Wasserhaushaltes) und tiefes Einackern des Laubes (Ausschalten der Infektionsquelle) als vorbeugende Maßnahme zweckmäßig.

Direkte Bekämpfungsmaßnahmen durch Spritzen mit anerkannten Mitteln:
Roter-Brenner-Spritzungen sind im Mai (meist im 3- bis 4-Blatt-Stadium) entsprechend den Weisungen des Rebschutzdienstes dort durchzuführen, wo diese Krankheit im Vorjahr aufgetreten ist. Nach einer Woche ist eine zweite Spritzung durchzuführen. Nur eine vorbeugende Bekämpfung ist erfolgreich. Beim Spritzen ist zu achten, daß auch die Blattoberseite geschützt werden muß.

1982 waren in Österreich folgende Mittel anerkannt:

	Empfohlene Anwendungs konzentration
a) Sythetische Fungizide:	
Antracol	0,3%ig
Basfungin	0,25%ig
Benlate Benomyl Fungizid	0,04%ig
Bravo flüssig	0,2%ig
Bravo 500 flüssig	0,3%ig
Daconil M	0,25%ig
Difolatan	0,2%ig
Dithane M-45	0,3%ig
Dithane Z-78	0,3%ig
Euparen	0,3%ig
Folpazid	0,3%ig
Folpetan	0,3%ig
Luxan Zineb 75/80% Spritzpulver	0,3%ig
Mancofol	0,25%ig
Mancotan	0,25%ig
Miltoxan Blau	0,3%ig
Mycodifol	0,2%ig
Nekulan	0,25%ig
Ortho-Phaltan 50	0,3%ig
Ortho-Phaltan flüssig	0,3%ig
Permilan	0,3%ig
Perontan ZMF	0,3%ig
Pomuran	0,25%ig
Trimanoc Neu	0,3%ig
Vondozeb	0,3%ig
Zineb FE	0,3%ig
b) Kupferspritzmittel:	
Cupravit Spezial	0,75%ig
Kupferkalk fixfertig	1%ig
c) Kombinierte Mittel (Sythetische Fungizide + Kupfer):	
Cuprodithane	0,4%ig
Cuprofol	0,25%ig
Cuprosan Ultra	0,4%ig
Kupfer-Folpet	0,5%ig
Miltox	0,7%ig
Miltoxan Spezial	0,25%ih
Polyram-Kupfer	0,3%ig
Turbofal	0,25%ig

Wirtschaftliche Bedeutung:
In trockenen, oft steinigen Berglagen mit schlechter Wasser- und Nährstoffversorgung („Dürrekrankheit") und meist geringem Humusgehalt können erhebliche Schäden durch Beeinträchtigung des Fruchtansatzes (1. Auftreten) und Verzögerung der Trauben- und Holzreife (2. Auftreten) entstehen. Hochkulturanlagen mit Rasenstreifen werden in solchen Lagen stärker befallen. Es können auch Unterlagsreben befallen werden.

Wurzelschimmel (Wurzelfäule, Rosellinia necatrix)

Krankheitsbild und Auftreten
Der Wurzelschimmel befällt die Wurzeln und die Wurzelstange von Rebstöcken im Boden. Er tritt im Weinbau nur selten, meist herdweise auf. Gefährlich kann er in Böden mit stauender Nässe werden.
Man sieht ein feines, weiß bis graues Pilzgeflecht, das zuerst die Faserwurzeln, die braun werden und absterben, später auch die Hauptwurzeln und die Wurzelstange überzieht. Die befallenen Stöcke zeigen Kümmerwuchs und sterben später ab.

Bekämpfung
Beim Rigolen die Wurzelreste alter Weinstöcke entfernen. In feuchten Böden eine geeignete Unterlage (zum Beispiel Solonis × Riparia 1616) verwenden.

Schwarzfleckenkrankheit (Phomopsis viticola, Dead-arm-disease)

Krankheitsbild
An den einjährigen Trieben (nur bis zum 7. Blatt) findet man schwarze, längliche Punkte, aus denen später Risse entstehen. Die Blätter der befallenen Triebe haben zahlreiche rundliche, schwarze Pünktchen mit einem gelben Rand und vergilben vorzeitig.

Krankheitserreger
Der Pilz „Phomopsis viticola sacc." befällt meist in nassen Jahren ab Juni den unteren Teil der einjährigen Triebe (Triebe und Blätter).

Bekämpfung
Sehr früher Schnitt (im Herbst) und Verbrennen des Holzes. Unmittelbar nach dem Austrieb, wenn 1 bis 2 Blätter entfaltet sind, spritzen mit einem organischen Fungizid und Wiederholung der Spritzung nach einer Woche.

Bedeutung
Durch den Ausfall der unteren 6 bis 7 Augen am einjährigen Holz bilden sich häufig sogenannte „tote Arme", die befallenen Stöcke sind in Wuchs und Ertrag beeinträchtigt.

BAKTERIENKRANKHEITEN

Krebs (Mauke, Grind, Pseudomonas tumefaciens)

Krankheitsbild
Knollige, anfangs weiche, später verkorkte Wucherungen am Rebstock.

Krankheitserreger

Agrobacterium tumefaciens, ein bewegliches Bakterium, das durch Wunden (Frostrisse, Rebschnitt) in die Rebe eindringt und durch Wuchsstoffe, die ein unkontrolliertes Wachstum verursachen, am unteren Stammteil, in der Nähe der Veredlungsstelle und am Wurzelstamm krebsartige Wucherungen hervorruft.

Bekämpfung

Befallene Stöcke roden. Als vorbeugende Maßnahme: mit der Rebschere keine befallenen Obstbäume, Ziergehölze (Rosen) schneiden.

Wirtschaftliche Bedeutung

Kommt selten vor; kann durch Schneiden von befallenen Obst- und Ziergehölzen beim Rebschnitt übertragen werden. Befallene Stöcke haben geringe Fruchtbarkeit und können absterben.

VIRUSERKRANKUNGEN DER REBE (Rebvirosen)

Allgemeines:

Viruserkrankungen der Rebe verursachen vor allem in den Kerngebieten des Weinbaues jährlich beträchtliche Schäden durch Ertragsausfall und Qualitätsminderung. Bei viruskranken Reben sind vor allem Wüchsigkeit, die Trieb- und Blattausbildung gestört, wodurch der Rebstock allgemein geschwächt wird. Das Holz ist oft kümmerlich, deformiert und reift schlecht aus, der Gescheinansatz ist vielfach gering, die Blüten verrieseln, die Reife ist verzögert und unregelmäßig. Die Krankheitserreger, pflanzenpathogene Viren, sind submikroskopisch klein (Größenordnung: millionstel Millimeter) und haben keinen eigenen Stoffwechsel. Chemisch handelt es sich um Eiweißstoffe (Nucleoproteide). Viren können sich nur in lebenden Zellen vermehren und wandeln dabei deren Eiweiß in Viruseiweiß um. Derzeit kennt man bei Reben rund 20 verschiedene Viren, man vermutet das Bestehen von weiteren Arten. Ein erheblicher Teil der Erreger von Rebvirosen sowie deren Überträger (Vektoren) sind noch unerforscht. In verschiedenen Ländern, insbesondere in den USA, in der BRD, der Schweiz, Australien und einzelnen Ländern des Ostblocks wird die Virusforschung im Weinbau intensiv betrieben. Das hat zur Folge, daß das Vorkommen von Rebvirosen vor allem in diesen Ländern nachgewiesen ist, während über das Auftreten in anderen Ländern, darunter auch in Österreich, nur wenig bekannt ist. Mit Bestimmtheit kann gesagt werden, daß einige Rebvirosen, wie die Reisigkrankheit und die Blattrollkrankheit, in nahezu allen Weinbauländern der Welt vorkommen, andere hingegen nur lokal auftreten. Eine der Hauptursachen, daß wir über Rebvirosen so wenig informiert sind, dürfte die Schwierigkeit des Erkennens und Nachweises sein.

Virusnachweis, Erkennung:

Während ganz allgemein bekannt ist, daß Viren bei Pflanzen eine Störung der Blattgrünbildung verursachen, was zu Blattverfärbung (Vergilben, Marmorierung, Mosaikbildung) sowie Blattmißbildungen und Besenwuchs führt, ist das sichere Erkennen im Freigelände eines der Hauptprobleme der Virusbekämpfung im Weinbau. Ein solches ist nur möglich, wenn man die Symptome der einzelnen Viruskrankheiten sehr genau kennt und ein starker Befall vorliegt. In der Regel sind nur bei solchem die Krankheitsbilder stark ausgeprägt; bei schwachem und latentem Befall läßt sich der Nachweis nur mittels komplizierter Untersuchungsmethoden durchführen. Eine Schädigung der Reben, wie Ertragsrückgang und mindere Qualität, ist jedoch gegeben. Der Nachweis von Virosen erfordert die Anwendung aufwendiger mikroskopischer, serologischer und pflanzlicher (Testpflanzenmethode) Untersuchungen. Dabei ist festzuhalten, daß ein beachtlicher Teil von Virosen sowohl hinsichtlich des Nachweises, als auch hinsichtlich der Verursacher und Überträger noch nicht erforscht sind.

Virustests bei der Rebenvermehrung:

I. Morphologischer Test

auf:
Blattdeformationen,
Blattverfärbungen,
Sproßdeformationen,
intrazellulare Stäbe

Stöcke mit Symptomen werden ausgeschieden

Stöcke ohne Symptome werden weitergeprüft:

II. Biologischer Test

1. Testpflanzenmethode

(Nepoviren können mechanisch auf andere Pflanzen übertragen werden, z. B. auf Chenopodium quinoa, Gomphrena globosa.)

Stöcke mit Reaktion werden ausgeschieden

Stöcke ohne Reaktion werden weitergeprüft

2. Pfropfmethode (Indikatorreben)

Stöcke mit Reaktion werden ausgeschieden

Stöcke ohne Reaktion werden vermehrt

Übertragung von Rebvirosen:

In der Praxis werden Viruskrankheiten bei Reben über die bereits bestehenden Befallsgebiete hinaus vor allem im Zuge der Neuanlage von Weingärten verbreitet. Eine eingehende Kontrolle aller Bestände bei der Rebenvermehrung ist daher die Grundlage für eine erfolgreiche Virusbekämpfung. Die Kontrolle muß die Überprüfung der Edelreisweingärten, der Unterlagsreben und der Rebschulen einschließen. Der Rebschulbesitzer müßte am Bezug von virusfreiem Veredlungsmaterial ein ureigenstes Interesse haben, weil kranke Reben oft eine wesentlich geringere Ausbeute in der Rebschule bedingen. Auch das Rebschulgelände muß gewechselt werden. Der Winzer muß bei der Neuanlage von Weingärten nicht nur auf den Bezug von gesundem Pflanzmaterial achten, sondern auch darauf, daß nicht unmittelbar nach der Rodung eines Weingartens auf dasselbe Grundstück ausgesetzt wird. In den nach dem Roden im Boden verbleibenden Wurzelresten können nämlich vorhandene Viren eine zeitlang weiter leben und die neu gepflanzten Reben befallen. In befallenen Beständen kann die Verbreitung auch durch Bewässerung (z. B. Überflutung in Rebschulen) und über weite Strecken durch befallene Unkrautsamen erfolgen.
Professor Gärtel teilt die Rebenviren nach der Art der Übertragung ein.
Es werden vier Gruppen unterschieden:

- Viren, die durch Nematoden im Boden übertragen werden. Dazu gehören die weltweit vorkommende Reisigkrankheit, das Arabismosaikvirus, das Rosettenmosaikvirus des Pfirsichs und die Enationenkrankheit der Rebe.
  Diese Viren werden auch „Nepoviren“ genannt, wobei „Ne“ für **Ne**matoden und „po“ für die **po**lyedrische Körperform (das ist ein von vielen ebenen Flächen begrenzter Körper) dieser Viren steht.
- Viren, die durch Pilze im Boden übertragen werden; die Virosen dieser Gruppe haben nur geringe Bedeutung.
- Viren, die durch Blattläuse übertragen werden; auch die in dieser Gruppe bekannten Rebvirosen haben nur wenig Bedeutung.
- Viren, deren Überträger noch nicht erforscht sind. In diese Gruppe gehören auch Virosen, deren Erreger man nicht kennt, wie Blattrollkrankheit, Holzrunzeligkeitskrankheit der Rebe u. a.

DIE WICHTIGSTEN VIROSEN DER REBE:

Reisigkrankheit (Grapevine fanleav virus)

Krankheitsmerkmale:
Triebe: Befallene Rebstöcke haben durch Verkürzung der Internodien einen gestauchten Wuchs. Die Triebe verlaufen oft zickzackartig, man findet häufig Doppelknotigkeit (durch extreme Verkürzung). Seltener gibt es Sproßverbänderungen, Gabelbildungen, Rankenverwachsungen und Rankenverschiebungen.
Blätter: Die Blätter sind meist kleiner, die Blattform wird mehr oder weniger stark verändert; es entsteht Fransenblättrigkeit (scharf gezähnter Blattrand, weite Stielbucht); die Seitenbuchten können sich bis zur Mittelrippe vertiefen oder auch völlig fehlen; man findet unsymmetrische Blätter (Blätter mit ungleichen Blatthälften). Es treten ferner Verbänderungen von 2 oder mehreren Hauptadern auf, an der Blattunterseite können vom Mittelnerv ausgehend kleine blattähnliche oder rankenähnliche Auswüchse entstehen.
Rebstock: Besenwuchs, Krautern, wenig und kleinere Gescheine, die sehr blüteempfindlich sind und verrieseln. Die angeführten Merkmale variieren je nach Sorte und Düngungszustand und können vorübergehend ganz verschwinden. Schwächeres Wurzelsystem.

Bedeutung:
Die Reisigkrankheit ist die in Österreich am stärksten verbreitete Rebvirose (mit Sicherheit festgestellt in der Wachau und im Weinbaugebiet Gumpoldskirchen). Es ist auch international das bedeutendste Virus und kann alle Rebarten befallen. Häufig befallene Sorten: Neuburger, Welschriesling, Ruländer. Schaden durch sehr starken Ertragsrückgang, Absterben der Stöcke oder Kümmerwuchs.

Verwechslungsmöglichkeit infolge ähnlicher Symptome: Bormangel, Zinkmangel, Wuchsstoffherbizidschäden, Milbenbefall, Erbschäden.

Das viröse Blattrollen (Blattrollkrankheit der Rebe, Grapevine leafroll)

Krankheitsmerkmale:
Das charakteristische Symptom ist, daß sich die Blattränder mehr oder weniger stark nach unten einrollen. Zuerst rollen sich die untersten Blätter ein (ab Juli), im Laufe des Spätsommers auch die weiter außen stehenden. Die Herbstvergilbung tritt vorzeitig ein: Weißweinsorten verfärben sich hellgelb-weißlich, Rotweinsorten rot; die Adern bleiben grün. Die kranken Stöcke sind sehr blüteempfindlich und haben lockerbeerige Trauben. Da auch andere Funktionen (Trockenheit, Nährstoffmangel, Borüberschuß) ein Einwärtsrollen der Blätter bewirken können, läßt sich das viröse Blattrollen nur auf Grund mehrjähriger Beobachtungen einwandfrei erkennen.

Bedeutung:
Eine der am stärksten verbreiteten Rebvirosen. Befallene Reben haben schwächeren Wuchs, die Gescheine sind blüteempfindlich, die Trauben reifen unregelmäßig und spät, was die Qualität mindert. Das Virus befällt europäische Reben und amerikanische Unterlagsreben. Ein Befall zeigt bei diesen keine Symptome, wodurch eine besondere Verbreitungsgefahr besteht.

Verwechslungsmöglichkeit:
Kali-, Magnesium-, Bormangel, Pflanzenschutzmittelschäden.

Korkrindenkrankheit der Rebe (Grapevine Corky bark)

Krankheitsmerkmale:
Geringere Wüchsigkeit, einzelne Triebe sterben nach dem Austrieb ab. Triebe weisen an den Internodien im unteren Bereich Längsrisse auf.

Bedeutung:
Weit verbreitet, Vorkommen in Österreich noch nicht bekannt. Starke Schädigung der Reben verursacht Mindirertrag.

Verwechslungsmöglichkeit:
Bormangel, Schwarzfleckenkrankheit.

Holzrunzeligkeit der Rebe (Grapevine stem pitting)

Krankheitsmerkmale:
Verdickung über der Veredlungsstelle. Wenn man die Borke ablöst, sieht man darunter eine gefurchte Oberfläche (Runzeln). Die abgelöste Rinde hat auf der Innenseite die negative Ausbildung dieser Streifen.

Bedeutung:
Verbreitung in vielen Ländern, in Österreich noch nicht nachgewiesen. Ertragsminderung, geringere Wüchsigkeit und Lebensalter.

Enationenkrankheit

Krankheitsmerkmale:
Später Austrieb und langsames Wachstum verursachen gestauchten Wuchs. Wellige Verkrüppelungen (Verdickungen) entlang der Hauptadern auf der Blattunterseite (= Enationen) führen zu Blattdeformationen. Häufig Doppelknoten und Längsrisse im unteren Teil der Triebe.

Bedeutung:
Weit verbreitet in Beständen europäischer Edelreben und amerikanischer Unterlagsreben.

Die nachstehende Tabelle ist dem Buch „Virosen und virusähnliche Krankheiten der Rebe, Farbatlas der Symptome“ von BOVEY, GÄRTEL, HEWITT, MARTELLI, VNITTENZE; Verlag Eugen Ullmer, Stuttgart, entnommen. Wer sich eingehender mit Rebvirosen befassen will, sollte dieses Standardwerk erwerben. Die umfassende Beschreibung und die hervorragende Farbdokumentation aller bekannten Virosen ermöglicht ein gutes Einarbeiten in diese Materie.

Die wichtigsten Eigenschaften der Viren und der Viruskrankheiten der Rebe

Deutsche und englische Bezeichnung des Virus und/oder der Viruskrankheit	Vorkommen	Pathogenität für die Rebe (1)	Wirtschaftliche Bedeutung (1)	Form der Viruspartikel (2)	Überträger (3)	Übertragbarkeit auf krautige Pflanzen	Möglichk. serolog. Nachweises
1. Durch bodenbewohnende Nematoden übertragbare Viren (Nepoviren)							
Virus der Reisigkrankheit der Rebe (Grapevine fanleaf virus, Reisigkrankheit, Infektiöse Panasachüre, Adernbänderung)	weltweit	++++	++++	P	Xiphinema index X. italiae	+	+
Arabismosaikvirus (Arabis mosaic virus)	Bundesrepublik Deutschland, Frankreich, Schweiz, Jugoslawien, Bulgarien, Ungarn, Japan	+++	++	P	X. diversicaudatum (X coxi, Longidorus caespiticola)	+	+
Tomatenschwarzring Fleckenvirus (Tomato black ring virus)	Bundesrepublik Deutschland	+++	+	P	Longidorus attenuatus	+	+
Himbeerringfleckenvirus (Raspberry ringspot virus)	Bundesrepublik Deutschland	+++	+	P	(L. macrosoma)	+	+
Latentes Erdbeerringfleckenvirus (Strawberry latent ringspot virus)	Bundesrepublik Deutschland	?	?	P	(X. diversicaudatum, X. coxi)	+	+
Tomatenringfleckenvirus (Tomato ringspot virus, yellow vine)	USA (Kalifornien, New York), Kanada (Ontario)	+++	++	P	(X. americanum)	+	+

Deutsche und englische Bezeichnung des Virus und/oder der Viruskrankheit	Vorkommen	Pathogenität für die Rebe (1)	Wirtschaftliche Bedeutung (1)	Form der Viruspartikel (2)	Überträger (3)	Übertragbarkeit auf krautige Pflanzen	Möglichk. serolog. Nachweises
Tabakringfleckenvirus (Tobacco ringspot virus)	Nordosten Nordamerikas	+++	++	P	(X. americanum)	+	+
Rosettenmosaikvirus des Pfirsichs (Peach rosette mosaic virus)	USA (Michigan), Kanada (Ontario)	+++	+++	P	X. americanum	+	+
Chrommosaikvirus der Rebe (Grapevine chrome mosaic virus)	Ungarn	+++	+	P	wahrscheinlich Nematoden	+	+
Italienisches latentes Artischockenvirus (Artichoke Italian latent virus)	Bulgarien	?	?	P	(L. apulus)	+	+
Bulgarisches latentes Rebenvirus (Grapevine Bulgarian latent virus)	Bulgarien Portugal, USA	+	+	P	wahrscheinlich Nematoden	+	+
Enationenkrankheit der Rebe (Grapevine enation disease)	Bundesrepublik Deutschland, Italien, Frankreich, Spanien, Ungarn, Tschechoslowakei, Bulgarien, Griechenland, Türkei, UdSSR, USA, Venezuela, Südafrika, Neuseeland, Australien	++++	++		?		

Deutsche und englische Bezeichnung des Virus und/ oder der Viruskrankheit	Vorkommen	Pathogenität für die Rebe (1)	Wirtschaftliche Bedeutung (1)	Form der Viruspartikel (2)	Überträger (3)	Übertragbarkeit auf krautige Pflanzen	Möglichk. serolog. Nachweises
2. Durch bodenbewohnende Pilze übertragbare Viren							
Tabaknekrosenvirus (Tobacco necrosis virus)	Südafrika	?	?	P	(Olpidium brassicae)	+	+
Tomatenzwergbuschvirus (Tomato bushy stunt virus)	Bundesrepublik Deutschland, Italien, Bulgarien, Tschechoslowakei	?	?	P	(O. brassicae?)	+	+
3. Durch Blattläuse übertragbare Viren							
Luzernemosaikvirus (Alfalfa mosaic virus)	Bundesrepublik Deutschland, Schweiz, Tschechoslowakei, Ungarn, Bulgarien	+	?	B	(mehrere Blattlausarten)	+	+
Saubohnenwelkevirus (Broad bean wilt virus)	Bulgarien	+	?	P	(mehrere Blattlausarten)	+	+
4a) Viren, deren Überträger unbekannt, deren Partikel jedoch bekannt sind							
Joannes-Seyve-Virus (Joannes-Seyve virus)	Kanada (Ontario)	+++	+++	P		+	+
Bratislava-Mosaikvirus (Bratislava mosaic virus)	Tschechoslowakei	++	++	P		+	+
Gänsefußmosaikvirus (Sowbane mosaic virus)	Bundesrepublik Deutschland, Tschechoslowakei	?	?	P		+	+

Deutsche und englische Bezeichnung des Virus und/oder der Viruskrankheit	Vorkommen	Pathogenität für die Rebe (1)	Wirtschaftliche Bedeutung (1)	Form der Viruspartikel (2)	Überträger (3)	Übertragbarkeit auf krautige Pflanzen	Möglichk. serolog. Nachweises
Tabakmosaikvirus (Tobacco mosaic virus)	USA, Bundesrepublik Deutschland, Italien, Bulgarien, Jugoslawien, UdSSR	?	?	T		+	+
4b) Viren, deren Überträger und Partikel unbekannt sind							
Blattrollkrankheit der Rebe (Grapevine leafroll)	weltweit	++++	++++				
Korkrindenkrankheit der Rebe (Grapevine corky bark)	USA, Mexico, Brasilien, Frankreich, Spanien, Schweiz, Italien, Jugoslawien, Bulgarien, Südafrika, Japan,	+++	+++				
Infektiöse Chlorose und Rotfärbung der Spätburgunderblätter (Infectious chlorosis and leaf reddening of Pinot noir)	Frankreich	+++	+				
Holzrunzeligkeit der Rebe (Grapevine stem pitting, stem grooving, legno riccio)	wahrscheinlich weltweit	+++	+++				
Flachstämmigkeit der Rebe (Grapevine flat trunk)	USA, Italien, Israel, Ungarn	+	+				
Gelbsprenkelung der Rebe (Grapevine yellow speckle)	Australien, USA (Kalifornien)	+++	++				
Marmorierung der Rebe (Grapevine fleck)	weltweit	+	+				

Deutsche und englische Bezeichnung des Virus und/ oder der Viruskrankheit	Vorkommen	Pathogenität für die Rebe (1)	Wirtschaftliche Bedeutung (1)	Form der Viruspartikel (2)	Überträger (3)	Übertragbarkeit auf krautige Pflanzen	Möglichk. serolog. Nachweises
Adernmosaik der Rebe (Grapevine vine mosaic)	wahrscheinlich weltweit	+	+				
Adernnekrose der Rebe (Grapevine vine necrosis)	wahrscheinlich weltweit	++	+				
Sternmosaik der Rebe (Grapevine asteroid mosaic)	USA	+	+				
Infektiöse Nekrose der Rebe (Grapevine infectious necrosis)	Tschechoslowakei, UdSSR	+++	+				
Triebnekrose der Rebe (Grapevine shoot necrosis)	Italien	+++	++				
Chlorotisches Blattkräuseln der Rebe (Grapevine chlorotic leaf curl)	Chile, Argentinien	+++	++				

(1) + schwach, ++Mittel, +++ Stark, ++++ sehr stark
(2) P = polyedrisch, B = bazillenförmig, T = tubulär (röhrenförmig)
(3) Der Name wurde in Klammern gesetzt, wenn die Übertragung des Virus zwar auf verschiedene Wirtspflanzen, nicht aber auf Reben nachgewiesen worden ist.

Die Bekämpfung der Rebvirosen
Direkte Bekämpfungsmöglichkeiten gibt es bisher keine. Die Entwicklung von Viriziden steht erst am Beginn der Entwicklung. Die wichtigsten Abwehrmaßnahmen sind daher die Verhinderung der Übertragung, insbesondere bei der Neuanlage eines Weingartens, durch Verwendung von virusfreiem Pflanzmaterial. Dies ist nur durch eine strenge Kontrolle der Edelreisweingärten, Schnittweingärten und Rebschulen zu erreichen. Vielleicht wäre auch die Bodenentseuchung (zur Vernichtung der Virusüberträger) mit einem rebenverträglichen Entseuchungsmittel oder die Anwendung eines systemischen Nematizides eine brauchbare Methode. In Befallsgebieten hat sich die Einschaltung eines Kulturwechsels (8—12 Jahre) bewährt. Als einzige direkte Bekämpfungsmethode wird in den USA die „Thermotherapie" geprüft. Dabei werden 1 und 2jährige Topfreben in Klimakammern bei 32° — 39° C zu einem besonders schnellen Wachstum geführt, wodurch die Virosen erfolgreich bekämpft werden können.

Wirtschaftliche Bedeutung:
Rebvirosen verursachen große Ertragsausfälle (Verrieseln, Kümmerwuchs). Im Hinblick auf ihre stark zunehmende Bedeutung in fast allen Weinbauländern wären auch in Österreich geeignete Vorsorgemaßnahmen zur Verhinderung ihrer Ausbreitung zu ergreifen.

Kapitel 31

Nichtparasitäre Schädigungen der Rebe

STIELLÄHME

Auftreten: Die Stiellähme tritt in Hochkulturen stärker als in Weingärten mit niederer Erziehung auf und befällt die Trauben je nach Sorte, Lage und Jahrgang verschieden stark. Befallen werden bestimmte Teile des Stieles, wodurch die Beerenentwicklung gestört ist.

Empfindliche Sorten sind:
Welschriesling, Rheinriesling, Müller-Thurgau, Grüner Veltliner, Traminer, Blaufränkisch und Gutedel. Anfällig sind lockerbeerige Sorten, verrieselte Trauben mit dünnem, wenig umschlossenem Stielgerüst.
Die Stiellähme tritt fast jährlich auf, hohe Niederschläge innerhalb einer kurzen Zeit wirken oft auslösend.

Fördernde Faktoren sind:
Starke Schwankungen in der Wasserversorgung (leichte Böden), unharmonische Düngung (Überbetonung der Kationen).

Erkennen:
An den Traubenstielen bilden sich schwarzbraune, scharf abgegrenzte Flecken, die den Traubenstiel einschnüren. Diese Flecken werden größer und umfassen schließlich den ganzen Stiel. Die Beeren beginnen zu welken und schrumpfen. Die Krankheit tritt schlagartig bei einem Mostgewicht zwischen 5° bis 12° KMW auf. Bei der Stiellähme ist äußerlich kein Pilzrasen zu sehen, doch kommt es oft bald sekundär zu einer Botrytisinfektion.

Ursache:
Es handelt sich um eine physiologische Störung (unharmonische Wasser- und Nährstoffversorgung), deren Ursache noch nicht vollkommen geklärt ist. Vermutlich besteht eine

Ernährungsstörung, bei der das Verhältnis K:Ca:Mg insofern gestört ist, als sich das K im Überschuß befindet.
Stiellähme tritt daher möglicherweise bei K-Überdüngung, K-Überschuß auf Urgesteinsböden und Mg-Mangel auf.
Bei der Rebe können verschiedene Nährstoffe im Bedarfsfalle von einem Organ in ein anderes umgelagert werden, wie z. B. vom Trieb in das Blatt, Blatt in Beere, usw.
Diese Umlagerung von Nährstoffen ist von der Beere in andere Organe jedoch nur bis zu einem Zuckergehalt von 5° KMW möglich. Ab diesem Zuckergehalt verhindert der osmotische Druck eine Abgabe von Nährstoffen, sodaß im Bedarfsfalle der Austausch nicht mehr funktioniert und es daher im Stielgerüst zu Mangelerscheinungen kommt.

Bekämpfung:

- Zwei- bis viermalige Traubenwaschung mit einer 2,5 bis 5,0 %igen Bittersalzlösung ($MgSO_4$), Menge: 800 l/ha. Gespritzt wird ab dem Weichwerden der Beeren in Abständen von 7 bis 10 Tagen.
- Gleichmäßige Wasser- und Nährstoffversorgung fördern.
- Ausgewogenes Blatt-/Traubenverhältnis.
- Selektionsarbeit verstärken.

CHLOROSE

Die verbreitetste nichtparasitäre Schädigung im Weinbau ist die Chlorose. Siehe Seite 335

APOPLEXIE DER REBE (Schlagtreffen)

Gebietsweise nimmt das von Praktikern als Schlagtreffen bezeichnete plötzliche Absterben von Rebstöcken zu. Durch Schäden im Wasserleitungssystem können Rebstöcke während der Vegetationszeit innerhalb weniger Tage absterben. Der Zeitpunkt ist verschieden; er reicht vom Nichtantreiben im Frühjahr bis zum Absterben vor der Lese. Oft bleibt dabei das vertrocknete, grüngrau verfärbte Blattwerk lange Zeit am Stock hängen.
Die Ursachen hiefür können parasitär oder nichtparasitär sein. Erstere werden durch einen Pilz der Gattung Verticillium, der in den Gefäßen lebt und den Saftstrom unterbricht, verursacht. Die beiden wichtigsten nichtparasitären Ursachen des Schlagtreffens sind die mechanische Beschädigung des Stammes, der Veredlungsstelle oder der Wurzelstämme durch Bodenbearbeitungsgeräte oder Tiere und schlechte Verwachsung der Veredlungsstelle. Diese Ursachen findet man nur bei jüngeren Anlagen. Mechanische Beschädigungen können auch bereits mehrere Jahre zurückliegen, ehe es zum plötzlichen Absterben kommt.

Spritzplan im Ertrags

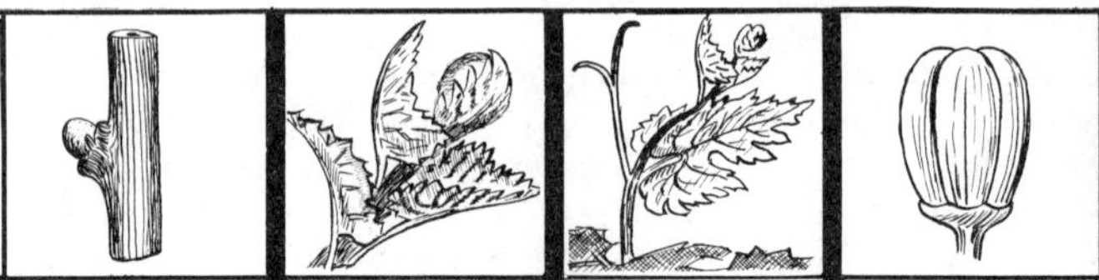

gegen:	in der Vegetationsruhe	nach dem Rebschnitt bis zum Knospenschwellen	Triebe 5—8 cm lang (3—5-Blatt-Stadium)	Triebe 20—30 cm lang und 7—10 Tage später	vor der Blüte (beim Lockern der Gescheine)
	Febr./März	März/April	erste Maihälfte	zweite Maihälfte	Juni
Spinnmilben (Sp.) Schildläuse (Sch.)	altes Holz kräftig und allseitig spritzen mit Mineralöl-Obstbaumkarbolineum oder Gelbölen		Sp.: bei Erfordernis wiederholte Spritzungen mit Phosphorinsektiziden, systemischen Insektiziden oder spezifisch wirkenden Akarziden		
Kräuselmilbe (K.) Pockenmilbe (Po.)		gründliches Spritzen mit Netzschwefel, Schwefelbariummittel (3%), Schwefelkalkbrühe (12 Vol.-%), Oleodiazinonspritzmittel oder Oleoparathionmittel während des Knospenschwellens und nach dem Austrieb Endosulfanspritzmittel	Teilerfolge mit system. Insektiziden, Schwefelkalkbrühe (1,5 Vol.-%), Schwefelbarium, Spritzmittel oder Netzschwefel		
Springwurm (Spw.) Rebstecher (R.) Schreiber (Schr.)		Spw.: spritzen mit Oleoparathionmitteln, nur wenn Temperatur über +10° C	mehrmaliges Stäuben oder Spritzen mit DDT-Phosphorinsektiziden oder Sevinpräparaten		
Maikäfer (M.)			spritzen mit DDT, DDT-Gamma, Phosphorinsektiziden, in 2—3facher Normal-Konzentration		
Heuwurm, Sauerwurm (H., S.)					Entsprechend der Warndienstmeldung gezielte Spritzungen (2—3 mal) mit einem Phosphorinsektizid, Carbarylprodukt oder einem kombinierten Insektizid
Wild (W.) (Hasen, Kaninchen)	ab Dezember Stöcke mit Wildverbißmittel behandeln —	keine Gründüngung	Junganlagen mit Hasengitter schützen oder mit anerkanntem Mittel behandeln —		
Roter Brenner (R. B.)			2 Spritzungen mit einem synthetischen Fungizid		
Peronospora (P.)				Entsprechend den Anweisungen des Rebschutzdien-	
Oidium (O.)			Zusatz von Netzschwefel oder eines synthetischen Fungizides (Dinocap) bei Peronosporaspritzungen bzw. Anwendung eines systemischen Fungizides (gegen Oidium, Botrytis und teilweise auch gegen Peronospora wirksam)		
Botrytis (B.)					

weingarten

nur bei langer Blühdauer	*sofort nach der Blüte in Abständen von 7 bis 14 Tagen*	*vor dem Schließen der Trauben bis spätestens 5 (evtl. 4) Wochen vor der Lese*	*Amtlich anerkannte Bekämpfungsmittel*
Juni/Juli	*(Juni)—Juli*	*(Juli)—August—(Sept.)*	*siehe auf Seite*
		Sp.: bei Erfordernis wiederholte Spritzungen mit Phosphorinsektiziden, systemischen Insektiziden oder spezifisch wirkenden Akariziden	*Sp.: 397, 398* *Sch.: 407*
			K.: 394 *Po.: 396*
			Spw.: 402 *R.: 404* *Schn.: 404*
			M.: 405
		Entspr. Warndienstmeldung, gez. Spritzungen (2—3 mal) mit Phosphorinsektizid, Carbarylprodukt oder einem komb. Insektizid	*H., S.: 400, 402*
keine Gründüngung			*W.: 408*
			K. B.: 423
stes mit einem synthetischen Fungizid oder Kupferpräparat behandeln *Kupferpräparat*			*P.: 412, 417*
	Zusatz von Netzschwefel oder synth. Fungizid (Dinocap) bei Peronosporaspritzungen bzw. Anwendung eines system. Fungizides (gegen Oidium, Botrytis und teilweise auch gegen Peronospora wirksam		*O.: 418, 421*
	Verwendung eines Kontaktfungizides oder eines systemischen Fungizides; auch gezielte Traubenbehandlung		*B.: 421*

WUCHSSTOFFSCHÄDEN (ABTRIFTSCHÄDEN)

Auftreten:
Durch unvorsichtiges Vorgehen bei der Unkrautbekämpfung mit wuchsstoffhältigen Mitteln im Getreidebau werden in den gemischten Acker-Weinbau-Gebieten jährlich große Schäden verursacht.
Die Schäden entstehen durch Windvertragung (Spritzen bei Wind, zu feiner Sprühnebel), schlecht gereinigte Geräte und Mittelverwechslung.

Schadbild:
Blätter: Fransenblättrigkeit, Fächerbildung, die Blätter sind kleiner und dicker als normale.
Trauben: Verrieseln, Abfallen von Gescheinen, Zerreißen der Traubenstiele, Abtrocknen ganzer Trauben.
Trieb: Lange, eingerollte Ranken; Wucherungen, Risse; Triebspitzen gekrümmt.
Rebstock: Bei starker Schädigung Kümmerwuchs, Dürrwerden nach zwei bis drei Wochen.

Schadensausmaß:
Das Ausmaß der Schädigung hängt von der Menge und Art des aufgebrachten Mittels, vom Entwicklungszustand der Reben und der Sorte ab.
Empfindliche Sorten sind: Grüner Veltliner, Traminer; weniger empfindlich sind: Müller-Thurgau und Welschriesling. Bei Abtriftschäden sind die Randreihen (1. bis 4. Reihe) stärker geschädigt. Schäden werden in erster Linie durch Ertragsminderung verursacht. Zu Folgeschäden kommt es bei sehr starken Schäden (wenig Fruchtholz, schwächerer Austrieb, geringerer Traubenansatz); in extremen Fällen können auch Stöcke ausfallen.

Verhütung:
In unmittelbarer Nähe von Weingärten sollen keine Unkrautbekämpfungsmittel auf Wuchsstoffbasis angewendet werden; als Ersatz sind Gelbspritzmittel zu verwenden.
Auch in größerer Entfernung sind Vorsichtsmaßnahmen wie folgt notwendig:

a) Spritzgeräte mit Flachstrahldüsen (Teejetdüsen) ausrüsten; diese arbeiten mit 2 bis 3 atü. Die üblichen Kegeldüsen arbeiten mit höherem Druck, so daß es leichter zur Abtrift kommt.
b) Spritzbalken möglichst tief stellen, so daß sich die Spritzkegel knapp über der Getreidekultur überschneiden.
c) Abtriftschutzvorrichtung verwenden.
d) Nur bei Windstille spritzen.

Wenn möglich, sollen die im Getreidebau verwendeten Gefäße und Geräte nicht im Weinbau eingesetzt werden. Wenn eine Doppelverwendung unvermeidbar ist, müssen die Geräte mit 2- bis 3%iger Sodalösung gründlich gereinigt und mehrmals gespült werden. Holzgefäße dürfen entweder nur für Hormon- oder Weinbauspritzbrühen verwendet werden. Nur Mittel in Originalpackungen verwenden.

HAGELSCHÄDEN

Gebietsweise verschieden stark werden durch Hagelschlag schwere Schäden verursacht. Nachdem es bis heute nicht möglich ist, Hagelschlag mit hoher Sicherheit zu verhindern, ist für den Weinbauern der Abschluß einer Hagelversicherung noch immer der bestmögliche Schutz. Da im Weinbau jedoch bei starkem Hagelschlag auch noch in den folgenden ein bis zwei Jahren Ertragseinbußen auftreten können, wird von verschiedenen Fachleuten die Verhinderung bzw. die Verminderung des Schadens durch entsprechende Bekämpfungsmaßnahmen als ebenso wichtig angesehen wie die Absicherung eines möglichen Ernteverlustes durch den Abschluß einer Hagelversicherung.

Das Auftreten von Hagel ist weder von der Höhe noch von der Geländeneigung oder dem umgebenden Pflanzenbestand abhängig. Gewisse Landschaftsräume (z. B. Südsteiermark, Kamptal-Wagram, Südtirol) sind besonders hagelgefährdet; das ist durch bestimmte Windströme in Zusammenhang mit Aufwinden und Temperaturdifferenzen in verschiedenen Luftschichten zu erklären.

Entwicklung der Hagelabwehr
Der Hagel war für die Landwirtschaft schon immer eine gefürchtete Geißel. Unsere Vorfahren waren bemüht, diese Gefahr durch verschiedene, meist untaugliche Mittel, wie Glockenläuten, Böllerschießen und ähnliches, abzuwehren.
Erst auf Grund neuer Erkenntnisse und des technischen Fortschrittes ist es in der Praxis möglich, den Hagel mit größeren Erfolgschancen abzuwehren.

Theorie der Hagelbildung und Hagelbekämpfung
Bei Gewittern kann es in einzelnen Wolken zur Hagelbildung kommen, indem sich in großen Höhen (6 bis 9 km) an Kristallisationskernen unterkühltes Wasser (bis zu —15° C) anlagert und gefriert. Das sich so bildende Hagelkorn wird in den Hagelwolken durch den Aufwind so lange hochtransportiert, bis es infolge seines zunehmenden Gewichtes (durch die Anlagerung von Eisschichten) die Kraft des Aufwindes überwindet und zu Boden fällt. Je öfter ein Hagelkorn durch Aufwind in große Höhen getragen wird, desto mehr Eisschichten lagern sich an den Eiskern; das entstehende Hagelkorn wird größer und unterkühlter.
Wenn Kristallisationskerne (Eiskerne) fehlen, kann das Wasser sehr stark (bis —15° C) unterkühlt werden, so daß sich unter diesen Verhältnissen sehr stark unterkühlte Hagelkörner bilden. Da in Gewitterwolken die Null-Grad-Grenze bis 1000 m Höhe absinken kann, können vor allem größere Hagelschloßen durch die darunterliegenden warmen Luftschichten nicht mehr an- bzw. aufgetaut werden.
Durch Beimpfen der hagelbildenden Gewitterwolken mit kristallbildenden Chemikalien, wie Blei- oder Silberjodid ($Pb\,J_2$, $Ag\,J_2$), wird die Zahl der Kristallisationskerne (Eiskerne) künstlich erhöht, wodurch die Hagelbildung bereits bei Temperaturen von — 5° bis — 6° C in verstärktem Ausmaß eingeleitet wird. Dies ist im Sommer etwa in 4 bis 6 km Höhe. Dadurch wird erreicht, daß sich viele kleine und nicht so stark unterkühlte Hagelkerne bilden. Diese werden beim Durchfallen der warmen Luftschichte leichter an- bzw. aufgetaut, so daß der Hagel als „weicher Hagel", „Schneematsch" oder sehr großtropfiger Regen zu Boden kommt und keine größeren Schäden mehr anrichtet.

Praktische Hagelabwehr
Auf Grund dieser theoretischen Erkenntnisse wurde nach dem 2. Weltkrieg in verschiedenen Ländern, wie in den USA, der Sowjetunion, der Schweiz, in Südtirol, Südafrika und in Österreich in der Steiermark (seit 1950) und im Gebiet um Langenlois (seit 1956) begonnen, eine Hagelabwehr zu organisieren. Zumeist wird die Hagelabwehr mittels Raketen, Steighöhen von 1500 m bis 8000 m (nur in Rußland), durchgeführt; in manchen Abwehrgebieten auch mit speziell ausgerüsteten Flugzeugen. Nach den bisherigen Erfahrungen ist ein Abwehrerfolg eher möglich, je größer das Abwehrgebiet und je dichter dieses mit Abschußstellen (Hütten) besetzt ist. Weiters würde die Verwendung von Hagelabwehrraketen mit größeren Steighöhen (2000 m und mehr) den Abwehrerfolg vergrößern. Die Entfernungen zwischen den einzelnen Abschußstellen sollen zwischen 500 und 1000 m Luftlinie liegen, wobei im Haupteinzugsgebiet der Gewitter ein dichteres, vorgeschobenes Abwehrnetz notwendig ist. Auch die Besetzung der Abschußhütten mit den Hagelabwehrraketenschützen, die bei Gewittergefahr jederzeit einsatzbereit sind, wird immer schwieriger, da die Zahl der hauptberuflichen Weinhauer ständig abnimmt.

Erfolgschancen und Kosten

Nach den bisherigen Versuchsberichten und praktischen Erfahrungen liegen die Erfolgsaussichten bei einer Schadensminderung von durchschnittlich 20 bis 30 Prozent. Dies rechtfertigt nach Ansicht einzelner Fachleute in den Abwehrgebieten die Weiterführung der Hagelabwehr.

Die Versicherung des Rohertrages von einem Hektar Weingarten (z. B. 70.000 Schilling) kostet je nach Gebiet etwa 3—7 Prozent Versicherungsprämie, das sind 2.100 bis 4.900 Schilling je Hektar Weingarten. Die Hagelabwehr kostet derzeit bis 500 Schilling je Hektar Weingartenfläche (Sachaufwand), dem bei einer Erfolgsaussicht von 20 bis 30 Prozent eine Schadensminderung zwischen 14.000 bis 21.000 Schilling je Hektar gegenübersteht.

Das große Problem der nur teilweisen Hagelverhinderung besteht aber darin, daß bei der Nichtverhinderung von auch nur einem Hagelschlag bereits Totalschaden entstehen kann. Eine andere, wenngleich erheblich teurere und für Ertragsweingärten zu kostspielige Möglichkeit der Hagelabwehr besteht im Überspannen der Anlagen mit Hagelabwehrnetzen.

Die Behandlung hagelgeschädigter Weingärten ist verschieden. Sie richtet sich nach der Jahreszeit und nach der Schwere des entstandenen Schadens. Bei frühem Hagelschlag (Mai, Juni) muß versucht werden, einen gesunden neuen Trieb zu erzielen. Bei gänzlicher Zerstörung schneidet man den Stock zurück, damit sich die neuen Triebe kräftig entwickeln können.

Bei Hagelschlag im Hochsommer muß versucht werden, das noch vorhandene Laub zu erhalten, da ein verspäteter Austrieb nicht mehr ausreift und im Winter erfrieren würde. Nach jedem Hagelwetter muß innerhalb weniger Stunden mit einem synthetischen Fungizid kombiniert mit einer Blattdüngung gespritzt werden. Ist dies nicht möglich, sollte eine Zwischenbehandlung durch Stäuben durchgeführt werden. Bei schönem Wetter trocknen die geschädigten Beeren ein, während es bei feuchter Witterung zu starken Folgeschäden durch Traubenfäulnis kommen kann.

BLITZSCHÄDEN

In Weingärten mit Drahtrahmenunterstützung kann bei Blitzschlag dieser an den Drähten entlanglaufen und die grünen Triebe verbrennen. Dabei wird meist die ganze Zeile bis zum nächsten Durchgang (Erdung) betroffen. Die Behandlung dieser geschädigten Stöcke erfolgt wie nach Hagelschlag, das heißt, die verbrannten Triebe werden abgeschnitten, die neuen Triebe müssen sorgfältig behandelt werden.

FROSTSCHÄDEN

Wir unterscheiden zwischen:

- Schaden durch Spätfröste (Maifröste)
- Schaden durch Frühfröste (Herbst)
- Winterfrostschäden

Spätfröste

Bei Frösten unter —2° C können alle grünen Triebteile erfrieren, sie werden braun und sterben ab. Triebe, die ganz erfroren sind, müssen entfernt werden. Nach einem solchen Frostschaden treiben die Beiaugen in der Regel rasch und stark aus. Alle überflüssigen Triebe müssen bald entfernt werden, damit die erwünschten Triebe aufholen und auch ausreichend ausreifen können.

Sind nur die Triebspitzen erfroren, die Basisteile aber grün, ist ein stärkerer Austrieb der Geizen zu erwarten; auch hier ist eine zusätzliche Laubarbeit erforderlich.

Oftmals erleiden die empfindlichen jungen Rebtriebe nur einen Kälteschock. Das Erscheinungsbild ist einem Herbizidschaden ähnlich. Bei ausreichenden Niederschlägen und Wärme heilt sich dieses Erscheinungsbild nach einer Woche wieder aus.
Bei allen spätfrostgeschädigten Stöcken wäre es zweckmäßig, eine 0,3%ige Blattdüngung mit einem vollwasserlöslichen Volldünger vorzunehmen.

Verhinderung von Spätfrösten:

Frostschutzberegnung

Geländeheizung
Bei der Geländeheizung handelt es sich um eine Erhöhung der Temperatur. Es werden Geländeheizöfen, welche mit Heizöl gefüllt werden, in einer Stückzahl von 250 bis 300 Öfen pro Hektar aufgestellt. Die Öfen sind so aufzustellen, daß am Rande der zu schützenden Parzelle, an der Einfallseite der Kaltluft, bei geneigtem Gelände an der erhöhten Seite, die Öfen dichter als im Inneren der Anlage aufgestellt werden. Mit dieser Methode können Fröste bis —5° C abgewehrt werden.
Anschaffungskosten: etwa S 400.000.— pro Hektar (Stand Frühjahr 1975, inkl. MWSt.), Kosten pro Ofen etwa S 1300.— × 300 = S 390.000.— pro Hektar.
Sowohl die Anschaffung der Öfen, deren Aufstellung und Inbetriebnahme als auch die stark gestiegenen Kosten für das Heizöl machen diese Maßnahme unrentabel.

Räuchern
Diese Abwehrmethode wurde früher angewendet. Durch Abbrennen von stark rauchendem Material wird eine Wolkendecke erzeugt, welche bei Strahlungsfrösten die Ausstrahlung verhindern soll. Meist geschah dies durch Verbrennen von Rebholz, Unkraut oder teergetränkten Sägespänen. Bei Sonnenaufgang — zum gefährlichsten Zeitpunkt — muß getrachtet werden, daß die Rauchdecke nicht abfließen kann. Das Räuchern ist nur wirksam, wenn es auf großen Flächen angewendet wird. Es kann aber auch chemischer Nebel erzeugt werden.

Frühfröste
Im September und Oktober treten fallweise Fröste auf, durch die das Laub vorzeitig zerstört wird. Ein vollständiger Blattverlust erzwingt eine sofortige Lese. Durch mindere Qualität und schlechte Holzreife entstehen oft beachtliche Schäden.

Winterfrostschäden
Durch tiefe Temperaturen im Winter (um —20° C, sortenweise verschieden) können alle Teile der Rebe erfrieren. Sofern durch milde Witterung im Jänner oder Februar die Reben vorzeitig in Saft kommen, genügen bereits wesentlich geringere Frostgrade, um solche Schäden zu verursachen.

Augenschäden
Dies sind die häufigsten Beschädigungen. Hierbei sind die Augen am einjährigen Holz erfroren. Meist ist nur das Hauptauge erfroren, während die beiden Nebenaugen gesund sind. Augenschäden können in weniger kalten Wintern auch dann auftreten, wenn nach feuchter Witterung plötzlich Frost einsetzt und sich auf den Trieben Eis bildet.

Schäden am einjährigen Holz
Außer den Augen kann auch das Kambium erfroren sein, seltener das Holz. Man erkennt das Erfrieren des Kambiums daran, daß beim Anschneiden des Triebes das unter der Rinde gelegene Kambium, anstatt saftig und grün zu sein, grau erscheint. Solche Triebe sollten nur in äußerstem Notfall angeschnitten werden.

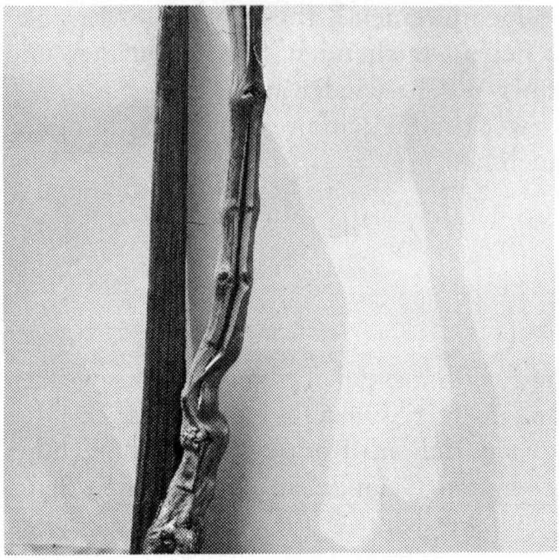

Frostriß am Hochkulturstamm

Frostschäden am alten Holz
Am alten Holz können sowohl das Kambium als auch der Holzkörper geschädigt sein. Die Frostempfindlichkeit des alten Holzes ist je nach Sorte verschieden, aber auch vom Ernährungszustand des Stockes abhängig. Oft reißen dabei der Stamm oder die Kordone der Länge nach auf. Vielfach treiben solcherart geschädigte Stöcke im Frühjahr normal aus, sterben jedoch bei Eintreten des Hauptwachstums (Mai—Juni) durch Schlagtreffen (Apoplexie) ab.
Treibt ein Stock nicht aus, so schneide man ihn bis kurz über der Veredlungsstelle zurück und warte, bis die schlafenden Augen austreiben. Sofern mehrere Triebe entstehen, sind diese zu belassen, damit nicht nur ein mastiger Trieb gebildet wird, der sehr frostanfällig ist. Der am kernigsten gewachsene Trieb wird zum Aufbau des neuen Stammes verwendet.

Beschädigungen der Wurzel
Diese erkennt man meist erst nach dem Austrieb, und zwar zeigen die Stöcke einen schwächlichen Wuchs. Wurzelerfrierungen treten meist in Weinbergen in schneefreien Wintern auf, speziell dann, wenn eine tiefe Herbstfurche zum Rebstock vorgenommen wurde. In der Mitte der Rebgasse liegen die Wurzeln zu seicht, und schon bei einer Bodentemperatur von -8^0 bis -9^0 C kann es zu Wurzelerfrierungen kommen. Bei Wurzelfrostschäden ist für eine rasche Erwärmung des Bodens zu sorgen. Eine sorgfältige Bodenbearbeitung und Stickstoffdüngung ist notwendig, um das neugebildete Wurzelwerk zu unterstützen.

SONSTIGE NICHTPARASITÄRE SCHÄDIGUNGEN

Trockenheit und Hitze

Insbesondere in seichtgründigen Böden (Schotterböden, Terrassenlagen) kann es im pannonischen Klimagebiet zu erheblichen Schäden durch Trockenheit kommen. Diese verursacht an den Trauben eine Notreife und vorzeitigen Blattfall.
Trockenheit erkennt man zuerst durch Vergilben der Blätter in der Traubenzone; die reifende Traube zeigt sonnseitig bräunliche Flecken. Bei standortbedingter Trockenheit kann nur durch Einrichtung einer Beregnungsanlage Abhilfe geschaffen werden.

Nasse, kühle Witterung

Auch nasse, kühle Witterungsperioden verursachen beachtliche Schäden, insbesondere durch schlechtes Verblühen, Förderung der Chlorose und Spritzmittelschäden (Verbrennungen).

Winde

Nach Möglichkeit sind die Reihen in windigen Lagen in der Hauptwindrichtung anzulegen oder Windschutzstreifen zu errichten. Wind kann durch Abscheuern der Triebe an den Drähten, durch Abbrechen von Trieben und Umdrücken ganzer Reihen großen Schaden verursachen.

Stichwortverzeichnis

Erläuterungen zu den folgenden Farbbildtafeln

Seite I

Bild 1: Rohboden aus Löß
Bild 2: Rohboden aus Sand mit Hangschutt und Schotter
Bild 3: Rohboden aus Tegel
Bild 4: Teilweise verbraunte Mull-Pararendsina aus Tertiär
Bild 5: Ranker aus Silikatgestein
Bild 6: Tschernosem aus Löß

Seite II

Bild 1: Tschernosem aus Sand
Bild 2: Tschernosem aus Tegel
Bild 3: Kalkbraunerde aus Löß
Bild 4: Entkalkte Braunerde aus tonigem Tertiär-Sediment (Tegel, Mergel)
Bild 5: Braunerde aus kalkalpinem Schutt
Bild 6: Silikatbraunerde aus Urgestein

Seite III

Bild 1: Grüner Veltliner
Bild 2: Müller-Thurgau
Bild 3: Welschriesling
Bild 4: Neuburger
Bild 5: Weißer Burgunder
Bild 6: Rheinriesling

Seite IV

Bild 1: Muskat-Ottonel
Bild 2: Frühroter Veltliner
Bild 3: Roter Traminer
Bild 4: Roter Veltliner
Bild 5: Bouvier
Bild 6: Zierfandler

Seite V

Bild 1: Rotgipfler
Bild 2: Ruländer
Bild 3: Muskat-Silvaner
Bild 4: Grüner Silvaner
Bild 5: Jubiläumsrebe
Bild 6: Weißer Gutedel

Seite VI

Bild 1: Königin der Weingärten
Bild 2: Blaufränkisch
Bild 3: Blauer Portugieser
Bild 4: Blaue Zweigelt
Bild 5: St. Laurent
Bild 6: Blauer Burgunder

Seite VII

Bild 1: Groß-Vernatsch
Bild 2: Klein-Vernatsch
Bild 3: Lagrein
Bild 4: Merlot
Bild 5: Cabernet Souvignon
Bild 6: Cabernet Franc

Seite VIII

Bild 1: Die beiden Triebe
rechts — Stickstoffmangel
links — gut versorgt
Bild 2: Phosphormangel
Bild 3: Kalimangel bei Weißweinsorte
Bild 4: Kalimangel bei Rotweinsorte
Bild 5: Magnesiummangel, Felder um die Blattadern bleiben grün
Bild 6: Zinkmangel

Seite IX

Bild 1: Chlorotischer Rebstock
Bild 2: Chlorose im fortgeschrittenen Stadium, nur die Blattadern bleiben grün
Bild 3: Trockenschaden
Bild 4: Bormangel, Absterben der Triebspitzen und Geiztriebbildung
Bild 5: Bormangel, verkürzter vergabelter Trieb, Befruchtungsstörungen
Bild 6: Schäden durch Borüberdüngung

Seite X

Bild 1: Kräuselmilbe
(Foto: BASF, Ludwigshafen)
Bild 2: Pockenmilbe
Bild 3: Starker Bohnenspinnmilbenbefall
Bild 4: Schadbild der Bohnenspinnmilbe
(Foto: Chemie-Linz AG)
Bild 5: Wintereier der Roten Spinne
(Foto: Bayer AG, Leverkusen)
Bild 6: Rote Spinne auf Blattunterseite
(Foto: Chemie-Linz AG)

Seite XI

Bild 1: Traubenwickler, Falter
(Foto: Bayer AG, Leverkusen)
Bild 2: Heuwurmfraß
(Foto: BASF, Ludwigshafen)
Bild 3: Sauerwurm
(Foto: Bayer AG, Leverkusen)

Bild 4: Springwurm — Motten
(Foto: Bundesanstalt für Pflanzenschutz, Wien)
Bild 5: Schadbild des Springwurmes
(Foto: BASF, Ludwigshafen)
Bild 6: Längsschnitt durch ein einjähriges Rebholz:
oben — Holz frostgeschädigt
unten — Holz gesund
(Foto: Chemie-Linz AG)

Seite XII

Bild 1: Schadbild des Rebstechers, Zigarre
(Foto: Bundesanstalt für Pflanzenschutz, Wien)
Bild 2: Rebstecher
(Foto: BASF, Ludwigshafen)
Bild 3: Schreiber
(Foto: Bundesanstalt für Pflanzenschutz, Wien)
Bild 4: Wollige Reben- oder Napfschildlaus
(Foto: Bayer AG, Leverkusen)
Bild 5: Blattgallenreblaus
(Foto: Bundesanstalt für Pflanzenschutz, Wien)
Bild 6: Reblausbefall an Rebenwurzeln
(Foto: Dr. Hartmair-Hahn, Höhere Bundeslehr- u. Versuchsanstalt f. Obst- u. Weinbau, Klosterneuburg)

Seite XIII

Bild 1: Peronospora, Ölflecke
Bild 2: Peronospora, Pilzrasen auf Blattunterseite
(Foto: Chemie-Linz AG)
Bild 3: Schadbild der Peronospora
(Foto: Chemia, Wien)
Bild 4: Peronospora, Lederbeeren
Bild 5: Oidium auf Blättern
Bild 6: Samenbruch durch starken Oidiumbefall
(Foto: Traxler)

Seite XIV

Bild 1: Roter Brenner, Blatt- und Traubenbefall
(Foto: Chemia, Wien)
Bild 2: Schwarzfleckenkrankheit auf dem Blatt
Bild 3: Schwarzfleckenkrankheit auf dem Trieb
Bild 4: Traubenfäule durch Botrytis
(Foto: Ing. Vas, ÖDB)
Bild 5: Botrytisschaden am Gescheìn
(Foto: Chemie-Linz AG)
Bild 6: Stielfäule durch Botrytis
(Foto: BASF, Ludwigshafen)

Seite XV

Bild 1: Stiellähme
(Foto: Chemie-Linz AG)
Bild 2: Stiellähme
(Foto: Dr. Hartmair-Hahn, Höhere Bundeslehr- u. Versuchsanstalt f. Obst- u. Weinbau, Klosterneuburg)
Bild 3: Weingarten mit viruskranken Rebstöcken
Bild 4: Adernpanaschüre (Mosaikkrankheit)
(Foto: Chemie-Linz AG)
Bild 5: Reisigkranker Rebtrieb, Kurzknotigkeit und Zickzackwuchs
Bild 6: Reisigkranker Rebtrieb, Doppelknotigkeit
(Foto: Dr. Hartmair-Hahn, Höhere Bundeslehr- u. Versuchsanstalt f. Obst- u. Weinbau, Klosterneuburg)

Seite XVI

Bild 1: Blattdeformationen durch Reisigkrankheit
Bild 2: Blattdeformationen durch Wuchsstoff
(Foto: Dr. Hartmair-Hahn, Höhere Bundeslehr- u. Versuchsanstalt f. Obst- u. Weinbau, Klosterneuburg)
Bild 3: Schwerer Wuchsstoffschaden, Mittelverwechslung
(Foto: Chemie-Linz AG)
Bild 4: Schwerer Hagelschaden
(Foto: Traxler)
Bild 5: Durch vorzeitige Kupferspritzung geschädigte Blätter
(Foto: Chemie-Linz AG)
Bild 6: Durch Wildverbiß geschädigter Hochkulturstamm
(Foto: Ing. Vas, ÖDB)

1

2

3

4

5

6

I

1

2

3

4

5

6

II

1

2

3

4

5

6

III

1

2

3

4

5

6

IV

1

2

3

4

5

6

V

1

Königin der Weingärten

2

Blaufränkisch

3

Portugieser blau

4

Zweigeltrebe blau

5

6

VI

1

Groß Vernatsch

2

Klein Vernatsch

3

Lagrein

4

Merlot

5

Cabernet Sauvignon

6

Cabernet Franc

1

2

3

4

5

6

1

2

3

4

5

6

1

2

3

4

5

6

1

2

3

4

5

6

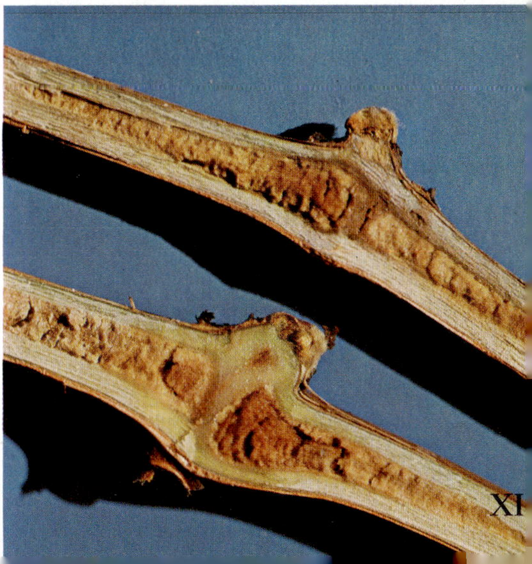

XI

1

2

3

4

5

6

XII

◀ 1

2 ▶

◀ 3

4 ▶

◀ 5

6 ▶

1

2

3

4

5

6

◀ 1

2 ▶

◀ 3

4 ▶

◀ 5

6 ▶

1

2

3

4

5

6

Die Erfolgsdünger im Weinbau
Nitrophoska perfekt
15 + 5 + 20 + 2
Nitrophoska spezial
Blau-Dünger
12 + 12 + 17 + 2
COMPO
Nitrophoska
perfekt
Stickstoff-kali-starker Volldünger mit Kaliumsulfat für chloridempfindliche Kulturen
NPK-Dünger mit Magnesium 15+5+20+2 mit Bor, Mangan und Zink
15% N Gesamtstickstoff
7% N Nitratstickstoff, 8% N Ammoniumstickstoff
5% P2O5 neutral-ammoncitratlösliches Phosphat
20% K2O wasserlösliches Kaliumoxid
2% MgO Gesamt-Magnesiumoxid
0,05% B Bor 0,1% Mn Mangan 0,02% Zn Zink
50 kg netto
BASF
COMPO
Blau-Dünger
Nitrophoska
spezial
Pflanzengerechter Universaldünger mit Kaliumsulfat für chloridempfindliche Kulturen
NPK-Dünger mit Magnesium 12+12+17+2 mit Bor Mangan und Zink
12% N Gesamtstickstoff
5,5% N Nitratstickstoff, 6,5% N Ammoniumstickstoff
12% P2O5 neutral-ammoncitratlösliches und wasserlösliches Phosphat
4,0% P2O5 wasserlösliches Phosphat
50 kg netto
COMPO – die Nummer 1 bei Spezial-Düngern
COMPO
COMPO-Produkte – dahinter steht die Forschung der BASF
BASF